프로그래밍 면접

PROGRAMMING INTERVIEWS EXPOSED SECRETS TO LANDING YOUR NEXT JOB 4TH EDITION

이렇게 준비한다

프로그래밍 면접, 이렇게 준비한다(4판)

초판 발행 2007년 10월 9일
4판 2쇄 발행 2021년 6월 21일

지은이 존 몽건, 노아 킨들러, 에릭 기게리 / **옮긴이** 서환수 / **펴낸이** 김태헌
펴낸곳 한빛미디어(주) / **주소** 서울시 서대문구 연희로2길 62 한빛미디어(주) IT출판부
전화 02-325-5544 / **팩스** 02-336-7124
등록 1999년 6월 24일 제25100-2017-000058호 / **ISBN** 979-11-6224-199-8 93000

총괄 전정아 / **책임편집** 서현 / **편집** 홍성신 / **진행** 김종찬
디자인 내지 김연정 표지 박정화 전산편집 다인, 백지선
영업 김형진, 김진불, 조유미 / **마케팅** 박상용, 송경석, 한종진, 이행은, 고광일, 성화정 / **제작** 박성우, 김정우

이 책에 대한 의견이나 오탈자 및 잘못된 내용에 대한 수정 정보는 한빛미디어(주)의 홈페이지나 아래 이메일로
알려주십시오. 잘못된 책은 구입하신 서점에서 교환해드립니다. 책값은 뒤표지에 표시되어 있습니다.

한빛미디어 홈페이지 www.hanbit.co.kr / 이메일 ask@hanbit.co.kr

지금 하지 않으면 할 수 없는 일이 있습니다.
책으로 펴내고 싶은 아이디어나 원고를 메일(writer@hanbit.co.kr)로 보내주세요.
한빛미디어(주)는 여러분의 소중한 경험과 지식을 기다리고 있습니다.

프로그래밍 면접

PROGRAMMING INTERVIEWS EXPOSED SECRETS TO LANDING YOUR NEXT JOB 4TH EDITION

이렇게 준비한다

존 몽건, 노아 킨들러, 에릭 기게리 지음

서환수 옮김

나를 진정으로 이해해주는 내 사랑 투이와
나의 하루하루를 밝혀주는 캘빈에게 바칩니다.

- 존 몽건

마이키, 알렉스, 테디, 그리고 앤디에게 이 책을 바칩니다.

- 노아 킨들러

프로그래밍에 대한 사랑을 북돋우고 지원해주신
부모님(장 클로드와 마리-욜레 기게리)께 이 책을 바칩니다.

- 에릭 기게리

지은이 **존 몽건**^{John Mongan}

독학으로 프로그래밍을 배웠으며 여러 소프트웨어 회사와 제약 회사에서 전문 컨설턴트로 일했다. 소프트웨어 테스트 기술과 관련하여 3개의 특허를 보유하고 있다. UC 샌디에이고에서 생물정보학으로 의학박사와 이학박사 학위를 받았으며, 박사 학위 과정 동안 단백질 동역학의 슈퍼컴퓨터 시뮬레이션에 관련된 일을 했다. 지금은 UC 샌프란시스코 방사선의학 및 바이오메디컬 이미징 학과 조교수이자 생물정보학 상주 방사선과 전문의로서 의료정보학을 연구하고 있다. 방사선 데이터에 머신러닝을 적용하는 것과 컴퓨터로 임상 의사결정을 지원하는 것을 주 연구 분야로 삼고 있다.

지은이 **노아 킨들러**^{Noah Kindler}

보안 기술 업체 아비라(Avira)에서 기술 담당 이사로 일하고 있다. 사용자 수가 1억 명이 넘는 다양한 제품의 소프트웨어 설계 및 개발 팀을 이끌고 있다.

지은이 **에릭 기게리**^{Eric Giguère}

(옛날 옛적) 코모도어 VIC-20에서 BASIC으로 프로그래밍을 시작한 뒤로 프로그래밍에 홀딱 빠졌다. 워털루대학교에서 전산학으로 학사 및 석사 학위를 취득했다. 다양한 프로그래밍 전문가로서 경험을 활용해 몇 권의 프로그래밍 서적을 쓰기도 했다. 지금은 구글에서 스태프 소프트웨어 엔지니어로 일하고 있다.

옮긴이 **서환수**

서울대학교 물리학과에서 학사, 박사 학위를 받았고 지금은 삼성종합기술원에서 물리학을 연구하고 있다. 한빛미디어에서 『Head First Java』, 『Programming Challenges: 알고리즘 트레이닝 북』, 『프로그래머로 사는 법』, 『슬라이드올로지』를 비롯한 여러 권의 책을 번역했다.

웨인 하임Wayne Heym, PhD

오하이오 주립대 공과대학 전산학 및 컴퓨터공학과 강의전담 교수다. 같은 학과에 있는 재사용소프트웨어연구그룹Reusable Software Research Group, RSRG과 공동 연구를 하고 있으며, RSRG의 개발 언어와 도구인 RESOLVEReusable Software Language with Verifiability and Efficiency에도 깊이 관여하고 있다. 프로그래밍 입문자에게 컴퓨터 프로그래밍 기술과 과학이라는 멋진 분야를 소개하는 데 큰 보람을 느끼고, 프로그래머에게 전산학 이론이라는 분야를 소개하는 일도 즐긴다.

댄 힐Dan Hill

15년 넘는 기간 동안 소프트웨어 엔지니어, 소프트웨어 개발 관리자로 활동했다. 웹 개발, 사용자 인터페이스 설계, 백엔드 시스템 아키텍처, 데이터베이스, 보안 및 암호, 모바일 앱 개발 프로젝트 등을 수행했다. 실리콘밸리 스타트업에서 대기업에 이르기까지 다양한 회사에서 수많은 프로그래밍 면접을 경험했다. 스탠포드 대학교에서 전산학 학사 및 석사 학위를 받았다.

프로그래밍 면접에서 나오는 문제를 풀 때 필요한 능력은 좋은 프로그래머가 되기 위한 능력과는 다르다. 모든 게 그렇듯이 처음에는 서투르더라도 역량을 개발하고 향상시킬 수 있다. 이 책은 그 과정의 첫 단계라고 할 수 있다. 이 책으로 프로그래밍 전문성을 지렛대 삼아 프로그래밍 면접 전문가가 될 수 있을 것이다.

이 책은 초판 출간 이후로 프로그래밍 서적의 한 분야를 개척해 왔으며, 지금은 수많은 웹사이트, 블로그, 포럼을 통해 다양한 조언과 연습문제를 구할 수 있다. 그럼에도 왜 이 책에 돈과 시간을 써야만 할까?

이 책은 프로그래밍 면접 성공을 위한 기술과 접근법을 가르치는 것을 목표로 한다. 주어진 문제의 풀이를 구하는 데 필요한 사고 과정을 선보이고 풀이가 막혔을 때 앞으로 나아가는 방법을 제시함으로써 학습 과정을 뒷받침한다. 이런 역량은 일반적인 코딩 역량과 겹치는 부분이 많지만 똑같진 않다. 면접 역량을 다듬지 않는 바람에 프로그래밍 면접을 말아먹는 훌륭한 코더도 심심치 않게 볼 수 있다. 우리도 처음에는 면접을 말아먹은 경험이 있다. 하지만 이 책으로 준비하면 그런 실수는 피할 수 있다. 이 책에 있는 기법을 익히면 다른 책이나 웹에 있는 문제에도 그 기법을 적용할 수 있을 것이다.

프로그래밍 면접 문제를 잘 풀고 싶다면 수동적으로 읽기만 하는 것으로는 부족하다. 스스로 연습해야 한다. 풀이법을 보기 전에 최대한 스스로 문제를 풀어볼수록 더 많은 것을 얻을 수 있다.

1판 이후로 내용도 많이 늘어났고 본문도 많이 바뀌었지만 처음에 세웠던 목표나 접근법은 달라지지 않았다. 그 목표와 접근법은 1판 서문에 자세히 나와 있다.

우리도 마찬가지지만 서문을 즐겨 읽는 독자는 그리 많지 않다. 하지만 이 책에서는 서문에도 중요한 정보를 어느 정도 싣고 있기 때문에 될 수 있으면 읽어보기를 바란다. 그럼에도 불구하고 서문을 건너뛰고 싶다면 이 점만 꼭 기억해두고 넘어가도록 하자. 이 책에 더 많이 투자할수록 더 많은 것을 얻을 수 있을 것이다. 그냥 이 책을 처음부터 끝까지 꼼꼼히 읽는 것만으로도 많은 것을 배울 수 있겠지만, 모범 답안을 보기 전에 손수 문제를 풀기 위해 노력한다면 훨씬 많은 것을 얻을 수 있을 것이라고 확신한다.

이 책은 프로그래밍이나 기술 컨설팅처럼 프로그래밍 면접이 필요한 분야의 취업을 준비하는 이들을 위해 쓰였다. 프로그래밍 면접은 일반적인 구직 및 면접 관련 서적에 나와 있는 내용들과 큰 차이를 보인다. 면접 내용이 대부분 프로그래밍 문제나 퍼즐, 그리고 컴퓨터에 관한 기술적인 질문 위주로 이루어지기 때문이다. 이 책에서는 독자들이 접할 만한 문제 유형들을 각각 살펴보고, 실제 면접에 나왔던 문제들을 활용하여 어떤 식으로 접근하는 것이 가장 좋을지 살펴볼 것이다.

이쯤 되면 아마도 우리가 누군지, 과연 이런 책을 쓸 자격을 갖춘 사람인지 궁금해하는 사람들도 있을 것이다. 우리는 둘 다 최근에 학교를 졸업하고 최근 몇 년 동안 수많은 면접을 했다. 꽤 큰 대기업의 기술 컨설턴트에서 새로 만들어진 회사의 디바이스 드라이버 개발자에 이르기까지 다양한 직종의 취업 면접을 진행했다. 이 책은 우리가 그동안 다양한 면접을 하고 합격하기도 하고 떨어지기도 하면서 얻은 경험과 관찰 결과를 바탕으로 만든 책이다. 이 정도면 이런 책을 내는 데는 충분하지 않을까 한다. 우리는 기업 인사 담당자들이 생각하는 좋은 면접 방법이나 헤드헌터가 생각하는 바람직한 면접 진행 방법을 늘어놓기보다는 실제로 미국에서 제일 잘 나가는 소프트웨어 및 컴퓨터 회사의 면접 방식을 보여주고, 어떻게 해야 원하는 직장에 들어갈 수 있을지 알려주고자 한다.

사실 요즘 많이 볼 수 있는 면접 방식이 꼭 바람직한 것이라고 생각하진 않는다. 요즘의 면접에서는 퍼즐을 푸는 능력이나 비교적 제한된 영역의 지식을 중점적으로 평가하는데, 업계에서 성공하는 데 있어서 핵심적인 기술을 전체적으로 평가하는 데에는 충분하지 않다.

그런 면에서 이 책에 수록된 질문 중에 우리가 만든 것은 하나도 없다. 모두 최근 면접에 나왔던 문제들을 수록했다. 문제 유형이나 난이도 분포도 실제 면접에서 접할 수 있는 수준으로 구성했다. 하지만 이 책에 수록된 문제들이 최근에 면접에 나왔던 문제들을 모두 모아 놓은 것이 아니라, 그중 대표적인 문제들만 모아 놓은 것이라는 점은 확실히 짚고 넘어가도록 하자. 무작정 이 책을 읽고 정답을 외우기만 한다고 해서 이 책을 읽는 목표를 달성할 수는 없다. 면접관이 이 책에 나와 있는 문제를 그대로 물어볼 가능성도 없진 않겠지만 그런 가능성에 너무 큰 기대를 걸어서는 안 된다. 면접에서 실제로 나오는 질문들은 매우 다양하고 수시로 바뀌는 데다가, 이 책을 본 똑똑한 면접관이라면 여기에 있는 문제를 그대로 내는 일은 절대로 하지 않을 것이기 때문이다. 그럼에도 불구하고 면접 문제의 주제나 문제 유형 자체는 비교적 좁은 범위로 제한되어 있으며 쉽게 바뀌진 않는다. 여기에 나와있는 문제들을 푸는 데만 치중하지 않고, 대신 주어진 유형의 문제를 푸는 전반적인 방법에 대해 열심히 공부한다면 면접 때 어떤 질문이 나오더라도 훌륭하게 대처할 수 있을 것이다.

우리는 독자들의 문제 해결 능력 향상이라는 목표를 달성하기 위해 두 가지 접근법을 택하기로 했다. 우선 가능하면 어떤 주제와 연관된 문제들을 제시하기 전에 그 주제에서 핵심적인 내용을 전반적으로 훑고 넘어가기로 했다. 그리고 두 번째로 문제에 대한 정답을 풀이의 맨 앞부분에 제시하는 대신 문제를 푸는 방법을 처음부터 끝까지 보여주기로 했다. 우리가 알기로 대부분의 교과서나 퍼즐 책에서는 전혀 다른 접근법을 택하고 있다. 우선 문제를 보여준 다음 바로 정답을 보여주고 그 답이 왜 맞는지를 설명하는 식이다. 우리의 경험상 그런 방식으로 문제를 설명하면 독자들이 그 문제의 정답을 알고 왜 그 정답이 옳은지를 이해할 수는 있다. 하지만 저자가 어떤 식으로 그런 답을 알아냈는지, 비슷한 문제가 나온다면 어떻게 풀어야 하는지는 모른 채로 넘어가기 일쑤다. 우리가 택한 풀이에 대한 단계별 접근법이 부디 독자들이 특정 정답이 왜 맞는지 이해하는 데 그치는 것이 아니라 정답에 이르는 방법을 이해하는 데 도움이 될 수 있기를 희망해본다.

남들이 어떻게 하는지 살펴보는 것은 자신이 직접 해보는 것에 비해 훨씬 효과가 떨어진다. 이 책에서 본전을 뽑고 싶다면 문제를 직접 풀어봐야만 한다. 한번 이렇게 해보자.

1. 문제를 읽은 다음 바로 책을 덮어놓고 직접 문제를 풀어본다.
2. 문제를 풀다가 막히면 풀이를 읽어본다. 이 책에서는 답을 풀이 시작 부분에서 절대 공개하지 않고 있기 때문에 풀이의 앞부분을 본다고 해서 바로 답을 알게 되는 것은 아니다.
3. 풀이를 읽다가 필요한 힌트가 나왔다 싶으면 다시 책을 덮고 문제를 풀어본다.
4. 위 과정을 반복한다.

문제를 혼자 푸는 비중이 높아질수록 그 문제를 더 잘 이해할 수 있다. 그리고 실제 면접도 이와 비슷한 식으로 진행된다. 기본적으로 문제를 혼자 풀어야 하지만 문제를 풀다가 막히면 면접관이 힌트를 제시해 주기 때문이다.

프로그래밍은 어렵고도 전문적인 기술이다. 컴퓨터와 프로그래밍에 대해 알아야 하는 모든 것을 한 권의 책에서 가르쳐 줄 수는 없는 노릇이다. 그래서 독자들의 수준이 어느 정도는 된다는 가정하에 이 책을 만들었다. 우리는 독자들이 최소 전산학과 1, 2학년에 걸맞은 수준의 컴퓨터에 대한 배경 지식을 갖추고 있다고 가정했다. 특히 C 프로그래밍에 익숙하고, C++나 자바 환경에서의 객체지향 프로그래밍 경험이 있으며, 컴퓨터 아키텍처와 전산 이론에 대한 기본 지식을 갖추고 있다고 가정했다. 일반적인 개발 업무에서 이 정도가 일반적인 최소 요구사항이기 때문에 면접관들도 이 정도의 기본 지식은 기대하고 있으리라 생각한다. 방금 언급한 배경 지식 중에서 아직 잘 모르는 부분이 있다면 본격적으로 직장을 알아보고 면접을 준비하기 전에 일단 더 공부를 하고 기본기를 쌓아야 할 것이다.

위에 늘어놓은 최소 요구사항보다 훨씬 더 많은 컴퓨터 관련 지식과 경험을 갖춘 독자들도 있을 것이다. 그런 독자들은 데이터베이스나 그래픽스, 동시성, 펄과 같은 고급 주제에 더 관심이 갈 것이다. 하지만 아무리 경험이 많아도 기본 주제 및 관련 문제들을 무시하지는 않는 것이 좋다. 여러분이 제출한 이력서가 아무리 화려해도 면접관들은 우선 기본적인 문제부터 시작하는 편이기 때문이다.

이 책에는 최대한 정확한 내용만 수록하기 위해 심혈을 기울였다. 여기에 나와 있는 코드는 전부 직접 컴파일 및 테스트 과정을 거친 것이다. 그러나 독자들도 각자 경험을 통해 아주 잘 알고 있겠지만 버그나 에러는 어디선가 생기게 마련이다. 틀린 내용이 확인되면 정오표를 올려놓겠다.

독자 여러분이 원하는 직장에 취업하는 데 있어서 이 책이 유용할 것이라고 믿어 의심치 않는다. 그리고 독자 여러분이 이 책에 나와 있는 문제와 퍼즐을 풀면서 재미도 느낄 수 있기를 바란다. 이 책에 대한 감상이나 어떤 문제나 주제에 대한 생각, 그리고 여러분이 봤던 면접에 나왔던 문제 등을 우리에게 전하고 싶다면 언제든지 연락바란다.

부디 독자들이 꿈꾸는 직장을 구하길 기원한다.

옮긴이 서문

한국에서 초·중·고등학교를 다녔다면 대부분 치열한 입시경쟁을 거쳤을 것이다. 시험에서 좋은 성적을 받으려면 일단 기본기가 충실해야 하듯이 입사 면접도 일종의 시험이기 때문에 기본기가 충실하지 않고서는 좋은 결과를 얻기가 힘들다.

하지만 그렇다고 해서 기본기가 충실한 것만으로 컴퓨터 관련 분야에서 괜찮은 직장에 들어갈 수 있는 것은 아니다. 학교에서 배우는, 또는 책에 나와 있는 내용을 얼마나 잘 알고 있는가 하는 것뿐만 아니라 그 사람이 그동안 겪은 경험이라든가 상황에 따른 대처법, 커뮤니케이션 스킬 같은 것이 모두 실력에 포함되기 때문이다. 어떤 직업에 종사하든 문제 해결 능력은 상당히 중요하다. 컴퓨터 분야는 그중에서도 문제 해결 능력이 특히 강조되는 분야다. 여기에서 문제 해결 능력이란 책에 나와 있는 연습문제 같은 것을 푸는 능력이 아니라 주어진 상황에서 여러 제약 조건 등을 감안하여 현안을 처리하는 능력을 뜻한다. 따라서 문제를 해결하려면 지식 외에도 경험, 각종 기술, 사고력 등을 총체적으로 갖춰야 한다. 아울러 세상을 혼자 살아갈 수는 없는 노릇이고, 어디에서든지 다른 사람들과 함께 일을 해야 하기 때문에 자신의 생각을 남에게 잘 펼쳐낼 수 있는 능력, 남의 생각을 잘 이해하는 능력도 매우 중요하다. 팀워크도 정말 중요하다. 50인분의 일을 할 수 있는 슈퍼 개발자라면 몰라도, 1~2인분의 일을 할 수 있는 중~중상 수준의 사람이라면 그 사람 때문에 5명짜리 팀의 업무 효율이 저하되는 것보다는 그 사람을 포기하는 쪽이 팀 전체의 능력을 극대화하는 데 있어서 더 효과적이다.

이 책은 컴퓨터 관련 분야로 취업하려는 사람들을 대상 독자로 한다. 대학에서 컴퓨터 관련 학과를 졸업했거나 그에 상응하는 지식/경험을 가진 사람들을 위한 입사시험 수험서 성격을 띤 책이다. 컴퓨터 관련 업체의 입사 면접에 나올 만한 문제들을 여러 예제를 통해 풀어본다. 이미 대부분 독자가 경험했겠지만, 시험에서 탄탄한 기본기 못지 않게 중요한 것이 바로 문제를 푸는 기술이다. 교과서를 달달 외운다고 해서 모든 문제를 수월하게 풀 수 있는 것은 아닌 것처럼, 아는 것이 많다고 해서 반드시 면접에서 좋은 결과를 얻을 수 있는 것은 아니다. 이 책은 학교에서, 또는 교과서에서 배운 내용과 실제 면접 사이의 간극을 메꿔 줄 것이다.

이 책의 3판 번역본이 나온 지도 벌써 4년이나 지났다. 그동안 직간접적인 경험을 통해 면접 준비가 기본기 못지않게 얼마나 중요한 것인지 새삼 깨닫게 됐다. 개정판 작업에 도움을 준 홍성신 편집자에게 감사의 마음을 전한다. 그리고 나의 존재의 이유인 아내 혜선, 아들 정언, 정인, 그리고 3판 작업 때는 없었지만 지금은 우리 가족에게 큰 기쁨의 원천인 막내 정후에게도 사랑과 감사의 마음을 전한다.

2019년 **서환수**

개정 4판이 완성될 때까지 수고한 Wiley와 Serendipity23 편집팀 동료에게 깊은 감사의 마음을 전한다. 프로젝트 편집자 아다오비 오비 털튼의 탁월한 편집, 구성 능력과 끈기 덕분에 제때 책을 준비할 수 있었고, 편집장 짐 미나텔의 관심 덕분에 책을 출간할 수 있었다. 두 사람의 시간, 노고, 지원에 감사드린다.

기술 편집자 웨인 하임과 댄 힐은 3판에서 4판에 이르기까지 책의 품질을 끌어올리는 데 큰 역할을 했다. 꼼꼼한 검토와 사려 깊은 논평 덕분에 많은 오류와 실수를 잡아낼 수 있었고 내용을 훨씬 깔끔하게 다듬을 수 있었다. 새로 추가된 데이터 과학 내용을 검토한 앤드루 테일러와 교정을 도와준 톰 몽건에게도 감사드린다.

1, 2, 3판이 없었다면 4판이 나올 수 없었기에 1, 2, 3판을 만드는 데 도움을 준 이들에게도 감사드린다. 특히 3판 참여에 큰 도움을 준 마이클 J. 몽건에게 감사의 마음을 전한다. 3판을 준비하면서 생긴 여러 도전 과제를 신속하고 분명하게 극복해낸 모린 스피어스, 처음 이 책의 편집을 맡았던 마거릿 헨드리, 마저리 스펜서의 끈기와 지원에도 감사드린다. 처음부터 검토와 자문을 도와준 댄 힐, 엘리스 리프코위츠, 채리티 루, 롭 매과이어, 톰 몽건에게도 감사를 드린다. 특히 댄 힐의 기여도가 컸는데 상세하고 꼼꼼하게 검토해준 덕분에 1판이 훨씬 좋은 책이 될 수 있었다.

자신이 얼마나 뛰어난 프로그래머인지 잘 드러낼 수 있도록 기술 면접을 준비하는 독자를 위해 이 책을 만들었다. 이 책은 프로그래밍하는 방법을 가르치기 위한 책이 아니라 프로그래밍 역량을 활용하여 프로그래밍 면접에서 빛을 발하는 방법을 알려주기 위한 책이다. 전반적으로 프로그래밍 면접은 암기력을 시험하는 것은 아니기 때문에 면접을 위해 외워야 하는 내용을 모아놓진 않았다. 대신 예제를 통해서 성공하기 위해 필요한 기술과 사고력을 가르쳐주는 식으로 구성했다. 이런 기술과 사고력을 내 것으로 만들고 싶다면 시간을 충분히 들여서 직접 문제를 풀고 이해해야 할 것이다.

왜 프로그래밍 면접인가?

소프트웨어 회사에서는 왜 프로그래밍 면접을 볼까? 회사는 동료와 잘 어울려 훌륭한 제품을 성공적으로 만들 수 있는 훌륭한 프로그래머를 뽑고 싶어 한다. 안타깝게도 많은 이들이 뼈아픈 경험을 통해 프로그래밍 직종 지원자 중 상당수가 코딩 실력이 없다는 것을 알게 됐다. 이력서나 과거 경력, 수강 과목, 학위 등을 살펴보면 그런 사람을 걸러낼 수 있을 것 같지만 실제로는 쉽지 않다. 화려한 이력서와 관련 분야에서의 다년간 경험을 갖췄음에도 불구하고 지극히 단순한 프로그래밍 업무조차 제대로 해내지 못하는 지원자가 깜짝 놀랄 정도로 많다. 그중에는 기술 용어는 많이 알아서 프로그래밍이나 기술에 대한 대화를 나눌 때는 경쟁력이 있어 보이는 사람도 있다. 이렇게 코딩할 줄 모르는 무늬만 개발자를 뽑았다가는 부서(또는 소규모 회사) 전체가 무너져버릴 수도 있다.

전통적인 면접으로는 코딩할 줄 모르는 지원자를 걸러낼 수 없다는 것을 깨달은 회사들은 다음 단계로 넘어갔다. 면접에서 지원자에게 코딩을 시킨 것이다. 그렇게 프로그래밍 면접이 탄생했다. 프로그래밍 면접은 코딩할 줄 아는 사람과 그렇지 않은 사람을 구분하는 데 엄청나게 효과적이다. 그러다 보니 거의 모든 기술 면접에서 프로그래밍 면접을 보게 되었다.

프로그래밍 면접이 어려운 이유는 회사에서 코딩을 못 하는 사람만 걸러내는 게 아니기 때문이다. 회사에서는 그럭저럭 경쟁력 있는 사람과 최고의 프로그래머를 다시 구분한다. 이를 구분하는 건 더 어렵다. 보통 면접관은 어려운 프로그래밍 문제를 내고 얼마나 빠르고 정확하게 문제를 푸는지에 따라 지원자의 실력을 측정한다.

이런 접근법에는 면접에서의 시간 제약 때문에 실제 개발 업무에서 필요한 역량과 프로그래밍 면접에서 확인할 수 있는 역량이 완벽하게 일치하지 않는다는 문제가 있다. 프로그래밍 면접에서는 누군가가 지켜보는 현장에서 다른 참고 자료를 사용하지 못한 채 바로 문제를 푸는 능력을 평가할 수밖에 없다. 복잡한 코드를 만들 시간도 없기 때문에 풀이가 간단한 문제만 낼 수 있다. 풀이가 간단한 문제는 대부분 쉽기 마련이니 면접 문제 중 상당수가 특이한 알고리즘 기교나 이상한 제약 조건, 특정 언어의 특이한 기능과 관련되곤 한다. 그러나 실제 개발 환경에서 이런 문제는 자주 발생하지 않기 때문에 면접을 따로 준비하지 않는다면 뛰어난 프로그래머라도 시험에서 탈락할 수 있다.

반대로 전문가로서 개발 업무를 하는 데 꼭 필요한 역량 중 프로그래밍 면접을 통해서는 제대로 혹은 전혀 평가할 수 없는 부분도 있다. 소통과 팀워크, 대규모 코드베이스 아키텍처 및 관리, 일정에 맞춰 꾸준히 믿을 수 있는 코드를 만드는 시간 관리 능력과 성실성, 필요한 구성요소를 파악하고 프로젝트를 끝까지 수행하는 등의 대형 프로젝트 공략 능력 같은 것을 예로 들 수 있다.

프로그래밍 면접이 지원자의 가치를 평가하는 완벽한 척도라고는 할 수 없다. 하지만 처칠이 민주주의에 대해 했던 말을 조금 바꿔서 말하면, 프로그래밍 면접은 최악의 기술 면접 방법이다. 지금까지 시도한 다른 모든 기술 면접 방법을 제외하면 말이다.*

---

* **역자 주** 윈스턴 처칠은 "민주주의는 최악의 정치 체제다. 지금까지 시도된 다른 모든 형태의 정치 체제를 제외하면 말이다"라는 말을 남겼다.

더 중요한 것은 회사에서는 프로그래밍 면접으로 직원을 채용하기 때문에 평가 방식이 이상적이든 아니든 잘 하고 봐야 한다는 점이다. 이 책은 자신의 프로그래밍 실력을 활용하여 프로그래밍 면접 문제를 잘 푸는 방법을 알려주고 면접에서 빛을 발하고 원하는 직장에 취업할 수 있도록 준비하고 데 도움을 주려는 책이다.

이 책을 활용하는 방법

프로그래밍 면접 절차를 완전하게 익히려면 연습이 가장 중요하다. 프로그래밍 면접을 준비하는 데 이 책 활용법을 소개하면 다음과 같다.

- 충분한 시간을 들여서 준비하자. 준비는 가능하면 빨리 시작하자. 면접 몇 주 전, 혹은 몇 달 전부터 준비하면 좋다. 이 책에서 설명하는 개념을 체화하려면 그 정도 시간은 필요하다. 미리 시간을 낼 수 없다면 단기간에라도 집중해서 몇 시간씩 공부할 수 있는 시간을 갖도록 하자.
- 문제에 답하는 연습을 하자. 그냥 풀이를 읽어서는 안 된다. 정답은 문제를 풀다가 막히면 힌트 삼아 보거나 스스로 푼 답을 확인하는 식으로 활용하자. 면접하는 상황을 가정하고 연습하는 것이다. 종이나 칠판에 코드를 적는 경우가 많으므로 직접 연습해보자. 바보 같아 보일 수도 있지만 키보드가 아닌 펜으로 하는 프로그래밍에 익숙해지는 데도 연습이 필요하다.
- 기본 개념을 확실히 이해하자. 문제의 밑바탕에 깔린 개념을 이해하는 것이야말로 성공의 열쇠다. 이해되지 않는 내용을 대충 넘어가거나 건너뛰지 말자. 예전에 배웠던 기억을 되살리는 데 필요할 내용을 수록하긴 했지만 새까맣게 잊어버린 내용이나 배운 적 없는 내용이 있다면 다른 책으로 공부해야 할 수도 있다.
- 문제의 정답을 굳이 외울 필요는 없다. 면접관이 이 책에 나와 있는 문제를 낼 가능성은 거의 없다. 혹여 그렇다고 하더라도 변형해서 낼 것이다. 외웠던 답을 말하면 오답일 가능성이 높다.

- 꾸준히 연습하자. 이 책을 읽었다고 해서 준비가 끝난 것은 아니다. 프로그래밍 문제를 푸는 연습을 계속해야 한다. 문제는 인터넷에서 쉽게 찾을 수 있다. 자기 전문 분야의 참고서적도 읽어야 한다.

그럼 시작하자.

CONTENTS

CHAPTER **01** 구직을 시작하기 전에

CHAPTER **02** 입사 지원 절차

CHAPTER 03 전화 예비 면접

CHAPTER 04 프로그래밍 문제 접근법

CHAPTER 05 연결 리스트

CHAPTER 06 트리와 그래프

CHAPTER 07 배열과 문자열

CHAPTER 08 재귀 호출

CHAPTER 09 정렬

CHAPTER 14 그래픽스와 비트 조작

CHAPTER 15 데이터 과학, 난수, 그리고 통계학

CHAPTER 18   지식 기반 문제

CHAPTER 19   기술과 무관한 질문

APPENDIX A 이력서

구직을 시작하기 전에

본격적인 구직 활동을 시작하기 전에 몇 가지 사전 작업이 필요하다. 예를 들어 자신이 뭘 좋아하는지도 모르는 상태에서 직장을 구하는 것이 무슨 큰 의미가 있겠는가? 코딩에 능한 것만으로는 부족하다. 인력 시장에서 원하는 것이 무엇인지, 어떻게 하면 자신에게 딱 맞는 직장을 구하기 위한 자기만의 능력을 계발할 수 있을지를 제대로 이해하고 있어야 한다.

너 자신을 알라

조금 이상하게 들릴지도 모르지만 모든 프로그래머가 다 같은 것은 아니다. 올바른 직장을 선택하는 데 있어서 가장 중요한 것 중 하나가 바로 자신이 어떤 유형의 프로그래머인지를 파악하는 것이다. 다양한 프로그래밍 관련 일을 하다 보면 자기 적성에 맞는 것도 있고 그렇지 않은 것도 있게 마련이다. 잠깐이라면 별로 마음에 들지 않는 일을 하는 것도 나쁘지 않지만, 흥미와 열정이 없이는 오랫동안 계속해서 일을 하기는 쉽지 않다. 최고의 프로그래머라면 자신의 일에 열정적이어야 하는데, 그냥 그럭저럭 흥미를 느끼는 정도만 가지고는 진정한 열정을 가질 수 없다.

자신이 무엇을 좋아하고 무엇을 싫어하는지 잘 모르겠다면 다음과 같은 질문을 생각해보자.

- **나는 시스템 프로그래머일까, 애플리케이션 개발자일까?** 시스템 프로그래머는 컴퓨터 시스템이 돌아갈 수 있게 하는 프레임워크나 툴, 컴파일러, 드라이버, 서버 같은 코드를 만든다. 주로 다른 프로그래머들과 얼굴을 맞대고 일해야 하며, 프로그래머가 아닌 사람들하고는 같이 일하는 경우가 거의 없다. 사용자 인터페이스 관련 업무는 거의 하지 않는다. 반대로 애플리케이션 개발자는 프로그래머가 아닌 사람들이 자기 일을 하는 데 필요한 프로그램을 만드는 일을 하기 때문에 프로그래밍을 잘 모르는 사람들하고도 자주 대면하게 된다. 많은 프로그래머들이 비전문가와 기술적인 주제에 관해 논의하는 것을 당혹스러워한다. 반면에 프로그래머뿐 아니라 일반인도 사용하는 애플리케이션을 만드는 것을 좋아하는 프로그래머도 있다.

- **나는 사용자 인터페이스 코딩을 좋아하는가?** 사용자 인터페이스^{user interface, UI} — 사용자 경험^{user experience, UX}, 인간과 컴퓨터 상호작용^{human computer interaction, HCI}이라고도 부른다 — 설계는 프로그래밍, 그래픽 디자인, 심리학 같은 다양한 능력이 연관되는 분야다. 어떤 애플리케이션에서든 사용자 인터페이스가 눈에 가장 잘 들어오기 때문에 이목을 끄는 일이라고 할 수 있다. 사용자 인터페이스 설계는 기기의 제약 조건 때문에 창의성과 혁신을 필요로 하는 모바일 애플리케이션 개발에서 특히 중요하다. 여기에 필요한 능력이 있고 이 일을 좋아한다면 상당한 경쟁력을 갖췄다고 할 수 있다. 많은 프로그래머가 UI 업무는 까다롭고 잘 하기 어렵고 욕 먹을 일은 많고 국제화나 접근성 문제까지 고려하면 더 골치가 아프다고 생각하기 때문이다.

- **나는 디버깅에 능숙한가?** 자신이 만든 코드의 문제점을 찾아내는 것도 고달픈 일이지만, 다른 사람이 만든 코드의 문제점을 찾아내는 것은 상상만으로도 괴로워질 정도로 어려운 일이다. 디버깅은 막강한 분석력과 문제 해결 능력을 필요로 하는 작업이다. 버그를 찾아내고 고치는 것 자체가 매우 보람찬 일이긴 하다. 그러므로 유지보수를 주 업무로 할 때는 적성에 맞는지 확인할 필요가 있다(물론 내가 만든 코드는 항상 유지보수를 해야 할 테니 어떤 프로그래머든 디버깅 능력은 있어야 한다). 많은 경우 유지보수 프로그래밍 업무를 하려면 지금은 구식이라고 여기는 옛날 기술을 주로 다뤄야 하며 오래된 회사에서는 더욱더 그렇다. 옛날 기술과 관련된 경험과 능력을 기르다 보면 선택할 수 있는 일자리가 줄어들 수 있지만, 옛날 기술 전문가를 찾기가 하늘의 별따기인 만큼 옛날 프로그램을 쓰고 있는 소수의 회사에서 간절히 원하는 인재가 될 수 있다.

- **나는 테스팅을 좋아하는가?** 테스팅 — 품질 관리^{Quality Assurance, QA}라고도 부른다 — 은 생각할 수 있는 모든 프로그램 사용법을 빼먹지 않고 따져볼 수 있는 꼼꼼함과 프로그램 개발자가 상상하지 못한 입력의 조합을 만들어서 버그를 찾아낼 수 있는 창의성을 겸비해야 하는 일이다. 숙련된 테스팅 전문가는 찾기도 힘든데다가 테스트용 도구나 자동화된 테스트 케이스를 만들려면 프로그래밍 능력도 요구된다.

- **나는 아키텍트인가 코더인가?** 어떤 코딩 일을 하든 어느 정도는 설계 능력이 필요하지만 직종의 특성에 따라 둘 중 한쪽에 치우치는 경우가 많다. 그중에서도 대형 프로젝트의 대규모 구조를 설계하는 걸 좋아한다면 코딩에 무게가 실린 자리보다는 소프트웨어 아키텍트 자리가 더 끌릴 것이다. 좋은 아키텍트가 되려면 코딩하는 방법도 이해하고 있어야 하지만 아키텍트 자리에서 일한다면 코딩은 거의 또는 전혀 안 하고 회의나 다른 사람을 만나는 일이 업무의 대부분을 차지할 수 있다. 소프트웨어 아키텍처에 관한 공부를 따로 한 게 아니라면 먼저 코딩 관련 업무를 하면서 설계나 프로젝트의 여러 부분의 아귀를 맞추는 일에 대한 능력을 보이면서 아키텍트로 업종을 전환할 수 있다.

지금까지 살펴본 질문들은 주로 어떤 스타일의 프로그래밍을 좋아하는지에 대해 알아보기 위한 것인데, 프로그래밍과 무관한 다음과 같은 문제도 생각해봐야 한다.

- **나는 관리 업무에 흥미를 느끼고 있을까?** 코더 중에서도 장기적으로 관리자가 되는 것을 목표로 삼는 사람들도 있고, 관리자가 되는 것은 상상만 해도 끔찍하다고 생각하는 사람들도 있다. 만약 관리자가 되는 쪽에도 관심이 있다면 리더십을 기르고 소프트웨어 개발 과정에 있어서 기술적인 부분뿐만 아니라 인간적인 부분도 관리할 수 있는 능력을 보여야만 한다. 관리 업무가 목표가 아니라면 승진하기 위해 꼭 부하직원들을 관리하지 않아도 되는 기술 커리어 패스를 잘 갖추고 있는 회사를 찾아보는 것이 좋다 (어떤 커리어 패스를 선택하든 승진을 위해서는 리더십이 필요하지만 리더십과 사람을 관리하는 능력은 별개다).

- **대기업에서 일하는 편이 더 나을까?** 대기업에서 일하는 데는 나름대로 장점도 있고 단점도 있다. 예를 들어 대기업은 (불경기에는 정리해고도 빈번하지만) 안정성이 좋은 편이며, 커리어 패스를 쌓는 데도 유리한 편이다. 그리고 이름값이 있어서 기술 분야를 잘 모르는 사람들에게도 자기 회사를 얘기하면 쉽게 능력을 인정받을 수 있다. 하지만 관료주의나 경직성, 사내 경쟁 때문에 스트레스를 받기 쉽다는 단점도 있다.

- **중소기업에서 일하는 편이 더 나을까?** 월급은 적을 수 있지만 회사가 점점 커지고 사업이 성공 가도를 달린다면 신생 기업의 초기 일원으로 들어가는 것도 나중에 여러모로 도움이 될 수 있다(돈방석에 앉을 수도 있다). 중소기업이 업무 환경 면에서 대기업보다 더 자유로울 수도 있다. 하지만 신생 벤처 기업은 대부분 망하기 때문에 1~2년 안에 실직할 수도 있고, 그런 경우 대기업에서 주는 퇴직금 같은 혜택은 기대할 수 없을지도 모른다.

- **오픈 소스 프로젝트를 좋아하는가?** 거의 대부분의 프로그래밍 업무는 소스가 공개되지 않는 상용 프로젝트를 중심으로 돌아가는데, 이런 프로젝트를 마음에 들어 하지 않는 프로그래머들도 있다. 하지만 최근 들어 오픈 소스 프로젝트에 참여하면서도 자신이 한 일과 관련하여 월급을 받을 수 있는 기회를 제공하는, 오픈 소스 개발에 호의적인 회사들도 조금씩 늘어나고 있다. 내가 한 일이 꼭 오픈 소스가 되어야 한다고 생각한다면 이미 오픈 소스에 발을 담그고 있는 회사를 찾아보는 게 좋다. 그렇지 않은 회사에서 오픈 소스 프로젝트를 하려고 노력해봤자 힘만 들고 성과는 없을 가능성이 높다.

- **나는 장기 프로젝트를 좋아하는가? 아니면 단기 프로젝트를 좋아하는가?** 한 프로젝트에 길어야 몇 달 정도씩만 매달리는, 언제나 변화를 추구하는 프로그래머도 있다. 단

기 프로젝트를 더 좋아하고 이곳저곳을 돌아다니는 것을 꺼리지 않는다면 일반적인 회사보다는 컨설팅 회사 같은 데서 일하는 것도 나쁘지 않다.

위에 있는 질문들에 대한 답은 사람마다 다 다를 것이다. 정답도, 오답도 따로 없다. 하지만 위 질문들에 대해 자신이 정확하게 원하는 것을 답할 수 있다면 자신이 진정으로 원하는 일을 찾을 수 있는 가능성이 더욱더 높아질 것이다.

시장을 알라

자신이 무엇을 하고 싶어 하는지를 파악하는 것도 중요하지만 너무 목표를 좁힐 필요도 없다. 인력 시장이 어떻게 돌아가는지, 그것이 자신이 이상적이라고 생각하는 직업을 찾는 데 어떤 영향을 끼치는지를 제대로 이해하는 것도 중요하다. 특히 90년대 말에 인터넷 거품이 꺼져가던 시절이나 2000년대 말 글로벌 부동산 위기와 금융 위기 때처럼 경제적으로 불황이 닥치는 시절에는 시장을 제대로 파악하는 것이 더욱더 큰 위력을 발휘한다.

기본적인 시장 정보

개발자 인력 시장에서 어떤 것이 뜨고 있고 어떤 것이 가라앉고 있는지 파악하는데 도움이 될 만한 정보는 다양한 경로를 통해 얻을 수 있다. 다음과 같은 정보를 참고하도록 하자.

- **소셜 네트워크** 링크드인이나 페이스북 같은 소셜 네트워크가 급성장하면서 소셜 네트워크는 서비스 유형이나 크기를 막론하고 모든 조직의 채용의 장으로 변모했다. 특히 링크드인이 중요하다. 다른 소셜 네트워크를 통해 시장에서 나오는 어떤 간접적인 신호라든가 새로운 구인 공고, 나아가 발표되지도 않은 구직 기회를 접하는 것도 가능하다.
- **온라인 구인/구직 사이트** 구직 활동을 할 때 볼 만한 사이트에는 두 가지 유형이 있다. Dice(기술 관련 커리어 전문), Indeed, Monster(일반 구인/구직 사이트) 같은 사이트를 통해서는 어떤 회사에서 지금 구인을 하고 있는지 알 수 있다. Glassdoor 같은 리뷰 사이트에서는 나한테 잘 맞는 회사를 찾는 데 도움이 될 만한 근무 환경, 급여, 보너스, 복지 같은 정보를 얻을 수 있다.

- **서점** 프로그래머들이 주로 참고하는 문서 중에 온라인으로 제공되는 문서의 비중이 점점 늘어나고 있긴 하지만, 종이책이든 전자책이든 출판된 전문서는 여전히 중요하다. 분야별로 출판되는 책 수는 프로그래밍 업계의 그 분야에 대한 관심의 척도라고 할 수 있다. 특히 어떤 틈새 분야가 갑자기 주류로 넘어가는지 주의 깊게 살펴보자. 대부분 회사에서 사용하는 주류 기술은 출판 분야에서 볼 수 있는 관심의 변화보다 몇 년 느리게 움직인다는 점은 염두에 두자.

- **전문 개발자 과정** 대학을 비롯한 교육 기관에서는 기업들의 요구에 발을 맞추게 마련이고, 그러한 수요에 맞는 전문 개발자 과정을 개설하여 운영한다.

지금 학생이 아니라면 주변에 있는 대학이나 모교의 컴퓨터 관련 학과에서 어떤 언어와 기술을 가르치는지 알아보자. 학계의 수요가 반드시 기업체의 수요와 맞아 떨어지는 것은 아니지만 교육기관들은 전반적으로 기업에서 원하는 인재들을 배출하기 위해 노력하는 경향을 보인다.

아웃소싱

아웃소싱과 해외 업무 위탁(해당 기업의 핵심 업무가 아닌 일을 외부 업체에 맡기는 것)은 기술 관련 고용 전반에서 큰 비중을 차지한다. 급여 관련 행정 업무라든가 자산 관리 같은 업무는 이미 예전부터 외주 업체에 맡기는 경우가 많았다. 최근 이런 경향이 프로그래밍 분야에도 확대되었는데, 컴퓨터 가격이 싸지고 인터넷 덕분에 장거리 통신 비용도 내려가고 저임금 개발도상국의 기술 인력도 훌륭해졌기 때문이다. 2000년대 중반에는 아웃소싱, 그중에서도 해외 업무 위탁이 크게 늘었다. 최근 몇 년간 아웃소싱 논의가 줄어들었는데 이는 아웃소싱에 관심 있는 회사들은 이미 가능한 업무는 대부분 아웃소싱으로 돌렸기 때문이다. 게다가 인도나 중국 같은 개발도상국의 인건비가 오르면서 해외 업무 위탁 비용도 늘고, 여기에 문화권과 업무 시간대가 크게 다른 인력과의 업무 조율에 들어가는 숨은 비용에 대한 인식까지 맞물리면서 일부 회사에서는 아웃소싱했던 업무를 다시 사내로 불러들이기도 했다. 그럼에도 불구하고 아웃소싱과 해외 업무 위탁은 팽창하는 회사에서는 비용 절감의 한 가지 방안으로, 이미 자리 잡은 회사에서는 지역 인력을 고용하기 위한 인건비 지출을 줄이기 위한 방안으로 고려할 만한 대상이다.

아웃소싱, 특히 해외 업무 위탁이 걱정된다면 나중에 아웃소싱될지도 모르는 자리에 취업하지 않도록 주의할 필요가 있다. 몇 가지 도움이 될 만한 조언을 제시하면 다음과 같다.

- **소프트웨어 개발 전문회사에서 일한다.** 소프트웨어 전문회사에서는 그 회사에서 개발하는 지적재산권이 바로 그 회사의 존재의 이유다. 중형에서 대형 정도 되는 규모의 업체에서는 외국에 개발 센터를 만들 수도 있지만, 제대로 된 회사라면 회사 전체를 외국으로 옮긴다거나 자사의 미래를 외부 업체에 맡겨버리는 일을 할 가능성은 희박하다. 그럼에도 불구하고 비용 문제로 전체 프로젝트, 또는 상당 부분의 프로젝트를 개발도상국으로 아웃소싱해버리는 회사들도 있기 때문에 회사의 경영 행태와 방침을 예의주시하는 것도 필요하다.

- **아웃소싱 업체에서 일한다.** 이상해 보일지 모르지만 아웃소싱 업체에서도 미국처럼 고객이 많은 지역에서 일할 사람을 뽑는다.

- **프로그래머 먹이 사슬에서 위쪽으로 올라간다.** 디자인 위주의 업무는 아웃소싱 대상에서 제외되는 경우가 많다. 코더는 비교적 저렴하고 수도 많지만, 훌륭한 디자이너는 훨씬 더 구하기가 힘들다(물론 이는 디자인 능력과 코딩 능력이 별개의 능력이라는 가정하에 하는 얘기다). 회사에서 필요한 사람이 되는 또 다른 방법으로 특정 영역에 대한 지식을 습득하는 방법이 있다. 내가 만드는 프로그램에 관한 프로그래밍 외적 부분에 대한 지식 말이다. 예를 들어, 금융 소프트웨어를 개발한다면 프로그래밍 외에 회계 능력까지 필요한 일을 하고 있다면 코딩만 가능한 일을 하는 경우에 비해 아웃소싱될 가능성이 훨씬 낮다.

- **관리직으로 전환한다.** 관리직은 아웃소싱으로부터 안전한 편이기 때문에 관리직을 염두에 두고 커리어 패스를 쌓아가는 것도 한 가지 방법이 될 수 있다.

위에 열거한 방법 중에는 일반적으로 먹이 사슬에서 위로 올라가는 것이 가장 좋은 접근법이다. 자신의 업무를 수행하는 데 프로그래밍과 무관한 지식이 많이 필요할수록, 또는 고객과의 접촉이 빈번할수록 아웃소싱될 가능성은 줄어든다. 물론 절대로 아웃소싱되지 않는다거나 일을 그만두지 않아도 된다는 보장은 없다. 자신이 몸담고 있던 프로젝트가 중단되거나 축소되면 언제든 회사를 떠나서 실직자 신세가 될 수 있다. 바로 이런 이유 때문에 끊임없이 재사용 가능하고 시장에서 잘 팔릴 만한 능력을 계발하는 것이 중요할 수밖에 없다.

팔릴 만한 능력을 계발하라

이 책 뒤에 있는 부록을 보면 이력서가 어떻게 취업 면접을 잡기 위한 마케팅 도구가 될 수 있는지가 나와 있다. 가장 팔기 좋은 것은 다른 사람이 원하는 것이기 때문에 회사에 선보일 수 있는 **팔릴 만한** 능력을 계발하는 것이 중요하다.

서류 전형에서든 면접에서든 눈에 띄기 위해서는 능력을 계발하고 업적을 쌓아야 한다. 특히 첫 직장을 구한다면 더욱 그렇다. 몇 가지 공략법을 소개하면 다음과 같다.

- **좋은 학위를 취득한다.** 구글 같은 회사는 대학원을 졸업한 지원자들을 선호하는 것으로 잘 알려져 있다. 석사나 박사 학위는 구직 활동에 있어서 크게 도움이 된다. 그 외에 대학에서 운영하는 코스나 전문 교육 기관의 개발자 코스를 수강한다거나 프로그래밍 경시대회에 참가하는 것도 경력에 도움이 된다.

- **굳이 자격증을 취득할 필요는 없다.** 자격증을 요구하는 회사가 극히 드물기 때문에 프로그래밍 관련 자격증의 가치가 별로 없다고 생각한다. 최고의 직장에서 일하는 최고의 프로그래머도 공식 프로그래밍 자격증을 갖고 있는 사람은 거의 없으며 바로 이 사람들이 지원자를 면접하고 평가한다. 그런 자격증을 따는 데 시간을 투자하기보다는 여기에 나온 다른 추천 항목, 이를테면 사이드 프로젝트나 성적 올리기에 신경 쓰는 게 더 낫다.

- **사이드 프로젝트를 진행한다.** 자신의 주 업무나 연구 주제하고 직접적으로 연관되지 않은 프로젝트 작업을 통해서도 능력을 계발할 수 있다. 오픈 소스 개발 프로젝트를 새로 시작한다거나 진행 중인 프로젝트에 참여하는 것도 좋은 방법이다. 회사에서 일하고 있다면 혹시 다른 보조 프로젝트에도 시간을 낼 수 있는지 알아보자.

- **성적을 잘 받는다.** 학점과 성적이 전부는 아니지만 업무 경험이 부족한 신입사원을 뽑을 때는 회사 입장에서 학점을 잣대로 삼을 수 있다. 학점이 좋을수록, 그중에서도 특히 컴퓨터 및 수학 관련 과목의 성적이 좋을수록 회사에 좋은 인상을 줄 수 있다.

- **꾸준히 공부한다.** 정규 교육 과정이 끝났다고 해서 공부를 그만둬야 하는 것은 아니다. 특히 다양한 방법으로 프로그래밍에 대한 정보를 얻을 수 있기 때문에 계속해서 공부를 해야 한다. 어떤 분야의 프로그래밍을 하든 책이나 블로그 등을 통해 새로운 정보를 꾸준히 얻을 수 있다. 그리고 이렇게 계속 공부를 하면서 식견을 넓히고 또 다른 흥미로운 분야에 대해 배울 수 있다. 이렇게 공부한 내용은 이력서에는 올라가지 않겠지만 기술 면접에서는 도움이 될 수 있다.

- 인턴 경험을 쌓는다. 학교를 갓 졸업한 사람들 중에서 방학, 또는 휴학 중에 회사 경험을 해봤다면(특히 업체에서 운영하는 교육 프로그램에 참가했다면), 사회 경험이 없는 다른 경쟁자들에 비해 훨씬 더 유리한 고지를 선점할 수 있다. 회사에서의 소프트웨어 개발은 학교에서의 소프트웨어 개발하고는 크게 차이가 나며, 회사 입장에서는 그런 차이점에 민감할 수밖에 없다.

- 코드 콘테스트 사이트를 활용한다. TopCoder, HackerRank, CodeWars 사이트 같은 프로그래밍 문제 풀이 대회에 참여한다. 경쟁에서 이기면, 즉 상대방이나 봇보다 문제를 더 빨리 풀면 높은 순위로 올라갈 수 있고 이런 순위는 이력서에 적을 수 있다. 지더라도 프로그래밍 면접에 도움이 될 만한 훌륭한 연습문제를 푼 셈이니 손해볼 건 없다. 이런 사이트의 수익 모델은 대부분 채용 후보를 제공하고 리크루터에게 수수료를 받는 식으로 돌아가기 때문에 순위가 올라가다 보면 취업 제의를 받을 가능성이 높아진다. 웹사이트에서 프로그래밍 관련 주제를 검색한다든가 하는 활동을 한 사람들을 숨겨진 코딩 콘테스트에 초대하는 식으로 구인을 하는 회사도 있다.

결국 핵심적인 것은 커리어의 어떤 과정에서든 지속적으로 배우는 것이다. 시장에서 팔릴 만한 능력은 하루아침에 만들어지지 않는다. 꾸준히 노력하고 정진하면서 능력을 키워가다 보면 결국에는 장기적으로 자신의 커리어에 큰 도움이 되게 마련이다.

일 제대로 해내기

회사에서는 **일을 제대로 해낼 줄 아는** 소프트웨어 개발자를 찾는다. 이력서에 적혀 있는 경력이나 학력만 보면 대단해 보일지 모르지만, 자격증이나 지식이 있다고 해서 회사에서 팔 수 있는 제품이나 서비스가 저절로 만들어지는 건 아니다. 여러 구직자 사이에서 확실하게 두각을 보이기 위해서는 **무엇인가를 이뤄낼 수 있는** 능력이 필요하다.

박사 학위를 땄다거나, 널리 쓰이는 오픈 소스 프로젝트의 주요 개발자로 참여했다거나, 어떤 제품을 착수 단계부터 출시 단계까지 끌고 갔다거나 하는 일들은 모두 꽤 대단한 성과라고 할 수 있다. 하지만 어떤 제품에 어떤 기능을 추가했다든가, 제품의 성능을 상당히 향상했다든가, 곁다리 프로젝트 하나를 시작하거나 끝냈다든가, 수업 프로젝트로 유용한 애플리케이션을 만들었다든가 하는 작은 성과도 대단한 성과 못지않게 중요하다. 모두 내가 일을 제대로 해낼 줄 아는 사람이라는 것을 보여줄 수 있는 증거이기 때문이다.

채용 담당자들은 여러 가지 성과를 이뤄낸 지원자를 좋아한다. 일을 제대로 해낼 줄 아는 사람에게서 그런 패턴을 볼 수 있기 때문이다. 특히 경력직 개발자는 이 부분이 더 중요하다. 이력서와 온라인 프로파일을 통해 그런 성과를 분명히 보여줄 수 있어야 한다. 대단한 일을 해냈든 사소한 일을 해냈든 각각의 성과에 대해 똑똑하고 자신 있게 얘기할 수 있도록 항상 준비해 두자. 이 부분은 상상할 수 없을 만큼 중요하다. 근본적인 문제점이 무엇이었는지, 내가 했던 프로젝트에서 그 문제를 어떻게 풀었는지, 기술에 대해 잘 모르는 사람에게도 분명하고 간결하게 설명할 수 있도록 준비하자. 프로그래밍에 대한 열정을 보여주는 것도 언제나 긍정적인 결과를 가져오게 마련이며, 다른 구직자들보다 한 발 더 나가는 데 중요한 발판을 제공한다.

온라인 프로파일을 정돈하라

온라인 프로파일, 즉 나와 관련하여 온라인에 공개된 모든 것은 이력서 못지않게 중요하다. 온라인 프로파일은 채용 담당자가 괜찮은 후보를 찾을 때, 심사관이 원치 않는 후보를 걸러낼 때, 면접하는 사람이 이력서만 가지고는 심도 있는 면접 질문을 준비하기 어려울 때 등 다양한 상황에서 쓰인다.

온라인 프로파일에는 다음과 같은 것이 있다.

- **구글 검색 결과**　회사 측에서 나에 대한 첫인상이 결정된다.
- **링크드인 프로파일**　링크드인은 전문가 인맥 관리용 소셜 네트워크다. 무료로 가입할 수 있고, 직장 경력이나 학위가 총망라된 상세한 프로파일을 만들 수 있다. 사실상 온라인 이력서라고 할 수 있다. 동료나 고객이 공개적으로 그 사람을 추천할 수 있으며, 그런 정보가 매우 유용하게 쓰일 수 있다.

- **GitHub 프로파일** 직접 만나기 훨씬 전부터 GitHub 프로파일로 지원자를 평가하는 회사가 많다. 내가 만든 최선의 코드를 보여줄 수 있도록 공을 들여서 GitHub 프로파일을 정돈해보자. 미완성이거나 구성이 안 좋거나 후진 저장소는 지우거나 비공개로 바꾸자. 내 GitHub 프로파일을 물어보기 전에 이미 찾아봤을 거라고 생각하는 편이 좋다. 공개한 내용이 별로 없다면 제일 괜찮은 코드를 공개해서 관련 경험이 있다는 걸 분명하게 드러낼 필요가 있다.

- **Stack Overflow** 지원자에 대한 구글 검색 결과에서 나올 수도 있고, 따로 확인해볼 수도 있다. 최근에 자신의 무지가 드러날 만한 기초적인 질문을 남긴 일이 있다면 지우는 게 낫다. 프로파일이 없다면 하나 새로 만드는 게 좋다. 본격적인 구직 활동까지 아직 몇 달 정도 남았다면 그 전에 다른 사람이 올린 질문에 답변을 남겨보자.

- **엔젤 투자자 사이트** 엔젤 투자자 사이트에서는 투자자와 스타트업뿐 아니라 스타트업과 구직자를 이어주기도 한다. 이쪽에서 유명한 사이트로 AngelList가 있다. 내 관심사와 경험을 반영한 프로파일을 만들자.

- **기타 소셜 네트워크 프로파일** 공개 범위에 따라 페이스북, 트위터, 스냅챗 같은 곳에 올린 내용을 검토할 수도 있다. 전문가답지 못한 모습이 전체 공개되지 않도록 프로파일을 정리해두자.

- **개인 웹사이트** 개인 웹사이트를 통해 나와 내가 관심을 갖고 있는 주제에 대해 자세히 파악할 수도 있다. 정치적인 내용이나 논란이 있는 주제에 관해 글을 썼다면 구직 활동 중에는 그런 포스트는 가리는 게 나을 수 있다.

- **기사 및 블로그에 올린 글** 프로그래밍 관련 주제로 글을 쓴 적이 있다면 그런 글을 통해 채용 담당자가 내 경력을 더 잘 파악할 수 있다.

- **댓글이나 포럼에 올린 글** 내 프로그래밍 능력과 기술 및 기술기반 회사에 대한 일반적인 태도를 가늠하는 수단이 될 수 있다.

온라인 프로파일이 지원자의 채용 여부에 영향을 끼칠 수도 있다. 예를 들어 이력서에는 C# 경험이 풍부하다고 써 놨는데, 불과 6개월 전에 C#으로 파일을 여는 방법에 대한 질문을 인터넷에 올려놓았다면, 심사관 입장에서는 그 지원자가 자신의 경험을 과장해서 적어놓았다고 판단할 수 있을 것이고, 결국 이력서의 모든 내용을 못 믿게 된다. 또는 어떤 지원자가 썼다고 생각하는 글을 봤는데, 글의 내용이 불건전하거나 사악하다면 그 글을 정말 오래전에 썼다고 하더라도, 그리고 이력서에 담긴 내용이 아무리 훌륭해도 면접 기회를 주지 않을 수 있다. 고등학교, 대학교 시절에 실수 한 번쯤 하지 않는 사람은 없겠지만, 이전 세대와는 달리 인터넷 시대를 살아온 사람들에게는 자신이 잊고 싶은 기억조차도 끈질기게 뒤를 쫓아다니는 일도 비일비재하다.

입사 지원을 하기 전에 한 번쯤은 자신의 온라인 프로파일을 꼼꼼하게 살펴보자. 회사 관점에서 좋든 나쁘든 자신에 대해 어떤 정보를 찾아낼 수 있는지 파악해보자. 온라인 프로파일 때문에 취업이 안 될 수도 있을 것 같다면 최대한 깔끔하게 정리하는 방법을 찾아보자. 가능하면 웹이나 검색 엔진에서 문제가 될 수 있는 것을 다 지우는 게 좋다.

어느 정도 시간을 들여서 긍정적인 프로파일을 만들어 놓자. 웹에 나에 대해 부정적인 내용이 있는데 지울 수 없다면 이런 부분이 더욱 중요하다. 검색엔진 최적화 SEO, search engine optimization에 대해 좀 알아보고, 그런 기법을 동원해서 긍정적인 내용이 더 오래전에 만들어진 덜 긍정적인 내용보다 앞에 나올 수 있도록 하자. 링크드인 프로파일이 없다면 하나 만들고 최대한 자세한 내용을 담자.

마지막으로, 기타 도움이 될 만한 프로파일 역할을 하는 온라인 자료가 있을 수도 있다. 대부분 대학에서 동문들이 프로파일을 올릴 수 있는 구인/구직 사이트를 운영하며, 전직 직원을 위해 유사한 사이트를 운영하는 회사도 있다.

> **링크드인 프로파일을 갱신할 때 주의할 점** 링크드인 기본 설정상 모든 연락처에 갱신한 내용이 알려진다. 그런 알림이 가면 그 사람이 새 직장을 구하고 있다는 생각이 들게 마련이다. 내가 새 직장을 알아보고 있다는 걸 널리 알리는 데 도움이 될 수도 있지만, 지금 다니는 회사 동료에게도 그런 내용을 알리는 건 곤란할 수 있으니 프로파일을 갱신하기 전에 알림 기능을 꺼 두도록 하자.

심사관이 보기에 결격사유가 없을 만한 온라인 프로파일을 만들어내자. 그렇지 않아도 좋은 직장을 구하기가 쉽지 않은데 군이 일을 더 어렵게 만들 필요는 없다.

요약

제대로 된 자리를 찾기 위해서는 공식적인 구직 활동을 시작하기 전의 사전작업도 매우 중요하다. 그 점을 염두에 두고 다음과 같은 사항을 꼼꼼하게 챙기자.

- 프로그래머로서, 그리고 회사 직원으로서 좋아하는 것과 싫어하는 것
- 최적의 직장에 지원하기 위한 시장에 대한 이해
- 기업에서 선호하고 자기 경력에 도움이 될 만한 능력 계발
- 최대한 긍정적으로 보일 수 있는 방향으로 공개 프로파일 정리. 기업 입장에서 싫어할 만한 내용 정리

위와 같은 사항들을 확실히 검토해 봤다면 본격적인 구직 활동에 들어갈 준비가 끝난 셈이다.

입사 지원 절차

면접 및 채용 절차는 대부분 업체에서 유사하게 진행된다. 자신이 맞닥뜨리게 될 것에 대한 준비가 잘되어 있을수록 더 성공적인 결과를 얻게 마련이다. 이 장에서는 독자들이 불필요한 시행착오를 겪지 않을 수 있도록 구직을 위해 회사와 접촉하는 것에서부터 시작해서 구직 절차의 전반에 대해 살펴보도록 하겠다. 기술 관련 업체의 채용 절차는 일반 회사의 채용 절차하고는 판이한 편이기 때문에 이미 직장 생활을 어느 정도 해본 독자들에게도 이 장에 나와 있는 내용이 도움되리라고 생각한다.

회사 선택 및 접촉

직업을 구하는 데 있어서 첫 번째 단계는 자신이 일할 만한 회사를 찾아내고 그 회사에 연락하는 것이다. 개인적인 인맥을 통하는 방법이 가장 성공률이 높긴 하지만 헤드헌터를 통해서 알아본다거나 회사에 직접 연락하는 식의 다른 방법도 있다.

회사 찾기

어떤 회사에서 일하고 싶은지 분명히 알고 있다면 목표를 더 분명하게 잡을 수 있다. 일단 큰 회사는 쉽게 찾을 수 있다. 아마 손꼽히는 국내외 대기업 열 몇 개 정도는 금방 머릿속에서 떠올릴 수 있을 것이다. 언론 등을 통해서 괜찮은 대기업 및 중견기업을 알아볼 수도 있다. 몇몇 잡지나 신문에서 정기적으로 발표하는 일하기 좋은 직장 순위 같은 것을 참고할 수도 있다. (물론 순위를 있는 그대로 받아들이진 말자. 대기업에서는 한 회사 안에서도 삶의 질이 크게 다를 수 있다.) 어느 정도 규모가 있는 회사라면 온라인 구인 사이트 같은 곳에 광고나 공고를 내기도 한다. 거기에 나와 있는 구인 대상이 나한테 꼭 맞지 않더라도 어떤 회사가 있는지 알아보는 데는 도움이 될 수 있다.

작은 회사, 특히 초기 단계의 스타트업은 훨씬 찾기 어려울 수 있다. 보통 그런 회사는 너무 작거나 너무 생긴지 얼마 안 됐거나 너무 은밀하게 돌아가기 때문에 쉽게 찾을 수 없는 경우가 많다. 광고를 낼 만한 여력이 안 돼서 자사 홈페이지에만 구인광고를 올리는 경우도 많은데, 그 회사를 이미 알고 있지 않은 이상 그런 구인광고를 찾아내는 게 쉽지 않다. 친구나 지인에게 사람을 구하고 있는 스타트업이 없는지 물어보는 것도 좋고, 온라인 소셜 네트워크를 활용하는 것도 좋은 방법이다. 이 외에도 Dice 같은 온라인 구인/구직 게시판이나 AngelList 같은 엔젤투자자 사이트, 동창회원용 구인/구직 사이트 같은 비공개 구인/구직 목록을 찾아볼 수도 있다.

링크드인 같은 사이트를 활용하면 특정 지역 내에서 전문분야별로 사람을 찾아볼 수 있다. 그런 사이트에 가입한 사람들은 자기가 일하는 회사 이름도 적어놓기 때문에 그 검색 결과를 가지고 특정 지역에 있는 회사 목록을 뽑아볼 수 있다. 조금 수고스럽겠지만 다른 방법으로는 찾기 어려운 회사를 찾아낸다면 아무래도 경쟁자 수가 적다는 장점을 누릴 수 있다.

인맥 활용

직업을 구하는 데 있어서 인맥을 활용하는 것보다 더 나은 방법은 없다. 아는 사람들한테 자신이 어떤 직장을 원하는지 널리 알리자. 그들이 일하고 있는 직장이 바로 내가 원하는 직장이 아니더라도 다른 사람을 소개해줄 수도 있다. '수잔 친구', '빌이랑 아는 사람' 같은 식으로 개인적인 친분이 있는 경로를 통해 들어온 이력서는 온라인 공고, 취업 박람회 및 기타 구인활동을 통해 입수한 대부분의 다른 이력서에 비해 더 주목을 받을 수밖에 없다. 개인적으로 아는 사람이든 온라인으로만 아는 사람이든 모든 소셜 네트워크를 총동원해서 구직 기회를 찾아보자.

친구나 지인에게 부담을 주는 게 아닐까 하는 걱정은 접어두자. 직원이 괜찮은 사람을 추천하면 때로는 수천 달러에 달하는 두둑한 보너스를 지급하는 회사도 있다. 친구도 괜찮은 사람을 많이 추천할수록 경제적으로 도움이 되기 때문에 이득이다. 물론 그 사람이 실제로 뽑혀서 그 회사에서 일하기 시작한 후에야 추천 보너스가 지급된다.

일단 어떤 회사에 아는 사람이 있다면 그 인맥을 최대한 활용하는 것은 각자의 몫이다. 그 사람이랑 얼마나 친한지에 따라 접근법이 달라진다.

별로 친하지 않은 사람이라면 일단 이메일을 먼저 보내서 언제쯤 얘기할 수 있을지 시간을 잡자. 대화를 나누면서 어떤 회사인지, 업무 환경이 어떤지 물어보자. 그리고 혹시 들어갈 만한 자리가 있는지 물어보자. 보통 직원들도 가까운 부서에서 사람을 구하는 것만 알기 때문에 빈자리를 전부 아는 건 아닐 테지만, 혹시 그 회사의 구인공고가 있다면 그 목록을 알려주고 내가 왜 그 자리에 적합한지 설명해보자. 그리고 그 사람한테 내 이력서를 제출해달라고 부탁해보자. 그리고 대화를 마치기 전에 꼭 시간을 내 준 데 대해 고마움을 표시하자.

친한 친구라면 조금 더 편하게 그 회사에 자리를 알아보고 있다고 얘기하고 혹시 추천해줄 수 있는지 물어보자.

가장 좋은 것은 나랑 전에 같이 일해본 적이 있는 사람의 추천이다. 이미 그 회사에서 일하고 있는 사람이 내 실력과 성과를 보증해줄 수 있다면 가장 강력한 추천이 될 수 있다. 이런 이유 때문에라도 전에 함께 일했던 사람하고 친하게 지내는 게 좋다. 언젠가는 다시 함께 일하고 싶어질 수도 있기 때문이다.

헤드헌터 활용

특히 구인/구직 시장이 빡빡하게 돌아갈 때는 적지 않은 회사에서 헤드헌터 같은 외부 업체를 통해 직원을 선발하곤 한다. 구직자로서도 헤드헌터에게 나에 대해 알려주면 도움이 될 수 있다.

일단 헤드헌터 업체에 등록하면 내게 맞는 일자리가 나면 헤드헌터가 연락해준다. 시간이 좀 걸릴 수 있으니 실망할 필요는 없다.

헤드헌터 사이에도 능력이나 스타일의 차이가 있기 때문에 주변에서 괜찮은 헤드헌터를 추천받아서 등록하는 편이 좋다. 혹시 괜찮은 사람을 추천받을 수 없다면 웹에서 헤드헌터나 리크루터, 채용 서비스 등을 검색해보자. 그 헤드헌터를 통해 직장을 구한 사람들의 목록을 받아보고 헤드헌터의 능력을 평가해볼 수도 있겠지만, 워낙 많은 사람을 소개해주는 헤드헌터 업종의 특성상 아무리 그저 그런 헤드헌터라고 하더라도 자신에 대해 좋은 말을 해줄 만한 사람들 5-10명 정도는 확보하고 있기 때문에 주의해야 한다.

헤드헌터하고 일할 때는 그들이 무엇을 원하는지 잘 알 필요가 있다. 헤드헌터는 자신이 추천한 지원자가 최종적으로 입사할 때만 돈을 받는다. 따라서 헤드헌터로서는 최단 시간 내에 될 수 있으면 많은 사람을 여러 회사에 입사시켜야 한다. 그런 면에서 볼 때 헤드헌터로서는 특정 지원자에게 가장 좋은 직장을 잡아준다거나 특정 회사에 가장 좋은 직원을 찾아준다고 해서 딱히 특별한 금전적 이득을 취할 수 있는 것이 아니다. 헤드헌터도 결국은 구직자나 회사들을 위해 자선봉사를 하는 사람들이 아니고 먹고 살기 위해 일을 하는 사람들이라는 것을 이해한다면 그러한 헤드헌터들의 행동 양식에 실망하거나 기분 나빠할 필요도 없다. 이렇게 얘기한다고 해서 헤드헌터들이 원래 나쁜 사람들이고, 구직자나 회사를 등쳐먹는 사람이라는 얘기는 전혀 아니다. 헤드헌터에게 여러모로 도움을 받을 수도 있겠지만, 헤드헌터보다는 나에게 최선이 되는 결정을 내릴 수 있도록 주의하자는 말이다.

헤드헌터가 어느 정도 회사를 알아보고 나면 직무 해설서Job Description와 회사에 대한 대략적인 정보를 알려줄 텐데, 회사 이름을 바로 알려주진 않는다. 그래야 그 헤드헌터를 통해 회사에 지원할 것이고, 수수료를 챙길 수 있기 때문이다. 헤드헌터를 통해 들어온 자리에 따로 지원하는 건 부도덕한 일일 수 있지만, 일을 진행하기 전에 해당 업무나 회사에 대한 정보를 더 얻고 싶을 수도 있다. 예를 들어 이미 지원했던 자리일지도 모르고, 출퇴근하기 너무 먼 곳일 수도 있기 때문이다. 헤드헌터가 직무 해설서를 보낼 때 회사 웹사이트에 있는 내용을 그대로 복사해서 보낼 때가 많으므로 검색 엔진에 내용을 집어넣어서 구인공고 원본을 찾아보는 것도 한 방법이다.

헤드헌터를 전혀 활용하지 않는 회사도 있기 때문에 헤드헌터를 통해서만 구직활동을 하는 것은 바람직하지 않다. 그리고 다른 헤드헌터는 알아보지 말고 자기하고만 구직 활동을 하라는 사람은 피하는 게 좋다. 그리고 '헤드헌터'라는 단어는 해당 업계 종사자들은 별로 안 좋아하는 단어일 수도 있으니 헤드헌터하고 얘기할 때는 '헤드헌터'라는 단어는 피하는 게 좋다.

회사에 직접 접촉하는 방법

회사에 직접 연락을 취하는 방법도 있다. 이런 때에는 인터넷을 활용하는 것이 제일 좋다. 대부분 회사 웹 페이지에는 이력서를 제출하는 방법이 올라 있다. 웹 사이트에 구인공고가 나와 있다면 자세히 읽어보고 관심 있는 자리에 맞는 이력서를 제출하자. 회사에 특별히 하는 사람이 없다면 어떤 직종에 지원하는지 적시하는 것이 매우 중요하다. 이력서를 제출할 때부터 어떤 자리에 관심이 있다는 것을 적어두면 그 이력서가 바로 해당 부서의 채용 담당자에게 넘어가지만, 그렇지 않으면 인사부서 데이터베이스에 입력되고는 별 볼 일 없이 넘어가는 일이 비일비재하기 때문이다. 특정 회사를 미리 마음에 두고 있는 상황이 아니라면 기술 전문 구인 · 구직 사이트에서 시작하는 것도 좋다.

웹 사이트에 이력서나 입사 지원서를 어디로 제출해야 하는지 전혀 나와 있지 않으면 혹시 이메일 주소가 나와 있진 않은지 찾아보자. 이력서는 이메일을 받은 사람이 바로 볼 수 있도록 일단 이메일 본문에 일반 텍스트로도 적어놓도록 하고, 혹시 회사에서 이력서를 반드시 일반 텍스트 형태로만 보내라고 하지 않았다면 첨부 파일 형태로도 집어넣는 것이 좋다. 그렇게 해야 이메일 받은 사람이 출력하기 편하다. 파일을 첨부할 때는 PDF 파일 형태로 첨부하는 것이 가장 좋으며, 혹시 여의치 않다면 마이크로소프트 워드 파일을 첨부하자. 특별히 파일 형식이 지정되어 있지 않다면 다른 형식의 파일을 첨부해서 보내는 일은 피하는 것이 좋다. 그리고 파일을 구 버전의 MS 워드에서도 열 수 있도록 저장했는지 확인해보고, 혹시나 이력서 파일에 매크로 바이러스 같은 것이 들어 있지는 않은지도 꼼꼼하게 확인해야 한다. (이력서를 첨부해서 내 이메일 주소로 보내보면 바로 바이러스 감염 여부를 확인할 수 있다.)

이렇게 회사에 직접 연락을 취하는 방식은 사실 꽤 성공률이 낮은 방법이다. 이력서를 일반 인사과 이메일 주소로 보낼 때는 특히 더 심하다. 많은 회사에서 제출된 이력서를 자동으로 필터링하는 소프트웨어를 사용하고 있기 때문에 사람이 보기에 끌릴 만한 단어들이 들어가 있지 않다면 소프트웨어에서 그냥 걸러낼 가능성이 매우 높다. 따라서 이 책의 부록을 참고삼아 초기 심사 과정을 무사히 통과할 수 있는 이력서를 만들어놓는 것도 중요하다. 일단 좋은 이력서만 준비해두었다면 회사에 이력서를 제출하는 것 자체는 별로 시간도 오래 걸리지 않고 그리 힘들지도 않다.

취업 박람회

취업 박람회는 여러 회사에 대한 정보 및 각 회사에 대한 연락처를 비교적 손쉽게 얻을 좋은 기회다. 워낙 다른 지원자들도 많으므로 취업 박람회를 통해 어떤 특정 기업에 들어가게 될 확률은 높지 않지만, 워낙 많은 기업을 접하게 되기 때문에 그중 어떤 회사에든 합격하게 될 확률을 따져보면 그리 나쁘지만은 않다. 취업 박람회에서 명함을 열심히 모으고 꾸준히 연락한다면 취업 박람회를 기회 삼아 입사 지원을 하는 다른 경쟁자들에 비해 더 유리한 고지를 선점하는 것도 가능하다.

또한, 대학 내에 있는 취업 지원 센터라든가 동창회, 전문가 단체 등으로부터 구직에 대한 도움을 받을 수도 있을 것이다.

기술 중심 사이트

TopCoder, HackerRank, CodeWars처럼 봇이나 다른 후보자들과 겨룰 수 있는 프로그래밍 경시대회 사이트도 있다. 이런 사이트는 온라인 프로필에서 큰 비중을 차지하기도 하며 구직에도 도움이 된다. 코딩 경시대회 사이트에서 좋은 성과를 거두면 일자리를 제안받을 수도 있다. 최고의 프로그래머를 찾고자 하는 회사에서도 관심 갖는 곳이므로 자기 실력을 뽐낼 수 있는 좋은 기회라 할 수 있다.

Hired 같은 사이트에 이력서를 올려두면 회사에서 면접에 앞서 조건을 제시하기도 한다. 이 경우 면접 전에 마음에 드는 조건을 선택할 수도 있다. 많은 스타트업이 이런 사이트를 사용하며, 이런 식으로만 채용하는 회사도 있다. 이런 구직 방식은 애초 생각하지 못한 제안에 대해 시간을 허비하지 않아도 된다는 장점이 있다. 하지만 여전히 면접 자체는 까다로울 수 있다. 경험이 부족하거나 이력이 독특하거나 특별한 업무 조건을 원한다면 좋은 조건을 제시받기 어려울 수 있다.

면접 절차

누군가가 내 이력서를 보고 좋은 인상을 받아서 직접 이야기하기로 했다면 보통한 번 이상의 예비 면접 후에 그 회사를 방문해서 직접 면접을 하는 과정을 거치게 된다. 이 절에서는 다양한 면접 단계에 대해 알아보고 어떤 복장이 면접에 적합한지 제안하려고 한다.

예비 면접

예비 면접screening interview은 보통 전화나 화상회의로 진행되며, 시간은 15분에서 한시간 정도까지 걸린다. 전화 면접을 할 때는 가능하면 남들로부터 방해받지 않는 조용한 환경을 준비하고, 메모나 계산 등에 대비해서 종이와 펜도 마련해두는 것이 좋다. 취업 박람회나 대학 내 취업설명회의 일부로 박람회장이나 학교 내에서 간단하게 예비 면접을 진행하기도 한다.

예비 면접은 리크루터나 인사 담당자하고 하는 경우가 많다. 이때 면접관은 주로 그 지원자가 회사에서 해야 할 일을 하는 데 정말 흥미를 느끼고 있는지, 그 자리에서 일하는 데 필요한 직업 능력을 제대로 갖추고 있는지, 그리고 그 자리에서 일하기 위해 이사를 가야 하거나 자주 출장을 해야 하는 경우에 그에 대한 준비가 가능한지 등을 알아보는 데 중점을 두게 된다.

일단 리크루터를 통과하고 나면 보통 기술적인 질문 위주의 2차 예비 면접을 거친다. 이런 질문은 이력서를 너무 부풀려서 쓴 지원자라든가 핵심적인 업무 능력이 떨어지는 지원자들을 걸러내기 위한 용도로 활용된다. 전화 기술 면접은 사내 면접 못지 않게 잘 봐야 한다. 예비 면접에 대해서는 4장에서 자세히 다루겠다.

기술 면접관의 피드백이 긍정적이면 리크루터에게 대략 일주일 내에 연락이 올 것이고, 회사에 직접 가서 하는 사내 면접 일정을 잡게 될 것이다.

사내 면접

실제 입사 여부에 가장 큰 영향을 끼치는 부분이 바로 사내 면접이다. 사내 면접은 대부분 여러 가지 기술적인 질문 위주로 진행되며, 간단한 프로그램이나 함수를 구현하는 문제들을 풀거나 컴퓨터, 언어, 프로그래밍에 대한 지식을 평가하기 위한 질문들에 답하거나, 수학이나 논리 퍼즐 문제를 풀어야 할 수도 있다. 이 책에서는 이러한 질문에 제대로 대답하고 성공적으로 면접을 진행하는 데 도움을 주는 데 초점을 맞추고 있다.

사내 면접은 보통 한나절에서 하루 동안 진행되며, 각각 30분에서 한 시간 정도씩 진행되는 면접을 세 번에서 여섯 번 정도 하는 식으로 돌아간다. 회사에는 충분히 여유를 두고 일찍 도착하자. 면접이 시작되기 전에 화장실에 들러 용무를 마치고, 전화기는 꺼두자. 문자나 갑자기 걸려온 전화 때문에 면접이 끊기는 일은 절대 없어야 한다.

회사에 처음 도착하면 보통 계속해서 연락을 주고받았던 리크루터나 인사 담당자가 맞이해줄 것이다. 실제 면접이 시작되기 전에 간단하게 회사 구경을 할 수도 있을 텐데, 전반적인 근무 환경을 살펴볼 수 있는 좋은 기회가 된다.

보통 입사 후에 일하게 될 팀에 속한 구성원들이 면접관을 맡는다. 대부분의 회사에서 각 면접관에게 한 명 정도의 입사 지원자에 대한 거부권을 주기 때문에 어떤 면접도 만만하게 생각하면 안 된다. 하루에 두 개의 서로 다른 팀으로부터 면접을 해야 하는 경우도 있으며, 이런 경우에는 보통 지원자가 면접한 각 그룹마다 독자적으로 채용에 대한 의견을 정하게 된다.

면접을 하다 보면 중간에 점심 식사를 함께 하는 경우도 흔하다. 회사 밖에 있는 멋진 식당에 갈 수도 있고, 그냥 구내식당에서 식사를 하게 될 수도 있는데, 공짜로 맛있는 식사를 한다는 생각에 들떠서 너무 방심하는 일이 없도록 주의하자. 점심 식사를 하면서 안 좋은 인상을 남기는 바람에 회사에 들어가지 못할 가능성도 있으니 말이다. 항상 공손한 자세를 유지하고 술은 되도록 하지 않는 것이 좋으며, 깔끔하게 먹기 힘든 음식은 피하도록 하자. 저녁 식사를 한다거나 회식 형태의 모임을 하게 된다면 어느 정도 술을 마시는 건 괜찮겠지만, 적당한 선에서 자제하는 모습을 보여주는 것이 좋다. 술에 취한 모습을 보이는 것은 좋은 인상을 남기는 데 별 도움이 되지 않는다.

보통 면접이 끝나고 나면 상사를 만나게 된다. 상사가 그 회사의 장점을 내세우며 이 회사에서 일하면 좋다는 얘기를 많이 한다면 면접을 꽤 잘 보았고 합격 가능성이 높다는 신호로 봐도 무방하다.

복장

보통 입사 지원자들은 면접을 하러 갈 때 정장을 입는다. 하지만 비즈니스 캐주얼이나 간편한 일상복 차림으로 근무하는 회사도 많다. 그런 회사에서는 정장을 입고 있는 사람은 면접 보러온 사람이거나 세일즈맨이라는 우스갯소리가 돌곤 한다.

복장 문제도 사실 상당히 신경을 써야 하는 부분이다. 회사 안에서 나만 정장을 입고 있는 것도 별 도움이 안 될 것이다. 반대로 청바지에 티셔츠 차림으로 면접을 하러 가면 아무리 면접관들이 그런 차림을 하고 있다고 하더라도 면접관 입장에서는 이 사람이 이 면접을 별로 심각하게 받아들이지 않고 있다고 생각할 수도 있다. 그 회사에 면접을 하러 가기 전에 어떤 옷차림이 적당할지 미리 알아보도록 하자. 회사 위치나 업무 특성에 따라 옷차림을 맞춰야 할 수도 있다. 예를 들어 은행이나 금융회사 같은 곳이라면 정장을 입어야 할 수도 있다. 자신이 지원하는 자리에서 입어야 할 만한 복장과 비슷한 수준이나 조금 더 격식을 갖춘 옷차림이 좋다.

하지만 보통 기술 관련 직종의 취업 면접에서는 정장은 물론 재킷에 넥타이 매는 정도도 어색할 가능성이 높다. 저녁 외식하러 가는 정도로 갖춰 입고 향수는 과하게 뿌리지 말자.

리크루터의 역할

면접 및 채용 절차를 전반적으로 관장하는 일은 그 회사의 리크루터 또는 인사 담당 직원이 맡을 가능성이 높다. 보통 리크루터가 면접 대상의 교통비 및 숙식비 지급이라든가 면접 스케줄 등을 담당하게 된다. 리크루터가 채용 여부를 결정하는 데 직접적으로 관여하진 않지만, 실제 채용 결정을 내리는 사람들에게 면접 대상에 대한 개인적인 견해 등을 얘기할 수는 있다. 또한 채용 여부가 결정 난 후에 연락을 하고 근무 조건 등을 결정할 때도 리크루터와 접촉을 하게 된다.

보통 리크루터는 자기 일을 잘한다. 대부분 존중받을 만한 사람들이다. 하지만 그렇다고 해서 그들의 친절한 자세가 내게 도움이 되는 방향으로 진행된다고 생각한다면 오산이다. 그들의 목표는 최대한 적은 비용으로 최대한 빨리 내가 일을 시작할 수 있도록 하는 것이다. 헤드헌터의 경우와 마찬가지로 리크루터의 입장을 제대로 이해해야만 그들이 어떤 식으로 행동할지도 제대로 이해할 수 있다.

- **리크루터는 주어진 근무 조건의 부정적인 면에서 지원자의 관심을 돌리기 위해 회사의 장점과 혜택에 주로 초점을 맞출 수 있다.** 리크루터는 대부분 근무 조건과 관련하여 어떤 질문이든 마음대로 하라고 한다. 월급에 관한 질문이나 각종 혜택에 대한 질문의 경우에는 별문제가 없는데, 지원자가 할 일 자체에 대한 질문을 할 때는 충실한 대답이 나오지 않을 수도 있다. 지원자가 회사에 입사해서 할 일을 리크루터가 전부 자세히 알 수는 없는 노릇이다. 지원자가 회사에 들어가서 할 일에 대해 자세한 내용을 질문하더라도 리크루터 입장에서는 그 질문에 대해서 정확하고 상세한 답변을 하기 위해 시간과 노력을 투자해봤자 별로 돌아오는 것도 없기 때문에, 자기가 생각하기에 지원자가 듣고 싶어 할 만한 내용을 두루뭉수리로 답할 가능성이 높다. 그런 질문에 대해 정확한 답변을 원한다면 상사가 될 사람한테 직접 질문하는 편이 가장 좋다. 리크루터가 정말 마음에 들지 않는다면 상사가 될 수 있는 사람을 직접 찾아보는 것도 한 방법이다. 리크루터에게 미움을 살 수가 있기 때문에 위험 부담을 감수해야 하긴 하지만, 리크루터

보다는 상사가 될 사람의 결정권이 더 크기 때문에 너무 겁먹을 필요까지는 없다. 대체로 지원자가 일할 부서의 상사가 리크루터보다는 더 많은 융통성을 발휘하는 편이라고 볼 수 있다. 리크루터 입장에서는 나도 그냥 여러 지원자 가운데 한 명에 불과하지만 내가 일할 부서의 상사 입장에서는 자기가 같이 일하기로 마음먹은 신규 직원이기 때문이다.

- **일단 나를 뽑겠다는 결정이 나면 리크루터의 최우선 목표는 내가 최대한 낮은 월급으로 그 회사에서 일을 하도록 만드는 것이다.** 리크루터의 실적은 보통 얼마나 많은 지원자들이 계약서에 서명을 하는지에 달려 있다. 지원자를 꼬드기기 위해 친절하게 진로 상담을 해주면서 내게 주어진 여러 다른 회사의 조건들을 하나하나 함께 살펴보면서 객관적인 관점에서 분석하여 최상의 조건을 찾아주는 듯한 리크루터들도 있다. 하지만 결국은 리크루터 자신이 속한 회사를 선택하는 것이 가장 좋다는 결론으로 몰아가는 경우가 대부분이다.

- **지원자에게 일하게 될 팀의 연락처를 알려주지 않는 리크루터도 있다.** 혹시 이런 일이 생길 것에 대비해서 면접을 할 때 면접관의 명함, 그중에서도 특히 직속 상사가 될 만한 사람의 명함을 꼼꼼하게 챙겨두는 것이 좋다. 이렇게 준비를 해 두면 혹시라도 리크루터가 다른 사람의 연락처를 주지 않으려고 하더라도 큰 문제가 되지 않는다.

근무 조건 협상

일단 채용 결정이 내려지고 나면 가장 큰 고비는 넘긴 셈이다. 본인이 원하기만 한다면 그 직장에서 일할 수 있다. 하지만 그렇다고 해서 게임이 완전히 끝난 것도 아니다. 취직이라는 것의 최종 목표는 돈을 버는 것이다. 마지막 게임을 어떻게 잘 운영하는지에 따라 얼마나 많은 돈을 벌 수 있는지가 결정된다.

리크루터 또는 상사가 될 사람이 채용 결정이 났음을 알려줄 때 회사에서 월급을 얼마나 지급할 계획인지 알려주기도 한다. 하지만 회사에서 나를 채용하고 싶다고 얘기한 후 얼마 정도의 보수를 원하는지를 물어보는 쪽이 더 일반적이다. 이런 질문에 효과적으로 대답하는 방법은 19장에서 다룰 것이다.

일단 월급, 입사 보너스, 스톡옵션 등이 모두 포함된 구체적인 채용 조건이 주어지면, 그 조건을 수락할지는 자신이 결정해야 한다. 하지만 결정을 너무 빨리 내리지는 말자. 특히 그 자리에서 조건을 바로 받아들이는 일은 없도록 해야 한다. 이런 중요한 결정을 내리기 전에는 적어도 하루 정도는 심사숙고를 해야 한다. 하루라는 길지 않은 시간 동안에도 정말 많은 것이 바뀔 수 있다.

리크루터의 압력에 대한 대처법

리크루터들은 지원자가 주어진 채용 조건을 최대한 빨리 받아들일 수 있도록 다각도로 압박을 가한다. 정말 취직하고 싶다면 며칠 이내로 조건을 수락해야 한다고 말한다든가 입사 보너스가 매일 일정한 비율로 줄어든다고 말하는 경우도 흔하다. 하지만 그렇다고 해서 성급하게 결정을 내리는 것은 금물이다. 회사에서 정말로 나를 원한다면(보통 채용 결정을 내렸다면 보통 정말로 원한다는 뜻이다), 리크루터가 압박을 가하기 위해 하는 얘기들도 어차피 협상이 가능하다. 심지어 리크루터가 절대 협상이 불가능한 부분이라고 얘기한 내용에 대해서도 마찬가지다. 리크루터가 너무 딱딱하게 나온다면 바로 상사가 될 사람하고 얘기해야 할 수도 있다. 정말 협상의 여지가 전혀 없다는 식으로 나온다면, 어차피 그렇게 까칠한 사람들하고 뻣뻣한 회사에서 함께 일하고 싶은 생각은 없으니 관두고 말자는 생각이 들게 될 수도 있다.

연봉 협상

심사숙고 끝에 채용 조건이 내가 생각했던 수준 또는 그 이상이라는 결론에 다다랐다면 별 문제가 없다. 하지만 채용 조건 중에 마음에 안 드는 부분이 있다면 협상을 시도해야 한다. 주어진 조건에 협상의 여지가 없다는 생각에 협상 시도도 않고 입사하지 않겠다는 결정을 내리거나, 그다지 마음에 들지 않는 조건에 동의해 버리는 사람들이 생각보다 정말 많다. 하지만 회사에서 어떤 채용 조건을 제시하든 대부분의 경우에 어느 정도는 조정이 가능하다.

금전적인 문제가 마음에 들지 않을 때 협상도 해보지 않고 바로 채용 제의를 거절하는 것은 절대 금물이다. 어떤 조건을 제시하고 받아들여지지 않으면 입사하지 않겠다는 제안을 내놓게 되면 칼자루는 내가 쥐게 되는 상황이 된다. 어차피 그 회사에 들어가지 않을 생각이었다면 연봉 인상을 요구한다고 해서 손해볼 것도 없기 때문이다.

제시된 연봉이 내가 예상했던 범위 내에 있다고 하더라도 어느 정도는 협상하는 것도 좋다. 협상에 책임감 있고 진지하게 임한다면, 그리고 내 요구가 합리적이라면 연봉 협상을 요구했다는 이유만으로 입사 결정이 취소되는 일은 일어나지 않을 것이다. 최악의 경우에도 기존에 사측에서 제시했던 조건은 건질 수 있기 때문에 밑져야 본전이다.

입사 조건에 대해서 협상을 하기로 했다면 다음과 같은 지침을 염두에 두고 협상에 임하자.

- **내가 원하는 것을 정확하게 파악한다.** 입사 보너스, 월급, 스톡옵션 중에서 어떤 것을 더 올리고 싶은지를 확실히 결정하자.

- **적절한 협상 대상과 전화 통화 약속을 한다.** 보통 채용 조건을 제시한 사람하고 협상하게 된다. 상대방이 불편한 시간대에 무작정 전화를 걸어서 하고 싶은 말을 뱉어내는 우는 범하지 않도록 주의하자.

- **내 상황을 설명하자.** 우선 채용 결정을 내려준 데 대해 고맙다는 인사를 하고 나서 조정하고 싶은 부분에 대한 설명을 시작하자. 예를 들어 "채용 제의를 해 주신 데 대해 감사드립니다. 하지만 다른 회사에서 받은 채용 조건에 못 미치기 때문에 선뜻 받아들이기가 힘든 문제가 있습니다" 같은 식으로 얘기할 수도 있고, "채용 제의에 다시 한 번 감사드립니다. 하지만 주변 사람들과 얘기해보고 다른 회사들에 알아보니 귀사에서 제시한 조건이 다른 곳에 비해 조금 약한 것 같아서 제의를 받아들이기가 힘들군요" 같이 얘기할 수도 있다. 이때 상대방이 어떤 회사에서 얼마나 더 높은 연봉을 제시했는지, 주변 사람들이 일하는 회사는 어디인지 물어보더라도 그런 질문에 답해야 할 의무는 없다. 그냥 "귀사에서 제시한 조건을 포함하여 제가 받은 취업 제의는 전부 비밀로 하고 있습니다. 함부로 그런 정보를 말하고 다니는 것은 프로답지 못한 행동이라는 생각이 드네요." 같은 식으로 맞받아치면 된다.

- **상대방에게 시간을 내 준 것에 대해 고맙다는 인사를 하고 다시 좋은 소식을 들었으면 좋겠다고 이야기한다.** 회사 측의 협상자가 그 자리에서 채용 조건을 조절하는 경우는 거의 없다. 보통 어떤 조건을 원하는지 물어본다거나 반대로 협상의 여지가 없다는 대답을 할 것이다. 협상의 여지가 없다고 대답하는 것도 협상 전략의 일환이므로 상대방

이 어떤 식으로 나오든 자신이 원하는 조건을 정중하고 공손하게 설명하고 회사 측에서 내가 제시한 조건을 재고해볼 수 있게 해줘야 한다.

많이들 협상을 불편하게 여긴다. 매일 그런 일을 하는 전문 리크루터들과의 협상은 더더욱 만만치 않은 일이다. 연봉 협상이 힘들다는 이유 때문에 조금 맘에 안 들어도 적당한 선에서 제의를 받아들여버리는 경우도 비일비재하다. 하지만 한 번 이렇게 생각해보자. 연봉 인상을 요구한다는 이유로 인해 손해볼 일은 거의 없다. 하지만 성공한다면 그 대가는 크다. 30분간의 전화 통화로 연봉을 300만 원 정도 올릴 수 있다면, 한 시간 동안 600만 원을 벌어들인 셈이 된다. 웬만한 변호사들도 시간당 수입이 그 정도로 높진 않다는 점을 감안하면 연봉 협상은 꽤나 짭짤한 일이다.

제의 수락 또는 거부

언젠가는 협상이 모두 마무리되고 제의를 받아들일 준비가 될 것이다. 일단 회사 측에 제의를 받아들이겠다고 알린 후에도 꾸준히 연락을 해서 언제부터 일을 시작할지, 그리고 어떤 서류 작업이 필요한지 확실하게 챙겨야 한다.

입사 제의를 해 온 다른 회사에 가지 못하겠다고 연락을 할 때도 프로다운 모습을 잃지 않아야 한다. 특히 컴퓨터 분야만큼 회사를 자주 바꾸는 업종에서는 다른 사람들과 친분을 유지하는 것이 매우 중요하다. 입사를 제의했을 정도라면 이미 그 회사 및 그 회사 사람들과 어느 정도 친분을 쌓았음은 분명하다. 하지만 마지막 순간에 제대로 연락을 하지 않아서 어렵사리 만든 인간 관계를 망치는 것은 어리석은 일이다. 그 회사에 나와 연락을 주고받았던 리크루터가 있었다면(물론 그 사람이 진심으로 기뻐한다거나 하는 것은 기대할 수 없겠지만) 그 회사에 가지 못하겠다는 이메일을 보내야 한다. 그리고 상사가 될 뻔했던 사람에게도 개인적으로 전화를 걸어서 입사 제의를 해 줘서 고마웠다는 인사를 하고 내가 어떤 결정을 내렸는지를 알려줘야 한다. 예를 들어 "저에게 입사 제의를 해 주셨던 점 감사드립니다. 회사가 아주 마음에 들었지만, 지금 저에게 최선의 선택은 아니라는 결정을 내리게 되었습니다. 다시 한 번 감사드리고, 저에게 신뢰를 보내 주신 점에 대해 고마운 마음 간직하고 있겠습니다" 같은 식으로 사례를 하는 것이 좋다. 이런 식으로 꼼꼼하게 연락을 돌리는 것만으로도 상대방은 나를 좋게 생각하게 될 것이며, "만나서 반가웠습니다. 함께 일하지 못하게 된 것은 안타깝게 생각하지만 그 회사에서 혹시나 일이 잘 안 풀리게 되거들랑 연락해 주세요. 혹시 같이 일할 수 있게 될지도 모르니까요. 행운을 빕니다" 같은 덕담까지 들을 수 있을지도 모른다.

이렇게 깔끔하게 마무리하면 나중에 다른 회사로 옮기게 될 때 일이 훨씬 잘 풀릴 수도 있다.

요약

직장을 찾는 데는 다양한 방법이 있지만 일반적으로 친구나 아는 사람을 통하는 방법이 가장 좋다. 혹시 그게 여의치 않다면 회사를 직접 찾아보고 연락해야 한다. 헤드헌터를 통해 직장을 구할 수도 있지만, 그들이 가장 중요하게 생각하는 것이 내가 보기에 가장 좋은 것과 반드시 일치하진 않는다는 점에 주의하자.

입사 지원 과정에서 제일 중요한 것은 면접이다. 보통 한두 번 정도의 전화 예비 면접을 거치게 되는데, 그 과정에서 지원자가 적절한 위치에 지원하는지, 지원 자격을 충분히 갖추고 있는지가 결정된다. 예비 면접을 성공적으로 마치게 되면 보통 회사에 방문하여 기술 면접을 하게 되는데, 그 과정에서 그 지원자에게 입사 제의를 하게 될지가 최종적으로 결정된다. 면접에 있어서는 복장에 신경 써야 하고, 핸드폰 같은 전자기기는 반드시 꺼두자.

면접 과정 전반에 걸쳐서 회사의 리크루터와 자주 연락을 하게 되며, 취업 제의를 받게 되면 더욱 긴밀하게 연락을 주고받게 된다. 이 과정에서 리크루터의 역할이 무엇인지 제대로 이해하고 대응해야만 한다.

입사 제의를 받는다고 해서 그 자리에서 바로 수락하는 것은 좋지 않다. 잠시 생각할 시간을 갖자. 제안을 꼼꼼하게 살펴보고, 리크루터가 어떻게 얘기했다고 하더라도 조건이 바뀔 여지는 있기 때문에 더 좋은 조건을 위해 협상을 시도해보자. 최종적으로 한 회사에 가기로 정했다면 입사 제의를 했던 다른 회사에도 연락해서 입사 제의에 대한 고마움의 인사를 잊지 말자.

전화 예비 면접

전화 기술 면접에서 처음으로 프로그래밍 문제를 접할 가능성이 높다. 전화 예비 면접, 폰 스크린phone screen이라고 부르는 전화 예비 면접은 시간을 들여 대면 기술 면접을 할 필요가 없는 부적격자를 걸러내기 위한 용도로 만들어졌다. 전화 예비 면접은 여러 번 할 수도 있는데 이 단계를 통과하지 못하면 사내 면접을 할 수 없다.

'전화 예비 면접'은 사외 예비 면접을 보던 방식이 반영된 용어로 시대착오적인 감이 없지 않다. 예전에는 소프트웨어 엔지니어가 전화로 질문하면 지원자가 종이 위에 적으면서 풀고 답하는 식으로 예비 면접을 했기 때문이다. 하지만 요즘은 화상회의나 화면 공유 소프트웨어와 클라우드 기반 코드 편집 시스템을 활용하는 경우가 많다.

전화 예비 면접의 이해

전화 예비 면접은 지원자가 회사에서 일하기 위한 필수 기본 지식과 경험이 있는지 판단하기 위한 것이다. 지원자 입장에서 이력서 심사를 통과하기 위해 자신의 역량과 경험을 부풀리는 건 쉬운 일이다. 학교에서 과제 때문에 딱 한 번 사용한 언어까지 포함하여 자기가 모든 언어에 능통하다고 적는 일을 드물지 않게 볼 수 있다. 기껏 사내 면접에 불렀는데 알고 보니 업무에 필요한 기본적인 역량마저도 갖추지 못한 지원자라면 시간만 낭비하는 셈이다. 특히 면접관 역할을 맡은 소프트웨어 엔지니어 입장에서는 더욱더 그렇다. 전화 예비 면접은 이런 상황을 방지하기 위한 것이다.

소프트웨어 엔지니어 전화 예비 면접

일반적으로 소프트웨어 엔지니어가 하는 전화 예비 면접이 제일 고급 전화 예비 면접이라고 할 수 있다. 이런 예비 면접에서는 보통 지식 기반 문제나 기초 코딩 및 설계에 대한 문제가 나온다(너무 단순한 문제가 나오더라도 놀라거나 기분 나쁠 필요는 없다. 예비 면접이라는 것이 원래 허풍쟁이, 거짓말쟁이를 걸러내기 위한 수단이기 때문이다).

지식 기반 문제는 전화 예비 면접은 물론 사내 면접에서도 많이 나온다(지식 기반 문제는 18장에서 자세히 다룬다). 지식 기반 질문은 보통 이력서에 있는 내용과 다른 질문에 대해 답할 때 나왔던 개념, 이렇게 두 가지를 근거로 나온다. 이력서에 있는 내용이라면 무엇이든 논의를 할 수 있도록 준비하고, 질문에 답할 때도 제대로 이해하지 못하는 용어나 개념은 쓰지 않도록 주의하자.

훌륭한 면접관이라면 지식 기반 문제 외에 프로그래밍 문제도 내곤 한다. 보통 전화 면접에서는 짧은 시간 안에 풀 수 있는 간단한 문제를 낸다. 이 단계에서 면접관이 알아보고 싶은 것은 지원자가 실제 코딩을 할 줄 아는가 하는 것이기 때문이다. 코드 품질을 자세하게 평가하는 일은 사내 면접에서 해도 된다. 지원자가 작성한 코드를 바탕으로 지식 기반 문제를 추가로 낼 수도 있다. 특히 지원자가 경력직 자리에 지원한다면 정답이 분명하지 않은 질문이 날아올 수도 있다.

프로그래밍 문제는 4장에서 설명하는 방식으로 접근해야 한다. 그러나 전화 예비 면접은 사내 면접보다는 간단한 문제가 나오는 편이라서 여러 가지 문제 해결 기법이 필요하지 않을 수 있다.

비전문가 전화 예비 면접

소프트웨어 엔지니어는 인건비가 높기 때문에 예비 면접에 비전문가 면접관(보통은 리크루터)이나 자동화된 시험 시스템을 활용하는 회사도 있다. 이 경우 지원자 입장에서는 소프트웨어 엔지니어 면접관에 비해 불리할 수 있다. 일반적으로 면접이 정해진 형식으로만 진행되어 지원자는 왜 그렇게 답했는지 설명하거나 문제에서 애매한 부분에 관해 이야기할 기회가 거의 없기 때문이다. 비전문가가 면접을 진행하고 있다면 애매한 부분이나 이해할 수 없는 부분이 있을 때 문제점이나 여러 방면의 장단점을 꼭 짚고 넘어가자. 가능하다면 면접관에게 제출한 답의 정답 여부만 기록하지 말고, 내가 말한 내용까지 적어달라고 부탁하자. 행운이 따른다면 면접관이 더 잘 아는 사람에게 물어보고 점수를 조정해줄 수도 있으니 말이다.

비전문가가 예비 면접을 한다면 전략을 그에 맞춰 조정해야 한다. 예비 면접관이 문제를 읽는데 내용을 그리 잘 이해하지 못하는 것 같다면 비전문가일 확률이 높다. 문제마다 정답이 있는데 면접관이 정답지에 있는 정답과 일치하는지 판단하는 것 외에 내가 답한 내용을 깊이 해석하지 못할 때도 마찬가지다. 이런 상황이라면 면접관이 가지고 있을 정답 목록에 들어갈 만한 답을 최대한 폭넓게 답하는 것이 중요하다. 예를 들어 C의 malloc 함수에서 메모리를 할당할 수 없을 때 어떤 값을 리턴하는지 물어봤을 때 "0x0"이라고 답했더니 면접관은 "아닙니다. 널 포인터를 리턴합니다"라고 말할 수 있다(그나마 이러면 다행이고 아무 말 없이 오답 처리해버릴 수도 있다). 일단 이렇게 되면 아무리 그 둘이 똑같다고 설명해봤자 소 귀에 경읽기일 수 있다. 비전문가가 면접관일 때는 "0입니다. 16진수로는 0x0이기도 하고, 보통 널 포인터라고 부릅니다" 같은 식으로 가능한 모든 동치인 답, 유의어를 언급하는 게 중요하다.

풀이가 여러 개인데 비전문가 면접관이 어떤 게 정답인지 범위를 좁히는 데 도움을 주지 못한다면 상황에 따라 달라질 수 있는 풀이를 각각에 대한 설명과 함께 나열하자. 그중에 진짜 정답이 있다면 면접관이 정답 처리를 하고 나서 다음 문제로 넘어갈 것이다. 예를 들어 "어떤 정렬 알고리즘이 가장 빠른가?"라는 문제가 있다. 알 만큼 아는 엔지니어가 면접관이라면 일반적으로 정렬 대상에 따라, 성능 요구 조건에 따른 특이 사항별로, 몇 가지 다른 알고리즘의 상대적 장단점의 미묘한 차이에 대해 상세하게 말해야 정답으로 인정받을 수 있을 것이다. 하지만 비전문가라면 간단하게 "퀵 정렬"이라는 답을 기대할 것이다. 비전문가가 "그냥 제일 빠른 알고리즘 이름만 얘기해주세요"라고 말하더라도 우습게 여기지 말고 예를 갖추자. 질문에 대한 불신이나 좌절감을 드러내는 일은 피하자. 면접관에게 그 질문이 잘못됐다고 대들어서는 구직에 성공할 수 없다.

자동화된 예비 면접은 어떤 면에서는 더 단순하다. 보통 몇 개의 답안 가운데 선택할 수 있는 객관식 문제가 나온다. 정답이 여러 개 있다면 제일 단순한 답을 선택하되 나중에 리크루터한테 말할 수 있도록 문제를 적어두자. 코드를 작성하는 문제가 나오면 문법적으로 틀린 부분은 없는지, 에러 조건이나 경계 조건을 포함하여 문제에서 요구하는 것을 모두 처리할 수 있는지 따져보자. 코드가 제대로 실행되지 않고 몇 가지 기본적인 시험을 통과할 수 없다면 시스템에서 바로 정답이 아니라고 알려줄 가능성이 높다. 나중에 코드를 검토하는 사람이 내가 뭘 하려고 한 건지 이해할 수 있도록 작업 내용을 설명하는 주석을 다는 것도 빼먹지 말자.

전화 예비 면접 방법

보통 전화 예비 면접에서는 면접관을 보지는 못하고 목소리만 들을 수 있기 때문에 사내 면접과는 상당히 느낌이 다르다. 전화 예비 면접을 받을 때 도움될 만한 팁을 몇 가지 소개한다.

- **전화 면접 환경을 준비하자.**
  - 컴퓨터가 있으면서 조용하고 방해할 거리가 없는 장소에서 보자.
  - 적을 수 있도록 필기구와 종이를 준비하자.
  - 화상회의나 원격 면접 시스템으로 면접한다면 필요한 소프트웨어를 미리 설치하고 시험해두자.
  - 헤드셋이나 스피커폰 기능이 있는 전화기는 필수다. 타이핑과 필기를 위해서는 양손을 자유롭게 쓸 수 있어야 한다(전화기는 화상회의 시스템의 음성 기능이 제대로 작동하지 않는 경우에 백업으로 활용할 수도 있다).
- **전화 면접 시간을 확보하자.**
  - 면접은 대부분 15분에서 45분 정도 걸린다.
  - 면접 전후로 시간을 비워두자.
  - 면접 시작 시간보다 10분에서 15분 전에 준비를 마치자.
  - 면접 종료 시간 이후까지 여유를 두면 면접이 오래 걸려도 압박감을 덜 수 있다.
- **크고 분명한 목소리로 말하자.**
  - 면접 초기에 면접관이 내 목소리를 분명하게 들을 수 있는지, 면접관의 목소리가 분명하게 들리는지 확인하자.
  - 문제 풀이 과정에서 면접관에게 내가 어떤 생각을 하는지 알려주고, 혹시 문제에 대해 조용히 혼자 생각할 시간이 필요하다면 면접관에게 그 사실을 알려야 한다.
  - 필요할 경우 문제를 분명하게 이해하는 데 필요한 질문을 하자.

- 예의를 갖추자.
  - 면접 내내 긍정적이고 예의 바르고 공손한 말투를 유지해야 한다. 문제가 너무 단순하거나 이상해도 면접관에 대한 예를 갖춘다.
  - 면접이 끝나면 면접관에게 감사 인사를 하자.
  - 시간 여유가 있다면 회사 근무 환경이 어떤지, (면접관이 소프트웨어 엔지니어라면) 어떤 프로젝트를 하고 있는지 구체적으로 질문해보자.

마지막 팁: 컨디션이 안 좋거나 일정이 여의치 않다면 리크루터에게 면접 시일을 바꿀 수 있는지 물어보자. 전화 예비 면접은 사내 면접에 비하면 일정을 조절하기가 훨씬 쉽기 때문에 가능하다면 최상의 컨디션에서 전화 예비 면접을 준비하자.

전화 예비 면접 문제

전화 예비 면접에서 보게 될 만한 지식 기반 문제와 코딩 문제를 몇 개 살펴보자. 물론 여기에 열거한 게 전부는 아니다. 이런 유형의 문제를 잘 풀어서 기본적인 코딩을 할 수 있다는 것을 보여줄 수 있다면 면접관이 더 복잡한 문제를 낼 수도 있다.

C 언어 메모리 할당

면접 문제

C에서 메모리를 어떻게 할당하는가?

면접관의 기술 이해도에 따라 응답 수준을 조정해야 하는 문제의 한 예라고 할 수 있다. C에서 메모리를 할당하는 가장 흔한 방법은 malloc을 호출하는 방법이다. 면접관이 비전문가라면 이 정도만 답하면 된다. 면접관이 소프트웨어 전문가라면, 혹은 전문가인지 아닌지 잘 모르겠다면 더 나가서 동적, 정적 할당의 장단점, calloc, realloc 같이 덜 흔하게 쓰이는 표준 C 메모리 관리자 호출에 대한 내용, 맞춤형 메모리 관리자를 써야 할 만한 특별한 상황 같은 것에 대해 논의해야 할 수도 있다.

재귀 호출의 장단점

재귀 호출이 나쁜 이유는 무엇인가?

이 문제는 허술하다고 할 수 있는데 비전문가가 면접관일 때 이런 문제가 나올 수 있다. 재귀 호출은 어떤 기술을 지칭하는 단어이며 그 기술에는 장단점이 있다. 문제를 "재귀 호출을 사용할 때 생길 수 있는 단점은 무엇인가요?"로 고치면 더 나을 것 같다. 문제가 마음에 안 드는 건 별로 중요한 게 아니다. 여전히 최선을 다해서 답해야 한다. 그 비전문가 면접관의 정답지에는 아마 재귀 호출의 단점이 적혀 있을 것이다. 모든 가능성을 포괄할 수 있도록 최대한 많은 단점을 답해야 한다. "재귀 호출을 하려면 함수를 반복해서 호출해야 하는데, 매번 호출할 때마다 시간과 스택 공간에서 오버헤드가 발생합니다. 재귀 호출을 헷갈리는 사람이 많기 때문에 재귀 호출 함수는 문서화나 디버깅, 유지보수가 어려울 수 있습니다" 같은 식으로 답할 수 있겠다.

모바일 프로그래밍

모바일 기기용 프로그래밍과 일반 컴퓨터용 프로그래밍은 어떻게 다른가?

'일반' 컴퓨터는 무엇인가 하는 내용을 포함하여 암묵적인 가정이 많이 깔린 질문이다. 면접관이 비전문가라면 그런 부분을 분명하게 하고 넘어가기가 쉽지 않을 것이다. 이때도 정답지에 있는 내용을 답할 수 있도록 가능한 차이점을 모두 열거하는 것이 중요하다.

모바일 프로그래밍은 일반 프로그래밍과 여러 면에서 다르다. 모바일 기기는 보통 안드로이드나 iOS처럼 모바일용으로 특화된 운영체제를 사용한다. 이런 운영체제는 데스크톱이나 서버 운영체제와는 다른 파일 시스템 액세스, 메모리 액세스, 애플리케이션 간 통신 패러다임 같은 특징이 있다. 모바일 프로그래밍에서는 전력 소모에 더 신경을 써야 하고, 저장 공간이나 네트워크 대역폭에도 제약이 더 심한 편이다. 네트워크 연결이 중간중간 끊어질 수도 있고 대역폭도 크게 달라질 수 있다. 대부분 모바일 기기에서는 터치스크린과 마이크를 주 입력 장치로 사용하기 때문에 작은 화면, 손가락으로 다루기 좋은 위젯, 제스처, 음성인식 사용을 최적화하고 화면을 누르는 소프트 키보드로는 불편한 텍스트 입력은 최소화하는 식으로 사용자 인터페이스 디자인을 구성한다. 모바일 기기는 가속도계, GPS 위치 서비스, 알림, 연락처 데이터베이스 같은 자원의 가용성 면에서 모바일이 아닌 기기에 비해 일관성이 높은 편이나, 이런 자원에 대한 접근은 접근 권한 모형에 의해 제한될 수도 있다. 애플리케이션 배포는 보통 온라인 애플리케이션 스토어를 통해서만 이루어진다.

FizzBuzz

1에서 100까지 숫자를 출력하는 프로그램을 만들어라. 숫자가 3으로 나누어떨어지면 그 숫자 대신 Fizz를, 5로 나누어떨어지면 그 숫자 대신 Buzz를, 3과 5 모두로 나누어떨어지면 그 숫자 대신 FizzBuzz를 출력한다.

영국에서 나눗셈을 배울 때 하는 어린이들의 놀이를 바탕으로 하는 문제다. 임란 고리Imran Ghory가 처음 예비 면접 문제로 제안했으며 제프 앳우드Jeff Atwood, 조엘 스폴스키Joel Spolsky 같은 코더 덕분에 유명해졌다. for 순환문과 나머지 연산만 이해하고 있으면 풀 수 있다. 이런 문제에서는 너무 생각을 많이 해서 틀리지 않도록 주의해야 한다. 경쟁력 있는 코더라면 금방 풀이를 만들 수 있지만 완벽하게 우아한 풀이를 설계하는 데 몰두하다 보면 실수할 가능성이 있다. 특히 예비 면접에서는 완벽한 것보다는 적당히 좋은 정도를 추구할 필요가 있다. 코딩 전에 최적화된 완벽한 접근법을 만드느라 시간을 허비하기보다는 정답을 출력하는 풀이를 빠르게 도출하는 편이 훨씬 낫다. 풀이가 지저분한 것 같다면 그 점을 언급하고 면접관이 더 깔끔하게 고치라고 하는지, 아니면 그냥 다음 단계로 넘어가는지 지켜봐도 된다. 우아하다고는 할 수 없지만 제대로 작동하는 자바 코드의 예를 보자.

```java
for ( int i = 1; i <= 100; ++i ) {
    boolean divByThree = ( i % 3 == 0 );
    boolean divByFive = ( i % 5 == 0 );
    if ( divByThree && divByFive ) {
        System.out.println( "FizzBuzz" );
    } else if ( divByThree ) {
        System.out.println( "Fizz" );
    } else if ( divByFive ) {
        System.out.println( "Buzz" );
    } else {
        System.out.println( i );
    }
}
```

문자열 뒤집기

면접 문제

라이브러리 함수를 쓰지 않고 문자열을 뒤집는 함수를 만들어라.

단순하지만 기본적인 문자열 연산을 얼마나 잘 이해하고 있는지 알아볼 수 있는 문제다. 자바를 기준으로 다음과 같이 함수를 만들 수 있다.

```java
public static String reverse( String in ) {
    String out = "";
    for ( int i = in.length() - 1; i >= 0; --i ) {
        out += in.charAt( i );
    }
    return out;
}
```

위 코드도 작동은 하지만 다음과 같은 코드가 더 낫다.

```
public static String reverse( String in ) {
    int len = in.length();
    StringBuilder out = new StringBuilder( len );
    for ( int i = len - 1; i >= 0; —i ) {
        out.append( in.charAt( i ) );
    }
    return out.toString();
}
```

이 코드는 더 효율적이기도 하고, 순환문이 도는 단계마다 String 객체를 새로 생성하지 않아도 되는 방식이기 때문에 자바 문자열의 불변성을 분명하게 이해하고 있다는 것도 보여줄 수 있다(자세한 내용은 7장에서 다룬다). 예비 면접 수준이라면 이 둘 중 어떤 답이든 괜찮다. 코더가 주관하는 예비 면접에서 첫 번째 풀이 방식으로 답한다면 아마 면접관이 그 구현에서 효율성 문제를 일으킬 수 있는 부분에 대한 추가 질문을 해서 두 번째 풀이를 도출할 수 있는지 알아보려고 할 것이다.

중복 삭제

면접 문제

정렬되지 않은 정수 리스트가 주어졌을 때 모든 중복된 값을 제거한 새로운 리스트를 리턴하는 함수를 만들어라.

어설프지만 단순한 접근법으로 두 번째 리스트를 하나 만든 다음 어떤 값이 이미 들어 있는지 검색하고 없으면 그 두 번째 리스트에 집어넣는 방법이 있다. 예를 들어 C++로는 다음과 같이 짤 수 있다.

```
#include <list>

std::list<int> removeDuplicates( const std::list<int>& in ) {
    std::list<int> out;
    for ( auto ival : in ) {
        bool found = false;
        for ( auto oval : out ) {
            if ( ival == oval ) {
                found = true;
                break;
            }
        }
        if ( !found ) {
            out.push_back( ival );
        }
    }
    return out;
}
```

집합에서는 중복된 값을 허용하지 않기 때문에 리스트를 집합으로 변환하면 훨씬
더 간결하고 효율적으로 같은 목적을 달성할 수 있다. 집합은 데이터의 원래 순서
를 보존하지 않는다. 이 문제에는 순서를 유지해야 한다는 조건이 없기 때문에 괜
찮지만, 면접관에게 순서 유지 조건이 있는지 없는지 미리 물어보는 게 좋다. 단
순히 중복을 피하는 게 목적이라면 리스트보다는 집합에 데이터를 저장하는 것이
더 낫다(전문가 면접관을 상대로 한다면 이런 내용을 논의하면서 문제를 풀 수
있다). 하지만 문제에서 리스트를 리턴하라고 했기 때문에 집합을 그냥 리턴하면
안 되고 집합을 다시 리스트로 변환해야 한다. C++에서는 한 자료구조의 반복자
를 다른 자료구조의 생성자에 전달하는 식으로 리스트와 집합 사이에서 변환할
수 있다. 구현은 다음과 같다.

```
#include <list>
#include <unordered_set>

std::list<int> removeDuplicates( const std::list<int>& in ) {
    std::unordered_set<int> s( in.begin(), in.end() );
```

```
    std::list<int> out( s.begin(), s.end() );
    return out;
}
```

이번에도 예비 면접의 목적은 코딩을 할 수 있는지 없는지를 가려내는 것이기 때문에 첫 번째 풀이로도 괜찮지만, 리스트 순서를 유지하는 게 중요하지 않다면 두 번째 풀이가 훨씬 낫다. 집합을 사용하는 게 어떨까 하는 생각만 떠올릴 수 있다면 코드가 훨씬 더 간결해진다.

중첩 괄호

왼쪽과 오른쪽 괄호 문자가 포함된 문자열이 주어졌다. 괄호가 제대로 중첩되어 있는지 판단하는 코드를 작성하라. 예를 들어 (())와 ()()에서는 괄호가 제대로 중첩돼 있지만 (()나)(에서는 그렇지 않다.

괄호가 바르게 중첩된 문자열에는 왼쪽과 오른쪽 괄호 개수가 같아야 하므로 개수를 세는 문제로 접근하는 것부터 시작할 수 있다. 괄호가 전체 몇 쌍 있는지는 중요하지 않기 때문에 왼쪽과 오른쪽 괄호의 상대적인 개수를 추적하는 변수 하나만 만들면 된다. 이 카운터를 왼쪽 괄호가 나오면 1 증가시키고 오른쪽 괄호가 나오면 1 감소시키면 된다. 끝까지 갔을 때 카운터가 0이 아니면 괄호가 제대로 중첩되어 있지 않다는 것을 알 수 있다.

코딩을 시작하기 전에 풀이를 확인해보자. 이것만으로 충분할까? 최소한 문제에 주어진 네 개의 예는 점검하자. 처음 두 개의 올바른 중첩 괄호와 올바르지 않은 중첩 괄호 중 첫 번째 것에 대해서는 제대로 된 결과가 나오지만 마지막 예에서는 카운터 값이 0이기 때문에 제대로 중첩되었다는 틀린 답이 나온다. 어떻게 하면 왼쪽과 오른쪽 괄호 개수는 같지만 잘못 중첩된 괄호를 잡아낼 수 있을까?

)(에 있는 괄호가 잘못 중첩된 이유는 한 쌍을 이루는 오른쪽 괄호가 왼쪽 괄호보다 앞에 있기 때문이다. 왼쪽 괄호와 오른쪽 괄호 개수가 같은 것만으로는 충분하지 않다. 한 쌍을 이루는 오른쪽 괄호는 반드시 왼쪽 괄호보다 뒤에 와야 한다. 우리가 사용하는 카운터를 기준으로 말하자면 최종 값이 0인 것만으로는 충분하지 않고 중간에도 음수가 되면 안 된다. 이걸 언제 점검해야 할까? 카운터는 그 값을 감소시켰을 때만 음수가 될 수 있기 때문에 값을 감소시키는 작업 직후에 음수가 되었는지 확인하면 된다. 자바에서는 다음과 같은 식으로 구현할 수 있다.

```java
public static boolean checkNesting( String s ) {
    int count = 0;
    for ( int i = 0; i < s.length(); ++i ) {
        char ch = s.charAt( i );
        if ( ch == '(' ) {
            ++count;
        } else if ( ch == ')' ) {
            --count;
            if ( count < 0 ) return false;
        }
    }
    return count == 0;
}
```

요약

전화 예비 면접은 회사에서 사내 면접으로 넘어가기 전에 필요한 역량과 경험을 갖추지 못한 지원자를 걸러내기 위한 장치다. 사내 면접을 보려면 일단 전화 예비 면접을 통과해야 하므로 전화 예비 면접은 취업의 핵심 단계 중 하나라고 할 수 있다. 지원하는 자리와 이력서에 쓴 기술 관련 기본 개념을 모두 숙지하자. 전화 예비 면접에 앞서 철저하게 준비하고, 일정도 미리 조절해두고, 면접 환경도 제대로 마련하자.

프로그래밍 문제 접근법

코딩 문제는 대부분의 컴퓨터 회사나 소프트웨어 회사에서 채용을 결정하는 절차에 있어 가장 핵심적인 부분이다. 프로그래밍 면접 결과는 합격 여부를 가리는 데 가장 중요한 요인 가운데 하나다.

프로그래밍 문제는 대체로 어려운 편이다. 지원자가 문제를 금방 풀어버린다면 변별력이 없기 때문에 그 문제는 더 이상 사용 않기 마련이다. 면접 문제는 푸는데 한 시간 가량 걸릴 수 있는 문제로 이뤄지므로 바로 정답을 맞추지 못한다고 좌절하지 말자. 면접관 한 명이 한 문제만 내는 경우도 있다.

> 면접에서 나오는 문제는 원래 어렵다. 답이 바로 보이지 않는 상황에서 문제를 어떤 식으로 해결하는지를 살펴보기 위해 내는 문제도 있다.

절차

코딩 문제에서 가장 중요한 것은 지원자가 코딩을 할 수 있는지, 그리고 코딩 실력이 어느 정도 되는지를 가늠하는 것이다. 면접관은 지원자가 작성한 코드와 지원자의 대답을 바탕으로 채용 추천 여부를 결정하기 때문에 면접에서 가장 중요한 것이 바로 코딩 문제라고 할 수 있다.

시나리오

코딩 문제는 면접관과 일대일로 진행하는 것이 일반적이다. 면접관이 컴퓨터를 제공할 수도 있지만, 화이트보드와 펜, 또는 종이와 펜을 주고 코드를 작성해보라고 할 수도 있다. 코딩을 시작하기 전에 문제에 대해 얘기해보라고 할 때도 많다. 보통 함수나 메서드를 만들라고 하는 경우가 많지만 클래스를 정의하거나 연관된 코드 모듈을 만들어보라고 하는 경우도 가끔 있다. 어떤 경우든 실제 프로그래밍 언어 또는 유사 코드 형태로 코드를 작성해야 한다. (물론 실제로 작동하는 코드에 가까운 코드를 만들수록 더 좋다.)

문제

면접관이 물어보는 문제에는 특별한 요구 조건이 주어진다. 비교적 짧은 시간 안에 풀고 설명까지 할 수 있어야 하기 때문에, 적당히 짧으면서도 변별력을 위해 모든 지원자가 다 풀 수는 없도록 적당히 복잡한 문제가 출제된다. 따라서 실전에 직접 적용할 수 있는 코드를 만드는 문제가 나올 가능성은 희박하다. 거의 웬만한 실전 문제는 그 문제를 푸는 것은 제쳐두고 설명하는 데만 해도 시간이 꽤 오래 걸리기 때문에 면접에는 적합하지 않다. 대신 면접에 나오는 문제에는 특별한 트릭이나 언어에서 자주 쓰이지 않는 기능들을 필요로 하는 것들이 많다.

가장 흔히 쓰이는 방법이나 이상적인 자료구조는 못 쓰게 하는 문제도 종종 있다. 예를 들어 "비교 연산자를 전혀 사용하지 않고 두 정수가 같은지 판단하는 함수를 만드시오" 같은 문제가 나올 수도 있다.

지금까지 만들어진 거의 모든 언어에서 두 정수를 비교하는 방법을 제공하기 때문에, 까놓고 말하자면 참 어이없고 작위적인 문제라고 할 수 있다. 하지만 그렇다고 해서 "이런 문제는 너무 바보 같은 문제 아닌가요? 저 같으면 그냥 동치 연산자를 사용하겠어요. 이런 문제를 접하게 될 일은 전혀 없잖아요"라고 대답해 버리면 곤란하다. 아무리 바보 같은 상황이어도 문제를 주어진 대로 풀지 않으면 합격하기 어렵다. 사실 이런 식으로 대답하면 그냥 탈락된다. 면접관은 두 정수를 비교하는 또 다른 방법을 찾아낼 것을 원하는 것이기 때문이다(힌트: 비트 연산자를 활용해보자).

대신 그런 제약 조건이 없을 때 문제를 풀 방법을 설명한 다음에 주어진 대로 문제를 풀도록 하자. 예를 들어 면접관이 해시 테이블을 써서 어떤 문제를 풀어보라고 했다면 "이진 검색 트리를 이용하면 최대 원소를 뽑아내기가 훨씬 용이하기 때문에 더 쉽겠지만 그래도 우선 해시 테이블을 써서 풀 수 있는지 알아보겠습니다" 같은 식으로 대답을 시작할 수도 있다.

어처구니없는 제약이 걸려 있거나 해당 언어의 오묘한 기능을 활용해야 한다거나 황당하고 비비 꼬인 문제들도 많이 나온다. 그래도 지킬 것은 지키자. 실전 프로그래밍은 이상적인 상황에서 진행되는 일이 오히려 드물다. 특정 제약 조건 내에서 주어진 일을 처리하는 능력도 매우 중요한 역량 가운데 하나다.

문제의 난이도는 점점 어려워지는 순서로 배치되는 편이다. 뭐 반드시 그러리라는 보장은 없지만 대체로 응시자가 정답을 말할수록 다음 문제는 더 어려워지는 경향이 있다. 먼저 면접을 진행한 면접관이 다음에 면접을 진행할 사람에게 자기가 어떤 문제를 물어봤는지, 그중에서 어떤 문제의 정답을 맞췄고 어떤 문제의 정답을 맞추지 못했는지 등의 정보를 미리 제공하는 경우도 종종 있다. 그 전에 진행된 면접에서는 모두 문제를 잘 해결했는데, 이번 면접에서는 문제가 너무 까다로워서 번번이 막혀버리는 상황이 발생한다면, 자신이 전에 만났던 면접관이 당신을 꽤 뛰어난 사람으로 평가했다는 뜻으로 좋게 해석할 수도 있다.

어떤 언어를 사용할 것인가

특정 언어를 요구하는 자리에 지원하는 경우라면 그러한 언어를 반드시 알아야 하고 문제를 풀 때도 해당 언어를 써서 풀어야 할 가능성이 높다. 잘 만들어진 직무 기술서에는 그런 요구 조건이 분명하게 적혀 있겠지만, 어떤 언어를 써야 할지 잘 모르겠다면 리크루터에게 물어보자. 일반적인 프로그래밍 또는 개발 업무에 지원한다면 자바, 파이썬, 자바스크립트, C#, C++ 같은 주류 언어를 제대로 쓸 수 있는 정도면 충분하다. C 언어를 잘 익혀 두면 상황에 따라 유용하게 써먹을 수도 있다. 면접관에 따라 루비, PHP, 스위프트, Objective-C 같은 다른 언어를 쓸 수 있게 하는 경우도 있다. 언어를 본인이 선택할 수 있는 상황이라면 가장 잘 아는 언어를 선택하면 되지만, 특정 언어로 문제를 풀어야만 하는 상황이 생길 수도 있다는 점에 주의하자. 안 될 가능성도 높지만 고, 스칼라, 펄, 리스프, 포트란 같은 약간 비주류에 속하는 언어를 써도 되는 경우도 있으니까 이런 언어에 능통하다면 혹시 그런 언어를 써도 될지 물어보자. 이런 질문을 한다고 해서 손해 보는 일은 없을 테니 말이다.

면접을 하러 가기 전에 자신이 사용할 모든 언어의 사용법 및 문법을 제대로 숙지해야만 한다. 예를 들어, C++ 프로그래밍을 마지막으로 건드려본 지 몇 년 정도 지났다면 적당한 C++ 레퍼런스 가이드를 하나 펼쳐서 중요한 내용들을 곱씹어보도록 하자.

소통이 핵심이다

면접관 입장에서 지원자가 만든 코드 중에 직접 본인 눈으로 확인해볼 수 있는 코드는 면접 시에 작성한 코드뿐이다. 코드를 지저분하게 만든다면 "이 사람은 원래 코드를 지저분하게 짜는구나"라고 생각할 수밖에 없다. 따라서 면접 시에 최고의 코드를 만들 수 있어야 한다. 탄탄하면서도 예쁜 코드를 만들기 위해 최선을 다해야 한다.

> 자신이 사용할 언어를 가다듬고 가능하면 가장 좋은 코드를 만들자.

프로그래밍 문제는 코딩 실력과 문제 해결 능력을 동시에 평가할 수 있도록 만들어진다. 코딩 능력만을 평가하고자 한다면 프로그래밍 경시대회 때처럼 그냥 문제가 적힌 종이만 던져주고는 한 시간쯤 후에 돌아와서 결과만 평가하면 된다. 하지만 면접관이 정말로 원하는 것은 지원자가 문제를 푸는 각 단계들을 어떻게 진행하는지를 보는 것이다.

이런 면접에서 문제를 풀 때는 지원자와 면접관이 계속해서 의견을 주고받게 되며, 문제를 풀다가 막히면 면접관이 힌트를 제시하면서 정답을 맞출 수 있도록 도와준다. 물론 더 적은 힌트만으로 문제를 풀 수 있다면 더 좋은 평가를 받을 수 있겠지만, 지원자가 힌트를 받은 다음에 자신의 능력으로 문제를 풀어나가는 동안 보여주는 사고력과 문제 해결 능력 또한 매우 중요하다.

혹시 이미 전에 풀어봐서 아는 문제가 나오더라도 무턱대고 바로 답을 말해버리는 일은 없어야 한다. 각 단계를 차근차근히 밟아나가면서 각 단계를 해결하는 사고 과정을 정리해서 대답해야 한다. 중요한 것은 어떤 프로그래밍 퍼즐의 정답을 외워서 말하는 것이 아니라 그 밑에 깔려 있는 개념을 제대로 이해하고 있다는 것을 보여주는 것이기 때문이다.

주어진 문제에 바로 적용할 수 있진 않더라도 문제를 푸는 과정에서 자신의 프로그래밍에 대한 지식 전반을 보여주기 위해 문제와 연관된 다른 내용을 언급하고 싶은 경우도 있을 수 있다. 그런 기회가 있으면 자기가 단순한 컴퓨터광에 불과한 인물이 아니라는 것을 보여주는 기회로 삼을 수도 있다. 논리적인 사고 능력을 갖추고 있으면서 컴퓨터에 대한 지식도 출중하고 의사소통에도 능하다는 것을 보여줘야 한다.

> 계속해서 설명을 하자. 항상 무슨 일을 하고 있는지 설명해야 한다. 그렇게 하지 않으면 면접관 입장에서는 지원자가 복잡한 프로그래밍 문제를 공략하는 방법을 제대로 알고 있는지 전혀 알 수가 없다.

문제 해결

문제를 풀기 시작한 후에 무작정 코드부터 작성하는 일은 금물이다. 우선 문제를 완벽하게 이해하는 것이 중요하다. 몇 가지 구체적인 예를 시도해보고, 문제 해결 과정을 알고리즘으로 일반화해보자. 제대로 된 알고리즘을 만들었다는 확신이 서면 그 내용을 분명하게 설명하자. 코드 작성은 가장 마지막에 할 일이다.

기본 단계

면접 문제를 해결하는 가장 좋은 방법은 체계적인 접근법이다.

1. **문제를 확실히 이해한다.**   처음에 생각한 문제에 대한 가정이 틀리거나 면접관의 설명이 너무 간단하거나 어려워서 이해하기 힘든 경우가 있다. 문제를 이해하지 못하면 자기 능력을 보여줄 수 없음은 당연하다. 이럴 때는 주저하지 말고 면접관에게 문제에 대한 질문을 해야 하며, 제대로 이해하기 전에 무작정 풀기 시작하는 일은 금물이다. 진짜 문제가 되는 부분을 찾아내고 이해할 수 있는지를 파악하기 위해 면접관이 일부러 뭔

가를 숨기는 경우도 있다. 이럴 때는 그런 부분을 분명히 하기 위한 제대로 된 질문을 던지는 것이 정답으로 가는 데 있어서 핵심이 될 수 있다.

2. **일단 문제를 이해하고 나면 간단한 예를 시도해본다.** 이렇게 예를 시도하다 보면 문제를 어떻게 풀어야 할지 감을 잡을 수도 있고, 혹시라도 잘못 이해한 부분이 있을 경우 오류를 정정할 수도 있다. 그리고 예를 시도해보는 것은 체계적이고 논리적인 사고 능력을 보여줄 수 있는 기회가 되기도 한다. 답을 바로 알 수 없는 경우에는 이런 방법이 특히 더 유용하다.

> 문제를 풀기 시작하기 전에 우선 문제를 확실히 이해해야 하며, 몇 가지 예를 통해 제대로 이해하고 있는지 확인해보는 것부터 시작하도록 하자.

3. **문제 풀이에 사용할 알고리즘과 자료구조에 초점을 맞춘다.** 물론 시간도 많이 걸리고, 몇 가지 예를 더 생각해봐야 할 수도 있다. 원래 그런 게 당연하다. 이 단계에서는 면접관과의 의사소통이 중요하다. 화이트보드만 멍하니 보면서 한참 동안 말없이 있으면 면접관 입장에서는 지원자가 열심히 머리를 굴리고 있는 건지 아니면 어찌해야 할 바를 몰라서 가만히 있는 건지 알아낼 길이 없다. 계속해서 면접관에게 지금 무엇을 하고 있는지 얘기하자. 예를 들어, "값을 배열에 저장하고 정렬을 할 수 있을지 생각해보고 있는데, 배열에 있는 원소는 값을 기준으로 빨리 찾아낼 수가 없기 때문에 별로 좋지 않을 것 같네요" 같은 식으로 얘기하면 된다. 이런 식으로 얘기를 하다 보면 면접의 핵심이라고 할 수 있는 자신의 능력을 보여주는 데도 도움이 되고, 면접관이 "거의 다 된 것 같네요. 근데 정말 값을 기준으로 원소를 찾아야 할까요? 혹시 다른 방법은 없을까요?" 같은 식으로 답하면서 힌트를 줄 수도 있다.

문제를 풀다 보면 시간이 오래 걸릴 수도 있고, 그렇다 보면 정확한 풀이를 생각해내지 못한 상태에서 코딩을 바로 시작하고 싶은 유혹이 들 수도 있다. 하지만 그런 유혹을 잘 극복해야 한다. 문제에 대해서 오랫동안 생각해서 한 번에 제대로 된 코드를 짜는 사람과 무턱대고 달려들어서 코딩하면서 계속 에러만 내고 지금 뭘 하고 있는지 파악도 안 되는 사람 가운데 어떤 사람하고 더 일하고 싶은 마음이 생길지 입장 바꿔 생각해보자. 당연히 전자 쪽이 더 나을 것이다.

4. **알고리즘과 구현 방법을 알아내고 나면 면접관에게 풀이를 설명한다.** 이렇게 하면 지원자가 코딩을 시작하기 전에 면접관이 풀이에 대해 어느 정도 평가해볼 수 있다. 면접관이 "좋아요. 코딩해보시죠"라고 말할 수도 있고 "해시 테이블에 있는 원소를 그런 식으로 룩업할 수는 없을 텐데 이상하네요" 같은 식으로 응답을 할 수도 있다. "안 되는 건 아닌 것 같은데, 분명 더 효율적인 풀이법이 있을 것 같네요" 같은 응답도 자주 나온

다. 어느 쪽이든, 코딩으로 넘어갈지 알고리즘을 다시 살펴봐야 할지에 대해 아주 중요한 정보를 얻을 수 있다는 것은 분명하다.

5. 코딩을 할 때도 뭘 하고 있는지 설명한다. 예를 들어, "여기에서는 배열을 전부 0으로 초기화합니다" 같은 식으로 설명을 할 수 있다. 이런 식으로 설명을 해 주면 면접관 입장에서 코드를 더 쉽게 따라갈 수 있다.

> 풀이에 대한 코드를 작성하기 전에, 그리고 작성하는 도중에도 계속해서 설명을 하자. 끊임없이 떠들자.

6. 필요하다면 질문을 한다. 레퍼런스에서 찾을 수 있을 법한 내용이라면 면접관한테 질문을 해도 큰 감점 사유가 되진 않는다. 물론 "이 문제 어떻게 풀어요?" 같은 질문은 할수 없지만 "잘 기억이 안 나서 그러는데요, 지역화된 날짜 시각을 출력할 때 어떤 형식 문자열을 쓰는지 알 수 있을까요?" 같은 질문은 별로 해가 되진 않는다. 물론 이미 외우고 있었다면 더 좋았겠지만 이런 유형의 질문은 할만하다.

7. 코드를 완성하고 나면 바로 몇 가지 예를 시도해보고 맞는지 확인한다. 이렇게 하면 자기가 만든 코드가 적어도 자기가 시도해본 예에 대해서는 제대로 작동한다는 것을 분명하게 보여줄 수 있다. 그리고 자신의 사고 과정 및 결과를 확인하고 버그를 찾아내고자 하는 업무 자세를 보여줄 수 있는 기회도 된다. 예를 시도해보면서 혹시 있을지 모르는 버그를 잡아내는 수확을 얻을 수도 있다.

8. 모든 오류 및 특수 상황, 특히 경계 조건을 확인한다. 프로그래밍을 하다 보면 오류나 특수 상황을 무시하는 경우가 종종 있다. 면접 과정에서 그런 조건들을 빼먹는다는 것은 실제 일을 할 때도 그렇게 할 가능성이 있음을 뜻한다. 예를 들어 동적으로 메모리를 할당했다면 메모리 할당이 성공적으로 되었는지 확인해야 한다(오류 확인 코드를 모두 작성할 시간 여유가 없다면 적어도 말로 오류 확인이 필요하다는 설명은 해 줘야한다). 오류 및 특수 상황을 제대로 커버하면 면접관에게도 좋은 인상을 남길 수 있고 문제를 올바르게 푸는 데도 도움이 된다.

> 예를 시도해보고 모든 오류 및 특수 상황을 확인한다.

일단 예를 시도해보고 코드가 제대로 만들어졌다는 판단이 들면 면접관이 코드에 대한 질문을 몇 가지 던질 것이다. 보통 이런 추가 질문에서는 실행 시간이나 또 다른 구현 방법, 복잡도 등에 초점을 맞춘다. 면접관이 아무 질문도 하지 않으면 능동적으로 그런 내용을 설명함으로써 여러 가지 이슈를 염두에 두고 있음을 보여주는 것도 좋다. 예를 들면 "이 구현은 선형적인 실행 시간으로 실행되는데, 모든 입력 값을 확인해야 하는 걸 감안하면 가장 빠른 방법이라고 할 수 있습니다. 동적 메모리 할당 때문에 조금 속도가 느려질 수 있고, 재귀 호출을 사용하는 데 따른 오버헤드가 있을 수 있습니다" 같은 식의 설명을 덧붙이면 된다.

문제를 풀다가 막히는 경우

문제를 풀다가 막히는 일은 흔히 일어나는 일이며, 이것 자체도 면접의 중요한 부분이라고 할 수 있다. 면접관은 문제에 대한 답을 바로 알아낼 수 없는 경우에 지원자가 어떤 식으로 반응하는지를 살펴보고 싶어 하게 마련이다. 만약 문제를 풀다가 갑자기 막히게 됐을 때 포기하거나 좌절하는 것은 최악의 대응책이다. 계속해서 문제에 대해 관심을 가지고 문제를 풀려고 시도하는 모습을 보이자.

- **예를 다시 따져본다.** 예를 다시 확인하면서 지금 하고 있는 것을 분석해보자. 시도했던 특정 예를 일반적인 경우로 확장시켜보자. 꽤 복잡한 예를 사용해야 할 수도 있다. 그렇게 하더라도 면접관에게 정답을 찾아내기 위한 끈기를 보여줄 수 있는 셈이기 때문에 크게 나쁠 것은 없다.

> 그래도 문제가 안 풀리면 특정 예를 다시 따져 본다. 특정 예에서 일반적인 예로 확장해보고, 여기에서 풀이를 도출해보자.

- **다른 자료구조를 시도해본다.** 연결 리스트, 배열, 해시 테이블, 이진 검색 트리 같은 다양한 자료구조를 써보자. 익숙하지 않은 자료구조가 주어졌다면 그 자료구조와 자신이 잘 알고 있는 자료구조 사이에서 비슷한 점을 찾아보자. 올바른 자료구조를 사용하는 것만으로 문제 풀이가 훨씬 수월해지는 일도 흔하다.
- **언어에서 그리 많이 쓰이지 않는 기능 또는 고급 기능을 고려해보자.** 때때로 그런 기능을 활용하는 것이 문제 풀이의 핵심이 되는 경우도 있다.

> 다른 자료구조, 언어의 고급 기능이 문제 풀이의 핵심이 될 때도 있다.

혹시 문제를 풀다가 꽉 막힌 경우가 아니어도 뭔가 다른 문제가 있을 수 있다. 간단하고 깔끔하게 구현하는 방법이 있는데도 너무 복잡한 코드를 덕지덕지 붙여넣고 있을 수도 있다. 가끔씩 큰 그림을 다시 한 번 생각해보고 더 나은 접근법이 없는지 알아보자. 코드가 너무 길어지고 있다면 뭔가 잘못됐다는 징조일 수 있다. 면접에서 다루는 코딩 문제의 답은 대체로 짧은 편이다. 코드가 30줄을 넘기는 경우도 드문 편이고, 50줄을 넘기는 일은 거의 없다고 봐도 된다. 코드가 너무 길어지면 엉뚱한 방향으로 가고 있을 수도 있다.

풀이 분석

문제에 대한 답을 내놓고 나면 구현의 효율성에 대한 질문이 나오는 경우가 많다. 지원자가 구현한 풀이 방법과 다른 풀이 방법을 제시하고 그 둘의 장단점을 비교한다거나 어떤 상황에서 어떤 구현 방법이 더 유리할지를 물어보는 경우를 많이 접하게 될 것이다. 그리고 메모리 또는 공간 사용에 관한 질문도 자주 나오는 편인데, 특히 재귀 호출을 사용할 경우 이런 질문이 많이 나온다.

빅 오 분석법^{big-O analysis}을 제대로 이해하고 있다면 면접관에게 좋은 인상을 남기는 데 크게 도움이 된다. 빅 오 분석법은 입력 값의 개수에 따라 알고리즘이 수행되는 데 걸리는 시간을 바탕으로 알고리즘의 효율성을 평가하는 실행 시간 분석법이다. 정확한 벤치마크와는 다르지만 알고리즘의 상대적인 효율성을 간단하게 따져보는 데는 유용하다.

이 책에 있는 대부분의 코딩 문제의 답에도 독자들의 알고리즘에 대한 이해를 돕기 위해 실행 시간 분석을 포함시켜 놓았다.

빅 오 분석

음이 아닌 수가 저장된 배열에서 최댓값을 구하는 간단한 함수를 생각해보자. 배열의 크기는 n이라고 하자. 이 함수를 구현하는 방법에는 최소 두 가지가 있다.

첫 번째 방법은 배열의 모든 원소를 하나씩 확인하면서 가장 큰 수를 계속 기록한 다음, 확인이 끝나고 나면 그 값을 반환하는 방법이다. 이 방법을 구현해보면 다음과 같다.

```c
/* n개의 음이 아닌 정수의 배열에서 가장 큰 값 반환 */
int CompareToMax(int array[], int n)
{
    int curMax, i;

    /* 배열에 적어도 하나 이상의 원소가 있는지 확인 */
    if (n <= 0)
        return -1;

    /* 지금까지 확인한 값 중 최댓값을 저장할 변수에 배열의 첫 번째 값 저장 */
    curMax = array[0];

    /* 모든 수를 최댓값과 비교함 */
    for (i = 1; i < n; i++) {
        if (array[i] > curMax) {
            curMax = array[i];
        }
    }
    return curMax;
}
```

두 번째 방법은 각 값을 다른 모든 값과 비교하는 방법이다. 다른 모든 값이 주어진 값 이하라면 그 값이 최댓값이 된다. 이 방법을 코드로 구현하면 다음과 같다.

```c
/* 음이 아닌 정수의 배열에서 가장 큰 값 반환 */
int CompareToAll(int array[], int n)
{
    int i, j;
    bool isMax;

    /* 배열에 적어도 하나 이상의 원소가 있는지 확인 */
    if (n <= 0)
```

```
            return -1;

        for (i = n-1; i > 0; i--) {
            isMax = true;
            for (j = 0; j < n; j++) {
                /* 더 큰 값이 있는지 확인 */
                if (array[j] > array[i])
                    isMax = false; /* aray[i]가 최댓값이 아님 */
            }
            /* isMax가 참이면 더 큰 값이 없는 것이므로 array[i]가 최댓값이다. */
            if (isMax) break;
        }

        return array[i];
    }
```

이 두 함수는 모두 최댓값을 제대로 반환한다. 그런데 어느 쪽이 더 효율적일까?
벤치마킹해볼 수 있겠지만, 모든 방법을 구현해보고 벤치마킹하는 것은 비효율적
이기도 하거니와 실용적인 면에서도 별로 좋지 않다. 직접 구현해보지 않아도 알
고리즘의 성능을 예측할 수 있어야 한다. 일반적으로 서로 다른 알고리즘의 상대
적인 성능 차이는 입력 크기가 커질수록 두드러진다. 입력 크기가 작으면 웬만한
알고리즘은 모두 빠르기 때문이다. 이럴 때 빅 오 분석법을 활용하면 서로 다른
알고리즘의 상대적인 성능을 예측하고 비교해볼 수 있다(흔하진 않지만 꽤 중요
한 경우로 입력 크기가 작을 때의 성능에 신경 써야 하는 경우가 있는데, 작은 크
기의 입력을 여러 번 처리해야 하는 경우다. 이렇게 빅 오 분석법만으로는 충분하
지 않은 특이한 경우에 대비해야 할 수도 있다).

빅 오 분석법의 원리

빅 오 분석법에서는 입력 값의 크기(개수)를 n개라고 가정한다. 위의 예에서는
배열에 있는 원소의 개수가 바로 n이 된다. 문제에 따라 n이 연결 리스트의 노
드 개수를 나타낼 수도 있고, 특정 자료형의 비트 수일 수도 있고, 해시 테이블에
들어 있는 항목의 개수일 수도 있는 등 다양한 값들을 입력 값의 크기 n으로 쓰
일 수 있다. 입력 값에 따라 무엇을 n으로 놓을지 결정하고 나면 n개의 입력된 값

에 대해 연산 횟수를 n의 식으로 표현해야 한다. 이때 알고리즘들이 워낙 다양하기 때문에 '연산'이라는 말이 조금은 애매하게 느껴질 수 있다. 일반적으로 입력된 값에 상수를 더한다거나 새로운 입력 아이템을 만든다거나 입력 값을 삭제한다거나 하는 작업을 통틀어서 '연산'이라고 표현할 수 있을 것이다. 빅 오 분석법에서는 이런 모든 연산을 동등하게 본다. 지금 예로 들고 있는 CompareToMax와 CompareToAll에서는 모두 배열에 있는 값을 다른 값과 비교하는 작업을 **연산**이라고 생각할 수 있다.

CompareToMax에서는 각 배열 원소와 최댓값을 한 번씩 비교했다. 따라서 n개의 입력된 항목이 각각 한 번씩 확인되기 때문에 총 n번의 확인 작업이 수행된다. 이런 상황을 $O(n)$이라고 표현하며 **선형 시간** 내에 수행된다고 말하기도 한다. 이 경우에는 알고리즘을 실행시키는 데 걸리는 시간이 입력된 항목의 개수에 비례하여 선형적으로 증가한다.

잘 보면 각 원소를 한 번씩 확인하는 것 외에 처음에 배열이 비어 있지 않은지 확인하는 부분과 curMax 변수의 값을 초기화하는 부분도 있다. 그 부분까지 감안하여 $O(n+2)$ 함수라고 불러야 더 정확하다고 생각하게 될 수도 있다. 하지만 빅 오 분석을 할 때는 n이 매우 큰 경우의 실행 시간인 점근적인[asymptotic] 실행 시간만 따진다. n이 무한대로 올라가면 n이나 n+2나 크게 차이가 나지 않기 때문에 2와 같은 상수항은 그냥 무시해도 무방하다. 마찬가지로 어떤 알고리즘의 실행 시간이 $n+n^2$에 비례한다고 할 때 n이 매우 커지면 n^2이나 $n+n^2$이나 별 차이가 나지 않게 된다. 따라서 빅 오 분석을 할 때는 최고차항 즉, n이 매우 커질 때 가장 큰 항만 남기고 다른 항은 다 무시한다. 지금 다루고 있는 예에서는 n이 최고차항이기 때문에 CompareToMax 함수는 $O(n)$이 된다.

CompareToAll은 분석하기가 조금 더 어렵다. 먼저 배열의 어느 위치에 가장 큰 수가 있는지를 가정해봐야 한다. 일단은 최대 원소가 배열의 맨 뒤에 있다고 가정해보자. 이런 경우에는 n개의 원소를 n개의 다른 원소하고 비교해야 한다. 따라서 n×n번 확인을 해야 하므로 이 알고리즘은 $O(n^2)$ 알고리즘이다.

이렇게 분석을 하고 나면 CompareToMax는 O(n) 알고리즘이고 CompareToAll은 O(n^2) 알고리즘임을 알 수 있다. 즉, 배열이 커짐에 따라서 CompareToAll에서의 비교 횟수가 CompareToMax의 비교 횟수보다 훨씬 커질 것임을 알 수 있다. 원소의 개수가 30,000개라면 CompareToMax에서는 대략 30,000번 정도 비교해보면 되지만, CompareToAll에서는 900,000,000번의 비교 연산이 필요한 것이다. 따라서 CompareToMax의 비교 횟수가 30,000분의 1 정도로 적기 때문에 훨씬 빠를 것으로 예상할 수 있다. 실제로 벤치마크한 결과 CompareToMax는 0.01초도 안 걸려서 실행이 끝났지만 CompareToAll은 23.99초가 걸리는 것을 확인할 수 있었다.

최선, 평균, 최악 케이스

여기에서 CompareToAll을 분석할 때 최댓값이 맨 뒤에 있다고 가정했기 때문에 불공평한 것이 아닐까라고 생각할 수도 있다. 실제로도 그러하며, 이런 문제 때문에 최선 케이스, 평균 케이스, 최악 케이스의 실행 시간을 따져봐야 하는 문제가 생긴다. 우리가 방금 CompareToAll을 분석할 때는 최악의 시나리오를 가정했다. 하지만 평균을 따져서 최댓값이 가운데 있는 경우를 생각해보자. 최댓값이 중간에 있다면 절반만 n번씩 확인해보면 된다. 그러면 n(n/2)=n^2/2번만 확인하면 끝난다. 실행 시간은 O(n^2/2)가 된다. 여기에서 1/2이라는 인수가 어떤 역할을 하는지 생각해 보자. 각 값을 실제로 확인하는 데 걸리는 시간은 코드에 의해 생성되는 기계어와 CPU에서 그러한 명령들을 수행하는 데 걸리는 시간에 의해 크게 좌우된다. 따라서 1/2이라는 숫자가 그리 큰 의미를 가진다고 볼 수는 없다. 상황에 따라 O(n^2) 알고리즘이 O(n^2/2) 알고리즘보다 빠른 경우도 있다. 빅 오분석법에서는 모든 상수 인자들을 빼 버리기 때문에 CompareToAll의 평균 케이스도 최악의 케이스와 별로 다를 바가 없다. 여전히 O(n^2)일 뿐이다.

CompareToAll의 최선 케이스 실행 시간은 O(n^2)보다 빠르다. 최댓값이 배열의 맨 앞에 있는 경우가 최선의 케이스가 되는데, 이때는 최댓값을 다른 모든 값들과 딱 한 번씩만 비교하면 되기 때문에 실행 시간은 O(n)이 된다.

CompareToMax에서는 최선 케이스든 평균 케이스든 최악 케이스든 모두 실행 시간이 같다. 배열 안에 값들이 어떤 식으로 들어가 있든 항상 $O(n)$이다.

면접관에게 어떤 시나리오에 가장 중점을 둬야 할지 물어보는 것도 한 방법이다. 문제 자체에 이에 대한 언급이 들어 있는 경우도 있다. 정렬 알고리즘 중에도 정렬이 되지 않은 데이터에 대한 최악의 케이스에는 성능이 정말 나쁘지만, 이미 정렬된 데이터가 들어왔을 때는 문제에 적용하기에 매우 좋은 것도 있다. 이런 식의 장단점 비교에 대해서는 10장에서 정렬 알고리즘 전반에 대해 다룰 때 좀 더 자세히 알아보도록 하자.

최적화와 빅 오 분석법

알고리즘을 최적화한다고 해서 항상 전체 실행 시간이 빨라지진 않는다. CompareToAll을 다음과 같이 최적화한다고 생각해보자. 각 수를 다른 모든 수와 비교하는 대신 배열에서 그 수보다 뒤에 있는 수하고만 비교한다고 해보자. 사실 그 수 앞에 있는 수는 전부 지금 기준이 되는 수와 비교해본 적이 있기 때문이다. 따라서 현재 비교하고자 하는 수보다 뒤에 있는 원소들하고만 비교해도 알고리즘은 정확하게 작동한다.

이렇게 하고 나면 최악의 실행 시간은 어떻게 될까? 첫 번째 수는 n개의 수와 비교해야 하고, 두 번째 수는 n−1개, 세 번째 수는 n−2개, 이런 식으로 비교를 해야 하므로 결과적으로 비교 횟수는 n+(n−1)+(n−2)+(n−3)+...+1이 된다. 모두 더하면 $n^2/2+n/2$라는 결과가 나온다. 제일 차수가 높은 항은 n^2이므로, 이 알고리즘에서 최악 케이스의 실행 시간도 여전히 $O(n^2)$에 머무른다. 입력 개수가 많아지면 이런 식으로 알고리즘을 최적화한다고 해서 실행 시간이 별로 달라질 것도 없다는 뜻이다.

빅 오 분석법을 적용하는 방법

일반적으로 빅 오 실행 시간 분석은 다음과 같은 방법으로 하면 된다.

1. 입력 값이 무엇인지 확인하고 어떤 것을 n으로 놓아야 할지 결정한다.
2. 알고리즘에서 수행해야 할 연산 횟수를 n의 식으로 표현한다.
3. 차수가 제일 높은 항만 남긴다.
4. 모든 상수 인수를 없앤다.

면접에서 다루는 알고리즘의 경우에는 입력 데이터의 크기에 의존하는 연산을 제대로 파악하기만 한다면 빅 오 분석법이 그리 까다롭지는 않다.

실행시간 분석에 대해 더 배워보고 싶다면 괜찮은 알고리즘 교과서를 찾아보자. 대부분 1장에서 빅 오 분석법에 대해 수학적으로 상세하게 다룬다. 이 책에서는 보통 프로그래머들이 일상적으로 사용하는 수준에서 빅 오 분석법을 정의했다. 이 책에서 설명한 빅 오의 정의는 엄밀한 교과서 기준으로는 빅 오보다는 빅 세타 Big-Theta의 정의에 더 가깝다.

어떤 알고리즘이 나올까?

가장 빠른 것은 $O(1)$ 알고리즘으로, 보통 상수 실행 시간constant running time이라고 부른다. 상수 실행 시간 알고리즘은 입력의 개수와 무관하게 항상 일정한 시간 안에 실행이 완료된다. 가장 바람직하다고 할 수 있겠지만, 상수 실행 시간 알고리즘이 가능한 경우는 거의 없다.

알고리즘 성능은 대부분 입력 크기인 n에 따라 변한다. 성능이 가장 좋은 것부터 나쁜 것까지 순서대로 알고리즘 종류를 나열하면 다음과 같다.

- **O(log n)** 실행 시간이 입력 크기의 로그에 비례해서 늘어나는 알고리즘은 로그 알고리즘(logarithmic algorithm)이라고 부른다.

- **O(n)** 실행 시간에 입력 크기에 바로 비례하는 알고리즘을 선형 알고리즘(linear algorithm)이라고 부른다.

- **O(n log n)** 준선형 알고리즘(quasilinear algorithm)이라고 부르며, 속도가 선형 알고리즘과 다항식 알고리즘의 중간쯤 된다.

- **O(n^c)** 입력 크기가 늘어나면 실행 시간이 빠르게 늘어나며, 다항식 알고리즘(polynomial algorithm)이라고 부른다.

- **O(c^n)** 다항식 알고리즘보다도 실행 시간이 빠르게 늘어나며, 지수 알고리즘(exponential algorithm)이라고 부른다.

- **O(n!)** 가장 느린 알고리즘으로, n이 작아도 금방 거의 쓰기 힘든 수준으로 느려지며, 팩토리얼 알고리즘(factorial algorithm)이라고 부른다.

n이 커지면 실행 시간 차이가 매우 두드러진다. n이 10일 때 각 알고리즘의 실행 시간을 따져보자.

- log 10 = 1
- 10 = 10
- 10 log 10 = 10
- 10^2 = 100
- 2^{10} = 1,024
- 10! = 3,628,800

n을 두 배 키워서 20으로 놓아보자.

- log 20 = 1.30
- 20 = 20
- 20 log 20 = 26.02
- 20^2 = 400
- 2^{20} = 1,048,576
- 20! = 2.43×10^{18}

준선형 알고리즘, 또는 그보다 더 빠른 알고리즘을 찾으면 애플리케이션 성능을 크게 향상시킬 수 있다.

메모리 용량 분석

성능을 따지는 데 실행 시간 분석 말고도 중요한 게 있다. 면접관이 프로그램에서 쓰는 메모리의 용량을 물어보는 경우가 종종 있다. 이를 애플리케이션의 메모리 용량memory footprint이라고 부르기도 한다. 메모리 용량이 실행 시간 못지않게 중요한 경우도 있는데, 특히 임베디드 시스템처럼 제약이 많은 환경에서는 더 그렇다.

때로는 **알고리즘**의 메모리 용량을 물어볼 때도 있다. 이런 경우에는 앞에서 실행 시간에 대해 빅 오 분석법을 썼던 것과 유사하게 필요한 메모리 사용량을 입력 크기 n의 식으로 표현하는 접근법을 사용해야 한다. 입력 크기에 따라 필요한 연산 횟수 대신 각 항목에 대해 필요한 저장 공간을 따져보면 된다.

면접관이 **구현 방법**의 메모리 사용량memory usage을 물어볼 수도 있다. 얼마나 잘 추정하는지 보기 위한 문제로, 특히 가상 머신에서 돌아가는 자바나 C# 같은 언어에서 중요하다. 이런 질문에서 면접관이 파악하고 싶은 건 메모리 사용량을 얼마나 정확하게 맞추는지가 아니라, 실제 자료구조가 어떻게 구현되는지 제대로 이해하고 있는가 하는 것이다. C++ 전문가라면 어떤 구조체나 클래스에 필요한 메모리에 대한 질문을 받을 수도 있다. 메모리 정렬이나 구조체 패킹 등을 잘 이해하고 있는지 확인하기 위한 질문이다.

메모리 최적화와 속도 최적화 사이에는 보통 상충적인 면이 있다. 대표적인 예로 7장에서 다룰 유니코드 문자열 인코딩을 들 수 있는데, 문자열을 더 짧게 표현할 수 있긴 하지만 일반적인 문자열 관련 연산 속도는 느려진다. 메모리 용량 문제를 얘기할 때는 항상 면접관에게 상충적인 부분에 대해서도 언급할 필요가 있다.

요약

면접 시에 나오는 프로그래밍 문제를 어떻게 푸는지에 따라 취직을 할 수 있을지 없을지가 결정되기 때문에 정확하고 완전한 답을 하기 위해 최선을 다해야 한다. 면접 후반으로 갈수록 문제는 점점 어려워지기 때문에 면접관에게 힌트를 받아야 할 수도 있는데, 이런 일이 일어나더라도 너무 부담을 가질 필요는 없다. 보통 많이들 쓰는 프로그래밍 언어로 코딩을 해야 하지만, 자신이 지원하는 자리에 따라 필요한 언어가 달라질 수 있으므로 자신이 사용할 언어를 잘 선택하고 꼼꼼히 익혀두자.

문제를 풀 때는 면접관과 의사소통을 최대한 활발하게 하자. 문제를 분석하고 답을 코딩하는 각 단계에서 자신이 무슨 생각을 하고 있는지 면접관에게 알릴 수 있어야 한다. 제일 먼저 할 일은 문제를 확실히 이해하는 것이며, 이해가 됐다 싶으면 몇 가지 예를 시도해보고 제대로 이해하고 있는지 확인해보자. 적절한 알고리즘을 선택하고 그 알고리즘이 주어진 예제에 잘 들어맞는지 확인한다. 특별 케이스도 빼먹지 말고 챙기자. 문제를 풀다가 중간에 막히면 또 다른 예를 시도해보거나 다른 알고리즘을 적용해보자. 다른 풀이법을 찾아볼 때는 언어 자체의 특수한 기능이라든가 고급 기능을 한 번씩 떠올려보는 것도 좋다.

자신이 제시한 풀이의 성능에 대한 질문이 나왔을 때는 보통 빅 오 실행 시간 분석법을 적용하는 정도면 충분하다. 상수, 로그, 선형, 또는 준선형 시간 안에 실행되는 알고리즘을 사용하는 것이 좋다. 알고리즘의 메모리 용량에 대한 얘기도 할 수 있도록 준비해두자.

연결 리스트

연결 리스트linked list는 사실 워낙 간단해서 별것 아닌 것 같아 보이지만, 동적인 데이터를 처리하는 것과 관련된 수많은 문제의 근간을 이루는 자료구조다. 효율적인 리스트 종주traversal, 리스트 정렬, 리스트 앞이나 뒤쪽 끝에서의 데이터 삭제 또는 삽입 등에 대한 문제는 기초적인 자료구조 개념을 테스트하기에 더할 나위 없이 좋기 때문에, 이 책에서도 연결 리스트에 대한 장을 하나 따로 마련하기로 했다.

왜 연결 리스트인가?

연결 리스트는 꽤 단순한 편이기 때문에 약 한 시간에 두세 문제를 내야 하는 인터뷰 특성에도 잘 맞아 떨어진다. 보통 면접에서는 한 문제당 20~30분 정도의 시간 안에 풀 수 있는 수준의 문제들이 나온다. 연결 리스트를 완벽하게 구현하는 데 보통 10분이 채 걸리지 않기 때문에 문제를 푸는 시간은 충분하다. 이와 대조적으로 해시 테이블처럼 복잡한 자료구조는 구현하는 것만 해도 면접 시간을 대부분 잡아먹게 된다.

게다가 연결 리스트를 구현하는 방법이 그다지 다양하지 않기 때문에 면접관 입장에서는 구현과 관련된 자세한 내용을 설명하느라 시간을 허비할 필요 없이 그냥 '연결 리스트'라고만 해도 된다는 것도 큰 장점이다.

연결 리스트 문제는 포인터에 대한 이해를 평가하기에도 좋기 때문에 C나 C++ 경험을 필요로 하는 자리에서 특히 자주 나온다. C나 C++ 프로그래머가 아니라면 이 장에 나와있는 연결 리스트 문제가 까다롭게 느껴질 것이다. 하지만 연결 리스트는 워낙 기초적인 자료구조이므로, 나중에 나올 더 복잡한 자료구조로 넘어가기 전에 반드시 완벽하게 익힐 수 있어야 할 것이다.

> 개발 실무에서 연결 리스트를 직접 만들어서 쓸 일은 잘 없을 것이다. 보통 자기가 쓰는 언어에 있는 표준 라이브러리를 쓰면 되기 때문이다. 하지만 프로그래밍 면접 때는 연결 리스트를 완전히 이해한다는 것을 보여주기 위해 직접 연결 리스트를 구현하는 걸 보여줘야 할 가능성이 높다.

연결 리스트의 종류

연결 리스트에는 단일 연결 리스트singly-linked list, 이중 연결 리스트doubly-linked list, 원형 연결 리스트circularly-linked list, 이렇게 세 가지 기본 유형이 있다. 면접에서는 대부분 단일 연결 리스트 문제가 나오는 편이다.

단일 연결 리스트

면접관이 '연결 리스트'라고만 말한다면 보통 단일 연결 리스트를 뜻하는 것으로 보면 되는데, [그림 5-1]에 나와있는 것처럼 리스트에 들어가는 각 데이터 원소에는 리스트의 다음 원소에 대한 연결고리link(포인터 또는 레퍼런스)가 들어있다. 단일 연결 리스트의 첫 번째 원소는 리스트의 머리head라고 부른다. 단일 연결 리스트의 마지막 원소는 꼬리tail라고 부르며 연결고리는 비어 있거나 널 연결고리로 이어져 있다.

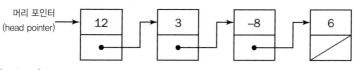

[그림 5-1]

단일 연결 리스트에는 특별 케이스도 많고, 프로그래밍 도중에 실수할 여지도 꽤 많다. 단일 연결 리스트에 있는 연결고리는 다음 노드를 가리키는 포인터나 레퍼런스로만 구성되기 때문에 앞으로만 종주할 수 있다. 따라서 리스트를 완전 종주하려면 항상 첫 번째 원소부터 시작해야 한다. 바꿔 말하자면, 리스트에 있는 모든 원소의 위치를 파악하기 위해서는 리스트의 첫 번째 원소에 대한 포인터나 레퍼런스가 있어야만 한다. 그 포인터나 레퍼런스는 보통 별도의 자료구조에 저장한다.

C에서 단일 연결 리스트의 원소를 만드는 가장 간단한 방법은 같은 유형의 구조체에 대한 포인터 하나만 들어가 있는 구조체를 만드는 것이다.

```
// 가장 간단한 단일 연결 리스트 원소
typedef struct ListElement {
    struct ListElement *next;
} ListElement;
```

아무런 데이터도 없기 때문에 이 상태로는 별 쓸모가 없다. 뭔가 저장해서 어디에 써 먹고 싶다면 포인터 외에 데이터 멤버가 적어도 하나는 있어야 한다.

```
// 조금 더 쓸모 있는 단일 연결 리스트 원소
typedef struct IntElement {
    struct IntElement *next;
    int data;
} IntElement;
```

next 포인터는 아무 데나 배치해도 되지만, 맨 앞에 넣어두면 그 포인터를 일반적인 리스트 원소 유형으로 캐스팅하여 어떤 데이터가 들어가든 제대로 작동하는 포괄적인 리스트 처리 루틴을 더 쉽게 만들 수 있다는 장점이 있다.

C++에서는 리스트 원소 클래스를 다음과 같이 정의할 수 있다.

```
// C++용 단일 연결 리스트
class IntElement {
    public:
        IntElement( int value ): next( NULL ), data( value ) {}
        ~IntElement() {}

        IntElement *getNext() const { return next; }
        int value() const {return data; }
        void setNext( IntElement *elem ) {next = elem; }
        void setValue( int value ) {data = value; }

    private:
        IntElement *next;
        Int data;
};
```

하지만 보통은 리스트 원소용 템플릿을 정의하는 쪽이 더 낫다.

```cpp
// 템플릿으로 만든 C++용 단일 연결 리스트
template <class T>
class ListElement {
    public:
        ListElement( const T &value ): next( NULL ), data( value ) {}
        ~ListElement() {}

        ListElement *getNext() const { return next; }
        const T& value() const { return data; }
        void setNext( ListElement *elem ) { next = elem; }
        void setValue( const T &value ) { data = value; }

    private:
        ListElement *next;
        T data;
};
```

C++에서 클래스를 정의할 때, 특히 템플릿으로 정의할 때는 컴파일러에서 만들어준 버전을 쓰지 않아도 되도록 복사 생성자와 대입 연산자를 명시적으로 추가하는 것이 좋다. 면접 때는 위에 있는 코드에 적어놓은 것처럼 그런 부분은 생략해도 무방하지만, 면접관한테 이런 내용을 살짝 언급하고 넘어가면 좋을 것이다.

자바에서 제네릭을 써서 구현하는 방법도 비슷하다. 물론 포인터가 아니라 레퍼런스를 쓴다는 게 달라진다.

```java
// 템플릿으로 만든 자바용 단일 연결 리스트
public class ListElement<T> {
    public ListElement( T value ) { data = value; }

    public ListElement<T> next() { return next; }
    public T value() { return data; }
    public void setNext( ListElement<T> elem ) { next = elem; }
    public void setValue( T value ) { data = value; }
```

```
    private ListElement<T> next;
    private T data;
}
```

이중 연결 리스트

[그림 5-2]에 나와 있는 이중 연결 리스트는 단일 연결 리스트의 여러 가지 단점을 극복하기 위해 만들어진 것이다. 이중 연결 리스트는 각 원소마다 리스트에서 그다음에 오는 원소에 대한 연결고리 외에 그 앞에 있는 원소에 대한 연결고리도 들어 있다는 점에서 단일 연결 리스트와 다르다. 이렇게 연결고리를 추가하면 리스트를 어느 방향으로든 종주할 수 있다. 어떤 원소에서 시작하든 리스트 전체를 종주하는 것이 가능하다. 이중 연결 리스트에도 단일 연결 리스트와 마찬가지로 머리와 꼬리 원소가 있다. 리스트의 머리의 이전 원소에 대한 연결고리는 꼬리의 다음 원소에 대한 연결고리와 마찬가지로 비워두거나 널로 지정한다.

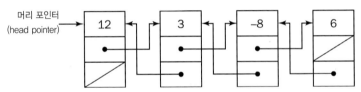

[그림 5-2]

이중 연결 리스트는 면접 문제로는 그리 많이 나오지 않는다. 단일 연결 리스트를 쓰는 쪽이 더 어렵기 때문에 단일 연결 리스트를 쓰는 문제가 더 많이 나온다. 문제에 따라 이중 연결 리스트를 쓰면 너무 쉬워져서 단일 연결 리스트를 쓰라고 하는 문제도 있고, 단일 연결 리스트를 쓰든 이중 연결 리스트를 쓰든 어렵긴 마찬가지인데 이중 연결 리스트를 쓰면 불필요하게 복잡해지기만 할 뿐이라 이중 연결 리스트를 쓰지 않게 되는 경우도 있다.

원형 연결 리스트

연결 리스트의 마지막 유형은 원형 연결 리스트로, 단일 연결 리스트로 된 것도 있고 이중 연결 리스트로 된 것도 있다. 원형 연결 리스트에는 끝, 즉 머리나 꼬리가 없다. 원형 연결 리스트의 모든 원소에서 다음 원소를 가리키는 포인터나 레퍼런스에는 반드시 널이 아닌 어떤 원소가 들어가며, 이중 연결 리스트라면 포인터/레퍼런스에도 널이 아닌 원소가 들어가야 한다. 원소가 하나밖에 없는 리스트라면 그냥 자기 자신을 가리키면 된다.

원형 연결 리스트의 종주 문제로는 사이클 회피 문제가 많이 나온다. 시작점을 제대로 추적하지 않으면 리스트에서 무한루프를 돌 수 있다.

원형 연결 리스트도 가끔 쓸 일은 있지만, 면접 문제로는 거의 나오지 않는 편이다.

기초적인 연결 리스트 연산

연결 리스트 문제를 제대로 풀려면 연결 리스트에 대한 기초적인 연산을 완벽하게 이해해야 한다. 기초 연산에는 리스트를 잃어버리지 않기 위한 머리 원소 추적, 리스트 종주, 리스트 원소 추가 및 제거 등이 있다. 이런 연산은 이중 연결 리스트를 쓰면 너무 쉽기 때문에 여기에서는 단일 연결 리스트로 구현할 때 빠질 수 있는 함정에 초점을 맞춰보도록 하겠다.

머리 원소 추적

단일 연결 리스트에서는 반드시 머리 원소를 추적해야 한다. 그러지 않으면 언어에 따라 가비지 컬렉터에 의해 제거되거나 어딘가에서 길을 잃고 말게 된다. 따라서 새로운 원소를 첫 번째 원소 앞에 추가한다거나 리스트의 첫 번째 원소를 제거할 때 리스트의 머리에 대한 포인터 또는 레퍼런스를 갱신해야 한다.

함수나 메서드 내에서 리스트를 변형시킬 때는 머리 원소를 제대로 추적할 수 있도록 주의해야 한다. 함수나 메서드를 호출한 쪽에 바뀐 새로운 머리 원소를 알려줘야 하기 때문이다. 예를 들어, 다음과 같은 자바 코드는 리스트의 머리에 대한 레퍼런스를 갱신하지 않기 때문에 제대로 작동할 수 없다.

```
public void insertInFront( ListElement<Integer> list, int data ){
    ListElement<Integer> l = new ListElement<Integer>( data );
    l.setNext( list );
}
```

제대로 하려면 메서드에서 다음과 같이 새로운 머리 원소에 대한 레퍼런스를 반환해야 한다.

```
public ListElement<Integer> insertInFront(
ListElement<Integer> list, int data ){
ListElement<Integer> l = new ListElement<Integer>( data );
    l.setNext( list );
    return l;
}
```

메서드를 호출한 쪽에서는 머리 원소에 대한 레퍼런스를 적당히 갱신해줘야 한다.

```
int data = ....; // 삽입할 데이터
ListElement<Integer> head = ....; // 머리에 대한 레퍼런스

head = insertInFront( head, data );
```

C/C++에서는 포인터를 잘못 써서 실수하는 일이 종종 발생한다. 리스트의 맨 앞에 새로운 원소를 추가하는 다음과 같은 C 코드를 생각해보자.

```
bool insertInFront( IntElement *head, int data ){
    IntElement *newElem = new IntElement;
    if ( !newElem ) return false;

    newElem->data = data;
    newElem->next = head;
    head = newElem; // 틀렸음! 머리 포인터 지역 변수만 바꾼다.
    return true;
}
```

이 코드는 head 포인터에 대한 지역 변수 사본만 갱신하기 때문에 제대로 작동
하지 않는다. 제대로 작동하게 하려면 head 포인터에 대한 포인터를 넘겨줘야
한다.

```
bool insertInFront( IntElement **head, int data ){
    IntElement *newElem = malloc( sizeof(IntElement) );
    if ( !newElem ) return false;

    newElen->data = data;
    newElem->next = *head;
    *head = newElem;
    return true;
}
```

이 함수에서는 리턴 값으로 메모리 할당 성패 여부를 돌려주기 때문에(C에는 예
외 기능이 없음) 자바에서처럼 새로운 헤드 포인터를 돌려줄 수가 없다. C++에
서는 머리 포인터를 레퍼런스로 전달할 수도 있고, 새로운 머리 포인터를 리턴할
수도 있다.

리스트 종주

머리 원소가 아닌 다른 리스트 원소를 가지고 작업을 해야 하는 경우도 있다. 연
결 리스트의 첫 번째 원소가 아닌 원소에 대한 연산을 하려면 리스트에 있는 원소

중 일부를 종주해야 할 수도 있으며, 이때 항상 리스트가 끝나지 않는지 확인을
해야 한다. 아래에 있는 코드는 안전하지 않다.

```java
public ListElement<Integer> find( ListElement<Integer> head, int data ){
    ListElement<Integer> elem = head;
    while( elem.value() != data ){
        elem = elem.next();
    }
    return elem;
}
```

찾아낼 객체가 리스트에 있을 때는 이 코드도 제대로 작동한다. 하지만 그렇지 않
은 경우에는 마지막 원소를 지나쳐 버리면서 오류(널 레퍼런스 예외)가 발생한
다. 반복문을 다음과 같이 수정하면 이런 문제를 해결할 수 있다.

```java
public ListElement<Integer> find( ListElement<Integer> head, int data ){
    ListElement<Integer> elem = head;
    while( elem != null && elem.value() != data ){
        elem = elem.next();
    }
    return elem;
}
```

그리고 이 함수/메서드를 호출한 쪽에서는 반환 값이 널이 아닌지 확인하여 오류
조건을 찾아야 한다. (아니면 리스트의 끝을 지나갔는데도 원하는 원소를 못 찾
았다면 예외를 던지는 쪽이 더 나을 수도 있다.)

리스트를 종주할 때는 반드시 연결 리스트가 끝났는지 확인해야 한다.

원소의 삽입 및 삭제

단일 연결 리스트에 있는 원소들은 다음 원소에 대한 연결고리를 통해서만 관리할 수 있기 때문에 리스트 중간에서 원소를 삽입 또는 삭제하려면 그 앞 원소의 연결고리를 수정해야 한다. 삭제할 원소(또는 그 앞에 주어진 원소를 삽입해야할 원소)만 지정된 상황이라면 바로 앞 원소를 찾아낼 만한 다른 방법이 딱히 없기 때문에 머리에서부터 리스트를 종주해야만 할 수도 있다. 삭제할 원소가 리스트의 머리 원소라면 한층 더 주의를 기울여야 한다.

리스트에 있는 한 원소를 삭제하는 C 함수는 다음과 같이 만들 수 있다.

```c
bool deleteElement( IntElement **head, IntElement *deleteMe )
{
    IntElement *elem;

    if (!head || !*head || !deleteMe ) /* 널 포인터 확인 */
        return false;

    elem = *head;
    if ( deleteMe == *head ){ /* 머리 처리용 특별 케이스 */
        *head = elem->next;
        free( deleteMe );
        return true;
    }

    while( elem ){
        if ( elem->next == deleteMe ){
            /* elem이 deleteMe 앞의 원소 */
            elem->next = deleteMe->next;
            free( deleteMe );
            return true;
        }
        elem = elem->next;
    }
    /* deleteMe를 못 찾았을 때 */
    return false;
}
```

C나 C++처럼 가비지 컬렉션이 없는 언어에서 삭제할 때는 한 가지 더 신경 써야 할 문제가 있다. 연결 리스트에 있는 모든 원소를 지우는 경우를 생각해보자. 가장 먼저 떠오르는 방법은 포인터 한 개 가지고 리스트를 종주하면서 원소들을 하나씩 제거하는 방법이다. 하지만 실제로 구현하려고 하면 문제가 생긴다. 다음 포인터로 넘어가는 작업과 원소를 제거하는 작업 중 어느 것을 먼저 해야 할까? 다음 포인터로 넘어가는 일을 먼저 하면 제거해야 할 원소의 포인터를 덮어쓴 상황이기 때문에 메모리 할당을 해제할 수가 없다. 그렇다고 해서 제거를 먼저 해 버리고 나면 방금 제거한 원소에 있는 next 포인터가 있어야 다음 원소로 넘어갈 수 있기 때문에 다음 원소로 넘어가는 것이 불가능하다. 따라서 다음 예에 나와 있는 것처럼 포인터를 두 개 써야 한다.

```
void deleteList( IntElement **head )
{
    IntElement *deleteMe = *head;

    while( deleteMe ){
        IntElement *next = deleteMe->next;
        free( deleteMe );
        deleteMe = next;
    }

    *head = NULL;
}
```

연결 리스트 문제

아래에 나올 연결 리스트 문제의 풀이는 동적 메모리를 지원하는 어떤 언어로든 구현할 수 있지만, 자바나 C# 같은 언어에서는 연결 리스트를 직접 구현해서 쓰는 일이 거의 없기 때문에 답안은 모두 C로 구현했다.

스택 구현법

스택 자료구조에 대해 논하라. 연결 리스트, 또는 동적 배열(dynamic array)을 써서 C로 스택을 구현하고 그 자료구조를 사용한 이유를 설명하라. 완전하고 일관성 있으면서 사용하기 편리한 스택 인터페이스를 설계하라.

이 문제는 다음과 같은 세 가지를 중점적으로 살펴보기 위한 문제라고 할 수 있다.

1. 기본적인 자료구조에 대한 지식
2. 자료구조를 조작하기 위한 루틴을 만드는 능력
3. 일련의 루틴에 대한 일관성 있는 인터페이스를 설계하는 능력

스택은 후입선출$^{\text{LIFO, last-in-first-out}}$, 즉 마지막에 들어간 것이 가장 먼저 나오는 자료구조다. 모든 원소는 접시를 쌓아놓았다가 꺼낼 때와 마찬가지로 들어간 순서와 반대 순서로 나온다. 원소를 삽입하고 삭제하는 연산은 각각 푸시^{push}와 팝^{pop}이라고 부른다. 스택은 여러 개의 하위 작업으로 나눌 수 있는 작업을 관리할 때 유용하게 쓰이는 자료구조다. 스택을 사용하는 대표적인 예로 서브루틴에서 사용할 반환 주소, 매개변수, 지역 변수 등을 추적하는 것을 들 수 있다. 프로그래밍 언어를 파싱할 때 토큰을 추적하는 것도 또 다른 예라고 할 수 있다.

스택을 구현하는 방법 가운데 하나로 배열이 추가될 때마다 필요에 따라 크기가 바뀌는 동적 배열을 사용하는 방법을 들 수 있다(배열에 대한 자세한 내용은 **7장 배열과 문자열**에서 다룬다). 연결 리스트에 비하자면 동적 배열은 배열 원소에 대한 임의 접근이 가능하다는 것이 가장 큰 장점이라고 할 수 있겠다. 인덱스만 알

면 어떤 원소든 즉시 접근할 수 있다. 하지만 스택에 대한 연산은 항상 자료구조의 한쪽 끝(스택 맨 위)에 대해서만 이뤄지기 때문에 동적 배열의 임의접근성이라는 장점이 별 힘을 발휘할 수 없다. 그리고 동적 배열이 커지면 그에 맞춰 크기를 조절해야 하고, 그 과정에서 기존 배열의 모든 원소들을 새 배열로 복사해야하기 때문에 그만큼 시간이 오래 걸릴 수 있다.

연결 리스트에서는 각 원소마다 메모리를 동적으로 할당해야 한다. 메모리 할당자의 오버헤드에 따라 동적 배열에서 필요한 복사 작업보다 메모리 할당에 더 오랜 시간이 걸릴 수도 있다. 게다가 동적 배열에서 인접한 원소는 메모리상에서도 인접해 있지만 연결 리스트에서 인접한 원소는 메모리상에서 떨어져 있을 수도 있다. 또한 동적 배열에서는 모든 원소마다 포인터 관련된 오버헤드를 감수하지 않아도 된다. 따라서 동적 배열은 메모리 국소성 면에서 장점이 있는데 프로세서가 메모리보다 훨씬 빨라짐에 따라 그 중요성은 점점 더 커지고 있다. 이런 이유로 동적 배열을 기반으로 하는 스택이 연결 리스트를 기반으로 하는 스택에 비해 대체로 빠른 편이다. 동적 배열보다는 연결 리스트를 구현하는 것이 훨씬 덜 복잡하기 때문에 면접에서는 연결 리스트를 써서 푸는 쪽이 훨씬 낫다. 물론 어느 쪽으로 구현하든 면접관에게 각 접근법의 장점과 단점을 상세하게 설명할 수 있어야 한다.

무엇을 쓰기로 결정했는지를 설명하고 나면 루틴과 인터페이스를 설계해야 한다. 코드를 작성하기 전에 구현을 설계하는 데 어느 정도 시간을 투자하면 구현 과정에서 실수를 한다거나 일관성이 흐트러지는 문제가 생기는 것을 미연에 방지할 수 있다. 게다가 면접관에게 미리 설계하는 과정을 보여주면서, 전체적인 계획이 중요한 큰 프로젝트에서도 무작정 코딩을 시작하는 실수를 범하지 않으리라는 믿음을 심어줄 수 있다는 것도 장점이 될 수 있다. 물론 이 과정에서도 면접관에게 지금 자신이 무엇을 하고 있는지 상세하게 설명하는 것을 잊지 말자.

스택을 구현할 때는 push와 pop 루틴이 필요하다. 이 함수의 원형은 어떻게 만들어야 할까? 각 함수에는 연산을 처리할 스택을 넘겨줘야 한다. push 연산에는 집어넣을(푸시할) 데이터를 넘겨줘야 하며, pop 연산에서는 스택에서 꺼낸 데이터를 반환해야 한다.

스택을 넘겨주는 가장 간단한 방법은 스택에 대한 포인터를 전달하는 것이다. 스택은 연결 리스트로 구현할 것이므로, 리스트의 머리에 대한 포인터를 스택에 대한 포인터로 사용하면 된다. push 함수에서는 스택에 대한 포인터 외에 푸시할 데이터를 두 번째 매개변수로 넘겨야 한다. pop 함수에서는 스택에 대한 포인터만 인자로 받아들이면 되며, 스택에서 꺼낸 데이터를 반환해야 한다.

함수 원형을 만들기 위해서는 스택에 저장할 데이터형을 알아야 한다. 우선 적절한 데이터형을 가지고 연결 리스트 구조체를 선언해야 한다. 면접관이 특별히 어떤 데이터형을 쓰라고 하지 않는다면 그냥 void 포인터를 저장해서 일반적인 데이터형을 모두 커버할 수 있도록 만드는 것도 나쁘지 않다.

```
typedef struct Element {
    struct Element *next;
    void *data;
} Element;
```

push와 pop 원형은 다음과 같은 식으로 만들 수 있다.

```
void push( Element *stack, void *data );
void *pop( Element *stack );
```

이제 기능과 오류 처리 등을 따져보자. 우선 두 연산 모두 리스트의 첫 번째 원소를 변경하는 연산이다. 따라서 이 함수를 호출하는 루틴의 스택 포인터를 변경해야 하는데, 이 두 함수에 전달되는 포인터를 함수 내부에서 변경해 봤자 함수를 호출하는 쪽에서는 아무 변화가 없다. 따라서 두 함수 모두 스택에 대한 포인터에 대한 포인터를 받아들이도록 해야 한다. 이렇게 하면 이 두 함수를 호출한 쪽에 있는 루틴의 포인터를 변경할 수 있으므로 새로 바뀐 첫 번째 원소에 대한 포인터를 스택에 대한 포인터에 집어넣는 것이 가능하다. 따라서 함수 원형을 다음과 같은 식으로 고쳐야 한다.

```
void push( Element **stack, void *data );
void *pop( Element **stack );
```

오류 처리는 어떻게 해야 할까? 푸시 연산에서는 새로운 원소를 만들기 위해 동적으로 메모리를 할당해야 한다. 메모리 할당은 언제나 실패할 가능성을 안고 있으므로 루틴을 작성할 때 할당이 제대로 됐는지 확인하는 코드를 넣어야만 한다 (C++에서는 할당이 실패하면 예외가 발생하기 때문에 오류 처리 방법이 조금 다르다).

그리고 push 함수를 호출하는 쪽에서 푸시 연산이 성공적으로 수행되었는지 알아낼 수 있게 해 주는 뭔가도 필요하다. C에서 어떤 루틴이 성공적으로 실행되었는지를 나타내는 가장 간편한 방법은 반환 값을 활용하는 방법이다. 이런 방법을 택하면 루틴을 if 선언문의 조건문에서 실행하고, 본체에서 오류를 처리하는 방법을 쓸 수 있다. push 함수를 성공했을 때는 true를, 실패했을 때는 false를 반환하도록 고치자(C++를 비롯한 예외를 지원하는 언어에서는 예외를 던지는 것도 한 방법이다).

pop 함수도 잘못될 수 있을까? 메모리를 할당할 필요는 없지만 비어 있는 스택에 대해서 팝 연산을 한다면 어떻게 해야 할까? 이런 경우에도 연산이 제대로 수행될 수 없었다는 것을 알려줘야 할 텐데, 연산이 성공적으로 수행되었을 때 원래 어떤 데이터를 반환해야 한다는 문제점이 있다. C 함수에서는 반환 값이 하나로 제한되어 있지만, 지금 구현하고 있는 pop 함수에서는 사실 스택에서 꺼낸 데이터와 오류 코드, 이렇게 두 가지를 반환해야 한다.

이런 문제는 여러 방법으로 해결할 수 있긴 하지만, 딱히 만족스러운 해결책은 없다. 한 가지 방법은 반환 값 하나를 두 가지 용도로 모두 사용하는 방법이다. 팝 연산이 성공적으로 수행되었을 때는 데이터를 반환하고, 그렇지 않으면 NULL을 반환하는 식으로 말이다. 데이터가 포인터형이고 스택에 널 포인터를 저장할 일이 전혀 없다면 이런 방법을 쓰는 것도 괜찮다. 하지만 널 포인터를 저장할 수도 있는 경우라면 pop 함수에서 반환한 널 포인터가 실제로 저장했던 값인지 아니면 스택이 비어 있음을 뜻하는지 구분할 수가 없다. 또 다른 방법으로 절대로 올바른 데이터가 될 수 없는 특별한 값, 예를 들어 예약되어 있는 메모리 블록에 대한 포인터나(스택에 음이 아닌 수만을 저장하는 경우에) 음수 값은 값을 반환하는 방법을 생각할 수도 있다. 스택에 저장할 수 있는 값을 제한하는 것도 상황에 따라 가능할 수는 있지만 이 문제에서는 그럴 수 없다고 가정해보자.

어떻게든 두 개의 서로 다른 값을 반환해야만 한다. 함수에서 그 함수를 호출한 쪽에 데이터를 돌려주는 방법에 또 어떤 것이 있을까? 스택 매개변수를 처리하는 방법과 똑같은 방법을 떠올려 보자. 바로 어떤 변수에 대한 포인터를 전달하는 방법이다. 루틴에서 포인터를 써서 어떤 변수의 값을 바꾸고 호출한 쪽에서는 스택에 대해 팝 연산을 수행한 다음 그 값을 확인하는 것이다.

이런 방식의 pop 인터페이스는 두 가지로 만들 수 있을 것이다. 오류 코드 변수에 대한 포인터를 인자로 받아들이고 데이터를 반환하는가 아니면 반대로 데이터 변수에 대한 포인터를 인자로 받아오고 오류 코드를 반환하는 식으로 말이다. 웬만한 프로그래머라면 스택의 팝 연산을 수행하는 함수에서는 데이터를 반환해야 한다고 생각할 것이다. 하지만 오류 코드를 반환 값으로 받아오지 않으면 pop 함수를 사용하는 방법이 조금 복잡해진다. if 또는 while 선언문의 조건문 부분에서 pop 함수를 호출할 수 없고, 대신 오류 코드를 받아오기 위한 변수를 선언한 다음 pop 함수를 호출하고 나서 별도의 선언문을 통해 그 값을 확인해야 하기 때문이다. 게다가 push에서는 데이터를 인자로 받아들이고 오류 코드를 반환하는데, pop에서는 반대로 오류 코드를 인자로 처리하고 데이터를 반환하게 된다. 이러면 이 두 함수가 별로 대칭적인 느낌이 들지 않는다(적어도 우리가 보기엔 그렇다).

어떻게 해도 문제가 조금씩 있기 때문에 완벽한 정답은 없어 보인다. 면접시에는 장단점을 제대로 설명하고 내가 제시한 풀이법을 적절하게 합리화할 수 있다면 어느 쪽이든 별문제가 되진 않을 것이다. 우리 생각에는 오류 코드 인자를 쓰는 건 조금 이상해 보이기 때문에 pop에서 오류 코드를 리턴하는 쪽으로 풀어보도록 하겠다. 그러면 다음과 같은 식으로 함수 원형을 고칠 수 있다.

```
bool push( Element **stack, void *data );
bool pop( Element **stack, void **data );
```

연결 리스트를 사용하여 스택을 구현하는 데 있어서 꼭 필요한 것은 아니지만 createStack과 deleteStack 함수도 만들어 두면 좋다. 이런 함수를 만들지 않고 스택을 지울 때는 스택이 텅 비게 될 때까지 pop을 계속 호출하고, 스택을 만들 때는 스택 인자로 널 포인터를 넘겨주면서 push 함수를 호출하는 방법을 쓸 수도 있다. 하지만 스택을 만들고 지우기 위한 함수를 따로 만들어 주면 스택의 구현 방법과는 무관하게 사용할 수 있는 완전한 인터페이스를 구축할 수 있다. 동적 배열을 써서 스택을 구현할 때는 createStack/deleteStack 함수를 꼭 만들어야 가능성이 높다. 따라서 스택 인터페이스를 만들 때 이런 함수들을 포함시키면 그 스택을 사용하는 프로그램 자체는 건드리지 않으면서도 스택을 구현하는 방법 (사용하는 자료구조 등)을 전부 뜯어고치는 것도 가능하다. 매우 바람직한 인터페이스라고 할 수 있다.

구현 방법과 무관한 인터페이스, 그리고 일관성 있는 인터페이스를 만들기 위해서는 이 함수에서도 오류 코드를 반환하는 것이 좋다. 연결 리스트를 사용하여 구현할 때는 createStack이나 deleteStack 모두 실행이 안 되는 문제가 있을 수 없지만, 동적 배열을 쓴다면 createStack에서 메모리를 할당할 수 없다거나 하는 문제가 생겨서 실행이 되지 않는 일이 일어날 수도 있다. 이런 문제가 발생했을 때 딱히 처리 방법이 없도록 인터페이스를 설계한다면 나중에 구현 방법을 고쳐야 하는 상황이 닥쳤을 때 운신의 폭이 크게 좁아지고 만다.

그리고 여기에서도 pop 함수의 원형을 설계할 때와 똑같은 문제에 봉착하게 된다. createStack에서는 비어 있는 스택과 오류 코드를 동시에 반환해야 하기 때문이다. 연결 리스트를 구현할 때는 널 포인터가 비어 있는 스택을 뜻하기 때문에 널 포인터를 쓸 수는 없다. 이번에도 이전에 했던 방법과 마찬가지로 오류 코드를 반환하는 방식을 택하기로 하자. createStack에서는 스택을 값으로 반환할 수 없기 때문에 스택에 대한 포인터의 포인터를 인자로 받아와야 한다. 그리고 다른 함수에서 모두 스택 포인터에 대한 포인터를 인자로 받아오고 있으므로 deleteStack에서도 마찬가지 방법을 쓰도록 하자. 이렇게 하면 어떤 함수에서 스택에 대한 포인터만을 인자로 받고, 어떤 함수에서 스택 포인터에 대한 포인터를 인자로 받는지는 따로 외우지 않아도 된다. 결과적으로 함수 원형을 다음과 같은 식으로 선언할 수 있다.

```
bool createStack( Element **stack );
bool deleteStack( Element **stack );
```

설계만 제대로 하면 코딩 자체는 간단하다. createStack 루틴에서는 스택 포인터를 NULL로 설정하고 true를 반환하여 실행이 성공적으로 끝났음을 알린다.

```
bool createStack( Element **stack ){
    *stack = NULL;
    return true;
}
```

push 연산에서는 새로운 원소를 할당하고, 메모리 할당 과정에서 문제가 없었는지 확인하고, 새로운 원소의 데이터를 설정하고, 스택 맨 위에 놓은 다음 스택 포인터를 조정한다. 코드로 표현하자면 다음과 같다.

```
bool push( Element **stack, void *data ){
    Element *elem = new Element;
    if(!elem) return false;

    elem->data = data;
    elem->next = *stack;
    *stack = elem;
    return true;
}
```

pop 연산에서는 스택이 비어 있지는 않은지 확인한 다음 맨 위에 있는 원소의 데이터를 가져오고 스택 포인터를 변경하고 더 이상 스택에 들어 있지 않은 원소의 메모리 할당을 해제한다. 코드로 표현하자면 다음과 같다.

```
bool pop( Element **stack, void **data ){
    Element *elem;
    if (!(elem = *stack)) return false;

    *data = elem->data;
    *stack = elem->next;
    free( elem );
    return true;
}
```

deleteStack에서 pop 함수를 반복적으로 호출해도 되겠지만 그냥 연결 리스트를 종주하면서 각각을 쭉 비워줘도 된다. 현재 원소를 지울 때 다음 원소의 주소를 저장하기 위한 임시 포인터가 필요하다는 점에 주의하자.

```
bool deleteStack( Element **stack ){
    Element *next;
    while( *stack ){
        next = (*stack)->next;
        free( *stack );
        *stack = next;
    }
    return true;
}
```

이 문제에 대한 논의를 끝내기 전에 객체지향 언어를 사용한다면 인터페이스를 훨씬 더 깔끔하게 설계할 수 있었다는 점을 짚고 넘어가야겠다(면접 상황에서도 면접관에게 이런 이야기를 언급하면 도움이 될 것이다). createStack과 deleteStack 연산은 각각 생성자와 파괴자로 만들면 된다. push와 pop 루틴은 스택 객체와 연관되어서 작동할 것이므로 스택을 인자로 전달하지 않아도 되고, 포인터에 대한 포인터를 넘긴다거나 하지 않아도 된다. 메모리 할당이 제대로 안

되면 예외를 던지면 되고, 이렇게 하면 pop 루틴에서 오류 코드가 아닌 값을 반환해도 된다. 템플릿을 이용하면 같은 스택을 가지고 서로 다른 데이터 유형을 저장할 수 있기 때문에 C에서처럼 void *를 저장하면서 유형 캐스팅 과정에서 오류가 발생하지 않을까 걱정할 필요도 없다. C++로 구현한다면 다음과 같은 식으로 할 수 있다.

```
template <class T>
class Stack
{
public:
    Stack() : head ( nullptr ) {};
    ~Stack();
    void push( T data );
    T pop();
protected:
    class Element {
    public:
        Element( Element *n, T d ): next(n), data( d ) {}
        Element *getNext() const { return next; }
        T value() const { return data; }
    private:
        Element *next;
        T data;
    };

    Element *head;
};

template <class T>
Stack<T>::~Stack() {
    while( head ){
        Element *next = head->next;
        delete head;
        head = next;
    }
}

template <class T>
void Stack<T>::push( T data ){
    /* 메모리 할당 오류가 발생하면 예외를 던진다. */
```

```
    Element *element = new Element(head,data);
    head = element;
}

template <class T>
T Stack<T>::pop() {
    Element *popElement = head;
    T data;

    /* StackError 예외 클래스는 다른 데서 정의했다고 가정 */
    if ( head == nullptr )
        throw StackError( E_EMPTY );

    data = head->value();
    head = head->getNext();
    delete popElement;
    return data;
}
```

C++로 좀 더 제대로 구현하려면 복사 생성자와 대입 연산자도 만들어야 한다. 컴파일러에서 자동으로 만들어주는 버전에서는 Stack의 여러 사본 사이에서 의도치 않게 원소들을 공유하면서 똑같은 Element가 여러 번 삭제될 수 있기 때문이다.

연결 리스트의 꼬리 포인터

면접 문제

정수를 저장하기 위한 어떤 단일 연결 리스트의 첫 번째와 마지막 원소를 가리키는 head와 tail이라는 전역 포인터가 있다. 다음과 같은 함수 원형에 대한 C 함수를 구현하라.

```
bool delete( Element *elem );
bool insertAfter( Element *elem, int data );
```

delete 함수의 인자는 삭제할 원소다. insertAfter 함수의 두 인자는 각각 새로 추가되는 원소의 바로 앞 원소에 대한 포인터와 새 원소의 데이터다. insertAfter 함수를 호출할 때 NULL을 넘겨주는 방식으로 리스트 맨 앞에도 새 원소를 추가할 수 있어야 한다. 함수가 성공적으로 실행되면 true를, 그렇지 않으면 false를 반환한다.

머리(head)와 꼬리(tail) 포인터는 항상 최신 값으로 유지해야 한다.

이 문제는 비교적 간단해 보인다. 삭제 및 삽입은 연결 리스트에서 흔하게 처리하는 작업이고 리스트에서 머리 포인터를 사용하는 방법에는 대부분 익숙해져 있을 것이다. 이 문제에서 특이한 부분은 꼬리 포인터를 관리해야 한다는 요구사항뿐이다. 이런 요구사항이 있다고 해서 리스트 자체, 그리고 리스트에 어떤 연산을 적용하는 방법 자체가 근본적으로 바뀌어야 할 것 같지는 않아 보이므로 딱히 새로운 알고리즘을 설계해야 할 것 같진 않다. 상황에 따라 머리와 꼬리 포인터만 제대로 고쳐주면 된다.

이 두 포인터는 언제 바꿔줘야 할까? 긴 리스트 중간에서 어떤 작업을 할 때는 머리와 꼬리에는 영향이 미치지 않는다. 머리와 꼬리 포인터는 리스트의 맨 앞, 또는 맨 뒤에 있는 원소가 바뀔 때만 바꿔주면 된다. 좀 더 정확하게 말한다면 맨 앞이나 맨 뒤에 새 원소를 추가하게 되면 새로 추가된 원소가 리스트 맨 앞에 있는 원소, 또는 맨 뒤에 있는 원소가 된다. 그리고 리스트 맨 앞이나 맨 뒤에 있는 원소를 삭제하면 맨 앞에서 두 번째 또는 맨 뒤에서 두 번째 원소가 첫 번째 또는 마지막 원소로 바뀐다.

각 연산을 처리할 때 리스트 중간에서 원소를 삽입/삭제하는 일반적인 케이스와 맨 앞 또는 맨 뒤에서 원소를 삽입/삭제하는 특별한 케이스가 발생할 수 있다. 특별한 케이스를 여러 개 처리하다 보면 그중 일부를 놓치는 일을 빈번하게 경험할 수 있다. 특히 특별 케이스 내부에 또 다른 특별 케이스가 섞여 있는 경우에는 그런 일이 더 자주 발생한다. 특별한 케이스를 잡아내는 방법 가운데 하나로 어떤 상황에서 특별 케이스가 발생할 가능성이 높은지를 생각해보는 방법이 있다. 그런 후 각 상황에서 자신이 구현한 방법이 제대로 작동하는지를 따져보면 된다. 문제가 생기는 상황을 발견하면 또 다른 특별 케이스를 찾아낸 셈이 된다.

리스트의 끝쪽에 대해 연산을 처리해야 하는 상황에 대해서는 이미 앞에서 논의한 바 있다. 문제가 생길 수 있는 또 다른 경우로 널 포인터 인자가 들어오는 상황이 있다. 그 외에 바뀔 수 있는 것은 연산을 수행할 리스트, 꼭 집어서 말하자면 그 리스트의 길이이다.

어떤 상황에서 리스트의 길이 때문에 문제가 생길 수 있을까? 리스트의 맨 앞, 중간, 맨 뒤 중 어느 위치에 대해 연산을 수행하는지에 따라 서로 다른 방식으로 처리를 해야 할 것이다. 하지만 이렇게 세 개의 서로 다른 부분으로 나눌 수 없는 리스트가 있다면 또 다른 특별 케이스로 분류해야 한다. 비어 있는 리스트에는 아무 원소도 없기 때문에 맨 앞, 중간, 맨 뒤에 있는 원소를 따지는 것이 무의미하다. 리스트에 원소가 한 개뿐이라면 중간에 있는 원소는 없고, 한 개의 원소가 맨 앞에 있는 원소인 동시에 맨 뒤에 있는 원소이기도 하다. 원소가 두 개뿐이라면 각각 맨 앞, 맨 뒤에 있는 원소만 있을 뿐 중간에 있는 원소는 없다. 원소가 세 개 이상인 경우에는 모든 원소를 맨 앞, 중간, 맨 뒤 중 한 가지 부류로 나눌 수 있으며, 일반적인 케이스라고 할 수 있다(즉, 다른 특별 케이스가 발생할 일이 없다고 볼 수 있다). 지금까지 따져본 것처럼 알고리즘을 구현할 때는 리스트 길이가 0, 1, 2일 때도 모두 정확하게 작동하는지 확인해야 한다.

이제 delete 함수를 만들 수 있다. 현재 원소에 대한 포인터 하나만 가지고 리스트를 종주하는 일반적인 구현법을 사용한다면, 앞에서 언급했듯이 리스트의 첫 번째 원소를 삭제하는 것은 특별 케이스에 속한다. 삭제할 원소를 head하고 비교해서 그 경우를 처리해야 하는지 확인하면 된다.

```
bool delete( Element *elem ){
    if ( elem == head ) {
        head = elem->next;
        free( elem );
        return true;
    }
    ...
```

이제 일반적인 경우라고 할 수 있는, 원소가 중간에 있는 경우의 코드를 만들어 보자. 리스트에서의 현재 위치를 파악하기 위해 원소에 대한 포인터(여기에서는 curPos)가 필요하다. 연결 리스트에서 원소를 삭제할 때는 그 앞에 있는 원소의 next 포인터를 변경하기 위해 앞에 있는 원소에 대한 포인터도 필요하다는 것도 잊지 말자. 앞에 있는 원소를 찾아내는 가장 쉬운 방법은 curPost->next와 elem 을 비교하여 그 둘이 같으면 curPos가 삭제하고자 하는 원소 바로 앞 원소임을 알아내는 방법이다.

그리고 반복문을 만들 때 어떤 원소도 빼먹지 않도록 해야 한다. curPos를 head 로 초기화하면 curPos->next는 리스트의 두 번째 원소부터 시작하게 된다. 어차 피 첫 번째 원소는 특별 케이스로 따로 처리하기 때문에 두 번째 원소부터 시작해 도 상관없지만, curPos를 다음 원소로 넘기기 전에 꼭 curPos->next와 elem을 비교하는 작업을 처리해야 한다. 그렇지 않으면 두 번째 원소를 그냥 지나칠 수 있기 때문이다. curPos가 NULL이 되면 삭제해야 할 원소를 찾지 못한 채로 리스 트 끝에 도달한 것이므로, false를 반환해서 삭제를 하지 못했음을 알려야 한다. 중간에 있는 원소를 처리하는 케이스는 다음과 같은 식으로 처리할 수 있다(코드 가 추가된 부분은 굵은 글꼴로 표시함).

```
bool delete( Element *elem ){

    Element *curPos = head;

    if ( elem == head ) {
        head = elem->next;
        free( elem );
        return true;
    }

    while ( curPos ) {
        if ( curPos->next == elem ) {
            curPos->next = elem->next;
            free( elem );
            return true;
        }
        curPos = curPos->next;
    }
    return false;
    ...
```

이제 마지막 원소를 처리하는 케이스를 살펴보자. 마지막 원소의 next 포인터는 NULL이다. 이 원소를 리스트에서 삭제할 때는 마지막에서 두 번째 원소의 next 포인터를 NULL로 바꾸고, 마지막 원소를 메모리에서 제거하면 된다. 중간 원소를 처리하기 위해 사용한 코드를 보면 중간 원소뿐만 아니라 마지막 원소도 삭제할 수 있다. 다른 점이 있다면 마지막 원소를 삭제할 때는 꼬리 포인터를 변경해야 한다는 것뿐이다. curPost->next를 NULL로 설정하면 리스트의 마지막 원소를 변경한 것이므로 꼬리 포인터도 바꿔줘야 한다. 이런 내용을 추가하면 다음과 같은 코드가 만들어진다.

```
bool delete( Element *elem ){

    Element *curPos = head;

    if ( elem == head ){
        head = elem->next;
        free( elem );
        return true;
    }

    while ( curPos ){
        if ( curPos->next == elem ){
            curPos->next = elem->next;
            free( elem );
            if( curPos->next == NULL )
                tail = curPos;
            return true;
        }
        curPos = curPos->next;
    }

    return false;
}
```

이렇게 앞에서 얘기한 특별 케이스 세 가지가 처리됐다. 이 풀이를 면접관에게 보여주기 전에 NULL 포인터 인자가 들어오는 상황과 리스트 길이에 따라 문제가 될 수 있는 세 가지 상황을 체크해봐야 한다.

만약 elem이 NULL이면 어떤 일이 일어날까? while 루프에서는 curPos->next가
NULL일 때까지 즉, curPos가 마지막 원소가 될 때까지 리스트를 종주한다. 그리
고 나면 다음 줄에서 elem->next는 NULL 포인터가 된다. 리스트에서 NULL을 삭
제하는 것은 불가능하므로 이 문제에 대한 가장 간단한 해결책은 elem이 NULL이
면 그냥 false를 반환하는 것이다.

리스트에 원소가 하나도 없으면 head와 tail은 모두 NULL이다. elem이 NULL이
아닌지 확인하는 부분이 있기 때문에 elem==head는 언제나 false가 된다. 게다
가 head가 NULL이기 때문에 curPos는 NULL이 되어 while 반복문의 본체는 한
번도 실행되지 않는다. 따라서 원소가 하나도 없는 리스트의 경우에는 별 문제될
일이 없다. 비어 있는 리스트에서는 아무것도 삭제할 수 없기 때문에 그냥 false
가 반환된다.

이제 원소가 하나뿐인 리스트를 생각해보자. 이 경우에는 head와 tail이 모두 하
나 뿐인 그 원소를 가리키고, 이 원소가 삭제할 수 있는 유일한 원소다. elem ==
head가 참이고 elem->next가 NULL이면 head가 NULL로 설정되고 그 원소가 메
모리에서 제거된다. 하지만 tail은 여전히 방금 메모리에서 제거한 원소를 가리
키게 된다. 따라서 원소가 한 개인 경우에는 tail을 NULL로 바꿔주는 처리를 따
로 해줘야 한다.

원소가 두 개인 리스트의 경우는 어떨까? 첫 번째 원소를 삭제하면 head가 나머
지 원소를 가리키게 되며, 이는 원래 기대할 수 있는 결과다. 마찬가지로 마지막
원소를 지웠을 때 tail도 제대로 업데이트된다. 가운데 원소가 없다고 해서 별로
문제될 일도 없다. 따라서 다음과 같이 두 가지 특별 케이스를 추가하고 나면 이
제 insertAfter 함수만 만들면 된다.

```
bool delete( Element *elem ){
    Element *curPos = head;

    if ( !elem )
        return false;
```

```
if ( elem == head ){
    head = elem->next;
    free( elem );

    /* 원소가 한 개 뿐인 리스트의 경우 */
    if ( !head )
        tail = NULL;
    return true;
}

while ( curPos ){
    if ( curPos->next == elem ){
        curPos->next = elem->next;
        free( elem );
        if ( curPos->next == NULL )
            tail = curPos;
        return true;
    }
    curPos = curPos->next;
}

return false;
}
```

insertAfter 코딩도 비슷한 식으로 만들면 된다. 이 함수에서는 새로운 원소를 할당해야 하므로 메모리 할당이 제대로 됐는지 확인해야 하고, 메모리 누설이 생기지 않는지도 확인해야 한다. delete 함수를 구현할 때 나왔던 특별 케이스가 insertAfter 코드에도 그대로 연관되는 것이 많기 때문에 코드도 전반적으로 매우 유사하다.

```
bool insertAfter( Element *elem, int data ){
    Element *newElem, *curPos = head;

    newElem = malloc( sizeof(Element) );
    if ( !newElem )
        return false;
    newElem->data = data;
```

```
/* 리스트의 맨 앞에 삽입하는 경우 */
if ( !elem ) {
    newElem->next = head;
    head = newElem;

    /* 비어 있는 리스트의 경우 */
    if ( !tail )
        tail = newElem;
    return true;
}

while ( curPos ) {
    if ( curPos == elem ){
        newElem->next = curPos->next;
        curPos->next = newElem;

        /* 리스트의 맨 뒤에 추가하는 경우 */
        if ( !(newElem->next) )
            tail = newElem;
        return true;
    }
    curPos = curPos->next;
}

/* 삽입할 위치를 못 찾은 경우. 할당된 메모리를 비우고 false를 반환한다. */
free( newElem );
return false;
}
```

이런 풀이도 틀린 건 아니지만 우아하다고까지는 할 수 없다. 각 함수마다 특별 케이스가 여러 개 있고, 어떤 특별 케이스 안에 또 다른 특별 케이스가 들어가 있기도 하다. 알고리즘을 설계할 때 특별 케이스 개수를 꼼꼼하게 세는 습관을 길러두면 좋다. 면접 문제 중에는 특별 케이스가 있는 문제가 많기 때문에 미리 대비를 해야 한다. 실전에서 특별 케이스를 제대로 처리하지 않으면 찾거나 재현하거나 고치기 어려운 버그가 생기기 마련이다. 특별 케이스를 코딩할 때부터 찾아내는 프로그래머가 디버깅할 때 찾아내는 프로그래머보다 생산성이 더 높을 것이다.

특별 케이스를 처리하기 위한 코드를 만드는 대신 일반 케이스 알고리즘을 더 일반화해서 특별 케이스까지도 일반 케이스로 처리할 수 있도록 만들 수도 있다. 그럴 수만 있다면 더 간결하고 우아하고 성능 좋고 관리하기도 좋은 코드를 만들 수 있다.

이 장의 앞부분에서 첫 번째 원소를 지울 때 머리 포인터를 갱신하는 특별 케이스 코드를 없애는 기법을 선보인 바 있다. 이 문제의 특별 케이스 코드를 없앨 때도 그 접근법을 활용해볼 수 있지 않을까?

다시 delete부터 생각해보자. 앞에 나왔던 기법을 곧바로 적용할 수는 없다. 앞에서 만든 deleteElement 함수에서는 next를 바꾸면 될 뿐, 바로 앞 원소에 대해 아무 작업도 할 필요가 없었기 때문에 next에 대한 포인터만 있으면 충분했다. 이 문제에서는 tail을 삭제된 원소 바로 앞에 있는 원소를 가리키도록 설정해야 할 수도 있다. next 필드에 대한 포인터밖에 없는 상황에서는 그런 원소의 주소를 구할 수 있는 뾰족한 수는 없다. 한 가지 방법은 두 포인터를 줄줄이 엮어서 리스트를 종주하는 것이다. curPos는 현재 원소를, ppNext는 다음 원소에 대한 포인터를 가리키도록 하는 방법이다. 이 방법을 한번 구현해보자.

이런 포인터의 초깃값을 어떻게 잡아야 할지 고민이 필요하다. ppNext를 쓰는 이유는 head 포인터와 next 포인터를 갱신하는 작업을 일반화하기 위해서다. 이러한 목적을 생각하면 ppNext는 &head로 초기화해야 한다. ppNext가 head를 가리킨다면 종주할 때 현재 위치는 실질적으로 리스트에 있는 첫 번째 원소 앞자리가 될 것이다. 첫 번째 원소 앞에는 원소가 없기 때문에 curPos는 NULL로 초기화해야 한다. 이렇게 하면 tail을 일반화하는 데는 도움이 되지만 리스트 종주를 시작할 때, 그리고 끝낼 때 curPos가 NULL이 된다는 문제가 발생한다. curPos의 값을 테스트하기 전에는 반드시 curPos를 한 칸 전진시켜야 한다. 그렇지 않으면 리스트를 종주할 수가 없다. 이런 점을 반영하여 delete를 새로 구현하면 더 간결하고 우아한 함수를 만들 수 있다.

```
bool delete( Element *elem ){
    Element *curPos = NULL, **ppNext = &head;

    if ( !elem )
        return false;

    while (true) {
        if ( *ppNext == elem ){
            *ppNext = elem->next;
            if ( !(elem->next)) /* 마지막 원소를 지울 때는 tail 갱신 */
                tail = curPos;
            free( elem );
            return true;
        }
        if (!(curPos = *ppNext))
            break;
        ppNext = &(curPos->next);
    }
    return false;
}
```

마찬가지로 insertAfter도 더 간결하고 우아하게 고칠 수 있다.

```
bool insertAfter( Element *elem, int data ){
    Element *newElem, *curPos = NULL, **ppNext = &head;

    newElem = malloc( sizeof(Element) );
    if ( !newElem )
        return false;
    newElem->data = data;

    while (true) {
        if ( curPos == elem ) {
            newElem->next = *ppNext;
            *ppNext = newElem;
            /* 리스트 끝에 삽입할 때는 tail을 갱신 */
            if ( !(newElem->next) )
                tail = newElem;
            return true;
```

```
        }
    if (!(curPos = *ppNext))
        break;
    ppNext = &(curPos->next);
    }

    /* 삽입할 위치를 못 찾은 경우 할당된 메모리를 비우고 false를 반환한다. */
    free( newElem );
    return false;
}
```

문제가 될 만한 특별 케이스를 파악하고 그 문제를 해결하기 위한 코드를 만드는
것도 좋지만, 아예 특별 케이스가 생기지 않도록 다시 코딩할 수 있다면 훨씬 더
좋을 것이다.

removeHead의 버그

단일 연결 리스트에서 맨 앞에 있는 원소를 제거하기 위한 용도로 만들어진 다음 C 함수
에 있는 버그를 찾아내어 수정하라.

```
void removeHead( ListElement *head ){
    free( head );           // 첫째 줄
    head = head->next;      // 둘째 줄
}
```

이런 식으로 버그를 찾아내는 문제도 드물지 않게 나오는 편인데, 이런 문제에 적
용할 수 있는 일반적인 전략을 한 번 짚고 넘어가도록 하겠다.

보통 주어지는 코드의 분량이 적기 때문에 실제 프로그래밍을 할 때 버그를 잡아
내는 방법하고는 조금 다른 전략을 적용해야 한다. 프로그램의 다른 부분이나 다
른 모듈과의 상호작용에 대해서는 걱정하지 않아도 된다. 대신 디버거를 쓰지 않
고 함수에 있는 각 줄을 체계적으로 분석해야 한다. 중점적으로 살펴봐야 할 부분
을 몇 가지 짚어보면 다음과 같다.

1. **데이터가 함수에 제대로 들어오는지 확인한다.** 없는 변수를 쓰려고 한다거나 long이어야 할 것을 int로 읽으려고 한다거나 하는 문제가 없는지 확인하고, 작업을 수행하는데 필요한 모든 값들이 준비되어 있는지 살펴본다.

2. **함수의 각 줄이 제대로 작동하는지 확인한다.** 함수는 당연히 어떤 작업을 수행해야만 한다. 각 줄에서 그 작업이 올바르게 실행되는지, 의도된 결과가 만들어지는지 확인하자.

3. **함수에서 데이터가 올바르게 나오는지 확인한다.** 예상되는 결과가 반환 값으로 돌아가야 한다. 그리고 함수에서 호출한 쪽의 변수를 갱신해야 한다면 그 작업이 제대로 이뤄지는지도 확인하자.

4. **흔히 발생하는 오류 조건을 확인한다.** 오류 조건은 문제에서 주어진 요구사항에 따라 다양하게 달라질 수 있다. 오류는 주로 특이한 인자 값과 연관되어 발생한다. 예를 들어, 자료구조에 대한 연산을 수행하는 함수의 경우에는 비어 있는, 또는 거의 비어 있는 자료구조를 다룰 때 문제가 생기는 경우가 많다. 포인터를 인자로 받아들이는 함수의 경우에는 널 포인터가 들어왔을 때 제대로 작동하지 않을 수 있다. 메모리 할당이나 입출력처럼 문제가 생길 수 있는 작업의 오류 조건도 제대로 처리할 수 있도록 주의하자.

우선 첫 번째 단계부터 시작하여 함수에 데이터가 올바르게 들어오는지 확인하자. 연결 리스트라면 머리 포인터만 들어오면 모든 노드에 접근할 수 있다. 문제에 주어진 함수의 경우에는 리스트의 머리가 전달되므로 필요한 모든 데이터에 접근 가능하다. 여기까지는 버그가 없다.

이제 함수를 한 줄씩 분석해보자. 첫째 줄에서는 head를 메모리에서 제거한다. 여기까지도 별 문제는 없다. 둘째 줄에서는 head에 새로운 값을 대입하는데, 이때 head의 기존 값을 사용한다. 바로 이 부분에 문제가 있다. 이미 head를 메모리에서 없애버렸기 때문에 비워버린 메모리를 참조하는 셈이 된다. 첫째 줄과 둘째 줄을 서로 바꾸는 방법도 생각해볼 수 있지만, 이렇게 하면 head의 다음 원소가 제거되고 만다. head를 제거하면서 그 변수가 제거된 후에도 next 값은 써먹어야만 한다. 임시 변수를 써서 head의 next 값을 따로 저장해 두면 이 문제를 해결할 수 있다. 그런 후 head를 메모리에서 제거하고 임시 변수를 써서 head를 갱신하면 된다. 결과적으로 함수는 다음과 같은 형태가 될 것이다.

```
void removeHead( ListElement *head ){
    ListElement *temp = head->next;        // 첫째 줄
    free( head );                          // 둘째 줄
    head = temp;                           // 셋째 줄
}
```

이제 앞에서 설명한 전략 중에서 3단계로 넘어가서 함수에서 올바른 값을 반환하는지 따져보자. 이 함수에는 명시적인 반환 값은 없지만 암묵적인 반환 값이 있다. 이 함수에서는 호출한 쪽의 head 값을 갱신해야 한다. C에서는 모든 함수의 매개변수가 값으로 전달되기 때문에 함수에는 각 인자의 사본 형태의 지역 변수만을 건드리게 되고, 그 사본을 바꿔봤자 함수 밖에서는 아무런 영향도 끼칠 수가 없다. 따라서 셋째 줄에서 head에 어떤 값을 집어넣든 함수 밖에서는 그 결과가 반영되지 않는데, 이것도 버그다. 이 버그를 고치려면 함수를 호출한 쪽의 head를 바꿀 수 있는 방법이 필요하다. C에서는 변수를 레퍼런스로 전달할 수 없기 때문에 변경하고자 하는 변수에 대한 포인터를 전달하는 방법을 써야 하고, 지금 이 함수의 경우에는 머리 포인터에 대한 포인터를 전달해야 한다. 지금까지 설명한 내용을 반영해서 함수를 고치면 다음과 같이 된다.

```
void removeHead( ListElement **head ){
    ListElement *temp = (*head)->next;     // 첫째 줄
    free( *head );                         // 둘째 줄
    *head = temp;                          // 셋째 줄
}
```

이제 4단계로 넘어가서 오류 조건을 체크해보자. 원소가 하나밖에 없는 리스트와 하나도 없는 리스트를 확인해보자. 원소가 하나뿐인 리스트의 경우에는 이 함수가 제대로 작동한다. 하나뿐인 원소를 삭제하고 head를 NULL로 설정하므로 첫 번째 원소가 제거된다. 이제 원소가 하나도 없는 경우를 생각해보자. 원소가 하나도 없는 리스트는 그냥 NULL 포인터다. head가 NULL 포인터라면 첫째 줄에서 NULL 포인터를 디레퍼런스하는 문제가 생긴다. 이런 문제를 해결하려면 head가 NULL

인지 확인한 다음 head가 NULL인 경우에는 디레퍼런스를 하지 말아야 한다. 이 점까지 반영해서 함수를 고치면 다음과 같은 모양이 된다.

```
void removeHead( ListElement **head ){
    ListElement *temp;
    if ( head && *head ) {
        temp = (*head)->next;
        free( *head );
        *head = temp;
    }
}
```

지금까지 함수 본체가 제대로 작동하는지, 함수가 올바르게 호출되고 제대로 된 값을 돌려주는지, 오류 조건을 확실히 처리했는지를 체크했다. 이런 과정을 모두 마치고 나면 디버깅이 끝났다는 확신을 가지고 면접관에게 위와 같은 버전의 removeHead 함수를 답으로 제시해도 괜찮다.

연결 리스트의 마지막에서 m번째 원소

면접 문제

단일 연결 리스트가 주어졌을 때 리스트의 맨 뒤에서 m번째 원소를 찾아내는 알고리즘을 만들어 보라. 이때 시간 및 공간 효율을 모두 고려해야 한다. 오류 조건의 처리에 주의하여 알고리즘을 구현하라. 여기에서 '맨 뒤에서 m번째 원소'는 m = 0일 때 리스트의 마지막 원소를 반환하는 식으로 생각한다.

도대체 이 문제가 왜 어려운 걸까? 단일 연결 리스트는 앞에서 뒤로만 종주할 수 있기 때문에 맨 앞에서부터 m번째 원소를 찾아내는 것은 정말 쉽다. 하지만 이 문제에서는 리스트 맨 뒤를 기준으로 특정 위치에 있는 원소를 찾아야 한다. 하지만 리스트를 종주하는 동안에는 끝이 어디인지 알 수가 없고, 끝을 찾고 나면 주어진 수만큼 앞으로 되돌아갈 방법이 마땅치가 않다.

뒤에서 m번째 원소를 찾는 일을 자주 해야 하는 경우라면 단일 연결 리스트 말고 다른 자료구조를 쓰는 것이 훨씬 나을 것이라는 의견을 피력하고 싶을 수도 있다. 실제 프로그램을 구현할 때 그런 문제가 발생한다면 당연히 단일 연결 리스트 대신 상황에 더 잘 맞는 (이중 연결 리스트나 동적 배열 같은) 다른 자료구조를 사용하는 쪽이 훨씬 더 효율적인 해결책이며, 올바른 해결책에 가까울 것이다. 면접관에게 이런 의견을 내놓으면 면접관은 그 지원자가 제대로 설계하는 방법을 어느 정도 알고 있다고 생각은 하겠지만, 여전히 문제를 주어진 그대로 풀라는 주문을 할 것이다.

그렇다면 앞으로 되돌아갈 수 없다는 단일 연결 리스트의 단점을 어떻게 극복해야할까? 우리가 찾아야 하는 것은 리스트 끝으로부터 m번째 원소다. 따라서 어떤 원소로부터 m개만큼 앞으로 이동했을 때 리스트의 마지막 원소가 나온다면 그 원소가 바로 우리가 찾고자 하는 원소라고 할 수 있다. 리스트에 있는 각 원소마다 이런 식으로 테스트를 하는 것도 한 방법이 될 수 있다. 하지만 같은 원소를 여러 번 지나가야만 하기 때문에 별로 효율이 좋지 않을 것 같은 느낌이 든다. 이런 풀이법을 조금 더 자세히 분석해보면 리스트에 있는 거의 모든 원소를 m번 지나가야 한다는 것을 알 수 있다. 리스트의 길이가 n이라면 이 알고리즘의 실행 시간은 $O(mn)$이 된다. 그러면 $O(mn)$보다 더 효율적인 풀이법을 찾아보도록 하자.

리스트를 종주하면서 원소들(또는 원소에 대한 포인터나 레퍼런스)을 별도로 저장해둔다면 어떻게 될까? 그렇게 하면 리스트의 끝에 도달했을 때 원소들을 저장해 둔 곳에서 그 m번째 앞에 있는 원소를 찾아낼 수 있을 것이다. 임시 데이터를 저장할 자료구조만 잘 선택하면 리스트를 한 번만 종주하면 되기 때문에 $O(n)$ 알고리즘을 만들 수 있다. 하지만 이 알고리즘도 완벽하다고는 할 수 없다. m이 커지면 임시 데이터를 저장하는 공간도 커져야 한다. 최악의 경우에는 리스트 자체를 저장하는 것과 맞먹는 공간을 임시 데이터를 저장하기 위한 용도로 써야 할 수도 있기 때문에 공간 효율이 매우 좋지 않다.

어쩌면 리스트의 맨 뒤에서 앞으로 돌아가는 방식이 그다지 좋은 접근법이 아닐 수도 있다. 리스트의 맨 앞에서부터 세어 나가는 방법은 정말 쉽다. 그렇다면 혹시 앞에서부터 세는 것만으로 원하는 원소를 찾을 수 있는 방법은 없을까? 우리가 찾아야 하는 것은 뒤에서부터 m번째 원소이고, m 값은 처음부터 주어진다. 값을 모르긴 하지만, 그 원소가 앞에서부터 l번째 원소라고 해보자. 그러면 l+m=n 즉, 리스트의 길이가 된다. 리스트에 있는 원소의 개수를 세는 것은 쉽게 할 수 있다. 그런 후 l=n-m을 계산하고 리스트의 맨 앞에서부터 시작해서 l번째 원소를 찾으면 된다.

이렇게 하면 리스트를 두 번 종주해야 하긴 하지만 그래도 여전히 $O(n)$이다. 그리고 변수 몇 개 정도만 저장하면 되기 때문에 방금 전에 생각했던 방법에 비하면 공간 효율도 비약적으로 좋아진 셈이다. 리스트를 변형시키는 함수들을 적절히 변경하여 원소가 추가될 때마다 원소의 길이가 저장된 변수를 증가시키고, 원소가 삭제될 때마다 원소의 길이가 저장된 변수를 감소시키도록 한다면 원소의 길이를 구하기 위해 리스트를 종주할 필요도 없어지기 때문에 효율을 더 향상시킬 수도 있다. 물론 이런 내용을 면접관에게 말하는 정도는 괜찮지만, 면접관 입장에서는 기존 자료구조를 바꾸거나 자료구조에 액세스하는 메서드에 특별한 제약 조건을 가하지 않는 풀이를 원하고 있을 것이다.

원소의 개수를 현재 알고리즘에서 따로 구해야 한다면 연결 리스트 전체를 거의 두 번 완전히 종주해야만 한다. 메모리에 제약이 있는 시스템에서는 매우 큰 리스트가 (디스크에 저장된) 페이지 아웃된 가상 메모리에 들어가 있을 가능성이 매우 높다. 그런 경우에 리스트를 한 번 완전히 종주하려면 리스트를 조금씩 순서대로 스와핑해서 메모리에 올리는 작업을 하면서 디스크에 여러 번 액세스해야 한다. 이런 상황에서는 똑같은 $O(n)$ 알고리즘이라고 해도 리스트를 한 번만 종주하면 되는 것과 두 번 종주해야 하는 것 사이의 속도 차가 상당히 크다. 그렇다면 한 번만 종주하여 원소를 찾아내는 방법은 없을까?

리스트의 맨 앞부터 몇 번째에 있는지를 알아내어 원하는 원소를 찾아내는 방법을 사용하려면 리스트의 길이를 알아야만 한다. 리스트의 길이를 계속해서 별도로 저장하지 않았다면 리스트 전체를 종주하기 전에는 그 길이를 알아낼 길이 없다. 따라서 이런 방법을 쓴다면 종주 횟수를 줄이는 것은 불가능하다.

이번에는 앞에서 생각했던 한 번만 종주하면 되긴 하지만 메모리를 너무 많이 잡아먹는다는 이유로 제쳐뒀던 선형 시간 알고리즘을 다시 한 번 살펴보자. 그 접근법을 그대로 활용하면서 메모리 용량을 줄일 수 있는 방법은 없을까?

리스트의 끝에 도달했을 때 저장해둔 m개의 원소 가운데 꼭 필요한 것은 끝에서 m번째 위치에 있는 것 하나뿐이다. 나머지는 그냥 앞으로 나갈 때마다 뒤에서 m번째 원소도 계속해서 바뀌기 때문에 같이 보관하는 것뿐이다. 현재 원소를 머리 위치에 추가하고 꼬리에 있는 원소를 제거하는 식으로 원소의 개수가 m개인 큐를 계속 유지하면 그 큐의 마지막 원소는 언제나 현재 위치로부터 m 원소만큼 앞에 있는 원소가 되도록 만들 수 있기 때문이다.

이렇게 원소가 m개인 자료구조를 사용하는 이유는 m번째 앞에 있는 포인터와 현재 위치를 가리키는 포인터를 손쉽게 같이 전진시키기 위해서이다. 하지만 꼭 이런 자료구조를 써야 하는 것은 아니다. 현재 위치를 가리키는 포인터를 이동시키는 것과 똑같은 방법으로 m 원소만큼 앞에 있는 원소에 대한 포인터도 next 포인터를 따라서 이동시키면 된다. 이 방법은 큐를 써서 자동으로 다음 칸으로 넘어가게 하는 방법보다 어렵지 않고(실은 더 쉬울 수도 있다), 현재 위치와 m번째 앞에 있는 원소 사이의 다른 모든 원소들을 계속 저장하지 않아도 된다는 장점을 제공한다. 이 정도면 충분히 괜찮은 알고리즘이 준비된 것 같다. 선형 시간 알고리즘인 데다가 한 번만 종주하면 되고 메모리도 그리 많이 잡아먹지 않는다. 큰 그림은 다 그려졌으니 이제 자질구레한 부분을 챙겨보도록 하자.

일단 포인터는 두 개가 있어야 한다. 하나는 현재 위치를 가리키는 포인터이고, 다른 하나는 그보다 m개만큼 뒤에 있는 포인터다. 이 두 포인터는 실제로 m개의 원소만큼 떨어져 있어야 하며 보조를 맞춰서 전진시켜야 한다. 현재 위치가 리스트의 끝이라면 m개만큼 뒤에 있는 포인터가 바로 마지막에서 m번째 원소를 가리키게 된다. 포인터 간격을 정확하게 유지하려면 어떻게 해야 할까? 리스트를 종주하면서 원소의 개수를 세면서 현재 위치를 가리키는 포인터를 리스트의 m번째 원소 위치로 옮길 수 있다. 그런 후 m개만큼 뒤에 있는 포인터를 리스트의 시작 위치부터 시작하면 그 두 포인터는 서로 m개의 원소만큼 떨어져서 움직이게 된다.

이때 어떤 오류 조건을 따져봐야 할까? 만약 리스트에 있는 원소가 m개 미만이면 맨 뒤에서부터 m번째 원소가 존재하는 것이 불가능하다. 그런 경우에는 현재 위치를 나타내는 포인터를 m번째 원소로 옮기는 과정에서 리스트 끝을 지나가 버려서 널 포인터를 디레퍼런스하는 문제가 생길 것이다. 따라서 처음에 m개의 원소를 그냥 지나가는 작업을 처리할 때 리스트 끝을 지나치지 않는지 확인해야 한다.

이 점에 주의하여 알고리즘을 구현해보자. 어떤 위치로부터 m번째 아이템을 계산하거나 m개의 원소만큼 떨어져 있는 두 원소를 따지는 코드를 만들 때는 꼭 자리가 한 칸 어긋나는 문제가 생기곤 하기 때문에 그런 실수를 하지 않도록 주의하자. 문제에서 제시된 '맨 뒤에서 m번째'의 정의를 다시 한 번 확인하고, 위치를 제대로 잡았는지 살펴보자. 특히 처음에 current 포인터를 앞으로 이동할 때 혹시 위치가 틀리지 않는지 주의하자.

```
ListElement *findMToLastElement( ListElement *head, int m ){
    ListElement *current, *mBehind;
    int i;
    if ( !head)
        return NULL;
    /* 리스트가 끝나지 않는지 확인하면서
     * 앞에서부터 m 개의 원소를 센다.
     */
```

```
current = head;
for ( i = 0; i < m; i++ ) {
  if ( current->next ){
      current = current->next;
    } else {
      return NULL;
    }
}

/* mBehind를 head 포인터로 설정한 다음 current 포인터가 마지막
 * 원소를 가리키게 될 때까지 mBehind와 current를 함께 전진시킨다.
 */
mBehind = head;
while ( current->next ){
    current = current->next;
    mBehind = mBehind->next;
}

/* 이제 mBehind가 우리가 찾으려고 했던 원소를
 * 가리키므로 mBehind를 리턴하면 된다.
 */
return mBehind;
}
```

리스트 단층화

문제 일반적인 이중 연결 리스트에서 시작하자. 이제 각 원소에 다음 원소(next)와 이전
원소(prev)를 가리키는 포인터 외에 또 다른 이중 연결 리스트를 가리키는 자식(child) 포
인터가 들어 있을 수 있다고 하자. 이 자식 리스트에도 또 다른 자식 리스트가 있을 수 있
어서 결과적으로 [그림 5-3]에 나와 있는 것과 같은 다층형 자료구조를 이루게 된다.

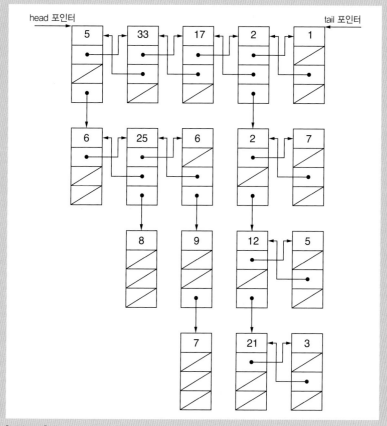

[그림 5-3]

이 리스트를 단층화(flatten)시켜서 모든 노드가 한 층짜리 이중 연결 리스트 안에 들어가
도록 만들자. 처음에 첫 번째 층의 머리와 꼬리 포인터가 주어진다. 각 노드는 다음과 같
이 정의되는 C 구조체로 이루어진다.

```
typedef struct Node {
    struct Node *next;
    struct Node *prev;
    struct Node *child;
    int         value;
} Node;
```

이 리스트 단층화 문제는 꽤 자유도가 높은 편이다. 그냥 리스트를 단층화시키라는 요구사항 밖에 주어지지 않았다. 리스트를 단층화시키는 방법에는 여러 가지가 있으며, 방법에 따라 노드 순서가 다른 단층 리스트가 만들어질 것이다. 우선 몇 가지 알고리즘을 고려해보고 각 알고리즘을 쓸 때 노드가 어떤 순서로 배열되는지 따져보자. 그런 후 가장 쉽고 효율적일 것 같은 알고리즘을 구현하자.

우선 주어진 자료구조부터 살펴보자. 이 자료구조는 리스트치고는 좀 특이하다. 트리와 비슷하게 층과 자식이 있다. 트리에도 층과 자식이 있지만, 트리에서는 같은 층에 있는 노드끼리는 연결이 되지 않는다. 흔히 쓰이는 트리 종주 알고리즘을 써 보고 방문한 각 노드를 새로운 리스트에 복사해 넣는 방법으로 자료구조를 단층화시켜볼 수도 있을 것이다.

이 자료구조는 엄밀하게 말해서 일반적인 트리가 아니기 때문에 어떤 종주 알고리즘을 쓰든 약간 변형시켜서 써야만 한다. 트리의 관점에서 보면 이 자료구조에 있는 각각의 자식 리스트는 하나의 확장된 트리 노드를 형성한다. 뭐 그리 나빠 보이진 않을 수도 있다. 표준적인 종주 알고리즘에서는 각 트리 노드의 자식 포인터를 직접 체크하지만, 여기에서는 연결 리스트를 따라서 종주하면서 모든 자식 포인터를 확인하는 정도로만 수정하면 된다. 매번 노드를 확인할 때마다 그 노드를 다른 리스트에 복사해 두면 결과적으로 단층화된 리스트가 만들어지게 된다.

이 풀이법으로 더 깊이 들어가기 전에 효율을 한 번 따져보자. 각 노드를 한 번씩 검사하므로 $O(n)$ 알고리즘임을 알 수 있다. 종주를 하다 보면 재귀 호출 또는 종주를 하기 위해 필요한 자료구조로 인한 오버헤드도 있을 것이다. 그 외에 새 리스트를 만들기 위해 각 노드의 복사본을 만들어야 한다. 이런 복사 작업은 효율 면에서 좋지 않으며, 자료구조가 커질수록 이 문제는 더 심해진다. 복사 작업을 많이 하지 않아도 되는 더 효율적인 풀이법을 찾아보도록 하자.

방금 전에는 순서는 나중에 생각하고 알고리즘을 먼저 고려해 봤는데, 이번에는 정렬 순서에 먼저 초점을 맞춘 다음 거기에 맞는 알고리즘을 유도해보자. 자료 구조의 층을 정렬 기준으로 잡고, 하나의 자식 리스트^{child list}에 속하는 노드는 모두 한 층에 들어간다고 정의하자. 호텔에 있는 방들이 층별로 정렬되어 있는 것처럼 노드도 어느 층에 있는지를 기준으로 정렬할 수 있다. 모든 노드는 어떤 층에 속해 있으며, 그 층 내부에서 어떤 순서를 정할 수 있다(자식 리스트를 왼쪽에서 오른쪽으로 배열할 수 있다). 따라서 호텔 방과 비슷한 식으로 순서를 결정할 수 있다. 첫 번째 층에 있는 노드들부터 쭉 배열하고 나서 두 번째 층에 있는 노드들을 배열하고, 그다음에 세 번째 층에 있는 노드들을 배열하는 식으로 노드들의 순서를 정하면 된다. 앞에 예로 나온 자료들을 이 규칙에 맞춰 늘어놓으면 [그림 5-4]와 같은 결과가 나온다.

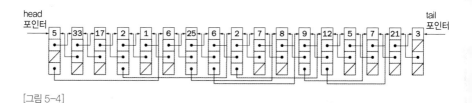

[그림 5-4]

이제 노드들이 위와 같은 순서로 배열되는 알고리즘을 찾아보자. 이 정렬 방식의 특징 중 하나는 같은 층에 있는 노드의 순서는 바뀌지 않는다는 것이므로, 각 층에 있는 모든 노드들을 하나의 리스트로 연결하고 연결된 각 층들을 하나의 커다란 리스트로 다시 연결하면 된다. 이렇게 같은 층에 있는 노드들을 모두 찾아서 연결하려면 그 층에 대해서 너비 우선 검색^{breadth-first search}을 해야 한다. 하지만 너비 우선 검색은 효율이 별로 좋지 않기 때문에 더 나은 풀이를 찾아봐야 할 것 같다.

[그림 5-3]을 보면 둘째 층이 두 개의 자식 리스트로 이루어졌음을 알 수 있다. 각 자식 리스트는 첫째 층에 있는 노드의 자식 노드로 시작한다. 각 자식 리스트를 결합하는 대신 자식 리스트를 하나씩 첫째 층의 맨 뒤에 추가하는 방법을 시도해보자.

자식 리스트를 한 번에 하나씩 추가하려면 우선 next 포인터를 쭉 따라가면서 첫째 층을 종주해야 한다. child가 있는 노드가 등장하면 그 자식(자식 리스트 전체 포함)을 첫째 층의 맨 뒤에 덧붙이고 꼬리 포인터를 갱신한다. 이렇게 하면 둘째 층이 전부 첫째 층의 뒤에 추가된다. 첫째 층을 계속해서 종주하다 보면 전에 둘째 층이었던 부분의 맨 앞 위치에 도달하게 된다. 이렇게 자식을 첫째 층에 붙이는 과정을 반복하다 보면 결국은 모든 자식 리스트가 첫째 층의 뒤에 줄줄이 연결된 단층화된 리스트가 만들어진다. 이 알고리즘을 정리하면 다음과 같은 식으로 쓸 수 있다.

```
첫째 층 맨 앞에서 시작
첫째 층이 끝나지 않은 동안
    현재 노드에 자식이 있으면
        자식을 첫째 층 맨 뒤에 추가
        꼬리 포인터 갱신
    다음 노드로 이동
```

이 알고리즘은 간단하기 때문에 쉽게 구현할 수 있다. 효율 면에서 보면 첫째 층을 제외한 나머지 층에 있는 노드들은 두 번씩 종주해야만 한다. 자식 노드를 추가할 때마다 꼬리 포인터를 갱신하기 위해 그 자식 리스트 전체를 종주해야 하고, 자식이 있는지 다시 한 번 확인을 해야 하기 때문이다. 첫째 층에 있는 노드는 이미 꼬리 포인터가 처음부터 주어져 있기 때문에 자식이 있는지 알아보기 위해 한 번씩만 확인하면 된다. 따라서 이 알고리즘에서는 확인 작업이 최대 2n번 밖에 되지 않으므로 $O(n)$ 알고리즘임을 알 수 있다. 어떤 노드든 적어도 한 번은 확인해야 하므로 시간 효율 면에서는 최선의 결과다.

이 외에도 시간 효율 면에서 비슷한 다른 알고리즘이 여러 개 있을 수도 있다. 자식 리스트를 전체 리스트 맨 뒤가 아닌 부모 리스트 바로 뒤에 집어넣는 식의 알고리즘도 마찬가지로 O(n) 알고리즘이다.

위 알고리즘을 코드로 표현하면 다음과 같다. 함수에서 tail 포인터에 대한 포인터를 인자로 받아서, 함수가 리턴되었을 때 바뀐 tail 포인터에 대한 정보가 계속 남을 수 있다는 점에 주의하자.

```
void flattenList( Node *head, Node **tail ){
    Node *curNode = head;
    while ( curNode ){
        /* 현재 노드에 자식이 있는 경우 */
        if ( curNode->child ){
            append( curNode->child, tail );
        }
        curNode = curNode->next;
    }
}

/* 자식 리스트를 꼬리 뒤에 붙이고 꼬리 포인터 갱신 */
void append( Node *child, Node **tail ){
    Node *curNode;

    /* 자식 리스트를 맨 뒤에 붙인다. */
    (*tail)->next = child;
    child->prev = *tail;

    /* 새로운 꼬리가 될 자식 리스트의 끝을 찾아낸다. */
    for ( curNode = child; curNode->next; curNode = curNode->next )
        ; /* 본체 부분 생략 */

    /* 이제 curNode가 꼬리 노드가 되었으므로 꼬리 포인터를 갱신한다. */
    *tail = curNode;
}
```

리스트 단층화 해제

면접 문제

리스트 단층화를 해제하라. 자료구조를 flattenList로 전달하기 전의 원래 상태로 복구시켜야 한다.

이 문제는 앞에 나왔던 문제를 그대로 뒤집어놓은 것이므로 자료구조 자체에는 이미 익숙해져 있을 것이다. 앞에서 모든 자식 리스트를 한 층에 집어넣는 식으로 단층화된 리스트를 만들었다는 점을 되새겨보자. 원래 리스트로 돌아가려면 단층화된 긴 리스트를 원래의 자식 리스트 형태로 다시 분리시켜야 한다.

우선 앞서 단층화된 리스트를 만들 때 했던 작업을 정확하게 반대로 수행하는 방법을 시도해보자. 리스트를 단층화시킬 때는 맨 앞에서부터 리스트를 종주하면서 자식 리스트를 맨 뒤에 추가하는 방법을 사용했다. 이 작업을 반대로 수행한다면 꼬리에서 시작해서 첫째 층 부분을 잘라내야 한다. 원래의 리스트에서 자식 리스트의 시작 부분에 해당하는 곳에 도달할 때마다 리스트를 잘라내면 된다. 하지만 어떤 노드가 원래 자료구조에서 자식이었는지 판단할 수 있는 방법이 마땅치 않기 때문에 이렇게 작업을 거꾸로 수행함으로써 원래의 자료구조를 만드는 것이 생각보다 어렵다. 어떤 노드가 자식인지 판단하기 위해서는 그 앞 노드의 자식 포인터를 일일이 확인해봐야 한다. 하지만 이런 방법은 효율 면에서 볼 때 그리 좋다고 볼 수는 없으므로 다른 방법은 없는지 따져보자.

자식 노드를 판단하는 문제를 해결하는 한 가지 방법으로 리스트를 처음부터 끝까지 살펴보면서 자식 노드에 대한 포인터를 전부 별도의 자료구조에 저장하는 방법을 생각해볼 수 있다. 그러면 리스트를 뒤에서부터 훑어나가면서 모든 자식 노드를 분리해낼 수 있다. 이런 식으로 노드를 살펴보면 어떤 노드가 자식인지 아닌지를 판단하기 위해 계속해서 앞 노드를 일일이 확인해보지 않아도 된다. 이 방법도 괜찮긴 한데 별도의 자료구조를 마련해야 한다는 점이 걸린다. 이번에는 별도의 자료구조를 만들지 않아도 되는 방법을 찾아보자.

리스트를 뒤에서 앞으로 훑어보는 방법은 전부 시도한 것 같으니 이제 앞에서 뒤로 종주하는 알고리즘을 시도해보자. 이렇게 해도 여전히 어떤 노드가 자식인지 아닌지를 바로 판단할 수는 없다. 하지만 모든 자식 노드를 첫째 층에 추가했던 순서 그대로 찾아낼 수 있다는 장점이 있다. 그리고 모든 자식들은 원래 리스트에서 자식 리스트를 만들어낸다. 각 자식 노드를 그 앞에 있는 노드로부터 분리시키면 다시 다층 구조의 리스트를 만들어낼 수 있다.

하지만 무작정 맨 앞에서부터 시작해서 자식이 있는 노드를 찾아내고 자식을 그 앞의 노드로부터 분리시킬 수는 없다. 첫째 층하고 둘째 층이 갈라지는 곳에서 리스트 끝에 도달하게 되어 나머지 자료구조는 종주할 수가 없게 되기 때문이다. 하지만 이 방법도 그리 나쁜 것은 아니다. 자식 리스트인 첫째 층에서 시작해서 모든 자식 리스트를 종주할 수 있다. 자식을 발견하면 우선 계속해서 원래 자식 리스트를 종주한 다음 새로 발견된 자식 리스트도 종주한다. 그래도 둘을 한꺼번에 종주하는 것은 불가능하다. 둘 중 하나를 어떤 자료구조에 저장해놓고 나중에 종주할 수도 있다. 하지만 자료구조를 별도로 설계하여 구현하지 않고 그냥 재귀 호출을 사용해도 된다. 자세히 설명하면 자식이 있는 노드를 발견할 때마다 그 자식을 바로 앞 노드로부터 분리해낸 다음 새로운 자식 리스트를 종주하고, 종주가 끝나면 원래의 자식 리스트를 계속해서 종주하면 된다.

이렇게 하면 각 노드를 많아야 두 번씩만 확인하면 되기 때문에 실행 시간은 $O(n)$이 된다. 자식 노드 여부를 확인하기 위해서 모든 노드를 적어도 한 번씩은 확인해봐야 하기 때문에 $O(n)$보다 더 빠른 알고리즘은 만들 수 없다. 평균 케이스의 경우에 함수 호출 횟수는 노드의 개수와 비교하면 적기 때문에 재귀 호출로 인한 오버헤드가 그리 크진 않다. 그리고 최악의 케이스에도 함수 호출 횟수가 노드의 개수보다 많진 않다. 이 풀이법은 앞에서 다른 자료구조를 써야만 했던 방법과 비교하면 효율 면에서는 거의 비슷하면서도 코딩하기는 더 간단하고 쉽다. 따라서 면접을 볼 때는 이렇게 재귀 호출을 사용하는 방법이 최선의 선택이라고 할수 있다. 알고리즘을 간단하게 유사 코드로 쓰면 다음과 같다.

경로 탐색:
 끝에 도달하기 전까지
  현재 노드에 자식이 있으면
   자식을 이전 노드로부터 분리
   자식에서 시작하는 경로 탐색
  다음 노드로 넘어감

C 코드로 구현하면 다음과 같다.

```c
/* 재귀함수를 감싸는 래퍼 함수. tail 포인터도 갱신한다. */
void unflatten( Node *start, Node **tail ){
    Node *curNode;

    exploreAndSeparate( start );

    /* tail 포인터 갱신 */
    for ( curNode = start; curNode->next; curNode = curNode->next)
        ; /* 본체 안에 들어갈 내용 없음 */

    *tail = curNode;
}

/* 실제로 재귀 호출을 하고 노드를 분리하는 함수 */
void exploreAndSeparate( Node *childListStart ){
    Node *curNode = childListStart;

    while ( curNode ){
        if ( curNode->child ){
            /* 자식 리스트를 자식 앞에서 끊어냄 */
            curNode->child->prev->next = NULL;
            /* 자식에서부터 새로운 자식 리스트를 시작함 */
            curNode->child->prev = NULL;
            exploreAndSeparate( curNode->child );
        }
        curNode = curNode->next;
    }
}
```

위 풀이는 리스트 평탄화 알고리즘을 뒤집어서 만들었다. 이때 재귀 호출에 따르는 오버헤드가 꽤 부담이 될 수 있다. 어떤 문제를 재귀 호출로 풀 수 있다고 해서 반드시 재귀 호출을 써야만 하는 것은 아니다. 반복문을 써서 더 간단하게 풀 수 있는 방법은 없는지 생각해봐야 한다.

리스트에 대해서 반복문을 돌리면서 NULL이 아닌 child 포인터를 찾아볼 수도 있다. 그런 포인터를 찾아내면 자식에서 시작해서 리스트 나머지 부분을 잘라내고 아래 단계로 갈라낼 수 있다. 하지만 이렇게 하면 리스트의 나머지가 통째로 바로 아래 단계로 넘어가는 문제가 생길 수 있는데, 이러면 원래 자료구조를 복원하는 게 아니라 계단처럼 이어지는 자료구조를 만들게 될 수 있다.

하지만 리스트 평탄화 과정을 다시 살펴보면 윗단계로 끌어올려진 자식이 나중에 검색된 각각의 자식보다 더 앞에 배치된 것을 알 수 있다. 따라서 리스트 맨 뒤에서 시작해서 거꾸로 올라가면 부모를 만날 때마다 각 자식 리스트를 끊어내는 식으로 리스트 단층화를 해제하면, 리스트를 앞방향으로 훑어가면서 작업을 반복하는 경우에 생길 수 있는 문제를 피할 수 있다. 자식 리스트를 잘 끊어내고 tail을 제대로 추적한다면 원래 리스트를 복원 가능하다.

이 작업은 C 코드로는 다음과 같이 구현할 수 있다.

```c
void unflattenIteratative(Node* start, Node** tail) {
    if (!(*tail)) return;   // 널 포인터가 전달됐을 때는 역참조를 하지 않는다.
    Node* tracker = *tail;
    while (tracker){
        if (tracker->child){
            *tail = tracker->child->prev;
            tracker->child->prev = NULL;
            (*tail)->next = NULL;
        }
        tracker = tracker->prev;
    }
}
```

순환형 리스트와 비순환형 리스트

[그림 5-5]에 나와 있는 것처럼 널로 종료되는(비순환형, acyclic) 연결 리스트 또는 [그림 5-6]에 나와 있는 것과 같이 사이클로 연결되는(순환형, cyclic) 연결 리스트가 주어졌다고 하자.

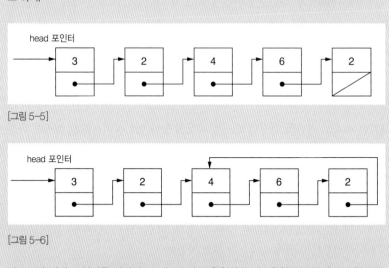

[그림 5-5]

[그림 5-6]

리스트의 머리 포인터를 받아서 그 리스트가 순환형인지 비순환형인지 알아내는 함수를 작성하라. 리스트가 비순환형이면 false를, 순환형이면 true를 반환해야 한다. 리스트 자체는 변경시킬 수 없다.

우선 그림을 보고 순환형 리스트와 비순환형 리스트를 직관적으로 비교할 수 없을지 생각해보자.

두 리스트의 차이점은 맨 끝부분에 있다. 순환형 리스트에서는 마지막 노드가 앞에 있는 다른 노드를 가리킨다. 비순환형 리스트에서는 마지막 노드가 NULL 포인터로 끝난다. 따라서 마지막 노드를 찾아보면 그 리스트가 순환형인지 아닌지를 구분할 수 있다.

비순환형 리스트에서는 마지막 노드를 쉽게 찾을 수 있다. 널 포인터가 들어 있는 노드가 나올 때까지 리스트를 종주하면 되기 때문이다.

그러나 순환형 리스트에서는 그리 쉽지가 않다. 리스트를 무작정 종주하면 계속해서 같은 원소들을 맴돌게 되므로 순환형 리스트에서 제자리를 돌고 있는 것인지 그냥 아주 긴 비순환형 리스트라서 아직 끝에 다다르지 못한 것인지 구분할 수가 없다. 따라서 뭔가 더 나은 접근법을 찾아봐야 한다.

마지막 노드를 조금 더 살펴보자. 마지막 노드에서 가리키는 노드는 또 다른 노드에서도 다음 노드로 참조하고 있는 노드이다. 즉, 같은 노드를 가리키는 포인터가 두 개 있다. 이런 특성을 활용해서 알고리즘을 만들 수 있다. 리스트를 종주하면서 각 노드마다 그 노드를 가리키는 노드가 두 개 있는지 확인하면 된다. 그런 노드가 있다면 그 리스트는 순환형 리스트가 된다. 그렇지 않다면 그 리스트는 비순환형이고, 언젠가는 널 포인터가 나오게 될 것이다.

하지만 각 원소를 가리키는 노드의 개수를 파악하는 것이 쉽지가 않다. 순환형 리스트의 마지막 노드에 또 다른 특징은 없는지 찾아보자. 리스트를 종주하다 보면 마지막 노드의 다음 노드는 전에 지나갔던 노드 중 하나가 된다. 어떤 노드를 가리키는 포인터가 두 개 이상 있는지 확인하는 대신 이미 방문했던 노드가 아닌지 확인해보는 방법을 써 보자. 이미 전에 방문했던 노드가 다시 등장한다면 그 리스트는 순환형 리스트이다. 그런 노드가 없고 널 포인터가 등장한다면 비순환형 리스트임을 알 수 있다. 하지만 아직 알고리즘이 완성된 것은 아니다. 전에 방문했던 노드인지의 여부를 판단하는 방법을 강구해야 한다.

가장 쉬운 방법은 각 원소를 방문할 때마다 표시를 해 두는 방법이겠지만 문제를 보면 리스트를 변경시키면 안 된다고 나와 있다. 방문했던 노드를 별도의 리스트에 저장하는 방법도 생각해볼 수 있다. 그런 후 현재 노드를 이미 방문한 노드의 리스트에 있는 모든 노드와 비교하면 된다. 현재 노드가 이미 방문한 리스트에 있는 어떤 노드를 가리킨다면 그 리스트가 순환형임을 알 수 있다. 그런 노드를 발견하지 못한 채로 널 포인터가 등장한다면 그 리스트는 비순환형임을 알 수 있다. 이 방법은 제대로 작동하긴 하겠지만 최악의 경우에는 이미 방문한 노드로 이루어진 리스트를 저장하기 위해 원본 리스트와 맞먹는 메모리를 써야 한다. 메모리 용량을 줄일 수 있는 방법이 없을지 생각해보자.

이미 방문한 노드의 리스트에는 무엇을 저장해야 할까? 이미 방문한 리스트의 첫 번째 노드는 원본 리스트의 첫 번째 노드를 가리킬 것이고, 두 번째 노드는 원본 리스트의 두 번째 노드를, 세 번째 노드는 원본 리스트의 세 번째 노드를 가리키는 식이 된다. 결국은 원본 리스트를 그대로 반영하는 리스트를 만들게 된다. 하지만 이런 리스트를 굳이 만들 필요가 없다. 그냥 원본 리스트를 사용하면 되기 때문이다.

이렇게 한번 해보자. 리스트에서 현재 노드를 알고 있고 리스트 맨 앞을 알고 있기 때문에 현재 노드의 next 포인터를 그 앞에 있었던 모든 노드의 next 포인터하고 직접 비교할 수 있다. i번째 노드를 지나가고 있다면 그 노드의 next 포인터가 첫 번째부터 i-1번째까지의 노드 중 하나를 가리키고 있지 않은지 확인해보는 것이다. 그중 같은 것이 있다면 리스트가 순환형이라는 결론을 내릴 수 있다.

이 알고리즘의 실행 시간은 어떨까? 첫 번째 노드에서는 이전 노드를 하나도 검사하지 않아도 되고, 두 번째 노드에서는 앞에 있는 노드 하나만 검사하면 된다. 세 번째 노드에서는 두 개, 네 번째 노드에서는 세 개, 이런 식으로 검사를 해야 할 것이다. 따라서 검사해야 할 노드 개수는 $0+1+2+3+...+n$이다. 4장에서 설명했던 바와 같이 이 알고리즘은 $O(n^2)$ 알고리즘이 된다.

이 접근법으로는 이 정도가 한계인 듯하다. 힌트 없이는 찾아내기 힘들지만, 포인터 두 개를 사용하는 좀 더 나은 풀이법도 있다. 포인터 하나만으로는 할 수 없지만 두 개를 가지고 할 수 있는 일에는 어떤 것이 있을까? 두 개를 겹쳐서 쓸 수도 있겠지만, 포인터 하나만 가지고도 어차피 할 수 있는 일이므로 무의미하다. 두 포인터를 일정한 간격으로 움직이는 방법도 있는데, 이런 방법을 쓴다고 해서 별로 나아질 것이 없다. 포인터를 서로 다른 속도로 움직인다면 어떻게 될까?

비순환형 리스트에서는 더 빨리 앞으로 나가는 포인터가 리스트의 끝에 먼저 도달하게 될 것이다. 순환형 리스트에서는 둘 다 무한루프를 돈다. 그러다 보면 더 빨리 움직이는 포인터가 더 느리게 움직이는 포인터를 앞질러가는 일이 발생한다. 빠르게 가는 포인터가 느리게 가는 포인터를 따라잡는 일이 일어난다면 그 리스트는 순환형 리스트라는 결론을 내릴 수 있다. 널 포인터가 나온다면 그냥 비순환형 리스트임을 알 수 있다. 알고리즘을 간단한 유사 코드 형태로 써 보면 다음과 같다.

느린 포인터는 리스트 머리에서 시작
빠른 포인터는 리스트 두 번째 노드에서 시작
무한루프
    빠른 포인터가 널 포인터에 도달하면
        리스트가 널로 끝났음을 알리는 값을 반환
    빠른 포인터가 느린 포인터를 따라잡거나 지나쳐 버리면
        순환형 리스트임을 알리는 값을 반환
    느린 포인터를 한 노드 앞으로 전진
    빠른 포인터를 두 노드 앞으로 전진

이 풀이를 코드로 작성하면 다음과 같다.

```
/* 연결 리스트 머리에 대한 포인터를 인자로 받아서
 * 리스트가 순환형인지 여부를 결정함
 */

bool isCyclicList( Node *head ){
    Node *fast, *slow;
    if ( !head )
        return false;
    slow = head;
    fast = head->next;
    while( true ){
        if ( !fast || !fast->next )
            return false;
        else if ( fast = slow || fast->next = slow )
            return true;
        else {
            slow = slow->next;
            fast = fast->next->next;
        }
    }
}
```

이 알고리즘이 앞에서 설명했던 풀이보다 더 빠를까? 만약 리스트가 비순환형이면 첫 번째 포인터로는 n개, 두 번째 포인터로는 n/2개의 노드를 검사하면 리스트의 끝에 도달하게 된다. 따라서 검사하는 노드의 개수는 총 3n/2개가 되어 $O(n)$ 알고리즘이 된다.

순환형 리스트라면 어떨까? 느린 포인터는 어떤 루프도 두 번 이상 돌지 못한다. 느린 포인터가 n개를 검사했다면 빠른 포인터는 2n개의 노드를 검사했을 것이고, 루프가 아무리 커도 이미 느린 포인터를 지나쳤을 수밖에 없을 것이기 때문이다. 따라서 최악의 경우에도 검사하는 노드의 수는 3n개에 불과하므로 이 경우에도 역시 $O(n)$ 알고리즘이 된다. 이렇게 두 개의 포인터를 쓰는 방법을 활용하면 리스트가 순환형이든 아니든 포인터를 하나만 쓰는 방법에 비해 더 성능이 좋다.

요약

연결 리스트는 간단한 자료구조임에도 불구하고 C/C++ 경험을 평가하는 경우에 지원자가 기본적인 포인터 조작법을 제대로 이해하는지를 판단하기 위한 문제로 종종 등장한다. 단일 연결 리스트에서는 각 원소에 리스트의 다음 원소에 대한 포인터가 들어 있으며, 이중 연결 리스트에는 이전 원소와 다음 원소에 대한 포인터가 모두 들어 있다. 두 리스트 유형에서 모두 첫 번째 원소는 머리head, 마지막 원소는 꼬리tail라고 부른다. 원형 연결 리스트에는 머리와 꼬리가 없이 모든 원소들이 사이클을 이루도록 빙 둘러서 연결된다.

이중 연결 리스트에서는 리스트 연산이 훨씬 쉽기 때문에 면접 문제로는 대부분 단일 연결 리스트가 주어진다. 리스트 연산에는 리스트 head 갱신, 리스트를 종주하여 맨 뒤로부터 특정 원소를 찾아내는 것, 리스트 원소를 삭제하거나 추가하는 것 등이 있다.

CHAPTER 06

트리와 그래프

트리와 그래프는 프로그래밍에서 흔히 쓰이는 자료구조이기 때문에 프로그래밍 면접에도 자주 등장한다. 그중에서도 트리는 지원자의 재귀 호출과 실행 시간 분석에 관한 지식을 테스트하기에 안성맞춤이다. 게다가 트리는 간단한 편이어서 면접을 진행하는 비교적 짧은 시간 동안 구현하기에도 적당하다. 그래프 문제는 중요하긴 하지만 대체로 너무 복잡해서 면접용 문제로 쓰기에는 안 좋은 편이라 면접에서 실제로 볼 일이 많지는 않다.

이전 장에서는 문제를 풀 때 주로 C/C++를 썼지만, 이 장 이후로는 더 현대적인 객체지향 언어로 구현하는 쪽에 초점을 맞춰보겠다.

트리

트리는 0개 이상의 다른 노드에 대한 레퍼런스(또는 포인터)가 들어 있는 노드 (데이터 원소)로 구성된다. 한 노드를 참조하는 노드는 하나뿐이다. 트리를 그림 으로 표현하면 [그림 6-1]과 같다.

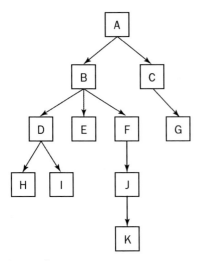

[그림 6-1]

연결 리스트에서와 마찬가지로 노드는 구조체 또는 클래스로 표현되며, 트리는 포인터 또는 레퍼런스만 있다면 어떤 언어로든 구현할 수 있다. 객체지향 언어에서는 보통 노드의 공통적인 부분을 하나의 클래스로 정의하고, 노드에 들어가는 데이터를 위해 서브클래스를 만들어서 사용한다. 예를 들어, 정수가 저장되는 트리를 만들고 싶다면 다음과 같은 C# 클래스를 사용하면 된다.

```csharp
public class Node {
  public Node[] children;
}

public class IntNode : Node {
  public int value;
}
```

이 클래스에서는 이 노드에서 참조하는 모든 노드를 children이라는 배열에 저장한다. 여기에서는 편의상 children을 그냥 공개 데이터 멤버로 선언했다. 실제 코딩을 할 때는 children은 비공개private로 선언하고 그 배열을 건드리기 위한 메서드만 공개하는 방법을 써야 할 것이다. 위에 있는 클래스를 자바로(이번에는 메서드와 생성자를 모두 제대로 갖춰서) 만든다면 다음과 같은 식의 코드를 쓰면 될 것이다.

```java
public abstract class Node {
  private Node[] children;

  public Node( Node[] children ){
    this.children = children;
  }

  public int getNumChildren(){
    return children.length;
  }

  public Node getChild( int index ){
    return children[ index ];
  }
```

```
    }
  }

  public class IntNode extends Node {
    private int value;

    public IntNode( Node[] children, int value ){
      super( children );
      this.value = value;
    }

    public int getValue(){
      return value;
    }
  }
```

오류 처리 부분도 생략했고 노드를 동적으로 추가하거나 삭제할 수가 없기 때문에 이 코드도 아직 제대로 구색을 갖췄다고는 할 수 없다. 면접을 볼 때도 시간 관계상 그냥 공개 데이터 멤버를 사용한다든가, 클래스 선언부만 적는다든가, 트리를 관리하기 위한 여러 메서드를 대충 윤곽만 잡아놓는다든가 하는 식의 약식 코딩이 필요할 수도 있다. 트리 관리용 메서드를 대충 윤곽만 잡아놓는 식으로 표현해야 하는 경우에는 베이스 클래스 대신 인터페이스를 정의하고 메서드를 정의하는 부분을 생략하는 방법을 쓸 수도 있다. 면접관에게 어느 코드를 어느 정도로 자세하게 작성해야 할지 물어보고 그 수준에 맞춰서 코드를 설계하면 된다. 면접관이 별다른 가이드라인을 제시하지 않는다면 코드를 작성하면서 어떤 부분을 왜 생략하거나 간략하게 만들었는지 말로라도 설명하고 넘어가도록 하자.

[그림 6-1]에 있는 트리를 보면 최상위 노드는 하나뿐이다. 이 노드에서 시작해서 화살표를 따라가면 다른 모든 노드에 도달할 수 있다. 이런 최상위 노드를 루트root라고 부른다. 루트는 다른 모든 노드로 가는 경로가 반드시 존재해야만 하는 유일한 노드이다. 따라서 모든 트리의 시작점은 바로 루트다. 그렇다 보니 트리의 루트 노드를 그냥 '트리'라고 부르는 경우도 흔하게 볼 수 있다.

트리와 관련된 용어들을 몇 가지 정리하면 다음과 같다.

- **부모(Parent)** 다른 노드를 가리키는 노드는 그 노드의 부모가 된다. 루트를 제외한 모든 노드에는 부모가 하나씩 있다. [그림 6-1]에서 B는 D, E, F의 부모 노드가 된다.

- **자식(Child)** 루트를 제외한 모든 노드는 그 노드를 가리키는 노드의 자식이 된다. [그림 6-1]에서 D, E, F는 모두 B의 자식 노드가 된다.

- **자손(Descendant)** 특정 노드로부터 자식 노드로 이어지는 경로를 따라 도달할 수 있는 모든 노드는 그 특정 노드의 자손이다. [그림 6-1]에서 D, E, F, H, I, J, K는 모두 B의 자손이다.

- **조상(Ancestor)** 어떤 노드를 자손으로 삼고 있는 노드는 모두 그 노드의 조상이다. 예를 들어, A, B, D는 모두 I의 조상이다.

- **잎(Leaves)** 자식이 없는 노드를 잎이라고 부른다. G, H, I, K는 모두 잎이다.

이진 트리

지금까지는 가장 일반적인 트리에 대해 얘기했는데, 실전에서는 면접관이 **트리**라고 하면 보통 이진 트리$^{binary\ tree}$라는 트리의 한 종류를 일컫는 경우가 많다. 이진 트리에서는 한 노드에 자식이 최대 두 개까지만 있을 수 있으며, 그 두 자식은 각각 왼쪽 자식과 오른쪽 자식이라고 부른다. [그림 6-2]에 이진 트리의 예가 나와 있다.

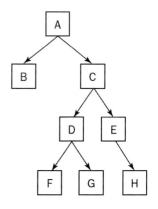

[그림 6-2]

이진 트리를 간단하게 구현하면 다음과 같다. 여기에서는 편의상 한 클래스에 모든 것을 집어넣었다.

```
public class Node {
  private Node left;
  private Node right;
  private int value;

  public Node( Node left, Node right, int value ){
    this.left = left;
    this.right = right;
    this.value = value;
  }

  public Node getLeft() { return left; }
  public Node getRight() { return right; }
  public int getValue() { return value; }
}
```

어떤 원소에 왼쪽 또는 오른쪽 자식이 없으면 left 또는 right에 널 레퍼런스를 집어넣는다.

이진 트리만을 사용하는 문제는 일반적인 트리를 사용하는 문제에 비해 빨리 풀 수 있지만, 그렇다고 해서 더 쉽게 풀 수 있는 것은 아니다. 면접 시에는 시간이 꽤 촉박하기 때문에 일반적인 트리보다는 이진 트리를 쓰는 문제가 나오는 경우가 많다. 면접관이 그냥 '트리'라고 말한다면 일반적인 트리를 말하는 것인지 이진 트리를 말하는 것인지를 분명하게 해 두는 편이 좋다.

보통 '트리'라고 하면 '이진 트리'를 뜻하는 경우가 많다.

이진 검색 트리

트리를 써서 정렬된, 또는 순서가 정해진 자료를 저장하는 경우를 흔하게 볼 수 있다. 그중에서도 트리에 데이터를 저장할 때 가장 흔하게 쓰이는 것은 이진 검색 트리BST, Binary Search Tree이다. BST에서는 노드의 왼쪽 자식의 값이 반드시 자신의 값 이하이며, 오른쪽 자식의 값은 반드시 자신의 값 이상이다. 사실 BST의 데이터는 값으로 정렬된다. 어떤 노드의 왼쪽 방향의 자손들은 전부 그 노드 이하의 값을 가지며, 오른쪽 자손들은 모두 그 노드 이상의 값을 가진다. [그림 6-3]에 BST 의 한 예가 나와 있다.

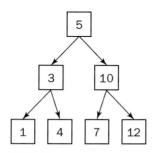

[그림 6-3]

BST가 워낙 흔하게 쓰이다 보니 BST를 그냥 '트리'라고 부르는 경우도 흔하다. 아까 얘기한 이진 트리의 경우와 마찬가지로 문제를 풀기 전에 확인하고 넘어가는 게 좋다.

'이진 검색 트리'를 그냥 '트리'라고 부르는 경우도 종종 있다.

이진 검색 트리의 장점 가운데 하나로 룩업 연산lookup(트리에 있는 특정 노드의 위치를 알아내는 연산)을 빠르고 간단하게 처리할 수 있다는 점을 들 수 있다. 이런 장점은 자료를 저장할 때 그 위력을 발휘한다. BST에서 룩업을 수행하는 알고리즘을 간략하게 적어 보면 다음과 같다.

```
루트 노드에서 시작
현재 노드가 널이 아닌 동안 반복
  현재 노드의 값이 찾고자 하는 값이면
    현재 노드 리턴
  현재 노드의 값이 찾고자 하는 값보다 작으면
    오른쪽 자식을 현재 노드로 설정
  현재 노드의 값이 찾고자 하는 값보다 크면
    왼쪽 자식을 현재 노드로 설정
반복문 끝
```

이 순환문이 그냥 종료된다면 찾고자 하는 노드가 트리에 없음을 알 수 있다.

이 검색 작업을 C# 또는 자바 코드로 만들어 보면 다음과 같다.

```
Node findNode( Node root, int value ){
  while ( root != null ){
    int currval = root.getValue();
    if ( currval == value ) break;
    if ( currval < value ){
      root = root.getRight();
    } else { // currval > value
      root = root.getLeft();
    }
  }

  return root;
}
```

룩업 작업은 반복문이 한 번 돌 때마다 왼쪽 서브 트리와 오른쪽 서브 트리 중 한 쪽으로 넘어가고 한 번에 절반씩의 노드를 검색 대상에서 제외할 수 있기 때문에 빠르다. 최악의 케이스는 검색할 노드가 하나만 남았을 때 룩업이 성공했는지 알아내는 경우이다. 따라서 이 룩업의 실행 시간은 1이 나올 때까지 n을 2로 계속해서 나누는 횟수가 된다.

이 값은 n에 이를 때까지 1에 2를 계속 곱하는 횟수하고 같으므로 2^x=n이라는 식으로 구할 수 있다. 이 x는 로그를 써서 구할 수 있다.

예를 들어 2^3=8이고 $\log_2 8$=3이므로, 룩업 연산의 실행 시간은 $O(\log_2(n))$이다. 보통은 로그의 밑 2를 생략해서 그냥 $O(\log(n))$이라고 쓴다. $\log(n)$은 매우 빠르다. $\log_2 1,000,000,000$도 30이 안 되니 말이다. 로그의 밑을 바꿔도 로그 앞에 상수가 붙는 정도밖에 차이가 나지 않기 때문에 빅 오 표기법을 쓸 때는 로그의 밑을 생략한다.

> 균형(balanced) 이진 검색 트리에서는 룩업이 O(log(n)) 연산이다.

하지만 BST에서 룩업이 $O(\log(n))$ 연산이라고 할 때 한 가지 주의할 점이 있다. 룩업이 $O(\log(n))$이라고 할 수 있으려면 반복문이 한 번 반복될 때마다 검색할 노드가 절반, 또는 거의 절반씩 줄어들어야만 한다. 최악의 경우에는 각 노드마다 자식이 하나씩만 있을 수도 있다. 그런 경우에는 각 노드가 다른 노드를 하나씩만 가리키게 되기 때문에 연결 리스트하고 같아진다. 그러면 연결 리스트를 쓸 때와 마찬가지로 룩업이 $O(n)$ 연산이 된다. 이런 최악의 상황은 생각보다 자주 나타날 수 있는데, 예를 들어 이미 정렬되어 있는 데이터를 순서대로 BST에 추가하는 경우에도 그렇게 된다.

> 이진 검색 트리에서는 삭제 및 삽입도 O(log(n)) 연산이다.

이 외에도 이진 검색 트리에는 몇 가지 중요한 특성이 있다. 예를 들어, 계속 왼쪽 자식만 따라가면 가장 작은 값을 구할 수 있으며, 오른쪽 자식만 따라가면 가장 큰 값을 구할 수 있다. $O(n)$ 시간으로 모든 노드를 정렬된 순서로 출력할 수도 있다. 심지어는 어떤 노드 다음으로 높은 노드도 $O(\log(n))$ 시간 안에 찾을 수 있다.

트리 문제 중에는 재귀적으로 생각할 수 있는 능력을 평가하기 위한 것들이 많다. 트리에 있는 각 노드는 그 노드에서 시작하는 서브 트리의 루트이다. 재귀 호출은 일반적으로 어떤 기본 케이스의 원래 문제와 유사한 하부 문제를 가지고 문제를 푸는 경우에 많이 쓰이기 때문에, 이와 같은 서브 트리의 속성은 재귀 호출과 잘 어울린다. 트리 재귀 호출에서는 루트에서 시작해서 어떤 행동을 취하고 왼쪽 또는 오른쪽 서브 트리(또는 하나씩 둘 다)로 이동한다. 이 과정은 트리의 끝이면서 동시에 기본 케이스 역할을 하는 널 레퍼런스에 다다를 때까지 계속된다. 예를 들어, 앞에서 설명한 룩업 연산을 다음과 같이 재귀적으로 구현할 수도 있다.

```
Node findNode( Node root, int value ){
  if ( root == null ) return null;
  int currval = root.getValue();
  if ( currval == value ) return root;
  if ( currval < value ){
    return findNode( root.getRight(), value );
  } else { // currval > value
    return findNode( root.getLeft(), value );
  }
}
```

트리를 사용하는 문제 중 상당수는 이런 재귀 호출 형태로 풀 수 있다. 트리와 연관된 문제를 풀 때는 우선 재귀적으로 생각하는 것부터 시작하는 것이 좋다.

> 트리 연산 중 상당수는 재귀적으로 구현할 수 있다. 재귀적으로 구현하는 방법이 속도 면에서 가장 빠른 구현법은 아닐 수 있지만, 일단 처음에는 재귀적인 방법부터 따져보는 것이 좋다.

힙

힙heap도 매우 많이 쓰이는 트리 가운데 하나다. 힙은 조금 특이한 형태의 트리(보통 이진 트리)로, 노드의 각 자식의 값은 노드 자신의 값 이하여야 한다(하지만 힙의 자료 구현은 앞에서 논의한 것과 다를 수 있다). 결과적으로 루트 노드의 값은 그 트리에서 가장 큰 값이며, 최댓값을 상수 시간으로 구하는 것이 가능하다. 루트 값을 리턴하기만 하면 되기 때문이다. 삽입과 삭제는 여전히 $O(\log(n))$이지만 룩업은 $O(n)$ 연산이다. 그리고 BST의 경우에서처럼 주어진 노드 다음으로 큰 노드를 $O(\log(n))$ 시간으로 찾는다거나 $O(n)$ 시간으로 모든 노드를 정렬된 순서로 출력할 수는 없다.

병원 응급실에서 대기 중인 환자들을 힙으로 모델링할 수 있다. 환자가 들어올 때마다 발가락을 다쳐서 온 환자보다는 심장마비 환자에게 더 높은 우선순위를 부여하는 식으로 우선순위를 부여하여 힙에 집어넣는다. 의사가 다음 환자를 볼 수 있게 되면 가장 우선순위가 높은 환자부터 치료를 시작한다. 힙에서 최댓값을 꺼내기만 하면 우선순위가 가장 높은 환자를 찾을 수 있으며, 이 연산은 상수 시간으로 처리된다.

> 빠르게 최댓값을 추출해야 한다면 힙을 사용한다.

일반적인 검색 방법

BST나 힙처럼 정렬되는 특성을 가진 트리를 쓰면 문제 해결이 꽤 편해지는 경우가 종종 있다. 하지만 BST나 힙이 아닌 다른 트리가 주어지는 경우도 있다. 예를 들어, 가계도나 회사의 직위체계 등을 나타내는 트리가 주어지는 경우가 있다. 이런 유형의 트리에서 데이터를 가져오려면 다른 기법을 써야만 한다. 트리에 관한 문제 중에서는 이렇게 특정 노드를 검색하는 것과 관련된 문제들이 자주 나온다. 여기에서는 이런 목적을 달성하기 위해 가장 많이 쓰이는 알고리즘 두 가지를 살펴보도록 하겠다.

너비 우선 검색

트리를 검색하는 방법 가운데 하나로 너비 우선 검색BFS, Breadth-First Search이 있다. BFS에서는 루트에서 시작하여 둘째 층을 왼쪽에서 오른쪽으로 훑어나가고, 그 다음 층을 또 왼쪽에서 오른쪽으로 훑어나가는 식으로 검색을 한다. 원하는 노드를 찾거나 모든 노드를 다 확인해보고 나면 검색이 끝난다. 노드를 찾아내는 데 걸리는 시간은 $O(n)$이기 때문에 큰 트리에 대해서는 이런 식으로 검색을 하지 않는 것이 좋다. BFS에서는 어떤 층을 검색할 때 그 층에 있는 모든 노드의 자식 노드를 저장해둬야 하기 때문에 메모리도 꽤 많이 사용해야 한다.

깊이 우선 검색

또 다른 검색 방법으로 깊이 우선 검색DFS, Depth-First Search이 있다. 깊이 우선 검색에서는 원하는 노드를 찾을 때까지, 또는 끝에 다다를 때까지 한 가지를 따라 쭉 내려가는 방식이다. 더 이상 검색을 진행할 수 없으면 아직 확인해보지 않은 자식이 있는 가장 가까운 조상 노드로 돌아가서 검색을 계속 진행한다.

DFS에서는 각 층별로 모든 자식 노드를 저장해야 할 필요가 없기 때문에 BFS에 비해 메모리 요구량이 훨씬 적다. 그리고 특정 층을 마지막으로 검색하는 문제가 없다는 것도 장점이 될 수 있다(BFS에서는 제일 낮은 층을 가장 늦게 확인하게 된다). 찾고자 하는 노드가 낮은 층 쪽에 있을 것으로 예상되는 경우에는 낮은 층을 제일 늦게 검색하면 시간이 많이 걸리기 때문이다.

예를 들어, 회사의 조직도를 나타내는 트리가 주어졌는데, 입사한지 3개월 미만인 직원을 찾는다면 신입사원은 트리 아래쪽에 주로 있을 것으로 예상할 수 있다. 이런 경우에 그 가정이 맞다면 BFS보다는 DFS로 검색을 하면 원하는 노드를 더 빨리 찾을 수 있을 것이다.

이 외에도 다른 검색 방식이 있긴 하지만, 면접 시에는 별로 쓸 일이 없을 것이다.

종주

종주traversal도 자주 나오는 문제 유형 가운데 하나다. 특정 노드를 찾으면 작업을 멈추는 검색과는 달리 종주를 할 때는 모든 노드를 방문하면서 각 노드에 대해 어떤 작업을 수행하게 된다. 종주에도 여러 방법이 있으며, 각 방법에 따라 노드를 방문하는 순서가 달라지는데, 그중에서도 면접 시에는 이진 트리를 종주할 때 많이 쓰이는 세 가지 방법에 대한 질문이 주로 나온다.

- **프리오더(Preorder) 종주** 우선 노드 자체에 대해 어떤 작업을 수행하고 왼쪽 자손을 처리한 다음 오른쪽 자손을 처리한다. 즉, 항상 노드를 자식들보다 먼저 방문한다.

- **인오더(Inorder) 종주** 우선 노드의 왼쪽 자손에 대해 작업을 수행한 다음 노드 자체에 대해 작업을 수행하고, 마지막으로 오른쪽 자손을 처리한다. 즉, 왼쪽 서브 트리를 먼저 방문하고 노드 자체를 방문한 다음 오른쪽 서브 트리를 방문하게 된다.

- **포스트오더(Postorder) 종주** 우선 노드의 왼쪽 자손에 대해 작업을 수행한 다음 오른쪽 자손에 대해 작업을 수행하고, 마지막으로 그 노드 자체를 처리한다. 즉, 모든 자식들을 자기 자신보다 먼저 처리한다.

이런 종주 방법은 자식이 부모 노드보다 '작다(왼쪽에 있다)' 또는 '크다(오른쪽에 있다)'고 분류할 수 있는 특성을 가지는 트리라면, 이진 트리가 아닌 트리에 대해서도 적용할 수 있다.

종주를 구현하는 가장 간단한 방법은 재귀 호출을 이용하는 방법이다. 이 장에 나와 있는 문제들에 그 예가 나와 있다.

> 종주를 구현하는 문제가 나온다면 우선 재귀 호출부터 생각해보자.

그래프

그래프는 트리보다 복잡하다. 자식이 딸린 노드로 구성된다는 점에서는 트리와 같다(사실 트리가 그래프의 한 종류에 속한다). 하지만 트리와 달리 한 노드에 부모가 여럿 있을 수 있어서 루프(사이클)가 만들어질 수 있다는 점이 다르다. 그리고 노드 자체가 아닌 노드 사이의 링크에도 값 또는 가중치가 있을 수 있다. 이렇게 다른 노드를 가리키는 기능 외에 별도의 정보를 담을 수 있는 링크를 에지^{edge}라고 부른다. 에지에는 단방향 에지와 양방향 에지가 있으며, 단방향 에지가 들어 있는 그래프는 방향성 그래프^{directed graph}, 양방향 에지만 들어 있는 그래프는 무방향성 그래프^{undirected graph}라고 부른다. [그림 6-4]에는 방향성 그래프가, [그림 6-5]에는 무방향성 그래프가 나와 있다.

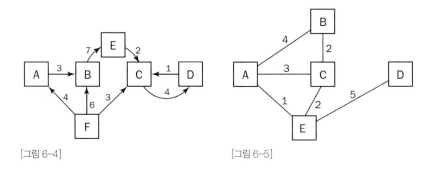

[그림 6-4]   [그림 6-5]

그래프는 다른 자료구조로는 모형화하기 힘든 실전 문제를 모형화할 때 자주 쓰인다. 예를 들어, (물은 한 방향으로만 흘러가기 때문에) 도시들을 연결하는 수로는 방향성 그래프로 표현할 수 있다. 그러한 그래프를 써서 A 도시에서 D 도시로 가장 빨리 물을 보낼 수 있는 경로를 구할 수 있을 것이다. 무방향성 그래프로 신호 전송에 쓰이는 일련의 릴레이같이 뭔가 복잡한 것을 표현할 수도 있다.

그래프 자료구조는 매우 다양한 방법으로 구현할 수 있다. 최적의 구현 방식은 구현할 알고리즘에 따라 달라질 수 있다. 많이 쓰이는 방법 가운데 하나로 인접 리스트adjacency list(어떤 노드와 같은 에지를 공유하는 다른 노드에 대한 레퍼런스의 리스트)들 수 있다. 이 리스트는 트리 노드 자료구조의 자식 레퍼런스하고도 비교할 수 있지만, 인접 리스트는 한 노드에 연결되는 에지 개수에 제한이 없기 때문에 보통 동적인 자료구조다. 노드 개수만큼의 차원 수로 만들어지는 정사각 행렬 형태의 자료구조로는 인접 행렬adjacency matrix도 많이 쓰인다. i, j 위치에 있는 행렬 원소가 i 노드에서 j 노드로 이어지는 에지의 개수를 나타낸다.

트리에서 할 수 있는 각 검색 유형마다 그와 대응될 만한 그래프용 검색 방법이 있다. 보통 그래프에서는 사이클이 있을 수 있으므로 그래프의 그래프용 검색 방법이 조금 더 복잡하다.

그래프는 실전 프로그래밍에서는 종종 쓰이지만, 보통 면접을 보는 시간 동안에는 풀기 힘들기 때문에 이 책에서는 지금까지 설명한 그래프의 정의에 대한 간략한 설명 정도면 충분하리라 생각한다.

트리 및 그래프 문제

트리 문제 중 대부분이 이진 트리에 대한 문제다. 하지만 가끔 그래프 문제가 나올 때도 있으며, 특히 면접관이 보기에 지원자가 쉬운 문제를 잘 푼다 싶으면 그래프 문제를 내는 경향도 있다.

트리 높이

트리의 높이는 루트 노드에서 잎 노드까지의 거리의 최댓값으로 정의된다. 예를 들어 [그림 6-2]에 있는 트리는 높이가 4다. A에서 F, G, H까지 총 네 노드를 거치기 때문이다. 임의의 이진 트리의 높이를 계산하는 함수를 작성하라.

우선 간단한 트리를 살펴보면서 재귀적으로 풀 수 있는지 생각해보자. 트리의 각노드는 그 노드를 루트로 하는 서브 트리의 루트에 해당된다고 할 수 있다. [그림 6-2]에 있는 트리의 경우에 각 서브 트리의 높이를 따져보면 다음과 같다.

- A: 높이 4
- B: 높이 1
- C: 높이 3
- D: 높이 2
- E: 높이 2
- F: 높이 1
- G: 높이 1
- H: 높이 1

얼핏 생각하면 **A의 높이 = B의 높이 + C의 높이**이므로 자식의 높이의 합이 그 노드의 높이가 아닐까 하는 생각이 들지 모른다. 하지만 조금만 더 따져 보면 C의 높이는 3이지만 D와 E 각각의 높이를 더하면 3이 아니라 4이므로 그 추측이 틀리다는 것을 알 수 있다.

한 노드 양쪽에 있는 서브 트리를 살펴보자. 서브 트리 중 하나를 제거했을 때 그 트리의 높이가 달라질까? 그런 경우도 있지만 둘 중에서 더 큰 서브 트리를 제거했을 때만 그렇다. 이게 바로 핵심이다. 서브 트리 중에서 더 큰 쪽의 높이에 1을 더한 값이 트리 높이가 된다. 정의 자체가 재귀적이므로 다음과 같은 재귀 코드로 구현할 수 있다.

```
public static int treeHeight( Node n ){
    if ( n == null ) return 0;
    return 1 + Math.max( treeHeight( n.getLeft() ),
                         treeHeight( n.getRight() ) );
}
```

이 함수의 실행 시간은 어떻게 될까? 각 노드의 각 자식에 대해서 재귀적으로 호출되기 때문에 트리에 있는 각 노드마다 한 번씩 함수가 호출된다. 각 노드에 대한 연산은 상수 시간이기 때문에 전체 실행 시간은 $O(n)$이다.

프리오더 종주

면접 문제

프리오더 종주는 루트에서 시작해서 트리를 반시계 방향으로 돌면서 가장자리를 따라 움직이면서 만나게 되는 노드를 출력하는 방식으로 생각할 수 있다. [그림 6-6]에 나온 트리를 예로 들면 100, 50, 25, 75, 150, 125, 110, 175가 순서대로 출력된다. 이진 검색 트리에 대해 프리오더 종주를 하면서 각 노드의 값을 출력하라.

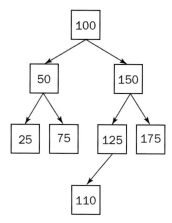

[그림 6-6]

노드를 주어진 순서에 맞게 출력하는 알고리즘을 찾아내기 위해 노드를 출력할 때 어떤 일이 일어나는지 살펴보자. 우선 왼쪽으로 끝까지 내려간 다음 위로 올라 와서 오른쪽으로 한 칸 움직인다. 그런 후 또 왼쪽으로 끝까지 내려갔다가 트리를 다시 올라오고, 이와 유사한 과정을 계속해서 반복한다. 여기서 가장 중요한 것은 서브 트리를 기준으로 생각하는 것이다.

위 그래프에서 제일 큰 서브 트리는 각각 50과 150을 루트로 하는 트리다. 50을 루트로 하는 서브 트리에 있는 모든 노드는 150을 루트로 하는 서브 트리에 있는 그 어떤 노드보다도 앞에 출력된다. 그리고 이 두 서브 트리의 루트 노드는 각각 그 서브 트리에 있는 그 어떤 노드보다도 앞에 출력된다.

일반적으로 프리오더 종주에서는 노드 자체를 출력한 다음 왼쪽 서브 트리를 출 력한 후에 오른쪽 서브 트리를 출력한다. 루트부터 출력하기 시작한다면 다음과 같은 식으로 재귀적으로 정의할 수 있다.

1. 루트(또는 서브 트리의 루트) 값을 출력한다.
2. 왼쪽 서브 트리에 대해 프리오더 종주를 시행한다.
3. 오른쪽 서브 트리에 대해 프리오더 종주를 시행한다.

Node라는 이진 트리 노드 클래스가 있고, 거기에 `printValue`라는 메서드가 들어 있다고 가정하자. (아마 면접관이 그 클래스까지 상세하게 정의하라고 하지는 않겠지만, 혹시 그런 요구를 한다면 이 장 시작 부분에서 만들었던 Node 클래스하고 똑같이 만들고 `printValue` 메서드만 추가하면 된다.) 위와 같은 유사코드는 재귀함수로 간단하게 구현할 수 있다.

```
void preorderTraversal( Node root ){
  if ( root == null ) return;
  root.printValue();
  preorderTraversal( root.getLeft() );
  preorderTraversal( root.getRight() );
}
```

이 알고리즘의 실행 시간은 어떻게 될까? 모든 노드를 한 번씩 확인해야 하므로 O(n)이 된다.

인오더 및 포스트오더 종주도 거의 똑같은 식으로 처리하면 된다. 어떤 노드를 먼저 방문하는지만 다르게 하면 된다.

```
void inorderTraversal( Node root ){
  if ( root == null ) return;
  inorderTraversal( root.getLeft() );
  root.printValue();
  inorderTraversal( root.getRight() );
}

void postorderTraversal( Node root ){
  if ( root == null ) return;
  postorderTraversal( root.getLeft() );
  postorderTraversal( root.getRight() );
  root.printValue();
}
```

프리오더 종주 때와 마찬가지로 각 노드를 한 번씩 검사하므로 실행 시간도 항상 O(n)이다.

재귀 호출을 쓰지 않는 프리오더 종주

이진 검색 트리의 각 노드를 출력하는 프리오더 종주를 수행하라. 재귀 호출은 쓸 수 없다.

때때로 재귀적인 알고리즘을 반복문을 이용한 알고리즘으로 바꿔서 똑같은 작업을 다른 자료구조를 써서 전혀 다른 방식으로 처리할 수도 있다. 자신이 알고 있는 자료구조를 고려해서 어떻게 활용할 수 있을지 생각해보자. 예를 들어, 리스트, 배열, 또 다른 이진 트리 등을 시도해볼 수 있을 것이다.

그런데 프리오더 종주는 기본 개념의 정의 자체가 재귀적인 성질을 지니고 있기 때문에 재귀적인 알고리즘 대신 쓸 만한 순환형 알고리즘을 찾아내는 것이 그리 간단하지가 않다. 그런 경우에는 재귀 호출 과정에서 어떤 일이 일어나는지 확인하고, 그 절차를 반복문을 써서 처리하는 방법을 알아내는 것이 급선무라고 할 수 있다.

재귀 호출을 할 때는 겉으로 드러나진 않지만 데이터를 호출 스택에 집어넣는 식으로 스택 자료구조를 사용한다. 즉, 명시적으로 스택을 사용하면 재귀 호출을 쓰지 않고도 똑같은 풀이를 만들어낼 수 있어야 한다.

노드를 저장할 수 있는 스택 클래스가 있다고 해보자. 요즘 쓰이는 웬만한 언어에는 스택 구현이 표준 라이브러리로 포함되어 있다. 스택의 푸시 및 팝 메서드가 어떤 식으로 돌아가는지 잘 기억이 안 난다면 5장에 있는 스택 구현 문제를 다시 들여다보자.

재귀 호출을 사용한 풀이를 다시 한 번 보고 정확하게 어떤 일이 일어나고 있는지 따져보자. 재귀 호출을 사용한 코드를 실행했을 때 내부적으로 스택에 데이터가 어떤 식으로 저장되는지 이해할 수 있다면, 비슷한 방식으로 데이터를 별도의 스택에 저장하는 반복문을 이용한 코드도 만들 수 있다.

루트(또는 서브 트리의 루트) 값 출력
왼쪽 서브 트리에 대해 프리오더 종주 실행
오른쪽 서브 트리에 대해 프리오더 종주 실행

우선 루트 노드의 값을 출력한다. 그리고 왼쪽 서브 트리를 종주하는 코드를 실행한다. 이 재귀 호출을 하면 호출을 하는 쪽의 상태가 스택에 저장된다. 재귀 호출이 종료되면 스택에 있는 데이터를 꺼내서 다음 부분을 진행한다.

이 알고리즘에서는 왼쪽 서브 트리에 대한 재귀 호출 부분이 완료되면 다음 단계로 넘어가서 오른쪽 서브 트리에 대한 종주를 시작한다. 결과적으로 재귀 호출을 하면 오른쪽 서브 트리의 주소가 서브 트리에 저장되어, 나중에 왼쪽 서브 트리 종주가 끝나고 나면 저장해 뒀던 주소를 써서 오른쪽 서브 트리를 종주하는 것과 같은 효과가 나타나는 셈이다. 매번 노드를 출력하고 왼쪽 자식으로 넘어갈 때마다 오른쪽 자식이 스택에 저장되는 것과 마찬가지다. 자식이 없으면 재귀 호출이 종료되므로, 스택에서 오른쪽 자식 노드를 꺼내고 종주를 계속 진행하게 된다.

정리하면 이 알고리즘에서는 현재 노드를 출력하고, 오른쪽 자식을 스택에 집어넣고 왼쪽 자식으로 이동한다. 자식이 더 이상 없으면(즉, 잎 노드에 다다르면) 스택에서 데이터를 꺼내서 현재 노드로 설정한다. 이 과정이 트리 전체를 종주하여 스택이 비게 될 때까지 반복된다.

이 알고리즘을 구현하기 전에 우선 구현을 간단하게 할 수 있도록 불필요한 특별 케이스를 없애도록 하자. 왼쪽과 오른쪽 자식을 별도의 케이스로 코딩하는 대신 양쪽 노드 모두에 대한 포인터를 스택에 넣는 것은 어떨까? 이렇게 하면 노드를 스택에 집어넣는 순서만 중요할 뿐이다. 두 노드를 모두 집어넣을 때 항상 왼쪽 노드가 오른쪽 노드보다 먼저 나오도록 순서만 맞추면 된다.

스택은 후입선출 자료구조이므로 오른쪽 노드를 스택에 먼저 넣고 왼쪽 노드를 넣으면 된다. 왼쪽 자식을 명시적으로 검사하는 대신 스택에서 첫 번째 노드를 꺼내고, 그 값을 출력하고, 그 자식을 스택에 올바른 순서대로 집어넣기만 하면 된다. 루트 노드를 스택에 집어넣고, 꺼내고, 출력하고, 방금 설명한 방식대로 자식 노드들을 스택에 집어넣으면, 재귀 호출을 활용하는 프리오더 종주와 똑같은 결과를 만들어낼 수 있다. 요약하면 다음과 같다.

스택을 만든다.
루트 노드를 스택에 집어넣는다.
스택이 비어 있지 않은 동안
　노드를 하나 꺼낸다.
　값을 출력한다.
　오른쪽 자식이 있다면 오른쪽 자식을 스택에 넣는다.
　왼쪽 자식이 있다면 왼쪽 자식을 스택에 넣는다.

오류 확인 등을 생략한 간단한 코드를 만들어 보면 다음과 같다.

```
void preorderTraversal( Node root ){
Stack<Node> stack = new Stack<Node>();
    stack.push( root );
    while ( !stack.empty() ){
        Node curr = stack.pop();
        curr.printValue();
        Node n = curr.getRight();
        if ( n != null ) stack.push( n );
        n = curr.getLeft();
        if ( n != null ) stack.push( n );
    }
}
```

이 알고리즘의 실행 시간은 어떻게 될까? 각 노드는 한 번씩만 확인하면 되고, 스택에도 한 번씩만 들어간다. 따라서 이 알고리즘도 O(n) 알고리즘이다. 이런 식으로 구현하면 함수를 여러 번 호출하면서 생기는 오버헤드 문제에 신경 쓰지 않아도 된다. 대신 위 코드를 구현하는 데 썼던 스택 때문에 동적 메모리 할당이 필요할 수도 있고 스택 메서드 호출에 따르는 오버헤드가 있을 수 있으므로, 재귀 호출을 쓰는 구현과 그렇지 않은 구현 중 어느 쪽이 더 효율적인지는 확실하게 알기 힘들다. 어쨌든 이 문제에서 가장 중요한 것은 지원자가 재귀 호출을 얼마나 잘 이해하고 있는가 하는 것이다.

가장 가까운 공통 조상

어떤 이진 검색 트리에 있는 두 노드의 값이 주어졌을 때 가장 가까이 있는 공통 조상을 찾아내라. 두 값은 모두 그 트리 안에 있다고 가정해도 좋다.

[그림 6-7]에 있는 트리에서 4와 14가 주어졌다고 해보자. 이 경우에는 답이 8이다. 8은 4와 14의 공통적인 조상이며, 이 트리에서 8보다 낮은 층에 있는 노드 중에는 4와 14의 공통 조상이 없기 때문이다.

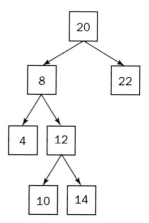

[그림 6-7]

[그림 6-7]을 보면 우선 직관적인 알고리즘 하나를 생각해낼 수 있다. 각 노드에서 위로 올라가면서 만나는 지점을 찾는 것이다. 이 알고리즘을 구현하려면 두 노드 각각의 조상 목록을 만들고, 두 목록을 검색해서 처음으로 달라지는 부분을 찾아내면 된다. 이렇게 갈라지는 노드 바로 위에 있는 노드가 가장 가까운 공통 조상이 된다. 분명히 좋은 풀이법이긴 하지만, 혹시 더 효율적인 풀이법은 없을지 생각해보자.

첫 번째 알고리즘에서는 이진 검색 트리의 특성을 전혀 활용하지 않았다. 이 방법은 어떤 종류의 트리에든 적용할 수 있다. 이진 검색 트리만의 특별한 성질을 써서 가장 가까운 공통 조상을 더 효율적으로 찾아낼 수는 없을지 생각해보자.

이진 검색 트리에는 두 가지 특별한 성질이 있다. 첫째는 모든 노드에는 0개, 1개, 또는 두 개의 자식이 있다는 것이다. 그런데 이 성질은 새로운 알고리즘을 찾는 데는 별 도움이 될 것 같아 보이지 않는다. 둘째는 왼쪽 자식의 값은 현재 노드의 값 이하이고, 오른쪽 자식의 값은 현재 노드의 값 이상이라는 점이다. 이 성질은 뭔가 써먹을 수 있을 것 같다.

위에 예로 나온 트리를 살펴보면 4와 14의 가장 가까운 공통 조상은 8이라는 값을 가진 노드로, 4와 14의 다른 공통 조상들과는 중요한 차이점을 지니고 있다. 다른 모든 공통 조상들은 4, 14 모두보다 크거나 작다. 4와 14 사이의 값을 가지는 조상은 8뿐이다. 이 점을 활용하여 더 나은 알고리즘을 만들 수는 없을까?

루트 노드에서는 어떤 노드로든 갈 수 있는 경로가 있기 때문에 루트 노드는 모든 노드의 조상이다. 따라서 루트 노드에서 시작해서 공통 조상을 쭉 따라갈 수 있다. 대상 값이 둘 다 현재 노드보다 작으면 왼쪽으로 간다. 둘 다 크면 오른쪽으로 간다. 이렇게 가다가 처음으로 나타나는 두 대상 값 사이의 값을 가지는 노드가 바로 두 노드에서 가장 가까운 공통 조상이다.

두 노드의 값을 value1, value2라고 하고 방금 설명한 방법을 정리하면 다음과 같다.

```
현재 노드 검사
value1과 value2가 모두 현재 노드의 값보다 작으면
    왼쪽 자식 검사
value1과 value2가 모두 현재 노드의 값보다 크면
    오른쪽 자식 검사
그렇지 않으면
    현재 노드가 가장 가까운 공통 조상
```

트리를 대상으로 하는 문제인 데다가 알고리즘 자체에 재귀적인 구조가 보이기 때문에 재귀 호출을 사용해야 할 것 같은 느낌이 들기도 하지만, 꼭 재귀 호출을 써야만 하는 것은 아니다. 재귀 호출은 트리의 여러 가지를 돌아다니거나 특별한 노드의 패턴을 검사할 때 가장 빛을 발한다. 여기에서는 그냥 트리를 따라 내려가

기만 할 뿐이다. 이런 유형의 종주를 구현할 때는 반복문을 사용해도 쉽게 풀 수
있다.

```
Node findLowestCommonAncestor( Node root, int value1, int value2 ){
  while ( root != null ){
    int value = root.getValue();

    if ( value > value1 && value > value2 ){
        root = root.getLeft();
    } else if ( value < value1 && value < value2 ){
        root = root.getRight();
    } else {
        return root;
    }
  }

  return null; // 빈 트리인 경우에만 실행됨
}
```

이 알고리즘의 실행 시간은 어떻게 될까? 가장 가까운 공통 조상까지 특정 경
로를 따라가야 한다. 한 경로를 따라 특정 노드로 이동하는 데 걸리는 시간은
$O(\log(n))$이다. 따라서 이 알고리즘은 $O(\log(n))$ 알고리즘이다.

이진 트리 힙 변환

정렬되지 않은 이진 트리에 들어 있는 정수의 집합이 주어진다. 배열 정렬 루틴을 써서 이
트리를 균형 이진 트리를 기반 자료구조로 하는 힙으로 변환하라.

이 문제에서 요구하듯이 배열 정렬 루틴을 쓰려면 처음에 주어지는 트리를 배열
로 변환해야 한다. 주어지는 자료구조와 최종 결과물의 자료구조가 모두 이진 트
리이므로 트리를 배열로 변환하는 게 그리 효율적이지 않을 가능성이 높다. 배열
정렬 루틴을 쓰라는 조건이 붙지 않았다면 처음 주어지는 트리를 그대로 힙으로

만드는 방법, 즉 힙이 되기 위한 조건을 만족시키도록 순서만 바꾸는 방법이 더 효율적이었을 것 같다는 내용을 면접관에게 언급하고 넘어가는 게 좋겠다. 트리를 힙으로 만드는 작업은 $O(n)$이면 되지만 배열 정렬은 빨라도 $O(n \log(n))$이다. 하지만 종종 그렇듯이 이 문제에 붙어 있는 제약 조건은 지원자가 어떤 능력을 가지고 있는지 – 여기서는 트리와 배열 자료구조를 서로 간에 변환할 수 있는 능력 – 가늠하기 위한 것이다.

가장 먼저 할 일은 트리를 배열로 변환하는 일이다. 각 노드를 방문해서 그 값을 배열에 넣어야 한다. 트리 종주를 활용하면 된다. (정적 배열을 쓴다고 가정할 때) 어떤 값을 저장하려면 먼저 배열을 할당해야 하는데 일단 종주하기 전에는 배열 크기를 정할 수 없다는 게 조금 문제가 될 수 있다. 하지만 일단 배열을 한 번 종주해서 크기를 알아낸 다음 다시 한 번 종주하면서 값을 집어넣으면 된다. 배열을 채우고 나서 정렬 루틴을 호출하기만 하면 정렬된 배열을 만들 수 있다. 이제 정렬된 배열로부터 힙을 만드는 일만 남았다.

힙의 특징은 각 노드의 값과 그 자식 노드의 값 사이의 관계에 있다. 최소 힙^{min-}^{heap}에서는 자식 값 이하여야 하고 최대 힙^{max-heap}에서는 자식 값 이상이어야 한다. 문제에는 최소 힙인지 최대 힙인지가 나와있지 않으므로 편의상 둘 중 하나를 골라서 최소 힙을 만들도록 하자. 정렬된 배열의 각 값은 그 뒤에 있는 다른 모든 값 이하의 값을 가질 것이므로, 각 노드의 자식은 부모보다 뒤쪽에 오는 식으로 트리를 구축해야 한다.

각 노드를 배열에서 자기 오른쪽에 있는 노드의 부모 노드로 만든다면 힙 특성 자체는 만족시킬 수 있지만 트리가 완전히 균형이 맞지 않는 모양이 되고 만다. (사실상 연결 리스트가 된다.) 균형 트리가 만들어지도록 자식을 선택할 수 있는 방법이 필요하다. 이런 방법이 바로 생각나지 않는다면 거꾸로 해보자. 균형 이진 트리를 그려놓고 노드를 부모가 반드시 자식보다 앞에 오도록 하면서 (배열처럼) 선형적인 순서로 늘어놓는다. 이제 이 과정을 반대로 뒤집으면 된다.

부모를 자식 앞에 두면서 노드를 선형으로 배열하는 간단한 방법으로 층 단위로 배치하는 방법이 있다. 맨 앞에는 루트(트리의 가장 위층)가 놓이고, 그다음으로는 그 자식들(둘째 층)이 온다. 그리고 그 두 자식의 자식들(셋째 층)을 배치한다. 너비 우선 종주와 같은 순서다. 이 배열과 이 배열로 만든 균형 이진 트리 사이의 관계를 어떻게 활용할 수 있을지 생각해보자.

배열로부터 균형 힙을 구축하는 데 있어서 핵심은 어떤 노드를 기준으로 그 자식의 상대적인 위치를 파악하는 일이다. 이진 트리의 노드를 층 단위로 배열에 채울 때 루트 노드(인덱스 0)의 자식은 각각 인덱스 1과 2 위치에 들어간다. 인덱스가 1인 노드의 자식의 인덱스는 3, 4고 인덱스가 2인 노드의 자식의 인덱스는 5, 6이다. 계속 숫자를 따져보면서 규칙을 생각해보면 각 노드의 자식의 인덱스는 부모의 인덱스에 2를 곱하고 1을 더한 값부터 시작한다. 즉, 인덱스가 i인 노드의 자식의 인덱스는 $2i+1$과 $2i+2$이다. 몇 가지 예를 직접 그려보고 진짜 맞는지 따져보자. 꽉 찬 이진 트리에서는 트리의 n 번째 층에 2^n개의 노드가 들어간다. 따라서 각 층에 있는 노드 수는 그 위층까지 있는 모든 노드 수에 1을 더한 값임을 알 수 있다. 따라서 각 층의 첫 번째 노드의 자식의 인덱스는 $2i+1$과 $2i+2$임이 분명하다. 그 층에서 오른쪽으로 움직여 가면 부모 하나당 자식은 둘씩이므로 부모의 인덱스가 1 커질 때마다 자식의 인덱스는 2씩 커져야 하기 때문에 앞에서 생각했던 식이 실제로 맞는다는 것을 확인할 수 있다.

이제 잠시 숨을 고르면서 문제를 어느 정도 풀었는지 돌아보자. 힙 속성을 만족시키면서 배열에 원소를 배치하는 방법은 만들었다. (힙 속성을 만족시켰을 뿐 아니라 일단 전체 값들을 한 번 정렬했기 때문에 완전 정렬된 힙을 만들었다. 이런 작업이 필요했기 때문에 힙 속성만 만족시켰다면 $O(n)$으로 충분했을 작업이지만 실제 우리가 한 일은 $O(n \log(n))$이 되었다.) 자식과 부모를 가리키는 포인터 같은 것 없이도 각 노드의 자식을 찾는 방법(그리고 이걸 확장해서 각 노드의 부모를 찾는 방법까지)도 정해졌다. 이진 힙은 개념적으로는 트리 자료구조에 속하지만 배열에 저장하지 못할 이유가 전혀 없다. 사실 이진 힙을 구현할 때 가장 흔하게 사용하는 방법이 바로 배열을 쓰면서 인덱스를 가지고 상대적인 위치를 파악하는 방식이다. 일반 트리에 비해 더 간결하고, 힙 내부에서 순서를 제대로 맞추기 위해 부모와 자식의 위치를 바꾸는 일을 많이 하는데, 이는 배열을 사용하는 표현법에서도 손쉽게 처리할 수 있기 때문이다.

힙을 배열로 표현하는 쪽이 더 유리한 자료구조이긴 하지만, 이 문제에서는 배열을 트리 자료구조로 재구성하라고 분명하게 요구하고 있다. 이제 각 노드의 자식 위치를 계산하는 방법을 알고 있기 때문에 꽤 간단하게 일을 처리할 수 있다.

이진 트리 자료구조에서 시작해서 이진 트리 자료구조로 끝나기 때문에, 각 노드에서 정수 값을 뽑아내서 배열을 만들기보다는, 노드 객체에 대한 배열을 만들고 정렬하는 식으로 구현하는 게 좋다. 그리고 트리를 아예 새로 만드는 대신 노드의 자식에 대한 레퍼런스만 고쳐주면 된다. 자바로는 다음과 같은 식으로 구현할 수 있다.

```java
public static Node heapifyBinaryTree( Node root ){

    int size = traverse( root, 0, null); // 현재 노드
    Node[] nodeArray = new Node[size];
    traverse( root, 0, nodeArray);  // 노드를 배열로 넣음

    // Comparator 객체를 써서 값으로 노드 배열을 정렬함
    Arrays.sort( nodeArray, new Comparator<Node>(){
        @Override public int compare(Node m, Node n){
            int mv = m.getValue(), nv = n.getValue();
            return ( mv < nv ? -1 : (mv == nv ? 0 : 1 ) );
        }
    });

    // 각 노드의 자식을 새로 지정함
    for ( int i = 0;i < size; i++ ){
        int left = 2*i+1;
        int right = left + 1;
        nodeArray[i].setLeft( left >=size ? null : nodeArray[left]);
        nodeArray[i].setRight( right >=size ? null : nodeArray[right]);
    }
    return nodeArray[0]; // 새 루트 노드 리턴
}

public static int traverse( Node node, int count, Node[]arr ){
    if ( node == null )
        return count;
    if ( arr != null )
```

```
        arr[count] = node;
    count++;
    count = traverse( node.getLeft(), count, arr );
    count = traverse( node.getRight(), count, arr );
    return count;
}
```

불균형 이진 검색 트리

면접 문제

왼쪽 서브 트리가 오른쪽 서브 트리보다 노드 수가 더 많은 불균형 이진 검색 트리가 있을 때 이진 검색 트리 속성은 그대로 유지하면서 더 균형 잡힌 트리가 될 수 있도록 트리를 재구성하라.

그냥 이진 트리라면 뻔한 문제겠지만 BST의 순서를 유지해야 한다는 조건 때문에 문제가 어려워진다. 복잡한 BST에서 시작해서 모든 가능한 배열 방법을 따지려면 너무 일이 복잡하다. 우선 [그림 6-8]과 같은 간단한 불균형 이진 검색 트리부터 생각해보자.

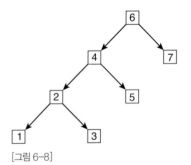

[그림 6-8]

이 트리를 어떤 식으로 재배치할 수 있을까? 왼쪽에는 노드가 너무 많고 오른쪽에는 노드가 별로 없기 때문에 루트 왼쪽 서브 트리에 있는 노드 중 몇 개를 오른쪽 서브 트리로 옮겨야 한다. 트리를 BST로 유지하려면 루트 왼쪽 서브 트리에 있는 모든 노드는 루트 값 이하여야 하고, 오른쪽 서브 트리에 있는 모든 노드는 루트 이상이어야 한다. 루트보다 큰 노드는 7밖에 없기 때문에 루트가 6인 이상 다른 어떤 노드도 루트 오른쪽으로 옮길 수 없다.

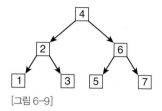

[그림 6-9]

균형 BST에서는 노드 중 절반은 루트 이하, 절반은 루트 이상이어야 한다. 따라서 이 경우에는 4를 루트로 잡아야 한다. 똑같은 노드들을 가지고 4를 루트로 하여 BST를 만들어 보면 [그림 6-9]와 같은 트리를 만들 수 있다. 전보다 훨씬 낫다. 이 예의 경우에는 완전히 균형 잡힌 트리가 만들어진다. 이제 첫 번째 트리의 자식 링크를 어떻게 바꾸면 두 번째 트리로 넘어갈 수 있을지 살펴보자.

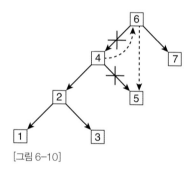

[그림 6-10]

4가 루트가 되었고 6은 오른쪽 자식이 되어야 하므로, 원래 루트였던 노드를 새 루트의 오른쪽 자식으로 설정해야 한다. 새 루트의 오른쪽 자식을 바꿨으니 원래 오른쪽 자식이었던 노드(5)를 트리에 다시 붙여줘야 한다. 두 그림을 비교하면 4의 왼쪽 서브 트리와 6의 오른쪽 서브 트리는 바꾸지 않아도 되며, [그림 6-10]에 나와 있는 것처럼 두 군데만 바꾸면 끝난다.

이 방법을 더 크고 복잡한 트리에도 그대로 써먹을 수 있을까, 아니면 간단한 예에서만 써먹을 수 있는 걸까? 두 가지 경우를 생각해보자. 첫째는 이 예에서 나온

'루트'가 더 큰 트리의 자식인 경우고, 둘째는 이 예에서 나온 '잎'이 밑에 있는 다른 자식 노드의 부모인 경우다.

첫째 경우에는 더 큰 트리도 처음부터 BST였기 때문에 서브 트리에 있는 노드 배치를 바꾼다고 해서 더 큰 트리의 BST 속성이 깨지는 건 아니다. 서브 트리의 새 루트에 맞춰서 부모 트리를 갱신해 주면 된다.

둘째 경우, 부모가 바뀌는 두 노드를 루트로 하는 서브 트리의 속성을 생각해보자. BST 속성이 깨지지 않도록 해야 한다. 새 루트는 이전 루트의 왼쪽 자식이기 때문에 새 루트와 그 노드의 모든 원래 자식들은 이전 루트 값 이하다. 따라서 새 루트의 자식의 서브 트리 중 한쪽이 이전 루트의 왼쪽 서브 트리가 되는 데는 문제가 없다. 반대로 이전 루트와 그 오른쪽 서브 트리는 모두 새 루트 값 이상이므로 그 노드들은 새 루트의 오른쪽 서브 트리가 되어도 문제가 없다.

따라서 우리가 생각한 변환 방식을 적용했을 때 BST 속성이 깨지는 일은 없으므로 이 알고리즘은 모든 BST에 적용할 수 있다. 또한 BST 안에 있는 어떤 서브 트리에도 적용할 수 있다. 최악의 불균형 트리라고 해도 이 과정을 계속 반복하면 균형 트리로 만들 수 있다. 오른쪽으로 내려가는 불균형 트리가 있다면 방향을 뒤집어서 이 방법을 적용하면 좀 더 나은 결과를 얻을 수 있다.

이 문제를 풀려면 결국 트리 회전tree rotation, 그중에서도 우회전 알고리즘을 구현해야 한다. 트리 회전은 AVL 트리나 레드–블랙 트리를 비롯한 자가 균형 트리self-balancing tree에서 기본 연산으로 쓰인다.

우회전은 다음과 같은 식으로 구현할 수 있다.

```java
public static Node rotateRight( Node oldRoot ){
    Node newRoot = oldRoot.getLeft();
    oldRoot.setLeft( newRoot.getRight() );
    newRoot.setRight( oldRoot );
    return newRoot;
}
```

객체지향적으로는 Node 클래스의 비정적 메서드로 다음과 같은 식으로 구현하는 게 좋다.

```
public Node rotateRight() {
    Node newRoot = left;
    left = newRoot.right;
    newRoot.right = this;
    return newRoot;
}
```

rotateRight는 트리 크기와 무관하게 정해진 횟수의 연산만 처리하면 되기 때문에 실행 시간이 $O(1)$이다.

케빈 베이컨 게임

'케빈 베이컨 게임(Six Degrees of Kevin Bacon)'이란 임의의 연기자와 케빈 베이컨을 연결하는 가장 짧은 경로를 찾는 게임이다. 두 연기자가 같은 영화에 출연한 적이 있다면 그 두 연기자 사이에는 링크가 있는 것이다. 이 게임의 목적은 어떤 연기자가 주어졌을 때 그 연기자와 케빈 베이컨 사이를 가장 적은 수의 링크로 연결하는 것이다.

지금까지 만들어진 모든 주류 영화의 목록과 그 영화에 등장한 연기자 목록이 주어졌을 때(영화 이름과 연기자 이름은 모두 유일 식별자라고 가정한다) 케빈 베이컨 문제를 효율적으로 풀 수 있는 자료구조를 만들라. 그 자료구조를 이용하여 임의의 연기자의 베이컨 수(케빈 베이컨과 연결되기 위해 필요한 최소 링크 수)를 결정할 수 있는 루틴을 작성하라.

이 문제에서 만들어야 할 자료구조에는 노드(연기자)와 링크(영화)에 대한 게 들어가야 할 것 같긴 한데, 지금까지 써 본 트리 구조에 비하면 복잡하다. 우선 각 노드로부터 연결될 수 있는 다른 노드 수에 제한이 없다. 따라서 어떤 링크는 사이클을 형성할 수 있다. (원형 연결) 마지막으로 링크 어느 쪽이든 노드 사이에는 계층구조적인 관계가 없다. (적어도 우리가 만들어야 할 자료구조 내에서는 그렇다. 할리우드 내의 정치적인 역학관계와는 무관하게.) 이런 요구 조건을 생각해보면 최대한 일반적인 자료구조, 즉 무향성 그래프^{undirected graph}를 쓰는 게 바람직해 보인다.

이 그래프에서는 각 연기자를 노드로 만들어야 한다. 영화는 어떤 식으로 표현해야 할까? 각 영화에는 여러 연기자가 등장할 수 있다. 각 영화를 노드로 만드는 건 어떨까? 이렇게 하면 자료구조가 훨씬 복잡해진다. 여기에서는 두 가지 노드가 필요하고, 에지는 서로 다른 유형의 노드 사이에서만 만들어질 수 있다. 이 문제에서 영화는 서로 다른 두 연기자 사이의 링크 역할만 하기 때문에 영화를 에지로 표현할 수 있다. 한 에지는 두 노드 사이만 연결할 수 있기 때문에 각각의 영화는 그 영화에 출연하는 모든 연기자 쌍을 연결해주는 역할을 한다. 이렇게 하면 그래프에 있는 에지의 총 수가 꽤 많이 늘어나고 그래프에서 영화에 대한 정보를 뽑아내기가 힘들지만, 그래프와 그 그래프를 처리하기 위해 필요한 알고리즘은 간단해진다.

이쯤 되면 각각의 노드를 객체로 표현하는 게 당연해 보인다. 영화는 링크 역할만 할 뿐이기 때문에 두 연기자가 같은 영화에 출연했다면 그 둘 사이에는 에지가 하나만 있어야 한다. 에지는 보통 레퍼런스(또는 포인터)로 표현되는데, 레퍼런스는 원래 한 방향으로 이어진다. 어떤 객체에서 그 객체를 참조하는 다른 객체를 알아내는 방법이 없는 게 일반적이다. 이 문제에서 무방향성 에지를 가장 간단하게 구현하는 방법은 각 노드 객체에서 다른 객체를 참조하는 방법이다. 자바로 그런 노드 클래스를 구현하면 다음과 같다.

```java
public class ActorGraphNode{
    private String name;
    private Set<ActorGraphNode> linkedActors;
    public ActorGraphNode( String name ){
        this.name = name;
        linkedActors = new HashSet<ActorGraphNode>();
    }
    public void linkCostar( ActorGraphNode costar ){
        linkedActors.add( costar );
        costar.linkedActors.add( this );
    }
}
```

다른 노드에 대한 참조를 집합 객체인 Set에 저장하면 임의의 개수의 에지를 저장하면서도 같은 노드를 여러 번 참조하는 일은 예방할 수 있다. 각 연기자마다 ActorGraphNode를 생성하고 같은 영화에 출연하는 모든 연기자에 대해 linkCostar를 호출하면 그래프를 만들 수 있다.

이런 객체로부터 만들어진 그래프를 이용하면, 해당 노드와 '케빈 베이컨' 노드 사이의 최단 경로를 찾아내기만 하면 베이컨 수를 결정할 수 있다. 이런 경로를 찾아내려면 그래프에 대해서 검색을 해야 한다. 이 검색은 어떻게 하면 좋을까?

깊이 우선 검색은 재귀적으로 간단하게 구현할 수 있는데, 여기에서도 그 방법이 먹힐까? 깊이 우선 검색에서는 더 이상 갈 데가 없을 때까지 계속해서 각 노드의 첫째 에지를 따라 들어가고, 아직 가 보지 않은 두 번째 에지가 있는 노드를 찾을 때까지 돌아 나오고, 그 에지를 통해서 다시 최대한 깊이 들어가는 과정을 반복한다. 그런데 얼핏 생각해봐도 문제가 될 만한 것이, 트리에서는 모든 경로가 결국은 잎 노드로 끝나기 때문에 그런 특성을 재귀 호출의 기본 케이스로 삼아도 되는 반면, 그래프에는 사이클이 있을 수 있기 때문에 재귀 호출이 무한히 반복되지 않도록 조심해야 한다. (이 그래프에서는 에지가 두 개의 레퍼런스로 구현되기 때문에, 각 에지가 그 에지에 의해 연결된 두 노드 사이에서 사이클을 형성한다. 따라서 사이클이 매우 많다.)

사이클 안에서 끝없이 빙빙 도는 일이 안 생기려면 어떻게 해야 할까? 한 번 들른 노드는 다시는 가지 않아야 한다. 어떤 노드에 방문했는지 확인하는 한 가지 방법으로 노드 객체에 있는 어떤 변수의 값을 바꿔서 방문했다는 표시를 남기는 방법이 있다. 방문한 노드를 전부 추적하기 위한 자료구조를 따로 만들어서 쓸 수도 있다. 이런 걸 준비해두고 나면, 방문한 적 없는 인접한(즉, 에지로 바로 연결된) 노드가 없는 경우를 재귀 호출의 기본 케이스로 잡을 수 있다. 이렇게 하면 그래프의 모든 (그리고 연결된) 노드를 검색할 수 있다. 하지만 이걸로 문제가 해결될까?

한 노드에서 시작해서 종주한 에지의 개수를 따지는 건 어렵지 않다. 그냥 재귀 호출 단계 수만 알면 된다. 목표 노드(베이컨 수를 구해야 하는 연기자 노드)에 다다랐을 때, 재귀 호출 단계 수를 가지고 그 노드에 다다르기까지 거친 경로에 에지가 몇 개 있는지 알 수 있다. 하지만 우리가 찾아야 하는 건 그냥 아무 경로가 아니라 최단 경로의 에지(링크) 개수다. 이런 접근법으로 최단 경로를 찾을 수 있을까? 깊이 우선 검색에서는 일단 최대한 멀리 간 다음에 돌아온다. 같은 노드를 시작 노드의 첫 번째 에지를 통해 연결되지만 더 멀리 있는 경로를 통해서도 찾아갈 수 있고, 두 번째 에지를 통해 연결되는데 더 가까이 있는 경로를 통해서도 찾아갈 수 있다면 이 방법으로는 더 먼 경로를 먼저 찾게 된다. 따라서 적어도 어떤 경우에는 이 방법으로 최단 경로를 찾을 수 없음을 알 수 있으며, 몇 가지 예를 직접 따져보면 대부분의 경우에 이렇게 종주한 경로는 최단 경로가 아님을 알 수 있다. 더 짧은 경로를 통해 전에 방문한 노드를 다시 방문할 수 있도록 수정한 방법을 쓸 수도 있을 것 같긴 한데, 너무 복잡해진다. 이 아이디어는 잠시 보류하고 더 나은 알고리즘이 있을지 생각해보자.

이상적으로는 어떤 시작 노드에서 출발해서 각 노드를 최단 경로로 찾아가는 검색 알고리즘이 필요하다. 시작 노드에서 출발하여 각 검색 경로를 한 번에 한 에지씩 확장해 가면서 바깥쪽으로 검색해 나가면, 어떤 노드를 만나게 될 때 그 경로가 그 노드로 이어지는 최단 경로가 된다. 이런 방식은 너비 우선 검색이다. 너비 우선 검색으로 노드를 찾으면 그 경로는 최단 경로가 된다는 것은 증명 가능하다. 시작 노드로부터 n개의 에지만큼 떨어진 노드들을 검색할 때 어떤 노드를 처음으로 만났다면, 시작 노드에서 n−1개 이하의 에지만큼 떨어진 다른 모든 노드는 이미 방문한 상태임을 생각하면 그 노드에 갈 수 있는 최단 경로는 반드시 n개의 에지만큼 떨어져 있을 수밖에 없다. ('어? 내가 알고 있는 그래프의 두 노드 사이의 최단 경로를 찾아내는 알고리즘보다 더 간단해 보이는데?' 하는 생각이 든다면 아마 다익스트라 알고리즘Dijkstra's algorithm 때문일 것이다. 다익스트라 알고리즘은 조금 더 복잡한데, 각 에지에 무게나 길이가 주어졌을 때 최단 경로를 찾아내기 위한 알고리즘으로, 그런 경우에는 최단 경로가 에지 개수가 가장 적은 경로하고는 다를 수 있다. 이 문제에서처럼 에지에 무게가 없는 경우, 또는 모든 에지의 무게가 같은 경우에는 너비 우선 검색만 가지고도 최단 경로를 찾을 수 있다.)

너비 우선 검색 구현법을 외우고 다니는 사람도 있겠지만 여기에서는 외우진 못하고 구현 방법을 생각해내야 한다고 해보자. 깊이 우선 검색과 마찬가지로 사이클을 무한정 도는 일을 방지해야 한다. 아까 깊이 우선 검색을 생각할 때 썼던 방법을 그대로 쓸 수 있다.

검색은 시작 노드에 인접한 각 노드를 방문하는 것에서부터 시작된다. 시작 노드에 인접한 모든 노드를 방문한 다음에, 시작 노드에 인접한 각각의 노드를 기준으로 아직 방문하지 않은 인접한 노드를 전부 방문한다. 아직 방문하지 않은 노드를 발견할 때마다 저장해 두고, 나중에 때가 되면 돌아가서 필요한 작업을 할 수 있도록 자료구조를 만들어야 한다. 아직 방문하지 않은 노드를 발견하면 나중에 그 노드를 방문하긴 해야겠지만, 전에 발견한 방문하지 않은 노드를 모두 방문한 뒤에나 방문이 가능하다. 발견된 순서, 또는 추가한 순서대로 처리해야 하는 업무를 정리할 때는 큐 자료구조를 사용할 수 있다. 방문하지 않은 노드를 발견할 때마다 큐 맨 뒤에 추가하면서, 방문할 다음 노드는 큐 맨 앞에서 꺼내서 처리하는 식으로 하면 된다.

깊이 우선 검색에서는 방문하지 않는 노드를 발견할 때마다 바로 방문하고 나중에 다시 원래 위치로 돌아가기 때문에 재귀 호출이 자연스러웠지만, 여기서는 방문할 노드를 큐에 저장하기 때문에 그냥 순환문을 돌리는 식으로 하는 쪽이 더 간단하다. 큐를 준비하고 시작 노드를 큐에 채우는 것부터 작업을 시작해보자. 순환문을 한 바퀴씩 돌 때마다 큐 맨 앞에서 한 노드를 빼고, 미방문 인접 노드는 모두 큐 뒤에 집어넣는다. 타깃 노드를 발견하거나 큐가 완전히 비면 (즉 그래프에서 시작 노드하고 연결된 모든 노드를 검색하고 나면) 작업은 끝난다.

이제 타깃 노드를 찾아낸 후에 경로 길이를 알아내는 일만 남았다. 어떤 경로를 거쳐왔는지 확인하고 그 길이를 재는 것도 한 방법이겠지만, 이 알고리즘으로는 그 경로를 파악하는 게 쉽지 않다. 시작 노드로부터 몇 개의 에지를 거쳐 왔는지 계속 추적하는 것도 한 가지 해결책이다. 이렇게 하면 타깃을 찾았을 때 경로 길이를 바로 알 수 있다. 이런 해결책을 구현하는 가장 쉬운 방법은 각 노드를 발견할 때마다 베이컨 수를 그 노드에 저장하는 방법이다. 새로 찾은 미방문 노드의 베이컨 수는 현재 노드의 베이컨 수에 1을 더한 값이다. 그리고 이렇게 하면 미방문 노드를 방문한 노드하고 구분하는 데도 도움이 된다. 노드를 초기화할 때 베이컨 수가 될 수 없는 −1 같은 값으로 지정하면 베이컨 수가 음수가 아니면 방문한 노드, −1이면 방문하지 않은 노드라고 판단할 수 있다.

유사 코드로는 다음과 같은 식으로 써 볼 수 있다.

```
큐를 만들고 시작 노드로 초기화
큐가 비어 있지 않은 동안
    첫 번째 노드를 큐에서 꺼냄
    타깃 노드면 베이컨 수를 리턴
    현재 노드에 인접한 각 노드에 대하여
        그 노드를 방문한 적이 없으면 (베이컨 수가 -1)
            베이컨 수를 현재 노드의 베이컨 수에 1을 더한 값으로 설정
            그 인접 노드를 큐 맨 뒤에 추가
타깃을 찾지 못한 상태로 순환문이 끝났으므로 실패했다는 결과를 리턴
```

코딩을 시작하기 전에 여러 연기자의 베이컨 수를 구해야 하는 경우에 대비하여 최적화할 수 있을지 생각해보자. 검색 과정은 매번 실행할 때마다 같지만, 검색을 마치는 타깃 노드는 달라진다. 따라서 베이컨 수는 달라지지 않는데도 매번 각 연기자의 베이컨 수를 다시 계산하게 된다. 검색을 타깃 노드에서 끝내는 대신 이 루틴을 가지고 그래프 전체(또는 케빈 베이컨하고 연결된 그래프 일부)에 대해 너비 우선 종주를 하여 모든 연기자의 베이컨 수를 미리 계산하는 건 어떨까? 그리고 나면 각 연기자의 베이컨 수를 구할 때 미리 계산해 둔 값을 그냥 리턴하면 되니 말이다. 앞에서 정의한 ActorGraphNode 클래스에 다음과 같은 코드를 더하면 된다.

```
private int baconNumber = -1;

public int getBaconNumber() { return baconNumber; }

public void setBaconNumbers(){
```

```
        if ( name != "Kevin Bacon" )
            throw new IllegalArgumentException( "Called on " + name );
        baconNumber = 0;
        Queue<ActorGraphNode> queue = new LinkedList<ActorGraphNode>();
        queue.add( this );
        ActorGraphNode current;
        while( (current = queue.poll() ) != null ){
            for( ActorGraphNode n : current.linkedActors ){
                if( -1 == n.baconNumber ){ // 미방문 노드인 경우
                    n.baconNumber = current.baconNumber + 1;
                    queue.add( n )
                }
            }
        }
    }
}
```

이 알고리즘의 실행 시간은 어떻게 될까? 베이컨 수를 계산하는 함수에서는 모든 (도달 가능한) 노드를 전부 한 번씩 건드리고, 모든 에지는 각각 두 번씩 건드려야 하기 때문에 $O(m+n)$이다. 이 그래프에서는 n이 m보다 훨씬 클 것으로 예상할 수 있으므로 $O(n)$이라고 할 수 있다. 이는 베이컨 수를 미리 계산하지 않고 각 연기자마다 베이컨 수를 결정할 때도 마찬가지다. 미리 계산을 해 두면 각 연기자의 베이컨 수를 결정하 때는 그냥 룩업 작업만 한 번 하면 되므로 실행 시간이 $O(1)$이 된다. 물론 이는 그 연기자 노드에 대한 레퍼런스가 있다는 것을 가정한 결과다. 연기자 이름만 알고 있다면 그 노드를 찾아내기 위한 그래프 종주에 $O(m+n)$ 시간이 필요하다. 따라서 $O(1)$ 성능을 유지하려면 상수 시간 안에 그 연기자를 나타내는 노드를 찾을 수 있는 방법이 필요한데, 이름과 노드를 연관지어 주는 해시 테이블 같은 걸 쓰면 된다.

그래프로 몇 가지 더 연습하고 싶다면, 목표 배우와 케빈 베이컨 사이의 연결 고리 역할을 하는 연기자 이름을 모두 출력할 수 있도록 이 알고리즘을 발전시켜 보자. 아니면 새 영화가 출시됐을 때 기존 그래프에 에지를 추가하고, 바뀐 베이컨 수만 효율적으로 갱신할 수 있는 메서드를 만들어보자.

요약

트리와 그래프, 그중에서도 특히 트리는 면접에서 자주 쓰이는 자료구조다. 두 자료구조 모두 같은 자료구조에 속하는 다른 노드를 참조하는 노드들로 구성된다. 트리는 사이클이 없는 그래프이므로 결국은 그래프의 일종으로 볼 수 있다.

가장 많이 쓰이는 세 가지 트리 유형으로 이진 트리, 이진 검색 트리, 그리고 힙을 들 수 있다. 이진 트리에는 왼쪽 자식과 오른쪽 자식이 있다. 이진 검색 트리는 어떤 노드의 왼쪽에 있는 노드는 모두 그 노드 이하의 값을, 오른쪽에 있는 노드는 모두 그 노드 이상의 값을 가지는 식으로 정렬되는 특성을 가진 이진 트리다. 힙은 각 노드의 값이 자식 노드의 값 이하(최소 힙)이거나 이상(최대 힙)인 트리로, 최댓값(최대 힙)이나 최솟값(최소 힙)이 루트가 되고, 상수 시간 안에 액세스할 수 있다. 트리 문제 중에는 재귀 호출로 해결할 수 있는 게 많다.

트리에서든 그래프에서든 자료구조의 각 노드를 돌아다니는 종주나 타깃 노드를 찾아내면 바로 끝나는 검색과 관련된 문제가 많이 나온다. 종주나 검색은 크게 깊이 우선과 너비 우선으로 나눌 수 있다. 그래프에는 사이클이 있을 수 있기 때문에, 종주나 검색 알고리즘을 그래프에 적용할 때는 이미 방문한 부분을 다시 방문하는 걸 방지해 주는 방법이 필요하다.

배열과 문자열

배열과 문자열은 서로 밀접하게 연관되어 있다. 원칙적으로 따지자면 문자열은 사실 문자의 배열(보통 읽기 전용)일 뿐이다. 이런 이유로 인해 문자열 조작과 관련된 문제는 대부분 C나 C++처럼 문자열과 문자 배열이 사실상 동일한 언어를 사용하여 배열 데이터 유형에 대한 이해를 바탕으로 풀어야 한다. 다른 언어(특히 C#이나 자바 같은 객체지향 언어)에서는 문자열과 문자 배열을 별개의 것으로 고려하지만, 문자열을 배열로 변환하거나 반대로 변환하는 방법은 제공한다. 문자열과 문자 배열이 서로 다른 경우에도 그 둘이 어떤 면에서 왜 다른지를 분명하게 이해하는 것은 중요하다. 그리고 모든 배열 문제가 문자열과 관련된 것은 아니기 때문에 배열에 초점을 맞추는 문제를 제대로 풀려면 배열이 근본적으로 어떤 식으로 작동하는지, 자신이 사용하는 언어에서 어떤 식으로 구현되는지를 이해하는 것이 필수적이다.

배열

배열array은 어떤 메모리 블록에 연속적으로 나열된 같은 유형의 변수 모음이다. 배열은 기업에서 개발용으로 주로 쓰이는 모든 언어에서 중요한 역할을 하기 때문에 사용법이나 문법에 대해서는 다들 이미 잘 알고 있을 것이다. 여기에서는 이론과 배열의 응용에만 초점을 맞추도록 하자.

배열도 연결 리스트와 마찬가지로 선형적으로 저장하는 방식인데, 그 특징은 연결 리스트와 크게 다르다. 연결 리스트에서는 룩업이 항상 $O(n)$ 연산이었지만, 배열에서는 원하는 원소의 인덱스만 알고 있으면 룩업이 $O(1)$ 연산이 된다. 인덱스가 있다는 조건이 매우 중요한데, 값만 알고 있으면 최악의 케이스에는 배열에서의 룩업도 $O(n)$ 연산이다. 예를 들어, 문자 배열이 있다고 하자. 여기에서 여섯 번째 문자의 위치를 찾아내는 것은 당연히 $O(1)$이지만 'w'라는 값을 가지는 문자를 찾아내는 것은 $O(n)$이다.

이렇게 룩업 연산이 크게 빨라진다는 장점이 있긴 하지만, 대신 배열 중간의 데이터 삭제나 추가는 느려진다는 단점이 있다. 배열은 연속된 메모리 블록이기 때문에 연결 리스트에서처럼 두 원소 중간에 있는 저장 공간을 없애거나 두 원소 중간에 새로운 저장 공간을 만드는 것이 원칙적으로 불가능하다. 대신 배열의 데이터를 물리적으로 옮겨서 새로운 데이터를 집어넣을 공간을 만들거나 데이터를 지운 빈 공간을 채워야 하고, 이 작업은 $O(n)$ 연산이다.

배열은 동적인 자료구조가 아니다. 유한하고 고정된 수의 원소로 이루어진다. 일부만 사용한다고 하더라도 배열에 있는 모든 원소에 대해 메모리가 할당되어야 한다. 따라서 프로그램을 실행하기 전에 저장해야 할 원소의 개수를 미리 알고 있는 경우에 배열을 사용하는 것이 좋다. 저장 용량의 크기가 변할 수 있어야 하는 상황에서 배열을 사용하면 저장할 수 있는 용량에 제한이 생기기 때문에 배열을 쓰지 않는 것이 좋다. 배열을 충분히 크게 잡아서 제한된 크기 내에서만 작업하도록 하는 것도 그리 좋은 방법은 아니다. 메모리가 낭비될 수도 있고, 아니면 큰 데이터를 제대로 처리하지 못할 수도 있기 때문이다.

요즘 널리 쓰이는 언어에서는 대부분 필요한 데이터 용량만큼만 저장할 수 있는 동적 배열dynamic array을 라이브러리로 지원한다(몇 가지 스크립트 언어와 같이 동적 배열을 기본 배열 유형으로 사용하고 정적 배열 유형이 아예 없는 언어도 있다). 동적 배열의 구현 방법에 대해서 자세히 논하진 않겠지만, 대부분의 동적 배열의 구현에서는 내부적으로 정적 배열을 사용한다. 정적 배열은 크기를 변경할 수 없기 때문에, 동적 배열의 크기를 바꿀 때는 적당한 크기의 배열을 새로 만들고, 모든 원소를 복사하고, 기존 배열의 메모리 할당을 해제해야 한다. 이런 연산은 꽤 느리기 때문에 최대한 자제해야만 한다.

각 언어마다 배열을 처리하는 방법이 약간씩 다르기 때문에 배열 관련 프로그래밍에 있어서 주의해야 할 점들도 언어마다 다르다.

C/C++

C와 C++는 여러 면에서 꽤 다르지만 배열을 다루는 방법은 비슷하다. 대부분의 경우에 배열 이름은 배열의 첫 번째 원소를 가리키는 포인터 상수와 동등하다. 따라서 단순하게 대입만 해서는 한 배열의 원소들을 다른 배열의 원소들로 초기화할 수 없다.

> 포인터와 상수가 둘 다 꽤 헷갈리는 개념이다 보니 포인터 상수라고 하면 정말 이해하기 힘들다. 포인터 상수(pointer constant)는 char *const chrPtr 같은 식으로 선언되어서 메모리상의 다른 위치를 가리키도록 변경시킬 수는 없지만, 그 포인터가 가리키는 메모리에 있는 내용을 바꾸는 데는 쓸 수 있는 포인터를 뜻한다. 이보다 더 흔하게 쓰이는 상수 포인터하고는 또 다르다. 상수 포인터는 const char *chrPtr 같은 식으로 선언되어 다른 메모리의 위치를 가리키도록 변경시킬 수는 있지만, 그 포인터가 가리키는 메모리 위치에 있는 내용을 바꾸는 데는 쓸 수 없는 포인터를 뜻한다. 이 두 개가 헷갈린다고 해서 너무 기죽을 필요는 없다. 꽤 많은 사람들이 어려워하는 내용이니까.

예를 들어,

```
arrayA = arrayB;  /* 컴파일 에러: arrayA가 lvalue가 아님 */
```

와 같은 코드는 arrayA가 arrayB가 가리키고 있는 것과 같은 메모리 영역을 참조하도록 하는 코드로 해석된다. arrayA가 배열로 정의되었다면 arrayA가 참조하는 메모리 위치를 변경할 수가 없기 때문에 컴파일 시에 에러가 난다. arrayB를 arrayA로 복사하고 싶다면 반복문을 써서 한 원소씩 대입을 하거나 memcpy 같은 라이브러리 함수를 써야 한다(보통 후자 쪽이 훨씬 빠르다).

C나 C++에서는 컴파일러에서 배열의 크기는 신경 쓰지 않고 위치만 신경 쓴다. 배열 크기에 대해서는 프로그래머가 책임져야 하며, 배열에 접근할 때 경계조차도 확인해주지 않는다. 원소가 열 개인 배열의 스무 번째 원소에 뭔가를 저장해도 언어 자체에서는 아무 말도 하지 않는다. 배열의 경계 밖에 어떤 데이터를 써 넣으면 다른 자료구조에 들어 있는 데이터를 덮어 쓸 가능성이 높을 것이고, 이는

온갖 찾아내기 힘들면서 골치 아픈 버그로 이어진다. C/C++ 프로그램에서 생길 수 있는 배열 경계를 벗어나는 문제나 다른 메모리 관련 문제를 잡아내는 것을 도와주는 개발 도구도 있다.

자바

C의 배열과 달리 자바의 배열은 배열에 저장되는 데이터 유형과는 별개의 객체로 정의되어 있다. 따라서 배열에 대한 레퍼런스와 배열의 원소에 대한 레퍼런스가 같지 않다. 자바 배열은 정적이며 언어 자체에서 각 배열의 크기를 추적해주기 때문에 배열에 내장된 length 데이터 멤버를 통해 크기를 알아낼 수 있다. 단순한 대입만으로 배열 원소를 복사할 수 없는 것은 C와 마찬가지다. 두 배열 레퍼런스의 유형이 같으면 한 레퍼런스를 다른 레퍼런스에 대입하는 것은 가능하지만, 다음 예에서 볼 수 있듯이 두 변수가 모두 같은 배열을 참조하게 된다.

```
byte[] arrayA = new byte[10];
byte[] arrayB = new byte[10];
arrayA = arrayB; // 이렇게 하면 arrayA가 arrayB와 같은 배열을 참조한다.
```

한 배열의 내용을 다른 배열로 복사하고 싶다면 순환문에서 원소를 하나씩 복사하거나 시스템 함수를 호출해야 한다.

```
If ( arrayB.length <= arrayA.length ){
    System.arraycopy( arrayB, 0, arrayA, 0, arrayB.length );
}
```

배열 인덱스를 액세스할 때마다 그 인덱스 값을 현재의 배열 크기와 비교하여 인덱스가 경계를 벗어나면 예외를 던진다. C/C++에 비하면 배열 액세스가 상대적으로 느려지는데, JVM이 경계 검사가 필요 없다는 것을 확실히 파악할 수 있는 상황에서는 속도를 향상시키기 위해 경계 검사를 건너뛰기도 한다.

배열이 할당되면 배열 원소는 각각의 기본값으로 초기화된다. 객체 유형의 기본
값은 null이므로 객체의 배열을 만들었을 때는 아무 객체도 생성되지 않는다. 객
체를 생성한 다음 배열의 원소로 지정해줘야 한다.

```
Button myButtons[] = new Button[3];  // Button 객체는 아직 생성되지 않음
for (int i = 0; i < myButtons.length; i++) {
    myButtons[i] = new Button();  // Button 객체 생성
}
// 모든 Button 객체가 생성됨
```

아니면 배열 초기화 문법(배열을 선언할 때만 쓸 수 있음)을 써도 된다.

```
Button myButtons[] = {new Button(), new Button(), new Button()};
```

자바에서 2차원 배열은 배열 객체의 배열을 만드는 식으로 구현한다. 배열 속에
들어간 각각의 배열은 별개의 객체이기 때문에 각각의 길이가 다를 수도 있다. 배
열 안에 다시 배열을 집어넣는 방식으로 다차원 객체를 만들 수도 있다.

C#

C#에서도 자바 스타일로 foo[2][3] 같은 식의 문법을 써서 액세스할 수 있는
배열의 배열 객체를 지원한다. 하지만 foo[2,3] 같이 다른 문법을 사용하는 단
일 객체 다차원 배열도 지원한다. 자바 스타일의 다차원 배열에서는 배열 원소로
들어가는 배열의 길이가 서로 다를 수 있어서 자료구조를 그려보면 불규칙적이기
때문에 불규칙 배열jagged array이라고 부른다. 반대로 단일 객체를 쓰는 방식에서는
직사각형(안쪽에 들어가 있는 각 배열의 길이가 모두 같아야 한다) 모양이고 다
차원 배열multidimensional array이라고 부른다. C# 배열은 읽기 전용으로 선언할 수 있
다. 모든 배열은 System.array 추상 베이스 클래스에서 파생되는데, 이 베이스
클래스에는 배열 조작과 관련된 메서드들이 정의되어 있다.

자바스크립트

자바스크립트에서의 배열은 Array 객체의 인스턴스이다. 자바스크립트 배열은 동적이며, 자동으로 크기가 조절된다.

```
Array cities = new Array(); // 배열 길이가 0
cities[0] = "New York";
cities[1] = "Los Angeles"; // 길이가 2가 됨
```

배열의 크기를 변경하고 싶으면 그냥 length 속성을 수정하기만 하면 된다.

```
cities.length = 1; // Los Angeles 지움
cities[ cities.length ] = "San Francisco"; // cities[1] 값이 새로 설정됨
```

Array 객체의 메서드를 써서 배열을 분할하거나 결합하거나 정렬할 수도 있다.

자바스크립트의 배열 값은 쭉 연결돼 있는 메모리 블록에 저장되는 게 보통이지만 반드시 그런 것은 아니다. 메모리 블록이 분산돼 있는 경우에는 배열의 성능 특성이 예상과 다르게 나올 수 있다.

문자열

문자열^{string}은 문자들이 연속적으로 나열되어 있는 것을 뜻한다. 하지만 사용하는 언어와 애플리케이션이 실행되는 운영체제의 설정에 따라 문자가 어떻게 구성되는지가 크게 달라진다. 문자열에 들어가는 각 글자가 각각 한 바이트씩으로 표현된다고 생각할 수 있던 시대는 갔다. 요즘 같은 글로벌 경제 시대에는 유니코드의 멀티바이트 인코딩(고정 길이도 가능하고 가변 길이도 가능함)을 써야 텍스트를 정확하게 저장할 수 있다.

자바나 C# 같이 비교적 최근에 설계된 언어에는 여러 바이트로 이루어지는 기본 문자 유형이 있지만 C나 C++의 char는 무조건 한 바이트다(최신 버전 C/C++에서는 여러 바이트로 구성되는 wchar_t라는 문자열 유형이 정의되어 있기도 하다). 여러 바이트짜리 문자 유형이 내장돼 있어도 유니코드를 제대로 취급하는 건 쉬운 일이 아니다. 유니코드에 정의된 코드 포인트(표현 방식과 무관한 문자 정의)만 해도 10만 개가 넘기 때문에 자바나 C#의 2바이트짜리 char로 모두 표현할 수가 없다. 이런 문제는 보통 하나 이상의 기본 문자 유형을 열거하여 특정 코드 포인트를 표현하는 가변 길이 인코딩으로 해결하곤 한다.

그런 인코딩 가운데 하나인 UTF-16은 자바와 C#에서 문자열을 인코딩할 때 쓰인다. UTF-16에서는 일반적으로 쓰이는 유니코드 코드 대부분을 하나의 16 비트 char로 표현하고, 나머지는 두 개의 char를 써서 표현한다. 또 다른 대표적인 인코딩인 UTF-8은 네트워크를 통해서 전송되는 텍스트나 파일에 저장된 텍스트 용도로 많이 쓰인다. UTF-8에서는 최대 네 개까지의 바이트를 써서 모든 유니코드의 코드 포인트를 인코딩한다. 각각의 코드 포인트는 다음과 같은 네 가지 비트 패턴 가운데 한 가지 방법으로 인코딩된다.

```
0xxxxxxx
110xxxxx 10xxxxxx
1110xxxx 10xxxxxx 10xxxxxx
1111xxxx 11110xxx 10xxxxxx 10xxxxxx 10xxxxxx
```

첫째 바이트의 위쪽 비트는 그 문자를 표현하기 위해 사용하는 바이트 수를 나타낸다. UTF-8의 장점 가운데 하나로 모든 ASCII 문자(0부터 127까지)가 한 바이트로 표현된다는 점을 들 수 있는데, 이런 이유로 ASCII로 인코딩한 텍스트도 UTF-8로 인코딩된 텍스트의 부분집합이 된다.

가변 길이 인코딩을 쓰면 문자열을 다루기가 훨씬 복잡해진다. 문자열을 저장하기 위해 쓰인 char 개수보다 문자열에 들어가는 문자 개수가 적을 수 있고, 여러 개의 char로 인코딩한 한 코드 포인트를 구성하는 글자 중 하나를 완전한 문자로 처리하는 일이 없도록 주의해야 한다. 보통 면접에서는 쓸데없이 복잡해지지 않도록 해당 언어에서 가장 기본적인 문자 유형을 이용하는 문자열 조작 알고리즘 위주로 문제를 내며, 가변 길이 인코딩은 잘 건드리지 않는다.

국제화[internalization] 및 지역화[localization] 경험이 있다면 면접 시에 그 점을 부각시키는 것도 좋다. 예를 들어 (면접관이 지정해준 대로) ASCII 같은 1바이트 문자 인코딩에서만 작동하는 풀이를 코딩하는 과정에서도 가변 길이 문자 인코딩을 처리하려면 어떻게 해야 하는지를 설명하는 것도 괜찮다.

어떤 인코딩을 사용하든 대부분의 언어에서는 문자열을 내부적으로는 배열을 써서 표현한다. 물론 배열과 문자열을 처리하는 방법이 언어에 따라 크게 다를 수는 있다. 전과 마찬가지로 언어별 특성을 살펴보도록 하자.

C

C의 문자열은 char 배열에 저장된다. C에서 배열의 크기를 관리하지 않는 것과 마찬가지로 문자열의 크기도 전혀 관리가 되지 않는다. 대신 문자열의 끝은 '\0'으로 표현되는 널 문자로 표시된다. 널 문자를 NUL로 쓰기도 한다(값이 0인 char 유형 NUL과 메모리 주소 0을 가리키는 NULL을 헷갈리지 않도록 주의한다). 문자 배열에는 종결자가 들어갈 공간이 있어야 한다. 열 개의 문자로 이루어지는 문자열의 경우에는 11개의 문자가 들어갈 수 있는 배열이 필요하다. 이런 문자열 표현 방식 때문에 문자열의 길이를 구하는 연산은 $O(1)$이 아니라 $O(n)$ 연산이 된다. 문자열의 길이를 반환하는 strlen( ) 함수에서는 문자열의 끝이 나올 때까지 문자열을 훑고 지나가야만 한다.

C에서 한 배열을 다른 배열에 대입할 수 없는 것과 마찬가지 이유로 C 문자열도 = 연산자를 써서 복사할 수 없다. 대신 strlcpy( ) 같은 함수를 써야 한다. (예전에 쓰던 strcpy( )는 거의 모든 경우에 폐기되었다. 버퍼 오버런 보안 구멍의 주요 원인 가운데 하나이기 때문이다.)

배열의 개별 문자를 직접 액세스해서 문자열을 읽거나 변경시키는 것이 편리한 경우도 종종 있다. 문자열 길이를 이런 식으로 변경할 때는 새로운 마지막 글자 뒤에 널 문자를 반드시 집어넣어야 하며, 문자 배열에 새로운 문자열과 종결 문자가 모두 들어갈 수 있는지도 확인해야 한다. (문자열을 담고 있는 배열의 크기는 달라지지 않지만) C 문자열의 뒤쪽을 잘라내는 방법은 매우 간단한데, 문자열의 끝 위치 바로 뒤에 널 문자만 집어넣으면 된다.

신형 C 컴파일러에서는 여러 바이트짜리 문자 wchar_t도 정의되어 있으며, 표준 라이브러리도 wchar_t의 배열로 표현되는 문자열을 처리할 수 있도록 확장되어 있다. (C에서는 오버로딩을 지원하지 않기 때문에 char를 이용하는 함수의 이름에서 str을 wcs로 바꾼 모양의 이름을 쓴다.) wchar_t를 쓸 때는 그 크기가 구현 방식에 따라 달라질 수 있고 어떤 때는 char와 똑같을 수도 있다는 점에 주의하자. 이런 이유로 인해 wchar_t를 사용하는 C 코드는 이식성이 떨어지는 편이다.

C++

C++에서도 C 스타일의 문자열을 쓸 수 있지만, 가능하면 항상 표준 템플릿 라이브러리에 있는 string 클래스나 wstring 클래스(멀티바이트 문자가 필요한 경우)를 쓰는 것이 좋다. 이 두 클래스는 basic_string 템플릿 클래스를 각각 char와 wchar_t 데이터형을 사용하도록 특화시켜서 만든 클래스다.

문자열 클래스는 STL과 잘 통합되어 있다. 스트림과 반복자하고도 함께 사용할 수 있다. 그리고 C++ 문자열은 널 문자로 종료되지 않기 때문에 C 문자열과 달리 C++ 문자열에는 널 바이트도 저장할 수 있다. 똑같은 문자열의 사본을 여러 개 만들면 가능한 한 하나의 버퍼를 공유하지만 문자열은 변형 가능^{mutable}하기 때문에(즉, 문자열이 바뀔 수 있기 때문에) 필요한 경우에는 새로운 버퍼가 만들어진다. 기존 코드와의 호환성을 위해 C++ 문자열에서 C 스타일의 문자열을 만들 수도 있고, 반대로 변환하는 것도 가능하다.

C++ 17부터 STL에 추가된 `string_view` 클래스는 기존 문자열의 전체 또는 일부에 대한 뷰를 제공한다. 뷰에서는 추가 메모리가 할당하지 않기 때문에 생성하거나 함수 사이에서 전달할 때 비용이 아주 적다. 문자열로부터 생성하기도 쉽고 필요하다면 뷰로부터 새 문자열을 생성할 수도 있다. 기반 메모리가 바뀌거나 옮길 일이 없다면 뷰를 사용하여 문자열 연산을 최적화하는 것을 생각해볼 필요가 있다.

자바

자바 문자열은 `String`이라는 특별한 시스템 클래스의 객체다. 문자열을 손쉽게 문자 및 바이트 배열과 상호 변환할 수 있지만(내부적으로 문자열 클래스에서는 char 배열을 써서 문자열을 저장한다), 분명히 서로 다른 유형으로 구분된다. 자바의 char 유형의 크기는 2 바이트다. 문자열에 있는 개별 문자는 직접 액세스할 수는 없고 `String` 클래스에 있는 메서드를 써야만 액세스할 수 있다. 프로그램 소스 코드에 있는 `String` 리터럴은 자바 컴파일러에서 자동으로 `String` 인스턴스로 변환해준다. C++에서와 마찬가지로 가능한 경우에는 같은 문자열끼리는 같은 배열을 공유한다. 문자열의 길이는 `length( )` 메서드로 알아낼 수 있다. 하위 문자열^{substring}을 검색하고 반환하거나 개별 문자를 추출하거나 공백 문자를 잘라내는 등의 기능을 하는 다양한 메서드가 제공된다.

자바 문자열은 변형 불가능^{immutable}하다. 일단 문자열이 생성되고 나면 바꿀 수가 없다. 문자열을 조작하는 메서드도 사실은 새로운 문자열 인스턴스를 반환한다. 대신 필요에 따라 `String` 인스턴스로 변환될 수 있는 변형 가능한 문자열을 만들어주는 `StringBuffer`와 `StringBuilder` 클래스가 있다(`StringBuffer`는 모든 버전의 자바에서 쓸 수 있고 스레드 안전성을 제공하지만, `StringBuilder`는 최근 버전에서 도입되었으며 빠르긴 하지만 스레드 안전성을 제공하지는 않는다). + 연산자를 써서 두 개의 `String` 인스턴스를 연결하면 컴파일러에서 내부적으로 `StringBuilder` 인스턴스를 사용하는데, 이 + 연산자는 편리하긴 하지만 쓸 때

는 주의하지 않으면 비효율적인 코드를 만들어낼 가능성이 있다. 예를 들어, 다음과 같은 코드는

```
String s = "";
for( int i = 0; i < 10; ++i ){
    s = s + i + " ";
}
```

다음의 코드와 같다.

```
String s = "";
for( int i = 0; i < 10; ++i ){
    StringBuilder t = new StringBuilder();
    t.append( s );
    t.append( i );
    t.append( " " );
    s = t.toString();
}
```

위 코드는 다음과 같은 식으로 만들면 더 효율적이다.

```
StringBuilder b = new StringBuilder();
for( int i = 0; i < 10; ++i ){
    b.append( i );
    b.append( ' ' );
}
String s = b.toString();
```

반복문에서 문자열을 조작할 때는 항상 이런 경우에 주의해야 한다.

C#

C# 문자열은 자바 문자열과 거의 똑같다. String 클래스의 인스턴스(string 유형도 결국은 앨리어스에 불과하다)인데, 자바의 String 클래스하고 매우 유사하

다. 그리고 C#의 문자열도 자바 문자열과 마찬가지로 변형 불가능하다. 변형 가능한 문자열은 StringBuilder 클래스로 만들 수 있으며, 문자열을 연결하는 연산을 할 때도 자바와 비슷한 식으로 해야 한다.

자바스크립트

자바스크립트에도 String 객체가 정의되어 있지만, 자바스크립트에서는 자료형을 엄격하게 따지지 않다 보니 많은 개발자들이 그 존재를 잘 인식하지 못한다. 하지만 일반적인 문자열 연산은 물론 문자열 매칭 및 치환을 위한 정규 표현식 같은 고급 기능도 제공한다.

배열과 문자열 문제

배열과 문자열 문제 중에는 더 효율적인 풀이를 위해 임시 자료구조를 만들어야 할 때가 많다. 문자열이 객체인 언어에서는 상황에 따라 문자열을 배열로 변환하는 쪽이 문자열 그대로 처리하는 것보다 더 효율적인 경우도 많다.

반복되지 않는 첫 번째 문자 찾기

문자열에서 처음으로 반복되지 않는 문자를 효율적으로 찾아내는 함수를 작성하라. 예를 들어, 'total'에서 처음으로 등장하는 반복되지 않는 문자는 'o'이며, 'teeter'에서 처음으로 등장하는 반복되지 않는 문자는 'r'이다. 작성한 알고리즘의 효율에 대해 논하라.

얼핏 보면 아주 간단해 보이는 문제다. 어떤 문자가 반복된다면 그 문자는 문자열에서 최소한 두 번 이상 등장해야 한다. 따라서 특정 문자를 그 문자열에 있는 다른 모든 문자와 비교하여 그 문자가 반복되는지 결정할 수 있다. 문자열에 있는 각 문자에 대해 이런 검색을 하기만 하면 된다. 문자열에서 다른 문자와 전혀 매치되지 않는 문자를 발견하면 반복되지 않는 첫 번째 문자를 찾은 셈이다.

이런 풀이법의 실행 시간은 어떻게 될까? 문자열의 길이가 n이라면 최악의 경우에는 n개의 문자들을 모두 n번씩 비교해야 한다. 따라서 최악의 케이스에는 $O(n^2)$ 알고리즘이 된다. [각 문자를 그 문자 뒤에 있는 문자하고만 비교하면 조금 더 빠르게 만들 수 있다. 어차피 그 앞에 있는 문자하고는 이미 비교를 했기 때문이다. 하지만 그래봤자 $O(n^2)$이라는 사실에는 변함이 없다.] 단어가 하나뿐인 문자열의 경우에는 이런 상황이 잘 일어나지 않겠지만, 한 문장이 들어가 있는 긴 문자열의 경우에는 대부분의 문자가 반복될 것이므로 거의 항상 최악의 케이스에 가까운 상황을 접하게 된다. 이렇게 쉽게 풀이법을 생각해낼 수 있다는 것은 그만큼 더 나은 다른 풀이법이 있으리라는 것을 뜻한다고 볼 수 있다. 정말 정답이 이렇게 간단하다면 굳이 이런 문제를 내지도 않았을 테니 말이다. 최악의 케이스에도 $O(n^2)$보다 빠른 알고리즘이 분명히 있을 것이다.

방금 생각한 알고리즘이 $O(n^2)$인 이유는 무엇일까? 우선 문자열에 있는 각 문자별로 그 문자가 반복되지 않는 문자인지 확인을 해야 하기 때문에 이와 관련된 n은 어쩔 수가 없다. 반복되지 않는 문자가 어디에 있을지 전혀 알 수 없기 때문에 여기에서 효율을 개선시킬 수 있는 방법은 없는 것 같다. 나머지 n은 각 문자를 문자열 내에 있는 다른 문자들하고 비교하는 과정에서 들어간다. 이 검색의 효율을 개선하면 알고리즘 전체의 효율을 향상시킬 수 있다. 일련의 데이터에 대한 검색 효율을 향상시키는 가장 쉬운 방법은 그 데이터를 더 효율적으로 검색할 수 있게 해주는 자료구조에 집어넣는 것이다. $O(n)$보다 빠르게 검색할 수 있는 자료구조에는 어떤 것이 있을까? 이진 트리는 $O(\log(n))$으로 검색할 수 있다. 배열과 해시 테이블을 쓰면 상수 시간 안에 배열을 룩업할 수 있다(해시 테이블의 최악 케이스 룩업 시간은 $O(n)$이지만 평균적인 케이스에서는 $O(1)$이다). 가장 빠른 배열 또는 해시를 쓰는 방법부터 생각해보자.

어떤 문자가 반복되는지 빠르게 알아내야 하기 때문에 자료구조를 문자별로 검색할 수 있어야 한다. 즉, 문자를 인덱스(배열인 경우) 또는 키(해시인 경우)로 써야만 한다. (인덱스로 쓸 때는 문자를 정수로 변환하면 된다.) 이 자료구조에는 어떤 값을 저장해야 할까? 반복되지 않는 문자는 문자열에 단 한 번만 등장하기 때문에 각 문자의 등장 횟수를 저장하면 반복되지 않는 문자를 쉽게 파악할 수 있을 것이다. 각 문자가 등장하는 횟수를 알아내려면 문자열 전체를 훑어야만 한다.

일단 이렇게 하고 나면 배열 또는 해시 테이블을 쭉 훑으면서 값이 1인 문자를 찾을 수 있다. 그러면 반복되지 않는 문자를 찾을 수 있는데, 그 문자가 원래 문자열에서 처음으로 등장하는 반복되지 않는 문자인지는 알 수 없다.

따라서 원래 문자열에 있는 문자 순서대로 값을 검색해야 한다. 그냥 1이 나올 때까지 각 문자가 등장한 횟수를 살펴보면 된다. 1이 나오면 제일 앞에 있는 반복되지 않는 문자를 찾은 것이다.

이렇게 새로 만든 알고리즘이 실제로 더 효율적인지 따져보자. 우선 문자가 출현한 횟수를 세려면 반드시 문자열 전체를 한 번 훑고 지나가야 한다. 최악의 경우에는 문자열에 있는 모든 문자의 출현 횟수를 확인해야만 반복되지 않는 첫 번째 문자를 찾을 수도 있다. 문자 출현 횟수를 저장해 둔 배열이나 해시를 룩업하는 연산은 상수 시간 연산이므로 최악의 경우에도 문자열에 있는 모든 문자들에 대해 두 번씩의 연산만 하면 되고, 따라서 $2n$번만 연산을 처리하면 되기 때문에 이 알고리즘이 $O(n)$ 알고리즘임을 알 수 있다. 앞에서 시도했던 방법에 비하면 성능이 크게 향상된 셈이다.

해시 테이블과 배열 모두 상수 시간 룩업을 제공하기 때문에 둘 중 어느 것을 사용할지는 각자 알아서 결정할 일이다. 해시 테이블은 배열에 비해 룩업 오버헤드가 좀 큰 편이라는 단점이 있는 반면, 배열은 처음에 임의의 값이 들어 있기 때문에 전부 0으로 설정하는 데 시간이 걸리지만, 해시 테이블은 처음에는 아예 값이 없기 때문에 0으로 설정하는 데 시간이 소모되지 않는다는 장점이 있다. 배열과 해시 테이블의 가장 큰 차이점은 아마도 메모리 요구량일 듯하다. 배열을 쓰려면 가능한 모든 문자 개수 만큼의 원소가 필요하다. ASCII 문자열을 다룰 때는 원소가 128개만 있으면 되기 때문에 괜찮지만 유니코드 문자열의 경우에는 16비트 인코딩을 기준으로 삼을 때 65,000개 이상의 원소가 필요하다. 하지만 해시 테이블을 쓰면 입력된 문자열에 들어 있는 서로 다른 문자 개수만큼을 저장할 공간만 있으면 된다. 따라서 가능한 문자의 개수가 적으면서 긴 문자열을 처리할 때는 배열을 쓰는 편이 낫고, 문자열이 짧은 경우나 문자 개수가 많은 인코딩을 사용하는 경우에는 해시 테이블을 쓰는 편이 더 효율적이다.

풀이는 어떤 방식으로 구현해도 상관없다. 여기서는 코드에서 유니코드 문자열을 처리해야 한다고 가정하고(요새는 실제로 유니코드를 써야 하는 경우가 많다) 해시 테이블을 써서 구현하도록 하자. 함수에서 하는 일을 간략하게 적어보면 다음과 같다.

첫째, 문자 등장 횟수를 저장할 해시 테이블을 만든다:
　각 문자에 대해서
　　그 문자에 해당하는 값이 저장되어 있지 않으면 1을 저장
　　그렇지 않으면 저장된 값을 1 증가시킴
둘째, 문자열을 훑는다:
　각 문자에 대해서
　　해시 테이블에 문자 등장 횟수가 1이면 그 문자를 반환
　　저장된 값이 1인 문자가 없으면 널을 반환

이제 함수를 구현해보자. 해시 테이블과 유니코드가 모두 기본으로 지원되는 자바나 C#으로 코딩한다고 해보자. 그 함수가 어떤 클래스에 들어갈지 모르므로 public static 함수로 구현하자.

```
public static Character firstNonRepeated( String str ){
    HashMap<Character,Integer> charHash =
                new HashMap<Character,Integer>();
    int i, length;
    Character c ;

    length = str.length();
    // str을 훑어가면서 해시 테이블을 만든다.
    for (i = 0; i < length; i++) {
        c = str.charAt(i);
        if (charHash.containsKey(c)) {
            // c가 등장하는 횟수 증가시킴
```

```
        charHash.put(c, charHash.get(c) + 1);
    } else {
        charHash.put(c, 1);
    }
}

// 해시 테이블을 str에 들어 있는 문자 순서대로 검색
for (i = 0; i < length; i++) {
    c = str.charAt(i);
    if (charHash.get(c) == 1)
        return c;
}
return null;
}
```

이 정도면 웬만한 면접 답변용으로는 괜찮을 수 있지만, 제법 큰 문제를 두 가지 정도 생각해볼 수 있다. 하나는 모든 유니코드 문자가 하나의 16비트짜리 자바 char로 표현된다고 가정했다는 점이다. 자바 내부에서 문자열을 처리하기 위해 사용하는 UTF−16 인코딩으로는 유니코드 문자 코드 포인트 중 맨 앞의 2^{16}개(기본 다국어 평면, BMP^{Basic Multilingual Plane})만 char 한 개로 표현할 수 있으며, 나머지 코드 포인트를 표현하려면 두 개의 char가 필요하다. 위에서 구현한 함수에서는 문자열에 있는 각 char를 하나씩 처리하기 때문에 BMP 외의 코드 포인트는 제대로 처리할 수 없다.

또한 성능 면에서도 개선할 구석이 있다. 오토박싱^{autoboxing} 때문에 티가 덜 나긴 하지만, 자바 컬렉션 클래스는 레퍼런스 유형에 대해서만 쓸 수 있다. 어떤 키와 연관된 값을 증가시킬 때마다 이전 값을 저장하고 있던 Integer 객체는 버리고 증가된 값이 저장된 Integer 객체를 새로 만들어야 한다. 이렇게 Integer 객체를 엄청나게 많이 만들지 않아도 되는 방법은 없을까? 여기서 문자열에 어떤 문자가 쓰인 횟수를 세려고 할 때 진짜 필요한 정보는 뭘까? 이 문제에서는 그 문자가 한 번도 안 나오는 경우, 한 번 나오는 경우, 두 번 이상 나오는 경우, 이렇게 딱 세 경우만 따지면 된다. 따라서 해시 테이블에 정수를 저장할 필요 없이 **한 번**, **두 번 이상**을 표시하기 위한 Object 값 두 개만 만들고 해시 테이블에 그 객체를

저장하는 방법을 쓰면 된다. (한 번도 안 나오는 경우는 그냥 해시 테이블에 안 들어 있다는 걸 확인하면 된다.) 이 두 가지 문제를 해결할 수 있는 코드는 다음과 같다.

```java
public static String firstNonRepeated( String str ){
    HashMap<Integer,Object> charHash = new HashMap<Integer,Object>();
    Object seenOnce = new Object(), seenMultiple = new Object();
    Object seen;
    int i;
    final int length = str.length();
    // str을 훑으면서 해시 테이블을 만든다.
    for (i = 0; i < length; ) { // i++ 코드는 일부러 뺐음
        final int cp = str.codePointAt(i);
        i += Character.charCount(cp); // 코드 포인트 기준으로 이동
        seen = charHash.get(cp);
        if (seen == null) { // 없는 경우
            charHash.put(cp, seenOnce);
        } else {
            if (seen == seenOnce) {
                charHash.put(cp, seenMultiple);
            }
        }
    }
    // str에 있는 문자를 해시 테이블에서 검색
    for (i = 0; i < length; ) {
        final int cp = str.codePointAt(i);
        i += Character.charCount(cp);
        if (charHash.get(cp) == seenOnce) {
            return new String(Character.toChars(cp));
        }
    }
    return null;
}
```

위 구현에서 볼 수 있듯이 두 개의 char로 인코딩된 유니코드 코드 포인트를 처리하려면 조금 고칠 부분이 있다. 유니코드 코드 포인트는 char 하나보다 커질 수도 있기 때문에 32비트 int로 표현된다. 한 코드 포인트가 문자열에서 char 하나 또는 두 개를 잡아먹을 수 있으므로 각 코드 포인트가 차지하는 char 개수를 확

인한 다음 그 개수만큼 움직여야 다코드 포인트로 넘어갈 수 있다. 그리고 문제의 답도 한 char로 표현되지 않을 수 있으므로 함수 리턴값도 String으로 바꿨다.

특정 문자 제거

변형 가능한 ASCII 문자열에서 문자를 삭제하는 효율적인 함수를 작성하라. 이 함수에서 는 str과 remove라는 두 인자를 받아들인다. remove에 들어있는 모든 문자를 str에서 제거해야 한다.
예를 들어, str이 "Battle of the Vowels: Hawaii vs. Grozny"로 주어지고 remove가 "aeiou"로 주어진다면 이 함수에서 str을 "Bttl f th Vwls: Hw vs. Grzny"로 변환시켜야 한다. 함수를 설계한 방식에 대해 합당한 근거를 제시하고 풀이의 효율에 대해 논하라.

이 문제는 두 개의 작업으로 쪼갤 수 있다. str에 있는 각 문자에 대해 그 문자를 삭제해야 할지 결정해야 한다. 그런 후 조건이 만족되면 문자를 삭제해야 한다. 우선 두 번째 작업인 삭제 작업에 대해 살펴보자.

우선 배열에서 원소를 삭제하는 것부터 생각해보자. 배열은 연속된 메모리 블록이기 때문에 연결 리스트처럼 중간에 있는 원소를 그냥 지워버릴 수 없다. 삭제 후에 문자들이 모두 연속적으로 나열되도록 배열에 있는 데이터를 재배치해야 한다. 예를 들어, "abcd"라는 문자열에서 "c"를 삭제하고 싶다면 "a"와 "b"를 한 칸씩 앞으로(배열 끝쪽으로) 옮기거나 "d"를 뒤로(배열 앞 쪽으로) 한 칸 옮겨야 한다. 어떤 방법을 쓰든 결과적으로는 모든 원소가 연속적으로 들어 있는 "abd"라는 문자열이 만들어진다.

데이터를 밀어서 옮기는 것 외에도 문자열 크기의 한 글자만큼 줄여야 한다. 삭제되는 문자보다 왼쪽에 있는 문자를 앞으로 이동시킨다면 첫 번째 요소를 제거해야하고, 삭제되는 문자보다 오른쪽에 있는 문자를 뒤로 옮긴다면 마지막 요소를 제거해야 한다. C에서처럼 문자열이 널 문자로 종료되는 것이 아니므로, 문자열의 길이는 따로 관리가 되기 때문에 문자들을 뒤로 밀어내고 문자열의 길이를 1만큼 줄이는 것이 가장 깔끔한 방법일 듯하다.

이 알고리즘은 str에 있는 모든 문자를 지워야 하는 최악의 케이스에는 어떻게 작동할까? 매번 삭제를 할 때마다 남아 있는 문자를 뒤로 한 위치씩 밀어내야 한다. str의 길이가 n이었다면 마지막 문자는 n−1번, 그 앞에 있는 문자는 n−2번 같은 식으로 밀어내야 하기 때문에 최악의 경우에는 $O(n^2)$이 된다. (문자열의 맨 뒤에서부터 시작해서 앞으로 오면서 삭제를 하면 어느 정도 효율이 좋아지긴 하지만 여전히 최악의 경우에는 $O(n^2)$이다.) 같은 문자를 여러 번 옮기는 것은 매우 비효율적이다. 어떻게 하면 이런 일이 일어나는 것을 막을 수 있을까?

임시 문자열 버퍼를 할당하고 고친 문자열을 거기에 저장하는 방법은 어떨까? 그러면 삭제할 문자는 건너뛰고 남겨야 할 문자들만 임시 문자열에 저장하면 된다. 변경된 문자열이 최종적으로 완성되면 임시 버퍼에 있는 내용을 str로 다시 복사하면 된다. 이렇게 하면 각 문자를 최대 두 번만 옮기면 되기 때문에 삭제 연산이 $O(n)$이 된다. 하지만 원본 문자열과 같은 크기의 임시 버퍼를 만들어야 하므로 메모리 오버헤드가 유발되며, 바뀐 문자열을 다시 원래 문자열로 복사하는 데에도 시간 면에서 오버헤드가 생긴다. $O(n)$ 알고리즘은 유지하면서 이런 단점들을 극복할 수는 없을까?

방금 설명한 $O(n)$ 알고리즘을 구현하려면 원본 문자열에서 읽을 위치(출발지)와 임시 버퍼에 쓸 위치(목적지)를 쫓아가야만 한다. 위치는 둘 다 0에서 시작한다. 출발지는 한 글자씩 읽을 때마다 하나씩 증가시켜야 하며, 목적지는 한 글자씩 쓸 때마다 하나씩 증가시켜야 한다. 즉, 한 문자를 복사할 때는 두 위치를 모두 증가시키지만, 문자를 지울 때는 출발지만 증가시킨다. 따라서 출발지 인덱스는 언제나 목적지 인덱스 이상의 값을 가진다. 원본 문자열에서 한 글자를 읽고 나면(즉, 출발지가 그 글자가 있는 위치를 지나가면) 그 문자는 더 이상 필요 없다. 나중에 변경된 문자열을 그 위에 덮어쓰게 되기 때문이다. 원본 문자열에서 목적지는 항상 더 이상 사용할 필요가 없는 문자이기 때문에 굳이 임시 버퍼를 사용하지 않고 그냥 덮어써도 무방하다. 이런 방법을 쓰면 속도는 여전히 $O(n)$이지만 이전 버전에서 감수해야 했던 메모리 및 시간 오버헤드는 피할 수 있다.

이제 문자를 삭제하는 방법은 정리가 됐으니 특정 문자를 지워야 할지를 결정하는 부분을 생각해보자. 가장 쉬운 방법은 그 문자를 remove에 있는 각 문자하고 비교한 다음 같은 문자가 있으면 지우는 방법이다. 이런 방법의 효율은 어떻게 될까? str의 길이가 n이고 remove의 길이가 m이면 최악의 경우에는 n개의 문자 각각을 m번씩 비교해야 하므로 $O(nm)$ 알고리즘이 된다. str에 있는 모든 문자를 한 번씩 확인하는 것은 어쩔 수 없지만, 주어진 문자가 remove 문자열에 들어 있는지를 판단하는 것을 $O(m)$보다 빨리 처리할 수 있는 룩업 방법은 만들어낼 수 있다.

'반복되지 않는 첫 번째 문자 찾기' 문제의 풀이를 이미 알고 있다면 이 문제도 별로 생소하게 느껴지진 않을 것이다. 그 문제에서 했던 것처럼 remove를 써서 상수 시간으로 룩업을 할 수 있는 배열 또는 해시 테이블을 만들면 $O(n)$ 풀이를 찾아낼 수 있다. 해시와 배열의 장단점에 대해서는 이미 논의한 바 있다. 이 문제의 경우에도 str과 remove가 길고 (ASCII 문자열처럼) 사용 가능한 문자의 개수가 상대적으로 적다면 배열을 쓰는 것이 더 낫고, str과 remove가 짧은 편이거나 (유니코드 문자열처럼) 사용가능한 문자의 개수가 많은 편이라면 해시 테이블을 쓰는 편이 더 나을 것이다. 여기에서는 긴 ASCII 문자열을 사용하여 처리하는 경우를 가정하여 해시 테이블 대신 배열을 써 보자.

룩업 배열을 왜 만들어야 할까? remove를 직접 배열로 변환할 수는 없을까? 그럴 수도 있겠지만 위치가 정확하게 정해지지 않은(즉, 이 문제에서는 전혀 도움이 안 되는) 배열이기 때문에 원소를 찾을 때마다 모든 원소들을 훑어봐야만 한다. 지금 우리가 만들고자 하는 배열은 char형으로 쓰일 수 있는 모든 가능한 값을 인덱스로 하는 boolean 배열이다. 이 배열을 이용하면 한 원소를 확인하는 것만으로도 특정 문자가 remove 문자열에 들어 있는지 확인할 수 있다.

이 함수는 세 가지 부분으로 구성된다.

1. remove에 있는 각 문자를 훑어나가면서 룩업 배열에서 그 문자에 해당하는 값을 true 로 설정한다.
2. 출발지와 목적지 인덱스를 써서 str을 훑어나가면서 룩업 배열에서 그 문자에 해당하는 값이 false인 경우에만 문자를 복사한다.
3. 이미 제거한 문자에 맞춰서 str의 길이를 설정한다.

이제 각 작업을 하나의 알고리즘으로 합쳐 놓았으니 str의 길이가 n, remove의 길이가 m인 경우의 전체 효율을 분석해보자. remove에 있는 각 문자에 대해 상수 시간으로 대입을 해야 하므로 룩업 배열을 만드는 데 걸리는 시간은 O(m)이다. 마지막으로 str에 있는 각 문자에 대해 각각 한 번씩 상수 시간을 필요로 하는 룩업과 마찬가지로 상수 시간이 드는 복사 연산을 처리해야 하므로 이 단계에서 걸리는 시간은 O(n)이다. 결과적으로 필요한 시간은 O(n+m)이 되어 이 알고리즘의 실행 시간은 선형이 됨을 알 수 있다.

풀이가 맞는지 따져보고 실행시간도 분석했으니 이제 코딩을 시작해보자. 여기에서는 자바로 코드를 작성하려고 한다. (C#도 거의 똑같이 구현할 수 있다.) str 인자는 변형 가능하다고 했으므로 변형 불가능한 String이 아닌 StringBuilder여야 한다.

```java
pubic static void removeChars( StringBuilder str, String remove ){
    boolean[] flags = new boolean[128]; // ASCII로 가정한다.
    int src, dst = 0;

    // 삭제할 문자 플래그를 설정한다.
    for (char c: remove.toCharArray()) {
        flags[c] = true;
    }

    // 모든 문자에 대해서 순환문을 돌리면서
    // 플래그가 설정되지 않은 경우에만 복사한다.
    for( src = 0; src < str.length; ++src ){
        char c = str.charAt(src);
        if ( !flags[ c ] ) {
            str.setCharAt( dst++, c );
        }
    }
    str.setLength(dst);
    return;
}
```

단어 뒤집기

한 문자열에 들어 있는 단어의 순서를 뒤집는 함수를 작성하라. 예를 들어 "Do or do not, there is no try."는 "try. no is there not, do or Do"로 변환된다. 모든 단어는 스페이스로 구분되고 문장부호는 글자와 똑같은 것으로 간주한다.

풀이를 어떤 식으로 시작해야 하는지에 대해 이제 어느 정도 잘 알고 있을 것이다. 단어별로 작업을 처리해야 하기 때문에 한 단어가 어디에서 시작하고 어디에서 끝나는지 인식할 수 있어야 한다. 이 작업은 문자열에 있는 모든 문자들을 훑고 지나가는 간단한 토큰 스캐너를 사용하면 할 수 있다. 이 스캐너는 문제에 주어진 정의에 따라 단어에 속하지 않는 문자(즉, 스페이스 문자)와 단어에 속하는 문자(이 문제에서는 스페이스를 제외한 모든 문자)를 구분해야 한다. 한 단어는 단어에 속하는 문자로 시작해서 단어에 속하지 않는 문자 또는 문자열 끝에서 끝나게 된다.

가장 쉽게 생각할 수 있는 접근법은 스캐너를 써서 단어를 식별하고 그 단어들을 임시 버퍼에 저장했다가 다시 원본 문자열로 복사하는 방법이다. 단어 순서를 바꾸려면 문자열을 거꾸로 스캔해서 단어들을 역순으로 찾아내거나, 아니면 버퍼에 (버퍼 끝에서부터 시작해서) 역순으로 저장해야 한다. 어떤 방법을 쓰는지는 별로 중요하지 않은데, 여기에서는 단어를 뒤에서부터 찾아내는 방법을 생각해보도록 하자.

항상 그렇듯이 코딩을 하기 전에 이 방법이 어떤 식으로 돌아가는지 구체적으로 생각해보자. 우선 적당한 크기의 임시 버퍼를 할당해야 한다. 그런 후 단어를 찾아내는 반복문을 돌리는데, 이때 문자열의 마지막 문자부터 시작한다. 단어에 속하지 않는 문자를 발견했을 때는 그냥 바로 버퍼에 집어넣으면 된다. 하지만 단어에 속하는 문자를 발견했을 때는 바로 임시 버퍼에 그 문자를 집어넣을 수는 없다. 문자열을 뒤에서부터 스캔하고 있기 때문에 처음으로 접하게 되는 단어 문자는 그 단어의 마지막 문자이므로, 문자를 발견하는 순서대로 그냥 버퍼에 집어넣으면 각 단어마저도 앞뒤가 뒤집힌 형태로 저장된다. 따라서 계속 앞으로 나가다가 그 단어의 첫 번째 문자를 발견했을 때 그 단어의 각 문자를 뒤집히지 않은 순서대로 버퍼에 집어넣어야 한다. 단어에 속하는 각 문자를 복사할 때는 단어의 끝을 식별해야만 어디에서 멈춰야 할지를 알 수 있다. 각 문자마다 그 문자가 단어에 속하는 문자인지를 다시 확인할 수도 있겠지만 이미 그 단어의 마지막 문자의 위치는 알고 있기 때문에 그 위치에 다다를 때까지 쭉 복사하는 쪽이 더 나은 방법이다.

예를 하나 살펴보면서 좀 더 분명하게 이해해보자. "piglet quantum"이라는 문자열이 주어졌다고 하자. 여기에서 처음으로 등장하는 단어에 속하는 문자는 'm'이다. 문자를 발견한 즉시 복사하면 "quantum piglet"이 아닌 "mutnauq telgip"이라는 괴상한 문자열이 만들어진다. "piglet quantum"에서 "quantum piglet"을 만들어내려면 'q'가 나올 때까지 앞으로 간 다음, 그 단어에 들어 있는 글자들을 'm'이 있는 13번 위치에 이를 때까지 복사한다. 그런 다음 바로 나오는 스페이스는 단어에 속하는 문자가 아니므로 바로 복사하면 된다. 그 뒤에 't'가 나오면 그 위치인 5를 단어 시작 위치로 저장하고 단어가 끝나는 지점인 'p'가 있는 위치까지 스캔을 한 다음, 5번 위치까지 쭉 복사해서 "piglet"이라는 단어를 버퍼로 옮기면 된다.

문자열 전체를 훑고 복사하고 나면 버퍼를 다시 원래 문자열로 복사한다. 그리고 나서 임시 버퍼 할당을 해제하고 리턴하면 된다. 지금까지 설명한 과정을 그림으로 표현하면 [그림 7-1]과 같다.

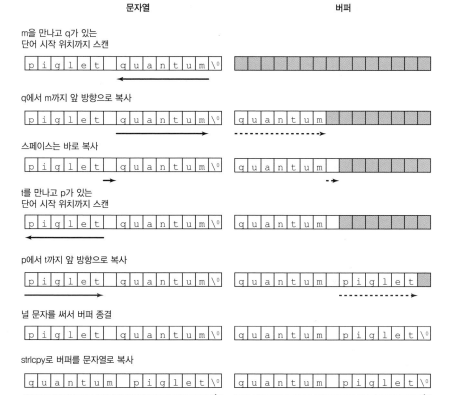

문자열　　　　　　　　　버퍼

m을 만나고 q가 있는
단어 시작 위치까지 스캔

q에서 m까지 앞 방향으로 복사

스페이스는 바로 복사

t를 만나고 p가 있는
단어 시작 위치까지 스캔

p에서 t까지 앞 방향으로 복사

널 문자를 써서 버퍼 종결

strlcpy로 버퍼를 문자열로 복사

[그림 7-1]

문자열의 첫 번째 문자에 이르면 스캐너가 멈춰야 한다는 것도 매우 중요하다. 언뜻 들으면 꽤 간단하게 들릴지 모르지만 현재 읽고 있는 위치가 여전히 문자열의 안인지 아니면 밖인지를 확인하는 것을 잊는 경우가 종종 있다. 특히 읽기 위치가 코드 내에서 두 군데 이상에서 변경되면 그런 실수를 할 가능성이 높다. 이 함수에서는 주 스캔용 반복문에서 다음 토큰을 알아내기 위해 읽기 위치를 옮기고, 단어를 스캔하는 반복문에서 그 단어의 다음 문자를 알아내기 위해서 또 옮긴다. 이두 반복문에서 문자열의 시작 위치보다 앞으로 가 버리는 일이 없도록 주의해야 한다.

이번에는 C로 구현하고, 바이트 배열에 저장할 수 있는 ASCII 문자만 다룬다고 가정하자.

```c
bool reverseWords( char str[] ){
    char *buffer;
    int slen, tokenReadPos, wordReadPos, wordEnd, writePos = 0;

    slen = strlen( str );
    /* 마지막 문자의 위치는 길이에서 1을 뺀 값 */
    tokenReadPos = slen - 1;
    buffer = (char *) malloc(slen + 1);

    if ( !buffer )
        return false; /* 메모리 할당 실패 */

    while ( tokenReadPos >= 0 ){
        if ( str[tokenReadPos] == ' ' ){ /* 단어에 속하지 않는 문자 */

            /* 문자를 복사함 */
            buffer[writePos++] = str[tokenReadPos--];

        } else { /* 단어에 속하는 문자 */

            /* 단어의 끝 위치를 저장 */
            wordEnd = tokenReadPos;
            /* 단어에 속하지 않는 문자가 나올 때까지 훑는다. */
            while ( tokenReadPos >= 0 && str[tokenReadPos] != ' ' )
                tokenReadPos--;
            /* tokenReadPos가 단어의 시작 위치를 지나간 상황 */
            wordReadPos = tokenReadPos + 1;
            /* 그 단어를 이루는 문자들을 복사 */
            while ( wordReadPos <= wordEnd ){
                buffer[writePos++] = str[wordReadPos++];
            }
        }
    }
    /* 버퍼를 널 문자로 종결하고 str로 복사함 */
    buffer[writePos] = '\0';
    strlcpy( str, buffer, slen + 1 );
    free( buffer );
```

```
    return true; /* 함수가 성공적으로 실행됨 */
}
```

지금까지 살펴본 토큰 스캐너 기반의 구현 방법은 이런 유형의 문제를 해결할 수 있는 일반적인 케이스의 풀이법이다. 그럭저럭 효율적이고 성능을 쉽게 확장할 수도 있다. 이런 유형의 풀이를 구현할 수 있다는 것 자체가 중요하긴 하지만, 이 풀이가 완벽하다고는 할 수 없다. 거꾸로 스캔하고 위치를 저장하고 앞으로 복사하는 과정은 전반적으로 우아한 알고리즘이라고 보긴 힘들다. 임시 버퍼가 필요하다는 점에서도 바람직한 풀이와는 조금 거리가 있어 보인다.

면접 시에는 금방 알아낼 수 있는 일반적인 풀이법이 있으면서 동시에 쉽게 알아내기 힘든 특별 케이스에만 적용되는 풀이법이 있는 문제가 나오는 경우가 종종 있다. 특별 케이스에 적용할 수 있는 풀이는 일반적인 풀이에 비해 확장성은 떨어지지만, 코드의 효율과 우아함에 있어서 더 뛰어날 수 있다. 방금 살펴본 풀이법은 일반적인 풀이법이며, 이 외에도 이 문제에만 적용할 수 있는 특별한 풀이법도 있다. 면접에 이런 일반적인 풀이법만 내놓으면 코딩을 시작하기 전에 인터뷰어가 다른 방향으로 유도할 가능성이 높다. 하지만 토큰 스캐닝이나 문자열 스캐닝도 중요한 기술이기 때문에 일반적인 풀이법도 중요하긴 하다.

알고리즘을 향상시키는 방법 가운데 하나로 어떤 구체적인 문제점에 초점을 맞추고 그 문제점을 해결하는 방법이 있다. 알고리즘이 우아한지 그렇지 않은지는 정량화하기 힘들기 때문에 임시 버퍼를 사용하지 않는 방법을 찾아야 하지 않을까 하는 생각이 들 수 있다. 이렇게 하려면 완전히 다른 알고리즘이 필요하다는 생각이 들 것이다. 앞에 나와 있는 방법을 조금 고치는 정도로는 원본 문자열에 바로 결과를 집어넣을 수 있는 알고리즘을 만들 수 없다. 쭉 문자열을 덮어 쓰다가 문자열 중간쯤 오면 읽어와야 할 원본 데이터가 이미 덮어써져서 그 데이터를 읽어올 수 없게 되기 때문이다.

이 문제를 해결하려면 버퍼 없이 할 수 없는 것이 아니라 버퍼가 없어도 할 수 있는 것에 초점을 맞춰야 한다. 문자를 맞바꾸면 문자열 전체를 뒤집을 수 있다. "in search of algorithmic elegance"라는 문자열을 뒤집으면 "ecnagele cimhtirogla fo hcraes ni"라는 문자열이 만들어진다. 이렇게 하고 나면 각 단어 안에 있는 문자들이 뒤집혀 있다는 점을 제외하면, 모든 단어들이 우리가 원하는 순서대로 재배치된다. 이렇게 한 다음 뒤집힌 문자열에 있는 각 단어를 원래대로 복구시키면 끝난다. 앞에서 구현할 알고리즘에서 썼던 것과 비슷한 방식으로 각 단어가 시작되는 위치와 끝나는 위치를 알아내면 단어를 뒤집는 것도 어렵지 않게 구현할 수 있으므로, 각 단어에 해당하는 하위 문자열에 대해 단어를 뒤집는 함수를 호출해주기만 하면 된다.

이제 문자열 하나만 가지고 문자열을 뒤집는 함수를 설계하기만 하면 된다. C에서는 선언문 하나만 가지고 두 값을 교환할 수 있는 방법이 없다는 것만 떠올리면 된다. 임시 변수를 써서 세 번의 대입 과정을 거쳐야만 한다. 문자열을 뒤집는 함수에서는 문자열, 시작점 인덱스, 끝점 인덱스를 인자로 받아들여야 한다. 시작 인덱스와 끝 인덱스에 있는 문자들을 맞바꾼 다음, 시작 인덱스를 증가시키고 끝 인덱스를 감소시킨다. 시작 인덱스와 끝 인덱스가 중간에서 만날 때까지(문자열의 길이가 홀수인 경우) 또는 끝 인덱스가 시작 인덱스보다 작아질 때까지(문자열의 길이가 짝수인 경우) 이 작업을 반복한다. 즉, 끝 인덱스가 시작 인덱스보다 크다는 조건이 만족되는 동안 같은 작업을 반복하면 된다.

계속해서 C로 구현하되, 이번에는 조금 변화를 주기 위해 확장 문자 문자열을 써보자(확장 문자 문자열과 개별 문자를 표시할 때는 일반적인 한 바이트짜리 문자와 구분하기 위해 앞에 L을 붙인다). 이 함수는 다음과 같이 만들 수 있다.

```
void wcReverseString( wchar_t str[], int start, int end ){
    wchar_t temp;
    while ( end > start ){
        /* 문자들을 맞바꾼다. */
        temp = str[start];
        str[start] = str[end];
        str[end] = temp;
        /* 인덱스를 중간으로 옮긴다. */
        start++; end--;
```

```
        }
    }

void wcReverseWords( wchar_t str[] ){
    int start = 0, end = 0, length;
    length = wcslen(str);
    /* 문자열 전체를 뒤집는다. */
    wcReverseString(str, start, length - 1);
    while ( end < length ){
        if ( str[end] != L' ' ){ /* 단어를 구성하지 않는 문자는 건너뜀 */
            /* 단어 시작 위치 저장 */
            start = end;
            /* 단어를 구성하지 않는 문자가 나올 때까지 훑는다. */
            while ( end < length && str[end] != L' ' )
                end++;
            /* 단어 끝으로 다시 이동 */
            end--;
            /* 단어 뒤집기 */
            wcReverseString( str, start, end );
        }
        end++; /* 다음 토큰으로 이동 */
    }
}
```

이 풀이법에서는 임시 버퍼를 쓰지 않아도 되며, 전에 내놓았던 풀이에 비해 더 우아하다. 그리고 동적 메모리 할당에 따른 오버헤드도 없고 결과를 임시 버퍼로 복사하지 않아도 되기 때문에 더 효율적이기도 하다.

정수/문자열 변환

면접 문제

두 개의 변환 루틴을 작성하라. 첫 번째 루틴은 문자열을 부호가 있는 정수로 변환하는 루틴이다. 문자열에는 숫자와 마이너스 문자(–)만 들어 있으며 제대로 된 정수이며, int 유형 범위 안에 들어간 정수라고 가정해도 좋다. 두 번째 루틴은 int 유형으로 저장된 부호가 있는 정수를 다시 문자열로 변환하는 루틴이다.

모든 언어에는 이런 변환 기능을 제공하는 라이브러리 루틴이 포함되어 있다. C#
에서는 Convert.ToInt32()와 Convert.ToString() 메서드를 쓰면 되고, 자
바에서는 Integer.parseInt()와 Integer.toString() 메서드를 쓰면 된다.
따라서 면접관에게 이러한 사실을 언급하고 일반적인 상황에서는 굳이 표준 라이
브러리에서 제공하는 기능을 따로 구현해서 쓰지 않아도 된다는 설명을 하는 편
이 좋다. 물론 그렇다고 해서 면접관이 문제를 풀지 말라고 하진 않을 것이다. 여
전히 문제에 나와 있는 것처럼 이 함수들을 구현하긴 해야 한다.

문자열을 정수로 변환하는 방법

우선 정수를 문자열 형태로 저장한 문자열을 인자로 받아들이는 문자열−정수 변
환 루틴부터 시작해보자. '137'이라는 문자열이 주어졌다고 하자. 그러면 0번 위
치에 '1'에 해당하는 문자 인코딩이, 1번 위치에 '3'에 해당하는 문자 인코딩이,
2번 위치에는 '7'에 해당하는 문자 인코딩이 저장된 세 글자짜리 문자열이 들어온
다. 초·중·고등학교 시절에 배운 내용을 떠올려보면 1은 백의 자리에 있으므로
100을 나타내고, 3은 십의 자리에 있으므로 30을, 7은 일의 자리에 있으므로 7을
나타낸다는 것을 알 수 있다. 이 값들을 모두 더하면 100+30+7=137이라는 답이
나온다.

이런 식으로 문자열을 분해하고 다시 합쳐서 하나의 정수 값을 만들어낼 수 있다.
각 문자가 나타내는 숫자(정수) 값을 결정하고, 거기에 자리에 맞는 수를 곱하
고, 곱한 값들을 모두 더하면 된다.

우선 문자를 숫자 값으로 변환하는 것부터 생각해보자. 숫자를 나타내는 문자에
대해 알고 있는 것부터 정리해보자. 흔히 쓰이는 모든 문자 인코딩에서 이 값들은
연속된 순서로 표현된다. '0'의 값에 1을 더하면 '1'의 값이 나오고, 그 뒤로 '2', '3'
등이 연속으로 쭉 나열된다(물론 이 사실을 잘 모른다면 면접관에게 물어봐야 한
다). 따라서 숫자를 나타내는 문자의 값은 0의 값에 그 숫자를 더한 값과 같다(여
기에서 '0의 값'이라 함은 0이라는 숫자가 아니라 '0'이라는 문자의 코드 값을 뜻한
다). 즉, 숫자를 나타내는 문자에서 '0'의 값을 빼면 그 문자의 숫자 값을 알아낼

수 있다. 이때 '0'의 값을 꼭 알고 있어야 하는 것은 아니다. 그냥 −'0'이라고만 쓰면 컴파일러에서 알아서 "'0'의 값을 빼면 되는군"이라고 해석해준다.

그다음으로는 자릿수를 알아야 그 숫자에 어떤 수를 곱할지 결정할 수 있다. 숫자의 길이를 알아내기 전까지는 첫 번째 숫자의 자릿수를 알 수 없기 때문에 왼쪽에서 오른쪽으로 이동하면서 작업하는 데는 문제가 있어 보인다. 예를 들어, '367'과 '31'의 첫 번째 숫자는 모두 3으로 같지만 전자의 경우에는 300을, 후자의 경우에는 30을 나타낸다. 문자열의 맨 오른쪽부터 시작해서 순서대로 일의 자리, 십의 자리, 백의 자리 같은 순서로 올라가므로 문자열을 오른쪽부터 왼쪽 방향으로 스캔하는 것이 가장 간단해 보인다. 일의 자리인 문자열의 맨 오른쪽부터 시작해서 왼쪽으로 한 칸씩 이동할 때마다 자릿수에 10씩을 곱하면 된다. 하지만 이렇게 하려면 각 자리를 처리할 때마다 자릿수 값에 대한 곱셈 한 번, 그리고 주어진 숫자를 곱하는 곱셈 한 번, 이렇게 총 두번 씩의 곱셈을 처리해야 한다. 혹시 더 효율적인 방법은 없을까?

어쩌면 왼쪽부터 오른쪽으로 움직이면서 문자들을 확인하는 방법을 너무 일찍 포기한 것일지도 모르겠다. 문자열 전체를 스캔하기 전에는 자릿수를 알지 못한다는 문제점을 피해가는 방법이 혹시 있을지도 모른다. '367'이라는 문자열로 돌아가서 첫 번째 문자인 '3'이 나왔을 때 3이라는 값을 등록하도록 하자. 그다음 문자가 문자열의 끝이면 그 숫자의 값은 3이 될 것이다. 하지만 그다음 문자는 '6'이다. 이러면 '3'은 30을, 6은 '6'을 나타낸다. 그다음 문자를 확인해보면 '7'이 나오고, 결과적으로 '3'은 300을, '6'은 60을, '7'은 7을 나타내게 된다. 정리해보면 새로운 문자가 나올 때마다 지금까지 스캔한 숫자의 값을 각각 열 배로 키워주면 된다. 처음에 접하게 되는 '3'이 3을 나타내는지 30을 나타내는지, 아니면 30,000을 나타내는지 전혀 문제될 것이 없다. 새로운 자리가 추가될 때마다 이미 읽은 값에 10을 곱한 다음 새로운 숫자를 더하면 된다. 이렇게 하면 자릿수를 따로 추적하지 않아도 되기 때문에 매번 반복할 때마다 처리해야 할 곱셈의 횟수가 줄어든다. 이 알고리즘에서 사용한 최적화 방법은 체크섬을 계산하는 데 유용하게 쓰이는 중요한 규칙이어서 '호너의 규칙Horner's Rule'이라는 이름도 붙어 있다.

지금까지는 양수만 생각했다. 어떻게 하면 음수도 처리할 수 있도록 이 전략을 확장시킬 수 있을까? 음수의 경우에는 첫 번째 위치에 '−'라는 문자가 들어간다. '−' 문자는 숫자로 해석하지 않아야 하므로 그냥 건너뛰어야만 한다. 그리고 모든 자릿수를 다 확인하고 나면 그 결과의 부호를 바꿔줘야 한다. −1을 곱하면 부호는 바로 바꿀 수 있다. '−' 문자를 확인하고 첫 번째 문자를 건너뛸지 판단하는 작업은 숫자들을 모두 확인하기 전에 해야 하지만, −1을 곱하는 작업은 숫자들을 모두 확인한 후에 해야 한다. 이 문제를 해결하는 한 가지 방법으로 맨 앞에 '−' 문자가 있으면 플래그를 설정해둔 다음 나중에 그 플래그가 설정되어 있는 경우에만 결과에 −1을 곱하는 방법을 생각할 수 있다.

지금까지 설명한 내용을 정리하면 다음과 같은 알고리즘이 된다.

```
0이라는 숫자로 시작
첫 번째 문자가 '-'이면
    음수 플래그 설정
    다음 문자부터 스캔 시작
문자열에 있는 각 문자에 대해
    숫자에 10을 곱함
    (숫자 문자 - '0')을 숫자에 더함
음수 플래그가 설정돼 있으면
    값의 부호를 바꿈
숫자 반환
```

자바로는 다음과 같이 코딩할 수 있다.

```java
public static int strToInt ( String str ){
    int i = 0, num = 0;
    bool isNeg = false;
    int len = str.length();

    if ( str.charAt(0) == '-' ){
        isNeg = true;
        i = 1;
    }
```

```
    while ( i < len ){
        num *= 10;
        num += ( str.charAt(i++) - '0' );
    }
    if ( isNeg )
        num = -num;
    return num;
}
```

함수 코딩을 끝내기 전에 혹시 문제가 될 수 있는 케이스가 있는지 확인해보자. 적어도 -1, 0, 1을 각각 확인하여 양수와 음수, 그리고 양수도 음수도 아닌 수가 잘 처리되는지 따져봐야 한다. 324 같은 두 자리 이상의 정수도 확인해서 반복문이 제대로 돌아가는지도 체크해봐야 한다. 이 함수에서는 이런 케이스들을 모두 문제없이 처리할 수 있으므로 이제 반대 과정을 처리하는 intToStr 함수로 넘어가보자.

정수를 문자열로 변환하는 방법

intToStr에서는 strToInt와 반대되는 일을 처리해야 한다. 따라서 strToInt를 만들 때 발견한 것 중 상당수가 여기에서도 유용하게 쓰일 것이다. 예를 들어, 각 자리 숫자를 나타내는 문자에서 '0'을 빼서 문자를 숫자로 변환했듯이 정수 값을 문자로 변환할 때도 각 숫자에 '0'을 더하면 된다.

값을 문자로 바꾸기 전에 그 값이 무엇인지 알아야 한다. 어떻게 해야 할지 생각해보자. 732라는 수가 주어졌다고 가정하자. 종이 위에 이 수를 십진수 형태로 적어놓는다면 그냥 7, 3, 2라는 숫자를 인식하는 간단한 문제처럼 보인다. 하지만 컴퓨터에서는 십진수가 아닌 1011011100이라는 이진수를 사용한다. 이진수에서 십진수를 바로 알아낼 수는 없기 때문에 각 자리 숫자를 계산해야 한다. 각 자리 숫자를 왼쪽에서 오른쪽 또는 오른쪽에서 왼쪽으로 알아내야 할 것이다.

우선 왼쪽에서 오른쪽으로 알아내는 방법을 써 보자. 732를 자릿수(100)로 나누면 첫 번째 숫자인 7이 나온다. 하지만 다음 자릿수(10)로 그 숫자를 나누면 3이 아닌 73이라는 숫자가 나온다. 즉, 다음 자리로 넘어가기 전에 백의 자리 수를 빼야 한다. 이 과정을 정리하면 다음과 같다.

732 / 100 = 7 (첫 번째 숫자); 732 − 7 * 100 = 32

32 / 10 = 3 (두 번째 숫자); 32 − 3 * 10 = 2

2 / 1 = 2 (세 번째 숫자)

이 알고리즘을 구현하려면 첫 번째 숫자의 자릿수를 알아낸 다음, 한 자리 아래로 내려갈 때마다 그 수를 10으로 나눠야 한다. 제대로 된 결과가 나오긴 하겠지만 너무 복잡해 보인다. 그러면 오른쪽에서 왼쪽으로 이동하는 방법은 어떨까?

다시 732라는 숫자를 가지고 시작한다면 어떤 계산을 해야 제일 오른쪽에 있는 숫자인 2를 구할 수 있을까? 나머지 연산을 쓰면 정수 나눗셈에서의 나머지를 구할 수 있다. (C, C++, Java, C# 같은 언어에서 나머지 연산자는 %이다.) 732를 10으로 나눈 나머지는 2이다. 그럼 다음 숫자는 어떻게 구할 수 있을까? 732를 100으로 나눈 나머지는 32이다. 이 수를 10으로 나누면 다음 숫자인 3을 구할 수 있다. 하지만 이렇게 하려면 두 개의 서로 다른 자릿수를 계속 추적해야만 한다.

나눗셈을 나머지 연산보다 먼저 하면 어떻게 될까? 732를 10으로 나누면 73이 남고, 73을 10으로 나눈 나머지는 3이 된다. 세 번째 숫자에 대해서도 이와 같은 작업을 반복하면 73/10=7, 7%10=7이라는 결과가 나온다. 이 풀이가 더 쉬워 보인다. 자릿수를 추적할 필요도 없이 그냥 더 이상 남는 게 없을 때까지 나누고 나머지 연산을 적용하면 된다.

이 방법의 가장 큰 단점은 숫자가 역순으로 나온다는 점이다. 모든 자리 숫자를 다 알아내기 전까지는 전체 자릿수를 알 수가 없기 때문에 숫자를 바로 문자열에 집어넣을 수가 없다. 계산을 두 번(한 번은 자릿수를 알아내기 위해, 다른 한 번은 실제 숫자를 집어넣기 위해) 할 수도 있지만 시간 낭비가 심하다. 그렇게 하는 것보다는 그냥 숫자들을 거꾸로 저장한 다음 나중에 뒤집어서 제대로 된 결과를 만들어내는 쪽이 더 낫다. int 유형에 들어갈 수 있는 가장 큰 정수도 문자열 길이로 보자면 별로 길지 않기 때문에 임시 버퍼에 저장했다가 뒤집어서 최종 문자열에 집어넣는 것도 나쁘지 않다.

이번에도 음수에 대해서는 별로 생각을 하지 않았다. 안타깝게도 음수에 대한 나머지 연산은 언어에 따라 조금씩 다르게 처리된다. 이런 문제를 극복하는 가장 쉬운 방법은 아예 이런 문제가 발생하지 않도록 하는 것이다. strToInt에서는 숫자를 양수로 간주한 다음 마지막에 수정하는 방법을 택했다. 여기에서도 그와 유사한 전략을 적용할 수는 없을까? 우선 음수라면 그 수에 −1을 곱한 다음에 작업을 처리하면 어떨까? 그렇게 하면 양수가 나오기 때문에 별로 문제될 것이 없다. 숫자가 원래 음수였다면 마지막 단계에서 문자열의 맨 앞에 − 기호만 덧붙여주면 되는데, 그것도 별로 어려운 일이 아니다. 그냥 부호를 바꿀 때 그 수가 음수임을 뜻하는 플래그를 설정해주기만 하면 된다.

intToStr을 구현하는 데 있어서 중요한 문제가 모두 해결되었다. 지금까지 설명한 풀이법을 간단하게 정리하면 다음과 같다.

주어진 수가 0보다 작으면
    부호를 뒤집음
    음수 플래그 설정
수가 0이 아닌 동안
    수를 10으로 나눈 나머지에 '0'을 더하여 임시 버퍼에 저장
    수를 10으로 나눔
음수 플래그가 설정되어 있으면
    임시 버퍼의 다음 위치에 '-'를 추가
임시 버퍼에 있는 문자를 역순으로 출력 문자열에 기록

위의 내용을 자바로 코딩하면 다음과 같다.

```
public static final int MAX_DIGITS = 10;
public static String intToStr( int num ){
    int i = 0;
    boolean isNeg = false;
```

```
/* 가장 큰 정수와 - 기호가 모두 들어갈 수 있을 만한 버퍼 */
char[] temp = new char[ MAX_DIGITS + 1 ];

/* 주어진 수가 음수인지 확인 */
if ( num < 0 ){
    num = -num;
    isNeg = true;
}

/* 버퍼에 숫자를 나타내는 문자를 역순으로 저장 */
while ( num != 0 ){
    temp[i++] = (char)( ( num % 10 ) + '0' );
    num /= 10;
}
StringBuilder b = new StringBuilder();
if ( isNeg )
    b.append( '-' );

while ( i > 0 ){
    b.append( temp[--i] );
}
return b.toString();
}
```

이번에도 strToInt에서 시도해본 케이스(여러 자리 숫자, −1, 0, 1)를 확인해보
자. 여러 자리 숫자, −1, 1의 경우에는 문제가 생기지 않지만 num이 0이면 while
반복문 본체로 들어가질 못하는 문제가 생긴다. 이 경우에는 이 함수에서 '0'이 아
닌 빈 문자열을 결과로 내놓게 된다. 이 버그는 어떻게 고쳐야 할까? while 반복
문을 적어도 한 번은 돌아야 num이 0이어도 '0'을 문자열에 집어넣을 수 있다.
while 반복문 대신 do...while 반복문을 사용하면 반복문을 적어도 한 번은 돌
게 만들 수 있다.

이렇게 계산 작업을 많이 하는 함수에서는 계산 과정에서 오버플로우 오류가 생
길 수 있다. 각각의 계산 작업을 주의 깊게 살펴보면서 오버플로우가 발생할 가능
성은 없는지 따져보자. 특히 최솟값이나 최댓값 입력에 대해 문제가 생기지 않는
지 따져보자. 이 함수에서는 나머지나 나눗셈, 덧셈에서는 오버플로우가 생기지

않는다. 하지만 음수의 부호를 바꿔서 양수로 바꿀 때(num = -num;) 오버플로우가 발생할 가능성이 있다. num이 Integer.MIN_VALUE일 때를 생각해보자. 2의 보수 표현법(14장 참조)이 작동하는 방식 때문에 부호가 있는 정수의 최솟값의 크기는 최댓값의 크기보다 크다. 따라서 Integer.MIN_VALUE의 부호를 바꾸면 오버플로우가 발생하면서 다시 Integer.MIN_VALUE 값으로 돌아간다. 이런 오버플로우를 처리할 수 있는 방법에는 몇 가지가 있다. 이런 문제는 딱 한 입력값에 대해서만 발생하기 때문에 가장 간단한 방법은 그 입력값을 특별 케이스로 잡아서 처리하는 방법이다.

이런 문제점들을 수정하여 양수나 음수뿐만 아니라 0도 제대로 처리할 수 있는 함수를 만들어 보면 다음과 같다.

```java
public static final int MAX_DIGITS = 10;
public static String intToStr( int num ){
    int i = 0;
    boolean isNeg = false;
    /* 가장 큰 정수와 - 기호가 모두 들어갈 수 있을 만한 버퍼 */
    char[] temp = new char[ MAX_DIGITS + 1 ];
    /* 주어진 수가 음수인지 확인 */
    if( num < 0 ){
        /* 부호를 변환할 때 오버플로우를 방지하기 위한 특별 케이스 */
        if (num == Integer.MIN_VALUE) {
            return "-2147483648";
        }
        num = -num;
        isNeg = true;
    }

    /* 버퍼에 숫자를 나타내는 문자를 역순으로 저장 */
    do {
        temp[i++] = (char)((num % 10) + '0');
        num /= 10;
    } while ( num != 0);
    StringBuilder b = new StringBuilder();
    if ( isNeg )
        b.append( '-' );
    while ( i > 0 ){
```

```
        b.append( temp[--i] );
    }
    return b.toString();
}
```

UTF-8 문자열 유효성 검증

UTF-8 문자열은 반드시 다음 네 가지 비트 패턴 중 한 가지로 표현해야 한다.

0xxxxxxx
110xxxxx 10xxxxxx
1110xxxx 10xxxxxx 10xxxxxx
11110xxx 10xxxxxx 10xxxxxx 10xxxxxx

어떤 문자열이 이러한 UTF-8 유효성 검증을 위한 필요조건(하지만 충분조건은 아니다)을 만족하는지 결정하기 위한 함수를 작성하라.

이 패턴에 담겨 있는 구성 원리를 찾아보는 것부터 시작해보자. 일단 다음과 같은 사실을 알 수 있다.

* 뒤에 따라오는 바이트는 10으로 시작한다.
* 맨 앞 바이트가 0으로 시작하면 한 바이트짜리 패턴(ASCII 문자)이다.
* 다른 모든 맨 앞 바이트는 11로 시작한다. 110으로 시작하는 맨 앞 바이트 뒤에는 한 바이트, 1110으로 시작하는 맨 앞 바이트 뒤에는 두 바이트, 11110으로 시작하는 맨 앞 바이트 뒤에는 세 바이트가 따라온다.

어떤 범주에 속하는지 판단하려면 각 바이트의 상위 비트를 확인해야 한다. 이런 작업을 할 때는 비트 연산자를 쓰면 되는데, 이때 확인할 비트는 1, 그렇지 않은 비트는 0으로 되어 있는 마스크(mask)라는 값을 만들어서 쓴다. 확인할 바이트와 마스크 사이에 & 연산자를 쓰면 확인할 비트를 제외한 모든 값은 0이 된다(혹시 이런 방법을 잘 모른다면 14장을 읽어보자). 각 바이트 범주에 대해 이런 연산을 구현해주는 보조 함수를 만들어 쓰면 편하다. C에서는 다음과 같은 식으로 코드를 짤 수 있다.

```
// 10xxxxxx인 경우
bool IsTrailing( unsigned char b ) {
    return ( b & 0xC0 ) == 0x80; // 0xC0=0b11000000 0x80=0b10000000
}

// 0xxxxxxx인 경우
bool IsLeading1( unsigned char b ) {
    return ( b & 0x80 ) == 0;
}

// 110xxxxx인 경우
bool IsLeading2( unsigned char b ) {
    return ( b & 0xE0 ) == 0xC0; // 0xE0=0b11100000
}

// 1110xxxx인 경우
bool IsLeading3( unsigned char b ) {
    return ( b & 0xF0 ) == 0xE0; // 0xF0=0b11110000
}

// 11110xxx인 경우
bool IsLeading4( unsigned char b ) {
    return ( b & 0xF8 ) == 0xF0; // 0xF8=0b11111000
}
```

이런 보조 함수를 이용하면 각 문자가 제대로 된 비트 패턴으로 시작하는지 확인하고 올바른 바이트 수만큼 건너뛰는 기초적인 알고리즘을 구현할 수 있다.

```
bool ValidateUTF8( const unsigned char* buffer, size_t len ) {
    size_t i = 0;
    while ( i < len ) {
        unsigned char b = buffer[i];
        if ( IsLeading1( b ) ) {
            i += 1;
        } else if ( IsLeading2( b ) ) {
            i += 2;
        } else if ( IsLeading3( b ) ) {
            i += 3;
        } else if ( IsLeading4( b ) ) {
```

```
        i += 4;
      } else {
        return false;
      }
    }
    return true;
  }
```

그러나 이 코드에서는 버퍼가 완전한 UTF-8 문자로 끝나는지, 맨 앞 바이트 뒤에 뒤따르는 바이트만 있는지는 확인하지 않기 때문에 완전한 코드라고는 할 수 없다. 다음과 같은 케이스를 시험해보면 그런 문제를 쉽게 확인해볼 수 있다.

```
// 잘못된 버퍼 — 4-바이트 문자가 잘려 있다.
const unsigned char badIncompleteString[] = { 0xF0, 0x80, 0x80 };
// 잘못된 버퍼 — 문자 사이에 뒤따르는 바이트가 없다.
const unsigned char badMissingTrailingBytes[] = { 0xE0, 0x80, 0x00 };
```

알고리즘 코딩 작업을 끝내고 나면 가장자리 조건을 확인하는 것도 잊지 말자.

버퍼가 완전한 UTF-8 문자로 끝나는지는 간단하게 확인할 수 있다. 버퍼 인덱스가 버퍼 길이와 똑같은지만 따져보면 된다.

```
bool ValidateUTF8( const unsigned char* buffer, size_t len ) {
  size_t i = 0;
  while ( i < len ) {
    unsigned char b = buffer[i];
    if ( IsLeading( b ) ) {
      i += 1;
    } else if ( IsLeading2( b ) ) {
      i += 2;
    } else if ( IsLeading3( b ) ) {
      i += 3;
    } else if ( IsLeading4( b ) ) {
      i += 4;
    } else {
      return false;
```

```
        }
    }
    return ( i == len ); // 버퍼 뒤로 지나가지 않아야만 참을 리턴한다.
}
```

하지만 이렇게 한다고 해서 각 바이트가 올바른지 확인하지 않고 그냥 건너뛰는 문제까지 해결되는 것은 아니다. 각 바이트까지 제대로 들어가 있으려면 맨 앞 바이트 뒤에 정확한 개수만큼의 뒤따르는 바이트가 있어야 하는데, 이걸 확인하려면 뒤에 따라올 바이트 개수도 알아야 하고 각각이 뒤따르는 바이트인지도 따져봐야 한다. 지금까지 설명한 것을 모두 반영하면 다음과 같은 식으로 구현할 수 있다.

```
bool ValidateUTF8( const unsigned char* buffer, size_t len ) {
    int expected = 0; // 남은 뒤따르는 바이트 수
    for ( size_t i = 0; i < len; ++i ) {
        unsigned char b = buffer[i];
        if ( IsTrailing( b ) ) {
            if ( expected-- > 0 ) continue;
            return false;
        } else if (expected > 0 ) {
            return false;
        }

        if ( IsLeading1( b ) ) {
            expected = 0;
        } else if ( IsLeading2( b ) ) {
            expected = 1;
        } else if ( IsLeading3( b ) ) {
            expected = 2;
        } else if ( IsLeading4( b ) ) {
            expected = 3;
        } else {
            return false;
        }
    }

    return ( expected == 0 );
}
```

요약

문자열과 배열은 워낙 많이 쓰이기 때문에 프로그래밍 면접 문제로 나올 가능성이 높을 수밖에 없다. 필요한 원소의 인덱스를 알고 있다면 배열 액세스는 상수 시간으로 처리할 수 있지만, 인덱스가 아니라 값만 알고 있을 때는 선형 시간으로 처리된다. 배열 중간에서 삽입이나 삭제를 처리하려면 빈자리를 만들어내거나 한 자리를 없애기 위해 그 자리 뒤에 있는 모든 원소들을 움직여야만 한다. 정적 배열은 크기가 고정돼 있으며 동적 배열은 상황에 따라 크기가 바뀔 수도 있다. 수준 차이는 있지만, 대부분 언어에서 이 두 유형의 배열을 모두 지원한다.

문자열은 배열을 응용하는 가장 대표적인 예이다. C에서는 문자열이 문자열의 배열이나 다름없다. 객체지향 언어에서는 보통 배열이 문자열 객체 뒤에 숨어 있다. 문자열 객체를 문자 배열로, 문자 배열을 문자열 객체로 변환할 수 있는데, 프로그래밍 문제를 풀 때는 배열을 쓰는 쪽이 조금 더 편하기 때문에 자기가 사용할 언어에서 문자열 객체와 문자 배열 사이의 변환 방법을 잘 익혀둘 필요가 있다. C#과 자바의 기본 문자열 객체는 변형 불가하여 읽기 전용이며, 쓰기 가능하면서 문자열 기능을 제공하는 클래스가 따라 있다. 변형 불가 문자열을 별 생각 없이 붙인다거나 하면 수많은 문자열 객체를 새로 생성하고 지워버리는 비효율적인 코드가 만들어질 수 있으니 주의하자.

요즘 나오는 애플리케이션에서는 대부분 유니코드로 여러 언어를 지원한다. 유니코드를 표현하는 인코딩 방법에는 여러 가지가 있고, 모두 적어도 일부 문자에 대해서는 여러 바이트가 필요하고, 가변 길이 문자(문자에 따라 필요한 바이트 수가 다름)가 필요한 경우가 많다. 이런 인코딩으로 문자열 문제를 풀려면 상당히 복잡해질 수도 있지만, 면접 문제를 풀 때는 이런 문제는 걱정하지 않아도 될 가능성이 높다.

재귀 호출

재귀 호출의 개념 자체는 매우 단순하다. 자기 자신을 호출하는 루틴은 모두 재귀 호출이다. 겉으로 보기에는 이렇게 단순하지만 재귀 호출을 이해하고 적용하는 것은 놀라우리만큼 복잡하다. 재귀 호출을 이해하는 데 가장 큰 장애물은 재귀 호출을 일반적으로 기술하는 것이 매우 이론적이고 추상적이며 수학적이라는 점이다. 이론적이고 추상적이며 수학적인 내용들도 물론 중요하지만, 여기에서는 예제, 응용 방법 및 재귀적인 알고리즘과 (재귀 호출을 사용하지 않는) 반복적인 알고리즘의 비교에 초점을 맞춘 실용적인 접근법을 따르도록 하겠다.

재귀 호출의 이해

재귀 호출recursion은 유사한 하위 작업subtask 형태로 정의할 수 있는 작업을 처리하는 데 유용하게 쓰인다. 예를 들어, 정렬이나 검색, 종주 문제에는 간단한 재귀적인 형태의 풀이가 있는 경우가 흔하다. 재귀적인 루틴에서는 자기 자신을 호출하여 하위 작업을 처리하는 방식으로 작업의 일부분을 수행한다. 재귀 호출을 하다 보면 자신을 호출하지 않고도 처리할 수 있는 하위 작업이 나온다. 이렇게 루틴에서 재귀 호출을 하지 않아도 되는 케이스를 기본 케이스base case라고 부른다. 루틴에서 자신을 호출하여 하위 작업을 수행하는 케이스는 재귀 케이스recursive case라고 부른다.

> 재귀 알고리즘에는 재귀 케이스와 기본 케이스, 이렇게 두 가지 케이스가 있다.

간단하고 널리 알려져 있는 예제인 팩토리얼 연산을 통해 이 개념을 확인해보자. n!(n 팩토리얼이라고 읽음)은 1부터 n까지의 모든 정수를 곱한 값이다. 예를 들어 $4! = 4 \times 3 \times 2 \times 1 = 24$이다. n!을 더 형식적으로 정의하면 다음과 같다.

$$n! = n \times (n-1)!$$
$$0! = 1! = 1$$

이 정의로부터 팩토리얼을 재귀적으로 구현하는 방법을 바로 유추할 수 있다. 작업은 n! 값을 구하는 것이며, 하위 작업은 (n-1)! 값을 구하는 것이다. 재귀적인 케이스는 n이 1보다 큰 경우로, 자기 자식을 호출하여 (n-1)! 값을 구한 다음 거기에 n을 곱한다. n이 0 또는 1인 기본 케이스에는 그냥 1을 반환한다. 코드는 다음과 같은 식으로 만들 수 있다.

```
int factorial( int n ){
    if (n > 1) {    /* 재귀 케이스 */
        return factorial( n - 1 ) * n;
    } else {        /* 기본 케이스 */
        return 1;
    }
}
```

[그림 8-1]에 4!을 구하는 경우에 이 루틴이 돌아가는 과정이 나와 있다. 루틴이 재귀 호출을 반복할 때마다 n 값이 1씩 줄어든다. 따라서 결국에는 기본 케이스에 다다를 것임을 알 수 있다. 반드시 기본 케이스에 이르도록 만들지 못한다면 재귀 호출이 무한히 반복될 수 있다. 하지만 실제로는 무한히 재귀 호출을 반복하진 못한다. 언젠가는 스택 오버플로우가 발생하면서 프로그램이 멈춰버리는 사고가 발생하기 때문이다.

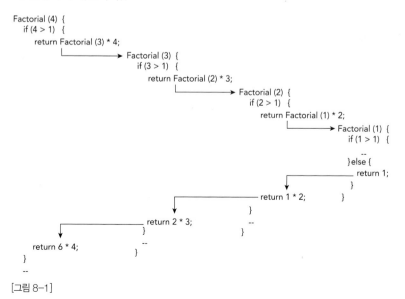

[그림 8-1]

재귀 호출에서 반환한 값 자체가 곧바로 반환되면 그 함수는 꼬리 재귀 호출[tail recursive] 함수라고 부른다(위에서 구현한 factorial은 반환된 값을 바로 반환하지 않고 곱셈 후에 반환하기 때문에 꼬리 재귀 호출이 아니다). 일부 컴파일러에서는 꼬리 재귀 호출 함수에 대해 꼬리 호출 제거[tail call elimination] 작업을 처리하여, 각 재귀 호출에 대해서 같은 스택 프레임을 재사용하는 최적화를 적용한다. 잘 최적화된 꼬리 재귀 호출 함수는 스택 오버플로우 없이 무한히 재귀 호출될 수 있다.

> 모든 재귀 케이스는 결국에는 기본 케이스로 넘어가야만 한다.

이런 팩토리얼 구현법은 가장 간단한 재귀 호출 루틴의 예에 불과하다. 많은 경우에 재귀 호출 레벨을 추적하기 위한 인자 또는 추가 자료구조가 필요하다. 그런 경우에는 될 수 있으면 그러한 자료구조 또는 인자를 초기화하는 코드를 별도의 루틴에 집어넣는 것이 좋다. 초기화 작업을 수행한 다음에 순수하게 재귀적인 루틴을 호출하는 래퍼[wrapper] 루틴을 이용하면 프로그램의 나머지 부분에 대해 깔끔하고 단순한 인터페이스를 제공할 수 있다.

예를 들어, 최종 결과(n!) 외에 모든 중간 결과(n보다 작은 수에 대한 팩토리얼 값)까지 반환하는 팩토리얼 루틴이 필요하다면 정수 배열을 사용하여 결과를 반환하는 것이 가장 자연스러운 방법일텐데, 그렇게 하려면 루틴의 내부에서 배열을 할당해야 한다. 그리고 배열의 어느 위치에 그 결과를 저장해야 하는지도 알아야 한다. 이런 작업은 다음과 같이 래퍼 함수를 써서 처리하는 것이 가장 쉽다.

```
int[] allFactorials( int n ){ /* 래퍼 함수 */
    int[] results = new int[ n == 0 ? 1 : n ];
    doAllFactorials( n, results, 0 );
    return results;
}

int doAllFactorials( int n, int[] results, int level ){
    if ( n > 1 ){   /* 재귀 케이스 */
        results[level] = n * doAllFactorials( n - 1, results, level + 1 );
        return results[level];
```

```
    } else {       /* 기본 케이스 */
        results[level] = 1;
        return 1;
    }
}
```

이렇게 래퍼 함수를 사용하면 배열 할당 및 재귀 호출 레벨 추적을 모두 숨길 수 있기 때문에 재귀 호출 루틴을 깔끔하게 만들 수 있다. 이 경우에는 굳이 level이라는 인자를 쓰지 않고 n으로부터 배열 인덱스를 결정할 수도 있지만 여기에 나와 있는 것과 같은 식으로 재귀 호출 레벨을 추적하는 것 외에는 딱히 다른 방법이 없는 경우도 많다.

복잡한 재귀 호출 루틴의 경우에는 초기화를 위한 래퍼 함수를 별도로 만드는 것이 좋다.

재귀 호출이 매우 강력한 테크닉이긴 하지만 언제나 가장 좋은 접근법이라고는 할 수 없으며, 가장 효율적인 접근법인 경우는 거의 없다. 대부분의 플랫폼에서 루틴을 호출하는 데 따르는 오버헤드가 비교적 크기 때문이다. 팩토리얼처럼 단순한 재귀 호출 루틴의 경우에는 상당수의 컴퓨터 아키텍처에서 실제 계산보다는 호출에 따르는 오버헤드 때문에 더 많은 시간 시간을 소모하게 된다. 재귀적인 호출 대신 반복문을 사용하는 반복적인 루틴의 경우에는 이런 오버헤드가 필요 없기 때문에 일반적으로 더 효율이 좋다.

반복적인 풀이법이 재귀적인 풀이법에 비해 일반적으로 더 효율적이다.

재귀적으로 풀 수 있는 문제는 어떤 문제든 반복적인 풀이법으로도 풀 수 있다. 작업 자체가 재귀적인 특성을 가지고 있다고 하더라도 비교적 쉽게 반복적인 알고리즘으로 만들 수 있다. 예를 들어 팩토리얼도 쉽게 반복적으로 구현할 수 있다. 팩토리얼의 정의를 확장해서 n!을 n 이하이고 1 이상인 모든 값을 곱한 값이라고 정의해보자. 그러면 다음과 같이 for 반복문을 써서 그 값을 구할 수 있다.

```
int factorial( int n ){
    inti, val = 1;
    for ( i = n; i > 1; i-- ) /* n=0 또는 1일 때는 그냥 넘어감 */ {
        val *= i;
    }
    return val;
}
```

이런 구현을 사용하면 루틴 호출을 하지 않아도 되기 때문에 앞에서 만들었던 재
귀적인 구현에 비해 훨씬 더 효율이 좋아진다. 문제에 대해 생각하는 법 자체가
달라지긴 했지만 재귀적인 구현법에 비해 구현하기가 더 어려운 것은 아니다.

문제에 따라 위에 나온 것처럼 반복적인 구현법이 쉽게 떠오르지 않는 것도 있
다. 하지만 언제든 재귀 호출을 사용하지 않고 재귀적인 알고리즘을 구현하는 것
이 가능하다. 재귀 호출은 일반적으로 지역 변수의 현재 값을 보존했다가 재귀 호
출에 의해 수행되는 하위 작업이 완료되었을 때 다시 가져와서 쓰기 위해 쓰인다.
지역 변수는 프로그램의 스택에 할당되기 때문에 루틴이 재귀적으로 호출될 때마
다 별도의 지역 변수를 가지게 되며, 이런 이유 때문에 재귀 호출을 하게 되면 자
동적으로 프로그램의 스택에 변수 값이 저장된다. 따라서 직접 스택을 만들고 수
동으로 지역 변수 값을 그 스택에 넣고 꺼내면 재귀 호출을 쓰지 않아도 된다.

이렇게 스택을 기반으로 하는 반복형 루틴을 만드는 방법은 같은 루틴을 재귀 호
출을 써서 구현하는 것에 비해 훨씬 더 복잡하다. 게다가 스택을 쓰는 데 드는 오
버헤드가 함수 호출에 필요한 오버헤드보다 훨씬 적은 게 아닌 이상 이렇게 만든
함수가 일반적인 재귀 호출로 만든 함수보다 많이 빠르지도 않다. 따라서 별 다른
얘기가 없다면 재귀적인 알고리즘은 재귀 호출을 써서 구현하는 게 낫다. 재귀 호
출을 쓰지 않고 재귀적인 알고리즘을 구현하는 예는 6장에서 다룬 바 있다.

스택을 써서 재귀 호출을 쓰지 않고 재귀적인 알고리즘을 구현할 수도 있지만 대체로 까
다로운 정도에 비해 얻는 이득이 그리 크지 않다.

면접에서 가장 중요한 것은 일단 제대로 작동하는 풀이를 내놓는 것이고, 효율적인 풀이는 그다음 문제다. 별도의 지시사항이 없으면 가장 먼저 떠오르는 제대로 작동하는 풀이 방법을 사용하는 것이 좋다. 재귀적인 풀이를 내놓는 경우에는 재귀 호출을 할 때 어쩔 수 없이 따르게 되는 효율 저하를 언급하여 그 사실을 이미 알고 있음을 면접관에게 알려주는 것이 좋다. 아주 드물게 재귀적인 풀이와 반복적인 풀이의 복잡도가 별로 차이가 나지 않는 경우에는 두 방법을 모두 설명한 다음 반복적인 풀이가 더 효율적일 것 같으니 반복적인 구현법을 사용하겠다고 얘기하는 것이 좋을 것이다.

재귀 호출 문제

재귀 알고리즘을 활용하면 재귀 호출을 사용하지 않고는 풀기가 곤란한 문제들을 우아하게 풀 수 있다. 재귀 호출 문제는 풀이가 너무 간단하지도 않으면서 별로 길지도 않기 때문에 면접관이 선호하는 편이다.

이진 검색

면접 문제

정렬된 정수 배열에 대해 이진 검색을 수행하여 주어진 정수의 인덱스를 찾아내는 함수를 구현하라. 이 검색 방법의 효율을 따져보고 다른 검색 방법과 비교해보라.

이진 검색에서는 찾고자 하는 아이템과 정렬된 검색 공간(이 경우에는 배열)의 가운데에 있는 원소를 비교한다. 세 가지 가능성이 있는데, 그 원소가 찾고자 하는 값보다 작으면 검색 공간의 앞쪽 절반을 제외시킨다. 찾고자 하는 값보다 크면 뒤쪽 절반을 제외시킨다. 세 번째 경우는 그 원소가 찾고자 하는 값과 같은 경우로, 검색을 중단한다. 세 번째 경우를 제외한 나머지 두 경우에는 남아 있는 부분을 가지고 검색을 계속한다. 혹시 이 알고리즘을 전산 관련 수업 시간에 배우지 않은 사람이라면 아이들이 하는 숫자 맞추기 놀이를 떠올려 보면 된다. 한 아이가 숫자를 미리 정해놓고 다른 아이가 숫자를 맞추는 놀이를 할 때, 숫자를 맞춰야 하는 아이가 어떤 숫자를 말하면 숫자를 알고 있는 아이는 자신이 정해놓은 숫자가 그 숫자보다 큰지 작은지를 알려주는 식으로 숫자를 찾아가는 방법과 비슷하다.

이진 검색은 검색 공간에서 검색해야 할 부분을 점점 줄여가면서 대상을 찾아내는 방법이기 때문에 재귀적인 구현을 하기에 적합하다. 검색할 배열, 검색 범위, 찾아야 할 원소가 메서드의 인자로 전달된다. 검색 대상의 상한(upper 인자)에서 하한(lower 인자)을 빼면 검색 공간의 크기를 알 수 있고, 그 크기를 2로 나눈 값을 하한 값과 합하면 중앙에 있는 원소의 인덱스를 알 수 있다. 그런 후 그 원소를 검색할 원소하고 비교한다. 둘이 같으면 인덱스를 반환하고, 검색할 원소가 더 작으면 상한을 중앙 원소의 인덱스에서 1을 뺀 값으로, 검색할 원소가 더 크면 하한을 중앙 원소의 인덱스에 1을 더한 값으로 하여 재귀 호출을 한다. 원하는 원소를 찾을 때까지 이런 재귀 호출을 반복하면 된다.

코딩을 시작하기 전에 어떤 오류 상황을 처리해야 하는지 생각해보자. 오류 상황을 따져보는 방법 가운데 하나로, 주어진 데이터에 대해 어떤 가정을 하고 있는지 생각해보고 그런 가정이 어떻게 위배될 수 있는지 따져보는 것을 들 수 있다. 문제에서 직접적으로 주어진 한 가지 가정으로 정렬된 배열만 검색할 수 있다는 것이 있기 때문에 배열이 정렬되지 않았는지 파악해야 할 필요가 있다. 정렬되지 않은 배열을 100% 잡아낼 수는 없겠지만, 우선 상한에 있는 값이 하한에 있는 값보다 작지 않은지 확인해 보면 배열이 정렬되어 있는지 어느 정도는 확인할 수 있다. 상한에 있는 값이 하한에 있는 값보다 작다면 예외를 반환해야 한다.

또 다른 한 가지 가정은 금방 알기 쉽지 않은데, 검색할 원소가 배열에 들어 있다는 가정이다. 기본 케이스를 검색 대상 원소를 찾아내는 것으로 정의한다면 그 원소가 아예 없는 경우에는 기본 케이스에 절대 도달할 수 없다. 해당 원소가 배열 안에 있는지 여부에 따라 끝없이 재귀 호출을 반복하거나 배열 예외가 발생하게 된다. 찾고 싶은 원소를 발견하거나 그 원소가 없다는 것을 확인한 경우에 재귀 호출을 끝내면 이런 문제를 피할 수 있다. 찾고 싶은 원소가 없을 때는 검색 공간을 줄여나가는 과정에서 상한이 하한보다 작아지게 된다. 이 조건으로 찾고 싶은 원소가 없음을 파악할 수 있다.

배열 전체에 대해 작업을 처리하도록 초기값을 설정해 주는 래퍼를 만들어 두면 좀 더 쓰기 좋을 것이다. 지금까지 만든 알고리즘과 오류 확인 절차를 자바 코드로 옮겨보면 다음과 같다.

```
int binarySearch(int[] array, int target) throws BSException {
    return binarySearch(array, target, 0, array.length-1);
}

int binarySearch( int[] array, int target, int lower,
                    int upper ) throws BSException {
    int center, range;

    range = upper - lower;
    if ( range < 0 ){
        throw new BSException("Limits reversed");
    } else if( range == 0 && array[lower] != target ){
        throw new BSException("Element not in array");
    }
    if ( array[lower] > array[upper] ){
        throw new BSException("Array not sorted");
    }
    center = ((range)/2) + lower;
    if ( target == array[center] ){
        return center;
    } else if( target < array[center] ){
        return binarySearch( array, target, lower, center - 1 );
    } else {
        return binarySearch( array, target, center + 1, upper );
    }
}
```

위 함수도 할 일을 다 하긴 하지만 성능 면에서 최선은 아니다. 이 장 맨 앞에서 애기했지만, 보통 재귀적으로 구현하는 게 반복문을 써서 구현하는 것보다는 비효율적이다.

앞의 풀이의 재귀 호출을 분석해보면 매번 재귀 호출이 일어날 때마다 검색 범위만 바뀔 뿐이라는 걸 알 수 있다. 하지만 반복문이 매번 실행될 때마다 범위를 바꾸는 식으로 재귀 호출에 따르는 오버헤드를 줄일 수도 있다. (앞의 재귀 호출 코드에 대해서 컴파일러에서 꼬리 호출 제거 최적화를 적용하면 실제 재귀적으로 구현된 코드나 반복문으로 구현된 코드나 만들어지는 기계어 코드는 거의 똑같을 수 있다.) 재귀적인 이진 검색을 반복문으로 고쳐서 효율을 개선하면 다음과 같다.

```
int iterBinarySearch( int[] array, int target ) throws BSException {
    int lower = 0, upper = array.length - 1;
    int center, range;

    while ( true ) {
        range = upper - lower;
        if ( range < 0 ) {
            throw new BSException("Element not in array");
        }
        if ( array[lower] > array[upper] ){
            throw new BSException("Array not sorted");
        }
        center = ( range / 2 ) + lower;
        if ( target == array[center] ){
            return center;
        } else if ( target < array[center] ){
            upper = center - 1;
        } else {
            lower = center + 1;
        }
    }
}
```

이진 검색은 매 단계를 반복할 때마다 검색 공간을 절반씩 떨궈내기 때문에 (어떤 면에서는 검색하기) $O(\log(n))$ 알고리즘이다. 따라서 모든 원소를 무작정 검색하는 $O(n)$ 알고리즘에 비해 더 빠르다. 하지만 이진 검색을 하려면 배열이 정렬되어 있어야 하며, 이미 정렬된 배열이 아닌 이상 $O(n\log(n))$ 시간을 투자해서 정렬을 해야 한다는 단점이 있다.

문자열 순열

어떤 문자열에 있는 문자들을 나열하는 모든 가능한 순서를 출력하는 루틴을 구현하라. 원본 문자열에 있는 모든 문자들을 사용하는 모든 순열을 출력하면 된다. 예를 들어, 'hat' 이라는 문자열이 주어진다면 'tha', 'aht', 'tah', 'ath', 'hta', 'hat'이라는 문자열을 출력해야 한다. 같은 문자가 여러 개 들어 있어도 서로 다른 문자로 간주한다. 'aaa'라는 문자열이 주어진다면 'aaa'를 여섯 번 출력해야 한다. 순열을 출력하는 순서는 마음대로 정해도된다.

수동으로 문자열 순열을 출력하는 것은 그냥 직관적으로 하면 되지만, 그 과정을 처리하는 알고리즘을 기술하는 것은 간단한 문제가 아니다. 어찌 보면 신발 끈을 매는 방법을 설명하라는 것과 비슷하다. 분명히 답을 알고 있긴 한데 몇 번 정도 반복을 해 봐야 자신이 어떤 단계를 밟아서 그 일을 하는지 설명할 수 있기 때문이다.

이 문제에도 그런 방법을 적용하여 짧은 문자열의 순열을 손으로 만들어 보고 그 과정에서 알고리즘을 역으로 유도해보자. 직관적인 작업을 알고리즘으로 옮기려는 것이므로 순열을 체계적인 순서에 따라서 만들어야 한다. 정확하게 어떤 체계적인 순서를 따르는지가 절대적으로 중요한 것은 아니다. 순서가 다르면 알고리즘도 달라지겠지만, 어떤 방식이든 체계적이기만 하다면 알고리즘을 만들 수 있다. 실수로 순열을 건너뛰지 않을 수 있도록 간단한 순서를 선택하는 것이 좋다.

모든 순열을 알파벳순으로 나열하는 방법을 생각해보자. 순열의 첫 번째 그룹은 'a'로 시작한다. 이 그룹 내에서는 두 번째 글자가 각각 'b', 'c', 'd'로 시작하는 순열을 만들고 다른 글자로 시작하는 순열에 대해서도 비슷한 방식으로 순열을 만들어낸다.

abcd	bacd	cabd	dabc
abdc	badc	cadb	dacb
acbd	bcad	cbad	dbac
acdb	bcda	cbda	dbca
adbc	bdac	cdab	dcab
adcb	bdca	cdba	dcba

다음 단계로 넘어가기 전에 혹시 빼먹은 것은 없는지 확인하자. 첫 번째 위치에 들어갈 수 있는 글자에 대한 경우의 수는 4이며, 각 경우에 대해 남아 있는 글자가 두 번째 위치에 들어갈 수 있다. 따라서 순열의 첫 두 자리를 채우는 경우의 수는 4×3=12가 된다. 첫 두 자리에 들어갈 문자를 선택하고 나면 그다음인 세 번째 위치에 들어갈 수 있는 문자는 두 개뿐이고, 마지막으로 남는 문자 하나가 마지막 자리를 채우게 된다. 따라서 모든 가능한 경우의 수는 4×3×2×1 즉, 24가 된다. 위에 있는 목록에는 24가지 순열이 들어 있으므로 빼먹은 게 없음을 확인할 수 있다. 방금 한 계산은 간단하게 4!로 표현할 수 있으며, n개의 물체를 나열하는 모든 가능한 경우의 수와 같다.

이제 순열을 늘어놓은 목록에서 패턴을 찾아보자. 가장 오른쪽에 있는 글자는 가장 왼쪽에 있는 글자보다 더 빠르게 변한다. 첫 번째(가장 왼쪽) 위치에 들어갈 문자를 선택하면 그 문자를 변경하기 전에 나머지 문자들로 만들 수 있는 모든 순열을 출력해야 한다. 마찬가지로 두 번째 위치에 들어갈 문자를 선택하고 나면 나머지 두 문자로 만들 수 있는 모든 순열을 출력한 후에야 두 번째, 또는 첫 번째 위치에 들어갈 문자를 바꾼다. 바꿔 말하면 순열을 만들어내는 절차는 주어진 위치에 들어갈 문자를 하나 고르고, 방금 선택한 문자를 바꾸기 전에 다음 위치부터 시작해서 오른쪽으로 가면서 순열을 만들어내는 절차를 반복하는 것으로 생각할 수 있다. 잘 보면 재귀적으로 정의되었다는 것을 알 수 있다. 좀 더 분명하게 재귀적으로 정의해보자. n 위치에서 시작하는 모든 순열을 찾아내기 위해서는 n 위치에 들어갈 수 있는 모든 문자를 순서대로 집어넣고, n 위치에 들어가는 각 글자별로 n+1 위치부터 시작하는 모든 순열을 찾아내면 된다(재귀 케이스). n이 입력 문자열에 있는 문자의 개수보다 많으면 순열이 종결된 것이므로 결과를 출력하고, n보다 작은 위치에서 글자를 바꾸는 단계로 돌아간다(기본 케이스).

이제 알고리즘이 거의 완성되었다. '들어갈 수 있는 모든 글자'를 조금 더 자세하게 정의하기만 하면 된다. 입력 문자열에 있는 각 문자는 순열에 한 번씩만 등장할 수 있기 때문에 '들어갈 수 있는 모든 글자'를 입력 문자열에 들어 있는 모든 문자로 정의할 수는 없다. 수동으로 순열을 구하는 방법을 다시 한 번 생각해보자. 'b'로 시작하는 순열 그룹의 경우에는 이미 첫 번째 위치에 'b'를 써 버렸기 때문에 그 뒤에는 'b'가 들어갈 수 없다. 'bc'로 시작하는 그룹의 경우에도 이미 'b'와 'c'를 썼기 때문에 세 번째와 네 번째 자리에는 'a'와 'd'만 들어갈 수 있다. 따라서 '들어갈 수 있는 모든 글자'는 입력 문자열에 들어 있는 문자 가운데 아직 현재 위치보다 왼쪽에 있는 위치(n보다 작은 위치)에서 선택되지 않은 글자로 정의하면 된다. n 위치에 들어갈 수 있는 모든 글자들을 n보다 작은 위치에 있는 글자들과 비교하면 들어갈 수 있는 글자인지 확인할 수 있다. 하지만 이런 방법은 비효율적이기 때문에 입력 문자열의 각 글자들의 위치에 대응되는 불리언 배열을 만들어 놓고 이 배열을 써서 사용한 글자와 사용하지 않은 글자를 표시해놓는 방법을 쓰도록 하자.

이 알고리즘을 정리하면 다음과 같다.

마지막 위치를 지나갔으면
　　문자열 출력
　　반환
그렇지 않으면
　　입력 문자열에 있는 각 글자에 대해
　　사용한 것으로 표시되어 있으면 다음 글자로 넘어감
　　그렇지 않으면 그 글자를 현재 위치에 집어넣음
　　　　그 글자를 사용한 것으로 표시
　　　　현재 위치 + 1 위치에서 시작하여 나머지 글자들을 나열
　　　　그 글자를 사용하지 않은 것으로 표시

여기에 나와 있는 것처럼 재귀 호출 케이스와 기본 케이스를 분리시키는 것을 좋은 스타일로 볼 수 있다. 이렇게 하면 코드를 이해하기가 좋지만, 대신 성능 면에

서는 조금 떨어진다. 다음 재귀 호출에서 기본 케이스를 호출하게 되는 경우에 재귀 호출을 하지 않고 기본 케이스를 바로 호출하면 코드를 획기적으로 최적화시킬 수 있다. 이 알고리즘의 경우에는 방금 배치한 글자가 마지막 글자라면 기본 케이스를 호출하고, 그렇지 않으면 재귀 호출을 하면 된다. 이렇게 하면 재귀 호출 횟수를 줄일 수 있으며, 재귀 호출에 따르는 오버헤드를 약 n배 정도(여기에서 n은 입력 문자열 길이) 줄일 수 있다. 이런 식으로 기본 케이스를 종결시키는 것을 팔 길이 재귀 호출[arms-length recursion]이라고 부르는데, 스타일 면에서는 그리 좋지 않다. 학계에서는 특히 더 안 좋게 보는 편이다. 어떤 코딩 방법을 선택하든 각 접근법의 장단점을 면접관에게 설명해주는 것이 좋다.

이 알고리즘을 자바로 구현하면 다음과 같다.

```java
public class Permutations {
    private boolean[] used;
    private StringBuilder out = new StringBuilder();
    private final String in;

    public Permutations( final String str ){
        in = str;
        used = new boolean[ in.length() ];
    }

    public void permute( ){
        if ( out.length() == in.length() ){
            System.out.println( out );
            return;
        }
        for ( int i = 0; i < in.length(); ++i ){
            if ( used[i] ) continue;
            out.append( in.charAt(i) );
            used[i] = true;
            permute();
            used[i] = false;
            out.setLength( out.length() - 1 );
        }
    }
}
```

이 클래스 생성자에서는 사용 여부를 표시하기 위한 used 배열과 생성자에서 출력 문자열을 저장하기 위한 StringBuilder 객체를 설정한다. 재귀 호출은 permute( )에서 구현하는데, 사용 가능한 다음 문자를 out 뒤에 붙인 다음 나머지 문자에 대한 순열을 처리하기 위한 재귀 호출을 한다. 재귀 호출에서 돌아오면 out의 길이를 줄여서 맨 뒤에 붙였던 문자를 잘라낸다.

문자열 조합

문자열에 있는 문자들의 모든 가능한 조합을 출력하는 함수를 구현하라. 조합의 길이는 1 이상이고 문자열 길이 이하이다. 문자의 배치 순서만 다를 뿐 같은 문자들이 들어가 있는 조합은 같은 조합으로 간주한다. 즉, '123'이라는 문자열이 입력됐을 때 '12'와 '31'은 서로 다른 조합이지만 '21'은 '12'와 같다.

이 문제는 앞에 나온 문자열 순열 문제와 쌍을 이루는 문제다. 아직 그 문제를 풀어보지 않았다면 이 문제를 풀어보기 전에 순열 문제를 먼저 풀어보도록 하자.

순열 문제를 풀 때 했던 것과 마찬가지로 예제를 손으로 직접 작성하면서 어떤 알고리즘을 만들 수 있는지 생각해보자. 예제에서 알고리즘을 유도해야 하므로 이번에도 체계적인 접근법을 택해야 한다. 길이순으로 조합을 만드는 방법을 생각해보자. 'wxyz'라는 문자열이 입력되었다고 가정하자. 각 조합에서의 글자 순서는 상관없으므로 입력된 순서를 그대로 사용하도록 하자.

w	wx	wxy	wxyz
x	wy	wxz	
y	wz	wyz	
z	xy	xyz	
	xz		
	yz		

뭔가 패턴이 보이는 것 같기도 한데, 알고리즘을 만들어낼 만한 패턴은 딱히 보이지 않는 것 같다. 순열 문제를 풀 때 입력 문자열 순서대로(즉, 이 문제의 경우에는 알파벳 순서대로) 나열하는 것이 도움이 됐으므로 여기에서도 같은 방법으로 나열한 다음 혹시 도움이 될 만한 것이 없는지 살펴보자.

w	x	y	z
wx	xy	yz	
wxy	xyz		
wxyz	xz		
wxz			
wy			
wyz			
wz			

이렇게 하고 보니 뭔가 도움이 될 것 같아 보인다. 각 열에 입력 문자열에 들어 있는 문자별로 정리를 했으며, 각 열의 첫 번째 행에는 입력 문자열에 있는 글자 하나만 들어 있다. 각 열의 나머지 부분은 그 글자 뒤에 오른쪽 열에 있는 조합을 덧붙인 것이다. 예를 들어, 'x' 열을 살펴보면 우선 한 글자만 들어 있는 'x'가 있고, 그 열 오른쪽에는 'y', 'yz', 'z'가 있으므로 그 앞에 'x'를 붙여서 'xy', 'xyz', 'xz'를 추가로 만들었다. 이 규칙을 이용하여 맨 오른쪽 열에 'z'를 적는 것에서부터 시작해서 입력 문자열에 있는 글자 하나를 열의 맨 위에 적은 다음 그 아래로 오른쪽 열에 있는 모든 조합 앞에 해당 글자를 덧붙인 조합들을 쭉 적어주는 식으로 모든 조합을 완성하면 된다. 이렇게 하면 재귀적으로 모든 조합을 만들어낼 수 있다. 전에 생성한 조합을 모두 저장해둬야 하기 때문에 공간 면에서 보면 비효율적이지만, 그래도 이 문제를 재귀적으로 풀 수 있음은 알 수 있다. 자신이 적어놓은 조합들을 더 자세히 살펴보고 혹시 더 효율적인 재귀 호출 알고리즘을 찾을 수 없을지 생각해보자.

어떤 글자가 어떤 위치에 등장하는지 살펴보자. 네 글자 모두 첫 번째 위치에 올 수 있지만 'w'는 절대로 두 번째 위치에 오지 않는다. 세 번째 위치에는 'y'와 'z'

만 들어갈 수 있고, 네 번째 위치의 유일한 조합('wxyz')을 보면 그 자리에는 'z'가 들어가 있음을 알 수 있다. 따라서 각 위치별로 모든 가능한 문자들을 집어넣는 작업을 반복하는 알고리즘을 만들어낼 수 있을 것 같은 느낌도 든다. 첫 번째 위치에 w-z, 두 번째 위치에는 x-z 같은 식으로 말이다. 이런 방법을 위에 있는 예에 제대로 적용할 수 있는지 생각해보자. 이 방법을 쓰면 첫 번째 열에 있는 조합들은 잘 만들 수 있다. 하지만 첫 번째 위치에 'x'가 들어갈 때 다시 두 번째 위치에 'x'를 집어넣어서 'xx'라는 잘못된 조합이 만들어진다. 따라서 이 알고리즘을 그대로 쓸 수는 없다.

제대로 된 조합인 'xy'를 만들어내려면 두 번째 위치에 들어가는 글자를 'x'가 아니라 'y'부터 시작해야 한다. 'y'가 첫 번째 위치에 들어가면(세 번째 열) 'yy'는 불가능한 조합이고 'yx'와 'yw'는 이미 나온 조합이기 때문에 두 번째 위치에 들어가는 글자를 'z'부터 시작해야 한다. 따라서 출력 위치별로 입력 문자열에서 그 글자 다음 위치에 있는 문자부터 돌아가면서 집어넣어야 한다. 이 글자를 입력 시작 글자라고 부르기로 하자.

방금 설명한 내용을 조금 더 정리해서 요약해봐야 할 것 같다. 우선 출력 위치 외에 입력 시작 위치도 계속 파악하고 있어야 한다. 첫 번째 위치를 출력 위치로 하고, 입력된 문자열의 첫 번째 문자를 입력 시작 위치로 잡자. 어떤 위치가 주어졌을 때 입력 시작 위치부터 입력 문자열의 마지막 문자에 이르기까지 모든 문자를 순서대로 선택한다. 각 글자를 선택할 때마다 조합을 출력한 다음 입력 시작 위치는 방금 선택한 글자의 바로 다음 글자로, 출력 위치는 다음 위치로 하여 재귀적으로 함수를 호출함으로써 그 뒤로 만들어질 수 있는 다른 모든 조합도 만들어낸다. 이 방법을 아까 살펴본 예제와 비교하여 제대로 작동하는지 확인해보자. 이번에는 두 번째 열에서 문제가 생기지 않고 잘 돌아간다. 코딩을 시작하기 전에 마지막으로 알고리즘을 정리해보자. (앞에서 팔 길이 재귀 호출에 대해 설명할 때 스타일과 성능 사이에 트레이드오프가 있다고 했는데, 여기에서는 성능 쪽을 선택했다. 조합 알고리즘의 경우에는 순열 알고리즘에 비해 성능 차이가 훨씬 덜 두드러지게 나타난다.)

입력 시작 위치부터 입력 문자열 끝까지의 각 글자에 대해
출력 문자열의 현재 위치에 그 글자를 선택
글자들을 출력 문자열로 출력
현재 글자가 입력 문자열의 마지막 글자가 아니면
방금 선택한 글자 다음 글자에서 반복을 시작하여
다음 위치부터 시작하는 나머지 조합 생성
출력 문자열의 마지막 문자 삭제

알고리즘을 알아내기는 꽤 힘들었는데, 정리해놓고 보면 꽤나 단순하다. 이제 코
딩을 시작해보자. 자바로 구현하면 다음과 같다.

```java
public class Combinations {
    private StringBuilder out = new StringBuilder();
    private final String in;

    public Combinations( final String str ){ in = str; }

    public void combine() { combine( 0 ); }
    private void combine( int start ){
        for ( int i = start; i < in.length(); ++i ){
            out.append( in.charAt(i) );
            System.out.println( out );
            if ( i < in.length() )
                combine( i + 1 );
            out.setLength( out.length() - 1 );
        }
    }
}
```

전화 단어

전화번호를 알려줄 때 일곱 자리 번호를 나타내는 단어로 알려주는 경우가 종종 있다. 예를 들어, 전화번호가 866-2665라면 외우기 힘든 일곱 자리 숫자보다는 'TOOCOOL'이라는 단어를 알려주는 편이 더 낫다. 하지만 866-2665라는 번호로 (대부분 별로 말이 안되긴 하겠지만) 이 외에도 여러 단어를 만들어낼 수 있다. 전화 버튼의 번호별로 대응되는 글자들은 [그림 8-2]에서 확인할 수 있다.

[그림 8-2]

일곱 자리 전화번호를 입력받아서 주어진 수를 표현할 수 있는 모든 가능한 '단어' 또는 글자 조합을 출력하는 루틴을 작성하라. 0과 1 키에는 글자가 할당되어 있지 않기 때문에 2-9만 글자로 바꿀 수 있다. 각 원소가 한 자리 정수로 이루어진 정수 일곱 개짜리 배열이 주어진다. 루틴으로 들어오는 숫자는 모두 합당한 전화번호라고 가정해도 된다. 다음과 같은 보조 함수를 쓸 수 있다.

```
char getCharKey( inttelephoneKey, int place )
```

이 함수에서는 전화 버튼 번호(0-9)와 위치를 나타내는 번호(1, 2 또는 3)를 인자로 받아서 주어진 버튼의 주어진 위치에 대응되는 글자를 반환한다. 예를 들어, getCharKey(3, 2)를 호출하면 3번 버튼에는 'DEF'라는 글자가 적혀 있고, 그중 두 번째가 E이므로 'E'가 반환된다.

이 문제를 풀기 위해 몇 가지 용어를 정의하도록 하자. 전화번호는 숫자로 이루어진다. 각 숫자마다 세 글자가 할당되어 있다(0과 1은 제외. 하지만 0과 1도 단어를 만드는 맥락에서 보면 글자라고 부를 수도 있다). 왼쪽에 있는 글자, 가운데 글자, 오른쪽에 있는 글자를 각각 그 숫자의 작은 글자, 가운데 글자, 큰 글자라고 부르기로 하자. 주어진 숫자를 나타내는 단어 또는 글자로 구성된 문자열을 만들어야 한다.

우선 일곱 자리 숫자를 가지고 몇 개의 단어를 만들 수 있는지 수학적으로 계산하여 면접관에게 좋은 인상을 심어줘 보자. 조합론을 이용하면 쉽게 계산할 수 있는데, 조합론의 내용이 전혀 기억이 안 나더라도 당황할 필요는 없다. 우선 한 자리 전화번호를 시도해보자. 한 자리 전화번호로는 세 가지 단어를 만들 수 있음을 쉽게 알 수 있다. 이제 56 같은 두 자리 전화번호를 생각해보자. 첫 번째 글자의 경우의 수가 세 가지이고, 그 세 글자에 대해 두 번째 글자로 세 가지 경우의 수가 있다. 따라서 이 숫자에 대응시킬 수 있는 단어는 총 아홉 개가 된다. 숫자가 하나씩 늘어날 때마다 경우의 수가 세 배로 늘어난다. 따라서 일곱 자리 전화번호의 경우에는 3^7개의 단어를 만들 수 있고, 길이가 n인 전화번호라면 3^n개의 단어를 만들 수 있다. 0과 1에는 대응되는 글자가 없으므로 0이나 1이 들어 있는 전화번호라면 만들 수 있는 단어의 개수가 더 적겠지만, 일곱 자리 숫자로 만들 수 있는 단어의 개수가 최고 3^7개라는 사실에는 변함이 없다.

이제 이런 단어들을 출력하는 알고리즘을 찾아내야 한다. 필자가 옛날에 대학생 때 썼던 전화번호인 497-1927을 예로 들어보자. 단어를 나열하는 가장 자연스러운 순서는 알파벳 순서이다. 이렇게 하면 다음에 어떤 단어가 나올지 반드시 알 수 있으므로 단어를 빼먹는 실수를 줄일 수 있다. 이 숫자를 약 3^7개 정도의 단어로 표현할 수 있기 때문에 시간 관계상 전부 적을 수는 없는 노릇이다. 알파벳 순서대로 시작 부분과 끝 부분만 적어보기로 하자. 전화번호의 각 숫자에 대응되는 작은 값을 사용하는 단어부터 시작하자. 이렇게 하면 만들어진 첫 번째 단어가 알파벳순으로도 첫 번째 단어가 된다. 497-1927을 나타내는 첫 번째 단어를 구해보면, 4는 'GHI'에 대응되므로 'G', 9는 'WXY'에 대응되므로 'W', 7은 'PRS'에 대응되므로 'P', 이런 식으로 해서 'GWP1WAP'가 된다.

단어를 쭉 적어 보면 다음과 같은 목록이 만들어진다.

GWP1WAP

GWP1WAR

GWP1WAS

GWP1WBP

GWP1WBR

...

IYS1YCR

IYS1YCS

단어를 생성하는 알고리즘이 비교적 직관적이기 때문에 이 목록은 쉽게 만들 수 있다. 하지만 이 알고리즘을 정형화하는 것은 그리 쉽지 않다. 알파벳순으로 한 단어에서 다음 단어로 넘어가는 절차를 살펴보는 것부터 시작해보자.

알파벳순으로 첫 번째 단어를 알고 있기 때문에 어느 위치에서든 한 위치에서 다음 단어로 넘어가는 방법을 파악하면 모든 단어를 출력하는 알고리즘을 찾아낼 수 있다. 한 단어에서 다음 단어로 넘어가는 과정에서 한 가지 중요한 부분으로, 마지막 글자는 항상 바뀐다는 점을 생각할 수 있다. 계속해서 P-R-S가 순환되는 패턴을 돈다. 마지막 글자가 S에서 다시 P로 넘어갈 때마다 마지막에서 두 번째 글자가 바뀐다. 이 부분을 조금 더 자세히 살펴보고 특정한 규칙을 찾아낼 수 있을지 알아보자. 이번에도 예제를 시도해보는 것이 가장 좋을 듯하다. 아까 적어놓은 단어 목록보다 더 많은 단어들을 적어야 패턴이 보일 수도 있다(세 자리 전화번호를 가지고 만들 수 있는 단어를 전부 나열하거나 아까 예로 사용했던 전화번호를 가지고 목록을 좀 더 길게 만들어 봐도 된다). 어떤 경우에든 한 가지 사실은 분명해 보인다. 어떤 글자가 바뀌면 그 바로 오른쪽에 있는 글자가 모든 가능한 값을 한 번씩 지나가야만 원래 글자가 바뀐다. 반대로 어떤 글자가 낮은 값으로 바뀔 때마다 그 바로 왼쪽에 있는 글자가 다음 값으로 바뀐다.

이와 같은 사실로부터 볼 때 이 문제는 두 가지 경로를 통해 풀 수 있을 것으로 보인다. 첫 번째 글자부터 시작해서 오른쪽에 있는 글자에 영향을 미치도록 하거나 아니면 마지막 글자부터 시작해서 왼쪽에 있는 글자에 영향을 미치도록 하거나 둘 중 한 가지 방법을 택할 수 있다. 이 두 접근법이 모두 괜찮아 보이는데, 둘 중 하나를 선택해야 하므로 여기에서는 우선 전자의 방법을 택하고 어떻게 하면 될지 생각해보자.

이제 정확하게 무엇을 해야 하는지 따져봐야 한다. 어떤 글자가 바뀌면 그 바로 오른쪽에 있는 글자가 모든 가능한 값을 한 바퀴 돌아야만 그 글자가 다시 바뀔 수 있다는 관찰 결과를 바탕으로 문제를 풀려고 하는 상황이다. 이 사실을 가지고 알파벳순으로 한 단어에서 다음 단어로 어떻게 넘어가야 하는지를 결정하자. 관찰 결과를 정형화시키면 조금 나을 것 같은데, i 위치에 있는 글자를 바꾸면 i+1 위치에 있는 글자가 한 바퀴 돌아서 원래 값으로 돌아온다. i번째 요소와 i+1번째 요소가 서로 어떤 식으로 상호작용하는지를 바탕으로 알고리즘을 작성하면 재귀 호출과 관련된 문제일 가능성이 높으므로, 여기에서도 재귀적인 알고리즘을 만들어보도록 하자.

이미 알고리즘의 대부분은 완성된 상태이다. 각 글자가 다음 글자에 어떤 식으로 영향을 끼치는지 알고 있으므로 시작 방법과 기본 케이스만 알아내면 된다. 시작 조건을 찾아내기 위해 목록을 다시 살펴보면 첫 번째 글자는 한 바퀴만 돌아간다는 것을 알 수 있다. 따라서 첫 번째 글자를 돌리는 것부터 시작하면 두 번째 글자는 여러 번 돌아가게 되고 세 번째 글자도 여러 번 돌아가게 된다. 마지막 글자를 바꾸고 나면 다른 것은 돌릴 수 없으므로 재귀 호출을 종결시킬 수 있는 훌륭한 기본 케이스가 된다. 기본 케이스가 발생하면 알파벳순으로 다음 단어가 만들어진 것이므로 단어도 출력해야 한다. 전화번호에 0이나 1이 있는 경우는 특별 케이스이다. 같은 단어를 세 번 출력하면 안 되기 때문에 혹시 그런 경우가 발생하면 바로 다음으로 넘어가야 한다.

지금까지 설명한 내용을 정리하면 다음과 같다.

현재 숫자가 마지막 숫자를 지나버리면
　　마지막이므로 단어 출력
그렇지 않으면
　　현재 숫자를 나타낼 수 있는 세 글자에 대해
　　글자가 현재 자리를 나타내도록 한다.
　　다음 자리로 넘어가서 재귀 호출
　　현재 자리가 0이나 1이면 반환

자바로는 다음과 같이 구현할 수 있다.

```java
public class TelephoneNumber {
    private static final int PHONE_NUMBER_LENGTH = 7;
    private final int[] phoneNum;
    private char[] result = new char[PHONE_NUMBER_LENGTH];

    publicTelephoneNumber ( int[] n ) { phoneNum = n; }

    public void printWords(){ printWords( 0 ); }

    private void printWords( int curDigit ) {
        if ( curDigit == PHONE_NUMBER_LENGTH ) {
            System.out.println( new String( result ) );
            return;
        }
        for ( int i = 1; i<= 3; ++i ) {
            result[curDigit ] = getCharKey( phoneNum[curDigit], i );
            printWords( curDigit + 1 );
            if ( phoneNum[curDigit] == 0 ||
                phoneNum[curDigit] == 1) return;
        }
    }
}
```

이 알고리즘의 실행 시간은 어떻게 될까? 문자열을 출력하는 데 필요한 작업을
무시한다면 이 함수에서 제일 중요한 일은 글자를 바꾸는 것이다. 한 글자를 바꾸
는 일은 상수 시간 연산이다. 첫 번째 글자는 세 번 바뀌고, 두 번째 글자는 첫 번

째 글자가 한 번 바뀔 때마다 세 번씩 바뀌므로 총 아홉 번 바뀐다. 길이가 n인 전화번호라면 필요한 총 연산 횟수는 $3 + 3^2 + 3^3 + ... + 3^{n-1} + 3^n$이다. 최고차항만 따져보면 실행 시간은 $O(3^n)$이다.

이 상황에서는 재귀 호출 알고리즘이 그다지 도움이 되지 않아 보인다. 알고리즘을 정리한 부분을 보면 재귀 호출이 자연스러워 보인다. 스택 기반의 자료구조를 쓰면 재귀 호출을 반복적인 구현으로 고칠 수 있지만, 이 문제에 대해서는 아예 다른 알고리즘을 사용하는 더 나은 방법이 있을 것도 같다. 그리고 아까 발견한 내용을 보면 오른쪽에서 왼쪽으로 진행하는 다른 알고리즘을 만들 수도 있다는 것을 알 수 있다. 글자가 큰 글자에서 작은 글자로 바뀔 때마다 그 바로 왼쪽에 있는 글자가 커진다. 이 관찰 결과를 활용하여 재귀 호출을 쓰지 않는 풀이법을 찾아낼 수 있을지 알아보자.

이번에도 알파벳순으로 다음 단어를 결정하는 방법을 생각해보자. 오른쪽에서 왼쪽으로 진행하고 있기 때문에 어떤 단어가 알파벳순으로 다음 단어로 넘어갈 때 단어의 오른쪽에서 반드시 일어나야 하는 뭔가를 찾아야 한다. 이 문제를 처음 풀기 시작했을 때 발견했듯이 단어의 마지막 글자는 계속해서 바뀐다. 따라서 일단 마지막 글자를 계속해서 증가시키는 것부터 시작하는 게 좋을 듯하다. 마지막 글자가 큰 글자인 상태에서 증가시키면 마지막 글자가 낮은 글자로 리셋되고, 뒤에서 두 번째 글자가 증가된다. 그런데 뒤에서 두 번째 글자도 큰 글자인 상태라고 가정해보자. 앞에서 만들었던 목록을 살펴보고 그런 상태에서 무엇을 해야 할지 생각해보자. 목록을 보면 뒤에서 두 번째 글자를 낮은 글자로 리셋한 다음 뒤에서 세 번째 글자를 증가시켜야 한다는 것을 알 수 있다. 글자를 낮은 글자로 리셋시키지 않아도 될 때까지 이렇게 글자를 증가시키는 작업을 반복하면 된다.

이 정도면 알고리즘이 완성된 것 같은데, 작업을 시작하는 부분과 작업이 끝났는지를 판단하는 부분이 아직 남아 있다. 아까 목록을 만들 때 했던 것처럼 첫 번째 문자열을 수동으로 만들어서 시작하는 것도 나쁘지 않다. 작업이 끝났는지는 어떻게 판단할까? 아까 만든 목록에서 마지막 문자열을 증가시키면 모든 글자들이 낮은 글자로 리셋된다는 것을 알 수 있다. 그러므로 모든 글자들이 낮은 글자인지 확인하는 것도 한 방법이 될 텐데, 그 방법은 너무 비효율적이다. 첫 번째 글자는 모든 가능한 단어를 출력한 후에 딱 한 번 리셋된다. 따라서 첫 번째 글자가 리셋되면 모든 단어를 출력했다고 생각하면 된다. 그리고 이번에도 0이나 1이 있는 경우도 생각해봐야 한다. 0과 1에는 글자가 할당되어 있지 않기 때문에 증가될 수 없으므로, 0이나 1은 그냥 가장 높은 글자로 간주하고 바로 그 왼쪽에 있는 글자를 증가시키도록 해야 한다. 각 단계들을 대략적으로 써 보면 다음과 같다.

첫 번째 단어를 한 글자씩 만들어낸다.
무한 반복:
    단어 출력
    마지막 글자를 증가시키고 필요하면 왼쪽 글자도 증가시킴
    첫 번째 글자가 리셋되면 반복문 종료

이 반복적인 알고리즘을 자바로 구현하면 다음과 같다.

```java
public class TelephoneNumber {
    private static final int PHONE_NUMBER_LENGTH = 7;
    private final int [] phoneNum;
    private char[] result = new char[PHONE_NUMBER_LENGTH];

    publicTelephoneNumber ( int[] n ) { phoneNum = n; }

    public void printWords() {
        // 첫 번째 전화 단어로 결과 초기화
        for ( int i = 0; i< PHONE_NUMBER_LENGTH; ++i )
            result[i] = getCharKey( phoneNum[i], 1 );

        for ( ; ; ) { // 무한 반복
            System.out.println( new String( result ) );
```

```
/* 끝에서부터 시작해서 오른쪽에서 왼쪽으로 증가시킴 */
for ( int i = PHONE_NUMBER_LENGTH - 1; i >= -1; --i ) {
    if ( i == -1 ) // 맨 왼쪽 숫자를 넘어가면
        return;      // 끝내고 반환함

    /* 큰 값에서 시작해서 0과 1에 적용되는 특별 조건이
     * 바로 처리될 수 있도록 함
     */
    if ( getCharKey( phoneNum[i], 3 ) == result[i] ||
        phoneNum[i] == 0 || phoneNum[i] == 1 ) {
        result[i] = getCharKey( phoneNum[i], 1 );
        // break 문이 없기 때문에 다음 숫자로 계속 진행
    } else if ( getCharKey( phoneNum[i], 1 ) == result[i] ) {
        result[i] = getCharKey( phoneNum[i], 2 );
        break;
    } else if ( getCharKey( phoneNum[i], 2 ) == result[i] ) {
        result[i] = getCharKey( phoneNum[i], 3 );
        break;
    }
}
```

각 숫자의 세 가지 값을 변수에 저장해서 어떤 글자가 낮은 글자인지, 가운데 글
자인지, 높은 글자인지를 판단하기 위해 일일이 getCharKey 함수를 호출하지 않
도록 만들어도 좋다.

하지만 이렇게 하면 코드가 조금 더 복잡해지고, 코드가 JIT 컴파일러에서 최적화
되고 나면 실제 성능은 거의 차이가 없을 수도 있다.

이 알고리즘의 실행 시간은 어떻게 될까?

이 경우에도 한 글자를 바꾸는 일은 상수 시간 연산이다. 글자를 바꿔야 하는 회
수는 전과 똑같기 때문에 실행 시간도 여전히 $O(3^n)$이다.

요약

어떤 함수에서 직접적으로든 간접적으로든 자신을 다시 호출하면 재귀 호출이 된
다. 재귀 호출을 종결시키려면 하나 이상의 기본 케이스가 필요하다. 그렇지 않으
면 스택이 넘칠 때까지 알고리즘이 끝없이 무한 반복을 하므로 주의해야 한다.

원래 재귀적인 특성을 가지는 알고리즘이라면 재귀적으로 구현해야 한다. 재귀적
인 알고리즘 중에 반복적으로 구현할 수 있는 것도 있는데, 보통 재귀적으로 구현
한 것보다 반복적으로 구현한 쪽이 더 효율적이다.

정렬

정렬 알고리즘은 여러 용도로 쓰인다. 가장 쉽게 떠올릴 수 있는 것은 직원 명단을 사원 번호나 이름 철자 순으로 정렬하는 것처럼 데이터를 정돈해서 보여주기 위한 용도다. 또한 입력 데이터에 알고리즘을 적용하기 전에 데이터를 정렬하거나 알고리즘에서 사용할 데이터를 중간중간 다시 정렬하는 식으로 다른 알고리즘을 더 단순하게 또는 더 잘 돌아가도록 만들기 위한 용도로 쓰일 수도 있다.

정렬 알고리즘을 직접 코딩하는 경우는 거의 없다. 대부분 언어의 표준 라이브러리에는 적어도 하나 이상의 정렬 알고리즘(보통은 퀵소트)이 내장되어 있다. 일반적인 용도로는 그냥 이렇게 내장된 정렬 알고리즘을 쓰면 된다. 일반적인 정렬 알고리즘이 원하는 용도에 딱 맞지 않을 때는 필요에 따라 특화된 정렬 알고리즘을 간단하게 만들어서 써야 할 수도 있다.

정렬 알고리즘을 직접 구현할 일은 거의 없겠지만 각각의 차이와 장단점에 대해서는 알아둘 필요가 있다. 각 알고리즘마다 장점과 단점이 있고, 모든 경우에 대해 최선의 결과를 내는 알고리즘은 없다. 정렬 관련 문제는 알고리즘의 복잡도에서 메모리 사용에 이르기까지 다양한 사안을 알아보기 좋다는 장점 때문에 면접관이 좋아하는 문제이기도 하다.

정렬 알고리즘

정렬 알고리즘은 애플리케이션의 성능에 지대한 영향을 끼칠 수 있다. 특정 상황에 잘 맞을 만한 알고리즘이 다른 상황에서는 들어맞지 않을 수도 있다. 정렬 알고리즘을 선택할 때는 다음과 같은 점을 따져봐야 한다.

- **정렬할 데이터의 양** 데이터가 적을 때는 실행 시간이 거의 똑같기 때문에 어떤 알고리즘을 쓰든 상관이 없지만, 데이터가 많을 때는 최악의 경우에 실행 시간이 크게 달라질 수 있다. 보통은 데이터양이 적지만 가끔씩 아주 많은 양의 데이터를 처리해야 하는 상황도 염두에 두자. 그 코드에서 처리할 가능성이 있는 가장 큰 용량의 데이터에 대해서도 그럭저럭 쓸 만한 성능을 낼 수 있는 알고리즘을 선택해야 한다.

- **데이터와 메모리** 대부분 정렬 알고리즘은 처리할 데이터가 메모리에 있을 때만 효율적으로 돌아간다. 데이터가 너무 많아서 메모리에 다 올릴 수 없으면 조금씩 잘라서 정렬을 하고 잘라진 각 조각을 합쳐서 최종적으로 정렬된 데이터 모음을 만들어야 할 수도 있다.

- **데이터가 정렬된 정도** 이미 정렬된 목록에 새 데이터를 추가할 때는 효율이 좋지만 정렬되지 않은 목록에 대해서는 효율이 나쁜 알고리즘도 있다.

- **필요한 추가 메모리의 양** 배열에 있는 원소를 맞바꾸는 등의 방식으로 추가 메모리를 쓰지 않고 데이터를 정렬할 수 있는 알고리즘도 있다. 메모리가 빠듯할 때는 효율보다는 추가 메모리를 적게 쓰는 점을 고려해서 알고리즘을 골라야 할 수도 있다.

- **상대 위치 보존 여부** 정렬 면에서 볼 때 아무 상관없는 원소들의 상대적인 위치가 그대로 유지되는 알고리즘을 안정적인(stable) 알고리즘이라고 부른다. (즉, A와 B의 키 값이 똑같고, 원래 데이터 집합에서 A가 B보다 앞에 있다면 계속해서 A가 B보다 앞에 있는 경우, 그 알고리즘은 안정적인 알고리즘이다.) 보통 안정적인 쪽이 더 나은 편이긴 하지만, 성능을 위해 안정성을 희생해도 괜찮은 경우가 많다.

면접 때는 각 정렬 알고리즘 사이의 차이점에 대해 얼마나 잘 알고 있는지 알아보기 위한 목적으로 면접관이 그때 그때 조건을 바꿀 수도 있다.

보통 편의상 면접에 나오는 정렬 문제는 배열에 저장된 정수를 다루는 경우가 많다. 실전에서는 자료구조 자체는 훨씬 복잡하고 그중 일부 값에 의해 정렬 순서가 결정되는 경우가 많다. 정렬 순서를 결정하는 값을 키^{key}라고 부른다. 표준 라이브러리에 들어가 있는 정렬 알고리즘은 대부분 어떤 키가 다른 한 키에 비해 큰지 같은지 작은지 결정할 수 있는 방법을 제공하는 비교 알고리즘을 바탕으로 돌아간다. 비교 알고리즘 중에 최악 조건의 실행 시간이 $O(n \log(n))$보다 빠른 알고리즘은 없다.

선택 정렬

선택 정렬$^{Selection\ Sort}$은 가장 단순한 정렬 알고리즘 가운데 하나로 꼽힌다. 배열(또는 리스트)의 첫 번째 원소에서 시작하여 배열 전체를 훑으면서 가장 작은 키를 가지는 원소를 찾아서 첫 번째 원소와 맞바꾼다. 두 번째 원소로 넘어가면서 마지막 원소에 이르기까지 같은 작업을 반복한다.

위 설명을 보면 아래에 있는 selectionSortRecursive 메서드에 나와 있는 것과 같은 재귀적인 접근법이 적절해 보인다.

```java
// 재귀적인 선택 정렬로 배열을 정렬
public static void selectionSortRecursive( int[] data ){
    selectionSortRecursive( data, 0 );
}

// 주어진 인덱스에서 시작하는 부분 배열을 정렬
private static void selectionSortRecursive( int[] data, int start ) {
    if ( start < data.length - 1 ){
        swap( data, start, findMinimumIndex( data, start ) );
        selectionSortRecursive( data, start + 1 );
    }
}
```

위에 있는 코드는 최솟값의 인덱스를 찾아내는 findMinimumIndex, 두 원소를 맞바꾸는 swap, 이렇게 두 보조 루틴이 있어야만 돌아간다.

```java
// 주어진 인덱스에서 시작하여 최솟값을 가지는 위치를 찾아냄
private static int findMinimumIndex( int[] data, int start ) {
    int minPos = start;

    for ( int i = start + 1; i < data.length; ++i ){
        if ( data[i] < data[minPos] ){
            minPos = i;
        }
    }
    return minPos;
}

// 배열의 두 원소를 맞바꿈
private static void swap( int[] data, int index1, int index2 ){
    if ( index1 != index2 ){
```

```
        int tmp = data[index1];
        data[index1] = data[index2];
        data[index2] = tmp;
    }
}
```

꼬리 재귀 호출 부분을 반복문으로 고치고 두 보조 함수를 인라인 함수로 바꾸면 좀 더 최적화할 수 있다.

선택 정렬의 효율은 어느 정도일까? 비교 횟수를 따져 보면 첫 번째 맞바꿀 때는 n-1 번, 그다음에는 n-2 번, 그다음에는 n-3 번 같은 식이 된다. 따라서 총 비교 횟수는 $(n-1)+(n-2)+...+1$ 이므로 $n(n-1)/2$ 임을 알 수 있다. 따라서 이 알고리즘은 최선, 평균, 최악의 경우 모두 $O(n^2)$이다. 처음 시작할 때의 정렬 상태는 비교 횟수에는 전혀 영향을 끼치지 않는다. 계속 보면 알겠지만, 선택 정렬보다 효율이 좋은 알고리즘이 많이 있다.

선택 정렬의 장점은 원소를 맞바꾸는 횟수가 최대 n-1 번이라는 점이다. 데이터 원소를 움직이는 게 비교 작업에 비해 느리다면 선택 정렬의 성능이 다른 알고리즘보다 좋을 수 있다. 알고리즘의 효율은 최적화 기준에 따라 달라질 수 있다.

선택 정렬은 제자리 정렬 알고리즘이며, 일반적인 선택 정렬 코드는 불안정하다. 위에 적어놓은 코드도 마찬가지다.

삽입 정렬

또 다른 간단한 정렬 알고리즘으로 삽입 정렬Insertion Sort이 있다. 마치 카드를 정렬할 때와 마찬가지로, 한 번에 한 원소씩 이미 정렬된 다른 원소들과 비교하여 새 원소를 제 위치에 삽입하는 식으로 정렬된 배열을 만든다.

삽입 정렬은 다음과 같은 식으로 단순하게 구현할 수 있다.

```
// 단순한 삽입 정렬 알고리즘으로 배열을 정렬함
public static void insertionSort( int[] data ){
    for ( int which = 1; which < data.length; ++which ){
        int val = data[which];
        for ( int i = which- 1 ; i >= 0; —i ){
            if ( data[i] > val ){
                data[i + 1] = data[i];
                data[i] = val;
            } else {
                Break;
            }
        }
    }
}
```

선택 정렬과 달리 삽입 정렬은 최선의 경우, 즉 리스트가 이미 정렬돼 있을 때, $O(n)$이다. 이미 정렬된 리스트에 새 원소를 추가할 때는 삽입 정렬이 매우 효율적이다. 그러나 평균 및 최악의 경우에는 $O(n^2)$이기 때문에 무작위로 정렬된 많은 데이터를 처리하기에는 좋은 알고리즘이라고 할 수 없다.

위와 같은 식으로 구현했을 때 삽입 정렬은 안정적인 제자리 정렬 알고리즘으로, 소량의 데이터 집합을 처리할 때 강점을 발휘하기 때문에 다른 더 복잡한 정렬 알고리즘을 만드는 기본 단위로도 많이 쓰인다.

퀵 정렬

퀵 정렬Quicksort에서는 데이터 집합 내에서 한 피벗 값pivot value을 고른 다음 그걸 기준으로 집합을 두 개의 부분집합으로 나눈다. 한쪽 부분집합에는 피벗 값보다 작은 것만, 다른 부분집합에는 큰 것만 넣는다. 더 이상 쪼갤 부분집합이 없을 때까지 각각의 부분집합에 대해 피벗/쪼개기 작업을 재귀적으로 적용한다. 그렇게 하고 나면 최종적으로 정렬된 데이터 집합이 만들어진다.

이 알고리즘을 아주 기초적으로 구현하면 다음과 같다.

```
// 간단하긴 하지만 효율이 떨어지는 퀵 정렬 구현법
public static void quicksortSimple( int[] data ){

    if ( data.length < 2 ){
        return;
    }

    int pivotIndex = data.length / 2;
    int pivotValue = data[ pivotIndex ];

    int leftCount = 0;

    // 피벗보다 작은 원소 개수 세기

    for ( int i = 0; i < data.length; ++i ){
        if ( data[ i ] < pivotValue ) ++leftCount;
    }

    // 배열 할당 및 부분집합 만들기

    int[] left = new int[ leftCount ];
    int[] right = new int[ data.length - leftCount - 1 ];
    int l = 0;
    int r = 0;

    for ( int i = 0; i < data.length; ++i ){
        if ( i == pivotIndex ) continue;

        int val = data[ i ];

        if ( val < pivotValue ){
            left[ l++ ] = val;
        } else {
            right[ r++ ] = val;
        }
    }

    //부분집합 정렬

    quicksortSimple( left );
```

```
    quicksortSimple( right );

    // 정렬된 배열들과 피벗을 합쳐서 원래 배열로 만듦

    System.arraycopy( left, 0, data, 0, left.length );
    data[ left.length ] = pivotValue;
    System.arraycopy( right, 0, data, left.length + 1, right.length );
}
```

위에 있는 코드는 퀵 정렬 원리를 잘 보여주긴 하지만, 초기 배열을 두 번 훑어야 하고 새 배열을 할당하고 결과를 새 배열에서 원래 배열로 복사하기 때문에 효율이 떨어진다.

퀵 정렬은 어떤 피벗 값을 고르는지에 따라 성능이 결정된다. 가장 이상적인 피벗 값은 전체 데이터를 절반씩으로 쪼갤 수 있는 값이다. 피벗 값을 고르고 배열을 쪼갤 때마다 각 원소에 대해 상수 시간 연산을 적용해야 한다. 각 원소마다 이 작업을 몇 번씩 할까? 최선의 경우에는 재귀 호출이 이뤄질 때마다 부분 리스트의 크기가 절반씩으로 줄고, 부분 리스트의 크기가 1이 되면 재귀 호출이 끝난다. 즉 각 원소에 대해 상수 시간 연산을 하는 횟수는, n을 1이 나올 때까지 반복해서 2로 나누는 횟수, 즉 $\log(n)$이다. n개의 원소에 대해 $\log(n)$ 번씩 연산을 수행하므로 최선의 경우의 복잡도는 $O(n \log(n))$이다.

하지만 피벗을 잘못 고르면 어떻게 될까? 최악의 경우라면 데이터 집합의 최솟값을 피벗 값으로 고를 것이고, 그러면 한쪽 부분집합은 빈 집합이고 다른 부분집합에는 n−1개(피벗을 제외한 나머지)가 들어간다. 그러면 재귀 호출 횟수가 $O(n)$이고(균형이 전혀 잡히지 않은 트리는 연결 리스트와 똑같아지는 것과 마찬가지), 최악의 경우의 복잡도는 $O(n^2)$이 된다. 이는 선택 정렬이나 삽입 정렬과 마찬가지 속도다.

평균적으로는 거의 어떤 피벗 값을 고르든 데이터 집합을 두 개의 공집합이 아닌 부분집합으로 나눌 것이기 때문에 재귀 호출 횟수는 $O(\log(n))$에서 $O(n)$ 사이가 된다. 여기에 옮기진 않겠지만, 좀 더 수학적으로 엄밀하게 계산하면 대부분의 경우 한 원소를 처리하는 횟수가 여전히 $O(\log(n))$이기 때문에 퀵 정렬의 평균 복잡도는 $O(n\log(n))$이라는 결론을 내릴 수 있다.

완전히 무작위적인 데이터의 경우 피벗 값이 위치와 무관하기 때문에 어떤 피벗 값을 선택하든 차이가 없고, 결과적으로 어떤 위치에 있는 값을 피벗으로 골라도 무방하다. 하지만 데이터가 이미 완전히, 또는 거의 정렬되어 있다면 데이터 집합 중앙에 있는 값을 선택하면 각 부분집합에 각각 절반씩의 데이터가 들어가므로 정렬된 데이터의 경우에는 $O(n\log(n))$ 복잡도가 보장된다. 정렬된 데이터의 경우에는 중앙에 있는 값을 고르는 게 최선의 선택이고, 정렬되지 않은 데이터의 경우에도 중앙에 있는 값을 고른다고 해서 다른 위치에 있는 값을 고르는 경우에 비해 특별히 손해볼 일이 없기 때문에 대부분 퀵 정렬 구현에서 중앙에 있는 값을 피벗으로 선택한다.

앞에 나와있는 코드를 포함하여 퀵 정렬 구현 방법은 대부분 불안정하다.

합치기 정렬

합치기 정렬^{merge sort}은 데이터 집합을 둘 이상의 부분집합으로 가르고, 각 부분집합을 정렬한 다음 부분집합들을 다시 정렬된 형태로 합치는 방식으로 정렬을 하는 분할정복형 알고리즘이다.

이 알고리즘은 다음과 같이 재귀적으로 구현할 수 있다.

```
// 단순하지만 효율이 떨어지는 합치기 정렬 코드
public static void mergeSortSimple( int[] data ){

    if ( data.length < 2 ){
        return;
    }

    // 배열을 크기가 거의 같은 두 개의 부분배열로 가른다

    int   mid = data.length / 2;
```

```
    int[] left = new int[ mid ];
    int[] right = new int[ data.length - mid ];

    System.arraycopy( data, 0, left, 0, left.length );
    System.arraycopy( data, mid, right, 0, right.length );

    // 각 부분배열을 정렬한 다음 결과를 합친다

    mergeSortSimple( left );
    mergeSortSimple( right );

    merge( data, left, right );
}

// 두 작은 배열을 하나의 큰 배열로 합친다
private static void merge( int[] dest, int[] left, int[] right ){
    int dind = 0;
    int lind = 0;
    int rind = 0;

    // 양쪽에 모두 원소가 있는 상태에서 배열을 합침
    while ( lind < left.length && rind < right.length ){
        if ( left[ lind ] <= right[ rind ] ){
            dest[ dind++ ] = left[ lind++ ];
        } else {
            dest[ dind++ ] = right[ rind++ ];
        }
    }

    // 아직 원소가 남은 배열에 있는 값을 복사함
    while ( lind < left.length )
        dest[ dind++ ] = left[ lind++ ];

    while ( rind < right.length )
        dest[ dind++ ] = right[ rind++ ];
}
```

거의 정렬된 두 배열을 하나의 정렬된 배열로 합치는 merge 메서드에서 대부분의 작업이 진행된다.

어떤 정해진 크기보다 작은 부분배열을 다른 알고리즘으로 정렬하는 방식은 혼합형 합치기 정렬hybrid merge sort이라고 부른다. 예를 들어 원래 다음과 같았던 종료 조건을

```
if ( data.length < 2 ){
    return;
}
```

다음과 같이 삽입 정렬로 바꾸면 mergeSortSimple 메서드를 혼합형 알고리즘으로 바꿀 수 있다.

```
if ( data.length < 10 ){ // 경험을 바탕으로 정한 적당히 작은 값
    insertionSort( data );
    return data;
}
```

삽입 정렬은 합치기 정렬에 비해 대체로 오버헤드도 적고 데이터 집합이 아주 작을 때 더 빠른 편이기 때문에 위와 같은 최적화 방법을 쓰는 경우가 흔하다.

다른 대부분의 정렬 알고리즘과 달리 합치기 정렬은 데이터 집합이 메모리에 한 번에 올리기에 너무 너무 클 때 쓰기 좋은 방법이다. 보통은 큰 파일에 있는 내용을 여러 개의 더 작은 파일로 나눈다. 각각의 작은 파일을 메모리로 읽어들여서 적당한 알고리즘으로 정렬한 다음 다시 파일로 저장한다. 그리고 정렬된 파일을 입력 받아서 바로 최종 출력 파일에 결과를 기록하는 식으로 합치기 작업을 처리한다.

합치기 정렬의 최고, 최저, 평균 실행시간은 모두 $O(n \log(n))$이기 때문에 정렬 시간의 상한을 철저하게 지켜야 할 때 매우 좋다. 하지만 다른 알고리즘과 비교했을 때 $O(n)$ 수준의 메모리가 추가로 필요하다는 단점도 있다.

일반적인 (속도를 최우선으로 짠) 합치기 정렬 구현법은 안정적이긴 하지만 제자리 정렬 알고리즘은 아니다.

정렬 문제

정렬 문제로는 특정 상황이 주어졌을 때 가장 적절한 알고리즘을 고르는 문제, 표준 알고리즘에 특정한 기능을 추가하는 문제 같은 것이 잘 나온다.

최적의 정렬 알고리즘

정렬할 때 가장 적합한 알고리즘은 무엇인가?

조금 조심해야 하는 문제다. 핵심은 아무 생각 없이 퀵 정렬 같은 특정 알고리즘이라고 답하지 않는 것이다. 만약 그렇게 대답한다면 면접관이 내가 답한 알고리즘으로는 잘 처리할 수 없는 상황을 얘기하고는 여전히 그 알고리즘이 가장 좋은지 되물을 것이다. 그런 함정에 빠지지 말아야 한다.

각 정렬 알고리즘마다 장단점이 있기 때문에 특정 상황에서 최선의 알고리즘을 고르기 위해서는 주어진 문맥을 완벽하게 이해할 필요가 있다. 면접관에게 정렬할 데이터, 정렬 조건, 정렬을 처리할 시스템 등에 대해 물어보자. 특히 다음과 같은 사항은 반드시 파악해야 한다.

- 어떤 데이터인가요? 데이터가 이미 거의 또는 완전히 정렬된 건가요? 데이터 집합의 크기는 보통 어느 정도인가요? 중복된 키 값이 있을 수 있나요?
- 정렬 조건이 어떻게 되나요? 최선, 최악, 평균 중 어느 상황에 맞춰서 최적화해야 할까요? 정렬 안정성을 만족시켜야 하나요?
- 어떤 시스템인지 알 수 있을까요? 정렬해야 하는 데이터의 최대치가 사용 가능한 메모리 크기랑 비교해서 더 큰가요, 비슷한가요, 아니면 더 작은가요?

이런 질문만 제대로 해도 내가 정렬 알고리즘에 대해 어느 정도 알고 있는지 보여 줄 수 있다. (이 책을 쓴 사람 중 한 명은 실제 면접 때 이런 질문을 받고는 "혹시 데이터에 대해 좀 더 얘기해 주실 수 있을까요?"라고 되물은 적이 있다. 그때 면접관은 "정답입니다"라고 답하고는 바로 다음 문제로 넘어갔다.) 보통 이런 질문을 하면 면접관이 물음에 답하면서 특정 알고리즘이 다른 알고리즘에 비해 더 나을 수 있는 상황을 제시할 것이다.

면접 문제

> 마스터 디렉터리 서버에서는 여러 부서별 디렉터리 서버로부터 사용자 ID를 기준으로 정렬된 계정 목록을 수신한다. 이 서버에서 모든 계정을 사용자 ID를 기준으로 정렬된 상태로 합쳐두는 마스터 목록을 만들 때 가장 좋은 접근법은?

가장 단순한 방법은 모든 하위 목록을 쭉 이어 붙인 다음 퀵 정렬 같은 일반적인 정렬 알고리즘을 적용해서 합쳐진 목록을 만드는 방법이다. 그러면 실행 시간이 $O(n \log(n))$이 된다. (n은 모든 부서의 목록을 합친 목록의 크기)

더 효율적인 해결책을 찾기 위해서는 데이터에 대한 어떤 정보가 있어야 할까? 이 경우에는 각각의 하위 목록이 정렬되어 있다는 걸 알고 있다. 이걸 어떻게 써 먹을 수 있을까? 합치기 정렬을 쓸 수 있지 않을까? 지금 이 문제의 상황은 재귀 호출을 통해 각각의 하위 목록이 정렬되어 있는, 합치기 정렬의 마지막 단계와 비슷하다. 이제 각 목록을 합치기만 하면 된다. 합치기 정렬에서 이 작업은 $O(n)$이기 때문에 이 전략을 활용하면 $O(n)$ 정렬이 가능해 보인다. 하지만 정말 그럴까?

합치기 정렬에서 하는 합치기 연산과 여기에서 해야 하는 합치기 작업이 어떻게 다른지 생각해보자. 합치기 정렬에서는 항상 두 목록을 합치기 때문에 각 목록의 다음 항목을 한 번씩 비교하면 된다. 이 문제에서는 각 서버당 하나의 목록을 합친다. 합칠 목록이 여러 개 있을 때 모든 목록의 다음 원소들을 비교하고 그 다음으로 작은 키를 찾아내는 건 그리 간단한 일이 아니다. 각 목록의 다음 원소를 훑어가는 단순한 접근법을 택한다면 목록이 k개 있다고 할 때 훑기 연산은 $O(k)$가 된다. 정렬할 모든 원소에 대해 이 작업을 반복해야 하므로 전체적으로 따져보면 이 알고리즘은 $O(kn)$이다. 목록을 만들어내는 서버 개수(k)가 작다면 목록을 이어 붙인 다음에 퀵 정렬을 하는 것보다 빠르겠지만 서버 개수가 커지면 $O(n \log(n))$보다 효율이 떨어지기 십상이다. 어떻게 하면 이 방법을 살려낼 수 있을까?

모든 원소를 확인해야 하기 때문에 n이 곱해지는 건 피할 수 없다. 대신 각 서버에서 다음 원소를 훑으면서 k가 곱해지는 부분에 집중해보자. 일련의 원소들이 주어져 있고 그중에서 가장 작은 원소를 찾아야 한다. 이런 문제를 해결할 때 쓸 수 있는 것이 힙^{heap}이다. 각 목록의 다음 원소들을 모아 최솟값 힙을 만들면 합칠 다음 원소를 효율적으로 찾아낼 수 있다. 합칠 다음 원소를 찾을 때마다 그 원소를 힙에서 제거하고 새 원소를 힙에 추가해야 한다. 이 작업은 모두 로그 시간 연산이다. 하지만 힙에는 모든 원소가 아닌 각 목록의 다음 원소만 집어넣으면 되기 때문에 $O(\log(n))$, 또는 각 목록의 다음 원소를 모두 확인하는 $O(k)$가 아닌 $O(\log(k))$ 연산이 된다. 따라서 전체 실행 시간은 $O(n \log(k))$로 퀵 정렬보다 빠르다(서버 개수가 계정 개수보다 작다는 가정이 필요하지만, 이 정도면 합당한 가정이라고 할 수 있다). 이때 힙에 추가할 원소를 어디에서 가져오는가 하는 것도 구현에 있어서 중요한 문제인데, 힙에서 제거한 원소가 속해 있던 목록의 다음 원소를 가져와서 힙에 집어넣어야 한다. 이렇게 하려면 힙에 있는 원소가 어떤 목록에서 나온 것인지 추적해야 한다.

이 방법에는 어떤 한계가 있을 수 있을까? 실행 시간이 빨라지긴 했지만 합치기 작업할 때 각 레코드를 메모리에 저장하는 데 필요한 공간 외에도 $O(n)$만큼 임시 공간이 추가로 필요하다. 그런 공간을 감당할 수 있다면 매우 훌륭한 답이 될 수 있다.

면접관이 서버의 메모리가 **빡빡**해서 정렬하는 데 $O(n)$만큼의 메모리를 추가로 쓸 여력이 안 된다고 하면 어떻게 해야 할까? 저장 공간 면에서 보면 제자리 정렬 알고리즘이 효율적이다. $O(n)$ 규모의 보조 저장소 없이도 하위 목록을 이어붙일 수 있다면 (예를 들어 처음부터 큰 버퍼 하나로 받을 수도 있다) 가장 간단한 방법으로 돌아가서, 제자리 퀵 정렬 같은 제자리 정렬 알고리즘을 사용하는 것도 좋다. 성능은 좀 떨어질지 모르지만 $O(n \log(n))$이 $O(n \log(k))$에 비해 끔찍하게 느린 건 아니니 말이다.

이 문제에 대한 논의를 끝내기 전에 왜 합치기 정렬을 하는 데 추가 공간이 필요한지 생각해보자. 각각의 하위 목록은 메모리에 들어가야 하기 때문에 n개의 레코드를 담아두기 위한 저장 공간이 필요하다. 그리고 합친 결과를 저장하기 위해 n개의 레코드를 저장하기 위한 임시 버퍼가 추가로 필요하다. 출력 버퍼에 관한 요건은 어떻게 할 수 있는 방법이 없어 보이지만, 하위 목록을 메모리에 넣어야만 하는 것인지는 다시 생각해볼 여지가 있다. 하위 목록은 이미 정렬되어 있기 때문에 합치는 작업을 할 때 각 하위 목록의 다음 항목을 가져오기만 하면 된다. 물론 여전히 n개의 모든 계정의 레코드를 저장할 공간이 필요하긴 하지만 하위 목록을 수신하는 대로 바로 합친다면 크기 n인 버퍼가 추가로 필요한 건 아니다. (정보를 보내는 각 서버마다 조그만 버퍼를 만들어 둘 필요는 있을 테니 부서별 서버가 k개 있다면 $O(k)$ 수준의 추가 메모리가 필요하긴 할 것이다.) 이는 온라인 알고리즘의 한 예로, 모든 데이터를 받아야만 처리할 수 있는 일반 알고리즘과 달리 데이터를 쓸 수 있게 되는대로 바로바로 처리하는 알고리즘을 온라인 알고리즘_{online algorithm}이라고 부른다.

온라인 접근법에도 단점은 있다. 버퍼가 넘치지 않도록 합치기 작업을 처리하는 코드와 부서별 서버와 통신하기 위한 코드를 통합해야 하기 때문에, 복잡도가 올라가고 모듈화는 저해될 수밖에 없다. 그리고 부서별 서버 가운데 하나가 처리 도중에 문제가 생겨서 데이터를 보내오지 않으면 전체 작업이 중단된다. 어떤 식으로 하든 각기 장단점이 있겠지만, 제대로 제어된 환경하에서는 이런 방법이 최선일 수 있다.

면접 문제

어떤 제조공장을 모니터하는 시스템에서 품질 관리를 할 때 불량이 난 모든 항목의 일련번호를 목록으로 저장해 둔다고 하자. 근무 시간 동안 공장이 가동되는 중에는 새 일련번호를 목록 맨 뒤에 덧붙인다. 그리고 매일 밤 배치 작업을 돌려서 목록을 다시 정렬한다. 이때 쓸 수 있는 가장 좋은 정렬 알고리즘은?

전날 정돈한 일련번호까지는 이미 정렬이 되어 있고, 그 날 새로 추가된 일련번호만 정렬이 안 되어 있다. 보통 일련번호는 순차적으로 매기는 걸 감안하면 새로 추가된 일련번호도 어느 정도는 정렬이 되어 있을 가능성이 높다. 공장을 몇 주 정도 가동하고 나면 목록 전체 크기에 비해 매일 추가되는 데이터양이 훨씬 적을 것이라고 가정해도 전혀 문제가 없다.

정리하면, 이 문제는 소수의 정렬되지 않은 항목들을 커다란 정렬된 목록에 추가하는 문제라고 할 수 있다. 그리고 이런 문제에는 삽입 정렬이 제격이다. 삽입 정렬이 최선의 속도인 $O(n)$이 나오는 상황과 거의 비슷해 보인다. 하지만 잠시 멈추고 삽입 정렬의 다른 성질을 따져 보면서 혹시 삽입 정렬을 쓰면 안 될 이유는 없을지 생각해보자. 삽입 정렬은 안정적이고 제자리 정렬 알고리즘이기 때문에 그 부분에서는 별 문제가 없다. 최악 및 평균 성능은 $O(n^2)$인데, 이건 문제가 될 수 있다. 여기 주어진 상황에서는 정렬되지 않은 항목이 보통 아주 적은데, 이 경우에는 거의 $O(n)$ 수준의 성능이 나올 수도 있겠지만 갑자기 공장에 문제가 생겨서 불량이 많이 발생하기라도 한다면 거의 $O(n^2)$에 가깝게 속도가 떨어질 수도 있을 것이다. 이런 상황에서 가끔씩 정렬하는 데 시간이 오래 걸리는 것도 상관없을지 면접관에게 질문해보고, 그래도 괜찮다면 삽입 정렬을 그냥 선택해도 좋고, 그렇지 않다면 다른 알고리즘을 찾아볼 필요가 있다.

최악 상황의 성능인 $O(n^2)$을 받아들일 수 없다고 해보자. 이런 경우에 어떤 다른 알고리즘을 쓸 수 있을까? 데이터 대부분은 이미 정렬돼 있고 정렬되지 않은 항목을 조금 추가하는 상황이라는 가정하는 대신, 제법 큰 정렬된 목록과 비교적 작고 부분적으로만 정렬되어 있을 수 있는 목록, 이렇게 두 개의 목록을 정렬한다고 가정하자. 정렬된 목록은 빠르게 합칠 수 있기 때문에 조그만 목록(새로 추가된 일련번호 목록)을 정렬한 다음 두 목록을 합치는 방법을 쓸 수 있다. 어차피 합치기 작업을 해야 하기 때문에 아예 작은 목록도 합치기 정렬로 정렬하는 것도 한 방법이다. 이때 최악의 상황에서의 속도는 어느 정도일까? 정렬된 기존 목록의 길이가 l이고 정렬되지 않은 새 목록의 길이가 m이라고 한다면, 새 목록을 정렬하는 데는 $O(n \log(m))$ 수준의 시간이 걸리고, 합치는 데는 $O(l + m)$ 수준

의 시간이 걸린다. 이 둘을 합치면 $O(l + m \log(m))$이 된다. $O(l + m)$ 규모
의 메모리가 추가로 필요하다는 단점이 있긴 하지만, 속도를 정말 올려야 한다면
그 정도는 감수할 수 있어야 할 것이다.

여러 종류의 데이터를 정렬해야 하는데, 그 데이터에 대해 아는 게 거의 없다. 데이터 집
합이 크진 않아서 메모리에 전부 들어갈 수 있지만 각각의 크기는 많이 다를 수 있다. 어
떤 정렬 알고리즘을 쓰는 게 좋을까?

아까 나온 첫 번째 문제에서 바로 퀵 정렬이라고 답한 사람도 있을 텐데, 이 문제
가 바로 그런 답을 할 만한 문제다. 정렬할 데이터에 대해 아는 게 거의 없이 그냥
정렬해야 하는 상황이 매우 흔하게 발생하곤 하는데, 이런 경우에는 일반적인 속
도만 생각해서 정렬할 수밖에 없다. 주어진 문제가 그냥 일반적인 정렬 문제인지
확실히 따져보고, 혹시 조금 더 특화된 정렬 알고리즘을 선택할 만한 근거가 있는
데 놓치고 있는 건 아닌지 다시 한 번 살펴보자.

어떤 게 들어올지 모른 채로 다양한 데이터에 대해 정렬 성능을 최적화하는 일은
프레임워크나 표준 라이브러리를 개발하는 사람들이 종종 접하게 되는 문제고,
자바의 `Arrays.sort()` 같은 메서드를 만들 때도 마찬가지로 적절한 알고리즘
을 선택해야 했을 것이다. 이런 루틴에서는 일반적인 데이터 집합의 경우 합치기
정렬(안정성이 중요한 경우)이나 퀵 정렬(안정성이 중요하지 않은 경우)을 쓰는
편이고, 데이터 집합이 아주 작은 경우(n 값이 약 10 미만인 경우)에는 삽입 정
렬을 쓰기도 한다.

면접관이 정렬 알고리즘을 선택하는 문제를 낼 때는 답이 무엇인지를 보려는 게
아니다. 면접자가 어떤 상황에서도 가장 좋다고 할 수 있는 정렬 알고리즘은 없다
는 점을 잘 알고 있는지, 얼마나 많은 정렬 알고리즘을 알고 있는지, 그런 지식을
잘 활용해서 적절한 알고리즘을 선택하고 각 알고리즘의 실행 시간과 메모리 요
구사항 등을 현명하게 논할 줄 아는지가 바로 면접관이 보고자 하는 부분이다.

안정적인 선택 정렬

면접 문제

안정적인 버전의 선택 정렬을 구현하라.

이 문제를 풀려면 선택 정렬이 무엇인지 알 필요가 있다. 기억이 안 난다면 면접 관에게 물어보자. 앞에서도 이미 설명했지만 간단하게 다시 설명하면, 선택 정렬 은 아직 정렬되지 않은 값을 쭉 훑어서 가장 낮은 키값을 찾은 다음 그 가장 낮은 키와 이미 정렬된 값들 바로 다음에 있는 값을 맞바꾸는 방식이다. 보통은 다음과 같은 식으로 구현한다.

```java
// 반복문을 쓰는 선택 정렬로 배열을 정렬하는 코드
public static void selectionSort( int[] data ){
    for( int start = 0; start < data.length - 1; ++start ){
        swap( data, start, findMinimumIndex( data, start ) );
    }
}
```

이 알고리즘을 안정적으로 만들어야 한다. 안정적인 정렬 방법의 정의를 다시 떠 올려 보자. 안정적인 정렬 알고리즘이란 키가 같은 원소의 순서를 입력된 순서 그대로 유지시켜주는 정렬 알고리즘을 뜻한다. 같은 키 값을 가지는 두 개의 원 소 a_1, a_2가 있을 때, 원본 데이터 집합에서 a_1이 a_2보다 앞에 있으면 안정적인 정 렬 알고리즘으로 정렬을 하고 나면 정렬된 데이터에서도 a_1이 a_2보다 앞에 있어 야 한다.

아마 선택 정렬의 표준적인 구현 방식은 불안정한 정렬 방식이라는 것을 기억하 고 있을 것이다. 혹시 그게 기억이 안 나더라도 문제를 읽어보면 아마 일반적인 방식은 불안정한가보다 하는 느낌이 들 것이다. 불안정한 결과가 나올 만한 예, $[5_1, 3, 5_2, 2]$를 한 번 살펴보자. 정렬을 돌리고 나면 $[2, 3, 5_2, 5_1]$이 만들어진 다. 두 개의 같은 키를 가지는 값의 순서가 뒤집혔다. 아무래도 키를 서로 맞바꾸 기 때문에 정렬이 불안정해지는 것으로 보인다. 정렬되지 않은 키가 정렬되고 있는 키가 있던 자리로 맞바뀌어 들어가면서 그 정렬되지 않은 키의 다른 정렬되지 않은 키들에 대한 상대적인 위치 정보를 잃어버리고 말기 때문이다. 이런 맞바꾸기 작업이 반복되기 때문에 정렬이 진행되면서 정렬되지 않은 키의 순서가 계속 뒤바뀐다. 따라서 맞바꾸는 과정을 없앨 수 있다면 정렬 알고리즘을 안정적으로 고칠 수 있다.

표준적인 불안정한 선택 정렬에서 키를 맞바꾸는 이유는 그게 정렬되는 키가 들어갈 공간을 만들 수 있는 가장 쉬우면서도 효율적인 방법이기 때문이다. 그럼 맞바꾸는 작업을 하지 않으면서 공간을 만들 수도 있을까? 정렬되는 키를 삽입한다면 정렬되지 않은 키의 순서를 그대로 유지할 수 있다. 물론 옮겨진 키를 원래 자리에서 삭제하는 일도 해야 한다. 하지만 배열에서는 임의의 원소를 삽입하거나 삭제할 수가 없다. 옆에 있는 원소들을 옮겨야 공간을 만들거나 없앨 수 있다. 지금 상황에서도 마찬가지로 정렬되는 키의 원래 위치와 삽입할 위치 사이의 모든 원소들을 한 칸씩 오른쪽으로 움직임으로써 삭제와 삽입을 할 수 있다.

편의상 int 배열을 정렬하는 코드를 구현하긴 하겠지만, 그냥 단순히 int 값만 정렬하는 거라면 안정적인 정렬과 불안정한 정렬을 구분할 수 없을 것이라는 점은 면접관에게 분명하게 얘기해 둘 필요가 있다. 안정적인 정렬과 불안정한 정렬은 더 큰 레코드나 객체의 한 부분을 키로 잡아서 쓸 때만 그 차이점이 나타난다. 키 값이 똑같아도 객체 전체가 똑같은 건 아닌 상황에서만 의미가 있기 때문이다. 어쨌든 int 배열을 정렬하는 안정적인 선택 정렬은 다음과 같은 식으로 구현할 수 있다.

```
// 안정적인 선택 정렬
public static void selectionSortStable( int[] data ){
    for ( int start = 0; start < data.length - 1; ++start ){
        insert( data, start, findMinimumIndex( data, start ) );
    }
}

// 배열을 옆으로 밀어내는 방식으로 데이터를 삽입
private static void insert( int[] data, int start, int minIndex ){
```

```
    if ( minIndex > start ){
        int tmp = data[minIndex];
        System.arraycopy( data, start, data, start +1 , minIndex - start);
        data[start] = tmp;
    }
}
```

이렇게 만든 안정적인 버전의 선택 정렬에서는 O(1)으로 빠른 맞바꿈 작업 대신 O(n)으로 느린 배열 삽입/삭제 작업(System.arraycopy 메서드 사용)을 해야 한다. 어차피 각 키에 대해서 O(n) 작업(findMinimumIndex)을 하고 있었기 때문에 다른 O(n) 작업을 추가한다고 해서 전체 속도가 느려지는 건 아니지만 — 여전히 O(n²) — 빠른 연산을 훨씬 느린 연산으로 바꿨기 때문에 실제 실행 시간이 늘어나는 건 분명하다.

이렇게 구현한 안정적인 선택 정렬을 실제로 쓸 일이 있을까? O(n²)보다 빠르면서 안정적이기도 한 정렬 알고리즘도 있다. 선택 정렬이 다른 정렬에 비해 낫다고 할 수 있는 특성 가운데 하나로 총 이동(맞바꿈) 횟수가 O(n)이라는 점을 들 수 있다. 하지만 앞에 나온 안정적인 선택 정렬에서는 배열에서의 삽입/삭제 작업이 필요하기 때문에 n개의 모든 키에 대해서 O(n)의 이동 작업이 필요하다. 따라서 총 이동 횟수는 O(n²)이다. 안정성을 확보하기 위해 선택 정렬의 유일한 장점을 버린 셈인데, 과연 이런 코드를 쓸 일이 있을까? 어떻게 하면 이동 횟수를 O(n)으로 유지할 수 있을까?

방금 구현한 방식에서 이동 횟수가 O(n²)인 이유는 배열을 쓰기 때문에 삭제와 삽입을 위해 O(n)개의 원소를 움직여야 하기 때문이다. 삽입과 삭제를 할 때 O(1)개의 원소만 건드리면 되는 다른 자료구조를 사용한다면 총 이동 횟수를 O(n)으로 다시 줄일 수 있다. 연결 리스트를 쓰면 이 요건을 만족시킬 수 있다. 다음과 같이 하면 총 이동 횟수가 O(n)인 연결 리스트를 이용하는 안정적인 선택 정렬을 구현할 수 있다. 또한 int 뿐 아니라 Comparable을 구현하는 어떤 객체든 처리할 수 있다.

```
public static void selectionSortStable( CursorableLinkedList data ){
    CursorableLinkedList.Cursor sortedBoundary = data.cursor(0);
    while ( sortedBoundary.hasNext() ){
        sortedBoundary.add(
            getMinimum( data, sortedBoundary.nextIndex() ) );
    }
    sortedBoundary.close()
}

// start보다 더 오른쪽에 있는 데이터 중에서 가장 작은 값을 갖는
// 것 중 가장 먼저 등장하는 원소를 제거하고 리턴한다.
private Comparable getMinimum( CursorableLinkedList data, int start ){
    CursorableLinkedList.Cursor unsorted = data.cursor(start);
    CursorableLinkedList.Cursor minPos = data.cursor(start+1);
    Comparable minValue = (Comparable) minPos.previous();

    while ( unsorted.hasNext() ){
        if ( ((Comparable)unsorted.next()).compareTo( minValue ) < 0 ){
            // minPos를 새 최솟값 위치로 전진시킨다.
            while ( minPos.nextIndex() < unsorted.nextIndex() )
                minValue = (Comparable) minPos.next();
        }
    }
    minPos.remove();
    minPos.close();
    unsorted.close();
    return minValue;
}
```

여기에서는 자바 컬렉션 프레임워크의 LinkedList 클래스 대신 아파치 커먼즈 컬렉션의 CursorableLinkedList 클래스를 쓴다. CursorableLinkedList에서는 다른 반복자를 통해 목록이 수정되더라도 반복자(커서)의 유효성을 유지시켜주기 때문이다. 이런 기능이 있으면 정렬을 더 효율적으로 구현할 수 있다. 반복자를 복사하고 원소를 (삭제하고 삽입하지 않고 그대로) 이동시키는 기능을 지원하는 연결 리스트 클래스를 직접 구현해서 쓰면 더 빠르게 최적화할 수도 있다.

다중 키 정렬

직원에 대한 정보를 저장하기 위한 다음과 같은 객체로 이루어진 배열이 있다.

```java
public class Employee {
    public String extension;
    public String givenname;
    public String surname;
}
```

표준 라이브러리의 정렬 루틴을 이용하여 회사 전화번호부처럼 성(surname) 알파벳순, 그리고 이름(givenname) 알파벳순으로 정렬하라.

표준 라이브러리에 있는 루틴을 가지고 데이터를 정렬하려면 비교자comparator가 있어야 한다. 비교자는 두 객체를 비교하기 위한 함수를 뜻한다. 비교자에서는 첫 번째 객체가 두 번째 객체보다 '작으면' 음수를, 둘이 같으면 0을, '크면' 양수를 리턴한다.

이 문제에서는 키가 성과 이름의 두 성분으로 이뤄진다. 따라서 비교자에서 그 두 값을 모두 써야 한다. 우선 성을 기준으로 정렬한 다음 이름순으로 정렬해야 하기 때문에 성을 먼저 비교한 다음 성이 같은 경우에 이름을 비교하면 된다.

자바에서 비교자는 java.util.Comparator 인터페이스를 구현해서 만든다.

```java
import java.util.Comparator;

// Employee 인스턴스에 대한 비교자
public class EmployeeNameComparator implements Comparator<Employee> {

    public int compare( Employee e1, Employee e2 ){
        // 성 비교
        int ret = e1.surname.compareToIgnoreCase( e2.surname );

        if ( ret == 0 ){ // 성이 같은 경우 이름을 비교
            ret = e1.givenname.compareToIgnoreCase( e2.givenname );
```

```
        }
        return ret;
    }
}
```

이제 배열에 대해서 `Arrays.sort` 메서드를 호출하면서 비교자를 지정해 주기만 하면 된다.

```
public static void sortEmployees( Employee[] employees ){
    Arrays.sort( employees, new EmployeeNameComparator() );
}
```

여기에 나와있는 것처럼 한 번에 정렬을 전부 다 하면서 여러 키를 모두 사용하는 비교자를 이용하는 접근법이 가장 효율적이긴 하지만 다른 방법도 있다. 안정적인 정렬 루틴을 이용한다면 (`Arrays.sort`에서 사용하는 변형된 합치기 정렬도 안정적임) 정렬 루틴을 두 번 호출하면서 한 번에 두 키 중 하나씩만 지정해도 똑같은 결과를 얻을 수 있다. 이 문제에서는 이름으로 먼저 정렬한 뒤에 두 번째 호출할 때 성으로 정렬하면 된다. 안정적인 정렬 알고리즘을 쓰기 때문에, 성이 같은 사람들은 처음에 이름순으로 정렬되었던 순서가 그대로 유지되어 정렬된 상태로 남게 된다.

안정적인 정렬 코드

매우 빠른 하드웨어 가속 정렬 루틴이 있는 플랫폼을 쓰고 있다고 해보자. 그 정렬 루틴의 이름은 shakySort( )인데, 이 루틴은 불안정하다. 그런데 빠르면서도 안정적인 정렬 작업을 해야 한다고 할 때, shakySort( )를 써서 안정적인 정렬을 할 수 있는 코드를 만들어라.

정렬을 안정적으로 만드는 데 있어서 핵심은 같은 키를 가지는 원소의 상대위치가 바뀌지 않게 만드는 것이다. 정렬할 데이터 집합에 같은 키가 있을 때 불안정한 정렬에서는 안정적인 정렬과 같은 결과를 낸다는 보장이 없다. 하지만 같은 키가 없다면 어떨까? 이 경우에는 안정성을 따질 필요가 없기 때문에 모든 정렬 알고리즘에서 같은 결과가 나올 것이다. 입력 데이터를 변환해서 그 데이터 집합 안에 같은 키를 가지는 원소가 없도록 할 수 있다면 shakySort()의 안정성과 관계없이 원하는 결과를 구할 수 있다.

우선 데이터를 전부 훑으면서 값이 같은 키를 찾아내고 입력 데이터 집합에서의 위치를 바탕으로 더 앞에 있는 키는 더 낮은 값을 가지도록 값을 고치는 방법을 생각할 수 있다. 어떤 식으로 구현하면 좋을까? 키의 값이 불연속적이라면 키를 적당한 값으로 고칠 수 없는 상황이 생길 수도 있다. 예를 들어 키가 [5, 4, 6, 5]인데 정수만 쓸 수 있다면 두 개의 5 가운데 하나 뿐 아니라 4나 6도 고쳐야만 한다. 그리고 그 키가 애초에 다른 목적으로 필요하기 때문에 함부로 고치지 못할 수도 있다. 너무 복잡하고 그리 바람직하지 못한 해결책으로 보인다.

키를 변경하는 게 별로 좋아 보이지 않는다면 원래 순서에 대한 정보를 표현할 만한 다른 방법을 찾아야 한다. 다른 값을 추가해서 그걸 키의 일부로 쓰는 건 어떨까? 원래 키가 같은 값의 상대적인 순서를 나타내는 필드를 추가해 뒀다가, 키가 같으면 그 추가된 값을 비교하는 식이다. 이런 식으로 처리하고 나면, 이전 예를 $[5_1, 4, 6, 5_2]$ 같은 식으로 (아래첨자는 추가된 필드의 값) 쓸 수 있다. 아까보다는 훨씬 낫긴 한데, 여전히 뭔가 복잡하다. 데이터를 처음에 한 번 훑어야 하고, 각각의 키 값에 대해 다음 숫자가 무엇인지 파악하는 데 필요한 다른 자료구조도 필요하다.

조금 더 단순하게 만들어 보자. 반복된 키에 맨 앞부터 1, 2, 3 같은 식으로 번호를 붙여야만 할까? 그건 아니다. 앞에 있는 키에 더 작은 수가 붙기만 하면 된다. 따라서 각 원소의 위치에 따라 일괄적으로 보조 번호를 붙여도 된다. 그러면 $[5_1, 4_2, 6_3, 5_4]$ 같은 식으로 쓸 수 있다. 여러 번 등장하는 키의 경우에는 추가된 번호를 가지고 원래 순서가 어땠는지 알 수 있고, 한 번만 등장하는 키의 경우에는 추가 번호를 그냥 무시하면 된다.

추가된 번호를 두 번째 키로 쓰면 각각의 키가 유일하게 결정되고, 불안정한 정렬을 이용하더라도 안정적인 정렬과 같은 결과를 얻을 수 있다.

코드를 구현할 때는 어느 정도 구체적인 게 필요하므로 바로 앞 문제에서 썼던 Employee 클래스에 sequence 필드를 추가하고 그 클래스의 객체를 정렬해보자.

```
public static void sortEmployeesStable( Employee[] employees ){
    for ( int i = 0; i < employees.length; ++i ){
        employees[i].sequence = i;
    }
    shakySort( employees, new EmployeeSequenceComparator() );
}
```

키가 같을 때 이렇게 추가된 번호를 가지고 추가로 비교해 주는 비교자도 만들어야 한다. 예를 들어, 성을 기준으로 안정적인 정렬을 하려면 다음과 같이 하면 된다.

```
// Employee 인스턴스용 비교자
public class EmployeeSequenceComparator implements Comparator<Employee> {

    public int compare( Employee e1, Employee e2 ){
        // 우선 성을 가지고 비교한다.
        int ret = e1.surname.compareToIgnoreCase( e2.surname );

        // 성이 같은 경우 번호를 가지고 비교
        if ( ret == 0 ){
            ret = Integer.compare(e1.sequence, e2.sequence);
        }

        return ret;
    }
}
```

shakySort( )를 안정적으로 고치면 복잡도는 어떻게 될까? 일련번호를 붙이는 데 필요한 시간은 $O(n)$이지만 값을 비교하여 정렬하는 데 드는 시간은 $O(n$

$\log(n)$)보다 작을 수 없으므로 실행 시간이 늘어나는 건 아니다. ($O(n + n \log(n))$ = $O(n \log(n))$) 각 원소마다 일련번호가 하나씩 붙기 때문에 $O(n)$ 만큼의 메모리가 더 필요하다.

최적화된 퀵 정렬

효율적인 제자리 버전의 퀵 정렬 알고리즘을 구현하라.

구현을 시작하기 전에 퀵 정렬 알고리즘을 이해해야 한다. 간단하게 정리하자면 퀵 정렬에서는 가장 먼저 정렬할 원소 중에서 피벗 원소를 선택한다. 그리고 나서 나머지 원소들을 피벗 값보다 작은 값이 모두 들어가는 목록 L과 피벗 값보다 큰 값이 모두 들어가는 다른 목록 G, 이렇게 두 목록으로 나눈다. 그리고 나서 L과 G에 대해 재귀적으로 퀵 정렬을 다시 호출한다. 모든 호출이 리턴되고 나면 L, 피벗, G를 순서대로 쭉 이어붙이면 정렬된 데이터 집합이 완성된다. 만약 퀵 정렬에 대해 이 정도 내용도 기억나지 않는다면 면접관한테 질문해서 도움을 받을 필요가 있다.

퀵 정렬을 구현하는 가장 간단한 방법은 (이 장 앞쪽에서 구현했던 식으로) L과 G 용으로 새 목록(또는 배열)을 할당하고 재귀 호출에서 리턴되고 나면 거기서 다시 결과를 복사해오는 방식인데, 효율도 좋지 않고 추가 메모리도 있어야 한다. 이 문제에서는 그런 문제점을 해결해 주는 구현법을 찾아내야 한다.

우선 메모리 할당 문제는 파티션을 나누는 단계, 즉 값을 L과 G로 재배치하는 단계에서 발생한다. 파티션 작업을 생각해보면 원소 수에는 변함이 없고 위치만 바뀔 뿐이기 때문에 L, 피벗, G를 모두 원래 배열에 저장할 수 있어야 한다. 어떻게 하면 될까?

각 원소를 어느 쪽에 속하는지에 따라 배열의 한 쪽 끝에 집어넣어야 한다. L이 배열의 왼쪽에, G는 배열의 오른쪽에 있다고 가정하자. 처음에는 L과 G의 크기는 모르고 크기의 합이 배열 크기와 같다는 것만 알 수 있다. 피벗 값은 알고 있으니까 각 원소가 L에 속하는지 G에 속하는지도 결정할 수 있다. 모든 원소를 하나씩 왼쪽에서 오른쪽으로 훑어가면서 피벗 이상의 값이 나오면 오른쪽에 있는 G로 옮겨야 한다. 이때 G의 크기가 최종적으로 얼마가 될지 모르기 때문에 G는 배열 맨 뒤에서 시작해서 왼쪽으로 키워나가야 한다. 남는 공간은 하나도 없으므로 어떤 원소를 오른쪽에 있는 G 쪽으로 옮길 때는 원래 거기에 있던 다른 원소를 왼쪽에 있는 빈자리로 옮겨줘야 한다. 이렇게 하는 가장 쉬운 방법은 G로 들어갈 원소와 원래 그 자리에 있던 원소를 서로 맞바꾸는 방법이다.

원소를 맞바꾸고 나면 그 과정에서 왼쪽으로 옮겨지는 원소는 아직 확인하지 않은 원소이므로 다음 칸으로 넘어가기 전에 그 원소도 꼭 확인해야 한다. 배열을 훑어 나가면서 현재 위치(스캔 위치)를 추적하는 것 외에 G가 커가면서 G의 가장 왼쪽 원소가 어디에 있는지도 추적해서 원소를 맞바꿔서 G로 집어넣을 때 어디에 집어넣어야 할지도 알 수 있어야 한다. 스캔 위치가 G의 맨 왼쪽 원소 위치에 다다르면 피벗 이상의 값을 가지는 모든 원소는 G로 옮겨진 것이므로 배열 왼쪽에 남아 있는 모든 원소는 L에 속하게 된다. 이렇게 하면 추가 메모리를 쓰지 않고도 배열을 L과 G로 갈라낼 수 있다. 그리고 나서 이 알고리즘을 두 목록에 대해 재귀적으로 적용하면 된다.

알고리즘을 정리하면 다음과 같다.

피벗 값 선택
첫 번째 원소를 현재 위치로 하여 시작
G의 head 위치를 배열의 마지막 원소로 지정
현재 위치 < G의 head 위치가 만족되는 동안
　　현재 원소가 피벗보다 작으면
　　　　현재 원소를 앞으로 전진
　　그렇지 않으면
　　　　현재 원소를 G의 head와 맞바꾸고 G의 헤드를 앞으로 전진
배열의 L과 G 부분에 대해서 이 루틴 재귀 호출

복잡한 절차를 설계할 때 항상 그렇듯이 실제 코드를 만들어보기 전에 문제가 될 만한 몇 가지 경우에 대해서 테스트를 해 봐야 한다. 확인해야 할 만한 경우로는 원소 두 개 짜리 배열, 같은 값이 몇 개 들어가 있는 배열 등을 생각할 수 있다. 후자의 경우를 테스트하다 보면 버그가 있는 걸 알 수 있다. 배열에 있는 모든 값이 같으면 모든 원소가 피벗 이상이기 때문에 전부 G로만 들어가면서 재귀 호출이 무한히 반복되어 끝이 나지 않는 문제가 생긴다.

이 버그는 어떻게 하면 고칠 수 있을까? 이 문제는 계속 재귀 호출이 진행되는 동안 G가 완전히 똑같기 때문에 일어난다. 이 알고리즘에서는 (피벗도 피벗값 이상이므로) 피벗을 포함한 모든 원소가 G에 들어가게 돼 있다. 피벗을 G의 나머지 원소들하고 분리시키면 어떨까? 그러면 G가 반드시 적어도 한 원소만큼을 줄어들어야 하기 때문에 G가 원래 전체 배열과 같을 수가 없다. 파티션 작업이 진행되는 동안 어딘가에 피벗을 저장해둬야 한다. 피벗을 배열 맨 뒤에 놓으면 파티션 작업에 방해가 되지 않는다. 따라서 절차를 시작하기 전에 피벗 원소를 배열 맨 뒤에 있는 원소와 맞바꾼 다음 배열의 나머지 부분에 대해서만 파티션 작업을 수행하면 된다. 파티션 작업이 끝나고 나면 G의 첫 원소와 아까 배열 맨 뒤에 저장해 둔 피벗을 맞바꾼다. 이렇게 하면 피벗보다 작은 원소(L에 속하는 원소)는 전부 피벗 왼쪽에, 피벗 이상 값을 가지는 원소는 전부 피벗 오른쪽에 저장된다. 이렇게 하고 L과 G에 대해 재귀 호출을 하면 피벗은 제외시킬 수 있기 때문에 매 사이클을 돌 때마다 G의 크기는 적어도 하나씩은 줄어든다.

이 알고리즘은 다음과 같이 구현할 수 있다.

```java
public static void quicksortSwapping( int[] data ){
    quicksortSwapping( data, 0, data.length );
}

private static void quicksortSwapping( int[] data, int start, int len ){

    if ( len < 2 ) return; //정렬할 게 없음!

    int pivotIndex = start + len / 2;    //중앙에 있는 값을 사용함
```

```
    int pivotValue = data[ pivotIndex ];
    int end = start + len;
    int curr = start;

    // 피벗을 맨 뒤에 있는 값과 맞바꿈

    swap( data, pivotIndex, --end );

    // 나머지 배열을 파티션함

    while ( curr < end ){
        if ( data[ curr ] < pivotValue ){
            curr++;
        } else {
            swap( data, curr, --end );
        }
    }

    // 피벗을 다시 최종 위치로 맞바꿈
    swap( data, end, start + len - 1 );

    // 알고리즘을 각 파티션에 대해 재귀적으로 적용함

    int llen = end - start;
    int rlen = len - llen - 1;

    if ( llen > 1 ){
        quicksortSwapping( data, start, llen );
    }

    if ( rlen > 1 ){
        quicksortSwapping( data, end + 1, rlen );
    }
}
```

방금 만든 버전의 퀵 정렬에서는 왼쪽과 오른쪽, 총 두 개의 인덱스를 쓰게 돼 있
다. 파티션은 두 인덱스가 만나는 위치에 의해 결정된다. 하지만 실제 비교하는
값은 배열 왼쪽에 있는 값들 뿐이다. 오른쪽에 있는 값도 비교할 수 있을까? 왼쪽
과 오른쪽 사이에 있는 값만 아무 생각 없이 비교하는 것보다는 위치가 안 맞는
값을 쌍으로 맞바꾸는 게 더 낫지 않을까? 즉, 왼쪽에서 피벗 이상의 값을 가지는

값을 찾고, 오른쪽에서 피벗 이하의 값을 가지는 값을 찾아서 서로 맞바꾸는 것이다. 이렇게 하면 맞바꾸는 횟수를 훨씬 줄일 수 있다.

그리고 시작 인덱스와 길이 대신 파티션 경계를 표시하는 인덱스를 쓰면 숫자를 따지기도 조금 더 쉬워진다. 그러면 다음과 같이 더 최적화된 퀵 정렬을 만들 수 있다.

```java
public static void quicksortOptimized( int[] data ){
    quicksortOptimized( data, 0, data.length - 1 );
}

public static void quicksortOptimized( int[] data, int left, int right ){
    int pivotValue = data[ (int) ( ( ( (long) left) + right ) / 2 ) ];
    int i = left;
    int j = right;

    while ( i <= j ){
        // 피벗 이상 값을 가지는 맨 왼쪽 원소를 찾아냄
        while ( data[i] < pivotValue ) i++;

        // 피벗 이하 값을 가지는 맨 오른쪽 원소를 찾아냄
        while ( data[j] > pivotValue ) j--;

        // 아직 엇갈리지 않은 두 인덱스에 있는 값을 맞바꿈
        if ( i <= j ){
            swap( data, i, j );
            i++;
            j--;
        }
    }

    // 파티션이 남아 있으면 알고리즘을 그 부분에 대해 적용함

    if ( left < j ){
        quicksortOptimized( data, left, j );
    }

    if ( i < right ){
        quicksortOptimized( data, i, right );
```

```
        }
    }
```

이번에 구현한 코드에서는 이전 코드에서처럼 피벗을 실제로 옮기지 않아도 된다. 양쪽 끝에서 값을 비교하고 피벗과 같은 값을 가지면 반대편 파티션으로 맞바꿔어 넘어가기 때문에 모든 값이 한쪽 파티션에만 남는 일은 일어나지 않기 때문이다. 이렇게 하면 피벗과 같은 값을 가지는 원소가 둘 중 한 파티션에 남을 수 있지만 그래도 정렬은 올바르게 작동된다.

이 정도면 최선의 퀵 정렬이라고 할 수 있다. 아직 좀 더 개선의 여지가 남은 부분이라면 파티션이 어느 크기 이하로 작아지면 퀵 정렬에 대한 재귀 호출 대신 삽입 정렬 같은 다른 알고리즘을 호출하는 정도밖에는 없을 것이다.

팬케이크 정렬

각각 크기가 다른 n개의 팬케이크가 차곡차곡 쌓여 있는 스택을 상상해보자. 팬케이크 뒤집개도 있다. 뒤집개를 아무 틈에나 끼워서 그 위에 있는 팬케이크 스택을 한꺼번에 들어올려 그대로 뒤집어서 올려놓을 수 있다. 최적의 알고리즘을 쓴다고 할 때, 모든 팬케이크를 크기순으로(제일 큰 게 아래로 가도록) 정렬할 때 최악의 경우 몇 번 뒤집어야 할까?

언뜻 보면 단순한 정렬 문제처럼 보인다. 정렬할 항목이 주어져 있고, 최악의 경우의 실행 시간에 대해서 최적화하면 된다. 합치기 정렬은 최악의 경우에도 $O(n\log(n))$이므로 합치기 정렬을 쓰면 될 것 같아 보인다.

하지만 어떤 문제든 정말 쉬워 보이는 답이 있다면 그 답은 정답이 아닐 가능성이 높다. 여기에 나와 있는 상황을 흔한 정렬 문제와 비교해보자. 정렬 문제에서는 대부분 경우 정렬할 항목을 임의로 재배치하거나 맞바꿀 수 있다. 하지만 여기에서는 어느 위치 위에 있는 하위 스택을 뒤집는 것만 가능하다.

또 한 가지 중요한 차이점이 있다. 정렬 알고리즘의 실행 시간을 분석할 때는 각 항목을 확인하는 데 필요한 시간도 포함시켜야 한다. 이 문제에서는 뒤집는 횟수를 기준으로 최적화해야 한다. 어떻게 보면 팬케이크의 상태를 살피고 각각의 위치를 확인하고 어떻게 뒤집을지 계획을 세우는 작업은 공짜로 할 수 있는 셈이다. 이 차이점을 깨닫고 나면 이 문제가 단순히 표준적인 정렬 알고리즘을 적용하는 것 이상의 문제라는 점은 분명해진다.

어떤 알고리즘인지 모르는 상황에서 어떤 정렬 알고리즘의 최악의 경우의 뒤집는 횟수를 계산하기는 힘든 노릇이므로 우선 팬케이크를 정렬하는 알고리즘을 만드는 것부터 시작하자. 팬케이크의 순서를 바꿀 수 있는 연산은 뒤집기 하나뿐이다. 뒤집기를 할 때마다 어떤 일이 일어나는지 생각해보자. 뒤집개를 끼워넣은 곳 위에 있는 모든 팬케이크의 순서는 뒤집히고, 뒤집개 밑에 있는 팬케이크의 순서는 바뀌지 않는다. 스택 맨 위에 있는 팬케이크들은 수시로 뒤집히기 때문에 정렬된 상태로 유지하는 게 쉽지 않아 보이니 바닥 쪽부터 정렬하는 방법을 떠올려보자.

가장 큰 팬케이크는 제일 아래로 가야 한다. 어떻게 하면 제일 밑으로 갈 수 있을까? 가장 큰 케이크가 있을 수 있는 위치는 맨 아래, 중간 어디쯤, 그리고 맨 위, 이렇게 셋으로 나눌 수 있다. 맨 아래 있을 때는 안 건드리면 된다. 하지만 중간에 껴 있으면 일이 좀 복잡해진다. 한 번 뒤집어서 맨 아래로 보내는 건 분명 불가능하다. 지금 당장 잘 모르겠다면 조금 있다가 다시 생각해보자. 가장 큰 팬케이크가 제일 위에 있다면 어떨까? 그러면 스택을 통째로 뒤집어 주면 맨 위에 있는 팬케이크를 맨 아래로 보낼 수 있다. 이제 제일 큰 팬케이크를 맨 밑으로 보내는 방법도 알 수 있을 것이다. 우선 제일 큰 팬케이크를 위로 보낸 다음, 전체를 뒤집어서 제일 큰 팬케이크를 제일 아래로 보내면 된다. 중간 어딘가에 있는 팬케이크를 맨 위로 보내는 건 쉽다. 뒤집개를 맨 위로 보낼 팬케이크 바로 아래에 끼운 다음 뒤집어주면 된다. 이 세 가지 경우를 다 따져보면 최악의 경우에 두 번 뒤집어 주면 가장 큰 팬케이크를 스택 맨 밑으로 보낼 수 있다.

스탠 맨 밑에 있는 팬케이크는 그 위에 있는 팬케이크를 아무리 건드려도 그대로 남아 있기 때문에 마찬가지 작업을 반복해서 아래에서 위로 계속 정렬하면 된다.

매 단계마다 아직 정렬되지 않은 것 중 가장 큰 팬케이크를 찾아서 뒤집어서 맨 위로 보내고, 아직 정렬되지 않은 부분보다 위에 있는 팬케이크들을 전부 뒤집어서 맨 위에 있는 팬케이크를 정렬된 위치로 보내면 된다. 이렇게 하면 최악의 경우에도 2n 번만 뒤집으면 된다.

이보다 더 빠르게 할 수도 있을까? 처음 몇 개의 팬케이크를 정렬하는 과정은 이미 생각했으니 마지막 남은 몇 개의 팬케이크를 정렬할 때 어떤 일이 일어날지 생각해보자. 두 번째로 작은 팬케이크를 정렬하고 나면 그보다 큰 팬케이크는 이미 그 밑에 정렬되어 있다. 가장 작은 팬케이크가 있을 수 있는 자리는 스택 맨 위에 있는, 그 팬케이크가 있어야 할 위치 한 곳뿐이다. 이 상황에서 가장 작은 팬케이크에 대해서도 정렬 절차를 적용한다면 불필요하게 두 번 뒤집어야 한다. 이렇게 두 번 뒤집는 동안 바뀌는 건 아무것도 없기 때문에 이 단계는 그냥 건너 뛰어도 된다. 따라서 최악의 경우에도 뒤집는 횟수는 2n-2번을 넘지 않는다.

그런데 아직 좀 더 개선의 여지는 있어 보인다. 방금 생각한 단계보다 한 단계 앞까지 가서 혹시 더 짜낼 만한 게 없는지 생각해보자. (물론 n>1이라는 가정은 깔려 있다고 하자.) 마지막 두 장을 제외한 모든 팬케이크를 정렬한 상태라면 최악의 경우에 2n-4번 뒤집었을 것이다. 이 상황에서 마지막 두 장을 정렬하는 방법은 이미 정렬돼 있어서 건드릴 필요가 없는 경우, 그리고 더 큰 게 작은 것 위에 놓여 있는 경우, 이렇게 두 가지뿐이다. 후자의 경우에는 두 장을 한꺼번에 뒤집어 주면 끝난다. 따라서 최악의 경우에도 2n − 4 + 1 = 2n − 3번만 뒤집으면 된다.

어쩌면 좀 더 최적화된 답을 뽑아낼 수도 있겠지만 면접을 보는 상황이라면 이 정도면 대개 충분할 것이다. 사실 이 문제에는 흥미로운 사연이 있다. 흔히들 팬케이크 문제pancake problem라고 부르지만, 좀 더 격식을 차리자면 전위 역전에 의한 정렬sorting by prefix reversal로 분류할 수 있고, 경로 설정 알고리즘에 응용할 수 있다. 가족과 친구들을 실망시켜 가면서 하버드를 자퇴하기 전에 빌 게이츠가 저널에 낸 논문이 바로 이 문제와 연관된 것이었다. (Gates, WH, Papadimitriou, CH, "Bounds for Sorting by Prefix Reversal," Discrete Mathematics: 27(1)

47–57, 1979) 게이츠의 알고리즘은 방금 설명한 것보다는 훨씬 복잡한데, 지금까지 30여 년간 이 문제에 대한 가장 효과적인 해결책으로 남아 있다.

요약

정렬 알고리즘은 최적, 평균, 최악 조건에서의 성능은 물론, 메모리 사용이나 안정성 등의 범주를 기준으로 골라서 써야 한다. 비교를 기반으로 한 정렬 알고리즘의 최악 조건의 속도는 절대 $O(n \log(n))$보다 빠를 수 없다.

선택 정렬은 가장 단순한 알고리즘 가운데 하나지만 어떤 조건에서도 $O(n^2)$이다. 하지만 맞바꾸는 횟수는 $O(n)$이면 되기 때문에 복사 연산이 매우 느린 경우에 적합하다. 삽입 정렬은 대부분이 이미 정렬된 데이터 집합에 대해 매우 효율적이어서 $O(n)$까지 나올 수 있지만 평균 및 최악 조건에서는 $O(n^2)$이다. 퀵 정렬은 최적 및 평균 조건에서는 $O(n \log(n))$, 최악 조건에서는 $O(n^2)$인 분할정복 알고리즘이다. 합치기 정렬도 분할정복 알고리즘인데, 어떤 조건에서도 $O(n \log(n))$ 성능이 나온다. 메모리에 전부 집어넣을 수 없는 데이터 집합을 정렬할 때 특히 유용하다. 각 원소마다 순서를 지정하기 위한 일련번호를 붙인 다음 다중 키 정렬에서 그 일련번호를 가지고 일차 키가 같은 원소를 구분하면 어떤 정렬 알고리즘이든 안정적으로 돌아가게 만들 수 있다.

동시성

얼마 전까지만 해도 프로그램을 멀티스레드 시스템에서 돌리는 경우에도 프로그램에 실행 스레드는 하나뿐인 게 일반적이었다. 요즘도 보통 애플리케이션이나 웹 서버용 코드를 만들 때 서버 자체는 멀티 스레딩으로 돌아가더라도 단일 스레드로 코드를 짠다. 왜 그럴까? 멀티스레드 프로그래밍(동시성^{concurrency}이라고도 부른다)을 제대로 하기가 어렵기 때문이다. 언어 자체에서 동시성을 직접 지원해도 어려운 건 마찬가지다. 스레드를 잘못 쓰면 프로그램이 멎어 버리거나 데이터가 망가지기 일쑤다. 게다가 재현도 잘 안 되는 버그가 간헐적으로 나타나기까지 하니 더 문제다.

하지만 시간이 오래 걸리는 작업을 처리하는 그래픽 사용자 인터페이스가 있는 애플리케이션을 만든다면 스레드를 쓰지 않으면 인터페이스가 너무 느려질 수 있다. 상호작용형 애플리케이션이 아니어도 스레드를 써야 할 수 있다. 요즘은 대부분 코어 수를 늘려서 처리 능력을 끌어올리는데, 단일 스레드로는 그 장점을 전혀 살릴 수 없기 때문이다. 스레드 관련 문제는 AJAX 스타일로 작업을 처리하는 자바스크립트 프로그램처럼 명시적으로 스레드를 지원하지 않는 환경에서도 중요하다. 웹 서버의 응답이 비동기적으로 처리되고, 그 응답을 처리하기 위해 실행되는 자바스크립트에서 애플리케이션의 다른 부분에서 동시에 사용하는 데이터를 건드려야 할 수 있기 때문이다. 따라서 좋은 프로그래머가 되고 싶다면 어느 정도 시간을 투자해서 멀티스레드 프로그램을 올바르게 만드는 방법을 배워야 한다.

스레드 기본 개념

멀티스레드 프로그래밍은 단일 스레드로 프로그래밍하는 것보다 훨씬 복잡하다. 스레드를 만들고 없애는 것도 큰 일인데, 여러 스레드에서 공유하는 자원에 대한 접근을 조율하는 과정에서 복잡한 일이 많이 일어난다. 공유 자원에 대한 접근을 제대로 제어하지 못하면 단일 스레드 애플리케이션에서는 볼 수 없는 여러 유형의 버그가 발생할 수 있다.

스레드

스레드^{thread}는 애플리케이션의 실행에 있어서 가장 기본적인 단위이다. 실행 중인 애플리케이션은 최소 하나의 스레드로 구성된다. 각 스레드마다 별도의 스택이 있으며, 각 스레드는 같은 애플리케이션에 있는 다른 스레드와 독립적으로 돌아간다. 기본적으로 스레드끼리는 파일 핸들이나 메모리 같은 자원을 공유한다. 따라서 공유 자원에 대한 접근을 제대로 제어하지 못하면 문제가 생길 수 있다. 예를 들어, 두 스레드에서 같은 메모리 블록에 동시에 쓰기 작업을 할 때 데이터 손상$^{data\ corruption}$ 같은 부작용이 흔히 생기곤 한다.

스레드는 여러 방식으로 구현할 수 있다. 대부분 시스템에서 스레드는 운영체제에서 생성하고 관리한다. 이런 스레드를 네이티브^{native} 스레드 또는 커널 수준 $^{kernel-level}$ 스레드라고 부른다. 스레드를 가상 머신 같이 운영체제 위의 소프트웨어 계층에서 구현할 수도 있는데, 이를 녹색^{green} 스레드라고 부른다. 이 두 유형의 스레드는 모두 똑같은 식으로 돌아간다. 스레드 작업 중에 녹색 스레드에서 더 빠른 것도 있지만, 녹색 스레드는 보통 멀티코어를 활용할 수는 없으며, 동기 입출력 (blocking I/O 또는 synchronous I/O)을 구현하기가 어렵다. 멀티코어 시스템이 주류를 이루게 되면서 가상 머신은 대부분 더 이상 녹색 스레드를 쓰지 않는 쪽으로 바뀌었다. 따라서 이 장에서는 편의상 네이티브 스레드를 그냥 스레드라고 지칭하겠다.

동시에 돌릴 수 있는 스레드 수는 컴퓨터에 있는 코어 개수로 제한되기 때문에 운영체제에서는 각 스레드에 조금씩 시간을 나눠주면서 여러 스레드를 돌아가면서 실행시킨다. 운영체제에서 아무 때나 스레드 실행을 멈추고 다른 스레드를 실행시킬 수 있기 때문에 이런 방법을 선점형 스레딩$^{preemptive\ threading}$이라고 부른다(이와 반대로 협력형 모델$^{cooperative\ model}$에서는 원래 실행 중인 스레드에서 명시적으로 어떤 행동을 취해야만 그 스레드가 멈추고 다른 스레드가 돌아가려면 원래 실행 중인 스레드에서 명시적으로 어떤 행동을 취해야만 한다). 다른 스레드가 시작될 수 있도록 한 스레드를 멈추는 것을 컨텍스트 스위칭$^{context\ switching}$이라고 부른다.

시스템 스레드와 사용자 스레드

시스템 스레드는 시스템에서 생성하고 관리한다. 애플리케이션의 첫 번째 스레드 (메인 스레드)는 시스템 스레드이며, 보통 그 첫 번째 스레드가 종료될 때 애플리케이션이 끝난다. 사용자 스레드는 메인 스레드에서 할 수 없는, 혹은 하면 안되는 작업을 해야 할 때 애플리케이션에서 명시적으로 생성하는 스레드이다.

사용자 인터페이스를 화면에 표시하는 애플리케이션에서는 특히 스레드 사용에 주의해야 한다. 그런 애플리케이션의 메인 스레드는 이벤트 스레드event thread라고 부른다. 이벤트가 일어날 때까지 기다렸다가 그 이벤트를 애플리케이션에서 처리할 수 있도록 전달하는 역할을 하기 때문이다. 일반적으로 이벤트 스레드에서 시간을 지체하여 이벤트를 제대로 처리하지 못하는 일은 없어야 한다. 잘못하면 애플리케이션 반응이 느려지게 되고 최악의 경우 컴퓨터가 멎어버릴 수 있기 때문이다. 이런 문제를 예방할 수 있는 방법 중 하나는 네트워크 접근 등과 관련된 시간이 걸릴 수 있는 작업을 처리할 때 따로 스레드를 만드는 방식이다. 이런 사용자 스레드에서는 이벤트 스레드에서 처리할 수 있는 이벤트를 큐에 집어넣어서 이벤트 스레드에 데이터를 보낸다. 이렇게 하면 이벤트 스레드를 중단하고 데이터가 올 때까지 기다리거나 지속적으로 폴링해서 자원을 낭비하지 않고도 데이터를 받을 수 있다.

모니터와 세마포어

스레드와 공유 자원 사이의 상호작용을 제어할 때는 스레드 동기화synchronization 메커니즘을 써야 한다. 스레드 동기화는 모니터monitor와 세마포어semaphore로 구성된다. 어느 쪽을 쓰는지는 시스템이나 언어에서 어느 쪽을 지원하는지에 따라 달라진다.

상호 배제 자물쇠mutual exclusion lock로 보호되는 루틴의 집합을 모니터라고 부른다. 스레드는 자물쇠를 획득하기 전까지는 모니터에 속하는 루틴을 하나도 실행할 수 없다. 즉, 한 모니터 내에서는 한 스레드씩 실행된다. 다른 스레드는 전부 지금 실행 중인 스레드에서 그 자물쇠를 놓아줄 때까지 기다려야만 한다. 모니터에 속하는 어떤 스레드가 다른 어떤 이벤트가 발생할 때까지 기다리기 위해 스스로 멈추면 다른 스레드가 모니터로 진입할 수 있다. 그렇게 대기 중이던 스레드에 이벤트가 발생했다는 연락을 받으면 그 스레드는 다시 깨어나고 최대한 빨리 자물쇠를 재획득하게 된다.

세마포어는 더 간단하다. 공유 자원을 보호하기 위한 자물쇠만 있을 뿐이다. 스레드에서 공유 자원을 사용하려면 자물쇠를 획득해야 한다. 자물쇠를 쥐고 있는 스레드에서 놓아주기 전까지는 그 자원을 획득하려는 다른 스레드는 막히게 되고, 자물쇠를 놓아주는 순간 기다리고 있던 스레드가 그 자물쇠를 획득한다. 이렇게 가장 기본적인 방식의 세마포어를 상호 배제mutual exclusion (줄여서 뮤텍스mutex라고도 부름) 세마포어라고 한다. 이 외에도 카운팅 세마포어(정해진 숫자 n이 있어서 최대 n개의 스레드에서 동시에 자원에 접근할 수 있음), 이벤트 세마포어(어떤 이벤트가 발생했음을 대기 중인 스레드 중 하나 또는 대기 중인 모든 스레드에 알림) 등이 있다.

모니터와 세마포어로 비슷한 목적을 달성할 수 있지만 자물쇠의 획득과 해제를 모두 처리해 주는 모니터 쪽이 더 간단하게 쓰기에 좋다. 세마포어를 쓸 때는 각 스레드에서 획득한 자물쇠를 해제하는 작업을 일일이 챙겨야 한다. 잘못하면 그 자원이 필요한 다른 모든 스레드가 멎어버릴 수 있기 때문에 자물쇠를 쥐고 있는 스레드가 예외가 발생한다든지 하는 이유로 예상치 못하게 종료되었을 때도 자물쇠를 해제할 수 있게 만들어야 한다. 그리고 공유 자원에 접근하는 모든 루틴에서 그 자원을 쓰기 전에 명시적으로 자물쇠를 획득해야 하는데, 코딩하다 보면 보통 컴파일러에서 그런 부분을 잡아주지 않기 때문에 실수로 빼먹을 수도 있다. 모니터 구조에서는 필요한 자물쇠를 자동으로 획득하고 해제한다.

대부분의 시스템에서 어떤 정해진 시간 안에 자원을 획득하지 못하면 스레드가 타임아웃될 수 있는 방법을 제공하는데, 이런 식으로 스레드에서 에러를 보고하거나 나중에 재시도하는 길을 열어줄 수 있다.

스레드 동기화를 위해서는 대가를 치러야만 한다. 공유 자원에 접근하기 위해 자물쇠를 획득하고 해제하는 데 시간이 걸리기 때문이다. 이런 이유로 라이브러리에서 스레드용$^{thread-safe}$과 비스레드용$^{non-thread-safe}$ 클래스를 별도로 제공하기도 하는데, 자바의 StringBuffer(스레드용)와 StringBuilder(비스레드용)가 대표적인 예다. 일반적으로 더 빠른 비스레드용을 우선적으로 사용하고, 스레드용은 필요할 때만 사용하는 편이다.

데드락

두 스레드가 서로 상대방이 쥐고 있는 자물쇠가 풀리기만을 기다리면서 서로 가로막고 있는 상황이 벌어질 수 있다. 이걸 데드락^{deadlock}이라고 부른다. 데드락이란 두 개의 서로 다른 스레드에서 서로 상대방이 필요로 하는 자원에 대한 락을 가지고 있는 경우에 일어난다. 이런 상황에서는 두 스레드 모두 더 이상 실행이 될 수 없기 때문에 꼼짝할 수 없는 상태가 되기 때문에 데드락이라는 이름이 붙었다.

데드락이 발생할 수 있는 전형적인 시나리오로, 두 프로세스가 다음 단계로 넘어가기 위해서 두 개의 락(A와 B)을 획득해야 하는데 서로 반대되는 순서로 락을 획득하려고 하는 경우를 들 수 있다. 1번 프로세스에서 A를 획득했는데 2번 프로세스에서 1번 프로세스보다 먼저 B를 획득하면 1번 프로세스는 2번 프로세스가 갖고 있는 B를 획득할 때까지 멈춰 있고, 2번 프로세스는 1번 프로세스가 갖고 있는 A를 획득할 때까지 멈춰 있다. 데드락을 감지하고 깨는 여러 복잡한 메커니즘이 있지만 그중 훌륭하다고 할 만한 것은 없다. 락을 두 개 이상 획득해야 할 필요가 있다면 반드시 똑같은 순서대로 획득하고 풀어줄 때는 역순으로만 풀어주는 식으로 처음 코드를 만들 때부터 데드락이 일어나지 않도록 하는 게 최선일 것이다. 하지만 여러 락을 코드 곳곳에서 획득할 수 있는 복잡한 애플리케이션은 데드락 예방이 쉽지 않다.

스레딩 예제

다음과 같은 은행 시스템의 예를 살펴보면서 기본적인 스레딩 개념을 파악하고 스레드 동기화가 필요한 이유를 알아보자. 이 시스템은 여러 군데에 설치되어 있는 여러 대의 은행 ATM을 제어하는 중앙 컴퓨터에서 돌아가는 프로그램으로 구성된다. 각 ATM이 동시에 작동하면서 은행의 계좌 데이터를 쉽게 공유할 수 있도록 ATM마다 스레드가 별도로 마련되어 있다.

이 은행 시스템에는 고객의 계좌에서 입출금을 할 수 있는 메서드가 있는 Account라는 클래스가 있다고 생각해보자. 아래에 있는 코드는 자바로 만들었지만 C#으로 만들어도 거의 똑같은 코드가 만들어질 것이다.

```java
public class Account {
    int       userNumber;
    String    userLastName;
    String    userFirstName;
    double    userBalance;
    public boolean deposit( double amount ){
        double newBalance;
        if ( amount < 0.0 ){
            return false; /* 음수를 입금할 수 없음 */
        } else {
            newBalance = userBalance + amount;
            userBalance = newBalance;
            return true;
        }
    }
    public boolean withdraw( double amount ){
        double newBalance;
        if ( amount < userBalance ){
            return false; /* 잔액 부족 */
        } else {
            newBalance = userBalance - amount;
            userBalance = newBalance;
            return true;
        }
    }
}
```

500달러가 들어 있는 같은 계좌를 쓰는 론과 수라는 부부가 서로 다른 ATM에서 100달러를 인출하려 한다고 해보자. 첫 번째 ATM의 스레드에서 이 부부의 계좌에서 100달러를 차감하는데, 다음 행까지 실행된 후에 다른 스레드로 전환됐다.

```
newBalance = userBalance - amount;
```

그런 후 아내인 수가 사용하는 ATM의 스레드로 넘어갔는데, 이 스레드에서도 100달러를 차감하게 된다. 그 스레드에서 100달러를 차감하는 순간에는 userBalance 변수가 아직 갱신되지 않았기 때문에 잔고가 여전히 500달러로 나온다. 수의 스레드가 이 함수를 모두 실행할 때까지 실행되면 userBalance는 400달러가 된다. 그런 후 다시 론이 돈을 인출하는 스레드로 실행이 전환된다고 하자. 론의 스레드에서는 newBalance 값이 400달러였다. 따라서 이 값을 그냥 userBalance 변수에 대입하고는 함수가 종료된다. 따라서 론과 수는 계좌에서 총 200달러를 인출했지만 잔고는 400달러가 되어 100달러만 인출한 것으로 기록이 된다. 론과 수에게는 행복한 일이겠지만 은행 입장에서는 큰 문제가 아닐 수 없다.

자바에서는 이 문제를 간단하게 해결할 수 있다. synchronized 키워드를 써서 모니터를 만들기만 하면 된다.

```java
public class Account {
    int    userNumber;
    String    userLastName;
    String    userFirstName;
    double    userBalance;
    public synchronized boolean deposit( double amount ){
        double newBalance;
        if ( amount < 0.0 ){
            return false; /* 음수를 입금할 수 없음 */
        } else {
            newBalance = userBalance + amount;
            userBalance = newBalance;
            return true;
```

```
        }
    }
    public synchronized boolean withdraw( double amount ){
        double newBalance;
        if ( amount < userBalance ){
            return false; /* 잔액 부족 */
        } else {
            newBalance = userBalance - amount;
            userBalance = newBalance;
            return true;
        }
    }
}
```

이렇게 하면 deposit 또는 withdraw를 실행하는 첫 번째 스레드에서 두 메서
드를 사용하려는 다른 모든 스레드를 가로막게 된다. 이렇게 하면 서로 다른 스
레드에서 동시에 userBalance 클래스 데이터를 변경하는 일을 방지할 수 있다.
userBalance의 값을 사용하거나 변경하는 코드 부분에 대해서만 모니터를 사용
하면 성능을 약간이나마 향상시킬 수 있다.

```
public class Account {
    int     userNumber;
    String  userLastName;
    String  userFirstName;
    double  userBalance;
    public boolean deposit( double amount ){
        double newBalance;
        if ( amount < 0.0 ){
            return false; /* 음수를 입금할 수 없음 */
        } else {
            synchronized( this ){
                newBalance = userBalance + amount;
                userBalance = newBalance;
            }
            return true;
        }
    }
    public boolean withdraw( double amount ){
```

```
    double newBalance;
    synchronized( this ){
        if ( amount < userBalance ){
            return false; /* 잔액 부족 */
        } else {
            newBalance = userBalance - amount;
            userBalance = newBalance;
            return true;
        }
    }
}
```

사실 자바에서 다음과 같이 동기화된 메서드는

```
synchronized void someMethod(){
    .... // 보호해야 할 코드
}
```

다음의 코드와 똑같다.

```
void someMethod(){
    synchronized( this ){
        .... // 보호해야 할 코드
    }
}
```

C#의 lock 선언문도 비슷한 방식으로 사용할 수 있는데, 메서드 내에서만 사용할 수 있다는 점이 다르다.

```
void someMethod(){
    lock( this ){
        .... // 보호해야 할 코드
    }
}
```

어떤 방법을 쓰든 synchronized 또는 lock 선언문의 인자로 전달되는 객체가 락으로 쓰인다.

자바의 synchronized 구문에서는 다른 스레드에서 어떤 이벤트가 발생했다는 것을 알려줄 때까지 기다리는 동안 스레드를 중단시키는 기능을 제공하지만, C#의 lock 구문에서는 그런 기능을 제공하지 않기 때문에 C#의 lock 선언문이 유연성 면에서 조금 떨어진다고 할 수 있다. C#에서 이런 기능을 활용하려면 이벤트 세마포어를 써야 한다.

동시성 문제

보통 개발 실무에서 접하는 스레드 관련 문제는 매우 복잡하기 때문에 면접에 쓸만한 간단한 스레드 문제를 만드는 게 쉬운 일이 아니다. 따라서 동시성 문제는 그리 많지 않은 고전적인 스레드 문제 중에서 나올 가능성이 높다. 여기에서 몇가지 문제를 살펴보겠다.

바쁜 대기

면접 문제

'바쁜 대기(busy waiting)'란 용어를 설명하고 어떻게 하면 바쁜 대기를 피할 수 있는지 말하라.

이 문제는 간단한 문제지만 멀티스레드 애플리케이션에서 성능과 관련된 매우 중요한 내용을 담고 있다.

작업을 완료하기 위해 다른 스레드를 파생시켜야만 하는 스레드가 있다고 하자. 첫 번째 스레드에서는 두 번째 스레드가 작업을 마칠 때까지 기다려야 하고, 두 번째 스레드는 자기가 할 일을 마치고 나면 바로 종료된다고 하자. 가장 간단한 접근법은 첫 번째 스레드에서 두 번째 스레드가 죽을 때까지 기다리도록 하는 방법이다.

```
Thread task = new TheTask();
task.start();
while ( task.isAlive() ){
    // 아무 일도 하지 않음
}
```

이렇게 대기 중인 스레드가 활성 상태긴 하지만 실제로는 아무 일도 하지 않는 것을 바쁜 대기$^{busy\ waiting}$라고 부른다. 스레드에서 두 번째 스레드가 끝날 때까지 대기하는 것 외에는 아무 일도 하지 않음에도 불구하고 프로세서에서는 여전히 이 스레드를 실행시키기 때문에 '바쁜' 대기라고 부르는 것이다. 바쁜 대기를 사용하게 되면 두 번째 스레드(및 시스템에서 돌아가는 다른 활성 스레드)에서 진짜로 일을 처리하는 데 쓸 수 있는 소중한 프로세서 사이클을 뺏어가게 된다.

바쁜 대기는 모니터나 세마포어를 써서 피할 수 있으며, 어느 쪽을 사용하는지는 프로그래머가 처한 상황에 따라 달라질 수 있다. 다른 스레드에서 작업이 끝났음을 알려줄 때까지 대기하는 스레드를 휴지^{sleep} 상태로 전환해주면 된다. 자바에서는 공유하는 객체만 있으면 작업이 끝났음을 알려줄 수 있다.

```
Object theLock = new Object();
synchronized( theLock ){
    Thread task = new TheTask( theLock );
    task.start();
    try {
        theLock().wait();
    }
    catch( InterruptedException e ){
        .... // 인터럽트가 발생하면 필요한 작업을 처리
    }
}
.....
class TheTask extends Thread {
    private Object theLock;
    public TheTask( Object theLock ){
        this.theLock = theLock;
    }
```

```
public void run(){
   synchronized( theLock ){
       .... // 작업 처리
       theLock.notify();
   }
}
}
```

이 경우에는 작업을 끝낸 후에 TheTask도 종료되기 때문에 join( )을 써서 첫 번째 스레드도 휴지기로 들어갈 수 있지만, 스레드 종료와 무관하게 돌아가는 wait( )와 notify( )를 쓰는 쪽이 더 일반적인 접근법이다. 클래스 인스턴스 자체를 신호용으로 사용하면 코드를 조금 더 간단하게 만들 수 있다.

```
Thread task = new TheTask();
synchronized( task ){
   task.start();
   try {
       task.wait();
   }
   catch( InterruptedException e ){
       .... // 인터럽트가 발생하면 필요한 작업을 처리
   }
}
.....
class TheTask extends Thread {
   public void run(){
       synchronized( this ){
           .... // 작업 처리
           this.notify();
       }
   }
}
```

아주 드물게 바쁜 대기의 일종인 스핀락spinlock이라는 것을 쓰는 게 나을 때도 있다. 대기 중인 락이 일반적인 락에 비해 더 짧은 시간 안에 풀린다는 보장만 있다면 (커널 프로그래밍에서 종종 일어날 수 있는 일이다) 그러한 짧은 시간 동안 바쁜 대기 작업을 수행하는 스핀락을 이용하는 게 더 효율적이다.

시스템 전체가 한 애플리케이션 전용으로 쓰이고, 코어마다 정확하게 하나씩의 계산 스레드가 만들어지는 고성능 컴퓨팅HPC, high-performance computing에서도 스핀락이 유용하게 쓰인다. 이때는 다른 코어에서 돌아가는 스레드에서 데이터를 받기 전까지는 어차피 별다른 할 일이 없기 때문에 바쁜 대기에 계산 사이클을 써 버린다고 해서 딱히 소모적인 것은 아니다. 데이터가 도착하는 시점부터 락을 받고 나서 해야 할 일을 시작할 때까지 걸리는 시간이 세마포어를 쓸 때에 비해 스핀락의 경우에 더 짧기 때문에 이런 상황에서는 세마포어를 쓰는 애플리케이션보다 스핀락을 쓰는 애플리케이션이 더 빠를 수 있다. 어떤 상황에서든 스핀락을 제대로 사용하기 위해서는 (한 번에 한 곳에서만 락 획득을 시도하도록) 어셈블리 수준에서 매우 조심스럽게 코딩해야 한다. 고급 언어에서는 바쁜 대기는 반드시 피하도록 하자.

생산자/소비자

면접 문제

크기가 고정된 버퍼와 그 버퍼에 접근하기 위한 인덱스를 공유하는 생산자(Producer) 스레드와 소비자(Consumer) 스레드를 작성하라. 생산자는 버퍼에 숫자를 집어넣고 소비자는 숫자를 제거해야 한다. 숫자가 추가되거나 제거되는 순서는 중요하지 않다.

동시성에 있어서 가장 정석적인 문제 중 하나다. 우선 동시성 제어를 전혀 쓰지 않고 문제에 답을 한 다음 어떤 문제가 있을지 논해보자. 동시성이 문제가 되지 않는 경우에는 알고리즘이 별로 어렵지 않다. 데이터 버퍼는 다음과 같다.

```java
public class IntBuffer {
    private int index;
    private int[] buffer = new int[8];
    public void add( int num ){
        while ( true ){
            if ( index < buffer.length ){
                buffer[index++] = num;
                return;
```

```
            }
          }
        }
    public int remove(){
        while ( true ){
            if ( index > 0 ){
                return buffer[--index];
            }
        }
    }
  }
}
```

생산자와 소비자는 다음과 같이 간단하게 만들 수 있다.

```
public class Producer extends Thread {
    private IntBuffer buffer;
    public Producer( IntBuffer buffer ){
        this.buffer = buffer;
    }
    public void run(){
        Random r = new Random();
        while ( true ){
            int num = r.nextInt();
            buffer.add( num );
            System.out.println( "Produced " + num );
        }
    }
}
public class Consumer extends Thread {
    private IntBuffer buffer;
    public Consumer( IntBuffer buffer ){
        this.buffer = buffer;
    }
    public void run(){
        while ( true ){
            int num = buffer.remove();
            System.out.println( "Consumed " + num );
        }
    }
}
```

그리고 코드 어딘가에서 다음과 같은 식으로 스레드를 시작하면 된다.

```
IntBuffer b = new IntBuffer();
Producer p = new Producer( b );
Consumer c = new Consumer( b );
p.start();
c.start();
```

하지만 이런 접근법에는 두 가지 문제가 도사리고 있다. 첫 번째는 바쁜 대기를
사용하기 때문에 CPU 시간의 낭비가 심하다는 점이고, 두 번째는 공유 자원인 버
퍼에 대한 접근 제어가 전혀 안 된다는 점이다. 인덱스를 갱신하는 도중에 스레드
가 전환되면 다음 스레드에서 버퍼의 엉뚱한 원소에 대해 읽기 또는 쓰기 작업을
할 수 있다.

얼핏 보면 add와 remove 메서드를 동기화 메서드로 만들면 문제가 해결될 것 같
은 느낌이 든다.

```
public class IntBuffer {
    private int index;
    private int[] buffer = new int[8];
    public synchronized void add( int num ){
        while ( true ){
            if ( index < buffer.length ){
                buffer[index++] = num;
                return;
            }
        }
    }
    public synchronized int remove(){
        while ( true ){
            if ( index > 0 ){
                return buffer[--index];
            }
        }
    }
}
```

하지만 이렇게 하면 오히려 add 또는 remove에서 버퍼가 각각 가득 차 있거나 비어 있는 경우에도 바쁜 대기를 하게 되는 더 큰 문제가 생긴다. add에서 스레드가 바쁜 대기를 하게 되면 메서드가 동기화되어 있기 때문에 다른 스레드에서 remove로 들어가지 못하고, 그 결과로 버퍼는 영원히 꽉 찬 상태로 유지된다. 버퍼가 비어 있을 때 remove를 호출해도 마찬가지 문제가 생긴다. 이 두 상황 중 어느 쪽이든 한번 벌어지고 나면 애플리케이션 전체가 무한정 바쁜 대기 루프에 갇혀버리고 만다. 버퍼가 가득 차면 생산자가 빈 공간이 생길 때까지 기다릴 수 있도록, 그리고 버퍼가 비었을 때는 새로운 값이 들어올 때까지 소비자가 기다릴 수 있도록 하려면 메서드 안에 있는 코드를 바꿔야 한다.

```java
public class IntBuffer {
    private int index;
    private int[] buffer = new int[8];
    public synchronized void add( int num ){
        while ( index == buffer.length - 1 ){
            try {
                wait();
            }
            catch( InterruptedException e ){
            }
        }
        buffer[index++] = num;
        notifyAll();
    }
    public synchronized int remove(){
        while ( index == 0 ){
            try {
                wait();
            }
            catch( InterruptedException e ){
            }
        }
        int ret = buffer[--index];
        notifyAll();
        return ret;
    }
}
```

이렇게 하면 여러 생산자와 소비자가 같은 버퍼를 동시에 사용할 수 있기 때문에 면접관이 예상했던 두 스레드만 사용할 수 있는 풀이에 비해 더 일반적인 용도로 쓸 수 있는 답이 된다.

철학자들의 저녁 식사

다섯 명의 소심한 철학자들이 원탁에 앉아 있다. 각 철학자 앞에는 음식이 담긴 접시가 있다. 각 철학자들 사이에 포크가 놓여 있는데, 하나는 철학자의 왼쪽에, 다른 하나는 오른쪽에 있다. 양손에 포크를 들기 전에는 먹을 수가 없다. 포크는 한 번에 하나씩 들게 되어 있다. 포크가 없으면 포크를 쓸 수 있게 될 때까지 기다려야 한다. 포크를 양손에 하나씩 쥐고 있으면 음식을 조금 집어먹고는 두 포크를 모두 테이블에 내려놓는다. 오랫동안 두 포크를 모두 잡지 못하면 그 철학자는 쫄쫄 굶어야만 한다. 어떤 철학자도 쫄쫄 굶지 않을 수 있도록 해 주는 알고리즘이 존재할까?

이 문제도 고전적인 동시성 문제로, 좀 억지스러워 보이지만(실생활에서는 아무리 소심한 사람이라도 옆에 있는 사람한테 포크를 달라고 해서 음식을 먹지, 포크가 없다고 쫄쫄 굶는 일은 일어날 리가 없다), 공유 자원이 여러 개 있는 경우에 실제로 일어날 수 있는 동시성 문제를 정확하게 반영하고 있다. 이 문제에서 가장 중요한 점은 지원자가 데드락의 개념을 제대로 이해하고 있는지, 데드락을 피하는 방법을 알고 있는지를 알아보는 것이다.

우선 가장 단순한 방법부터 해보자. 왼쪽 포크를 쓸 수 있을 때까지 기다렸다가 포크를 집어들고 오른쪽 포크를 쓸 수 있을 때까지 기다렸다가 오른쪽 포크까지 집어들고 나면 음식을 먹고 포크를 둘 다 내려놓는 식이다. 각 철학자별로 스레드를 하나씩 쓰면 다음과 같은 코드로 구현할 수 있다.

```
public class DiningPhilosophers {
    // 각 '포크'는 그냥 Object 객체로 정의하고 포크에 대해 동기화시킨다.
    private Object[]      forks;
```

```java
private Philosopher[] philosophers;
// 포크와 철학자들을 준비한다.
private DiningPhilosophers( int num ){
    forks = new Object[ num ];
    philosophers = new Philosopher[ num ];
    for ( int i = 0; i < num; ++i ){
        forks[i] = new Object();
        philosophers[i] = new Philosopher( i, i, ( i + 1 ) % num );
    }
}
// 먹기 시작
public void startEating() throws InterruptedException {
    for ( int i = 0; i < philosophers.length; ++i ){
        philosophers[i].start();
    }
    // 첫 번째 철학자가 먹는 것을 중단할 때까지 주 스레드를
    // 중단시킨다. 하지만 첫 번째 철학자가 먹는 것을 중단하는
    // 일이 일어나지 않으므로 시뮬레이션이 무한정 돌아간다.
    philosophers[0].join();
}


// 각 철학자는 서로 다른 스레드에서 돌아감
private class Philosopher extends Thread {
    private int id;
    private int fork1;
    private int fork2;
    Philosopher( int id, int fork1, int fork2 ){
        this.id = id;
        this.fork1 = fork1;
        this.fork2 = fork2;
    }
    public void run() {
        status( "Ready to eat using forks " + fork1 +
            " and " + fork2 );
        while ( true ){
            status( "Picking up fork " + fork1 );
            synchronized( forks[ fork1 ] ){
                status( "Picking up fork " + fork2 );
                synchronized( forks[ fork2 ] ){
                    status( "Eating" );
                }
            }
        }
```

```
            }
        }
        private void status( String msg ){
            System.out.println( "Philosopher " + id +
                            ": " + msg );
        }
    }

    // 시뮬레이션 시작
    public static void main( String[] args ){
        try {
            DiningPhilosophers d = new DiningPhilosophers( 5 );
            d.startEating();
        }
        catch( InterruptedException e ){
        }
    }
}
```

이 코드를 실행시키면 어떻게 될까? 스케줄러에서 각 스레드를 정확하게 언제 돌릴지 모르기 때문에 완전히 정해진 순서대로 돌아가는 건 아니다. (이게 바로 멀티스레드 코드를 디버깅하기가 어려운 이유 중 하나다.) 하지만 모든 철학자가 일단 왼쪽 포크를 집어들려고 하는 데다가, 한 번 집어들면 오른쪽 포크를 들고 먹을 때까지는 그걸 내려놓지 않을 것임은 분명하다. 왼쪽 포크를 들고 있는 철학자 오른쪽에 포크가 내려져 있으면 그 철학자가 오른손으로 그 포크를 집게 될지 아니면 오른쪽에 있는 철학자가 왼손으로 그 포크를 집게 될지 결정해야 하는 경합 조건^{race condition}이 만들어진다. 후자의 경우에는 왼손에 포크를 들고 있는 철학자 두 명이 나란히 앉아 있게 되고, 그 둘 중 왼쪽에 있는 철학자는 오른쪽에 있는 철학자가 오른손에 포크를 들고 뭔가를 집어먹은 다음 포크를 내려놓을 때까지 기다려야만 한다. 이러다 보면 수많은 철학자들이 왼손에 포크를 들고 배고파하며 기다리기만 하는 상황이 벌어지고 말 것이다.

철학자 다섯 명 중 네 명이 왼손에 포크를 들고 있고, 식탁 위에는 포크가 하나만 올려져 있는 상황을 생각해보자. (사실 금방 이런 상황이 벌어진다.) 이 마지막 포크를 누군가가 오른손에 집어들고, 음식을 먹고, 포크 두 개를 내려놓으면 다들 먹고 살 만해진다. 하지만 누군가가 왼손으로 그 포크를 집었다면, 모든 철학자가 자기 오른쪽에 포크가 내려놓일 때까지 기다리게 되는데, 포크가 1인당 하나뿐이므로 그런 일은 일어나지 않는다. 결국 이 애플리케이션은 데드락에 빠지고, 모든 철학자들이 굶어 죽고 말 것이다. (조금 더 형식을 갖춰서 귀납법으로 설명하자면, 모든 철학자가 왼손에 포크를 쥐고 있으면 그중 누군가가 왼손에 있는 포크를 내려놓기 전에는 오른쪽에 포크가 놓일 수 없는데, 오른쪽 포크를 들기 전에는 왼쪽 포크를 내려놓을 수가 없기 때문에 아무 일도 일어날 수가 없다.)

이 데드락은 어떻게 피해갈 수 있을까? 한 가지 해결책으로 기다리는 부분에 시간 초과 기능을 추가하는 방법을 생각할 수 있다. 첫 번째 포크를 집어든 후 정해진 시간 안에 먹지 못하면 그 포크를 내려놓고 다시 시도하는 것이다. 하지만 이런다고 문제가 해결되는 것은 아니다. 어떤 사람은 먹을 수 있겠지만 데드락이 전혀 발생하지 않는 것은 아니다. 더 큰 문제는, 어떤 철학자가 식사를 할 수 있을지 정확하게 알 수가 없다는 점이다. 시간 초과와 스케줄러 작동 방식이 절묘하게 맞물리면 어떤 철학자는 양쪽 포크를 다 집어들 수 없기 때문에 쫄쫄 굶을 수도 있다. 이런 것을 라이브락livelock이라고 부른다.

애초에 데드락이 생기지 않는 더 나은 방법이 있다. 데드락은 모든 철학자가 왼손에 포크를 하나씩 집어들 때 발생한다. 모든 철학자들이 왼쪽 포크를 먼저 집어들게 하는 대신 철학자 중 한 명은 오른쪽 포크를 먼저 집어 들도록 하면 어떨까? 그러면 그 철학자는 (오른쪽 포크를 먼저 들 테니) 왼손에만 포크를 집어드는 일은 없을 것이고, 모든 철학자들이 왼손에 포크를 하나씩 집어들고 앉아 있는 데드락도 일어나지 않는다. 이 문제는 포크를 집어드는 순서를 기준으로 생각해볼 수도 있다. 락(여기서는 포크)을 획득하는 순서 때문에 데드락이 발생하곤 한다. 모든 철학자와 포크에 식탁을 따라 (0부터 $n-1$까지) 반시계 방향으로 번호를 붙인 다음, 왼쪽 포크를 먼저 집어드는 방식을 따라 모든 철학자가 우선 숫자가 더 작은 포크를 집어든 다음 숫자가 더 높은 포크를 집어들도록 해보자. 이러면 마지막 철학자를 제외한 다른 철학자는 모두 왼쪽 포크를 먼저 들지만 마지막 철학자는 왼쪽에 $n-1$번 포크가, 오른쪽에 0번 포크가 있기 때문에 오른쪽 포크를 먼저 들어야 한다. 이렇게 하면 모든 철학자들이 번호가 낮은 포크를 먼저 든다는 똑같은 규칙을 따르도록 만들 수 있다. 이 방식은 아래와 같이 생성자에서 철학자가 포크를 집어드는 순서만 바꾸면 간단하게 구현할 수 있다.

```
// 포크와 철학자들을 준비한다.
private DiningPhilosophers( int num ){
    forks = new Object[ num ];
    philosophers = new Philosopher[ num ];
    for ( int i = 0; i < num; ++i ){
        forks[i] = new Object();
        int fork1 = i;
        int fork2 = ( i + 1 ) % num;
        if ( fork2 < fork1 ){
            philosophers[i] = new Philosopher( i, fork2, fork1 );
        } else {
            philosophers[i] = new Philosopher( i, fork1, fork2 );
        }
    }
}
```

이 정도면 데드락도 피할 수 있고, 웬만한 면접에서는 충분할 수 있지만, 조금 더 나은 방법도 있다. 지금 구현한 대로라면 모든 철학자가 먹을 수는 있겠지만 모두 공평하게 먹을 수 있을까? 오른쪽 포크를 먼저 집어드는 철학자 바로 왼쪽에 앉는 철학자(위의 예의 경우라면 인덱스 3에 해당하는 네 번째 철학자) 입장에서 보자. 이 자리는 양쪽에 있는 철학자 모두 그 자리 왼쪽과 오른쪽에 있는 포크를 먼저 집어들지 않는다. 따라서 그 자리에 앉은 사람은 포크를 잡기가 훨씬 쉽고, 남들보다 훨씬 더 많이 먹을 수 있다. 반대로 오른쪽 포크를 먼저 집어드는 철학자는 다른 철학자들이 줄줄이 음식을 집어먹고 포크를 내려놓을 때까지 기다려야 하기 때문에 제대로 먹기가 어렵다. 좋은 자리에 앉은 철학자와 나쁜 자리에 앉은 철학자가 먹을 수 있는 횟수의 비율은 시스템마다 다르겠지만, 내 컴퓨터에서 대충 테스트한 바로는 4번 철학자가 0번 철학자보다 약 100배 더 많이 먹을 수 있었다.

어떻게 하면 모든 철학자들이 더 고루 나눠먹을 수 있을까? 데드락을 피하려면 포크를 집는 순서는 그대로 두는 게 낫다. 모든 포크 순서를 다 맞춰야 할까? 한 철학자가 동시에 들 수 있는 포크는 두 개뿐이므로 각 철학자가 최대 두 개의 포크를 집어드는 순서에 대한 규칙만 있으면 된다. 각 철학자가 홀수번 포크를 짝수번 포크보다 먼저 집어야 한다는 규칙만 있어도 된다. (이 문제에서처럼 철학자 수가 홀수라면 n 번째 철학자는 0과 n-1, 이렇게 두 개의 짝수 번 포크 사이에 앉는다. 따라서 이 철학자는 아무 포크나 들어도 된다.) 다음과 같은 생성자를 쓰면 철학자들이 방금 설정한 식으로 행동하게 된다.

```java
// 포크와 철학자들을 준비한다.
private DiningPhilosophers( int num ){
    forks = new Object[ num ];
    philosophers = new Philosopher[ num ];
    for ( int i = 0; i < num; ++i ){
        forks[i] = new Object();
        int fork1 = i;
        int fork2 = ( i + 1 ) % num;
        if ( ( i % 2 ) == 0 ){
            philosophers[i] = new Philosopher( i, fork2, fork1 );
        } else {
            philosophers[i] = new Philosopher( i, fork1, fork2 );
        }
    }
}
```

이렇게 하면 철학자가 짝수명 있을 때는 완전히 공평하게 먹을 수 있다. 홀수명 있을 때는 여전히 '운 좋은' 철학자는 있다. 이때는 완전히 공평하진 않지만 철학자가 다섯 명 있을 때를 기준으로 하자면 훨씬 더 상황이 나아진다. 운 좋은 철학자는 가장 운 나쁜 철학자보다 약 열 배 정도 더 자주 먹는 정도다. 그리고 위에 나온 것처럼 한 명만 오른쪽 포크를 먼저 드는 방식은 철학자 수가 많아질수록 점점 불공평해지는 반면, 이 방식은 점점 공평해진다.

요약

한 애플리케이션에서 여러 스레드를 실행시키면 반응성을 더 높이고 멀티코어 시스템의 장점을 잘 살릴 수 있는 반면, 프로그래밍이 훨씬 더 복잡해진다. 여러 스레드에서 공유 자원에 접근할 때 데이터 손상을 방지하기 위해서는 동기화가 필요하다.

동기화는 보통 모니터 또는 세마포어를 써서 처리한다. 이런 기능을 이용하면 애플리케이션에서 공유 자원 접근을 제어할 수 있으며, 데이터를 처리할 준비가 됐을 때 다른 스레드에 신호를 보낼 수도 있다. 하지만 모니터나 세마포어를 잘못 쓰면 데드락 때문에 스레드가 멎어버릴 수 있다. 데이터 손상도 없고 데드락도 생기지 않는 제대로 된 멀티스레드 코드를 만들려면 상당한 노력과 주의가 필요하다.

객체지향 프로그래밍

요즘은 대부분 자바나 C#, C++ 같은 객체지향 프로그래밍[OOP, Object-Oriented Programming] 언어로 프로그래밍을 한다. 객체지향 언어는 아니지만 자바스크립트에서도 원형 객체나 함수 정의의 효과적인 사용 등을 통해 객체지향 프로그래밍의 기능 중 일부를 지원한다. 따라서 객체지향의 기본 원리를 제대로 이해할 필요가 있다.

기본 원리

객체지향 프로그래밍의 기원은 시뮬라[Simula]나 스몰토크[Smalltalk] 같은 언어가 나온 수십 년 전까지 거슬러 올라간다. OOP에 대해서는 학계에서 꾸준히 연구와 논의가 진행되었으며, 특히 실무 개발자들이 OOP 언어를 폭넓게 도입하면서부터 연구가 더욱 활발해졌다.

클래스와 객체

프로그래밍 기법으로서의 객체지향성에 대한 정의는 매우 다양하고 아직 확실하게 공감대가 형성되어 있는 것은 아니지만, 클래스와 객체가 그 중심에 있음은 분명하다. 클래스[class]는 속성[attribute] (성질[property]이나 상태[state]라고도 부름)과 행동[actions] (능력[capability] 또는 메서드[method]라고도 부름)을 가진 무언가를 추상적으로 정의한 것이다. 객체[object]는 다른 객체 인스턴스와는 다른 별도의 상태를 가지고 있는 어떤 클래스의 특정 인스턴스를 뜻한다. 직교좌표계에서 어떤 점의 x 값과 y 값을 나타내는 한 쌍의 정수가 들어 있는 Point라는 클래스는 다음과 같은 식으로 정의할 수 있다.

```
public class Point {
    private int x;
    private int y;
    public Point( int x, int y ){
        this.x = x;
```

```
        this.y = y;
    }
    public Point( Point other ){
        x = other.getX();
        y = other.getY();
    }
    public int getX(){ return x; }
    public int getY(){ return y; }
    public Point relativeTo( int dx, int dy ){
        return new Point( x + dx, y + dy );
    }
    public String toString(){
        StringBuilder b = new StringBuilder();
        b.append( '(' );
        b.append( x );
        b.append( ',' );
        b.append( y );
        b.append( ')' );
        return b.toString();
    }
}
```

어떤 특정한 점을 표현하려면 원하는 값으로 Point 클래스의 인스턴스를 만들기
만 하면 된다.

```
Point p1 = new Point( 5, 10 );
Point p2 = p1.relativeTo( -5, 5 );
System.out.println( p2.toString() ); // (0, 15) 출력
```

이 간단한 예에도 객체지향 프로그래밍의 중요한 원칙 가운데 하나인 캡슐화
(encapsulation, 구현과 관련된 자세한 내용을 숨기는 것)가 포함되어 있다. 위
에서 Point 클래스를 구현할 때 x와 y를 private으로 선언함으로써 그 두 변수
를 숨겼다. 그 두 값에 직접 접근하기 위해서는 Point 클래스의 코드를 거쳐야만
한다. 이렇게 하면 객체의 속성을 언제 어떤 식으로 바꿀 수 있는지 더 정확하게
제어할 수 있다. 앞에서 구현한 Point 클래스에는 객체가 생성된 후에 숨겨진 변

수의 값을 바꿀 수 있는 메서드가 없기 때문에 그 클래스의 객체는 변형이 불가능한 불변 객체다.

캡슐화를 활용하면 코드를 유지보수하는 것도 편해진다. 역사적으로 볼 때 객체 지향적이지 않은 코드는 보통 서로 밀접하게 연계되어 있었다. 필요하다면 어디서든 자료구조에 접근할 수 있다. 이러면 자료구조의 구현을 바꾸기가 어렵다. 그 자료구조를 활용하는 코드를 전부 바꿔야 하기 때문이다. 고쳐야 할 코드 분량이 꽤 많을 수 있는 데다가, 복잡한 애플리케이션이라면 영향을 받을 만한 코드를 전부 파악하는 것조차 어려울 수 있다. 이와는 대조적으로 캡슐화를 하면 코드를 서로 느슨하게 연결하게 된다. 공개 메서드를 통해 자료구조에 대한 잘 정의된 인터페이스를 제공하게 되고, 클래스 안에 들어 있는 자료구조에는 클래스의 공개 메서드를 통해서만 접근할 수 있다. 메서드의 이름, 인자, 개념적인 용도가 바뀌지만 않는다면 다른 코드에는 영향을 주지 않으면서 클래스의 내부 구현을 바꿀 수 있다.

생성과 파괴

객체는 클래스의 인스턴스다. 객체를 만드는 것을 객체를 생성한다고 부른다. 객체를 생성할 때는 클래스에 있는 생성자 메서드를 호출한다. 생성자에서는 객체의 상태를 초기화하며, 그 과정에서 직접적으로든 간접적으로든 부모로부터 상속받은 상태 부분을 초기화할 수 있도록 부모 클래스의 생성자를 호출하는 작업이 이루어진다.

객체를 제거하는 것은 객체를 생성하는 것보다 더 복잡하다. C++에서는 파괴자 destructor라는 메서드를 호출하여 객체의 상태를 모두 제거한다. 파괴자는 객체가 영역을 벗어날 때, 또는 동적으로 생성된 객체를 파괴하기 위해 delete 연산자를 사용한 경우에 자동으로 호출된다. 메모리 유출을 방지하려면 객체 인스턴스를 잘 관리해야만 한다. 하지만 C#이나 자바 같은 언어에서는 가비지 컬렉터가 더 이상 쓰이지 않는 객체를 찾아서 파괴하는 일을 맡아서 처리하며, 이런 경우에는 언제 어디서(보통 시스템에서 정의한 별도의 스레드에서 처리) 객체가 파괴될지는 애플리케이션에서 제어할 수 있는 부분이 아니다. 따로 최종 정리용 메서드 finalizer method를 만들어두면 시스템에서 객체를 파괴하기 전에 그 메서드를 호출하여 최종적으로 객체 파괴 직전에 이것저것 정리하는 작업을 한다(권장하지는 않지만 C#과 자바에서는 최종 정리용 메서드를 써서 객체를 '부활'시킬 수도 있다).

상속과 다형성

다른 두 가지 중요한 원칙으로 상속과 다형성이 있는데, 이 둘은 서로 밀접하게 연관되어 있다. 상속inheritance은 어떤 클래스에서 더 특화된 버전의 클래스를 위한 행동을 제공할 수 있게 해준다. B라는 클래스가 A라는 클래스로부터 상속을 받으면(자바에서는 **B가 A를 확장한다**는 표현을 씀), A는 B의 부모 또는 베이스 클래스가 되며, B는 A의 서브클래스가 된다. A 클래스에서 정의한 행동은 모두 B 클래스의 행동이 되며, 일부를 변형할 수도 있다. 똑같은 메서드를 부모 클래스와 서브클래스에서 각기 다르게 정의할 수도 있는데, 그런 경우에는 서브클래스의 인스턴스에서는 서브클래스의 메서드가 부모 클래스의 메서드를 오버라이드 override하게 된다. 서브클래스에는 최소한 부모 클래스의 모든 메서드가 들어 있으므로 B 클래스의 인스턴스는 A 클래스의 인스턴스가 필요한 곳이라면 어디든 쓸 수 있다.

오버라이딩과 관련된 OOP의 핵심 개념으로 객체의 클래스를 바탕으로 실행 시에 사용할 메서드의 정의를 선택하는 기능이 있다. 이를 다형성polymorphism이라고 부른다. 다형성으로 인해 호출하는 쪽에서 어떤 정의를 호출할지 직접적으로 지정하지 않아도 특정 클래스에 해당하는 코드가 호출될 수 있다.

상속과 다형성의 대표적인 예로 벡터 기반으로 그림을 그리는 애플리케이션에서 서로 다른 도형을 나타내는 도형 라이브러리를 생각할 수 있다. 이 계층구조의 맨 위에는 모든 도형들이 공통적으로 가지는 것들을 정의하는 Shape 클래스가 있다.

```
public abstract class Shape {
```

```
protected Point center;
protected Shape( Point center ){
    this.center = center;
}
public Point getCenter(){
    return center; // Point는 변형이 불가능하다.
}

public abstract Rectangle getBounds();
public abstract void draw( Graphics g );
}
```

그리고 특화된 도형을 나타내는 Rectangle(정사각형)과 Ellipse(타원) 서브 클래스를 정의해보자.

```
public class Rectangle extends Shape {
    private int h;
    private int w;

    public Rectangle( Point center, int w, int h ){
        super( center );
        this.w = w;
        this.h = h;
    }
    public Rectangle getBounds(){
        return this;
    }
    public int getHeight(){ return h; }
    public int getWidth(){ return w; }
    public void draw( Graphics g ){
        .... // 직사각형을 그리는 코드
    }
}

public class Ellipse extends Shape {
    private int a;
    private int b;

    public Ellipse( Point center, int a, int b ){
        super( center );
```

```
        this.a = a;
        this.b = b;
    }
    public Rectangle getBounds(){
        return new Rectangle( center, a * 2, b * 2 );
    }
    public int getSemiMajorAxis(){ return a; }
    public int getSemiMinorAxis(){ return b; }
    public void draw( Graphics g ){
        .... // 타원을 그리는 코드
    }
}
```

원한다면 Rectangle과 Ellipse를 더 특화시켜서 각각 정사각형을 나타내는 Square나 원을 나타내는 Circle 같은 서브클래스를 만들 수도 있다.

라이브러리에서 여러 도형을 정의해도 애플리케이션에서 도형을 화면에 그리는 부분에서는 그리 복잡한 작업이 필요하지 않다. 다형성을 통해 어떤 그리기 메서드가 실행될지 자동으로 선택되기 때문이다.

```
void paintShapes( Graphics g, List<Shape> shapes ){
    for ( Shape s : shapes ){
        s.draw( g );
    }
}
```

라이브러리에 도형을 새로 추가해도 기존 클래스의 서브클래스를 만들고 부모 클래스와 다른 부분만 구현하면 된다.

객체지향 프로그래밍 문제

객체지향 프로그래밍과 관련하여 나오는 문제로는 객체지향의 개념에 초점을 맞춘 문제, 그중에서도 특히 그 회사에서 사용하는 언어와 관련된 문제가 나올 가능성이 높다.

인터페이스와 추상 클래스

객체지향 프로그래밍에서 인터페이스와 추상 클래스 사이의 차이점을 설명하라.

어떤 언어를 사용하는지에 따라 구체적인 내용은 달라지겠지만, 우선 몇 가지 일반적인 정의부터 시작해보자.

- 인터페이스(interface)에서는 클래스와 별도로 일련의 연관된 메서드를 선언한다.
- 추상 클래스(abstract class)는 메서드를 선언하기는 하지만 모든 메서드를 정의하지는 않는 불완전하게 정의된 클래스이다.

따라서 개념 면에서 보면 인터페이스는 클래스 계층구조와는 독립적으로 애플리케이션 프로그래밍 인터페이스$^{API, \text{ Application Programming Interface}}$를 정의하는 같은 역할을 한다. 인터페이스는 특히 단일 상속만을 지원하는(하나의 베이스 클래스에서만 상속받을 수 있는) 언어에서 매우 중요하다. 어떤 클래스에서 직접적으로든 간접적으로든 특정 인터페이스에서 정한 모든 메서드를 정의한다면 그 클래스는 해당 인터페이스를 **구현한다**고 표현한다.

인터페이스와 달리 추상 클래스는 그 자체가 클래스다. 데이터 멤버도 들어갈 수 있고 다른 클래스의 서브클래스로 만들 수도 있다. 하지만 (추상이 아닌) 구상 클래스와 달리 행동 중 일부는 정의하지 않고 서브클래스에서 정의해서 쓰도록 남겨둔다. 이런 이유 때문에 추상 클래스의 인스턴스는 만들 수 없다. 그 클래스를 상속하는 구상 서브클래스의 인스턴스를 생성해서 써야만 한다.

인터페이스는 데이터 멤버 및 메서드 정의가 들어 있지 않은 추상 클래스하고 거의 똑같다. 실제 C++에서는 이런 식으로 인터페이스를 정의한다. 다음과 같이 데이터 멤버도 없고 순수한 가상 함수만 있는 클래스를 선언하면 된다.

```
class StatusCallback {
public:
    virtual void updateStatus( int oState, int nState ) = 0;
}
```

위와 같은 방식으로 인터페이스를 만들어 놓으면 다른 클래스에서 위 클래스로부터 유도한 클래스를 만들어서 인터페이스를 구현할 수 있다.

```
class MyClass : SomeOtherClass, StatusCallback {
    public:
        void updateStatus( int oState, int nState ){
            if ( nState > oState ){
                ..... // 작업 처리
            }
        }

        .... // 클래스의 나머지 부분
}
```

자바에서는 interface 키워드를 써서 인터페이스를 정의한다.

```
public interface StatusCallback {
    void updateStatus( int oState, int nState );
}
```

그리고 클래스에서 인터페이스를 구현할 때는 다음과 같은 식으로 하면 된다.

```
public class MyClass implements StatusCallback {
    public void updateStatus( int oState, int nState ){
        if ( nState > oState ){
```

```
        ..... // 작업 처리
     }
  }

  .... // 클래스의 나머지 부분
}
```

인터페이스와 추상 클래스를 모두 지원하는 언어에서는 추상 클래스를 통해서 어떤 인터페이스의 기본 구현을 제공하는 패턴을 흔하게 볼 수 있다. 예를 들어, 다음과 같은 인터페이스가 있다고 할 때,

```
public interface XMLReader {
    public XMLObject fromString( String str );
    public XMLObject fromReader( Reader in );
}
```

다음과 같은 식으로 상속된 일부 메서드에 대해서만 기본 구현을 제공할 수 있다.

```
public abstract class XMLReaderImpl implements XMLReader {
    public XMLObject fromString( String str ){
        return fromReader( new StringReader( str ) );
    }
}
```

XMLReader를 구현하고자 하는 프로그래머 입장에서는 XMLReaderImpl의 서브 클래스를 만들어서 두 개가 아닌 한 메서드만 구현할 수도 있다.

일반적으로 추상 클래스는 그것을 베이스 클래스로 상속해서 더 구체적인 클래스를 만들어서 쓰는 경우에 쓰기 좋다. 특히 (예를 들면 데이터 멤버나 메서드 정의에 있어서) 서브클래스에서 써먹을 수 있는 공통적인 기능을 추상 베이스 클래스에 집어넣을 필요가 있을 때 좋다. 서로 관련이 없는 클래스에서 개념적으로 연관된 기능을 작동시킬 수 있는 공통된 방식이 필요하지만 그 기능을 구현하는 방법은 제각기 다른 경우에는 인터페이스가 좋다.

가상 메서드

면접 문제

가상 메서드가 무엇인지 기술하고 어떻게 활용할 수 있는지 설명하라.

OOP에서 자식 클래스는 조상 클래스에서 정의한 메서드를 오버라이드(재정의) 할 수 있다. 가상 메서드는 실행 시에 그 메서드가 실제로 호출되는 객체가 어떤 유형(클래스)인지에 따라 호출할 메서드 정의가 결정되는 메서드를 뜻한다. 정적 메서드 비공개 메서드가 아닌 자바 메서드는 final로 선언하지 않는 이상 가상 메서드이다. final로 선언된 메서드는 오버라이드할 수 없기 때문에 자바에서는 비가상 메서드 중 어떤 정의를 호출할지 선택할 필요가 없다. 어차피 한 가지밖에 없기 때문이다. C#과 C++에서는 virtual 키워드를 써서 선언하는 경우에만 그 메서드가 가상 메서드가 되며, 기본적으로는 비가상 메서드로 선언된다. 비가상 메서드는 레퍼런스(또는 포인터) 유형에 따라 컴파일 시에 어떤 메서드 정의를 호출할지가 결정된다.

예를 들어 다음과 같은 C++ 클래스를 생각해보자.

```cpp
class A {
   public:
      void print() { cout << "A"; }
}

class B : A {
   public:
      void print() { cout << "B"; }
}

class C : B {
   public:
      void print() { cout << "C"; }
}
```

print 메서드를 비가상 메서드로 선언했기 때문에 컴파일 시에 쓰이는 클래스형에 따라 어떤 메서드가 호출되는지가 결정된다.

```
A *a = new A();
B *b = new B();
C *c = new C();
a->print(); // "A"
b->print(); // "B"
c->print(); // "C"
((B *)c)->print(); // "B"
((A *)c)->print(); // "A"
((A *)b)->print(); // "A"
```

이번에는 print를 가상 메서드로 선언해보자.

```
class A {
public:
        virtual void print() { cout << "A"; }
}

class B : A {
public:
        virtual void print() { cout << "B"; }
}

class C : B {
public:
        virtual void print() { cout << "C"; }
}
```

이번에는 실행에 쓰이는 클래스형에 따라 호출되는 메서드가 결정된다.

```
A *a = new A();
B *b = new B();
C *c = new C();
```

```
a->print(); // "A"
b->print(); // "B"
c->print(); // "C"
((B *)c)->print(); // "C"
((A *)c)->print(); // "C"
((A *)b)->print(); // "B"
```

가상 메서드는 다형성을 활용할 때 유용하다. 같은 메서드를 호출해도 객체의 클래스에 따라 다르게 정의된 메서드가 작동하기 때문이다. 이 장 맨 앞부분에서 만든 Shape 클래스를 C++로 만든다면, draw 메서드를 가상 메서드로 선언해야 (Shape 인스턴스에 대한 레퍼런스만 사용하는) paintShapes 메서드가 제대로 작동할 것이다.

가상 메서드의 한 가지 특별한 예로 선언은 되지만 정의되지는 않는 C++의 순수 가상 메서드^{pure virtual method}를 들 수 있다. (C++에서 순수 가상 메서드를 선언한 후에 정의할 수도 있지만, 그 정의는 파생 클래스에서만 호출할 수 있다. 역시 C++는 참 복잡하다.) 순수 가상 메서드가 들어 있는 클래스, 또는 그 메서드를 재정의하지 않고 그대로 상속받는 클래스는 모두 추상 클래스다. (자바나 C#에서는 추상 메서드가 순수 가상 메서드와 같은 역할을 한다.)

물론 가상 메서드에도 단점이 있다. 호출할 때 (거의 항상) 시간이 더 오래 걸린다. 적어도 메서드를 선택하기 위한 룩업은 꼭 필요하기 때문에 시간이 더 걸릴 수밖에 없다. 룩업을 하는 데 필요한 정보를 저장해두기 위해 별도의 메모리가 필요하다는 것도 단점이다. 대부분의 경우에 가상 메서드를 쓰기 위해 필요한 오버헤드는 거의 무시할 수 있는 정도에 불과하다.

다중 상속

면접 문제

C#과 자바에서 클래스의 다중 상속을 허용하지 않는 이유는?

C++에서는 한 클래스에서 (직간접적으로) 하나 이상의 클래스를 상속할 수 있으며, 이를 다중 상속^{multiple inheritance}이라 부른다. 하지만 C#과 자바에서는 단일 상속^{single inheritance}(한 클래스의 부모 클래스가 단 하나뿐임)만 허용된다.

한 애플리케이션에서 서로 다른 클래스 프레임워크를 사용한다든가 하는 경우에는 두 개의 서로 다른 클래스 계층구조를 결합한 클래스를 만들어 써야 하는 경우가 있는데, 이런 경우에 다중 상속을 활용할 수 있다. 예를 들어, 두 프레임워크에서 예외 상황을 서로 다른 베이스 클래스로 정의했다면 다중 상속을 써서 어느 프레임워크에서든 사용할 수 있는 예외 상황 클래스를 만들 수도 있다.

하지만 다중 상속을 쓰다 보면 종종 애매한 상황이 벌어질 수 있다. 대표적인 예로 한 클래스가 두 개의 서로 다른 클래스를 상속하는데, 그 두 부모 클래스가 한 클래스로부터 파생된 클래스인 경우를 들 수 있다.

```
class A {
protected:
    bool flag;
};
class B : public A {};
class C : public A {};
class D : public B, public C {
public:
    void setFlag( bool nflag ){
        flag = nflag; // 애매한 부분
    }
};
```

이 예를 보면 flag 데이터 멤버는 A 클래스에서 정의되는데, D 클래스는 B와 C

라는 클래스의 서브클래스이며, B와 C는 둘 다 A의 서브클래스이므로, D의 클래스 계층구조를 보면 A가 두 번 등장하게 되어 flag가 두 개 만들어지는 셈이 된다. 즉, 어떤 것을 써야 할지 모르는 상황이 일어난다. 따라서 컴파일러는 D에서 flag에 대한 레퍼런스가 모호하다는 메시지를 내보낸다. 한 가지 해결책으로 다음과 같은 식으로 레퍼런스를 명시적으로 표시하는 방법이 있다.

```
B::flag = nflag;
```

또 다른 해결책으로 B와 C를 가상 베이스 클래스로 선언하여 클래스 계층구조에 A의 사본이 하나만 들어가도록 하는 방법이다.

이 외에도 파생된 객체가 생성될 때 베이스 클래스 초기화 순서 문제라든가, 파생된 클래스에서 의도와는 다르게 멤버가 숨겨진다든지 하는 문제가 생길 수 있다. 이런 골치 아픈 문제들 때문에 훨씬 단순한 단일 상속 모형만 사용하는 언어들도 있다. 반면에 공통 조상이 있는 클래스끼리만 행동을 공유할 수 있다는 점에서 보면 단일 상속에는 제약이 너무 많다. 대신 인터페이스를 통해 코드를 공유하는 식으로 구현되진 않지만, 서로 다른 계층구조에 속한 클래스들끼리 같은 인터페이스를 외부에 노출시킬 수 있게 하여 부족한 부분을 어느 정도 보완한다.

자원 관리

면접 문제

제한된 시스템 자원에 접근해야 하는 함수가 있다고 해보자. 이 코드에서는 openResource라는 API 함수를 호출하여 그 자원에 대한 핸들을 가져와야 하고, 일이 끝나면 closeResource라는 함수에 이 핸들을 넘겨줘야 한다. 어떤 경우라도 closeResource 함수를 반드시 호출해서 자원을 잃어버리지 않으려면 어떻게 해야 할까?

얼핏 보면 답이 간단해 보인다. 함수 맨 뒤에 리턴하기 직전에 closeResource를 호출하기만 하면 될 것 같다. 하지만 함수에 return 선언문이 두 번 이상 들어간다면 어떻게 될까? 모든 return 선언문 앞에 일일이 closeResource 호출을 더할 수도 있겠지만 그다지 바람직해 보이지 않는다. 함수가 끝나는 지점마다 코드를 중복해서 넣는 식이기 때문이다. 이렇게 하면 코드 유지보수도 어려워지고, 에러도 쉽게 발생하고, 나중에 누군가가 함수에 return 선언문을 추가하면서 closeResource 호출을 빼먹을 가능성도 있다.

그나마 예외를 사용하지 않는 코드라면 우아하지는 않더라도 이런 풀이법이 통하긴 한다. 하지만 예외를 사용하면 루틴의 어떤 선언문에서든 함수가 종료될 수 있기 때문에 다른 접근법이 필요하다.

새로운 접근법은 사용하는 언어에 따라 다를 수 있다. 자바 같은 언어에서는 finally 블록을 제공하고 객체가 언제 파괴될지 불분명한데, finally 블록에서 closeResource를 호출하는 게 최선의 방법이라고 할 수 있다. 이렇게 하면 루틴이 언제 어디서 끝나든 closeResource는 반드시 호출되므로 자원을 잃어버리지 않게 된다. 함수 본체를 전부 finally에 해당하는 try 블록으로 감싸면 되지 않을까 하는 생각이 들 텐데, 혹시 그 경우 문제는 없는지 따져봐야 한다. openResource에서 사용할 수 있는 자원이 없다든가 해서 예외가 발생하면 어떻게 될까? openResource를 try 블록 안에서 호출한다면 finally 블록으로 넘어갈 것이고, 애초에 자원을 제대로 받아오지도 못했기 때문에 널 레퍼런스에 대해 closeResource를 호출하게 될 것이다. 이때 API에 따라 오류나 예측 불가능한 행동이 유발될 수 있다. 열어본 적이 없는 자원을 닫는 문제를 피하고 싶다면 openResource를 호출한 직후에 try 블록을 시작하여 나머지 루틴 전체를 try 블록으로 감싸면 된다. 다음과 같은 식으로 구현할 수 있다.

```
public static void useResource () {
    ResourceHandle r = openResource();
    try {
        /* 자원을 이용하여 필요한 작업 처리 */
    }
    finally {
        closeResource( r );
```

```
    }
  }
```

---

finally 블록이 없는 (필요하지도 않은) C++에서는 다른 전략이 필요하다. 함
수에서 빠져나올 때 C++에서 반드시 보장되는 것은 무엇일까? 리턴 선언문이 실
행되든 예외가 발생하든 일단 함수에서 빠져나올 때는 영역을 벗어나는 모든 자
동(지역) 객체가 파괴된다. 어떻게 하면 이 성질을 이용하여 자원을 잃어버리는
문제를 피할 수 있을까?

그 자원을 감싸는 클래스를 만들면 된다. 생성자에서 openResource를 호출하고
파괴자에서 closeResource를 호출하면 객체의 라이프 사이클을 활용하여 자원
을 관리할 수 있다. 자동으로 파괴될 수 있도록 그 객체를 스택에 들어가는 지역
객체로 선언하는 것만 잊지 않으면 된다. 앞에서 논의한 것처럼 openResource
하나마다 closeResource도 하나씩만 있어야 한다. 이런 제약 조건에 위배되는
경우를 따져보자. 자원을 감싸는 래퍼 클래스의 인스턴스를 복사하면 두 객체 모
두 같은 자원 핸들을 감싸게 되며 그 객체가 파괴될 때 각 객체에서 핸들을 넘기
려고 할 것이다. 이런 문제에 대비할 수 있는 한 가지 방법으로 복사 생성자와 대
입 연산자를 비공개로 선언하여 그 객체가 복제되는 것을 막는 방식을 쓸 수 있
다. 구현은 다음과 같은 식으로 할 수 있다.

```
class Resource {
public:
    Resource() { handle = openResource(); }
    ~Resource() { closeResource( handle ); }
    ResourceHandle getHandle() { return handle; }
private:
    ResourceHandle handle;
    Resource ( Resource const & ); // 비공개 복사 생성자
    Resource & operator= ( Resource const & ); // 비공개 대입 연산자
};

void useResource() {
    Resource r;
```

```
        /* 자원을 사용하는 코드 */
    }
```

이런 방식이 앞에 있는 자바 구현보다 더 복잡할지 아닐지는 각자의 관점, 그리고 코드 내에서 자원을 얼마나 여러 곳에서 사용하는지에 따라 달라질 수 있다. 이 접근법을 쓸 때는 래퍼 클래스를 선언해야 한다. 근데 자원을 한 군데에서만 쓸 거라면 자바의 try/finally 블록을 이용하는 접근법보다 더 복잡하고 어렵다고 볼 수 있다. 반면에 대규모 코드베이스라면 자원을 여러 곳에서 사용할 가능성이 높다. 자바의 경우라면 try/finally 블록을 자원을 사용하는 모든 함수에서 반복적으로 사용해야 한다. 이렇게 코드를 반복하게 되면 그 자원을 이용하는 각각의 함수에서 오류 발생 가능성이 있기 마련이다. 이와 대조적으로 C++ 접근법에서는 필요한 내용이 전부 래퍼 클래스에 다 모여 있기 때문에 코드를 중복해서 작성할 필요가 없어 자원을 사용하는 코드가 단순하고 깔끔해진다.

이런 C++ 패턴을 보통 RAII$^{Resource\ Acquisition\ Is\ Initialization}$라고 부르는데, 자원 획득을 초기화로 돌리는 방식으로 C++에서 자원을 관리할 때 흔히 사용하는 패턴이다. 널리 쓰이는 자원에 대한 래퍼 클래스는 표준 라이브러리로 제공된다. 예를 들어 관리가 필요한 대표적인 자원으로 동적 할당 메모리 블록이 있는데, std::unique ptr은 동적으로 할당된 메모리에 대한 포인터를 감싸서 포인터가 파괴될 때 메모리 할당을 분명히 해제할 수 있도록 한다.

C++에서 try/finally 방식을 구현할 수 없는 것과 마찬가지로 자바에서는 RAII 패턴을 쓸 수 없다. C++ 파괴자 대신 자바 종료자를 쓰면 되지 않을까 하는 생각이 들 수도 있는데, 이 방법에는 신뢰성 문제가 있다. RAII 패턴을 쓰려면 자동 객체가 영역을 벗어날 때 즉시, 그리고 반드시 파괴되면서 자원을 래퍼 객체를 통해 사용할 수 없게 되어 곧바로 풀어줘야만 한다. 하지만 자바에서는 가비지 컬렉션과 종료자 호출이 언제 이뤄질지 확실히 정해져 있지 않기 때문에 언제 실행될지 모를 종료자에 자원 반환을 맡겼다가는 자원이 바닥날 수도 있다. RAII 패턴의 유용성을 반영하여 자바 1.7부터는 자원 기반 try(try-with-resources) 라는 기능이 추가되어서 try 선언문의 일부로 자원을 획득하고 그 try 블록을 벗

어날 때 해당 자원을 확실히 닫아줄 수 있게 되었다. 그러나 자원을 닫는 작업을 객체 파괴가 아닌 close 메서드 호출로 수행하기 때문에 C++의 RAII 패턴에 비하면 자원 기반 try 구문에 더 부족한 점이 많다고 할 수 있다. 이런 이유로 인해 자원을 감싸는 객체는 반드시 AutoCloseable 인터페이스를 구현해야만 한다. close 메서드가 반드시 있어야만 하기 때문이다. 그리고 자원을 두 번 이상 해제하는 경우에 대한 방책은 없다.

C#은 자원 관리 면에서 자바와 아주 비슷하다. try/finally 기능을 제공하지만 자동 객체를 정해진 시기에 파괴하는 특성은 없기 때문에 제대로 된 RAII 패턴을 구사할 수 없는 것도 자바와 같다. 자바에 자원 기반 try가 있다면 C#에는 using 이 있으며, 이 기능을 이용하려면 C# 래퍼 클래스에서 IDisposable 인터페이스를 구현해야만 한다.

요약

요즘은 객체지향 언어가 널리 쓰이고 있기 때문에 대부분의 직장에서 OOP 원리를 제대로 이해하는 사람을 원한다.

자신이 사용하는 프로그래밍 언어에서 각각 객체지향 프로그래밍을 어떤 식으로 처리하는지 제대로 이해하도록 하자.

디자인 패턴

세상에 똑같은 프로그래밍 프로젝트는 없지만, 여러 다른 프로젝트에서 같은 문제를 해결하는 일이 반복되곤 한다. 이 책의 상당 부분은 자료구조와 알고리즘, 즉 계산을 수행하고 자료를 저장하는 데 있어서 자주 등장하는 문제를 풀기 위한 해법에 관한 내용이다. 흔히 볼 수 있는 또 다른 유형으로 코드의 명료성, 효율, 신뢰성, 재사용성을 극대화할 수 있도록 조직화, 구조화하는 것과 관련된 문제가 있다. 이런 종류의 문제에 대한 해법을 디자인 패턴이라고 부른다.

디자인 패턴이란 무엇인가?

객체지향 프로그래밍에서 공통적인 디자인 문제를 찾아내고 해결하는 가이드라인을 디자인 패턴design pattern이라고 부른다. 디자인 패턴은 프레임워크나 클래스 라이브러리와 달리 추상적인 것으로, 실제 코드를 제공하는 건 아니고 특정 유형의 프로그래밍 문제를 해결하는 방식을 제공해 주는 역할을 한다. 다년간의 소프트웨어 프로그래밍 경험을 정제하여 만든 객체지향 애플리케이션 아키텍처를 위한 조직화된 원리 같은 것이라고 할 수 있겠다.

디자인 패턴은 1990년대 『Design Patterns: Elements of Reusable Object Oriented Software』*라는 책이 나오면서부터 널리 알려지고 제 모습을 갖추게 되었으나, 개념 자체는 그 책이 나오기 전부터 있었다. 반복자나 싱글턴 같은 몇몇 핵심적인 디자인 패턴은 대부분의 자바나 C++ 프로그래머들에게 널리 알려져 있다. 빌더 패턴같이 인지도는 좀 낮지만 상황에 따라 매우 유용하게 쓰이는 것도 있다.

디자인 패턴을 쓰는 이유

디자인 패턴을 쓰는 이유는 두 가지로 정리할 수 있다. 첫째는 어찌 보면 당연한 것으로, 여러 프로그래머들의 경험과 지혜를 모아서 공통적인 소프트웨어 디자인

---

* 『GoF의 디자인 패턴』(2007, 피어슨에듀케이션코리아)

문제를 해결하는 데 도움이 될 수 있게 만들어놓은 것이기 때문이다. 이런 이유로 디자인 패턴은 교육의 도구이자 프로그래밍에 필수적인 자원이라고 할 수 있다.

두 번째 이유가 더 중요할 수도 있는데, 디자인 문제와 그 해결책을 논할 때 디자인 패턴이 간결한 용어모음을 제공한다는 점이다. 다른 프로그래머와 일상적인 논의를 할 때, 디자인 문서를 작성할 때, 프로그램에 주석을 달 때 등 다른 프로그래머와 디자인에 관한 의사결정에 관해 얘기할 때 이런 용어가 여러모로 도움이 된다.

디자인 패턴이 이렇게 유용하긴 하지만 모든 프로그래밍 문제에 대한 만병통치약은 아니다. 디자인 패턴을 잘못 쓰면 애플리케이션이 쓸 데 없이 복잡해질 수 있고, 패턴을 틀린 방법 또는 비효율적인 방법으로 구현했다가는 버그가 생기거나 성능이 나빠질 수도 있다.

> 사용하면 안 되는 패턴에 대한 연구도 있다. 효율적이지 않거나 효과적이지 못하거나, 이해하기 어렵거나, 유지보수가 어려운 코드를 만들어낼 수 있는 흔한 위험 요인, 잘못된 관행 같은 게 이런 **안티패턴**에 속한다.

C++나 자바 같이 많이 쓰이는 객체지향 언어의 구조가 내포하고 있는 문제점 때문에 디자인 패턴이 필요하다고 주장하는 프로그래머도 있다. 이런 주장이 맞든 틀리든 C++나 자바 같은 객체지향 언어를 일상적으로 쓰는 프로그래머에게 디자인 패턴이 유용하다는 사실에는 변함이 없다.

면접과 디자인 패턴

디자인 패턴에 대해 직접 질문하는 경우는 흔하지 않다. 특정 디자인 패턴을 사용하는 코드를 작성하라고 하는 경우는 거의 없다. 디자인 패턴은 주로 면접관하고 디자인 개념에 대해 소통하기 위한 수단으로 쓰일 가능성이 높다. 예를 들어, 코딩을 하면서 "사용상 편의를 위해 이 클래스에 대한 반복자를 정의하겠습니다"라든가 "이 데이터는 싱글톤을 통해 쓸 수 있다고 가정하겠습니다" 같은 식으로 얘기하는 것 말이다.

하지만 디자인 패턴을 언급하다 보면 면접관이 지원자가 그 디자인 패턴을 얼마나 잘 이해하는지 알아보기 위한 질문을 할 수도 있다. 직접 구현할 줄 알고 작동 방식을 설명할 수 있는 게 아니라면 패턴을 사용하지 않는 편이 낫다.

일반적인 디자인 패턴

감마 외 3인(Gang of Four, GoF라고도 부름)이 쓴 디자인 패턴 책에서는 매우 정형적이고 상세한 접근법을 통해 23가지 기본 디자인 패턴을 소개한다. 그 책에서는 모든 디자인 패턴을 생성^{creational} 디자인 패턴, 행위^{behavioral} 디자인 패턴, 구조^{structural} 디자인 패턴, 이렇게 세 가지 범주로 분류한다. 앞으로 몇 페이지에 걸쳐서 이런 범주에 속하는 여러 패턴을 살펴보면서 패턴이 무엇인지, 어떤 식으로 쓰는지 알아본다.

> 동시성 패턴처럼, 동시성 프로그래밍을 할 때 도움이 되는 다른 디자인 패턴 범주도 있다. 이런 패턴은 특정 분야 용도로 만들어진 것이어서 위에 있는 세 가지 패턴 범주처럼 널리 알려져 있진 않다.

싱글톤

싱글톤^{Singleton} 패턴은 어떤 클래스의 인스턴스 개수가 최대 한 개를 넘지 않도록 하는 패턴이다. 이 인스턴스는 공유자원에 대한 문지기 또는 중앙에 있는 소통의 중심 역할을 한다. 애플리케이션에서 새 인스턴스를 만들 수 없으며, 모든 메서드는 싱글톤을 통해서만 액세스할 수 있다. 애플리케이션에서는 클래스에 있는 정적 메서드를 호출하여 싱글톤을 가져온다.

핵심 시스템 함수는 보통 싱글톤을 통해 액세스한다. 예를 들어 자바의 `java.lang.Runtime` 클래스는 애플리케이션 실행 환경과의 소통을 위해 쓰이는 싱글톤이다. 전역 변수를 대체하기 위해 싱글톤을 쓰기도 하지만, 싱글톤 패턴을 쓴다고 해서 전역 변수의 전역 상태 문제가 해결되는 건 아니기 때문에 싱글톤을 이용하여 전역 데이터를 저장하는 것을 안티 패턴으로 보는 사람도 많다.

싱글톤이 정적 메서드보다 나은 이유는 뭘까?

- **상속과 인터페이스** 싱글톤은 객체다. 따라서 베이스 클래스로부터 상속을 받고 인터페이스를 구현할 수 있다.

- **다수 객체로 전환 가능** 나중에 마음이 바뀌어 (예를 들어 스레드당 하나같은 식으로) 여러 객체를 만들고자 하는 경우에 코드를 많이 바꾸지 않고도 원하는 바를 이룰 수 있다. (물론 이렇게 되면 더 이상 싱글톤 패턴을 쓰지 않는 셈이 된다)

- **동적 바인딩** 싱글톤을 생성하기 위해 실제로 사용하는 클래스를 컴파일할 때가 아닌 실행할 때 결정할 수 있다.

싱글톤에도 단점은 있다. 멀티 스레드 환경에서는 메서드를 동기화시켜야 하기 때문에 싱글톤의 상태에 대한 액세스가 느려질 수 있다. 게으른 초기화를 사용하는 게 아니라면 싱글톤을 초기화하는 데 걸리는 시간 때문에 애플리케이션 구동 시간이 느려질 수도 있고, 보통 싱글톤은 애플리케이션이 끝날 때까지 파괴되지 않기 때문에 자원을 필요한 것보다 오래 점유하고 있을 수도 있다.

빌더

빌더^{Builder} 패턴은 객체가 어떤 식으로 구축되는지에 대해 모르는 상황에서 단계별로 객체를 생성하는 패턴이다. 객체를 직접 생성하는 대신 빌더의 인스턴스를 만들고 빌더에서 객체를 대신 만들도록 하는 방식이다.

객체를 초기화하는 데 여러 생성자 매개변수가 필요한 경우, 그중에서도 특히 동일 또는 유사한 유형의 매개변수가 여럿 필요한 경우에 특히 이 빌더 패턴이 유용하다. 간단한 예를 한 번 살펴보자.

```java
public class Window {
    public Window( boolean visible, boolean modal, boolean dialog ){
        this.visible = visible;
        this.modal = modal;
        this.dialog = dialog;
    }

    private boolean visible;
```

```
    private boolean modal;
    private boolean dialog;

    ... // 클래스 나머지 부분은 생략
}
```

Window 생성자에서는 세 개의 부울 매개변수를 받아들이는데 그 순서가 헷갈릴
수 있다. 쓸 때마다 어떤 매개변수가 어떤 특성을 나타내는지 잊어버려서 일일이
클래스 문서를 뒤적거리면서 찾기보다는 빌더를 만들어서 거기서 필요한 데이터
를 모으고 객체를 생성하게 만드는 쪽이 더 낫다.

```
public class WindowBuilder {
    public WindowBuilder() {}

    public WindowBuilder setDialog( boolean flag ){
    dialog = flag;
    return this;
    }

    public WindowBuilder setModal( boolean flag ){
        modal = flag;
        return this;
    }

    public WindowBuilder setVisible( boolean flag ){
        visible = flag;
        return this;
    }

    public Window build(){
        return new Window( visible, modal, dialog );
    }

    private boolean dialog;
    private boolean modal;
    private boolean visible;
}
```

다음과 같은 식으로 Window 객체를 직접 생성하는 것보다는

```
Window w = new Window( false, true, true ); // ??? 매개변수가 헷갈린다.
```

WindowBuilder 인스턴스를 써서 새 객체의 초기 상태를 정의하는 식이다.

```
Window w = new WindowBuilder().setVisible( false )
    .setModal( true ).setDialog( true ).build();
```

이 패턴을 쓰면 객체를 초기화하는 과정이 훨씬 깔끔하고 이해하기 좋게 될 뿐 아니라, 초기화 매개변수를 추가하거나 제거하기도 편해진다. 매개변수 중에는 빼먹으면 오류나 예외가 발생하기 때문에 반드시 지정해야 하는 것도 있고, 기본값이 미리 정해져 있어서 꼭 매개변수를 지정하지 않아도 되는 것도 있을 수 있다.

빌더는 이렇게 더 간단하게 초기화하기 위한 용도 외에도, 여러 빌더를 층층이 돌리기 위한 용도로도 쓰인다. 가장 윗층에는 객체의 여러 다른 부분을 초기화하기 위한 메서드를 정의하는 추상 빌더 클래스가 있다. 구상 서브클래스에서는 이 메서드를 오버라이드하여 각기 다른 방식으로 객체를 구축한다. 예를 들어, 일반적인 문서 객체를 위한 빌더에 addHeading이나 addParagraph 같은 추상 메서드가 노출되어 있다면 HTML이나 PDF 같은 문서를 만들기 위한 여러 서브클래스에서 그런 메서드를 구현한다.

객체를 생성하기가 복잡하거나 몇 단계를 거쳐서 생성해야 할 때 빌더 패턴을 쓴다.

팩토리 메서드

팩토리 메서드Factory Method 패턴은 팩토리 메서드, 좀 더 정확하게 말하자면 새 객체를 만들어서 리턴하기 위한 용도로 만들어진 모든 메서드라는 개념을 클래스 계층구조에 적용한 것이다. 베이스 클래스에서는 서브클래스에서 오버라이드할 팩토리 메서드를 정의하며, 새 객체가 생성되는 방법은 각 서브클래스에서 결정

한다. 베이스 클래스에서 메서드를 어느 정도 구현해놓을 수도 있고 그렇지 않을 수도 있지만, 필요한 유형의 새 객체는 반드시 팩토리 메서드를 사용하여 만들어야만 한다.

추상 팩토리 패턴을 구현하기 위해 팩토리 메서드 패턴이 종종 쓰인다.

추상 팩토리

다른 객체를 만들 수 있는 객체를 팩토리라고 부른다. 추상 팩토리 패턴은 팩토리의 구현과 그 팩토리를 사용하는 코드를 갈라주는 패턴이다.

추상 팩토리는 보통 어떤 추상 클래스로부터 상속된 일련의 팩토리 클래스로 구현된다. 구현된 여러 팩토리 중에서 어떤 것을 사용할지 결정하고 나면 애플리케이션에서는 실제 (구상) 클래스가 아닌 추상 클래스를 통해서만 그 팩토리를 참조한다. 따라서 팩토리 선택은 실제 실행할 때까지 설정 파일 등을 통해 미뤄질 수도 있으며, 프로그램이 실행되는 도중에 다른 팩토리를 선택하는 것도 가능하다.

서로 다른 팩토리를 쓸 때, 또는 팩토리 클래스가 하나 밖에 없을 때는 추상 팩토리 패턴을 쓰지 않는다.

추상 팩토리는 팩토리 메서드 패턴과 밀접하게 연관되어 있으며, 추상 팩토리를 구현할 때는 싱글톤 패턴을 쓸 때가 많다.

반복자

반복자 패턴을 쓰면 어떤 자료구조에 있는 모든 원소를 종주할 수 있으며, 이 때 각 원소가 어떤 식으로 저장되고 표현되는지에 대해서는 특별히 신경 쓰지 않아도 되고 아예 몰라도 된다. 요즘 만들어진 언어는 대부분 반복자를 자체적으로 지원한다.

반복자에도 종류가 다양하며, 각각 사용상의 장단점이 있다. 원소를 한 방향으로만 종주할 수 있고 그 바탕이 되는 자료구조는 건드릴 수 없는 간단한 반복자가 있는가 하면, 양방향으로 종주할 수 있고 바탕이 되는 자료구조의 원소 추가/삭제도 가능한 더 복잡한 반복자도 있다.

옵저버

옵저버 패턴을 쓰면 그 객체의 상태에 관심을 가지고 있는 옵저버에게 자신의 상태가 바뀌었음을 널리 알릴 수 있다. 이 때 옵저버에 대한 정보는 별로 필요하지 않다. 이런 약한 결합을 출판-구독 패턴^{publish-subscribe pattern}이라고도 부른다. 옵저버는 갱신 사항을 알려주기 위해 만들어 놓은 어떤 인터페이스를 써서 대상(관찰할 객체)에 등록한다. 이 대상은 상태가 바뀔 때마다 등록된 옵저버에게 상태 변경을 알린다.

여러 사용자 인터페이스 툴킷에서 볼 수 있는 모델-뷰-컨트롤러(MVC) 구조도 옵저버 패턴의 일종이라고 할 수 있는데, 모델(기반 데이터)이 변경되면 자동으로 뷰(사용자 인터페이스)가 새로 그려지기 때문이다.

옵저버 패턴에서 어떤 정보가 옵저버한테 전달되는지, 어떤 순서로 업데이트하는지, 변경사항이 얼마나 빨리 그리고 얼마나 자주 전파되는지까지 지정해주는 것은 아니다. 구체적인 구현 방법에 따라서 시스템 전반의 성능과 가용성이 크게 달라질 수 있다.

데코레이터

데코레이터^{Decorator} 패턴은 한 객체를 그 객체와 같은 베이스 클래스로부터 파생된, 그리하여 원래 객체와 같은 메서드를 제공하는 다른 객체로 감싸서 객체의 행동을 바꿔주는 패턴이다. 그래서 데코레이터 패턴을 래퍼 패턴이라고 부르기도 한다.

데코레이터는 메서드 호출을 그 기반이 되는 객체로 전달한다. 데코레이터에서는 기반 객체 호출 전후로 몇 가지 추가 작업을 수행하는 식으로 기반 객체의 행동을 변경할 수 있다.

데코레이터 패턴을 구현할 때는 일반적으로 구성요소, 구상 구성요소, 데코레이터, 구상 데코레이터, 이렇게 네 가지 유형의 클래스가 필요하다. 구성요소 Component는 기반 객체와 그 객체를 감싸는 데코레이터에서 필요한 모든 공개 메서드를 정의하는 추상 클래스나 인터페이스다. 이 클래스는 구상 구성요소Concrete Component(기반 객체의 클래스)와 데코레이터의 베이스 클래스 역할을 한다. 데코레이터Decorator 클래스는 보통 추상 클래스이며, 모든 데코레이터가 공유하는 기능을 제공하고, 구상 구성요소를 감싸고 모든 메서드 호출을 구성요소로 전달해준다. 구상 데코레이터Concrete Decorator는 보통 여러 개가 있는데, 부모 데코레이터 클래스에 있는 메서드를 오버라이딩하여 감싸줄 구상 구성요소 클래스의 행동을 바꿔준다.

자바의 IO 클래스(`java.io`)도 데코레이터 패턴의 한 예라고 할 수 있다. `InputStream`은 모든 입력 스트림을 위한 부모 클래스 역할을 하는 추상 클래스로 구성요소 클래스에 해당된다. 여기에서 파생된 `FileInputStream`을 비롯한 몇 가지 클래스는 여러 출처로부터 오는 스트림 입력에 대한 구현을 제공하며 구상 구성요소 클래스에 해당된다. 데코레이터는 `FilterInputStream`으로, `InputStream` 클래스의 객체를 감싸서 모든 메서드 호출을 감싼 객체로 전달하는 역할을 한다. 이 자체만으로는 별로 유용하지 않지만 입력 스트림의 행동을 변경해주는 `DeflaterInputStrea`, `BufferedInputStream`, `CipherInputStream` 같은 구상 데코레이터의 베이스 클래스 역할을 한다.

데코레이터는 서브클래스를 만드는 대신 사용할 수 있는 패턴이다. 어떤 구상 구성요소의 인스턴스에 여러 서로 다른 구상 데코레이터를 적용할 수 있으며, 각각의 데코레이터가 순차적으로 객체를 감싸주는 또 다른 포장재 역할을 할 수 있다. 그 밑에 있는 구상 구성요소의 행동은 그것을 감싸고 있는 모든 데코레이터에 의해 바뀌게 된다.

디자인 패턴 문제

디자인 패턴이라는 것이 워낙 추상적이다 보니, 문제 유형도 다양하게 바뀔 수 있다.

싱글톤 구현

어떤 애플리케이션에서 콘솔에 디버깅 메시지를 출력하기 위한 로거 클래스를 사용한다. 싱글톤 패턴을 써서 이런 로그 기능을 구현하는 방법을 제시해보라.

싱글톤 패턴을 쓰면 그 어떤 순간에도 로거 클래스의 인스턴스의 수가 한 개를 넘기지 않는다. 가장 쉬운 방법은 생성자를 private으로 선언하고 클래스 안에서 인스턴스를 하나만 초기화하는 방법이다. 자바로는 로거 클래스를 다음과 같이 선언할 수 있다.

```java
// 싱글톤을 써서 간단한 로그용 클래스를 구현함
public class Logger {

    // 싱글톤을 생성하고 저장함
    private static final Logger instance = new Logger();

    // 다른 사람은 아무도 이 클래스를 생성할 수 없도록 함
    private Logger(){
    }

    // 싱글톤 인스턴스 리턴
    public static Logger getInstance() { return instance; }

    // 콘솔에 문자열 로그 출력
    //
    // 예: Logger.getInstance().log("this is a test");
    //
    public void log( String msg ){
        System.out.println( System.currentTimeMillis() + ": " + msg );
```

```
    }
  }
```

아주 실력이 좋은 자바 전문가를 원하는 경우라면 면접관이 이렇게 생성자를 private으로 지정하여 만든 Logger 클래스의 인스턴스가 여러 개 생길 수 있는 경우에 대해 설명해보고 그런 일이 발생하는 것을 예방할 수 있는 방법에 대한 문제를 추가로 낼 가능성이 있다. (힌트: 클로닝과 객체 직렬화를 생각해볼 것)

면접 문제

애플리케이션에서 싱글톤을 쓰는데, 꼭 그게 필요한 것도 아니고 초기화 비용이 너무 많이 든다. 이런 상황을 개선할 수 있는 방법은?

싱글톤 패턴에서는 클래스의 인스턴스가 최대 한 개까지만 생성될 수 있다는 것만 정해져 있을 뿐, 인스턴스가 언제 생성되는지에 대해서는 아무 조건도 없다. 인스턴스가 필요한 상황이 왔을 때 인스턴스가 없으면 안 되겠지만, 클래스를 불러올 때 싱글톤 인스턴스를 무조건 만들어야 하는 것은 아니다. 이런 접근법에 따라, getInstance에서 혹시 아직 초기화가 되지 않았으면 초기화해서 리턴하는 방법을 쓸 수 있다. 이를 게으른 초기화^{deferred initialization, lazy initialization} 또는 게으른 로딩^{lazy loading}이라고 부른다.

지연 초기화에도 장단점이 있으며 모든 상황에서 반드시 최선이라고 할 수는 없다.

- 지연 초기화를 적용하면 구동 시간이 빨라지지만, 대신 인스턴스를 처음 액세스할 때 초기화하는 데 시간이 걸린다.

- 지연 초기화 싱글톤을 한 번도 액세스하지 않으면 아예 초기화가 되지 않기 때문에 클래스를 불러올 때 무조건 초기화를 했더라면 필요했을 초기화에 필요한 시간과 자원을 절약할 수 있다.

- 지연 초기화를 이용하면 싱글톤 객체의 클래스를 컴파일할 때 지정하지 않아도 되고, 실행할 때까지 클래스 선택을 미룰 수 있다. 인스턴스가 단 한 번만 생성되기 때문에

인스턴스를 처음 액세스하기 전에 클래스를 선택해야 하긴 하지만, 실행시에 클래스를 선택함으로써 얻을 수 있는 장점은 여전히 있다. 예를 들어, 설정 파일에 있는 내용을 바탕으로 클래스를 선택할 수도 있다.

- 자원이 제한된 환경에서는 자원이 부족해서 뒤늦게 인스턴스를 초기화할 때 문제가 생길 수 있다. 이런 특성은 필요할 때 반드시 만들어져 있어야만 하는 에러 로그용 클래스의 경우에는 특히 문제가 될 수 있다.

- 지연 초기화를 쓰면 싱글톤 클래스가 더 복잡해진다. 특히 멀티 스레드 시스템에서는 더 복잡해진다.

이제 지연 초기화를 사용하도록 Logger 클래스를 수정해보자.

```java
// 지연 초기화 버전 Logger
public class Logger {

    // 싱글톤을 생성하여 저장
    private static Logger instance = null; // final 키워드는 빠짐

    // 다른 사람은 아무도 이 클래스를 생성할 수 없도록 함
    private Logger(){
    }

    // 싱글톤 인스턴스 리턴
    public static Logger getInstance() {
        if ( instance == null ){
            instance = new Logger();
        }

        return instance;
    }

    // 콘솔에 문자열 로그 출력
    public void log( String msg ){
        System.out.println( System.currentTimeMillis() + ": " + msg );
    }
}
```

이렇게 하면 지연 초기화는 가능하지만 다른 문제가 생길 수 있다. 스레드 안전성 문제다. 원래 버전에서는 클래스를 불러올 때, 다른 어떤 메서드도 호출할 수 없는 상태에서 인스턴스를 초기화했다. 하지만 지연 초기화를 적용한 새 버전에서는 getInstance에서 인스턴스를 생성한다. 두 스레드에서 getInstance를 동시에 호출하면 어떻게 될까? 둘 다 instance가 아직 초기화되지 않은 것으로 생각하고 각각 인스턴스를 만들려고 할 것이다. 즉 싱글톤에서는 일어나면 안 되는 일이 일어나고 만다. 다음과 같이 getInstance를 동기화된 메서드로 만들면 이런 문제를 방지할 수 있다.

```
// 싱글톤 인스턴스 리턴
public synchronized static Logger getInstance()
    { if ( instance == null ){
        instance = new Logger();
    }

    return instance;
}
```

이렇게 고치면 속도가 많이 떨어지겠지만 getInstance를 자주 호출하지 않는다면 큰 문제는 되지 않는다. getInstance의 속도가 중요하다면 다른 방법이 필요하다. 객체를 초기화한 뒤에는 instance를 리턴하기만 하면 되는데도 불구하고 getInstance에 대한 호출은 무조건 동기화하게 되어 있다는 점을 생각해보자. 인스턴스가 초기화되기 전까지는 메서드를 동기화시키고, 일단 지연 초기화가 끝나고 나면 동기화에 필요한 오버헤드를 피할 수 있도록 동기화를 멈추는 것이 가장 이상적일 것이다.

이 목적을 달성하는 방법은 언어마다 조금씩 다르다. 자바에서는 인스턴스를 정적으로 초기화하는 내부 클래스를 지연 로딩하는 방법으로 정적 지연 초기화를 한다. 클래스로더는 반드시 직렬화되어 돌아가기 때문에 스레드 안전성이 확실하게 보장된다. 따라서 아무리 많은 스레드에서 getInstance를 동시에 호출하더라도 내부 클래스를 불러오고 초기화하는 일은 한 번만 일어난다. 그리고 직렬화는 클래스로더에서 제공하기 때문에 동기화에 따르는 오버헤드도 없다. 클래스를 불러오고 나면 클래스로더는 더 이상 개입하지 않으므로 따로 오버헤드가 발생하지 않는다. Logger 클래스에서는 getInstance를 구현하는 코드를 다음과 같이 고치면 된다.

```
// 내부 클래스가 로딩될 때 초기화도 함께 진행됨
// getInstance()에서 참조하기 전까지는 로딩되지 않음
private static class LoggerHolder {
    public static final Logger instance = new Logger();
}

// 싱글톤 인스턴스 리턴
public static Logger getInstance() { return LoggerHolder.instance; }
```

데코레이터 vs. 상속

면접 문제

상속 대신 데코레이터 패턴을 써야 하는 이유는 무엇인가?

데코레이터 패턴은 한 객체를 다른 객체로 감싸서 원래 객체의 행동을 바꾼다는 것을 기억해보자. 래퍼 객체는 원래 객체와 똑같은 추상 베이스 클래스를 공유하기 때문에 (또는 같은 인터페이스를 구현하기 때문에) 원래 객체 대신 사용할 수 있다.

데코레이터 패턴과 상속은 모두 원래 클래스의 객체의 행동을 바꿀 수 있는 방법을 제공하긴 하지만 서로 다른 방식으로 작동한다. 상속은 보통 부모 클래스를 컴파일 시에 변경할 수 있게 해 주지만, 데코레이터 패턴은 실행시에 동적으로 적용할 수도 있다.

동적으로 행동을 바꿀 필요가 있는 객체가 있다고 해보자. 상속은 이 필요를 충족시키기엔 너무 번거롭고 비효율적이다. 행동을 바꿔야 할 때마다 원하는 행동을

갖는 자식 클래스의 객체를 새로 생성해야 할 것이며, 기존 객체의 상태를 새 객체로 복사하고 기존 객체는 없애버리는 과정을 거쳐야 한다. 하지만 데코레이터 패턴으로 기존 객체의 행동을 바꾸는 건 훨씬 간단하다. 적절한 데코레이션만 더 해주면 된다. (즉 기존 객체를 바뀐 행동을 구현하는 다른 래퍼로 감싸기만 하면 된다)

데코레이터의 동적인 특성으로 얻을 수 있는 또 다른 장점이 있다. 어떤 클래스를 위해 변경할 행동이 여러 개 있다고 가정하자. 이 중에 다른 것과 충돌하는 게 없어서 여럿을 마음껏 조합해서 쓸 수 있다고 해보자. Bordered, Scrollable, Disabled 같이 여러 서로 다른 행동을 조합하여 변경할 수 있는 Window 클래스 같은 게 있는 GUI 툴킷이 대표적인 예다. 상속으로도 구현할 수는 있다. Window 를 상속받아서 BorderedWindow를 만들고, BorderedWindow를 상속받아서 DisabledBorderedWindow를 만들면 된다. 행동이 몇 가지 안 될 때는 할 만한데, 그 개수가 늘어나면 클래스 계층구조가 도저히 걷잡을 수 없이 복잡해지고 만다. 새 행동을 추가할 때마다 클래스 수가 두 배씩 늘어난다. 이때 데코레이터 패턴을 쓰면 클래스가 기하급수적으로 늘어나는 문제를 피할 수 있다. 각 행동은 하나의 데코레이터 클래스로 완전하게 기술할 수 있고, 적절한 데코레이션을 조합해서 적용하면 원하는 행동을 마음대로 만들 수 있다.

데코레이터 패턴을 올바르게 적용하면 객체지향 디자인을 단순화할 수 있지만 아무렇게나 썼다가는 그 반대 효과가 나타날 수 있다. 객체의 행동을 동적으로 변경해야 할 필요가 없다면 이 패턴을 써서 괜히 복잡하게 만들지 않고 단순한 상속을 활용하는 쪽이 더 낫다. 또한 구상 데코레이터 클래스에서는 새 공개 메서드를 노출시키면 안 된다. 따라서 이런 작업이 필요하다면 데코레이터를 쓰는 게 최선의 방법은 아니다. (구상 데코레이터 클래스에 새 공개 메서드를 더하더라도 그 메서드는 부모 데코레이터 클래스로 전달되기 때문에 마지막으로 적용한 데코레이션이 아니라면 접근할 수 없게 되므로 새로운 공개 메서드를 노출시키면 안 된다.) 마지막으로, 구상 데코레이터 클래스들이 서로 간섭하지 않도록 해야 한다. 서로 충돌하거나 말이 안 되는 데코레이션의 조합을 금지시킬 만한 방법이 마땅히 없기 때문에, 이런 상황에서 데코레이터 패턴을 사용한 것 때문에 나중에 버그가 생길 수도 있다.

효율적인 옵저버 업데이트

면접 문제

옵저버 패턴에서 옵저버를 효율적으로 업데이트하기 위해 어떤 전략을 취해야 할까?

옵저버 패턴을 대충 구현했다가는 여러 객체가 옵저버로 들어가 있을 때 성능이 확 떨어질 수 있다.

가장 흔한 문제는 상태가 너무 자주 바뀔 때 옵저버들을 업데이트하느라 시간을 한참 쓰는 일이다. 한 코드 시퀀스에서 여러 상태가 여러 번 연속으로 주루룩 바뀔 때 이런 문제가 생기곤 한다. 그럴 때는 잠시 업데이트를 멈추고 바꿀 걸 다 바꾼 다음 업데이트를 다시 켜고 모든 옵저버에게 필요한 내용을 한 번에 알리는 게 낫다.

또 다른 문제는 옵저버 입장에서 뭐가 바뀌었는지 알아내는 방법과 관련된 부분이다. 예를 들어 윈도우 관리 시스템에서는 화면 전체를 고치는 것보다는 바뀐 부분만 고치는 것이 훨씬 더 효율적이다. 이걸 제대로 하려면 뷰(옵저버)에서 모델(대상)의 어떤 부분이 바뀌었는지 알 수 있어야 한다. 옵저버가 대상에게 무엇이 바뀌었는지 다시 물어보는 것보다는 대상에서 업데이트를 알리면서 그 정보까지 넘겨주면 더 낫지 않을까?

데드락 조건을 피하는 방법을 비롯하여 서로 다른 스레드 사이에서 업데이트를 처리하는 것과 관련된 흥미로운 문제가 많이 있다. 이런 문제는 독자들이 스스로 풀어보도록 하자.

요약

디자인 패턴은 소프트웨어 디자인 개념을 면접관에게 전달하는 데 있어서 유용한 도구다. 면접관은 지원자가 디자인 패턴에 얼마나 익숙한지 파악함으로써 지원자의 객체지향 디자인에 대한 경험과 경력을 가늠할 수 있다. 일반적인 디자인 패턴에 대한 이해와 경험을 반드시 갖추도록 하자.

CHAPTER 13

데이터베이스

웹 기반 애플리케이션이 급부상하면서 데이터베이스로 데이터를 저장하고 조작하는 프로그래머가 점점 늘고 있다. 취업 면접에서도 데이터베이스 관련 경력에 대해 물어보거나 데이터베이스 문제를 묻는 경우가 종종 있다.

데이터베이스의 기초

간편하게 데이터베이스를 만들고 관리할 수 있게 해 주는 도구가 많이 나와 있는데, 그중 상당수는 데이터베이스를 구성하는 복잡한 자료구조를 숨겨준다. 예를 들어, 루비 온 레일즈에서는 모든 데이터베이스 액세스를 추상화시켜주기 때문에 데이터베이스를 직접 건드릴 일은 거의 없다. 엔터프라이즈 자바빈즈를 비롯한 컴포넌트 기술 및 객체지향 프레임워크에서도 비슷한 기능을 제공한다. 하지만 데이터베이스를 잘 설계하려면 관계형 데이터베이스가 어떤 식으로 돌아가는지 이해할 필요가 있다.

관계형 데이터베이스

관계형 데이터베이스에서는 데이터가 테이블^{table}에 저장되며, 각 테이블은 행^{row}과 열^{column}(튜플^{tuple}과 속성^{attribute}이라고도 부른다)로 구성된다. 일련의 테이블을 정의한 것을 스키마^{schema}라고 부른다. 각 열마다 이름과 데이터 유형이 정해져 있다. 열의 데이터 유형에 따라 그 열에 저장할 수 있는 데이터의 범위가 제한되며, 어떤 열에 저장할 수 있는 데이터의 범위는 유형 외에 다른 것에 의해 제한될 수도 있다. 보통 테이블에 들어가는 열은 데이터베이스를 생성할 정의하고, 거의 (또는 전혀) 바꾸지 않는다. 테이블에 데이터를 더하거나 삭제하는 작업은 행을 더하거나 삭제하는 식으로 진행된다. 열에는 보통 순서가 있지만 행에는 순서가 없다. 데이터를 정렬하는 작업은 필요하다면 질의^{query}를 통해 데이터베이스에서 데이터를 가져올 때 처리한다.

대부분의 테이블에는 키^{key}가 있다. 키는 테이블에서 특정 행을 유일하게 식별할 수 있게 하는 특정 열 또는 여러 열의 모음이다. 보통 키 중 하나를 프라이머리 키$^{primary\ key}$

로 지정한다. 테이블 각 행에는 프라이머리 키 값이 반드시 있어야 하며 각 값은 유일해야만 한다. 예를 들어, 직원에 대한 정보가 있는 테이블에서는 직원마다 각 자 다른 사원 번호를 프라이머리 키로 사용하는 것이 좋을 것이다. 저장할 데이터 에 프라이머리 키로 사용할 만한 유일한 값이 딱히 없다면 테이블에 추가되는 각 행마다 유일한 일련번호 값을 할당하도록 데이터베이스를 설정해주면 된다.

한 테이블을 외부 키$^{foreign\ key}$를 써서 다른 테이블과 링크^{link}시킬 수도 있다. 외부 키는 그 값이 다른 테이블의 키 열의 값(보통 프라이머리 키)과 같은 열이다. 모 든 외부 키 값이 참조하는 테이블의 값으로 존재한다면 그 데이터베이스는 참조 무결성$^{referential\ integrity}$을 갖췄다고 한다. 외부 키 제약 조건을 써서 참조 무결성을 확보할 수 있다. 외부 키 제약 조건 구성 방식에 따라서 다른 테이블에 외부 키로 들어가 있는 키 값을 가진 행을 지우려고 하면 삭제가 안 되거나 그 행을 참조하 는 다른 테이블의 행이 삭제되거나 변경될 수도 있다.

데이터베이스를 조작하고 데이터베이스에 질의를 할 때는 구조적 질의 언어^{SQL,} $^{Structured\ Query\ Language}$를 이용하는 방법을 가장 많이 사용한다. 데이터베이스 관리 시 스템$^{DBMS,\ Database\ Management\ System}$에 따라 조금씩 문법이 다르지만 (특히 고급 기능에 서 그 차이가 심하다) 기본 문법은 거의 같은 편이다.

구조적 질의 언어

SQL은 관계형 데이터베이스를 조작하는 데 있어서 만국 공통어라고 할 수 있다. SQL은 거의 모든 유형의 데이터베이스 조작법을 제공한다. 물론 SQL은 그 자체 로도 매우 방대한 주제이기 때문에 SQL 및 관계형 데이터베이스를 다루는 책만 해도 꽤 많다. 하지만 SQL로 데이터를 저장하거나 가져오는 방법은 비교적 간단 한 편이므로 SQL과 관련된 핵심적인 내용을 몇 가지 살펴보고 넘어가도록 하자.

면접에 나오는 데이터베이스 문제는 대부분 스키마가 주어졌을 때 질의를 작성하 는 것과 관련된 문제이므로 스키마를 직접 설계하는 경우는 거의 없다. 여기에서 는 다음과 같은 스키마로 시작해보자.

```
Player (
    name    CHAR(20),
    number    INTEGER(4)
);
Stats (
    number      INTEGER(4),
    totalPoints INTEGER(4),
    year      CHAR(20)
);
```

[표 13-1]에는 Player 테이블의 샘플 데이터가, [표 13-2]에는 Stats 테이블의 샘플 데이터가 나와 있다.

[표 13-1] Player 샘플 데이터

NAME	NUMBER
Larry Smith	23
David Gonzalez	12
George Rogers	7
Mike Lee	14
Rajiv Williams	55

[표 13-2] Stats 샘플 데이터

NUMBER	TOTALPOINTS	YEAR
7	59	Freshman
55	90	Senior
23	150	Senior
23	221	Junior
55	84	Junior

이 스키마를 보면 두 테이블 모두에서 프라이머리 키가 정의되어 있지 않다는 것을 알 수 있다. 하지만 각 선수를 등번호로 유일하게 구분할 수 있고, 모든 선수한테 등번호가 있으므로 number 열을 프라이머리 키로 쓰면 될 것 같다(하지만 데이터베이스를 오랫동안 사용하여 졸업한 선수의 등번호를 나중에 신입 선수가 사

용하는 상황이 온다면 등번호를 프라이머리 키로 사용할 수 없게 된다). Stats 테이블의 number 열은 외부 키(Player 테이블의 number 열에 대한 레퍼런스) 이다. 스키마에서 직접적으로 이런 관계를 정의하면 다른 사람들이 각 테이블 사이의 관계를 이해하는 데도 도움이 되고, 데이터베이스에서 테이블을 관리하는 데도 도움이 된다.

```
Player (
    name   CHAR(20),
    number    INTEGER(4) PRIMARY KEY
);
Stats (
    number       INTEGER(4),
    totalPoints INTEGER(4),
    year      CHAR(20),
    FOREIGN KEY (number) REFERENCES Player
);
```

이렇게 바꾸고 나면 데이터를 올바르게 유지하는 데 있어서 데이터베이스가 능동적인 역할을 맡게 된다. 예를 들어, Player 테이블에 들어 있지 않은 선수를 참조하는 행을 Stats 테이블에 추가할 수 없게 된다. Stats.number와 Player.number 사이의 외부 키 관계 때문에 그런 작업이 불가능하기 때문이다.

가장 기본적인 SQL 선언문 가운데 하나로 INSERT문이 있는데, 이 선언문은 테이블에 값을 추가하기 위한 용도로 쓰인다. 예를 들어, Player 테이블에 Bill Henry라는 50번 선수를 추가하고 싶다면 다음과 같은 선언문을 사용하면 된다.

```
INSERT INTO Player VALUES('Bill Henry', 50);
```

면접에서 가장 많이 볼 수 있는 SQL 선언문은 바로 SELECT 선언문이다. SELECT 선언문은 테이블에서 데이터를 가져올 때 사용한다. 예로, 다음 같은 선언문을 쓰면

```
SELECT * FROM Player;
```

Player 테이블에 있는 모든 값이 반환된다.

```
+----------------+--------+
| name           | number |
+----------------+--------+
| Larry Smith    |     23 |
| David Gonzalez |     12 |
| George Rogers  |      7 |
| Mike Lee       |     14 |
| Rajiv Williams |     55 |
| Bill Henry     |     50 |
+----------------+--------+
```

다음과 같이 하면 원하는 열만 뽑아낼 수 있다.

```
SELECT name FROM Player;
```

위의 선언문을 실행시키면 다음과 같은 결과가 나온다.

```
+----------------+
| name           |
+----------------+
| Larry Smith    |
| David Gonzalez |
| George Rogers  |
| Mike Lee       |
| Rajiv Williams |
| Bill Henry     |
+----------------+
```

반환되는 값을 더 제한시킬 수도 있다. 예를 들어, 번호가 10보다 작거나 40보다 큰 선수의 이름만 뽑아내고 싶다면 다음과 같이 하면 된다.

```
SELECT name FROM Player WHERE number < 10 OR number > 40;
```

그러면 다음과 같은 결과가 반환된다.

```
+----------------+
| name           |
+----------------+
| George Rogers  |
| Rajiv Williams |
| Bill Henry     |
+----------------+
```

관계형 데이터베이스의 위력은 서로 다른 테이블에 있는 데이터 사이의 관계에서 발휘되기 때문에, 둘 이상의 테이블에 있는 데이터를 사용하는 경우가 흔하다. 예를 들어, 선수의 이름과 각 선수의 득점 현황을 출력해보자. 이런 경우에는 number 필드를 가지고 두 테이블을 결합[join]시키면 된다. 이때 number 필드는 두 테이블 모두에서 같은 유일한 값을 나타내기 때문에 공통 키[common key]라고 부른다. 다음과 같은 질의를 사용하면 원하는 결과를 얻을 수 있다.

```
SELECT name, totalPoints, year FROM Player, Stats
WHERE Player.number = Stats.number;
```

위 질의를 실행시키면 다음과 같은 결과가 반환된다.

```
+----------------+-------------+----------+
| name           | totalPoints | year     |
+----------------+-------------+----------+
| George Rogers  |          59 | Freshman |
| Rajiv Williams |          90 | Senior   |
| Rajiv Williams |          84 | Junior   |
| Larry Smith    |         150 | Senior   |
| Larry Smith    |         221 | Junior   |
+----------------+-------------+----------+
```

팀에서 2년 이상 뛰어서 여러 번 이름이 등장하는 선수도 있고, (후보로 벤치에
만 앉아 있었다든가 하는 이유로) Stats에 자기 번호가 없어서 이름이 빠진 선
수도 있다. 개념상 FROM 절에 두 테이블을 포함시키면 질의에서 테이블의 데카르
트 곱Cartesian product을 구축한다. 여기서 데카르트 곱이란 첫 번째 테이블에 있는 행
과 두 번째 테이블에 있는 행의 모든 가능한 조합이 들어 있는 테이블을 뜻한다.
그리고 나서 WHERE 절에서 두 키가 같은 행만 골라낸다. 이런 유형의 결합을 내부
결합inner join이라고 부르며, 가장 흔하게 볼 수 있는 결합이다. 위 질의를 아래와 같
이 고쳐 써도 똑같은 결과를 얻을 수 있다.

```
SELECT name, totalPoints, year FROM Player INNER JOIN Stats ON Player.
number = Stats.number;
```

이렇게 쓰면 테이블을 결합하는 부분과 행을 선택하는 부분을 더 깔끔하게 구분
할 수 있다. 내부 결합은 기본 결합 유형이므로 내부 결합을 할 때는 INNER 키워
드는 생략해도 된다. 결합할 테이블의 키 열의 이름이 모두 같다면 질의를 다음과
같이 더 간략하게 고쳐도 같은 결과를 얻을 수 있다.

```
SELECT name, totalPoints, year FROM Player JOIN Stats
USING (number);
```

USING으로 결합을 처리하는 질의는 ON으로 결합을 처리하는 질의와 완전히 똑같
지 않다. USING을 쓸 때는 키 열이 결합 결과로 한 번만, 그리고 간략한 이름(여
기에서는 number)으로 표시된다. ON을 쓸 때는 양쪽 테이블의 키 열이 결과에 모
두 표시되며 서로 혼동되지 않도록 전체 이름(여기서는 각각 Player.number,
Stats.number)으로 참조해야 한다.

그리 많이 쓰이진 않지만 내부 결합 말고 외부 결합outer join도 있다. 결합된 테이블
에서 대응되는 키 값이 맞지 않은 행을 제외시키는 내부 결합과 달리, 외부 결합
은 그런 행도 포함시킨다. 다른 테이블에 맞는 값이 없는 행에 대해서는 다른 테
이블에 그 키에 맞는 행이 없는 부분의 그 값은 NULL로 리턴한다. 외부 결합에는

왼쪽, 오른쪽, 전체, 이렇게 세 가지가 있다. 왼쪽 외부 결합[left outer join]에서는 첫 번째 테이블에 있는 모든 행을 남기면서 두 번째 행에서는 키가 맞는 행만 가져온다. 오른쪽 외부 결합[right outer join]에서는 반대로 두 번째 테이블의 모든 행을 남기면서 첫 번째 행에서 키가 맞는 행만 가져온다. 전체 외부 결합[full outer join]에서는 양쪽 테이블의 모든 행을 가져온다. 이 데이터베이스에서는 두 테이블에 대해 왼쪽 외부 결합을 하면 경기 통계가 없는 선수의 이름도 모두 가져올 수 있다.

```
SELECT name, totalPoints, year FROM Player LEFT OUTER JOIN Stats
ON Player.number = Stats.number;
```

그 결과는 다음과 같다.

```
+----------------+-------------+----------+
| name           | totalPoints | year     |
+----------------+-------------+----------+
| George Rogers  |          59 | Freshman |
| David Gonzalez |        NULL | NULL     |
| Mike Lee       |        NULL | NULL     |
| Rajiv Williams |          90 | Senior   |
| Rajiv Williams |          84 | Junior   |
| Larry Smith    |         150 | Senior   |
| Larry Smith    |         221 | Junior   |
| Bill Henry     |        NULL | NULL     |
+----------------+-------------+----------+
```

MAX, MIN, SUM, AVG 같은 집단[aggregate] 함수도 SQL에서 자주 쓴다. 이 함수들을 이용하면 특정 열의 최댓값, 최솟값, 합, 그리고 평균값을 각각 구할 수 있다. 예를 들어, 각 선수 득점의 평균을 출력해야 한다면 다음과 같은 질의를 이용하면 된다.

```
SELECT AVG(totalPoints) FROM Stats;
```

그러면 다음과 같은 결과가 나온다.

```
+-----------------+
| AVG(totalPoints) |
+-----------------+
|        120.8000 |
+-----------------+
```

집단 함수를 데이터 일부분에 대해 사용할 수도 있다. 예를 들어, 각 선수의 연도별 평균 총 득점은 어떻게 구할 수 있을까? 아래 질의에서처럼 GROUP BY 절을 이용하면 된다.

```
SELECT name, AVG(totalPoints) FROM Player INNER JOIN Stats
ON Player.number = Stats.number GROUP BY name;
```

그러면 다음과 같은 결과를 얻을 수 있다.

```
+----------------+-----------------+
| name           | AVG(totalPoints) |
+----------------+-----------------+
| George Rogers  |            59.0 |
| Rajiv Williams |            87.0 |
| Larry Smith    |           185.5 |
+----------------+-----------------+
```

대부분의 면접 문제에서는 이렇게 INSERT 및 SELECT 선언문을 사용하는 방법에 중점을 둔다. UPDATE 선언문, DELETE 선언문, 권한, 보안 같은 다른 기능과 관련된 문제는 잘 안 나온다.

NoSQL

SQL 관계형 데이터베이스가 데이터 저장에 있어서 오랫동안 표준으로 자리했지만 다른 유형의 데이터베이스가 널리 퍼지면서 인기를 얻게 되었다. NoSQL 데이터베이스는 그 이름에서 알 수 있듯이 SQL로 구현되는 관계형 모형에 부합하지 않는 데이터베이스를 의미한다. 인터뷰에도 그런 데이터베이스에 대한 문제가 나올 수 있다. 지원자가 NoSQL 관련 경력을 언급하거나 NoSQL 데이터베이스를 많이 사용하는 자리에 지원하는 경우에는 당연히 NoSQL 관련 질문에 대비해야 한다. 여기에서는 두 가지 대표적인 유형, 즉 파이어베이스 같은 객체 데이터베이스와 카산드라 같은 비정규화 키−값/열 혼성 데이터베이스에 초점을 맞춰보겠다. 혹시 이력서에서 다른 유형의 데이터베이스를 언급했다면 그와 관련된 질문에 대한 준비도 해야 한다.

객체 데이터베이스

객체 데이터베이스는 데이터를 관계형 데이터베이스에서처럼 테이블에 저장하지 않고, 객체지향 프로그래밍에서와 같이 객체 모형으로 저장하는 데이터베이스다. 보통 계층적 구조를 지니며 SQL 같은 전문 언어 대신 API를 통한 함수를 호출하여 데이터를 저장하거나 꺼낸다. 객체 데이터베이스의 가장 큰 장점은 객체 모형과 객체 데이터베이스 스키마 사이에서 일관성을 유지할 수 있다는 점이다. 애플리케이션과 클래스 계층에 따라 자연스럽게 객체를 저장하고 가져올 수 있다. 사용 방법에 따라 달라질 수 있지만 객체 데이터베이스가 속도 면에서도 유리할 수 있다. 계층구조 덕분에 노드를 따라가는 식으로 특정 데이터 원소를 빠르게 액세스할 수 있기 때문이다.

예를 들어 어떤 메신저 애플리케이션에서 개별 메시지를 연관된 데이터(내용, 보낸 ID, 받는 ID, 시간, 읽기 기록 등)과 함께 객체로 저장한다고 하자. 이런 메시지는 항상 보낸이와 받는이 사이의 대화와 연관되기 때문에 어떤 사용자의 대화 전체를, 그리고 특정 대화방에 있는 모든 메시지를 쉽고 빠르게 가져올 수 있는 구조를 정의할 수도 있을 것이다. 거기에 더해서 대화의 구조는 각 대화에 메시지가 들어가 있는 객체 모형을 거의 그대로 따라가게 된다. SQL 데이터베이스였다면 객체 사이의 관계 때문에 대화와 메시지를 이어주는 테이블이 따로 필요할 것이다.

이런 메신저의 예에서 볼 수 있듯이 대부분의 객체 데이터베이스는 계층적이고, 각각의 인스턴스는 애플리케이션 데이터 모형 안에서 객체의 인스턴스를 나타낸다. 보통 객체를 저장하고 가져오는 쪽으로 최적화되어 있지만 데이터 속성을 바탕으로 한 질의 용도로는 유연성이 떨어질 수 있다. 예를 들어, 위에서 설명한 메신저 객체 데이터베이스에 대해 각 사용자가 가장 빈번하게 메시지를 보내는 사용자를 알아내기 위한 질의를 해야 한다면 각 사용자의 대화와 메시지를 전부 검색하는 비효율적인 방법을 써야만 한다.

혼성 키-값/열 데이터베이스

이런 데이터베이스는 SQL 데이터베이스에서 흔히 볼 수 있는, 관계 모형에서 임의적으로 결합할 수 있게 하는 유연성 때문에 성능이 제한되는 문제를 해결하기 위해 개발됐다. 대규모 읽기/쓰기가 필요한 상황에서는 그런 유연성이 필요하지 않음에도 불구하고 확장성 면에서 문제가 생긴다. 예를 들어, SNS 상태 업데이트는 읽기/쓰기는 매우 많이 일어나지만 둘 이상의 사용자 사이를 연결할 일은 거의 없다.

그래서 SQL의 유연성을 어느 정도 포기하더라도 확장성, 신뢰성 등을 끌어올리기 위해 카산드라 같은 데이터베이스가 개발되었다. 이런 유형의 확장성은 보통 수평적이어서 부하가 늘어나도 서버를 추가하면 선형적인 확장이 가능하다.

이런 데이터베이스를 사용할 때는 어느 정도 비정규화와 중복이 따르기 마련인데 SQL에서는 거의 용납되지 않는 요소라고 할 수 있다. 이런 특성 때문에 저장 공간도 많이 필요하고 프로그래머 입장에서는 데이터 일관성과 무결성을 유지하기가 어려워진다. 그럼에도 성능, 그중에서도 특히 읽기 성능을 최적화해야 한다면 그런 부담을 감수할 만도 하다. 특히 요즘은 저장 매체가 저렴하기 때문에 더욱더 그렇다. SNS 상태 업데이트를 예로 들면, 상태 업데이트를 하나는 사용자를 키로 하고 다른 하나는 사용자가 속한 그룹을 키로 하는 두 개의 테이블에 저장해야 할 것이다. 비록 이런 비정규화로 인해 데이터가 중복되지만, 이런 식으로 설계하면 똑같은 데이터로 두 테이블을 생성하고 각 테이블에서 서로 다른 원소에 프라이머리 키를 걸어주기 때문에 특정 그룹의 모든 업데이트를 찾아내는 작업을 매우 빠르고 효율적으로 처리할 수 있다.

이런 유형의 데이터베이스의 또 다른 장점으로 SQL과 비슷하지만 더 제약이 많은 질의 언어를 사용할 수 있기 때문에 관계형 데이터베이스에 익숙한 사용자 입장에서 빠르게 적응할 수 있다는 점을 들 수 있다. 예를 들어, 간단한 삽입 및 선택 선언문은 SQL과 똑같이 쓸 수 있다.

```
INSERT INTO student (student_id, first_name, last_name)
VALUES (4489, 'Suzanne', 'Gonzalez');
SELECT * FROM student;
```

데이터베이스 트랜잭션

데이터베이스에 저장된 데이터의 무결성은 정말 중요하다. 데이터에 문제가 생기면 그 데이터베이스에 의존하는 모든 애플리케이션이 멎어버리거나 오류를 일으킬 수 있기 때문이다. 참조 무결성도 데이터를 일관되게 유지하는 데 도움이 되긴 하지만, 데이터 무결성을 위해 가장 좋은 방법은 데이터베이스 트랜잭션을 사용하는 것이다.

트랜잭션transaction은 한 단위를 이루는 일련의 연관된 데이터베이스 조작을 의미한다. 한 트랜잭션에 속하는 작업 중 하나라도 실패하면 트랜잭션 전체가 실패한 것으로 간주하여 그 트랜잭션에서 데이터베이스를 변경한 내용을 전부 원래대로 되돌려 놓는다(이를 롤백rollback이라고 부른다). 반대로 모든 작업이 성공적으로 처리되면 모든 변경 내용을 한꺼번에 반영시킨다(이를 커밋commit이라고 부른다).

10장을 보면 은행 계좌의 입출금과 관련된 간단한 예제가 나와 있다. 그 예제를 확장시켜서 두 계좌 사이의 송금까지 처리하는 경우를 생각해보면 트랜잭션의 중요성을 이해하는 데 도움이 될 것이다. 송금은 사실은 두 단계로 이루어진다. 우선 첫 번째 계좌에서 돈을 인출하고, 그다음으로 두 번째 계좌에 돈을 입금시켜야 한다. 첫 번째 계좌에서 출금을 한 직후에 오류가 생기면 시스템에서 그 문제를 감지하고 인출한 돈을 다시 원래 계좌로 입금시켜야 한다. 두 작업이 한 트랜잭션으로 묶여 있으면 이런 문제가 일어나지 않는다. 출금과 입금이 모두 성공해서 제대로 이체되든가, 출금도 입금도 진행되지 않고 아예 이체가 되지 않든가 둘 중 하나만 가능하다. 어떤 경우든 돈을 잃어버리거나 없던 돈이 생기는 일은 일어나지 않는다.

트랜잭션에는 다음과 같은 네 가지 특성이 있다.

- **원자성(atomicity)** 트랜잭션에 포함되는 모든 작업이 성공적으로 처리되지 않으면 트랜잭션에 있는 어떤 작업도 처리되지 않아야 한다.
- **일관성(consistency)** 트랜잭션은 트랜잭션이 시작되기 전과 트랜잭션이 종료된 후에 데이터베이스가 올바르고 일관된 상태가 되도록 처리되어야 한다. 예를 들어, 참조 무결성이 깨지거나 하는 일이 일어나면 안 된다.
- **고립성(isolation)** 한 트랜잭션에서 데이터베이스를 변경한 내용은 트랜잭션이 커밋될 때까지 다른 어떤 질의나 트랜잭션과도 고립되어야만 한다.
- **영속성(durability)** 일단 커밋이 되고 나면 트랜잭션에 의해 변경된 내용은 영구적이어야 한다. 데이터베이스 시스템은 데이터베이스의 현재 상태가 유실되지 않도록 시스템 충돌 등의 문제로부터 복구할 수 있는 방법을 갖추고 있어야 한다.

이런 네 가지 특성은 각 머리글자를 따서 보통 ACID라는 약어로 표기한다. 트랜잭션마다 이 네 가지 특성을 전부 보장하려면 성능 면에서 큰 손해를 감수해야만 한다. 특히 여러 트랜잭션이 동시에 수행되는 시스템에서 고립성을 보장한다는 것이 쉬운 일은 아니기 때문에, 대부분의 시스템에서 속도 문제 때문에 고립성 조건을 어느 정도 유연성 있게 완화시켜서 적용하는 편이다.

ACID 조건이 관계형 데이터베이스에서 반드시 요구되는 것은 아니지만, 요즘 쓰이는 데이터베이스에서는 대부분 이 규칙을 지원한다.

분산 데이터베이스

데이터베이스와 데이터 집합이 커질수록 대부분 분산형으로 가게 된다. 즉 데이터가 네트워크로 연결된 여러 위치에 저장된다. 분산 데이터베이스에는 중복성과 지연 시간[latency] 감소 및 상황에 따른 비용 절감 같은 장점이 있다. 따라서 실무에 쓰이는 데이터베이스는 여러 노드로 구성되며 서로 다른 데이터 센터에 나눠져 있는 경우도 많다.

핵심점인 분산 네트워크 데이터베이스 개념 중에 CAP 정리라는 게 있다. 요점은 모든 분산 네트워크에는 시간 지연이 있으며 연결이 끊어지는 경우도 종종 있다는 것을 인정하는 데 있다. CAP 정리에 의하면 데이터베이스는 다음 세 속성(C, A, P) 중 둘만 만족시킬 수 있다.

- **일관성(Consistency)** 모든 읽기 작업에서는 가장 최근에 쓰여진 것을 반환한다. 예를 들어 분산 은행 업무 애플리케이션이 있는데 최근에 어떤 노드에서 계좌에 입금을 했다면 다른 어떤 노드에서 읽기 작업을 하든 가장 최근의 계좌 잔고가 반영되어 있어야 한다.

- **접근성(Accessibility)** 모든 요청에 대해 응답이 따른다. 하지만 반드시 가장 최근에 쓰인 내용이 반영되는 것은 아니다. 예를 들어, 어떤 분산 은행 업무 애플리케이션에서 언제 어느 노드에 대해 계좌 정보에 대한 질의를 하든 그 질의에 대한 응답을 받아볼 수 있다. 하지만 반드시 그 계좌의 최신 잔고 값을 받지는 못할 수도 있다.

- **구분성(Partitionability)** 시스템을 노드로 구분할 수 있으며 네트워크상의 노드 사이에서 데이터가 유실되더라도 시스템은 계속 제 기능을 한다. 예를 들어, 분산 은행 업무 애플리케이션에서 일부 노드가 다운되더라도 시스템 전체는 여전히 작동한다.

이 세 속성이 모두 만족된다면 정말 좋겠다. 항상 접근 가능하고, 신뢰성에 문제가 있을 수 있는 네트워크를 통해 여러 노드로 나뉘어 있음에도 불구하고 반드시 가장 최근의 정보만을 반환하는 완벽한 시스템일 테니 말이다. 그러나 안타깝게도 이 세 속성을 모두 동시에 충족시킬 수는 없다. (CAP 정리를 분산 시스템에서 일관성과 접근성을 모두 만족시킬 수 없다는 뜻으로 해석하기도 한다. 그 둘을 만족시키면 구분성을 만족시킬 수 없기 때문에 분산 시스템이 아니다.)

CAP 정리에 따라 많은 데이터베이스에서 (예를 들어 대부분의 분산 은행 업무 시스템에서) 일관성보다는 가용성 쪽을 택한다. 그 다음으로는 한 번에, 또는 하루에 인출할 수 있는 최대 출금액 같은 한도를 설정해서 분산 시스템의 가용성은 그대로 가져가면서도 계좌 데이터에서 생길 수 있는 비일관성의 정도를 제한한다. 가용성이 높은 분산 시스템은 일관성까지 완벽하게 유지할 수는 없기 때문에 대신 최종 일관성eventual consistency을 달성할 수 있는 방향으로 설계한다. 최종 일관성의 특징은 BASEBasically Available, Soft state, Eventual consistency(기본적으로 가용성을 중심에 놓고 상태는 외부에서 전송된 정보로 결정되며 최종 일관성을 가짐)라는 약어로 줄여 쓸 수 있다(화학에서 ACID는 산이고 BASE는 염기로 서로 반대 성질을 가진다). 이 모형에서 최종 일관성은 시스템에 입력된 모든 데이터가 최종적으로는 모든 노드로 전파되고, 이런 전파를 통해 궁극적으로는 시스템 전체의 일관성이 달성됨을 뜻한다.

접근성 대신 일관성을 선택하면 접속이 안 되거나 최신 데이터를 제공할 수 없는 상황에서 아무 응답이 없을 수 있다. 그러다 보면 업데이트를 하는 동안 시스템이 닫히거나 일정 시간 동안 사용자를 전부 차단시키는 일이 일어나게 된다. 주식시장처럼 365일 24시간 돌아가지 않는 시스템이라면 서비스 중단 시간을 활용하여 업데이트를 할 수 있다.

데이터베이스 문제

프로그래밍 관련 업무를 하다 보면 데이터베이스 작업도 많이 하게 된다. 이력서에 조금이라도 데이터베이스를 다룬 경험이 있다고 적어놨다면 면접관이 데이터베이스 분야에 대해 어느 정도 알고 있는지 알아보기 위해 몇 가지 질문을 할 가능성이 높다.

간단한 SQL

다음과 같은 테이블이 있는 데이터베이스가 주어졌다고 하자.

```
Olympics(
    city CHAR(16),
    year INTEGER(4)
);
```

Montreal과 1976을 데이터베이스에 입력하기 위한 SQL문을 작성하라.

정말 SQL을 써 본 경험이 있는지, 아니면 이력서 구색을 갖추기 위해 데이터베이스에 대한 내용을 적어놨는지를 판단하기 위해 물어볼 만한 매우 쉬운 문제이다. SQL만 알면 당연히 맞출 수 있는 문제이다. 그냥 간단한 INSERT문만 만들면 된다. SQL을 모른다면 맞출 수 없을 것이다. 정답은 다음과 같다.

```
INSERT INTO Olympics VALUES( 'Montreal', 1976 );
```

회사 및 직원 데이터베이스

다음과 같은 테이블이 있는 데이터베이스가 주어졌다고 하자.

```
Company (
    companyName CHAR(30),
    id INTEGER(4)   PRIMARY KEY
);

EmployeesHired (
    id INTEGER(4)       PRIMARY KEY,
    numHired    INTEGER(4),
    fiscalQuarter  INTEGER(4),
    FOREIGN KEY (id) REFERENCES Company
);
```

회계 분기(fiscalQuarter 열)에는 1에서 4까지의 숫자만 들어갈 수 있다고 가정해도 된다. [표 13-3]과 [표 13-4]에 이 스키마에 들어갈 샘플 데이터가 나와 있다.

[표 13-3] Company 샘플 데이터

COMPANYNAME	ID
Hillary Plumbing	6
John Lawn Company	9
Dave Cookie Company	19
Jane Electricity	3

[표 13-4] EmployeesHired 샘플 데이터

ID	NUMHIRED	FISCALQUARTER
3	3	3
3	2	4
19	4	1
6	2	1

4분기에 직원을 고용한 모든 회사의 이름을 반환하는 SQL문을 작성하라.

두 개의 테이블에서 데이터를 뽑아내는 문제이다. 원하는 정보를 모두 얻으려면 두 테이블을 결합해야만 한다. 두 테이블에 모두 있는 공통 키는 id뿐이므로 id 값을 가지고 결합시켜야 한다. 두 테이블을 결합시키고 나면 회계 분기 값이 4인 회사들만 뽑아내야 한다. SQL문을 정리하면 다음과 같다.

```
SELECT companyName FROM Company, EmployeesHired
WHERE Company.id = EmpolyeesHired.id AND fiscalQuarter = 4;
```

하지만 이 SQL문에는 약간 문제가 있다. 어떤 회사에서 4분기에 아무도 고용하지 않았다면 어떻게 될지 생각해보자. 그런 경우에도 EmployeesHired(6, 0, 4) 같은 열이 있을 수 있다. 위에 있는 질의를 실행시키면 4분기에 한 명도 고용하지 않은 회사에 대한 정보도 전부 반환된다. 이 버그를 고치려면 numHired 값이 0

보다 큰 것만 골라내야 한다. 이 점을 고려하여 SQL을 수정하면 다음과 같다.

```
SELECT companyName FROM Company, EmployeesHired
WHERE Company.id = EmpolyeesHired.id AND fiscalQuarter = 4
    AND numHired > 0;
```

면접 문제

이번에는 같은 스키마를 써서 1분기부터 4분기까지 한 명도 고용하지 않은 회사 이름을
모두 반환하는 SQL문을 작성하라.

조금 전에 푼 문제의 답을 한 번 살펴보자. 그 문제의 답을 보면 4분기에 직원을
고용한 회사 이름을 뽑아내는 방법을 알 수 있다. WHERE절에서 fiscalQuarter
= 4라는 조건을 제거하면 모든 분기에 걸쳐서 직원을 고용한 회사의 이름을 모두
구할 수 있다. 이 질의를 하위 질의subquery로 활용하여 그 목록에 포함되지 않는 회
사를 전부 선택하면, 1분기에서 4분기까지 한 명도 고용하지 않은 회사의 명단을
구할 수 있다. 이 과정을 약간 최적화하자면 EmployeesHired 테이블에서 id만
선택한 다음 반환된 id 값에 해당되지 않는 회사 이름만 출력해도 된다. 그러면
결과적으로 다음과 같은 질의를 만들 수 있다.

```
SELECT companyName FROM Company WHERE id NOT IN
(SELECT id from EmployeesHired WHERE numHired > 0);
```

면접 문제

마지막으로 모든 회사의 이름과 1분기에서 4분기까지 그 회사에서 고용한 직원 수를 각
각 구하라.

이번에는 어떤 값들의 총합을 구해야 하므로 SUM 함수를 써야 한다. 이 문제에서
는 열 전체의 총합이 아닌 같은 id 값을 가지는 값들끼리의 총합만 구해야 한다.
이런 작업을 하려면 GROUP BY 기능이 필요하다. 이 기능을 이용하면 특정 데이터

그룹에 대해서만 SUM 함수를 적용할 수 있다. GROUP BY 기능을 사용한다는 점을 제외하면 첫 번째 문제의 답과 매우 유사한데, WHERE절에서 fiscalQuarter=4를 빼기만 하면 된다. 질의를 완성하면 다음과 같다.

```
SELECT companyName, SUM(numHired)
FROM Company, EmployeesHired
WHERE Company.id = EmployeesHired.id
GROUP BY companyName;
```

이 질의가 거의 맞긴 하지만 완벽한 건 아니다. 문제에서는 모든 회사의 이름을 요구했지만, 위 질의에서는 내부 결합이 처리되기 때문에 EmployeesHired에 행이 있는 회사의 이름만 리턴된다. 예를 들어, 문제에서 주어진 샘플 데이터를 그대로 썼을 때, John Lawn Company는 결과에 포함되지 않는다. 이 문제를 제대로 풀려면 첫 번째 테이블인 Company 테이블에서 안 맞는 행도 모두 가져와야 하기 때문에 왼쪽 외부 결합을 써야 한다(외부 키 제약 조건 때문에 EmployeesHired에는 안 맞는 행이 있을 수 없다). 왼쪽 결합을 처리하는 질의는 다음과 같이 쓸 수 있다.

```
SELECT companyName, SUM(numHired)
FROM Company LEFT OUTER JOIN EmployeesHired
        ON Company.id = EmployeesHired.id
GROUP BY companyName;
```

아직 완벽하진 않다. 각 회사에서 고용한 직원의 총 수를 리턴해야 하는데, 외부 결합의 정의상 EmployeesHired에 행이 없는 회사의 numHired는 NULL이다. SUM(NULL)은 NULL이므로 질의에서 그 회사에서 고용한 사람 수를 0이 아니라 NULL로 리턴하게 되어 있다. NULL을 전부 0으로 바꿔주는 SQL 함수를 적용하면 이 문제를 해결할 수 있다(다른 문서를 안 보고 이 함수 이름을 알 수 있다면 SQL을 꽤 잘 안다고 할 수 있다).

```
SELECT companyName, COALESCE(SUM(numHired), 0)
FROM Company LEFT OUTER JOIN EmployeesHired
        ON Company.id = EmployeesHired.id
GROUP BY companyName;
```

집단 함수를 쓰지 않고 최댓값을 구하는 법

다음과 같은 SQL 데이터베이스 스키마가 있다고 할 때

```
Test (
    num INTEGER(4)
);
```

집단 함수(MAX, MIN 등)를 쓰지 않고 num의 최댓값을 반환하는 SQL문을 작성하라.

최댓값을 찾아내기 위한 용도로 제공되는 기능을 쓰지 않고 최댓값을 찾아야 하니 손발이 묶인 채로 문제를 푸는 것이나 다름없다. 우선 [표 13-5]에 나와 있는 것과 같은 샘플 데이터를 만들어놓고 방법을 생각해보자.

[표 13-5] Test 테이블의 샘플 데이터

NUM
5
23
-6
7

이 샘플 데이터를 기준으로 보면 23을 출력해야 한다. 23은 이 테이블에 있는 다른 어떤 수보다도 크다는 특성을 가지고 있지만, 이런 특성이 SQL문을 만드는 데 그다지 도움이 될 것 같지는 않아 보인다. 하지만 똑같은 얘기를 해도 '23은 더 큰 수가 없는 유일한 수'라고 얘기하면 사정이 달라진다. 자기보다 큰 값이 하나도

없는 수를 반환하도록 하면 23이 반환되기 때문에 이 문제를 해결할 수 있기 때문이다. 이제 그런 작업을 처리해줄 SQL문을 만들어보자.

우선 자기보다 큰 수를 가지는 수를 찾는 질의가 더 만들기 쉬우므로 그것부터 시작해보자. 우선 다음과 같은 식으로 주어진 테이블을 그 테이블 자체와 결합시켜서 한 테이블에 있는 다른 값들과 비교하여 한쪽 열이 다른 쪽 열보다 더 큰 쌍을 모두 찾아보자.

```sql
SELECT Lesser.num, Greater.num
FROM Test AS Greater, Test AS Lesser
WHERE Lesser.num < Greater.num;
```

위에 있는 샘플 데이터를 가지고 이 질의를 실행시키면 [표 13-6]과 같은 결과를 얻을 수 있다.

[표 13-6] 결합 후에 만들어지는 임시 테이블

LESSER.NUM	GREATER.NUM
-6	23
5	23
7	23
-6	7
5	7
-6	5

결과를 보면 Lesser 열에는 최댓값인 23을 제외한 모든 값들이 들어 있음을 알수 있다. 따라서 그 질의를 하위 질의로 사용하고 거기에 포함되지 않은 모든 값을 선택하면 최댓값을 구할 수 있다. 다음과 같은 질의를 이용하면 된다.

```sql
SELECT num FROM Test WHERE num NOT IN
(SELECT Lesser.num FROM Test AS Greater, Test AS Lesser
WHERE Lesser.num < Greater.num);
```

이 질의에는 약간 버그가 있다. Test 테이블에 최댓값이 여러 번 등장할 경우 두 개 이상의 같은 값이 반환될 수 있다. 이런 문제는 DISTINCT 키워드를 써서 해결할 수 있다. 이 버그를 수정한 SQL문은 다음과 같다.

```
SELECT DISTINCT num FROM Test WHERE num NOT IN
(SELECT Lesser.num FROM Test AS Greater, Test AS Lesser
WHERE Lesser.num < Greater.num);
```

삼진 논리

다음과 같은 테이블이 주어졌을 때

```
Address (
    street CHAR(30) NOT NULL,
    apartment CHAR(10),
    city CHAR(40) NOT NULL,
);
```

아파트가 아닌 주소만 반환하는 SQL문을 작성하라.

꽤 간단해 보이는 문제다. 아마 다음과 같은 질의가 가장 먼저 떠오를 것이다.

```
SELECT * FROM Address WHERE apartment = NULL;
```

하지만 위와 같은 질의를 쓰면 아무 주소도 반환되지 않는다. 이는 SQL의 삼진 논리(ternary logic 또는 three-valued logic) 때문이다. 보통 프로그래머에게는 삼진 논리가 생소하게 느껴질 텐데, 질의를 잘 만들려면 삼진 논리의 개념을 어느 정도 숙지하고 있어야 한다.

SQL에서의 논리 연산에서는 두 개가 아닌 세 개의 값이 나올 수 있다. 그 세 값은 각각 TRUE, FALSE, 그리고 UNKNOWN이다. UNKNOWN이란 그 값이 알려져 있지 않거나 표현 불가능하다는 것을 의미한다.

자주 쓰이는 AND, OR, NOT 연산이 UNKNOWN이 들어갔을 때 작동하는 방식은 [표 13-7], [표 13-8], [표 13-9]와 같다.

[표 13-7] 삼진 AND 연산

AND	TRUE	FALSE	UNKNOWN
TRUE	TRUE	FALSE	UNKNOWN
FALSE	FALSE	FALSE	FALSE
UNKNOWN	UNKNOWN	FALSE	UNKNOWN

[표 13-8] 삼진 OR 연산

OR	TRUE	FALSE	UNKNOWN
TRUE	TRUE	TRUE	TRUE
FALSE	TRUE	FALSE	UNKNOWN
UNKNOWN	TRUE	UNKNOWN	UNKNOWN

[표 13-9] 삼진 NOT 연산

NOT	
TRUE	FALSE
FALSE	TRUE
UNKNOWN	UNKNOWN

위에 적어놓은 질의의 문제점은 값이 NULL인지 확인하는 데 동치 연산자(=)를 사용한 데 있다. 대부분의 데이터베이스에서 NULL과 비교를 하면 UNKNOWN을 반환한다. 이는 NULL과 NULL을 비교할 때도 마찬가지다. NULL은 값이 빠졌거나 알려지지 않은 데이터를 나타내는 것이므로 두 NULL 값이 같은 값을 나타내는지 아니면 서로 다른 빠진 데이터를 가리키는 것인지 알 수 없기 때문에 NULL과 NULL을 비교해도 UNKNOWN을 리턴하는 것이다. 질의에서는 WEHRE 절이 TRUE인 행만

리턴하므로 WHERE 절에 = NULL이 있으면 모든 행에 UNKNOWN 값이 들어 있으므로 아무 행도 리턴되지 않는다. 따라서 어떤 열의 값이 NULL인지 아닌지를 알고 싶다면 IS NULL 또는 IS NOT NULL을 이용해야 한다. 아까 만들었던 질의를 고쳐보면 다음과 같다.

```
SELECT * FROM Address WHERE apartment IS NULL
```

이렇게 WHERE절에서 UNKNOWN 값을 제대로 고려하지 않아서 문제가 생기는 경우를 흔하게 볼 수 있으며, 특히 NULL까지 끼어들면 문제가 더 까다로워진다. 예를 들어 아래 질의에서는 apartment = 1인 행을 제외한 모든 행을 리턴하지 않는다. apartment 값이 1이 아니면서 NULL이 아닌 행만 리턴한다.

```
SELECT * FROM Address WHERE apartment ◇ 1;
```

학교 수업 관리 스키마

면접 문제

특정 사용자가 듣는 수업을 찾아내거나, 특정 수업을 듣는 모든 학생을 찾아내는 데 최적화된 학생과 수업을 나타내는 객체 스키마를 설계하라.

간단한 예부터 시작해보자. 에릭(Eric)이라는 학생이 수업을 다섯 개 듣는다고 해보자. 각 수업을 듣는 학생 수는 30~90명이다. 학생으로 시작하는 접근법을 선택한다면 다음과 같은 스키마를 이용하여 각 학생이 듣는 모든 수업을 추적할 수 있다.

```
{
  "students": {
    "eric": {
      "name": "Eric Giguere",
```

```
    "classes": {
        "Advanced Programming": true,
      "Math 205": true
        ...
    }
  },
  ...
}
```

이 예에서는 학생에 대한 정보를 확인하면 해당 학생이 듣는 모든 수업을 알 수 있다. 하지만 주어진 수업을 듣는 학생을 전부 찾아내려면 모든 학생의 정보를 가져와서 각 학생이 듣는 수업을 일일이 들여다봐야 한다. 따라서 이와 같은 스키마는 문제 해결에 부적절하다는 것을 분명히 알 수 있다.

반대로 수업에 대한 스키마부터 시작할 수도 있다.

```
{
"classes": {
  "Advanced Programming": {
    "name": "Advanced Programming: NoSQL databases",
    "students": {
      "eric": true,
      "john": true,
      "noah": true
    }
  },
  ...
  }
}
```

이렇게 하면 처음과는 반대의 문제가 생긴다. 특정 수업을 듣는 학생은 금방 찾을 수 있지만 특정 학생이 듣는 수업을 모두 찾아내려면 시간이 오래 걸린다.

특정 수업을 듣는 학생을 모두 알아내는 작업, 특정 학생이 듣는 수업을 모두 알아내는 작업 양쪽 다 빠르게 할 수 있어야 하므로 위에서 만든 두 스키마를 전부 사용할 수도 있다. 그렇지만 둘 다 사용하면 데이터가 중복되고, 학생이나 수업을 추가하고 제거하는 작업에서 일관성을 유지하기도 까다롭다. 그러나 주어진 데이터 집합에서 원하는 모든 속성을 달성할 수는 있다.

수업과 학생에 해당하는 정규화된 SQL 스키마를 생성하라. 학생(student)을 나타내는 테이블에는 이름, 성, 학번, 이메일을 저장해야 하며, 학번이 프라이머리 키다. 수업(class)을 나타내는 테이블에는 프라이머리 키인 과목 번호(id)와 과목명, 강의실 번호, 강사명을 저장한다. 어떤 학생이 어떤 수업을 듣는지를 나타내는 학생과 수업을 연결해주는 테이블도 만들어야 한다.

주어진 요구 조건에 맞춰서 스키마를 만들기만 하면 된다.

```
CREATE TABLE student (
    student_id int PRIMARY KEY,
    first_name varchar(255),
    last_name varchar(255),
    email varchar(255) UNIQUE NOT NULL
);
CREATE TABLE class (
    class_id int PRIMARY KEY,
    title varchar(255),
    room_number varchar(255),
    instructor varchar(255)
);
CREATE TABLE enrollment (
    student_id int NOT NULL FOREIGN KEY REFERENCES student(student_id),
    class_id int NOT NULL FOREIGN KEY REFERENCES class(class_id)
);
```

이메일이 john@pie.com인 학생이 몇 과목을 듣는지 알아내기 위한 SQL을 작성하라.

간단한 SQL SELECT 선언문이다. class 테이블과 enrollment 테이블을 결합하고 COUNT 함수를 사용하면 된다.

```
SELECT COUNT (*)
FROM student JOIN enrollment USING (student_id)
WHERE email = 'john@pie.com';
```

SQL 데이터베이스에서 NoSQL 데이터베이스로 바꾸려고 하는데, 그 NoSQL 데이터베이스가 SQL과 비슷한 문법을 제공하긴 하지만 테이블 간의 결합은 지원하지 않는다. 위에 있는 문제에 대한 질의를 결합 없이도 효율적으로 처리할 수 있도록 비정규화된 스키마를 만들어라.

이전 SQL 스키마에서 이메일로 특정 학생이 듣는 수업 수를 알아내려면 여러 테이블을 결합해야 했다. enrollment 테이블에 이메일 열을 추가하면 결합하지 않아도 비정규화를 할 수 있다. 이렇게 하면 테이블을 결합하지 않고도 학생을 이메일 주소로 식별하여 그 학생이 듣는 수업 수를 셀 수 있다. enrollment 테이블은 다음과 같은 식으로 고칠 수 있다.

```
CREATE TABLE enrollment {
    student_id int NOT NULL,
    class_id int NOT NULL,
    email varchar(255)
};
```

다음과 같이 enrollment 테이블에 대해 다음과 같이 질의하여 특정 학생이 듣는 수업 수를 파악할 수 있다.

```
SELECT COUNT (*)
FROM enrollment WHERE email = 'john@pie.com';
```

이렇게 하면 JOIN 없이도 답을 구할 수 있다. 하지만 속도 면에서 완전히 최적화된 건 아니다. 질의 때마다 주어진 이메일 주소가 있는 행을 검색해야 하기 때문이다. email 열로 인덱스를 만들면 상당히 빨라지겠지만 여전히 원하는 email 값을 갖는 행의 개수를 세야 한다. 질의 속도를 더 올리고 싶다면, 특히 어떤 학생 유형의 항목과 연관된 수업 유형의 항목의 개수가 아주 많은 유사한 스키마를 상상한다면 student 테이블에 그 학생이 듣는 수업 수를 직접 챙겨주는 열을 하나 새로 만드는 식으로 데이터베이스를 비정규화할 수도 있다. 그러면 수업을 추가하거나 지울 때마다 student 테이블의 해당 열의 값을 업데이트해야 한다.

이런 방법을 택한다면 student 테이블을 다음과 같이 고치면 된다.

```
CREATE TABLE student (
    student_id int NOT NULL,
    first_name varchar(255),
    last_name varchar(255),
    email varchar(255) PRIMARY KEY UNIQUE NOT NULL,
    num_classes int
);
```

이제 어떤 학생이 듣는 수업 수는 다음과 같이 질의할 수 있다.

```
SELECT num_classes from student where email = 'john@pie.com';
```

유일한 키로 식별할 수 있는 한 행에서 한 값을 읽기만 하면 되기 때문에 이 질의는 매우 효율적으로 실행된다.

물론 장점이 있는 만큼 단점도 있다. 이미 원래 스키마에서 알아낼 수 있는 정보를 나타내기 위해 새로운 열을 추가했다. 이때 추가로 저장 공간이 필요하고, 데이터베이스의 일관성이 깨질 수도 있다(어떤 학생의 num_classes 열의 값이 그 학생에 해당하는 enrollment 테이블의 행 수와 같지 않은 경우가 그렇다).

이제부터는 enrollment에 어떤 행을 추가하거나 그 테이블의 특정 행을 삭제할 때 student 테이블의 num_classes 값도 고쳐야 한다. 혹시 enrollment 테이블에 대한 작업과 student 테이블에 대한 작업 중 한쪽이 잘못되어 일관성이 깨지는 일이 일어나지 않도록 이 두 작업은 한 트랜잭션 안에서 처리해야 한다. 삽입이나 삭제 속도는 느려지겠지만 업데이트에 비해 읽기를 자주 해야 한다면 감당할 만한 수준이다.

면접 문제

이전 문제에 있는 비정규화 테이블에서 특정 학생을 어떤 수업에 등록하거나 수업 등록을 해제하는 SQL 구문을 작성하라.

앞에서 논의했듯이 일관성이 깨지지 않도록 선언문을 단일 트랜잭션 안에서 실행시켜야 한다. 트랜잭션 관련 문법이나 작동 방식은 데이터베이스 시스템마다 다르기 때문에 아래에 있는 풀이에서 트랜잭션 관련 부분은 생략했다.

트랜잭션을 제대로 처리했다고 가정하고, 어떤 수업에 등록하려면 enrollment 테이블에는 새 행을 추가해야 하고 student 테이블에서는 num_classes 값을 증가시켜야 한다.

```
INSERT INTO enrollment VALUES (334, 887);

UPDATE student
SET num_classes = num_classes + 1
WHERE student_id = 334;
```

등록된 수업을 해제하는 건 행을 추가하고 값을 업데이트한 과정을 역으로 처리하면 된다. 물론 이때도 그 두 작업을 한 트랜잭션 내에서 처리해야 한다.

```
DELETE FROM enrollment WHERE student_id = 334 AND class_id = 887;

UPDATE student
SET num_classes = num_classes - 1
WHERE student_id = 334;
```

몇 가지 예를 더 시도하면서 양쪽 선언문이 모두 제대로 작동하는지 확인해야 한다. 그 과정에서 몇 가지 특별 케이스를 찾아낼 수도 있다. student에 새 행을 추가할 때는 num_classes가 0부터 시작하도록 만들어야 한다. 이 외에도 특별 케이스가 더 있다. 예를 들어 enrollment에서 존재하지 않는 행을 삭제하려고 시도한 경우라면 num_classes를 감소시키면 안 된다. 그리고 enrollment 테이블에 중복된 행을 집어넣으면 안 된다.

면접 문제

이 데이터를 분산 데이터베이스에 저장해야 한다면 데이터베이스를 가용성과 구분성에 맞춰 최적화한다고 할 때, 일관성을 어느 정도 확보하기 위해 어떤 규칙을 만들 수 있을까?

실무에서 접할 법한 이슈라고 할 수 있는데 분산 데이터베이스에서는 항상 일관성이 보장되지 않는다. 일반적으로 최종 일관성 정도까지만 보장이 가능하다.

은행 업무 시스템처럼 이런 조건을 만족시키는 일반적인 분산 시스템으로 시작해보자. 은행 업무 시스템에서는 한 번에 출금할 수 있는 금액을 제한한다든가 수표를 입금했을 때 얼마 후에 계좌에 입금된다는가 하는 식으로 갱신과 관련된 제한이 추가된다. 이런 제한을 추가하면 일관성에 문제가 있을 수 있는 네트워크에서 갱신에 필요한 시간을 벌 수 있고, 가용성을 높여서 사용성과 편의를 어느 정도 확보하면서도 계좌에서 나타날 수 있는 일관성 문제를 최소화할 수 있다.

비슷한 방식으로 학교 시스템에서도 학생이 수강 과목을 신청하는 기간을 정한다든지, 수강 신청 마감 시점과 최종 출석부 발표 시점 사이에 시간차를 둔다든지, 성적 입력 마감 시점과 성적 공개 시점 사이에 시간차를 둔다든지 하는 식의 규칙을 만들 수 있다. 대다수 대학에서 강의 등록 시스템에서 실제로 이와 매우 유사한 규칙을 사용하고 있는 것도 우연은 아니다.

요약

요즘은 많은 애플리케이션에서 데이터베이스를 사용하며, 그중에서도 웹 기반 애플리케이션은 상당수가 데이터베이스와 밀접하게 연관되어 있다. 대부분의 데이터베이스 시스템은 관계형 데이터베이스 이론 개념을 바탕으로 만들어지기 때문에, 관계형 데이터베이스를 액세스하고 조작하는 것과 관련된 문제가 나올 가능성이 높다. 이런 문제들을 제대로 해결하려면 SELECT나 INSERT 같은 기초적인 SQL 명령어에 대한 이해가 필요하다. 데이터베이스에서 일관성을 유지하기 위해 제공하는 메커니즘의 예로 트랜잭션과 외부 키 제약 조건 같은 것을 들 수 있다. NoSQL 개념이나 분산 데이터베이스 및 트랜잭션에 관한 문제가 나올 수도 있다.

그래픽스와 비트 조작

그래픽스와 비트 조작에 관한 문제는 지금까지 살펴본 주제에 비하면 잘 안 나오는 편이지만, 그래도 심심찮게 나올 수 있기 때문에 어느 정도 공부해 둘 필요는 있다. 특히 비트 조작 문제는 면접 초기에 더 어려운 문제를 내기 전에 워밍업용으로도 많이 나온다.

그래픽스

컴퓨터 화면은 직교좌표계에 배열된 픽셀로 이루어진다. 이것을 흔히 래스터 픽셀 디스플레이라고 부른다. 컴퓨터 그래픽스 알고리즘은 일련의 픽셀들의 색을 바꾸는 기능을 한다. 요즘 컴퓨터에는(심지어 휴대폰에도) CPU에서 돌아가는 소프트웨어로 구현하는 것보다 수백 수천 배 이상 빠르게 그래픽스를 처리할 수 있는 고성능 하드웨어 가속기가 들어간다. 실제 개발할 때 가장 중요한 것 가운데 하나가 그래픽스 하드웨어를 얼마나 잘 활용할 수 있는가 하는 것이다. 이번 장에서 설명하는 내용을 직접 구현하는 일은 아마 거의 없을 것이다. 그럼에도 불구하고 컴퓨터 그래픽스에 대한 이해를 시험하기 위해, 그리고 수학적인 개념을 실제 작동하는 코드로 풀어낼 수 있는 능력을 알아보기 위해 그래픽스 알고리즘 구현과 관련된 문제가 나올 개연성은 충분히 있다.

래스터 픽셀 이미지를 생성하기 위한 알고리즘 중에는 기하학 방정식을 바탕으로 하는 것도 종종 있다. 컴퓨터 화면은 유한한 개수의 픽셀로 구성되기 때문에 기하학 방정식을 픽셀 디스플레이로 바꾸는 것이 그리 만만한 일은 아니다. 기하학 방정식의 해는 보통 실수(부동소수점 수)근을 가지지만, 픽셀은 일정한 간격만큼씩 떨어져 있는 고정된 점으로 배치되기 때문이다. 따라서 계산 결과로 나온 점들을 픽셀 좌표에 맞게 조절해야 한다. 이렇게 하려면 반올림 같은 작업을 해야 하는데, 제일 가까운 픽셀 좌표로 반올림을 하는 것이 언제나 올바른 접근법이 되는 것은 아니다. 일반적인 방식대로 반올림을 해야 할 때도 있고, 오류를 보정하기 위한 항을 더해야 하는 경우도 있다. 부주의하게 반올림을 하다 보면 직선이 되어야 할 선에 틈이 생기게 될 수도 있다. 그래픽스 알고리즘을 사용할 때는 반올림이나 오류 보정을 잘못해서 왜곡되거나 틈이 생기지 않도록 주의해야 한다.

예를 들어, 선분을 하나 그리는 간단한 경우를 생각해보자. 양쪽 끝점이 주어지면 그 두 점을 잇는 선분을 그리는 함수를 구현해야 한다고 해보자. 간단한 계산을 해보면 y=mx+b 형태의 방정식이 만들어질 것이다. 그런 후 어떤 범위의 x 값에 대해 y 값을 구한 다음 선분을 이루는 점들을 찍어주면 된다. 꽤나 간단해 보인다.

하지만 이 문제를 실제로 구현하는 일이 그리 간단하지만은 않다. 우선 수직 방향의 선분을 고려해야 한다. 이 경우에는 m이 무한대이기 때문에 방금 설명한 방식으로는 선분을 그을 수 없다. 그리고 수직은 아니지만 거의 수직에 가까운 경우를 생각해보자. 예를 들어, 그 선분이 수평 방향으로는 2픽셀이지만 수직 방향으로는 20픽셀이라고 해보자. 이런 경우에는 위에서 설명한 방법대로 선분을 그리면 점이 달랑 두 개만 찍히게 되어 선분이라고 할 수 없는 그림이 나오게 된다. 이런 문제점을 보완하려면 선분이 수직 방향에 가까운 경우에는 방정식을 $x=(y-b)/m$ 형태로 고쳐 쓴 다음 y 값을 바꿔주면서 x 값을 결정해서 점을 찍고, 수평 방향에 가까운 경우에는 앞서 설명한 방법대로 해야 한다.

하지만 이렇게 해도 문제가 완전히 해결되는 것은 아니다. 기울기가 1인 y=x 같은 선분을 그려야 한다고 해보자. 이 경우에는 위에 설명한 두 방법 중 아무 방법이나 써서 (0, 0), (1, 1), (2, 2)... 같은 점들을 찍어주면 된다. 수학적으로 보면 맞는 말이긴 하지만, 다른 선분에서는 점들이 더 퍼져 보이는 반면 이 선분에서는 그렇지 않기 때문에 선이 너무 가늘어 보이는 문제가 생긴다. 대각선 방향으로 길이가 100인 선분이 수직 방향으로 길이가 80인 선분에 비해 찍힌 점의 개수가 더 적다. 선분을 그리기 위한 이상적인 알고리즘이라면 어떤 선분이든 거의 똑같은 픽셀 밀도로 그려줄 수 있어야 한다.

그리고 반올림을 하는 데에도 문제가 있다. 어떤 점을 계산해서 (0.99, 0.99)라는 좌표가 나왔을 때 무작정 캐스팅을 해서 정수로 바꿔주면 소수점 이하 부분을 그냥 버려서 (0, 0)의 위치에 점을 찍게 된다. 이런 경우에는 캐스팅을 쓰지 말고 명시적으로 반올림을 해서 (1, 1) 좌표에 점을 찍어야만 한다.

그래픽스 문제라는 것이 원래 수많은 특별 케이스를 처리해야 하는 문제가 아닐까 하는 생각이 든다면, 그래픽스 문제의 본질을 어느 정도 이해한 셈이다. 방금 설명한 선을 그리는 알고리즘과 관련된 모든 문제를 해결한다고 해도 그걸로 끝이 아니다. 그래픽스 프로그래밍에서 접할 수 있는 문제점들이 잘 나와 있긴 한데, 부동소수점 계산에 의존하고 있다는 점 때문에 이 알고리즘은 느릴 수밖에 없다. 정수 연산만 처리하는 고속 알고리즘은 지금 설명한 내용보다 훨씬 더 복잡하다.

> 컴퓨터 그래픽스는 픽셀을 가지고 그림을 그리는 문제와 연관되어 있다. 항상 반올림 오류나 원치 않는 틈이 생기는 문제 및 기타 특별한 경우를 확인해봐야 한다.

비트 조작

많은 컴퓨터 언어에서 변수의 개별 비트를 액세스할 수 있는 기능을 제공한다. 비트 연산자는 실전에서 사용하게 되는 비율에 비하면 면접 문제에서 자주 등장하는 편이기 때문에 따로 지면을 할애해서 살펴보고자 한다.

2의 보수 이진 표기법

비트 연산자를 사용하려면 비트 수준에서 생각할 수 있어야 한다. 컴퓨터 내부에서는 숫자를 보통 2의 보수 이진 표기법으로 표현한다. 이진수에 이미 익숙하다면 2의 보수 표기법도 별로 어렵지 않게 이해할 수 있다. 2의 보수 표기법도 그냥 이진수 표기법하고 거의 똑같기 때문이다. 사실 양수에 대해서는 완전히 똑같다.

하지만 음수로 들어가면 차이점이 드러난다(정수를 보통 32 또는 64비트로 표현하지만 여기에서는 편의상 8비트 정수를 예로 들어 설명하겠다). 2의 보수 표기법에서 13과 같은 양수는 그냥 00001101로 일반적인 이진 표기법을 쓸 때와 똑같은 식으로 표기된다. 하지만 음수의 경우에는 조금 까다롭다. 2의 보수 표기법에서 음수를 만들 때는 각 비트를 전부 뒤집고 1을 더하는 규칙을 적용한다. 예를 들어, −1을 2의 보수 표기법으로 표현하려면, 일단 1(이진수로는 00000001)에서 시작한다. 각 비트를 뒤집으면 11111110이 만들어진다. 그런 후 1을 더하면 11111111이 되며, 이것이 바로 −1을 2의 보수 표기법으로 표기한 것이다. 처음 보면 이상하게 느껴지지만 이런 표기법을 쓰면 덧셈, 뺄셈이 매우 간단해진다. 예를 들어, 00000001(1)과 11111111(−1)을 더할 때는 이진수를 오른쪽에서 왼쪽으로 쭉 더해나가면 (00000000)0이 나온다.

2의 보수 표기법에서 첫 번째 비트는 부호 비트이다. 첫 번째 비트가 0이면 그 수는 음이 아닌 수이고, 1이면 음수이다. 비트를 시프트시킬 때는 부호 비트에 주의해야 한다.

비트 단위 연산자

대다수의 언어에는 정수 값의 개별 비트에 영향을 미칠 수 있는 비트 단위 연산자가 있다. C와 C++의 비트 단위 연산자는 문법이나 특성이 똑같다. C#, 자바, 자바스크립트의 비트 단위 연산자는 시프트 연산자를 제외하면 C/C++하고 똑같다.

가장 간단한 비트 연산자는 NOT이라는 일항 연산자(~)이다. 이 연산자는 모든 비트를 뒤집는다. 즉, 1은 0으로, 0은 1로 바꿔준다. 예를 들어, 00001101에 ~ 연산을 적용하면 11110010이 나온다.

그리고 |(OR), &(AND), ^(XOR) 연산자가 있다. 모두 비트 단위로 작동하는 이항 연산자로, 한 수의 i번째 비트와 다른 수의 i번째 비트를 바탕으로 연산 결과의 i번째 비트가 결정된다. 이 연산자들은 다음과 같은 식으로 작동한다.

- & – 두 비트가 모두 1이면 1, 그렇지 않으면 0이다. 예를 들면 다음과 같다.

```
  01100110
& 11110100
  01100100
```

- | – 둘 중 하나가 1이면 1, 둘 다 0이면 0이다. 예를 들면 다음과 같다.

```
  01100110
| 11110100
  11110110
```

- ^ – 두 비트가 같으면 0, 다르면 1이다. 예를 들면 다음과 같다.

```
  01100110
^ 11110100
  10010010
```

비트 단위 연산자인 &, |와 논리 연산자인 &&, ||를 혼동하지 않도록 주의하자. 비트 단위 연산자는 두 정수에 대해 사용되고 결과도 정수지만, 논리 연산자는 두 부울 값에 대해 사용되고 결과도 부울 값이다.

이 외에 어떤 값을 이루는 비트들을 왼쪽 또는 오른쪽으로 이동시키는 시프트 (shift) 연산자가 있다. C, C++, C#에는 왼쪽(〈〈)과 오른쪽(〉〉) 시프트 연산 자가 있으며, 자바와 자바스크립트에는 하나의 왼쪽 시프트 연산자(〈〈)와 두 개 의 오른쪽 시프트 연산자(〉〉와 〉〉〉)가 있다.

시프트 연산자의 오른쪽에 들어가는 값은 몇 비트만큼 시프트 시킬지를 나타낸 다. 예를 들어, 8〈〈2라고 하면 '8'이라는 값의 비트들을 두 칸만큼 왼쪽으로 이동 시킨다. 왼쪽이나 오른쪽 끝으로 밀려나가는 비트는 그냥 없어진다.

〈〈 연산자는 예로 든 다섯 가지 언어에서 모두 똑같다. 각 비트를 왼쪽으로 이 동시키면서 오른쪽의 빈자리에는 0을 채운다. 예를 들어, 01100110〈〈5는 11000000이다. 새로운 첫 번째 비트의 상태에 따라 부호도 바뀔 수 있다.

$\rangle\rangle$ 연산자도 다섯 가지 언어에서 모두 똑같이 쓰이지만, 부호가 있는 값에 적용할 때는 부호에 따라 행태가 달라진다. 양수의 경우에는 빈자리에 0이 계속 들어간다. 음수의 경우에는 $\rangle\rangle$ 연산자에서 부호 확장sign extension을 수행하여, 왼쪽의 남는 비트를 1로 채운다. 따라서 10100110 $\rangle\rangle$ 5는 11111101이 된다. 따라서 음수에 대해 오른쪽 시프트를 하면 그 수는 계속 음수로 남는다. (좀 더 정확하게 말하자면 C, C++에서는 컴파일러마다 부호 확장 여부가 다르긴 한데, 실제로는 대부분 부호 확장을 한다) 부호가 없는 수를 오른쪽으로 시프트할 때는 첫 번째 비트가 0이든 0이든 상관없이 빈 비트를 0으로 채운다. 자바와 자바스크립트에서는 부호가 없는 값이 없고, 대신 $\rangle\rangle\rangle$라는 오른쪽 시프트 연산자가 하나 더 있다. $\rangle\rangle\rangle$ 연산자는 논리 오른쪽 시프트 연산자로, 부호와 무관하게 빈 공간을 무조건 0으로 채운다. 따라서 10100110 $\rangle\rangle\rangle$ 5는 00000101이 된다.

시프트 연산을 이용한 최적화

시프트 연산을 이용하면 2를 곱하거나 2로 나누는 작업을 매우 빠르게 할 수 있다. 오른쪽으로 1비트 시프트하는 것은 2로 나누는 것과 같고, 왼쪽으로 1비트 시프트하는 것은 2를 곱하는 것과 같다. C나 C++ 컴파일러에서는 대부분 음수에 대해 오른쪽 시프트를 할 때 부호 확장을 하지만, 혹시 부호 확장을 하지 않는 컴파일러라면 음수에 대한 나눗셈에서는 이 방법을 써먹을 수 없다. 게다가 자바를 비롯한 일부 언어에서는 음수를 양수로 정수 나눗셈을 할 때는 0에 가까운 쪽으로 올림을 하지만 시프트를 쓸 때는 0에서 멀어지는 쪽으로 버림을 한다. 예를 들어 −3 / 2는 −1이지만 −3 $\rangle\rangle$ 1 은 −2다. 따라서 오른쪽으로 1비트 시프트한 값이 2로 나눈 값과 똑같지 않다.

시프트와 밑의 승수의 제곱수만큼 곱하거나 나누는 연산 사이의 관계는 십진수에도 그대로 적용된다. 17이라는 십진수를 생각해보자. 십진수에서 17$\langle\langle$1을 하면 170이 되어 17에 10을 곱하는 것과 똑같은 결과가 나온다. 마찬가지로 17$\rangle\rangle$1을 생각해보면 1이 나오므로 17을 10으로 나누는 것과 같음을 알 수 있다.

그래픽스 문제

그래픽스 분야에서는 일반적으로 프로그래밍을 할 때처럼 고수준 API를 활용하는 능력보다는 기초적인 그래픽스 함수를 구현하는 능력을 살펴보는 문제가 중점적으로 나온다.

8분의 1 원

반지름 값이 주어졌을 때 (0, 0)을 중심으로 하는 8분의 1 원을 그리는 함수를 작성하라. 여기에서 8분의 1 원이란 원을 그리는데, 시계를 기준으로 12시 방향에서 1시 30분 방향까지만 그리는 것을 말한다. 함수 원형은 다음과 같은 식으로 한다.

```
void drawEighthOfCircle( int radius );
```

좌표계와 그려야 하는 도형의 예는 [그림 14-1]에 나와 있다. 픽셀을 그릴 때는 다음과 같은 원형을 가지는 함수를 사용한다.

```
void setPixel( int xCoord, int yCoord );
```

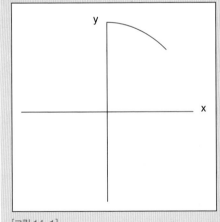

[그림 14-1]

복잡해 보이지만 생각보다는 어렵지 않다. 원 전체를 그리는 코드를 구현해야 한다면, 최적의 성능을 위해서 가능한 한 계산량을 줄여야 한다. 8분의 1 원을 그리는 데 필요한 픽셀들이 주어진다면 대칭성을 이용해서 원의 나머지 부분을 쉽게 그릴 수 있다.

> 어떤 점 (x, y)가 원에 속하는 점이라면 (−x, y), (x, −y), (−x, −y), (y, x), (−y, x), (−y, −x)도 그 원 위의 점이다.

이 문제는 기하학적인 도형을 픽셀 기반의 래스터 이미지로 변환하는 스캔 변환 scan conversion의 한 예이다. 뭐든 계산을 하려면 원의 방정식이 있어야 한다. 원의 방정식은 다음과 같다.

$$x^2+y^2=r^2$$

다행히도 이 방정식은 이 문제에서 사용하는 x, y, r이 모두 들어 있고, 이 문제에서 사용하는 좌표계와도 잘 맞는다. 이제 이 방정식 $x^2+y^2=r^2$을 써서 원을 이루는 점의 좌표 쌍 (x, y)를 결정해야 한다. 좌표 쌍을 찾아내는 가장 쉬운 방법은 둘 중 하나의 값을 정한 다음 나머지 값을 계산해내는 것이다. 스캔 변환을 하고 나면 어떤 y 값에 대해서는 x 값이 여러 개 있을 수 있기 때문에, y를 먼저 정하고 x 값을 구하는 방법이 더 어렵다. 따라서 x를 정한 다음 y를 계산해야 한다. 계산을 하면 y 값을 다음과 같은 식을 써서 구할 수 있다.

$$y = \pm\sqrt{r^2 - x^2}$$

이 문제에서는 y가 양수인 경우만 생각하면 되므로 음수 근은 무시해도 되고, 결과적으로 다음과 같은 식을 쓰면 된다.

$$y = \sqrt{r^2 - x^2}$$

예를 들어, x 좌표가 3이고 반지름이 5라면 $y = \sqrt{5^2 - 3^2} = 4$가 된다. 이렇게 x가 주어지면 y 값을 계산할 수 있다. 이제 x 값의 범위를 결정해야 한다. x가 0에서 시작한다는 것은 분명한데, 끝 값은 어떻게 될까? 그림을 다시 한 번 살펴보고 원의 8분의 1이 끝나는 부분을 어떻게 알 수 있을지 생각해보자. 오른쪽으로 간 거리가 위로 간 거리보다 멀어지면 8분의 1이 끝난다. 즉, 수학적으로 보면 x 값이 y 값보다 커지는 부분이 바로 8분의 1 원이 끝나는 부분이 된다. 따라서 x 범위는 0부터 x가 y보다 커지기 시작하는 점까지다. 지금까지 알아낸 결론들을 모두 모으면 8분의 1 원을 그리는 알고리즘을 완성할 수 있다. 간단하게 정리하면 다음과 같다.

```
x = 0, y = r에서 시작
(y > x)가 성립하는 동안
    방정식 y=√(r² - x²)을 써서 y 좌표를 결정
    (x, y) 픽셀을 그림
    x를 1 증가시킴
```

모두 완성된 것 같지만 이 알고리즘에는 조그만 버그가 있다. y가 사실은 소수점 밑으로도 내려가는 수임에도 불구하고 y 좌표 값을 그냥 정수로 처리하면 문제가 생긴다. 예를 들어, y의 값이 9.99라면 setPixel에서는 소수점 아래 부분을 버리므로 9로 처리하는데, 이 경우에는 10으로 처리하는 것이 더 정확하다. 이런 문제를 해결하는 한 가지 방법으로 setPixel을 호출하기 전에 y 값에 0.5를 더해서 정수로 변환할 때 반올림이 되도록 할 수 있다.

그렇게 고치고 나면 더 괜찮아 보이는 원이 출력될 것이다. 위 알고리즘을 코드로 고치면 다음과 같다.

```
void drawEighthOfCircle( int radius ){
    int x, y;
    x = 0;
    y = radius;
    while ( y > x ){
        y = Math.sqrt( ( radius * radius ) - ( x * x ) ) + 0.5;
        setPixel( x, y );
        x++;
    }
}
```

이 알고리즘의 효율은 어떻게 될까? 그러야 할 픽셀의 수가 n개라고 하면 실행 시간은 O(n)이 된다. 어떤 알고리즘을 쓰든 원을 제대로 그리려면 setPixel을 최소한 n번은 호출해야 하므로 더 빠른 알고리즘은 없다고 볼 수 있다. 이 함수에서는 while 반복문을 돌 때마다 매번 sqrt 함수를 사용하고 곱셈 계산을 처리해야 한다. 그런데 sqrt 함수 및 곱셈 계산은 꽤 느리다. 따라서 이 함수는 속도가 중시되는 대부분의 그래픽 애플리케이션에서는 별로 적합하지 않다. 원을 그리는 알고리즘 중에는 sqrt 같이 느린 함수를 반복적으로 호출하거나 곱셈을 여러 번 하지 않아도 되는 더 빠른 알고리즘도 있지만 면접 시에는 그런 알고리즘을 구현할 필요까지는 없다.

직사각형 겹침

면접 문제

각각 왼쪽 위(UL, upper left) 꼭지점과 오른쪽 아래(LR, lower right) 꼭지점으로 정의되는 두 개의 직사각형이 주어졌다. 두 직사각형의 각 변은 [그림 14-2]에 나온 것과 같이 x축 또는 y축과 평행하다. 두 직사각형이 겹치는지 판단하는 메서드를 작성하라. 편의상 다음과 같은 클래스를 사용하라.

```
class Point {
    public int x;
    public int y;
    public Point( int x, int y ){
        this.x = x;
        this.y = y;
    }
}
class Rect {
    public Point ul;
    public Point lr;
    public Rect( Point ul, Point lr ){
        this.ul = ul;
        this.lr = lr;
    }
}
```

이 메서드에서는 두 개의 Rect 객체를 인자로 받아들이며 두 직사각형이 겹치면 참을, 그렇지 않으면 거짓을 반환한다.

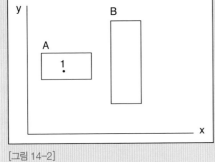

[그림 14-2]

문제를 풀기 전에 직사각형과 직사각형의 꼭지점에 대한 특성을 몇 가지 살펴봐야 한다. 첫 번째는 왼쪽 위(UL) 꼭지점과 오른쪽 아래(LR) 꼭지점이 주어졌을 때 오른쪽 위와 왼쪽 아래 꼭지점을 쉽게 구할 수 있다는 것이다. 오른쪽 위(UR) 꼭지점의 좌표는 왼쪽 위 꼭지점의 y 좌표와 오른쪽 아래 꼭지점의 x 좌표로 구할 수 있고, 왼쪽 아래(LL) 꼭지점의 좌표는 왼쪽 위 꼭지점의 x 좌표와 오른쪽 아래 꼭지점의 y 좌표로 구할 수 있다.

어떤 점이 직사각형 안에 있는지 판단하는 방법도 알아두면 좋다. 어떤 점의 x 좌표가 UL 꼭지점의 x 좌표보다 크고 LR 꼭지점의 x 좌표보다 작으며, y 좌표가 LR 꼭지점의 y 좌표보다 크고 UL 꼭지점의 y 좌표보다 작으면 그 점은 그 직사각형 안에 있다. [그림 14-2]를 보면 점 1은 직사각형 A 안에 있으며, 방금 설명한 조건을 만족시킨다. 이제 문제에 대해 생각해보자.

이 문제는 별로 어려워 보이지 않는다. 두 직사각형이 어떤 식으로 겹칠 수 있는지 생각하는 것부터 시작해보자. 겹치는 방법을 여러 경우로 나눠보자. 직사각형이 서로 겹칠 때 직사각형의 꼭지점들이 어떻게 되는지 살펴보는 것부터 시작하면 좋을 듯하다. 한 직사각형의 꼭지점이 다른 직사각형 안에 몇 개 들어가는지 따져보자. 개수가 0, 1, 2, 3, 4개인 경우가 나올 수 있을 것이다. 각각의 경우를 하나씩 살펴보자. 우선 두 직사각형의 꼭지점이 서로 상대방의 안에 들어가지 않는 경우부터 생각해보자. [그림 14-3]에 이런 경우가 나와 있다.

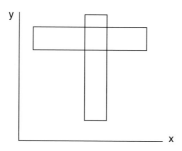

[그림 14-3]

어떤 꼭지점도 다른 직사각형 안에 들어가지 않으면서 두 직사각형이 겹칠 수 있는 조건은 어떻게 될까? 우선 폭이 넓은 직사각형은 폭이 좁은 직사각형보다 더 짧아야 한다. 그리고 두 직사각형이 서로 겹칠 수 있는 위치에 놓여 있어야 한다. 즉, 더 좁은 직사각형의 x 좌표가 더 넓은 직사각형의 x 좌표 사이에 있어야 하며, 더 짧은 직사각형의 y 좌표가 더 긴 직사각형의 y 좌표 사이에 있어야 한다. 이 조건들이 모두 만족되면 서로 꼭지점이 상대 직사각형 안에 들어가지 않으면서 겹칠 수 있다.

이제 두 번째 경우인 한 꼭지점이 다른 직사각형에 들어가면서 겹치는 상황을 생각해보자. [그림 14-4]에 이런 상황이 나와 있다. 이 경우는 조금 더 쉽다. 한 직사각형의 네 꼭지점에 대해 각 점이 다른 직사각형 안에 들어 있는지 확인해보면 된다.

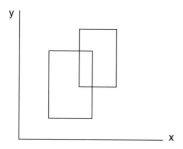

[그림 14-4]

세 번째 경우는 한 직사각형의 두 꼭지점이 다른 직사각형 안에 들어가서 겹치는 경우이다. [그림 14-5]에 나와 있는 것처럼 반은 다른 직사각형 안에 들어가 있고, 반은 밖으로 나와 있는 경우를 생각하면 된다. 이 경우에 한 직사각형은 다른 직사각형 안에 들어가는 꼭지점이 없고, 다른 직사각형은 두 꼭지점이 다른 직사각형 안에 들어간다. 다른 직사각형 안에 들어가는 꼭지점이 없는 직사각형의 꼭지점을 가지고 조사하면 두 직사각형이 겹치는지 알 수 없다. 두 꼭지점이 다른 직사각형 안에 들어가는 직사각형을 가지고 조사할 때는 최소 세 개의 꼭지점을 확인해야 겹치는지를 알 수 있다. 그런데 어느 직사각형이 다른 직사각형 안에 들어가는 꼭지점이 없는지 미리 알 수가 없기 때문에 두 직사각형의 꼭지점을 각각 3개씩 조사해봐야 겹치는지 알 수 있다.

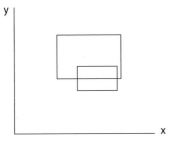

[그림 14-5]

다른 직사각형 안에 세 점이 들어가는 경우는 매우 간단하다. 그냥 불가능하기 때문이다. 직사각형을 어떤 식으로 그려도 한 직사각형의 세 꼭지점만 다른 직사각형 안에 들어가도록 그리는 것은 불가능하다.

네 점이 다른 직사각형 안에 들어가는 경우는 있을 수 있다. [그림 14-6]에 나와 있는 것처럼 한 직사각형 안에 다른 직사각형이 완전히 들어가면 이런 경우가 나온다. 두 직사각형에서 꼭지점을 하나씩 선택해서 확인해보면 겹치는지 알 수 있다.

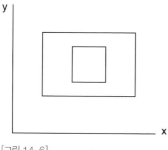

[그림 14-6]

이제 다른 직사각형 안에 들어가는 꼭지점의 개수가 0개인 경우, 1개인 경우, 2개
인 경우, 4개인 경우를 모두 합치면 모든 가능한 상황을 확인할 수 있다. 첫 번째
경우에는 두 직사각형 모두의 너비, 높이, 위치, 두 번째 경우에는 한 직사각형의
네 꼭지점, 세 번째 경우에는 각 직사각형의 세 꼭지점, 네 번째 경우에는 각 직사
각형의 한 꼭지점을 확인해보면 된다. 각각의 경우를 분리해서 확인해볼 수도 있
지만, 불필요하게 같은 작업을 반복해야 하는 문제가 있다. 이런 모든 경우를 한
번에 확인할 수 있는 방법을 고안해보자. 우선 첫 번째 경우를 처리할 수 있도록
각 직사각형의 너비와 높이, 각 직사각형의 위치를 확인하는 것부터 시작하자. 그
런 후 두 번째 경우를 처리할 수 있도록 한 직사각형의 네 꼭지점을 모두 확인하
자. 그런 후 세 번째 경우를 처리하기 위해 다른 직사각형의 세 꼭지점도 확인해
야 한다. 이렇게 하고 나면 한 직사각형은 네 꼭지점을 모두 확인했고, 다른 직사
각형은 세 꼭지점을 확인했기 때문에 네 번째 경우는 자연스럽게 처리된다.

두 직사각형이 겹치는지 알아내고 싶다면 다음과 같은 것들을 체크해보면 된다.

- 각 직사각형의 높이, 너비와 위치
- 한 직사각형의 네 꼭지점 중 하나라도 다른 직사각형 안에 있는지 여부
- 다른 직사각형의 세 꼭지점 중 하나라도 다른 직사각형 안에 있는지 여부

이 풀이법은 틀린 건 아닌데 뭔가 효율이 떨어져 보인다. 각 직사각형의 높이, 너
비, 위치를 모두 확인하면서 꼭지점을 일곱 개 확인해야 한다. 꼭지점을 확인하려
면 총 4번씩의 비교 연산을 처리해야 한다. 따라서 결과를 내기 위해서는 총 34번
의 비교 연산을 수행해야만 한다.

이보다 더 나은 풀이법이 있을 수도 있다. 지금까지는 어떤 경우에 두 직사각형이 겹치는지에 대해 생각했는데, 이번에는 반대로 어떤 경우에 두 직사각형이 겹치지 않는지 생각해보자. 직사각형이 겹치지 않는 조건을 알 수 있다면 직사각형이 겹치는 조건도 알 수 있을 것이다. 겹치지 않는 조건은 겹치는 조건보다 더 간단하다. 두 직사각형을 각각 A와 B라고 부르자. A가 B 위에 있거나 밑에 있거나 왼쪽에 있거나 오른쪽에 있으면 겹치지 않는다. 네 가지 조건 중 두 가지 이상이 성립되는 경우도 있다. 예를 들어, A가 B 위에 있으면서 오른쪽에 있을 수도 있다. 이 네 조건 중 하나라도 참이면 두 직사각형은 겹치지 않는다. 각 조건은 다음과 같은 식으로 요약할 수 있다.

두 직사각형은 다음 중 한 조건이라도 만족되면 겹치지 않는다.

- A의 UL 꼭지점의 x 값이 B의 LR 꼭지점의 x 값보다 크다.
- A의 UL 꼭지점의 y 값이 B의 LR 꼭지점의 y 값보다 작다.
- A의 LR 꼭지점의 x 값이 B의 UL 꼭지점의 x 값보다 작다.
- A의 LR 꼭지점의 y 값이 B의 UL 꼭지점의 y 값보다 크다.

이 풀이를 사용하면 4번 비교한 다음 1번 부정(참은 거짓으로, 거짓은 참으로)하면 끝이기 때문에 훨씬 간단하다. 이 함수는 다음과 같은 식으로 구현할 수 있다.

```
boolean overlap( Rect a, Rect b ){
    return !( a.ul.x > b.lr.x ||
              a.ul.y < b.lr.y ||
              a.lr.x < b.ul.x ||
              a.lr.y > b.ul.y );
}
```

이 함수도 잘 작동하긴 하지만 더 나은 방법도 있다. 논리 NOT 연산을 없애는 것도 가능하다. 드 모르강의 법칙을 사용하면 된다. 드 모르강의 법칙은 다음과 같다.

$$\neg(A \text{ OR } B) = \neg A \text{ AND } \neg B$$

$$\neg(A \text{ AND } B) = \neg A \text{ OR } \neg B$$

그리고 다음과 같은 정리도 활용하자.

- ¬(A 〉 B)는 (B ≤ A)와 동치다.

위의 법칙과 정리를 활용하여 함수를 다시 작성하면 다음과 같다.

```
boolean overlap( Rect a, Rect b){
    return( a.ul.x <= b.lr.x &&
            a.ul.y >= b.lr.y &&
            a.lr.x >= b.ul.x &&
            a.lr.y <= b.ul.y );
}
```

혹시 실수한 부분은 없는지 이 조건들을 다시 한 번 확인해보는 것이 좋다. 위의 함수에서는 다음과 같은 조건을 써서 두 직사각형이 겹치는지 확인한다.

- A의 왼쪽 변이 B의 오른쪽 변보다 왼쪽에 있고
- A의 위쪽 변이 B의 아래쪽 변보다 위에 있고
- A의 오른쪽 변이 B의 왼쪽 변보다 오른쪽에 있고
- A의 아래쪽 변이 B의 위쪽 변보다 아래에 있는 경우

이 조건이 모두 만족되면 직사각형 B가 직사각형 A의 밖에 있을 수가 없으므로 겹칠 수밖에 없다.

비트 조작 문제

비트 조작 문제로는 정말 단순한 문제가 나올 수도, 엄청나게 어려운 문제가 나올 수도 있다. 때로는 한 문제만 가지고도 효율과 복잡도에 따라 풀이법이 달라지고 난이도도 크게 달라질 수 있다.

빅 엔디언과 리틀 엔디언

어떤 컴퓨터가 빅 엔디언인지 리틀 엔디언인지를 판단하는 C 함수를 작성하라.

이 문제는 프로그래밍 능력 외에도 컴퓨터 아키텍처에 대한 지식을 평가하기 위한 문제다. 면접관은 이 문제를 통해 지원자가 엔디언^{endian}이라는 용어를 알고 있는지 확인할 수 있다. 엔디언이라는 용어를 잘 안다면 그 용어를 정의하거나, 빅 엔디언$^{big-endian}$과 리틀 엔디언$^{little-endian}$이 정확하게 어떤 것인지는 몰라도 그 둘의 차이점은 설명할 수 있어야 한다. 그 용어를 잘 모른다면 면접관에게 그 용어의 뜻에 대해 설명해달라고 얘기해야 할 것이다.

엔디언 특성^{Endianness}이란 멀티바이트 값을 저장할 때 컴퓨터에서 각 바이트를 저장하는 순서를 나타내는 용어다(더 정확하게 말하면 여러 단위로 이루어지는 값을 저장할 때 각 단위를 저장하는 순서를 뜻한다. 예를 들어, 컴퓨터에서 8비트가 아닌 16비트를 한 단위로 처리할 수도 있다. 여기에서는 편의상 8비트를 한 단위로 생각하도록 하자). 요즘 쓰이는 거의 모든 컴퓨터에서는 특정한 원시 데이터형을 나타낼 때 멀티바이트 시퀀스를 사용한다.

한 정수를 나타내는 바이트는 어떤 순서로 배열해도 무방한데, 대부분 LSB$^{Least-Significant Byte}$(최하위 바이트)에서 MSB$^{Most-Significant Byte}$(최상위 바이트) 순, 또는 MSB에서 LSB순으로 배열한다. 여기에서 최상위 또는 최하위라는 것은 멀티바이트 값에서 해당 바이트의 위치를 나타낸다. 어떤 바이트가 가장 낮은 자리를 나타낸다면 그 바이트는 LSB이다. 예를 들어 16진수 5A6C에서는 6C가 LSB다. 반대로 어떤 바이트가 가장 높은 자리를 나타낸다면 그 바이트는 MSB이다. 5A6C의 예에서는 5A가 MSB이다.

빅 엔디언 머신에서는 MSB가 가장 낮은 주소를 차지하고, 리틀 엔디언 머신에서는 LSB가 가장 낮은 주소를 차지한다. 예를 들어, A45C라는 2바이트 16진수를 저장할 때 빅 엔디언 머신에서는 A4를 낮은 쪽 주소 바이트로, 5C를 다음 바이트로 저장한다. 하지만 리틀 엔디언 머신에서는 이와 반대로 5C를 낮은 쪽 주소 바이트로, A4를 다음 바이트로 저장한다.

엔디언 특성은 데이터가 같은 유형의 시스템에 있는 동안은 프로그래머 입장에서 별로 신경 쓰지 않아도 된다. 하지만 다른 시스템 사이에서 데이터를 교환할 때는 문제가 생길 수 있다. 대부분 프로그래밍 언어에서 시스템 자체의 바이트 순서 (엔디언 특성)를 기준으로, 즉 바이트가 메모리에 저장되는 것과 같은 순서로 파일이나 네트워크 기기에 데이터를 집어넣는다. 리틀 엔디언 시스템에서 돌아가는 프로그램에서 엔디언 특성을 신경 쓰지 않고 저장한 데이터를 빅 엔디언 시스템에서 돌아가는 동일 프로그램에서 잘못 해석할 가능성이 있다. 엔디언 특성은 대부분 프로세서에 의해 결정되지만 자바 가상 머신은 프로세서 유형과 무관하게 빅 엔디언으로 돌아간다.

이 문제를 풀려면 어떤 멀티바이트 데이터형을 사용할지 결정해야 한다. 어느 것을 사용하든지 두 바이트 이상으로 이루어지기만 하면 상관없다. 여기에서는 32비트 짜리 정수를 사용하도록 하자. 이제 이 정수를 확인하여 어떤 바이트가 LSB이고, 어떤 바이트가 MSB인지를 확인하는 방법을 찾아내야 한다. 정수의 값을 1로 설정하면 LSB는 1이라는 값을 가질 것이고, MSB는 0이라는 값을 가질 것이므로 MSB와 LSB를 구별할 수 있다.

하지만 정수의 각 바이트를 액세스하는 방법이 마땅치가 않다. 변수의 각 비트를 개별적으로 액세스할 수 있는 비트 연산자를 사용하는 방법을 떠올리는 독자들도 있을 것이다. 하지만 비트 연산자는 그냥 모든 비트가 최상위 비트에서 최하위 비트로 내려가는 식으로 배열되어 있는 것처럼 작동하기 때문에 별 도움이 되지 않는다. 예를 들어, 왼쪽 시프트 연산자를 써서 정수를 8비트만큼 왼쪽으로 옮기면 실제로 내부에서 바이트 순서가 어떻게 돼 있든 상관없이 32개의 비트가 연속으로 쭉 나열되어 있는 것처럼 작동한다. 따라서 비트 연산자를 사용하여 바이트 배열 순서를 판단하는 것은 불가능하다.

정수의 개별 바이트를 어떻게 확인할 수 있을까? C의 문자는 1바이트짜리 데이터형이다. 따라서 정수를 네 개의 연속된 문자로 생각하는 것도 가능하다. 이렇게 하려면 정수에 대한 포인터를 만들어야 한다. 그런 후 정수 포인터를 문자 포인터로 캐스팅한다. 이렇게 하면 정수를 1바이트짜리 데이터형의 배열처럼 액세스할 수 있다. 이 문자 포인터를 써서 각 바이트를 살펴보고 어떻게 배열되어 있는지 알아낼 수 있다.

컴퓨터의 엔디언 특성을 알아보기 위해 값이 1인 정수에 대한 포인터를 취하자. 그런 후 그 포인터를 char * 형으로 캐스팅하자. 이렇게 하면 포인터가 가리키는 데이터의 크기가 변한다. 이 포인터를 디레퍼런스하면 4바이트 정수가 아닌 1바이트 문자를 액세스할 수 있다. 따라서 첫 번째 바이트가 1인지 테스트할 수 있다. 그 바이트의 값이 1이면 LSB가 가장 낮은 메모리 주소에 위치하고 있는 것이므로, 그 머신은 리틀 엔디언 머신임을 알 수 있다. 그 바이트의 값이 0이면 MSB가 가장 낮은 메모리 주소에 위치하고 있으므로, 그 머신은 빅 엔디언 머신임을 알 수 있다. 방금 설명한 내용을 정리해보면 다음과 같다.

정수를 1로 설정
정수에 대한 포인터를 char *로 캐스트
디레퍼런스한 값이 1이면 리틀 엔디언
디레퍼런스한 값이 0이면 빅 엔디언

이 테스트를 코드로 작성하면 다음과 같다.

```
/* 리틀 엔디언 머신이면 true를, 빅 엔디언 머신이면 false를 반환 */
bool isLittleEndian(){
    int testNum;
    char  *ptr;
    testNum = 1;
    ptr = (char *) &testNum;
    return (*ptr); /* 최하위 주소에 있는 바이트를 반환 */
}
```

면접에서는 이 정도 코드면 충분하다. 하지만 면접에서는 그냥 문제를 푸는 것이 아니라 면접관에게 좋은 인상을 심어주는 것이 가장 중요한 목표이므로, 조금 더 우아한 방법으로 문제를 풀 수 없을지 생각해보는 것이 좋다. C/C++에서 제공하는 union형의 기능을 활용하는 방법이 있다. union은 struct와 비슷하지만 모든 멤버가 메모리의 같은 위치에서 시작하여 할당된다. 이를 이용하면 같은 데이터를 서로 다른 변수 유형을 써서 액세스할 수 있다. 문법은 struct와 거의 같다. union을 이용한 코드는 다음과 같다.

```
/* 리틀 엔디언 머신이면 true를, 빅 엔디언 머신이면 false를 반환 */
bool isLittleEndian(){
    union {
        int theInteger;
        char singleByte;
    } endianTest;
    endianTest.theInteger = 1;
    return endianTest.singleByte;
}
```

1의 개수

주어진 정수를 컴퓨터에서 내부적으로 표현할 때 1로 설정된 비트의 수를 반환하는 함수를 작성하라.

언뜻 보면 주어진 십진수를 2의 보수 표현법을 사용하는 이진수로 변환하는 진법 변환 문제처럼 보일 수도 있다. 하지만 컴퓨터에서는 이미 내부적으로 숫자를 2의 보수 표현법으로 저장하기 때문에 진법 변환으로 생각하면 불필요하게 돌아가게 되는 셈이다. 진법 변환을 하지 않고 1의 개수를 직접 세는 방법을 찾아보자.

각 비트의 값을 확인하면 1의 개수를 셀 수 있다. 이상적인 상황이라면 특정 비트의 값을 알려주는 연산자가 있으면 좋을 것이다. 반복문을 돌려서 각 비트의 값을 확인한 다음 1의 개수만 세면 된다. 하지만 그런 연산자는 존재하지 않는다.

우선 기존 비트 연산자들을 사용하여 각 비트의 값을 알아내는 프로시저를 만들어보자. 가장 낮은 비트의 값을 구하는 방법부터 생각해보자. 한 가지 방법은 주어진 정수와 1이라는 값으로 AND 연산을 하는 것이다. 편의상 8비트 정수를 사용해보자. 이 경우에 1은 00000001로 저장된다. 만약 주어진 정수의 최하위 비트가 1이면 00000001이, 0이면 00000000이 결과로 나온다. 일반적으로 마스크 mask만 제대로 만들면 어떤 비트의 값이든 구할 수 있다. 이 경우에는 확인하고자 하는 비트만 1이고 나머지는 전부 0인 마스크를 사용하면 된다. 이 마스크와 확인할 값에 대해 AND 연산을 적용하면 해당 비트가 0인 경우에는 0이, 1인 경우에는 0이 아닌 값이 나온다.

각 비트에 대한 마스크를 만들면 1인 비트의 수를 셀 수 있다. 예를 들어, 00000001, 00000010, 00000100, 00001000 같은 식으로 마스크를 쭉 만들어서 쓰면 된다. 이렇게 해도 되긴 하지만 면접관이 이렇게 마스크를 하나씩 만드는 방법을 원한 것은 아닐 것이다. 각 마스크 사이의 차이점을 생각해보자. 각 마스크는 1이 들어 있는 비트가 한 칸씩 왼쪽으로 이동한 것을 제외하면 바로 앞에 사용한 마스크와 같다. 따라서 마스크를 미리 정의해놓는 대신 왼쪽 시프트 연산자를 써서 마스크를 만들 수 있다. 00000001이라는 마스크에서 시작해서 그 정수를 한 비트씩 왼쪽으로 시프트 시키면 필요한 마스크를 모두 만들 수 있다. 훌륭한 방법이고, 잘 만들기만 하면 괜찮은 답을 만들 수 있다. 하지만 마스크를 하나만 사용하면 되는 더 예쁘고 약간 빠른 풀이법이 있다.

마스크 하나를 가지고 무엇을 할 수 있을지 생각해보자. 어떤 정수의 각 비트를 검사해야 하므로 매번 서로 다른 비트를 마스킹해야 한다. 지금까지는 마스크를 시프트 시키고 정수를 그대로 두는 방법을 썼는데, 정수를 시프트 시키면 같은 마스크를 가지고 모든 비트를 검사할 수 있다. 가장 간단한 마스크는 최하위 비트를 알아낼 수 있는 00000001이다. 정수를 한 칸씩 오른쪽으로 시프트 시키면 각 비트가 결국에는 맨 오른쪽 비트 자리를 한 번씩 지나게 된다. 00000101을 예로 들어보자. 맨 오른쪽 비트가 1이므로 카운터에 1을 더하고 정수를 오른쪽으로 시프트 시키면 00000010이 만들어진다. 이번에는 맨 오른쪽 비트가 0이다. 다시 한 번 오른쪽으로 시프트 시키면 00000001이 만들어진다. 이번에는 최하위 비트가 1이므로 카운터에 1을 또 더한다. 세 번째 오른쪽으로 시프트 시키면 00000000이 된다. 정수의 값이 0이 되면 더 이상 1이 들어 있는 비트가 없는 것이므로 1의 개수를 세는 작업을 끝내도 된다. 이 예에서도 그랬듯이 1의 개수를 세기 위해 모든 비트를 확인하지 않아도 되는 경우가 많이 있기 때문에, 마스크를 바꿔가면서 각 비트를 확인하는 방법에 비해 더 효율이 좋을 것임은 분명하다. 이 알고리즘을 간단하게 정리하면 다음과 같다.

```
count = 0으로 시작
정수가 0이 아니면
    정수 AND 1 연산 결과가 1이면 count 값 증가
    정수를 한 비트 오른쪽으로 시프트
count 값 반환
```

마지막으로 이 코드의 오류 상황을 생각해보자. 양수인 경우, 음수인 경우, 0인 경우에 대해 각각 어떤 문제가 생길 수 있는지 알아보자. 주어진 정수가 0이면 1이 하나도 없다는 결과를 즉시 반환하기 때문에 아무 문제가 없다. 이제 음수가 들어오는 경우를 생각해보자. 부호 확장을 하는 경우에는 숫자를 오른쪽으로 시프트할 때 왼쪽에 새로 더해지는 비트가 0이 아니라 1이다. 따라서 어떤 언어를 쓰는지에 따라 풀이법이 달라진다. 부호가 없는 정수형을 지원한다면 (C, C++, C# 등) 값을 부호가 없는 정수형으로 읽어오면 된다. 부호가 없는 정수형을 지원하지 않는 언어에서는 부호 확장 없이 오른쪽으로 시프트하는 특별한 연산자(자바와 자바스크립트의 >>> 연산자)를 쓰면 된다. >>> 연산자를 쓰거나 부호가 없는 정수형을 쓰면 시프트 연산자에서 부호 확장을 하지 않으므로 새로 추가되는 비트는 무조건 0이다. 따라서 모든 자리 숫자가 결국은 전부 0이 되고, 그 수는 0이 된다. 마지막으로 양수가 주어지는 경우를 생각해보자. 이 경우는 앞에서 살펴본 샘플 케이스와 같기 때문에, 이 알고리즘이 제대로 작동할 것임을 알 수 있다.

이 알고리즘을 자바 코드로 옮겨보면 다음과 같다.

```
int numOnesInBinary( int number ) {
    int numOnes = 0;
    while ( number != 0 ){
        if ( ( number & 1 ) == 1 ){
            numOnes++;
        }
        number = number >>> 1;
    }
    return numOnes;
}
```

이 함수의 실행 시간은 어떻게 될까? 이 함수에서는 모든 1을 다 셀 때까지 while 반복문을 계속 돈다. 최선의 경우는 0이 주어지는 경우로 while 반복문을 한 번도 돌지 않아도 된다. 최악의 경우에는 실행 시간이 O(n)이 되며, 이때 n은 주어진 정수의 비트 수를 나타낸다.

비트 연산의 귀재가 아니라면 면접 시에 이 정도 답을 내놓는 정도로도 충분하다. 하지만 더 나은 풀이법도 있다. 어떤 수에서 1을 빼면 비트 수준에서 어떤 일이 일어나는지 생각해보자. 1을 빼면 가장 낮은 자리에 있는 1과 그보다 낮은 자리에 있는 모든 비트들이 뒤집힌다. 예를 들어, 01110000에서 1을 빼면 01101111이 된다.

주어진 정수와 그 정수에서 1을 뺀 정수에 대해 AND 연산을 수행하면 원래 정수와 똑같지만 맨 오른쪽에 있는 1이 0으로 바뀐 수가 만들어진다. 예를 들어, 01110000 AND (01110000−1) = 01110000 AND 0110111 = 01100000이 된다.

이렇게 만들어지는 수의 값이 0이 될 때까지 같은 작업을 반복하면 그 작업을 반복한 횟수가 바로 그 수에 들어 있는 1의 개수가 된다. 이 알고리즘을 정리해보면 다음과 같다.

```
count = 0에서 시작
정수가 0이 아닌 동안
    정수 AND (정수 - 1) 연산 처리
    count 값 증가시킴
count 값 반환
```

위 알고리즘을 코드로 옮기면 다음과 같다.

```
int numOnesInBinary( int number ){
    int numOnes = 0;
    while ( number != 0 ){
        number = number & (number - 1);
        numOnes++;
    }
    return numOnes;
}
```

이 풀이법의 실행 시간은 $O(m)$이며, 여기에서 m은 주어진 정수에 들어 있는 1의 개수다. 더 나은 풀이법도 있다. 그중에 비트 연산자로 연속으로 붙어 있는 두 비트 사이에서 비트 연산으로 1의 개수를 세고, 그다음에 네 비트, 여덟 비트 같은 식으로 비트 개수를 늘려가면서 1의 개수를 동시에 병렬적으로 세는 방법이다. 이 알고리즘은 $O(\log n)$ 알고리즘(여기서 n은 그 정수를 구성하는 비트 수)이다. 1957년에 나온 초창기 알고리즘 교과서인 『The Preparation of Programs for an Electronic Digital Computer』에 이 알고리즘의 한 버전이 소개되어 있다.

이 문제에 나와 있는 것 같은 연산을 보통 개수 세기population count라고 통칭한다. 개수 세기는 여러모로 응용이 가능한데, 특히 암호학 등에서 널리 쓰인다. 워낙 활용 범위가 넓기 때문에 요즘 나오는 프로세서에서는 한 명령으로 바로 개수 세기를 처리할 수 있는 하드웨어 기능을 제공하기도 한다. C/C++ 컴파일러에서도 확장 기능을 통해 이 명령을 액세스할 수 있는데, GNU 컴파일러 컬렉션에서는 __

builtin_popcount( )를, 마이크로소프트 Visual C++에서는 __popcnt( )를 쓰면 된다. 프로세서에서 지원만 한다면 개수 세기를 가장 빠르게 할 수 있는 방법이다.

그러나 여기 추가로 소개한 풀이법은 그냥 그런 게 있다는 것을 보여주기 위해 재미로 소개한 것일 뿐, 일반적인 면접에서는 첫 번째 풀이만으로도 충분히 좋은 평가를 받을 수 있을 것이다.

요약

비트 조작법 및 컴퓨터 그래픽스 관련 문제는 면접에 자주 등장하는 편이다. 그래픽스를 많이 다루는 자리에 지원하는 게 아닌 이상 그래픽스 쪽은 기초적인 수준의 문제만 나올 가능성이 높다. 모든 가능한 경우를 잘 따져보고, 부동소수점 수와 고정된 픽셀 위치를 서로 변환할 때 반올림에 주의하자. 비트 조작 문제는 그래픽스 문제보다 더 자주 나온다. 자기가 주로 하는 프로그래밍 유형에 따라 비트 연산을 잘 안 쓸 수도 있겠지만, 면접 전에 비트 연산자를 조금 만져보고 익숙해지도록 하자.

데이터 과학, 난수, 그리고 통계학

데이터 과학data science은 전산학, 소프트웨어 공학, 그리고 통계학의 교집합이라고 할 수 있는 비교적 새로운 융합 영역이다. 새로운 분야가 대체로 그렇듯이 데이터 과학이라는 용어의 정확한 의미는 사람마다 조금씩 다르게 생각할 수 있다. 프로그래밍은 통계학자보다 잘 알고, 통계학에 대해서는 프로그래머보다 더 잘 아는 사람을 데이터 과학자라고 부르기도 한다.

이런 역량을 갖춘 사람들에 대한 수요는 상당 부분 빅데이터big data로부터 유발되었다. 빅데이터도 그 정의가 불분명한 편인데, 여기에서는 전통적인 방법으로 분석하여 이해하기에 너무 큰 데이터의 모음을 빅데이터라고 부르겠다. 물론 너무 크다는 기준이나 전통적인 방법은 여전히 분명치 않다. 빅데이터가 가능해진 것은 데이터를 수집하기 위한 컴퓨터와 디지털 기기, 데이터를 모으고 움직이기 위한 네트워크, 데이터를 관리하기 위한 저장 공간이 점점 저렴하고 다양해졌기 때문이다.

데이터 분석은 전통적으로 통계학자의 일이었다. 요즘은 거의 모든 통계학자가 컴퓨터로 계산하지만 과거에는 소규모의 연구진이 그럭저럭 수집할 만한 규모의 데이터 집합에 관심이 집중돼 있었다. 보통 수십에서 수백 개 정도의 변수로 이루어진 수백, 많아야 수천 개 정도의 레코드라고 보면 된다. 이 정도 규모의 데이터는 스프레드시트 같은 반자동 기술만으로도 관리하고 정리할 수 있다. 하지만 데이터 집합이 그보다 몇 자릿수 규모로 늘어나면서 이런 기술만으로는 제대로 일을 할 수 없게 됐다. 빅데이터 스케일에서는 수동으로는 거의 아무것도 할 수 없기 때문에 데이터 정돈과 로딩 작업을 전부 스크립트로 처리해야 한다. 소규모 데이터 집합에서는 별 문제가 되지 않았던 알고리즘 성능이 빅데이터에서는 아주 중요해졌고, 그럭저럭 성능을 발휘하기 위해서는 분산 컴퓨팅이 필요할 수도 있다. 고전적인 교육만 받은 통계학자들은 이런 작업을 효과적으로 수행하기 위한 역량을 갖추지 못할 수도 있다.

한편 전산학자나 소프트웨어 공학자에 대한 교육은 전통적으로 결정론적 이산수학 쪽으로만 집중되어 있었기 때문에 확률이나 통계에 대한 교육은 미흡하다. 그 결과로 전통적인 교육만 받은 프로그래머는 빅데이터를 다룰 수 있는 역량은 있지만, 그 데이터를 적절하고 의미 있게 분석할 수 있는 통계학 역량은 부족할 수 있다.

데이터 과학자는 통계학과 컴퓨팅 양쪽의 전문성을 가지고 그 빈틈을 이어주는 역할을 한다. 데이터 과학이 별도의 한 분야로 발달함에 따라 통계학과 전산학의 개념이 서로 맞물려서 탄생한 기술이 개발되었다. 이런 추세는 인공지능의 르네상스를 이끈 기계학습 기술의 폭발적인 개발과 응용에서 확인할 수 있다.

이상적인 데이터 과학자라면 통계학과 프로그래밍에 모두 능통해야 한다. 데이터 과학자를 위한 학위나 훈련 프로그램이 개발되면서 점점 그런 사람이 많아질 것이다. 지금은 데이터 과학 분야에서 일하는 사람 중 대부분이 자신의 전문 분야를 마친 후 재훈련을 통해 데이터 과학을 익힌 상태이며, 기존 전공 분야에 대한 지식이 상대적으로 더 풍부하다. 데이터 과학자 중에는 프로그래밍을 배운 통계학자와 통계학을 배운 프로그래머가 가장 많다.

이 책의 독자는 대부분 프로그래머일 것이다. 제대로 된 데이터 과학자가 되기 위해 필요한 통계학 배경지식과 역량을 모두 다루려면 별도로 책 한 권이 필요할 것이므로 여기에서 굳이 모든 내용을 다루지는 않겠다. 몇 가지 핵심적인 기본 개념만 짚고 넘어가겠다. 데이터 과학자가 아닌 프로그래머라면 데이터 과학이 내가 관심을 가져볼 만한 분야인지 알아보기 위한 맛보기 정도로 생각해도 된다. 프로그래밍이 본업이지만 데이터 과학과 데이터 분석도 약간은 필요한 자리에 지원한다면 면접에서 여기에 나오는 정도의 문제를 풀게 될 수도 있다. 반면에 전문적인 데이터 과학자 자리에 지원해서 면접을 볼 예정이라면 통계학이나 기계학습과 관련하여 이번 장에서 소개하는 것보다 훨씬 높은 수준의 질문에 답할 준비를 해야 할 것이다. 어느 쪽이든 데이터 과학자가 되고 싶다면 확실히 알아야 할 만한 기본적인 개념을 훑어보는 데 이번 장이 유용할 것이라고 생각한다.

확률과 통계

어떤 사건^{event}의 확률^{probability}은 그 사건이 일어날 가능성이다. 확률은 0(사건이 절대 일어나지 않음) 이상 1(사건이 반드시 일어남) 이하의 값을 가진다. 확률이 알려지지 않았을 때, 또는 확률을 변수로 쓸 때는 보통 p로 표시한다. 경우에 따라 어떤 사건의 가능한 결과의 범위와 상대적인 가능성을 따져서 분석적으로 확률을 구할 수도 있다. 예를 들어 여섯 가지 결과가 동등하게 나올 수 있는 정육면체 주사위를 한 번 던지면 모든 수가 1/6 확률로 나올 수 있다. 충분히 많은 횟수를 반복적으로 시행하여 사건의 결과를 측정함으로써 경험적으로 확률을 추정해야 하는 경우도 있다. 이를테면 야구에서 선수의 평균 타율은 타석에서 안타를 칠 가능성에 대한 경험적인 추정치다.

지금까지 논의한 내용에서 결과는 모두 이산적^{discrete}이다. 고정된, 셀 수 있는 수의 결과가 나올 수 있다는 뜻이다. 주사위를 던졌을 때 나올 수 있는 결과는 여섯 개뿐이고, 타자는 타석에서 안타를 치거나 못 치는 결과만을 얻을 수 있다. 하지만 결과가 연속적일 수도 있다. 어떤 사람이 성인이 되었을 때의 키는 연속적이다. 이런 사건에서도 확률은 중요한 역할을 한다. 어떤 어른의 키가 240cm나 124cm일 확률에 비하면 175cm일 확률이 훨씬 높다. 키의 값에 제한이 없고 키가 정말 완벽하게 똑같은 사람은 없기 때문에 특정 키의 확률을 따지는 일은 무의미하다. 대신 어떤 결과의 상대적인 가능성 또는 확률은 확률 밀도 함수^{probability density function}에 따라 정해진다. 확률 밀도의 분포는 (함수의 형태에 따라 결정되는) 함수 그래프의 모양에 따라 정의된다.

나올 수 있는 결과의 상대적인 가능성을 나타내는 것이 바로 분포^{distribution}다. [그림 15-1]에 그린 것과 같은 균일 분포^{uniform distribution}에서는 최솟값과 최댓값 사이의 모든 결과의 확률이 모두 똑같다. 키같이 자연에서 측정되는 값은 종종 (또는 거의 항상) [그림 15-2]에 있는 것과 같은 가우시안 분포^{Gaussian distribution}를 따르는데, 종을 자른 단면처럼 생겼다고 해서 종형 곡선^{bell curve}이라고 부르기도 한다. 가우시안 분포는 워낙 많이 쓰이기 때문에 정규분포^{normal distribution}라고도 부른다.

분포도 이산적일 수 있다. 고전적인 예로 동전을 주어진 횟수만큼 던졌을 때 앞면이 나오는 총 횟수를 들 수 있다. 동전을 n번 던진다면 앞면이 나오는 총 횟수는 0이상 n 범위에 있을 것이고, 각 값의 확률은 이항분포^binomial distribution로 정의된다. 어떤 이항분포에서 나올 수 있는 결과의 개수가 충분히 커지면 연속분포로 근사하는 쪽이 더 편하면서도 정확도에는 큰 차이가 없게 된다. 예를 들어, 동전 던지기의 경우 n이 대략 20을 넘어가면 가우시안 분포로 이항분포를 훌륭하게 근사할 수 있다.

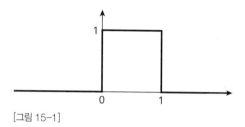

[그림 15-1]

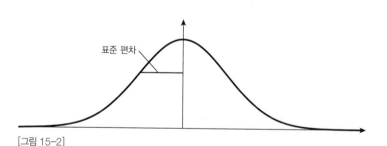

[그림 15-2]

분포의 두 가지 핵심 매개변수로 그 분포 가운데에 있는 값을 나타내는 평균^mean과 분포의 너비를 나타내는 분산^variance을 들 수 있다. 분산의 제곱근을 표준편차^standard deviation라고 한다.

기술 통계와 추론 통계

기술 통계^descriptive statistics에서는 데이터 집합의 특성을 요약하는 일을 한다. 평균, 중앙값^median, 표준편차 등을 구하는 일이다. 어떤 데이터 집합이 모든 가능한 항목이 들어 있는 완전한 표본이라면 그에 대한 통계치는 하나의 값으로 정해지고 불확실성은 없다. 어떤 회사에 있는 모든 직원의 키를 모은 데이터 집합을 생각할 수 있다. 그 데이터 집합으로부터 회사에 있는 직원의 평균 키를 계산할 수 있다. 이 작업은 몇 번 반복하든 그 값이 똑같다. 완전한 표본에 대한 통계를 모집단population 통계라고 부르고, 회사 전 직원의 평균 키는 모평균population mean에 해당한다.

데이터 집합에 들어갈 수 있는 모든 가능한 값을 구하기가 어렵거나 불가능하기 때문에 표본sample은 대부분 불완전하다(즉 모집단의 부분집합이다). 전체 모집단으로부터 뽑아낸, 편향성 없이 임의로 선택한 값의 집합을 대표표본representative sample이라고 부른다. 표본의 바탕이 되는 모집단을 이해하기 위해 표본에 대한 통계를 수행하는 것을 추론 통계inferential statistics라고 부른다. 대표표본에 대해 계산한 통계치를 모집단 통계의 추정치라고 부른다. 이런 추정치에는 항상 그와 연관된 불확실성이 따른다. 직원의 키 문제로 돌아가서, 큰 회사에서 모든 직원에 대한 전체 데이터가 없다면 임의로 직원 100명을 표본으로 뽑아서 키에 대한 정보를 수집할 수 있다. 그런 표본으로부터 계산한 평균은 전체 직원의 키의 평균(모평균)에 대한 추정치를 구할 수 있다. 다시 임의로 추출한 표본에 대해 이 과정을 반복하면 매번 조금씩 다른 값이 나올 것이다. 표본에 따라 거기에 속한 사람들이 달라지기 때문이다. 각각의 평균 추정치들은 서로 비슷하긴 하겠지만 모평균의 값과 완전히 같지는 않을 것이다.

신뢰 구간

표본 통계의 불확실성은 표본의 원소 수(원소 수가 많을수록 불확실성 감소)와 측정하는 항목의 분산(분산이 클수록 불확실성도 증가)에 따라 달라진다. 추정치의 불확실성을 말할 때 95% 신뢰 구간이라는 표현이 흔히 나온다. 95% 신뢰 구간confidence interval은 '표본을 구축하고 그것을 이용하여 구간을 계산하는 절차를 여러 번 반복했을 때 그 구간의 95%가 모집단 통계를 포함하는 구간'으로 정의된다. 따라서 직원의 키 데이터에 대해 1000개의 서로 다른 표본을 취했다면, 각각의 평균값과 각 표본의 95% 신뢰 구간은 조금씩 다를 것이고, 이 구간 중 약 950 개 안에 모집단의 평균 키(전체 직원의 키 데이터로부터 구한 평균값)가 포함될 것이다.

통계 검정

표본으로부터 뽑아낸 추정치를 특정한 값(단일표본 검정) 또는 다른 표본으로부터 얻은 추정치(다중표본 검정)와 비교할 때는 통계 검정statistical test을 이용한다. 거의 모든 검정은 귀무가설null hypothesis이라는 개념을 중심으로 만들어져 있다. 귀무가설이란 비교할 모집단 통계에 차이가 없다는 가설이다. 통계 검정의 결과는 p 값으로 주어진다. p 값은 귀무가설이 참이고 실제로 아무 차이가 없을 때 임의 표본 추출로 인해 관찰된 차이(또는 그 이상의 차이)가 나타날 가능성이다. 따라서 p 값이 작을수록 표본 추정치를 바탕으로 했을 때 관찰된 차이가 우연히 나타났을 가능성은 작아지고, 모집단 통계에 실제 차이가 있을 가능성은 커진다.

전통적으로 어떤 차이가 '진짜'라고 얘기할 때는 p < 0.05 정도를 기준으로 잡는다. p 값이 0.05라는 문턱값threshold value보다 작으면 보통 '통계적으로 유의미한' 것으로 인정된다. 0.05라는 문턱값을 거의 마술처럼 중요하게 여기는 분위기가 만연하지만, 이 값은 사실 임의로 선택된 값이다. 통계를 제대로 적용하고 싶다면 평범한 문턱값을 맹목적으로 적용하기보다는 검정 대상 정보의 불확실성을 어느 정도까지 허용해도 될지 생각해볼 필요가 있다.

p 값이 작을수록 실제와 차이가 있을 가능성은 커지지만, p 값이 크다고 해서 차이가 없을 가능성이 반드시 커지는 것은 아니다. 작은 p 값은 차이가 있을 가능성의 증거는 되지만, 차이가 있다는 증거가 없다는 사실이 차이가 없음에 대한 증거가 되는 것은 아니기 때문이다. 차이가 있는 경우에 검정을 통해 차이를 식별할 가능성을 통계적 검증력statistical power이라고 하는데, 어떤 검정에서 얻은 p 값이 통계적 검증력에 대한 정보를 제공해주는 것은 아니다. 검정에서 통계적으로 유의한 차이를 파악하지 못한다는 것은 주어진 크기 이상의 차이가 없음을 뒷받침하는 것으로 해석할 수 있다. 이는 그 검정으로 주어진 크기의 차이를 감지할 수 있

는 통계적 검증력에 대한 정보의 맥락 안에서만 의미가 있다. 표본 크기가 커질수록 통계적 검증력도 커진다.

구체적인 예를 통해 이 원리를 알아보자. 회사 직원 중 남자와 여자의 평균 키에 차이가 있는지 따져보는 상황을 가정하자. 우선 남녀 각각 하나씩, 두 개의 대표 표본을 바탕으로 평균 키의 추정치를 구하는 것부터 시작한다. 여기에서는 널리 쓰이는 통계 검정법인 스튜던트 t 검정Student's t-test을 써보기로 한다. 스튜던트 t 검정은 평균의 추정치를 비교하는 검정 방법이다. 많은 남자와 여자의 표본을 모아서 평균 키의 추정치가 13cm만큼 차이가 났다고 해보자. t 검정을 적용했더니 p 값이 0.01로 나왔다. 회사에 있는 여자와 남자의 평균 키 사이에 통계적으로 유의한 차이가 있다는 결론을 내릴 수 있을 것이다. 남자와 여자의 모평균이 실제로 똑같은데 두 표본의 평균 키가 13cm(또는 그 이상)일 가능성은 1%이기 때문에 이런 결론에 대해 확신을 가질 만하다. 조금 더 작은 표본을 모았을 때 남녀 평균 키 사이에 15cm만큼 차이가 나고, t 검정으로 얻은 p 값이 0.30이었다고 하자. 관측된 차이가 표본 크기가 작아서 발생했을 가능성이 30%로 비교적 높기 때문에 이 데이터로 평균 키에 차이가 있다는 결론을 내리는 것이 합당하지 않을 수 있다. 또한 표본 크기가 작아서 그 검정이 차이를 파악하기에 충분하지 않았다고 가정한다면, 이 결과로부터 남자와 여자 사이의 평균 키가 같다는 결론을 내리는 것도 합당하지 않다. 이런 경우에는 이 통계 검정으로부터 어떤 유용한 결론도 합당하게 뽑아낼 수 없다.

모든 통계 검정은 데이터 표본에 적용할 가정을 바탕으로 한다. 예를 들어, t 검정에서는 표본 데이터를 가우시안 분포를 따르는 모집단으로부터 뽑아냈다는 가정이 깔린다. 표본 데이터를 뽑아낸 분포에 대한 가정이 깔린 검정을 모수적 통계parametric statistics, 이런 가정을 하지 않는 검정을 비모수적 통계nonparametric statistics라고 부른다. 역사적으로 보면 표본 크기가 같을 때(특히 표본 크기가 비교적 작을 때)는 모수적 통계가 동등한 비모수적 통계의 통계적 검증력이 더 좋고, 계산하기도 수월한 편이다. 요즘은 계산을 손으로 하지도 않고, 표본 데이터 집합의 크기가 크면 검증력 차이도 무시할 만큼 작기 때문에 이런 장점은 그다지 중요하지 않다.

각각의 통계 검정과 절차의 밑바탕에 있는 가정을 이해하고, 그런 가정이 위배되는지 여부를 결정짓는 방법을 알고, 이러한 지식을 최선의 통계를 선택하는 데 활용하는 것이 바로 통계적 전문성의 핵심 요소다. 통계 소프트웨어를 사용하여 어떤 데이터 집합에 대해 검정을 적용하는 일은 누구나 할 수 있다. 검정의 가정이 위배되었든 아니든 결과야 나오겠지만 가정이 참이 아니라면 그 결과는 의미가 없다. 확실히 의미가 있는 결과인지 판단할 수 있는 사람, 그 결과를 유용하게 해석할 수 있는 사람이야말로 좋은 통계학자, 데이터 과학자라고 할 수 있다.

인공지능과 기계학습

컴퓨터를 이용하여 단순히 계산만 하는 것이 아닌, 인간의 지능이 필요한 문제를 해결하는 것과 관련된 분야를 인공지능$^{Artificial\ Intelligence,\ AI}$이라고 부른다. 지능이라는 용어를 정확하게 정의하는 게 쉽지는 않다. 단순 계산과 지능을 구분 짓는 것도 주관적일 수 있어서 딱 부러지게 나누기 어렵다. 어디까지가 인공지능인지 대해서는 이견은 있지만 책을 쓰는 작업 등 지금 컴퓨터가 독자적, 효과적으로 달성할 수는 없지만 인간이 컴퓨터를 이용하여 성취할 수 있는 다양한 작업에 대해서는 일반적인 공감대가 형성되어 있다. 그런 작업과 문제에 대한 컴퓨터 자율에 의한 해결책이 바로 인공지능의 영역에 속하는 것이라고 할 수 있다.

인공지능 분야는 그동안 획기적인 결과로 인해 기대감이 한껏 올라갔다가 기대에 미치지 못하는 성과 때문에 많은 이들이 실망하며 오르락내리락하는 과정을 겪어왔다. 그 원대한 목표를 달성하지 못하고 실망을 안겨주는 일이 여러 번 반복되었지만 인공지능은 수십 년에 걸쳐서 상당한 진보를 이루어냈다. 인공지능이 계속해서 달성할 수 없는 목표인 것처럼 보인 이유는 어디까지가 계산이고 어디부터가 인공지능인지에 대한 공감대가 계속해서 바뀌었기 때문이다. 한때 인공지능의 목표로 여겨졌던 문자인식, 체스나 바둑 같은 게임, 음성인식, 영상 분류 같은 기술은 지금은 상당 부분 성공했다. 사람들이 이런 기술을 컴퓨터로 구현하는 데 익숙해지다 보니 그런 부분을 더는 지능이 필요한 일이라고 생각하지 않게 되었다.

인공지능의 복잡한 역사를 아주 간단하게 정리해보면, 인공지능 초기에는 지식을 컴퓨터에 알맞은 형식으로 표현하고 형식논리와 추론을 이용하여 의사결정하고 지능을 보여주는 데 초점이 맞춰졌다. 이런 접근법은 일부 영역에서는 상당히 성공적이었지만, 지저분하고 파편적이고 일관성이 떨어지는 실전 데이터를 처리하는 데 있어서는 종종 실패를 겪었다. 최근에 두드러진 인공지능의 성과와 폭발적인 인기는 대부분 기계학습$^{machine\ learning}$ 접근법을 기반으로 한 것이다. 기계학습은 인공지능이 탄생하던 시절부터 있었지만 최근 들어 지금까지 인공지능 접근법으로는 풀 수 없었던 문제를 해결하는 데 상당한 성공을 거두고 있다.

기계학습은 인간이 직접 코딩한 방법이 아닌 데이터로부터 직접 배운 것을 바탕으로 지능을 구축하는 (분류나 예측을 할 수 있는) 기법이다. 기계학습은 통계학에 그 뿌리를 두고 있다. 예를 들어 회귀^{regression}(데이터에 맞는 직선 또는 곡선을 구하는 방법)는 가장 기본적인 통계학적 기술이면서 동시에 단순한 형식의 기계학습으로 간주한다. 기계학습에서 프로그래머는 모형의 구조, 입력 데이터와 상호작용하는 방법, 학습을 수행하는 방법을 정의하는 코드를 작성하지만 모형의 지능과 지식은 모형이 훈련 데이터로부터 학습하는 조절 가능한 매개변수 형태로 주어진다. 기계학습은 지도학습$^{supervised\ learning}$과 자율학습$^{unsupervised\ learning}$으로 나눌 수 있다. 지도학습에서는 입력 데이터의 각 항목이 특정 출력값과 연관되며 입력을 바탕으로 주어진 출력을 만들어내는 방법을 학습하는 것을 목표로 한다. 자율학습에서는 입력된 값 사이의 공통성을 나타내는 출력을 만들기 위해 학습하는 것을 목표로 한다.

기계 학습은 다양한 기술군을 아우르는데 그중 상당수는 신경망에 초점을 둔다. 신경망$^{neural\ network}$의 처리 과정은 인간 두뇌에 있는 뉴런의 기능을 모형으로 삼는 여러 단위의 계층 사이의 연결 안에서 이루어지며 지식도 그러한 연결로 표현된다. 신경망 자체는 그 역사가 상당히 오래 됐다. 가장 최근에 등장한 신경망 기법을 딥러닝$^{deep\ learning}$이라고 부른다. 딥러닝은 네트워크를 구성하는 계층의 수가 크게 늘어났다는 점에서 이전의 신경망과 차별화된다. 딥러닝이 성공할 수 있었던 요인으로는 몇 가지를 들 수 있는데, 그중 하나는 인터넷과 저렴한 저장 공간의 개발로 딥러닝 네트워크를 훈련할 수 있을 만한 대규모 데이터 집합을 모으는 게 가능해졌기 때문이다. 또 다른 하나는 컴퓨터 성능이 발전한 것인데, 특히 GPU 연산 능력이 발전하면서 대규모 데이터 집합에 대한 대형 네트워크를 쓸 만한 시간 안에 훈련할 수 있게 되었기 때문이다.

기계학습 절차는 표본 데이터 집합을 구하는 것부터 시작된다. 이 데이터 집합은 나중에 모형을 적용할 데이터를 대표할 만한 것이어야 한다. 훈련 데이터에 포함되지 않은 것으로는 모형을 훈련할 수 없기 때문이다.

이런 데이터에 대해서는 전처리가 필요하다. 예전부터 특성 엔지니어링feature engineering을 바탕으로 상당한 전처리를 수행했는데, 특성 엔지니어링이란 데이터 과학자가 설계한 알고리즘을 바탕으로 데이터로부터 관심 대상의 요약 매개변수를 뽑아내는 과정이다. 이런 특성으로부터 추출한 값은 기계학습 모형에 대한 입력값이 된다. 딥러닝에서는 보통 표현학습representation learning, feature learning을 사용한다. 표현학습은 특성을 직접적으로 코드로 집어넣는 방식이 아니라 데이터로부터 학습해서 구하는 방식이다. 표현학습은 음성이나 영상 같은 자연적인 데이터를 처리할 때 특히 더 효과가 좋았는데, 이런 데이터에 대해서는 일일이 손으로 처리하는 특성 엔지니어링이 아주 까다롭다. 표현학습에서는 보통 전처리를 최소한으로 하는 편이다. 예를 들어, 영상 데이터 집합에 대해서는 데이터 집합에 들어가는 각 영상의 픽셀 차원과 평균 밝기가 같도록 맞추는 전처리를 하게 된다. 이렇게 전처리한 각 영상의 픽셀 값이 기계학습 모형의 입력값이 된다.

데이터 집합은 보통 훈련 집합training set과 시험 집합test set으로 나뉜다. 모형을 훈련시킬 때는 훈련 집합에 있는 데이터만 사용하고 시험 집합은 따로 남겨둔다. 기계학습 알고리즘에서는 대부분 훈련 집합을 검사하는 반복적인 절차를 통해 학습한다. 이상적인 조건에서 모형의 성능은 수렴할 때까지 각 훈련 단계를 거듭할 때마다 좋아진다. 수렴한다는 것은 주어진 모형과 훈련 데이터 집합에서 가능한 이론적인 최대 성능에 점근적으로 가까워진다는 것을 뜻한다. 딥러닝을 포함한 몇몇 기계학습 기법에서 데이터 집합을 세 부분으로 나누곤 한다. 훈련 집합과 시험 집합 외에 검증 집합^{validation set}을 만들고 그 데이터 집합을 가지고 모형 훈련의 진척도를 파악하는 식이다. 데이터로부터 학습해서 구하는 매개변수 외에 모형의 구조(예: 계층별 뉴런의 수)나 모형이 학습하는 양상을 제어하기 위한 값과 같은 것을 수동으로 조절할 수 있는 모형이 많이 있는데 수동으로 조절할 수 있는 것을 초매개변수^{hyperparameter}라고 부른다. 이렇게 수렴되고 나면 모형을 시험 집합에 돌려서 실전 데이터에 대한 성능 기댓값을 추정한다. 모형은 대체로 훈련 시에 직접 노출되었던 데이터에 대해 뛰어난 성능을 발휘하기 때문에 시험 집합에서 추정한 성능 수치가 편향되지 않도록 시험 집합을 훈련 집합과 확실히 분리해야만 한다.

난수 생성기

난수는 실제 데이터를 사용하거나 시뮬레이션하는 분야에서 광범위하게 필수적으로 응용된다. 통계 분석에서는 편향되지 않은 대표 표본을 구축하기 위한 용도로 쓰인다. 임의 표집^{random sampling}은 여러 기계학습 알고리즘에서도 핵심이 된다. 게임이나 시뮬레이션에서도 시나리오를 다양하게 운영한다든가 사람이 직접 조작하지 않는 NPC의 인공지능을 제어하기 위한 용도로 난수를 많이 사용한다.

면접에 나오는 난수 생성 문제에서는 통계학 같은 수학적인 개념을 컴퓨터 코드와 결합하는 식으로 많이 나온다. 이렇게 하면 분석 역량과 코딩 능력을 동시에 평가할 수 있다.

난수 생성기는 거의 모든 언어와 표준 라이브러리에서 제공한다. 이 기능은 좀 더 엄밀하게는 유사난수^{pseudorandom number} 생성기라고도 부른다. 유사난수 생성기에서는 실제 난수 수열과 여러 면에서 비슷한 수열을 만들어내지만, 하나 또는 그 이상의 초기 씨앗값^{seed value}에서 시작되는 결정론적인 계산을 사용하는 알고리즘을 쓴다. 알고리즘이 결정론적이기 때문에 특정 알고리즘을 똑같은 씨앗으로 시작하면 항상 똑같은 난수의 수열이 만들어진다. 유사난수 생성기로부터 만들어낸 수열이 충분히 길게 주어진다면 수열의 다음 수를 예측할 수도 있다.

진짜 난수 수열, 즉 다음 수를 절대 예측할 수 없는 비결정론적인 수열을 표준적인 CPU에서 돌아가는 알고리즘으로 만들어내는 것은 불가능하다. 진짜 난수 수열은 방사성 붕괴나 열로 인한 잡음, 우주배경복사Cosmic Microwave Background Radiation같이 원래 임의로 발생하는 물리적인 현상을 측정하는 식으로만 만들어낼 수 있다. 이런 현상을 직접 측정하려면 범용 컴퓨터에서는 거의 찾아볼 수 없는 특별한 하드웨어가 필요하다. 응용 분야에 따라 (특히 암호학) 진짜 난수의 특징인 예측 불가성이 꼭 필요할 수 있기 때문에 많은 운영체제에 컴퓨터에 있는 하드 디스크 드라이브, 키보드, 마우스 같은 하드웨어로부터 타이밍을 측정하는 데서 발생하는 임의성을 활용하는 난수 생성기가 포함되어 있다.

하드웨어를 바탕으로 하는 난수 생성 방법으로 유사난수 생성기의 결정론적인 예측 가능성 문제를 회피할 수 있지만, 하드웨어 난수 생성기는 유사난수 생성기에 비해 훨씬 느리다. 예측 불가능한 난수가 대규모로 필요할 때는 주기적으로 하드웨어에서 가져온 진짜 난수를 씨앗 값으로 하여 유사난수 생성기를 새로 돌리는 방식을 사용하기도 한다. 용도에 따라 씨앗값을 정하는 방식이 달라질 수도 있다. 예를 들어 시스템 시각을 바탕으로 난수 생성기의 씨앗값을 결정하는 방법은 암호학 분야에서 외부 공격을 막아내는 용도로는 부족하지만, 매번 게임 진행을 바꿔서 게임을 재미있게 만드는 용도로는 충분하다. 디버깅할 때는 버그 재현성을 높이기 위해 매번 실행할 때 일부러 같은 씨앗값을 쓰기도 한다. 라이브러리에서는 대부분 유사난수 생성기에 적당한 방법으로 씨앗값을 넣어주기 때문에 면접 시에는 난수 생성기에 이미 씨앗값이 입력되어 있다고 가정해도 무방하다.

대부분의 난수 생성기에서는 [그림 15-1]에 나온 것과 같은 표준 연속균등분포 standard uniform distribution를 따르는 난수 수열을 만들어낸다. 즉 0과 1 사이에서 임의의 값을 리턴하며, 0과 1 사이의 어떤 값이든 리턴될 확률이 같다. 이때 리턴되는 값은 0 이상 1 미만으로, 0은 포함되고 1은 포함되지 않는다. 보통은 0 이상 n 이하의 정수 난수를 만드는 경우가 많다. 이런 경우에는 난수 생성기에서 리턴된 값에 n+1을 곱한 다음 그 값을 내림하여 정수 부분만 취하면 된다.

데이터 과학, 난수, 통계 문제

수학, 통계학, 기계 학습에 대한 이해와 코딩 지식을 결합시켜야 풀 수 있는 문제들이다.

재현할 수 없는 결과

기계학습을 이용하여 게임에서 사용자의 부정행위를 감지하기 위한 모형을 개발하는 중이다. 한 모형의 100가지 변종을 훈련했다. 특정 시험 집합으로 각각 훈련된 모형의 성능을 평가하기 위한 통계 검정을 수행했다. 그 결과 100가지 중 네 모형이 임의 추측에 비해 통계적으로 유의하게 나은 감지 성능을 보였으며, p 값은 0.02~0.04 범위에 속했다. 그러나 이 모형을 실전에 적용한 결과는 엉망이었고 임의로 찍는 것보다 딱히 부정행위 감지 면에서 낫지 않았다. 무엇이 문제였을지 설명하라.

여기에서 잘못됐을 것으로 의심할 만한 부분은 매우 다양하다. 이를테면 훈련 집합과 시험 집합이 실제 데이터를 제대로 반영하지 못했을 가능성 같은 것을 생각할 수 있다. 실제 적용 시에 모형을 구현하는 방법이 잘못됐을 수도 있고, 데이터를 모형에 집어넣기 전에 처리하는 방법이 달랐을 수도 있다. 엄청나게 많은 가능성을 생각할 수 있겠지만 문제에 주어진 정보에만 집중하여 진짜 잘못된 부분을 파악해보자.

주어진 정보는 대부분 모형의 성능을 통계적으로 검정하는 데 집중되어 있다. 시험 대상 모형 100개 중 네 개가 임의 추측에 비해 유의미하게 나은 성능을 보였다고 한다. 즉 대부분이라고 할 수 있는 나머지 96개의 모형은 임의 추측에 비해 일반적인 유의성의 문턱을 넘을 수 있을 만큼 낮지 않았다는 뜻이다. 만약 100개의 모형이 모두 임의 추측과 구분할 수 없었다면 그 결과는 어떠했을까?

통계학 용어로 표현하자면 각 모형에 대하여 귀무가설이 참이었다고 가정해보는 것이다. 귀무가설이 참이라면 p 값은 검정에서 관측한 차이(여기에서는 모형의 성능)가 우연히 발생했을 가능성을 나타낸다는 것을 p 값의 정의로부터 알고 있다. 즉 p 값이 0.05 정도라면 단지 우연으로 인해 모형이 제 성능을 발휘한 것처럼 보였을 가능성이 20분의 1 정도라는 뜻이다.

스무 번에 한 번 꼴이라면 꽤 작은 확률이다. 제대로 작동하는 모형이 실제로 별 쓸모 없을 가능성이 그 정도라면, 그런 결과가 단순히 운이 안 좋아서 나오는 것도 불가능지는 않을 것이다(다만 그 가능성은 매우 낮을 것이다). 하지만 지금 주어진 시나리오에서 우연히 (임의로 추측하는 것과 마찬가지인) 안 좋은 모형을 선택할 가능성이 실제로 그렇게 낮을까?

문제에서 100개의 모형 각각을 실행시킨 결과에 대해 통계 검정을 수행했다고 나와 있다. 이는 100개의 모형 각각이 실제로는 그렇지 않더라도 통계적으로 유의한 성능을 발휘하는 것으로 판단될 가능성이 20분의 1이라는 것을 뜻한다. 모형 100개를 시험하고 있기 때문에 사실은 100개의 모형이 전부 쓸모없어도 그중 다섯 개 정도는 p 값이 0.05 미만으로 제대로 작동하는 것처럼 보일 것으로 기대할 수 있다. (이때 모든 모형의 성능이 각각 다른 모든 모형과 독립적이라는 가정이 깔려 있다. 모형 사이에 유사성이 있거나 똑같은 데이터로 훈련했다면 이 가정이 틀릴 수도 있지만, 일차적으로는 이렇게 가정하는 것이 전혀 말이 안 되는 건 아니다.) 이것이야말로 문제에서 주어진 시나리오의 핵심이며, 이러한 이해를 바탕으로 통계 검정과 문제에서 주어진 모형의 실전 성능 사이의 모순을 해결할 수 있다.

이런 문제는 다중 검정 문제multiple testing problem의 한 예로 볼 수 있다. 간단하게 말하면 더 많은 것을 살펴보고 검정할수록 시험 대상 중 하나 이상이 임의 선택으로 인해 유의미하게 보일 가능성이 높아진다는 것이다. 조금 더 구체적으로 예를 들어보자. 누군가가 주사위 두 개를 굴려서 둘 다 6이 나오게 만들 수 있다고 주장했을 때 한 번에 성공하면 깜짝 놀랄 것이다. 하지만 50번 굴렸는데 그중 두어 번 정도 둘 다 6이 나왔다면 (당연히 예상할 수 있는 일이므로) 별로 놀라지 않을 것이다.

한 번 시행으로 얻은 결과를 우연히 발생한 유의미한 결과로 잘못 받아들이는 문제가 아니라, 일련의 시험에서 우연히 일어난 결과를 유의미한 것으로 잘못 인식하는 문제를 따진다면 그 유의성을 결정할 때 p 값에 대해 다중 검정 수정multiple testing correction을 적용해야만 한다. 이런 부류로 가장 흔히, 그리고 널리 알려진 것으로 본페로니 수정Bonferroni correction이 있다. 이 수정에서는 p 값의 문턱값을 검정 수행 횟수로 나누고, 이렇게 수정된 문턱값보다 낮은 p 값만 유의미한 것으로 간주한다. 이 문제의 경우라면 수정된 문턱값은 0.05/100 = 0.0005다. 시험 대상 모형 중 임의로 찍은 것과 비교하여 p 값이 0.0005보다 작은 성능을 보이는 것은 없으므로 임의 추정 대비 통계적으로 유의미한 차이를 보이는 것은 하나도 없는 셈이다. 본페로니 수정은 매우 보수적이다. 실수로 유의미한 차이를 보인다는 평가를 하지 않는 쪽으로 강하게 치우쳐 있기 때문에 진짜 차이가 있어도 그렇지 않다는 결론을 내리기 십상이다. 특히 여러 검정이 서로 독립적이지 않은 경우에 더욱더 그렇다. 덜 보수적이고, 일반적으로 더 복잡한 다른 수정 방법이 있지만 그런 방법은 이 책에서 다룰 만한 내용은 아니다.

보통 유의성에 대한 문턱을 넘긴 몇 안 되는 시험에 대한 결과가 무의미한 시험의 결과와 맥락의 차이 없이 제시되는 경우가 많기 때문에 다중 검정 문제를 간파하는 건 쉽지 않은 일이다. 예를 들어, 여기에서 주어진 문제의 핵심은 100개의 모형을 시험했다는 점은 아는 데 있다. 검정에서 좋은 결과를 보인 모형 네 개에 대해서만 알려주고 검정을 통과하지 못한 96개에 관해서는 말하지 않았다고 가정해보자. 그러면 그 네 모형을 실전에 적용한 결과가 나쁜 이유를 파악하기가 훨씬 어려웠을 것이다. 이렇게 일부 유의미하게 나온 결과만 보여주고 다수의 무의미한 결과가 있었다는 점을 제대로 알리지 않는 것을 데이터 낚시질data fishing, 데이터 준설data dredging, p 해킹p-hacking이라고 부른다.

더 많이 공부할수록 더 모르겠다

면접 문제

게임 속 부정행위를 잡아내기 위한 기계학습 모형을 개발하라는 임무가 주어졌다. 이 모형을 꽤 괜찮아 보이는 방법으로 변형시켰다. 하지만 모형을 훈련하다 보니 훈련 데이터 집합에 대한 성능은 계속 개선되는 것 같은데 검증을 위한 데이터 집합에 대한 성능은 계속해서 나빠지기만 한다. 도대체 무슨 일이 일어나는 걸까? 그리고 이 문제를 어떻게 해결할 수 있을까?

이상적으로 보자면 훈련 집합에 대한 성능이 향상된다면 검증 데이터 집합에 대한 성능도 향상되어야만 한다. 이렇게 바람직한 결과가 나타날 수 있는 이유는 훈련 데이터와 검증 데이터가 모두 입력 데이터와 출력 데이터 사이의 관계에 대한 대표적인 예를 포함하고 있고, 모형이 그러한 관계를 학습하고 있기 때문이다. 그 두 집합에 대한 성능이 서로 멀어지고 있다면 모형이 그 두 데이터 집합 사이에 다른 뭔가를 배워가고 있기 때문이다. 두 데이터 집합이 모두 같은 모집단 데이터에 대한 대표 표본이라고 가정한다면, 두 데이터 집합 사이의 차이는 어떤 특정 데이터 항목이 어느 집합에 들어가는지에 달려 있다. 그렇다면 논리적으로 볼 때 훈련 데이터 집합과 검증 데이터 집합에 대한 성능이 서로 다르다면, 모형에서 훈련 데이터 집합이 보여주는 근본적인 구조보다는 특정 데이터 항목에 대한 학습을 수행하고 있기 때문이다.

이런 문제를 과적합^{overfitting}이라고 부른다. 모형에서 맞추려고 하는 매개변수의 수에 비해 훈련 데이터가 상대적으로 부족할 때 과적합이 일어날 수 있다. 이런 상황에서는 훈련 데이터 집합의 각 항목에 대한 정답을 전부 외우는 식으로 모형의 매개변수를 맞춰서 훈련 데이터에 최적화된 성능을 발휘할 수도 있다. 훈련 데이터가 더 많았거나 모형의 매개변수가 더 적었더라면 그 모형은 훈련 집합의 각 항목을 외울 수 있을 만한 용량을 충분히 확보하지 못했을 것이다. 입력값을 전부 외우는 식으로 좋은 성능을 내지 못하므로 학습 과정에서 그 기반이 되는 데이터의 구조를 더 적은 매개변수만으로 맞추면서도 좋은 성과를 내야만 한다. 이런 게 바로 우리가 원하는 것이다. 이렇게 해야 훈련 집합 외의 데이터에 대해서도 일반화할 수 있는 구조적인 부분을 잡아낼 수 있기 때문이다.

조금 더 구체적인 예로 과적합된 모형이 훈련 집합에 들어 있는 각 플레이어가 부정행위자인지 아닌지를 파악하는 방법을 학습했다는 것을 파악하긴 했는데, 그렇게 학습한 것이 실제 부정행위 여부와는 무관한 경우가 있을 수 있다. 성 꼭대기에서 시작해서 곧바로 지하 감옥으로 내려가는 플레이어가 부정행위자이고, 숲의 남동쪽 구석에서 시작하는 부정행위자가 아니라고 학습했다고 하자. 이렇게 암기를 하고 났더니 훈련 데이터에 대해서는 엄청나게 좋은 성능을 발휘할 수 있었다.

하지만 이렇게 학습한 내용은 실제 어떤 플레이어가 부정행위를 하는지 여부와는 아무 상관없기 때문에 (진짜 부정행위자가 숲 속에서 시작할 수도 있으니 말이다) 이 모형에서 달달 외운 데이터 집합이 아닌 다른 데이터에 대해서는 성능이 엉망일 것이다. 과적합되지 않은 모형이라면 위치가 갑자기 먼 데로 튀는 (게임에서 가능한 이동 속도보다 빠르게 움직이는) 플레이어가 부정행위자라는 사실을 학습할 수 있을 것이고, 이런 모형은 훈련 집합 외의 데이터에 대해서도 일반화할 수 있는 뛰어난 성능을 발휘할 가능성이 높다.

과적합은 훈련 집합의 양에 비해 매개변수가 너무 많을 때 일어나는 일이기 때문에, 이런 문제는 훈련 집합을 늘리거나 학습할 매개변수를 줄여서 해결할 수 있다.

일반적으로 과적합에 대한 이상적인 해결책은 훈련 집합을 늘리는 것이지만 과적합 문제를 해결할 수 있을 만큼 훈련 집합 크기를 키우는 비용이 너무 크거나 아예 불가능한 경우도 있다. 입력 데이터를 조금씩 바꿔주는 알고리즘을 적용하여 입력 데이터 집합의 크기를 늘리는 효과를 낼 수도 있다. 이런 절차를 증강_{augmentation}이라고 부른다. 증강은 표현 학습에서 특히 유용한데, 조금씩 입력 데이터를 바꾸는 여러 손쉬운 알고리즘을 쓸 수 있기 때문이다. 영상인식에 기계학습을 적용하고 있었다면 한 영상에 임의로 회전, 평행이동, 확대/축소 등을 여러 번 적용하여 입력 데이터 집합을 증강할 수 있다. 이는 직관적으로 봐도 납득할 만하다. 요트를 인식하는 모형을 학습시킨다면 훈련 데이터 집합으로부터 요트의 특정 위치나 픽셀 크기가 아니라 영상 안에서의 위치, 크기, 회전 방향과 무관하게 일반적으로 요트를 인식하는 방법을 학습시켜야 할 것이니 말이다.

또 다른 접근법은 모형에서 사용할 수 있는 매개변수 개수를 줄이는 방법이다. (여기에서 '매개변수 개수'는 실제로는 실제 매개변수 개수와 모형에서 그러한 매개변수를 적용하는 데 있어서의 유연성 조합을 의미한다는 점에 주의하자. 매개변수의 절대적인 개수는 똑같아도 모형의 구조가 다르면 과적합되는 성향의 정도가 다를 수 있기 때문이다.) 더 단순한 유형의 기계학습 접근법으로 바꿀 수도 있고, 같은 접근법을 유지하면서 매개변수 개수를 줄이는 쪽으로 모형의 구조적인 부분을 바꿀 수도 있다. 예를 들어 영상 인식용 딥러닝 네트워크에서는 전처리의 일환으로 영상을 저해상도(보통 256×256 픽셀)로 다운샘플링할 때가 많다. 이렇게 하는 주된 이유는 각 픽셀이 모형에 입력값으로 들어가고 그만큼 매개변수가 늘어나므로, 저해상도 영상을 사용하면 매개변수 개수를 줄일 수 있고 과적합을 피하는 데 도움되기 때문이다. 대신 매개변수 개수를 줄여서 과적합을 피하면 만들어진 모형의 묘사력이 떨어져서 데이터에서 우리가 원하는 양상을 모두 제대로 인식하지 못할 수도 있다는 단점이 있다.

매개변수 개수를 줄이지 않으면서 과적합을 피할 수 있는 기법도 여럿 있다. 학습 절차가 반복적이라면 학습 초기에는 기반 데이터에서 일반화할 수 있는 부분에서 시작하여 점점 더 훈련 데이터 집합에 있는 특정 양상에 맞춰 과적합하는 방향으로 움직이게 된다. 이런 경우에 최적화된 지점, 즉 일반화할 수 있는 구조는 대부분 학습되었지만 아직 과적합으로 넘어가진 않은 지점에서 학습을 일찍 중단하는 방법을 쓸 수 있다.

제한된 훈련 집합을 다루는 방법 중 딥러닝에서 특히 중요한 또 다른 접근법으로 전이 학습이 있다. 전이 학습$^{transfer\ learning}$은 비슷한 일을 하는 모형에 대해서 잘 작동하는 학습된 매개변수는 서로 비슷하다는 특징을 바탕으로 한다. 예를 들어, 잘 작동하는 영상인식 신경망들은 서로 다른 대상을 인식하도록 훈련된 경우에도 대체로 상당히 비슷한 편이다. 서로 다른 종류의 전자부품 영상을 식별하기 위한 모형을 개발하고 싶은데 웬만큼 증강을 해도 과적합을 피하면서도 잘 작동하는 일반화할 수 있는 모형을 만들기에는 영상 개수가 충분하지 않은 상황을 생각해보자. 이럴 때는 모형의 매개변수를 임의의 값으로 초기화하여 시작하는 대신 다른 용도로 미리 학습된 네트워크를 사용하여 전이 학습을 적용할 수 있다(분류된 영상을 대량으로 모아놓은 ImageNet에 대해 훈련시킨 네트워크를 다양하게 구할 수 있는데, 이런 네트워크를 전이 학습용으로 많이 쓴다.) 이걸 바탕으로 전자부품 영상을 이용하여 네트워크를 만들어낼 수 있다. 이렇게 새 네트워크를 만드는 과정에서 미리 훈련된 네트워크 중 일부 매개변수만 바꿀 수 있게 설정하거나 초매개변수를 설정하여 매개변수가 바뀔 수 있는 범위를 한정하기도 한다. 이렇게 하면 훈련 데이터 집합으로부터 학습할 수 있는 매개변수 개수를 제한하여 과적합 문제는 줄이면서도 모형을 너무 단순화시키는 문제는 피하는 효과를 얻을 수 있다. 그 결과로 소규모 데이터 집합만으로 만든 것보다 훨씬 좋은 성능을 나타내는 모형을 만들 수 있다.

주사위 굴리기

한 쌍의 표준적인 정육면체 주사위를 굴리는 것을 흉내 내어 두 수를 콘솔에 출력하는 함수를 만들어라.

이 함수에서는 (주사위에는 면이 여섯 개 있으므로) 1 이상 6 이하의 수 두 개를 출력한다. 주사위 한 쌍을 굴릴 때와 마찬가지로 함수가 호출될 때마다 다른 결과가 나올 가능성이 높다.

난수 생성기는 대부분 0 이상 1 미만의 부동소수점 수를 리턴한다. 이 함수를 구현할 때 제일 중요한 일은 0 이상 1 미만의 부동소수점 수를 1 이상 6 이하의 정수로 변환하는 것이다. 범위는 6만 곱하면 쉽게 확대할 수 있다. 그 다음으로는 부동소수점 수를 정수로 변환해야 한다. 우선 반올림이 떠오를 법한데 그 결과는 어떻게 될까? 6을 곱한 값을 r이라고 한다면 0 <= r <= 6이다. 이 값을 반올림하면 0 이상 6 이하의 정수가 나온다. 그러면 일곱 개의 정수가 나올 수 있으므로 우리가 원하는 것보다 하나 더 많은 정수가 나올 수 있다. 그리고 0이나 6에 비해 1 이상 5 이하의 수가 나올 가능성이 두 배가 된다. 예를 들어 반올림해서 1이 나올 수 있는 범위가 반올림해서 0이 나올 수 있는 범위의 두 배이기 때문이다. 소수점 아래를 버리는 내림으로 처리하면 0 이상 5 이하의 정수 여섯 개가 나올 수 있고 각 정수가 나올 확률은 똑같아진다. 이제 거의 다 된 셈이다. 이렇게 구한 값에 1을 더하기만 하면 1 이상 6 이하의 정수가 만들어지므로 그 값을 출력하면 된다. 이 과정을 주사위 하나당 한 번씩, 두 번 하면 된다.

자바스크립트로는 다음과 같은 식으로 구현할 수 있다.

```
function rollTheDice() {
    var die1 = Math.floor(Math.random() * 6 + 1);
    var die2 = Math.floor(Math.random() * 6 + 1);

    console.log("Die 1: " + die1 + " Die 2: " + die2);
}
```

난수 생성이 상대적으로 더 복잡하기 때문에 이 함수의 실행 시간은 난수 생성기를 두 번 호출하는 시간에 의해서 결정된다.

난수 생성기를 한 번만 호출하면서 주사위 두 개를 굴린 결과를 출력하는 함수를 구현하라.

이건 좀 더 어렵다. 첫 번째 주사위를 굴리면 1 이상 6 이하의 정수 중 하나가 나온다. 두 번째 주사위를 굴리면 다시 여섯 개 중 한 정수가 나온다. 결과적으로 주사위 두 개를 굴리면 총 36가지 경우가 나온다. 이 36가지 경우는 1–1, 1–2, … 6–5, 6–6 같은 식으로 풀어 쓸 수 있다. 이때 순서가 중요하다. 예를 들어 2–5와 5–2는 다르다. 이 순서쌍을 활용하여 1 이상 36 이하의 난수를 생성하고 switch 선언문 같은 걸 써서 각 순서쌍에 대응시킬 수 있다. 이런 방법도 괜찮긴 한데 지저분해 보이는 건 사실이다.

1 이상 36 이하의 정수를 받아서 각각 1 이상 6 이하인 정수 두 개로 변환하는 방법이 있을까?

한 가지 방법은 그 수를 6으로 나누는 정수 나눗셈이다. 이러면 0 이상 6 이하의 값이 나오는데, 모든 수가 나올 확률이 다 같지는 않다. 6은 36가지 경우 중 한 경우(36)에만 나오기 때문에 6이 나올 확률은 1/36에 불과하다.

제대로 된 결과를 얻으려면 애초부터 난수의 범위를 여섯 가지 수가 같은 확률로 나올 수 있도록 맞춰야 한다. 0 이상 35 이하의 난수를 만들고 6으로 정수 나눗셈을 해 주면 0 이상 5 이하의 수를 같은 확률로 얻을 수 있다. 또한 주어진 난수를 6으로 나눈 나머지를 구하면 또 다른 0 이상 5 이하의 수를 같은 확률로 얻을 수 있다. 이렇게 구한 두 수에 각각 1씩을 더해주면 1 이상 6 이하의 수를 구할 수 있다.

자바스크립트에는 정수 나눗셈 연산자가 없기 때문에 (무조건 부동소수점 수가 나온다) 나눗셈을 한 다음 내림 연산을 해야만 한다. 코드로 구현하보면 다음과 같다.

```
function rollTheDice() {
    var rand0to35 = Math.floor(Math.random() * 36);
    var die1 = Math.floor(rand0to35 / 6) + 1;
    var die2 = (rand0to35 % 6) + 1;

    console.log("Die 1: " + die1 + " Die 2: " + die2);
}
```

이 코드는 앞의 코드와 비교하면 난수 생성기를 한 번만 호출하기 때문에 거의 두 배 빠르다.

면접 문제

1 이상 2 이하의 정수 난수를 같은 확률로 리턴하는 dieRoll2(), 1 이상 3 이하의 정수 난수를 같은 확률로 리턴하는 dieRoll3(), 마찬가지로 4 이하, 5 이하의 정수 난수를 같은 확률로 리턴하는 dieRoll4(), dieRoll5() 함수를 만들어라. 모든 함수에서 사용할 수 있는 난수 생성기는 1 이상 6 이하의 정수 난수를 같은 확률로 리턴하는 dieRoll()뿐이다.

하나씩 풀어보자.

첫 번째 함수는 간단하다. dieRoll( )에서 나오는 수를 세 개씩 두 그룹으로 나누고 각 그룹을 원하는 출력값(1 또는 2)에 대응시키면 된다. 예를 들어 난수가

1–3이면 1을, 그렇지 않으면 2를 리턴할 수 있다. 아니면 2로 나눈 나머지를 사용할 수도 있다.

자바스크립트로는 다음과 같이 구현할 수 있다.

```javascript
function dieRoll2() {

    var die2;
    var die6 = dieRoll();
    if (die6 <= 3) {
      die2 = 1;
    } else {
      die2 = 2;
    }
    return die2;
}
```

dieRoll3( )도 똑같이 만들 수 있다. 1–2, 3–4, 5–6을 각각 1, 2, 3으로 대응시키면 된다. 여섯 개의 정수를 세 개의 크기가 같은 그룹으로 갈라줄 수만 있다면 3으로 나눈 나머지를 구해서 1을 더해준 값을 리턴하거나 2로 나눈 값을 활용하는 등 어떤 방법을 써도 좋다. 여기에서는 2로 나누는 방법을 써보자. 이때는 홀수를 2로 나누면 소수 부분이 생기기 때문에 올림으로 처리해야 한다는 점에 주의해야 한다.

```javascript
function dieRoll3() {

    var die3;
    var die6 = dieRoll();
    die3 = Math.ceil(die6 / 2);

    return die3;
}
```

dieRoll4( )는 좀 까다롭다. 6을 네 부분으로 고르게 나눌 수 없기 때문이다. 12가 4로 나누어떨어지기 때문에 주사위를 두 번 굴린 값을 더해서 만들어지는 2 이상 12 이하의 값을 활용하면 어떨까 하는 생각이 들 수도 있다. 하지만 이렇게 해도 숫자가 모두 고르게 분포되지 않기 때문에 만만치가 않다. 더해서 7이 나오는 경우는 여러 가지가 있지만 2나 12가 나오는 경우는 각각 하나뿐이기 때문이다.

앞에서 이미 구현한 dieRoll2( )나 dieRoll3( )를 써먹을 수는 없을지 생각해 보자. dieRoll2( )는 사실상 이진수 하나를 리턴하는 것이나 마찬가지다. 이걸 두 번 호출하면 두 비트를 만들 수 있다. 이것을 가지고 두 자리 이진수를 만들면 0 이상 3 이하의 값을 구할 수 있고, 여기에 1을 더하면 원하는 결과를 얻을 수 있다. dieRoll2()를 두 번 호출하면 네 가지 가능한 경우(1-1, 1-2, 2-1, 2-2)가 나온다는 식으로 생각해도 된다.

```
function dieRoll4(){

    var die4;
    die2First = dieRoll2() - 1;
    die2Second = dieRoll2() - 1;
    die4 = (die2First * 2 + die2Second) + 1;

    return die4;
}
```

5는 6의 인수도 아니고 2, 3, 4의 배수도 아니기 때문에 dieRoll5( )에 대해서는 지금까지 써먹은 방법을 적용할 수 없다.

이 문제는 다르게 접근할 필요가 있다. 문제의 핵심을 다시 생각해보자. 면이 여섯 개인 주사위로 어떻게 1-5의 난수를 만들어낼 수 있을까? 주사위를 돌린 결과를 어떻게 써먹을 수 있을까? 앞에서 했던 가정을 다시 떠올려보자. 지금까지는 나올 수 있는 여섯 개의 결과를 어떻게든 더 좁은 영역의 다른 결과로 대응시켰다. 하지만 꼭 그래야 할까?

여섯 개의 가능한 결과 중 하나를 그냥 무시하면 다섯 개의 수가 같은 확률로 나올 텐데, 이게 바로 우리가 원하는 결과다. 6을 '무시'한다고 가정할 때 dieRoll( )

에서 6을 리턴하면 어떻게 해야 할까? 크랩스라는 주사위 게임을 할 줄 안다면 어떻게 하면 좋을지 감이 올 수 있겠다. 크랩스에서는 주사위를 처음 굴린 다음 목 표값 7이 아닌 결과가 나오면 결과를 무시하고 주사위를 다시 굴린다. 지금 상황 에서도 1에서 5까지는 그대로 받아들이고 6은 무시하고 다시 굴리는 방식으로 같은 전략을 적용할 수 있다. 6이 또 나오면 또 다시 굴린다. 이론적으로는 6이 무한히 나올 가능성도 없진 않지만, 6이 n번 연속으로 나올 확률은 6^{-n}으로 n이 커질 때 급격하게 아주 작은 값으로 내려가기 때문에 6이 연속으로 계속 나올 가능성은 매우 낮다.

지금까지 설명한 내용을 요약하면, 1–5가 나오면 그 값을 받아들이고 6이 나오면 주사위를 다시 굴리면 된다.

이걸 코드로 구현하면 다음과 같다.

```
function dieRoll5() {

    var die5;
    do {
        die5 = dieRoll();
    } while (die5 == 6);

    return die5;
}
```

이 문제는 비슷한 문제를 풀 때 도움이 됐던 방법이 먹히지 않아서 당황하게 되는 유형의 문제다. 어떤 값은 그냥 무시하고 주사위를 다시 굴리면 된다는 사실만 깨달으면 쉽게 풀 수 있다. 사실 이 방법은 (효율은 떨어지겠지만) dieRoll2( ), dieRoll3( ), dieRoll4( )를 만들 때도 써먹을 수 있다. 문제를 풀다가 막힌다면 원래 문제로 돌아와서 전에 했던 가정을 다시 살펴보고 새로운 접근법이 없을지 알아보자.

원주율 계산

난수 생성기로 원주율을 추정하는 함수를 만들어라.

문제에서 주어진 게 워낙 없어서 무엇부터 시작해야 할지 감이 안 잡힐 수도 있다. 몬테 카를로 방법을 써본 적이 없다면 이 문제의 요구 조건이 말도 안 되는 것으로 보일 수도 있다. 값이 정해져 있는 원주율 π를 계산해야 하는데 임의의 수를 만들어내는 난수 생성기를 이용하라니 말이다.

π에 대해 알고 있는 내용에서 시작하자. 우선 원의 둘레의 길이를 c, 지름을 d라고 할 때 c=πd다. 반지름이 r인 원의 넓이는 πr²이다. 거기서부터 시작해보자. 초등학생 수준의 수학에서 시작하는 셈이다.

[그림 15-3]과 같이 원을 그려보자. 답이 바로 떠오르지 않는다면 이렇게 시작하는 것도 도움이 된다.

일단 원을 그렸다. 또 다른 게 뭐가 있을까? 난수 생성기가 있다. 난수 생성기로 뭘 할 수 있을까? 난수 생성기로 만들어낸 난수를 임의의 크기의 원의 반지름으로 생각해볼 수도 있을 것이고 임의의 점을 떠올려볼 수도 있을 것이다. 임의로 선택한 점이 원 안에 들어가는 상황과 원 밖으로 나가는 상황을 생각해보자. 임의로 생성된 점의 좌표가 원 안에 있는지 밖에 있는지 어떻게 알아낼 수 있을까? [그림 15-4]와 같은 식으로 그림의 원 안쪽과 바깥쪽에 점 두 개를 추가하자.

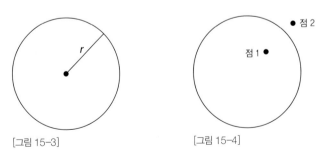

[그림 15-3]   [그림 15-4]

이 그림에서 점 하나는 원 안에, 다른 하나는 밖에 있다. 점의 좌표는 모두 균등분포에서 뽑아낸 것이기 때문에 영역 안에 있는 모든 점이 선택될 가능성은 전부 같다. 바꿔 말하면, 어떤 점이 특정 영역 안에서 발견될 가능성은 그 영역의 면적에 비례한다. 임의로 정한 점이 원 안에 들어갈 확률은 어떻게 될까? 편의상 원의 반지름을 1이라고 하고 −1과 1 사이의 좌푯값을 가지는 점을 임의로 생성해보자. 그 점이 원 안에 들어갈 확률은 어떻게 될까? 원의 넓이는 πr²이고 원에 외접하는 정사각형의 면적은 2r ∗ 2r = 4r²이다. 따라서 어떤 점이 원 안에 들어갈 확률은 다음과 같다.

$$\frac{\pi r^2}{4r^2} = \frac{\pi}{4}$$

어떤 점이 원 안에 들어갈 확률이 π/4이므로 아주 많은 수의 점을 임의로 선택해서 시험하면 그중 약 π/4가 원 안에 들어가게 된다. 그 값에 4를 곱하면 π의 추정치를 구할 수 있다.

이렇게 우리가 찾고자 하는 값을 구할 수 있는데 한 단계가 더 남았다. 어떤 점이 원 안에 있는지 밖에 있는지 어떻게 알 수 있을까? 원은 중심으로부터 같은 거리에 있는 모든 점의 집합으로 정의된다. 여기에서는 [그림 15-5]에 있는 것처럼 중심으로부터의 거리가 1 이하이면 그 점은 원 안에 있는 것이다.

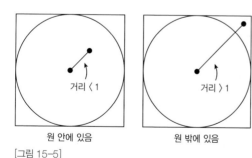

거리 ⟨ 1

거리 ⟩ 1

원 안에 있음

원 밖에 있음

[그림 15-5]

이제 (0,0)에 있는 원의 중심으로부터 어떤 점까지의 거리를 구하기만 하면 된다. 점의 x, y 값을 알기 때문에 피타고라스 정리 $x^2 + y^2 = z^2$으로부터 원의 중심으로부터의 거리 z를 구할 수 있다. 이 식을 z에 대해 풀면 $z = \sqrt{x^2 + y^2}$이다. $z \leq$ 1이면 그 점은 원 안에 있다. $z > 1$이면 그 원은 점 밖에 있다. 중심으로부터의 거리에는 신경 쓸 필요 없고 1보다 큰지 작은지만 알면 되기 때문에 제곱근을 구하지 않는 식으로 약간 최적화할 수 있다(1보다 큰 수의 제곱근은 모두 1보다 크고 1보다 작은 수의 제곱근은 모두 1보다 작기 때문이다). 추가로 두 좌표를 모두 0-1 영역으로 제한하여 오른쪽 위 사분면에 대해서만 따져보는 식으로 좀 더 단순화할 수 있다. 이렇게 하면 원도 정사각형도 3/4씩 없어지는 셈이므로 비율은 똑같다.

지금까지 설명한 내용은 다음과 같은 유사코드로 정리할 수 있다.

```
정해진 횟수만큼 반복
    (0,0)과 (1,1) 사이의 임의의 점 생성
    (0,0)과 그 점 사이의 거리가 1 이하이면
        원 안에 들어있는 점 개수 1 증가
순환문 끝
4 * 원 안에 들어있는 점 개수 / 반복 횟수 리턴
```

이제 코드를 작성하자. 자바스크립트로는 다음과 같이 쓸 수 있다.

```javascript
function estimatePi(iterations) {
    var i;
    var randX;
    var randY;
    var dist;
    var inside = 0;

    for (i = 0; i < iterations; i++) {
        randX = Math.random();
        randY = Math.random();
        dist = (randX * randX) + (randY * randY);
        if (dist <= 1) {
            inside++;
        }
    }
```

```
    return (4 * (inside / iterations));
}
```

시험 삼아 iterations 값을 100,000,000으로 하여 이 함수를 실행해보니 π 값이 3.14173이 나왔는데, 이는 실제 값 3.14159…와 비교하여 소수점 아래 몇 자리까지 일치한다.

위의 풀이 방법은 몬테 카를로 방법을 적용하는 고전적인 예에 속한다. 몬테 카를로 방법에서는 임의로 생성된 입력값을 이용하여 문제를 해결한다. 한 입력값에 대한 결과는 비교적 빠르게 계산할 수 있지만 최종 값은 모든 또는 다수의 입력값을 모은 것을 바탕으로 알 수 있는 경우에 써먹을 수 있다.

몬테 카를로 방법을 전에 써본 적이 있다면 이 문제를 푸는 방법을 전에 본 적이 있을 것이다. 몬테 카를로 방법을 아예 몰랐다면 아마 그 방법을 스스로 찾아내야 하기 때문에 아주 어려울 수 있다. 그럼에도 불구하고 문제에 주어진 내용과 몇 가지 기하학적인 지식을 바탕으로 풀어낼 수 있는 난수 생성기를 활용하는 흥미로운 예라고 할 수 있는 문제다.

면접 문제

위에서 만든 난수 생성기로 π 값을 구하는 방법에 대해 π의 추정치와 실제 π 값의 차이가 0.01 이내가 될 확률이 95%가 되기 위해 필요한 순환문 반복 횟수의 최솟값(임의로 생성하는 점의 최소 개수)을 구하라.

직관적으로 볼 때 반복 횟수를 늘리면 계산값이 π의 실제 값에 점점 더 가까워질 것 같다. 이를 바탕으로 경험적인 방법으로 답을 구하면 되지 않을까? 즉 여러 다른 반복 횟수에 대해서 π 추정치를 구하고 그 결과들을 비교하면 되지 않을까 하는 생각을 할 수 있다. 이런 식으로 정답과 얼추 비슷한 값을 비교적 빠르게 구할 수 있을 것이고, 상황에 따라 그 정도로 충분할 수도 있다. 하지만 필요한 반복 횟수의 최솟값을 정확하게 구할 수 있는 정교한 풀이를 위해서는 계산을 많이 해야 한다. 특정 반복 횟수에 대해서 추정치와 실제 값의 차이가 0.01 이하가 될 확률을 정확하게 파악하려면 반복 횟수를 고정한 채로 π를 추정하는 작업을 여러 번 반복해야만 한다. 게다가 여러 다른 반복 횟수에 대해서 그 작업을 다시 반복해야 한다. 개념 자체는 간단하지만 이런 식으로 정확한 답을 구하려면 컴퓨터 자원을 많이 사용해야 한다.

대신 통계학 지식을 이용하여 이 문제를 풀 수 있는 해석적인 접근법이 있을지 생각해보자.

여기에서 사용하는 π 추정 방법은 난수 생성기를 바탕으로 하고, 반복 횟수가 똑같은 경우에도 매번 (다른 씨앗값으로 시작하여) 난수 생성기를 돌릴 때마다 π 추정치는 조금씩 다를 것이다. 즉 π의 실제 값을 중심으로 추정치가 분포될 것이다. 분포가 넓을수록 실제 값과의 차이가 0.01 이하인 추정치는 더 적어진다. 추정치와 실제 값 차이가 0.01 이하일 확률이 95%가 되려면 분포의 95%가 π의 실제 값에서 0.01 이하로 떨어지는 추정치 분포를 만들어내는 반복 횟수를 찾아내면 된다.

π의 추정치는 어떤 분포를 따를까? π 값을 추정하기 위해 사용하는 절차를 생각해보자. 무작위적으로 선택된 각 점은 원 안, 또는 밖에 위치한다. 경우의 수가 둘뿐이다. 경우의 수가 둘뿐인 무작위적인 사건을 여러 번 반복하는 것이다. 이렇게 쓰고 나면 동전 던지기와 매우 비슷해진다. 다만 앞과 뒤가 나올 확률이 똑같지 않다는 점이 다를 뿐이다. 동전 던지기와 마찬가지로 원 안에 들어가는 점의 수는 이항분포를 따른다. 통계학에서 이항분포는 임의 사건의 수(이 경우에는 반복 횟수) n과 어떤 사건이 '성공'할 확률(이 경우에는 원 안에 들어있을 확률) p, 이렇게 두 매개변수로 정의된다. 점이 원 안에 들어갈 확률인 p는 π/4이다. 따라서 이 p 값에 대해서 주어진 폭의 이항분포를 생성해주는 n의 값을 구하면 된다.

이항분포는 n이 커질수록 다루기가 까다로워지지만, 대신 n이 커질수록 평균과 표준편차가 같은 정규분포와 점점 더 가까워진다. 이항분포의 평균은 np이며 표준편차는 $\sqrt{np(1-p)}$이다. 이 둘은 원 안에 들어있는 점의 개수의 분포에 대한 매개변수다. 이 값을 반복 횟수로 나누고 4를 곱하면 π의 추정치가 나오므로 π의 추정치의 분포를 구하기 위해서는 분포에 대해서도 같은 계산을 하면 된다.

그러면 평균은 $np(4/n)=4p=4(\pi/4)=\pi$가 되므로 이 분포에 대한 매개변수를 제대로 잡았다는 것을 다시금 확인할 수 있다. 표준편차는 $\sqrt{np(1-p)}\,(4/n)=4\sqrt{np(1-p)}/\sqrt{n}=4\sqrt{\pi/4(1-\pi/4)}/\sqrt{n}=4\sqrt{\pi/4((4-\pi)/4)}/\sqrt{n}=\sqrt{4\pi-\pi^2}/\sqrt{n}=\sqrt{4\pi-\pi^2}/\sqrt{n}=\sqrt{4-\pi}\,\sqrt{n}/\sqrt{n}$로 구할 수 있다.

이렇게 π의 추정치의 분포를 정의했고, 평균과 표준편차도 구했다. 이제 그러한 분포의 95%가 π 값 0.01 이내로 들어올 만한 n 값을 구해야 한다. 그 분포의 평균은 π다. 정규분포에서 전체 분포 중 95%는 평균을 중심으로 하여 대략 표준편차의 ±1.96배 안으로 들어오는 영역에 속한다. 이를 바탕으로 다음과 같은 식을 쓸 수 있다.

$$0.01 = \frac{1.96\sqrt{4-\pi}\,\sqrt{\pi}}{\sqrt{n}}$$

이 식을 n에 대해서 풀면 $n=196^2(4-\pi)\pi$이다. π의 실제 값을 가지고 계산하면 이 값은 104,000임을 알 수 있다.

이 풀이 방법에는 어찌 보면 순환적인 면이 있다. π를 계산하는 것을 목표로 하는 상황인데 원하는 정확도를 달성하기 위해 필요한 반복 횟수를 구하기 위해서는 실제 π 값이 필요하다. 임의의 개수의 점을 선택해서 π의 초기 추정치를 구하고, 그 추정치를 이용하여 필요한 정확도로 π의 추정치를 구하기 위해 필요한 임의의 점의 개수를 결정한 다음, 그만큼의 점들을 이용하여 앞에서 사용한 방정식에서 사용할 수 있는 π 값을 다시 구하는 방법을 쓰면 된다.

요약

통계학은 수학에서 갈라져 나온 확률과 불확실성을 다루는 분야다. 확률과 불확실성의 밑바탕에는 무작위성이 깔려 있으며, 컴퓨터에서는 보통 난수 생성기가 무작위성의 원천이라고 할 수 있다. 예전에는 프로그래머들이 이 분야를 잘 알 필요가 없었지만 실전 데이터를 다루는 데 필요한 인공지능을 개발하는 데 있어서 현재 가장 전도유망하다고 할 수 있는 기계학습 접근법은 통계학에 뿌리를 두고 있다. 데이터 과학은 전산학과 통계학의 경계에서 발현한 새로운 분야라고 할 수 있다. 이 분야에 뛰어들어 데이터 과학자가 되고 싶다면 프로그래밍에 대한 전문 성과 비슷한 수준으로 통계학과 기계학습 역량도 키워야 한다. 전통적인 코딩과 프로그래밍 영역에 더 가까운 쪽에 남을 생각을 가지고 있다고 하더라도 기계학 습은 점점 더 광범위하게 응용될 가능성이 크기 때문에 데이터 과학, 난수, 통계 에 대한 지식은 어느 정도 공부할 필요가 있다.

카운팅, 측정 및 순서 관련 퍼즐

면접에는 기술적인 문제나 프로그래밍 관련 문제 외에 각종 복잡한 퍼즐도 종종 등장한다. 여기서 얘기하는 퍼즐이란 컴퓨터 프로그래밍과는 직접적으로 연관되지 않는 수학 및 논리를 이용하는 문제를 뜻한다.

오래 전부터 많은 면접관이 문제 해결 능력을 평가하는 데 퍼즐을 유용한 도구로 삼았다. 프로그래머에게 가장 중요한 역량이라고 할 수 있는 문제 해결 능력을 검증하기 위해 이런 퍼즐 문제가 면접에서 실제로 많이 나오기도 했다.

이런 유형의 문제를 푸는 능력은 퍼즐 문제 해결 능력을 평가하는 데는 도움이 되지만 지원자가 훌륭한 코더인지를 알아보는 데 있어서는 거의 도움이 되지 않을 수 있다. 한때 퍼즐 문제를 많이 냈던 것으로 유명한 구글을 비롯한 여러 선도 기업에서 면접관에게 될 수 있으면 이런 퍼즐은 지양하고 기술적인 문제와 프로그래밍 문제에 초점을 맞추라는 지침을 내리기도 한다.

그럼에도 불구하고 면접에서 퍼즐 문제가 나올 수는 있다. 특히 특이한 경력을 거친 사람이라면, 또는 코딩 경험이 적은 편이라면 면접관 입장에서 퍼즐을 통해 논리적으로 그리고 알고리즘적으로 생각하는 능력을 평가할 수 있다고 생각하여 퍼즐 문제를 낼 수 있다. 이런 문제를 공략하기 위한 몇 가지 간단한 기술을 알고 있으면 훨씬 좋은 결과를 낼 수 있다. 이번 장과 다음 장에서는 이러한 전략을 알아보고 몇 가지 대표적인 퍼즐의 예에 적용하는 방법을 논의하려고 한다.

퍼즐 공략법

퍼즐 풀이에 있어서 가장 중요한 원칙 가운데 하나로, 퍼즐은 절대로 간단하거나 당연한 이치로 풀 수는 없다는 점을 들 수 있다. 기술 관련 문제 또는 프로그래밍 관련 문제의 경우에는 뭔가를 알고 있는지 확인하기 위해 쉽고 간단한 문제가 나오는 경우도 종종 있지만, 퍼즐 문제는 풀이가 간단하지가 않다. 즉, 쉽게 떠올릴 수 있는 답이라면 정답이 아닐 가능성이 높다.

예를 들어 "스키장에서 리프트에 탄 순간부터 내리는 순간까지 당신을 지나쳐가는 리프트 의자의 비율은 얼마인가?"라는 문제가 나온다면 대부분의 사람들은 바로 직관적으로 절반이라고 대답할 것이다. 당연해 보이고 정답인 것 같기도 한 답이다. 리프트의 양쪽에는 각각 절반씩의 의자가 걸려 있을 것이고, 반대편에 있는 의자만 지나쳐갈 수 있으니까 말이다. 하지만 그 답은 틀린 답이다. 리프트 양쪽이 모두 움직이고 있기 때문에 다른 모든 의자를 지나쳐가게 된다. (물론 이 답은 리프트 한쪽 끝에서 타고 다른 쪽 끝에서 내리는 경우를 가정한 것이다. 실제 웬만한 스키 리프트에서는 다른 의자를 거의 전부 지나친다.)

이런 퍼즐의 의외성은 가능한 답이 두 개 뿐인 경우(예, 아니오로 대답할 수 있는 문제 등)에 유용하게 써먹을 수 있다. 언뜻 보기에 정답인 것 같아 보이는 것이 오답이라고 생각하면 되기 때문이다. 물론 그렇다고 해서 "답이 '아니오'라면 너무 간단한 문제니까 안 물어봤을 것 같으니 '예'라고 대답하겠습니다" 같은 식으로 대답하면 곤란하다. 하지만 답을 구하는 데 그런 논리를 어느 정도 활용하는 것은 괜찮다.

> 한눈에 보이는 답은 정답일 가능성이 희박하다는 점을 항상 염두에 두자.

퍼즐 정답이 대체로 복잡하긴 하지만, 오랜 시간을 투자해서 계산을 해야 한다거나 삼각 함수 수준을 넘어서는 복잡한 수학을 요구하는 경우는 거의 없다. 몇 페이지 분량이 되는 복잡한 코드를 작성하면 과연 내가 제대로 하고 있는지 의심해봐야 하는 것처럼, 복잡한 적분을 한다거나 한참 동안 숫자하고 씨름해야 하는 상황이 닥치면 퍼즐의 정답에서 멀어지고 있는 것은 아닐지 다시 한 번 생각해보는 것이 좋다.

가정에 유의하자

퍼즐 문제들이 어려운 이유는 엉뚱한 답을 유도해내기 위한 틀린 가정을 하게끔 만들기 때문이다. 잘못된 가정은 잘못된 답으로 이어진다.

아무 가정도 하지 않는 것이 가장 좋은 접근법이라는 결론을 내릴 수도 있다. 하지만 그런 접근법은 별 도움이 되지 않는다. 어떤 가정도 하지 않으면 문제를 이해하는 것조차 힘들 수도 있다.

예를 들어 바닥이 정사각형인 상자의 맨 아래쪽에 오렌지를 가장 많이 넣을 수 있는 배열을 찾아내는 문제가 나왔다고 해보자. 이 문제를 접하면 거의 자동적으로 오렌지가 작은 구 모양의 과일이고, 거의 크기가 같고, '바닥에' 넣는다고 했으니 상자 바닥면하고 접촉해야 할 것이고, 오렌지의 모양은 변형되지 않는다(즙을 내서 붓는다든가 하는 건 안 된다)는 등의 가정을 하게 된다. 사실 따로 이렇게 가정을 한다는 것이 우스워 보일 수도 있다. 너무 당연해 보이고 다 맞는 가정이긴 하지만 말이다. 어떤 형태의 의사소통이나 사고 과정에서든 어느 정도의 가정은 반드시 필요하다. 아무런 가정도 하지 않고 문제를 풀 수는 없다.

이 예를 조금 더 생각해보면 정사각형 안에 원을 그리는 식으로 이 문제를 모형화할 수 있고 어떤 형태든 정돈되고 반복적인 패턴이 답이 될 것이라는 가정을 할 수 있다. 이런 가정과 벌집 모양의 6각형 배열을 쓰면 원을 평면에 가장 조밀하게 배치할 수 있다는 지식을 결합시키면 가장 좋은 방법은 6각형 배열 형태로 오렌지를 규칙적으로 배열하는 것이 가장 좋은 방법이라는 결론을 내릴 수 있다. 하지만 오렌지의 크기와 상자의 크기에 따라 이런 결론이 틀릴 수도 있다.

가정을 전혀 안 할 수는 없지만, 무엇을 가정하고 있는지 확인하고 분석하는 것은 도움이 될 수 있다. 자신이 무슨 가정을 했는지 따져보고 각각 거의 확실히 맞는 것, 맞을 것 같은 것, 틀릴 것 같은 것 등으로 분류해보자. 제일 틀릴 가능성이 높아 보이는 가정부터 시작해서 각각의 가정을 빼고 문제를 다시 풀어보자. 퍼즐에 속임수가 숨어 있을 가능성은 거의 없기 때문에 어떤 정의에 따르는 가정들은 대개 다 맞는다는 것도 염두에 두자.

예를 들어, 방금 본 예에서는 오렌지가 구 모양의 과일이고 오렌지의 모양이 변형되지 않으며 상자 바닥하고 접촉해야 한다는 가정은 거의 확실히 맞는 것으로 분류할 수 있다.

이 퍼즐을 정사각형 안에 원을 채우는 2차원 문제로 바꿀 수 있다는 가정은 어떻게 분류해야 할까? 잘 생각해보면 오렌지끼리 접하는 점들은 같은 평면 위에 있고, 그 평면에서 정사각형 안에 원을 채우는 상황으로 생각할 수 있음을 알 수 있다. 엄밀하게 증명을 한 것은 아니지만, 이 가정이 맞을 것이라는 믿음은 어느 정도 가질 수 있다.

하지만 오렌지가 잘 정돈된 반복적인 패턴 형태로 배열되어야 한다는 가정은 합리화시키기가 까다롭다. 맞는 가정인 것 같긴 하고, 실제로 무한한 평면 위에서는 확실히 맞지만 상자 바닥과 평면 사이의 유사성으로부터 이 가정이 참이라고 할 수 있을지는 명확하지가 않다. 일반적으로 '느낌상' 맞을 것 같긴 한데 제대로 설명할 수 없는 가정을 조심해야 한다. 그 가정이 틀릴 가능성이 농후하기 때문이다. 따라서 오렌지가 정렬된 배열 형태로 놓여야 한다는 가정이 틀릴 수 있다는 결론을 내릴 수 있다.

사실 이 가정은 분명히 틀리다. 많은 경우에 가장 조밀하게 배치하려면 대다수의 오렌지는 정렬된 배열 형태로 배치해야 하지만, 일부는 불규칙적인 위치에 집어넣어야 한다.

논리적으로 가능한 유일한 풀이를 찾은 것 같은데도 면접관이 오답이라고 얘기한다면 이런 식으로 가정을 분석하는 방법이 특히 유용하다. 논리는 맞았지만 잘못된 가정을 바탕으로 결론을 도출하는 바람에 틀렸을 수도 있기 때문이다.

> 논리적으로 보이는 풀이가 틀렸다면 잘못된 가정을 한 것이다. 자신이 한 가정을 분류하고 어떤 가정이 잘못됐는지 찾아보자.

기죽지 말자

너무 어렵거나 복잡해 보여서 도저히 어떻게 풀어야 할지 감이 안 잡히는, 지원자의 기를 죽여버리는 문제들도 있다. 어디에서 시작해야 할지 전혀 알 수 없는 경우도 있다. 하지만 그렇다고 해서 기가 죽어서는 안 된다. 시작하기도 전에 풀이에 이르는 방법을 완벽하게 머릿속에 담고 있어야만 하는 것은 아니다. 다음과 같은 과정을 거치다 보면 어떻게 풀어야 할지 감이 잡힐 것이다.

- **문제를 여러 부분으로 쪼갠다.** 문제를 여러 부분으로 쪼개서 각 부분을 풀어보자. 과연 그 부분이 주어진 문제를 푸는 데 결정적인 부분인지에 대해 확신이 서지 않아도 일단 한번 해보자.

- **문제를 단순화시킨다.** 문제를 단순화시켜서 풀어보면 실제 문제를 푸는 데 도움이 될만한 것을 찾아낼 수도 있다.

- **구체적인 예를 시도해본다.** 어떤 절차를 밟아가는 식의 문제라면 몇 가지 예를 시도해보자. 그러다 보면 일반화시킬 수 있는 패턴을 발견할 수도 있다. 무엇보다도 계속해서 면접관에게 말을 하고, 계속해서 생각하고, 계속해서 열심히 문제를 풀어나가야 한다.

무엇보다도, 계속 이야기하고 계속 생각하고 계속 문제를 풀자. 출발선에 앉아 답이 나오기를 기다리고 있는 것보다는 계속해서 뭔가를 하고 있어야 퍼즐 조각이 조금이라도 맞춰질 수 있다.

별로 진전이 없는 것 같아 보여도 면접관이 보기에는 별 생각 없이 좌절하고 앉아 있는 모습보다는 능동적으로 문제를 공략하는 모습이 훨씬 더 바람직할 것이다.

면접에서 가장 중요한 것은 자신이 훌륭한 직원이 될 수 있음을 보여주는 것이다. 문제를 분석하고 인내심을 가지고 다양한 접근법을 시도하는 모습을 보임으로써 문제를 푼 것 못지않게 좋은 인상을 보여줄 수도 있다.

> 너무 복잡하다고 해서 좌절하지 말자. 문제를 쪼개보거나 단순화시켜보거나 예를 시도해보자. 인내심을 가지고 계속해서 문제를 공략하고, 자신이 무엇을 하고 있는지 계속해서 얘기하자.

단순한 문제에 유의하자

위와는 정 반대의 이유로 까다로운 문제도 있다. 너무 단순하거나 제한이 많아서 주어진 제약 조건 내에서는 도저히 풀 수 없어 보이는 문제들이 그렇다. 이런 상황에서는 브레인스토밍이 도움이 된다. 비효율적일 것 같아 보일지 모르지만, 문제에서 주어진 제약 조건 내에서 가능한 모든 것을 생각해보자. 물리적인 사물하고 연관된 문제라면 모든 사물을 생각해보고, 모든 사물의 특성에 대해 생각해보고, 그 사물을 가지고, 또는 그 사물에 대해 무엇을 할 수 있을지 생각해보고, 그 사물이 어떤 식으로 반응할지 생각해보자.

이런 문제를 풀다가 막힌다면 뭔가 놓치고 있진 않은지 생각해보자. 주어진 조건 내에서 가능한 모든 것을 쭉 적어놓고 보면 아직 생각해내지 못한 풀이법에 대한 실마리가 거기에 숨어 있을 수도 있다. 아직 생각해내지 못한 것을 콕 집어내기보다는 모든 가능성을 다 열거하는 쪽이 쉬운 경우도 종종 있다.

이렇게 모든 가능성을 열거할 때도 가만히 속으로만 생각하는 것보다는 소리를 내서 말을 하거나 칠판에 적는 것이 좋다. 자신이 무엇을 하고 있는지 면접관에게 알려줄 수 있고, 상황에 따라 면접관이 혹시 잘못된 것이 없는지 지적해줄 수도 있기 때문이다.

> 단순하고 제약 조건이 많은 문제를 풀다가 막히면 모든 가능성을 다 점검해보고 자신이 놓치고 있는 것은 없는지 확인해보자.

추정 문제

한 가지 더 다룰 문제 유형이 있다. 바로 자신이 모르고 있는 수치를 합리적인 절차를 통해 추정해내는 추정 문제다. 순수한 개발 직종의 면접에서는 거의 나오지 않지만 관리 및 비즈니스적인 면이 있는 직종의 면접에서는 드물지 않게 나온다. 예를 들면, "미국에 주유소가 몇 개쯤 있을지 추정해보라" 같은 문제가 나올 수 있다. 근거가 불분명하긴 하지만 마이크로소프트 면접에서 나왔다고 해서 유명해진 문제로, 추정 문제의 대표적인 예라고 할 수 있다.

실생활에서도 추정은 널리 쓰인다. 아주 유명한 추정의 한 예로 우리 은하에서 감지할 수 있는 외계문명의 수를 추정하기 위한 드레이크 방정식을 들 수 있다.

이런 문제는 다른 퍼즐에 비하면 그리 어렵진 않다. 이런 유형의 문제에서는 지원자가 정확한 수치를 내놓아야 하는 것은 아니다. 자신이 알고 있는 사실을 바탕으로 자릿수 정도만 어림잡아 맞출 수 있으면 된다. 어차피 추정치를 구하는 것이 목표이므로 큰 수를 계산할 때는 10의 몇 승이라는 정도로만 계산할 수 있어도 무방하다. 이런 풀이 방식은 빠르게 계산하는 데에도 도움이 된다.

퍼즐 문제

퍼즐 문제는 프로그래밍이나 기술 관련 문제에 비하면 훨씬 다양한 분야에서 나올 수 있기 때문에 여기에서 모든 문제 유형을 다루는 것은 불가능하다. 면접에서 나오는 퍼즐 문제는 대부분 생소한 문제일 가능성이 높기 때문에, 여기에서는 앞에서 소개한 퍼즐 공략 기술을 적용해볼 만한 문제를 통해 퍼즐 문제에 어느 정도 익숙해지는 것을 목표로 한다.

열려 있는 락커 개수

면접 문제

어떤 복도에 락커가 100개 있고, 모두 문이 닫혀 있다고 해보자. 그 복도를 지나가면서 처음에는 100개의 락커 문을 모두 연다. 그런 후 짝수 번째 락커를 모두 닫는다. 다시 이번에는 3의 배수 번째 락커가 열려 있으면 닫고 닫혀 있으면 연다(이를 락커를 토글하는 과정이라고 부르자). 이런 식으로 n번째 지나갈 때는 n의 배수 번째 락커를 토글한다고 하자. 복도를 100번 지나고 나면 (이 경우에는 100번 락커만 토글할 것이다) 열려 있는 락커는 총 몇 개일까?

엄청나게 어려워 보이는 문제다. 시간 관계상 100개의 락커를 그려놓고 각각 열리고 닫히는 과정을 일일이 시도해볼 수는 없는 노릇이다. 설령 그런 식으로 문제를 풀더라도 그런 풀이 과정을 통해 딱히 지원자에 대해 평가할 만한 것이 없다. 따라서 열려 있는 문의 개수를 알아낼 수 있는 묘책이 있음이 분명하다.

그렇다고 문제를 빤히 바라보고 있다고 해서 풀이법이 나오는 것도 아니다. 무엇을 할 수 있을까? 문제 전체를 억지로 푸는 것은 전혀 실용적이지 않지만, 몇 개 정도 시도해보는 것은 나쁘지 않다. 그 과정에서 어떤 패턴을 발견해서 전체 문제에 적용하게 될 수도 있다.

임의의 락커를 골라서 그 락커가 열려 있을지 닫혀 있을지 따져보자. 여기에서는 12번 락커를 생각해보자. 12번 락커는 몇 번째 지나갈 때 토글될까? 우선 첫 번째 지나갈 때는 모든 락커를 토글하니까 당연히 토글될 것이고, 12번째 지나갈 때도 토글될 것이다. 12번째 이후로 지나갈 때에 대해서는 따져볼 필요가 없다. 이제 두 번째부터 11번째까지를 따져봐야 한다. 이 정도는 전부 세는 것도 가능하다. 두 번째 지나갈 때는 2, 4, 6, 8, 10, 12번을 토글하게 되고, 세 번째 지나갈 때는 3, 6, 9, 12번을, 네 번째 지나갈 때는 4, 8, 12번을, 다섯 번째 지나갈 때는 5, 10번을, 여섯 번째 지나갈 때는 6, 12번을, 일곱 번째 지나갈 때는 7, 14번을, 이런 식으로 토글하게 된다. 이렇게 일일이 확인하다 보면 12의 약수 번째 지나갈 때에만 12번 락커를 토글하게 된다는 것을 알 수 있다. 그리고 조금 생각해보면 논리적으로도 타당한 결론임을 알 수 있다. n번째 지나갈 때 12번 락커를 토글하려면 n의 배수 중에 12가 있어야 한다. 바꿔 말하자면 n이 12의 약수여야 한다. 여기까지 생각해보고 나면 간단해 보이지만, 사실 문제를 처음 풀기 시작할 때는 이런 내용도 전혀 감이 잡히지 않는다.

12의 약수에는 1, 2, 3, 4, 6, 12가 있다. 그리고 각각의 경우에 락커 문을 열고 닫고, 열고 닫고, 열고 닫는다. 따라서 12번 락커는 닫힌 상태로 남게 된다.

약수와 관련된 문제라면 소수번 락커는 어떤지 따져보면 도움이 될 듯하다. 소수는 약수와 관련하여 특이한 성질을 가지기 때문이다. 17을 예로 들면, 17에는 약수가 1과 17뿐이기 때문에 문을 열었다 닫게 된다. 따라서 17번 락커도 12와 마찬가지로 닫힌 상태로 남는다. 이 문제를 푸는 데 있어서는 소수라고 해서 소수가 아닌 다른 수하고 딱히 다른 특성을 가지는 것 같진 않아 보인다.

락커가 닫혀 있을지 열려 있을지에 관하여 어떤 식으로 일반화를 할 수 있을까? 모든 락커는 닫힌 상태로 시작하여 열렸다 닫히는 과정을 겪는다. 따라서 두 번, 네 번, 여섯 번 같은 식으로 토글되면 즉, 짝수 번 토글되면 닫힌 상태로 남는다. 반대로 홀수 번 토글되면 열린 상태로 남는다. 각 락커는 그 락커 번호의 약수 번째로 지나갈 때마다 토글되기 때문에 약수의 개수가 홀수일 때만 락커가 열린 채로 남는다는 것을 알 수 있다.

이제 이 문제는 1에서 100까지의 정수 가운데 약수의 개수가 홀수인 수를 찾는 문제로 생각할 수 있다. 지금까지 시도한 두 정수는 모두 약수의 개수가 짝수 개였다(다른 수를 시도해봐도 대다수가 짝수 개의 약수를 가짐을 알 수 있을 것이다).

왜 그럴까? i라는 정수가 n의 약수라면 i에 어떤 정수 j를 곱한 값이 n임을 뜻한다. 물론 곱셈에 대해서는 교환법칙($i \times j = j \times i$)이 성립하기 때문에 j도 n의 약수이다. 따라서 약수는 서로 쌍을 이루기 때문에 약수의 개수는 대체로 짝수가 된다는 것을 알 수 있다. 다른 정수와 쌍을 이루지 않는 약수를 가지는 수를 찾을 수 있다면, 어떤 락커가 열려 있을지 알 수 있다. 곱셈은 두 항으로 이루어지는 연산이기 때문에 반드시 두 개의 수가 연관되어야 하지만 그 둘이 같은 정수라면(i=j라면) 얘기가 달라진다. 그런 경우에는 같은 수끼리 쌍을 이루기 때문에 약수의 개수가 홀수가 될 수 있다. 이런 경우에는 $i \times i = n$이다. 따라서 n이 완전제곱수여야 한다. 완전제곱수를 가지고 풀이를 확인해보자. 예를 들어, 16 같은 경우에는 약수가 1, 2, 4, 8, 16이므로 문을 열고 닫고 열고 닫고 여는 것으로 끝나기 때문에 16번 락커는 열린 채로 남는다는 것을 알 수 있다.

지금까지의 추론을 바탕으로 완전제곱수 번호를 가지는 락커만 열린 채로 남는다는 결론을 내릴 수 있다. 1 이상 100 이하의 완전제곱수는 1, 4, 9, 16, 25, 36, 49, 64, 81, 100뿐이므로, 열 개의 락커가 열려 있을 것이라는 결론을 내릴 수 있다.

이제 이 풀이를 일반화해보자. k 개의 락커가 있는 복도에서 k 번 지나고 나면 문이 열린 락커 수는 몇 개일까?

비슷한 식으로 락커가 k개 있는 일반적인 경우에는 1 이상 k 이하의 완전제곱수 만큼의 락커가 열려 있다는 결론을 내릴 수 있다. 개수를 구체적으로 어떻게 구할까? 완전제곱수 자체는 일정한 간격으로 나타나지 않기 때문에 개수를 세기가 불편하다. 하지만 0보다 큰 완전제곱수의 제곱근은 양의 정수로, 매우 쉽게 셀 수 있다. 연속된 양의 정수의 목록에서 마지막 수가 그 목록에 있는 항목의 수가 된다. 예를 들어, 1, 4, 9, 16, 25의 제곱근은 각각 1, 2, 3, 4, 5이며, 제곱근의 목록에서 마지막 수는 가장 큰 완전제곱수의 제곱근으로, 완전제곱수의 개수와 같다. 따라서 구해야 하는 값은 k 이하의 가장 큰 완전제곱수의 제곱근이다.

k가 완전제곱수이면 간단하지만, 대부분의 경우에 그렇지 않을 것이다. k가 완전제곱수가 아니면 k의 제곱근은 정수가 아니다. k의 제곱근의 소수점 아래 부분을 버리면 k의 제곱근 이하의 가장 큰 정수를 구할 수 있고, 그 정수를 제곱하면 바로 우리가 원하는 k 이하의 가장 큰 완전제곱수가 나온다. 이렇게 주어진 수 이하의 가장 큰 정수를 구하는 것을 버림(floor)이라고 부른다. 따라서 락커가 k개 있는 일반적인 경우에 열려 있는 락커의 수는 floor(sqrt(k))가 된다.

이 문제를 푸는 데 있어서 가장 핵심적인 부분은, 전체 문제를 푸는 데 도움이 될지 불분명하긴 하지만 문제의 일부분이라도 해결해보는 것이었다. 소수 번째 락커를 고려하는 시도는 성공적이진 못했지만, 특정 락커가 열려 있을지를 따져보는 전략은 잘 먹혀들었다. 여러 가지를 시도하는 데도 정답을 구하지 못하는 최악의 경우에도 면접관에게 답이 분명하게 보이지 않는 어려운 문제에 굴복하지 않고 정답을 구할 때까지 여러 다른 접근법을 계속해서 시도하는 모습을 보여주는 것이 중요하다.

스위치 세 개

어떤 복도에 서 있는데, 바로 옆에 전등 스위치가 세 개 있고, 그 스위치는 모두 꺼져 있다. 각 스위치는 복도 끝에 있는 방 안에 있는 서로 다른 백열등을 조작할 수 있도록 되어 있다. 스위치 옆에서는 불이 켜져 있는지 알 수가 없다. 어떤 스위치가 어떤 등하고 연결되어 있는지 알아내는 방법을 설명하라. 단, 백열등이 설치된 방에는 한 번만 들어갈 수 있다.

이 문제의 핵심은, 각 스위치는 켜짐 또는 꺼짐, 이렇게 두 가지 위치로만 맞출 수 있는데, 세 개의 백열등을 확인해야 한다는 데 있다. 백열등 한 개만 알아내면 된다면 한 개의 스위치만 다른 두 스위치와 다르게 맞춰놓으면 되겠지만, 이렇게 해서는 같은 위치에 맞춰진 나머지 두 스위치는 구분할 수 없다.

이렇게 불가능해 보이는 문제를 접했을 때는 기본으로 돌아가야 한다. 이 문제에서 가장 핵심적인 사물은 스위치와 백열등이다. 스위치와 전구에 대해 알고 있는 것을 모두 꺼내보자. 스위치는 두 전선을 전기적으로 연결하거나 끊어주는 역할을 한다. 스위치가 켜지면 전류가 흐른다. 전구는 공기를 뽑아낸 유리구 안에 들어 있는 저항이 있는 필라멘트로 이루어진다. 필라멘트에 전류가 흐르면 전력을 소비하면서 빛과 열을 방출한다.

이 문제를 푸는 데 이런 성질을 어떻게 써먹을 수 있을까? 무엇을 감지 또는 측정할 수 있을까? 스위치의 특성은 별로 쓸모가 없어 보인다. 전류를 측정하는 것보다는 그냥 스위치가 켜져 있는지 꺼져 있는지 확인하는 편이 훨씬 쉽다. 그러면 전구 쪽을 생각해보자. 전구에서 방출되는 빛은 눈으로 보면 감지할 수 있고, 열은 손으로 만져보면 느낄 수 있다. 전구에서 빛이 나오는지는 전적으로 스위치에 의해 결정된다. 스위치가 켜져 있으면 빛이 나오고, 꺼져 있으면 빛이 나오지 않는다. 열은 어떨까? 전구가 켜진 후에 전구가 뜨거워지는 데는 어느 정도 시간이 걸리고, 전구를 끈 후에 전구가 완전히 식는 데에도 어느 정도 시간이 걸린다. 따라서 전구의 열을 이용하면 방에 들어갔을 때 전구 불빛이 꺼져 있다고 하더라도 그 전구가 켜져 있었는지는 알아낼 수 있다.

따라서 첫 번째 스위치만 켜고 두 번째와 세 번째 스위치는 꺼진 상태로 그냥 둔 다음, 10분쯤 지난 후에 첫 번째 스위치를 끄고, 두 번째 스위치는 그냥 두고, 세 번째 스위치만 켜면 어떤 스위치가 어떤 전구하고 연결되어 있는지 확인할 수 있다. 그렇게 하고 나서 방에 들어가 보면 불은 꺼져 있지만, 뜨거운 전구가 바로 첫 번째 스위치에, 불도 꺼져 있고 차가운 전구는 두 번째 스위치에, 불이 켜져 있는 전구는 세 번째 스위치에 연결된 전구라는 결론을 내릴 수 있다.

사실 이 문제는 이상한 문제라고는 할 수 없지만, 어느 정도 속임수가 들어 있는 문제라고 할 수 있다. 이 문제의 정의에 나와 있는 내용 외의 것을 활용하여 답을 구해야 하기 때문이다. 어떤 면접관은 이런 유형의 문제가 정해진 틀을 벗어나서 생각할 수 있고, 어려운 문제에 대해서 기존의 틀을 벗어나서 혁신적인 해결책을 내놓을 수 있는 사람을 찾아내는 데 도움이 될 것이라고 생각한다. 사실 필자는 그런 의견에는 동의하지 않는다. 지원자에 대해 평가하는 데 별 도움이 되지 않는 간단한 퀴즈에 불과하다고 본다. 그럼에도 불구하고 면접에 이런 문제가 안 나오는 건 아니기 때문에 준비가 필요하다.

다리 건너기

면접 문제

네 명의 여행자들이 캄캄한 밤에 다 무너져가는 다리에 도착했다. 이 다리는 한 번에 두 명의 여행자만 버틸 수 있으며, 플래시 없이는 건널 수 없다. 이 여행자들에게는 플래시가 하나 밖에 없다. 각 여행자의 속도는 전부 다르다. 첫 번째 여행자는 다리를 1분 만에 건널 수 있고, 두 번째 여행자는 2분, 세 번째 여행자는 5분, 네 번째 여행자는 10분 만에 건널 수 있다. 두 여행자가 함께 다리를 건널 때는 둘 중 더 느린 여행자의 속도에 맞춰서 건너간다.

네 명의 여행자가 다리 한쪽에서 반대편으로 건너가는 데 걸리는 최소 시간은 얼마인가?

플래시가 하나밖에 없기 때문에 (마지막으로 건너는 경우를 제외하면) 매번 다리를 건너갈 때마다 누군가가 다시 돌아와야 한다. 다리를 건널 때는 두 명 또는한 명이 건넌다. 다리 건너편으로 사람들이 넘어가려면 매번 두 명이 함께 건너갔다가 한 명이 돌아오는 식으로 해야 한다. 이렇게 하면 반대편으로 세 번, 원래 있던 쪽으로 두 번, 합해서 총 다섯 번 다리를 건너야 한다. 이 문제를 풀려면 이렇게 다섯 번 다리를 건너는 데 걸리는 시간을 최소한으로 줄일 수 있도록 여행자들을 배치하는 방법을 찾아야 한다. 편의상 각 여행자를 다리를 건너는 데 걸리는시간으로 지칭하도록 하자.

여행자 1은 다른 여행자보다 최소 두 배 더 빨리 다리를 건널 수 있기 때문에, 항상 여행자 1이 플래시를 가지고 돌아오도록 하면 돌아오는 데 걸리는 시간을 최소로 줄일 수 있을 것이다. 따라서 여행자 1이 나머지 여행자들을 한 번에 한 명씩 반대편으로 데려다주는 방법을 쓰면 될 듯하다.

[그림 16-1]에 이런 방법을 활용하여 다리를 건너는 방법이 나와 있다. 여행자 1이 다른 여행자들을 데려가는 순서가 바뀌어도 전체 시간은 달라지지 않는다.반대편으로 건너갈 때 각각 2, 5, 10분씩 걸리고, 돌아오는데 1분씩 걸리는 과정을 두 번 거쳐야 하므로 총 19분이 소요된다.

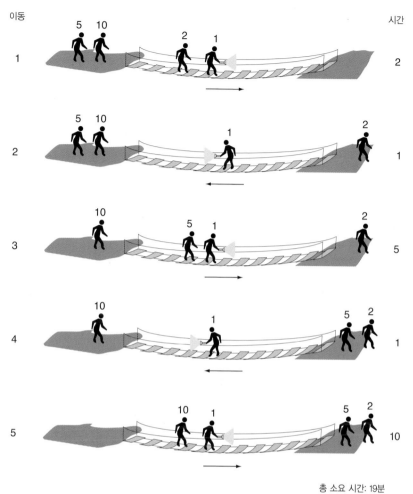

이동   시간

총 소요 시간: 19분

[그림 16-1]

간결하고 논리적으로 틀린 곳도 없어 보이고, 문제를 푸는 데 시간이 오래 걸리지도 않았다. 바꿔 말하자면 이 풀이는 면접 문제의 정답이 아닐 가능성이 높다는 얘기다. 면접관이 19분보다 짧은 시간 안에 다 건널 수 있다고 얘기해주긴 하겠지만, 그런 얘기가 나오기도 전에 문제가 너무 쉽게 풀린 걸 생각하면 뭔가 틀렸다는 느낌이 들 것이다.

이런 상황에 이르면 기분이 좋지는 않겠지만, 그렇다고 해서 너무 실망할 필요도 없다. 답이 틀리다는 걸 알고 있긴 하지만 우리가 지금까지 했던 가정을 바탕으로 하면 합리적인 답은 이것뿐이다. 이런 시점에서 좌절감에 빠지기가 쉽다. "혹시 뭔가 트릭이 숨어 있는 문제는 아닐까?" "혹시 플래시를 던져서 다음 두 사람이 들고 건널 수 있게 하는 게 답은 아닐까"하는 생각도 들 수 있다. 하지만 이 문제는 그런 트릭을 쓰는 문제는 아니다. 다리를 더 효율적으로 건너는 방법이 존재한다. 분명히 논리적으로 타당해 보이는 답을 내놨는데 그 답이 틀리다면 어딘가에서 잘못된 가정을 했음이 분명하다.

지금까지 어떤 가정을 했는지 하나씩 살펴보면서 틀린 것이 없는지 찾아봐야 한다. 우선 첫 번째로 했던 가정은 번갈아 가면서 건너가고 건너와야 한다는 것이었다. 이 가정은 틀린 것 같지 않다. 플래시가 없기 때문에 저쪽에서 누군가가 플래시를 가지고 돌아오기 전에는 다리를 건너갈 수가 없기 때문이다.

그 다음 가정은 건너갈 때는 두 명이, 건너올 때는 한 명이 건넌다는 가정이었다. 이 가정도 논리적으로 맞는 것 같긴 한데, 증명하기가 쉽진 않다. 다리를 두 명이 건너오는 것은 뭔가 단단히 잘못되어 보인다. 다리 건너편으로 이동해야 하는데 두 명이 돌아오는 것은 무의미하기 때문이다. 차라리 혼자서 반대편으로 건너가는 쪽이 더 말이 되는 것 같은데, 누군가는 다시 돌아와야 한다는 점을 감안하면 두 여행자의 위치가 바뀌는 것을 제외하면 아무런 효과도 기대할 수 없는 짓이다. 두 여행자의 위치를 바꿔야 하는 상황이 필요할지도 모르지만 시간만 낭비하게 될 가능성이 높다. 따라서 건너갈 때는 두 명이, 건너올 때는 한 명이 건넌다는 가정에서도 딱히 틀린 점을 찾아볼 수는 없는 것 같으므로 일단 이 가정은 맞다고 생각하고 나중에 문제가 생기면 다시 한 번 생각해보도록 하자.

또 다른 가정으로 여행자 1이 항상 플래시를 들고 돌아온다는 것이 있었다. 왜 이런 가정을 했을까? 이렇게 하면 돌아오는 데 걸리는 시간을 줄일 수 있기 때문이다. 하지만 이 문제의 최종 목표는 총 시간을 줄이는 것이지 돌아오는 데 걸리는 시간을 줄이는 것은 아니다. 어쩌면 돌아오는 데 걸리는 시간을 최소화시키는 것과 총 시간을 최소화시키는 것이 무관할 수도 있다. 따라서 여행자 1이 항상 플래시를 들고 돌아와야 한다는 가정을 뒷받침할 만한 근거가 희박하므로 이 부분을 조금 더 살펴보도록 하자.

여행자 1이 아닌 다른 여행자가 플래시를 들고 돌아온다면 누구를 시켜야 할까? 좋지 않은 방법을 없애가는 접근법을 택해보자. 우선 여행자 10이 플래시를 들고 돌아오는 방법은 완전히 배제시킬 수 있다. 그렇게 하면 여행자 10이 최소 세 번 다리를 건너야 하고, 거기에만 30분이 소요되기 때문이다. 다른 사람들이 건너가는 시간을 제외시켜도 아까 구했던 풀이보다도 시간이 더 오래 걸린다. 마찬가지로 여행자 5가 플래시를 들고 돌아온다면 일단 여행자 5가 두 번 이동하는 데 걸리는 시간에 여행자 10이 건널 때 걸릴 10분까지 감안하면 그것만 해도 20분이 걸린다. 따라서 여행자 5가 플래시를 들고 돌아오는 것도 배제시킬 수 있다.

아까 생각했던 풀이에서 각각 다리를 건너는 경우를 따져보자. 여행자 1이 항상 다른 여행자를 데리고 이동했기 때문에 여행자 1과 10이 함께 이동하는 경우가 있을 수밖에 없다. 그 경우에 어차피 여행자 10을 데리고 다리를 건너려면 10분이 걸리기 때문에 여행자 1의 빠른 스피드가 낭비되는 감이 없지 않다. 다른 관점에서 보자면 여행자 10이 다리를 건널 때는 어떤 여행자와 함께 건너든 10분이 걸린다. 따라서 다리를 건너는 데 무조건 10분이 걸릴 수밖에 없는 경우에 다른 느린 여행자를 여행자 10과 함께 건너게 하면 효과적일 것이다. 즉, 여행자 1이 아닌 여행자 5를 여행자 10과 함께 건너도록 하는 방법을 생각해보자.

이 전략을 적용하여 우선 여행자 10과 5가 함께 다리를 건너도록 해보자. 이렇게 하면 누군가는 플래시를 가지고 돌아와야 하기 때문에 따져보면 정답이 될 수 없다. 따라서 여행자 5보다 빠른 누군가가 이미 건너편에서 기다리고 있어야만 한다. 그러면 여행자 1과 2가 먼저 다리를 건너게 해보자. 그리고 여행자 1이 플래시를 들고 돌아온다. 이제 반대편에 비교적 빠른 사람(여행자 2)이 있으니까 여행자 5와 10이 함께 다리를 건너게 한 다음 여행자 2가 플래시를 들고 돌아오게 하면 된다. 마지막으로 여행자 1과 2가 다시 다리를 함께 건너면 된다. 이 방법이 [그림 16-2]에 나와 있다.

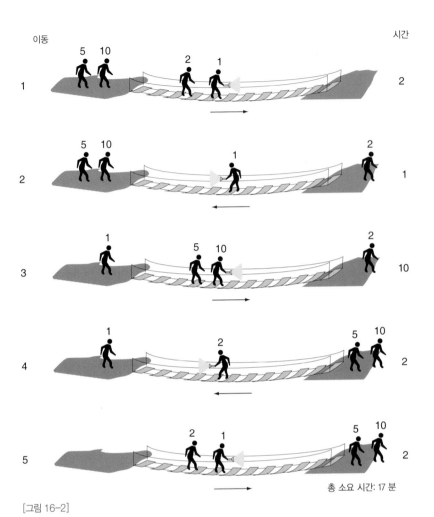

총 소요 시간: 17 분

[그림 16-2]

이렇게 하면 다리를 건너는 데 각각 2, 1, 10, 2, 2분씩 걸리므로 총 17분이 소요된다. 이렇게 잘못된 가정을 찾아내고 나니 2분을 줄일 수 있었다.

이 문제는 일련의 아이템을 한 번에 몇 개씩 한 곳에서 다른 곳으로 옮기는 절차를 최적화하는 유형의 문제 중에서 조금 독특한 문제에 속한다. 보통 이동 횟수를 최소화하는 문제가 많고 같이 남겨둘 수 있는 아이템에 대한 제약 조건이 주어지는 경우를 흔하게 볼 수 있다. 이 문제가 유난히 어려운 이유는 잘못된 가정(여행자 1이 항상 다른 여행자와 함께 다리를 건넌다는 가정)이 너무 당연해 보여서 그런 가정을 했다는 것조차 인식하지 못할 가능성이 높기 때문이다.

무거운 구슬

구슬 여덟 개와 양팔저울 한 개가 주어진다. 구슬 가운데 하나는 다른 것보다 무겁고 나머지는 모두 무게가 같다. 그 점을 제외하면 각 구슬은 완전히 똑같다. 무거운 구슬이 다른 구슬에 비해 얼마나 더 무거운지는 전혀 모른다고 하자. 무거운 구슬을 가려내려면 저울을 최소 몇 번 써야 할까?

이 문제를 푸는 데 있어서 첫 번째 단계는 양팔저울의 각 팔에 여러 개의 구슬을 올려놓아도 된다는 것을 깨닫는 것이다. 양쪽에 각각 같은 수의 구슬을 올려놓으면 저울이 기울어지는 쪽이 무거운 구슬이 들어 있는 쪽이다. 이렇게 하면 각 구슬을 따로따로 저울에 달지 않아도 되고, 저울을 한 번 사용할 때 여러 개의 구슬을 제외시킬 수 있다.

이런 사실을 깨닫고 나면 이진 검색을 기반으로 하는 전략을 활용하여 무거운 구슬을 찾아내는 방법을 생각해낼 수 있을 것이다. 우선 구슬을 반반씩 나눠서 양쪽에 올려놓는다. 이렇게 하면 가벼운 쪽에 있는 구슬은 전부 제외시킬 수 있고, 무거운 쪽에 있는 구슬을 다시 반으로 나눠서 저울에 달 수 있다. [그림 16-3]에 나와 있는 것처럼 저울 양쪽에 구슬이 하나씩만 올라갈 때까지 이 작업을 반복하면 된다. 이런 식으로 하면 저울을 세 번만 사용하면 무거운 구슬을 반드시 찾아낼 수 있다.

저울 사용 횟수

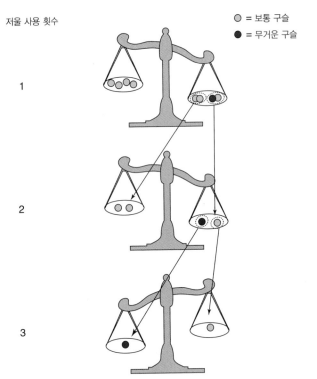

● = 보통 구슬
● = 무거운 구슬

1

2

3

[그림 16-3]

이 정도면 정답인 것 같다. 답이 아주 쉽게 나온 것도 아니고, 구슬을 하나씩 달아보는 것보다는 훨씬 효율적이다. 하지만 너무 쉬운 건 아닌가 하는 생각이 드는 독자들도 있을 텐데, 사실 그 생각이 맞다. 지금까지 설명한 방법도 괜찮긴 하지만 가장 좋은 방법은 아니다.

어떻게 하면 저울을 세 번 미만으로 사용하여 무거운 구슬을 찾아낼 수 있을까? 그러려면 한 번에 절반보다 많은 개수의 구슬을 제외시켜야 할 텐데, 어떻게 그렇게 할 수 있을까?

정보의 흐름 측면에서 이 문제를 바라보자. 구슬에 대한 정보는 저울에서 얻을 수 있으며, 그 정보를 써서 무거운 구슬을 찾아낸다. 매번 저울을 사용할 때마다 더 많은 정보를 얻어낼 수 있다면 구슬을 찾는 효율이 더 좋아질 것이다. 저울에서 어떻게 정보를 얻는지 생각해보자. 간단하게 구슬을 올리고 결과를 살펴보면 된다. 어떤 결과가 나올 수 있을까? 왼쪽이 더 무겁거나 오른쪽이 더 무겁거나 아니면 양쪽 무게가 같거나, 이렇게 세 가지 중 하나가 나온다. 따라서 세 가지 중 한 가지 결과가 나올 수 있는데, 아까 생각한 방법에서는 그중 두 가지만 사용했다. 매번 저울을 사용할 때마다 얻어낼 수 있는 정보 가운데 3분의 2만 사용한 셈이다. 저울을 사용할 때 얻을 수 있는 정보를 모두 활용할 수 있다면 저울 사용 횟수를 줄이면서도 무거운 구슬을 찾아낼 수 있을 것이다.

이진 검색 전략을 사용할 때는 무거운 구슬이 항상 저울의 두 팔 중 한쪽에 있기 때문에 반드시 어느 한쪽으로 기울 수밖에 없다. 즉, 무거운 구슬이 반드시 한쪽에 있는 조건에서는 저울로부터 알아낼 수 있는 정보를 모두 활용하는 것이 불가능하다. 구슬들을 같은 개수씩 세 그룹으로 나눈다면 어떨까? 만약 전과 마찬가지로 어느 한쪽이 무겁다면 그 그룹에 무거운 구슬이 들어 있다는 것을 알 수 있다. 하지만 이 경우에는 두 그룹 모두에 무거운 구슬이 없어서 무게가 같을 가능성도 있다. 그런 경우에는 저울에 올려놓지 않은 나머지 그룹에 무거운 구슬이 있음을 알 수 있다. 구슬을 세 그룹으로 나눴기 때문에 무거운 구슬이 들어 있는 그룹을 알아내고 나면 절반이 아닌 3분의 2만큼의 구슬을 검색에서 제외시킬 수 있다.

하지만 이 방법을 지금 나와 있는 문제에 적용하기 전에 한 가지 더 해결할 점이 있다. 8은 3으로 나누어 떨어지지 않기 때문에 여덟 개의 구슬을 똑같이 나눠서 세 그룹으로 가르는 것이 불가능하다. 각 그룹에 들어가는 구슬의 개수를 똑같게 해야만 하는 걸까? 세 그룹에 들어가는 구슬 개수를 같게 하는 이유는 구슬의 개수가 다르면 양팔저울에 올렸을 때 무거운 구슬이 들어 있는지 여부를 파악할 수 없기 때문이다. 즉, 세 그룹 중 두 그룹의 구슬 개수만 같아도 된다. 하지만 그래도 저울을 사용할 때마다 대략 3분의 2 정도의 구슬을 제외시킬 수 있으면서도 어느 그룹에 무거운 구슬이 들어 있는지를 알아내기 위해서는 세 그룹의 구슬 개수를 거의 비슷하게 맞춰줘야 한다.

이제 이렇게 세 그룹으로 나누는 기법을 주어진 문제에 적용시켜보자. 우선 구슬들을 세 개씩 들어 있는 그룹 두 개, 두 개 들어 있는 그룹 한 개로 나누자. 구슬이 세 개씩 있는 두 그룹을 저울에 달았을 때 평형을 이룬다면 구슬이 두 개 있는 그룹에 무거운 구슬이 들어 있으므로 저울을 한 번만 더 사용하면 무거운 구슬 위치를 알아낼 수 있고, 결과적으로 두 번 만에 무거운 구슬을 찾을 수 있다. 반면에 처음에 어느 한쪽으로 기울어지면 무거운 구슬이 기울어진 쪽에 있음을 알 수 있다. 다른 구슬은 전부 제외시키고 남은 세 개 중 두 개를 저울 양쪽 팔에 올렸을 때 평형을 이루면 저울에 올리지 않은 구슬이 무거운 구슬임을 알 수 있고, 어느 한쪽으로 기울어진다면 그쪽에 있는 구슬이 무거운 구슬임을 알 수 있다. 이 경우에도 여전히 저울에 두 번만 달아보면 되기 때문에 저울을 딱 두 번만 사용하면 여덟 개의 구슬 중에서 무거운 구슬을 반드시 찾아낼 수 있다. 이 절차는 [그림 16-4]에 나와 있다.

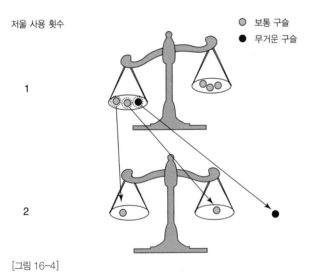

[그림 16-4]

이번엔 풀이를 일반화시켜보라. n개의 구슬 가운데 무거운 구슬 한 개를 찾아내려면 저울을 몇 번 써야 할까?

이 문제는 바로 앞 문제를 제대로 이해하고 풀었는지 아니면 어쩌다가 맞춘 것인지 알아볼 수 있는 문제다. 매번 저울을 사용할 때마다 구슬의 3분의 2는 제외되고, 나머지 3분의 1만 남긴다. 즉, 바로 앞 단계에서 가지고 있던 구슬의 3분의 1을 가지고 다음 단계를 진행하게 된다. 이런 식으로 하다가 구슬이 하나만 남으면 무거운 구슬을 찾을 수 있는 것이다.

이런 사실을 바탕으로 이 문제를 "구슬 개수를 1이 나올 때까지 계속 3으로 나누면 몇 번을 나눠야 하는가?"하는 문제로 고칠 수 있다. 구슬이 세 개라면 한 번만 3으로 나누면 1이 나오므로 저울질을 한 번만 하면 된다. 구슬이 9개라면 3으로 두 번 나눠야 1이 나오므로 저울질을 두 번 해야 한다. 마찬가지로 구슬이 27개라면 세 번 저울질을 해야 한다. 그러면 1이 나올 때까지 3으로 나누는 횟수를 구하는 절차를 수학적으로는 어떻게 바꿀 수 있을까?

곱셈과 나눗셈은 서로 반대되는 연산이므로 1이 나올 때까지 3으로 나누는 횟수는 1에서 시작해서 구슬의 개수가 나올 때까지 3을 곱하는 횟수와 같다. 같은 수를 여러 번 곱하는 것은 지수를 써서 표현할 수 있다. 3을 두 번 곱하면 3^2이고, 그 값은 9이다. 3을 두 번 곱하면 9가 나오며, 9개의 구슬 가운데 무거운 구슬을 찾으려면 저울을 두 번 써야 한다. 더 일반적으로 이야기하자면 n개의 구슬 가운데 무거운 구슬을 찾으려면 $3^i = n$을 만족하는 i번만큼 저울질을 해야 한다. n 값을 알고 있는 상태에서 i를 구해야 하므로 이 식을 i에 대해 풀어야 한다. 지수와 반대되는 연산인 로그를 이용하면 i를 계산할 수 있다. 이 식의 양 변에 대해 3을 밑으로 하는 로그를 취하면 $i = \log_3 n$이 된다.

n이 3의 거듭제곱 형태인 경우에는 이 결과만으로도 충분하다. 하지만 그렇지 않은 경우에는 i가 정수가 아닌 값이 나오기 때문에 문제가 된다. 소수점 이하 횟수만큼 저울질을 한다는 것이 불가능하기 때문이다. 예를 들어 앞에 나온 문제의 경우처럼 n이 8인 상황을 예로 들면 $\log_3 8$은 1과 2 사이의 어떤 수($1.893\ldots$)가 된다. 그런데 앞 문제의 경우 구슬이 여덟 개 있으면 저울을 두 번 사용해야 한다. 따라서 로그 값이 정수로 나오지 않으면 그 값을 올림 처리를 해야하지 않을까 하는 생각을 해볼 수 있다.

정말 그럴까? n=10인 경우에 적용해보고 반드시 올림 처리를 해야 하는지 생각해보자. $\log_3 9$는 2이므로 $\log_3 10$은 2보다 조금 클 것이고, 올림 처리를 하면 3이 된다. 구슬이 열 개 있으면 정말 저울을 세 번 써야 할까? 구슬이 세 개인 그룹 두 개와 네 개인 그룹 한 개로 구슬들을 나눠보자. 구슬이 세 개 있는 그룹에 무거운 구슬이 들어 있으면 한 번만 더 저울질을 하면 되겠지만, 구슬 네 개짜리 그룹에 들어 있다면 저울질을 두 번 더 해야 할 수 있기 때문에 방금 계산했듯이 세 번 저울을 써야 한다. 이렇게 저울질을 해야 하는 횟수에 소수점 이하 부분이 있으면 (구슬이 더 많이 있는 그룹에 무거운 구슬이 들어 있는 등) 상황에 따라 저울질을 한 번 더 해야 할 수도 있고, 그렇지 않을 수도 있음을 뜻하는 것으로 보인다. 반드시 무거운 구슬을 찾아낼 수 있는 최소한의 저울질 횟수를 구해야 하는 것이므로, 상황에 따라 저울질을 한 번 덜 해도 될 수 있긴 하지만, 소수점 이하 부분을 올림 처리해야 한다. 프로그래밍에서 가장 가까운 정수로 올림 처리를 하는 함수를 보통 ceiling이라는 이름으로 사용하기 때문에 n개의 구슬 가운데 무거운 구슬을 찾아내기 위해 필요한 저울의 사용 횟수는 $\text{ceiling}(\log_3(n))$이라고 표현할 수 있을 것이다.

(총 열 개의 구슬 가운데) 구슬이 네 개 있는 그룹은 구슬이 한 개인 그룹 두 개와 두 개인 그룹 하나로 나눠야 할 것이다. 구슬 두 개인 그룹에 무거운 구슬이 들어 있다면 저울질을 한 번 더 해서(즉, 세 번째 저울질을 해서) 어느 쪽이 더 무거운지 판별해야 한다. 저울질 횟수가 소수점 이하로 나오더라도 반드시 한 번 더 저울질을 해야 하는 경우도 있다. 대신 저울질을 할 때 구슬의 3분의 2를 제대로 제외시키지 못하는 상황의 경우에 그렇다. 예를 들어, n=8인 경우에는 첫 번째 저울질을 한 후 구슬이 두 개 들어 있는 그룹의 두 구슬 가운데 어느 쪽이 무거운 구슬인지 알아내기 위해 저울질을 한 번 더 해야 할 수 있다. 검색에서 제외되는 구슬은 3분의 2가 아니라 절반뿐이지만, 어쨌든 한 번 더 저울을 사용하긴 해야 하므로 이 경우에도 올림 처리를 하는 것이 맞다.

이 문제도 대부분의 논리적인 사고력을 가진 똑똑한 사람들이 오답을 내놓기 좋게 만들어진 문제의 대표적인 예 중 하나다. 대부분의 사람들이 세 그룹으로 나누는 아이디어를 쉽게 떠올리지 못하지만, 일단 처음에 내놓은 답이 오답인 것을 알고 나면 그럭저럭 다음 단계로 잘 넘어갈 수 있다. 첫 번째 문제에서 구슬을 여덟 개로 한 것에도 다 이유가 있다. 8은 2의 3승이기 때문에 구슬을 절반씩 나누는 오답에 대해서는 정말 잘 맞아떨어지는 수지만, 3의 거듭제곱수(또는 배수)는 아니기 때문에 정답에 대해서는 숫자가 잘 맞아떨어지지 않는다. 만약 처음에 구슬이 아홉 개였다면 정답을 알아내기가 더 쉬웠을 것이다. 퍼즐 문제를 풀 때는 이 문제에서처럼 특정한 방향으로 생각하게 되도록 유도하는(그중에서도 특히 오답으로 유도하는) 부분은 없는지 한 번쯤 의심해보는 것이 좋을 것이다.

이 문제는 수많은 양팔저울 문제 중에는 비교적 쉬운 편에 속한다. 이런 퍼즐 문제를 조금 더 연습해보고 싶다면 여러 구슬 가운데 하나만 무게가 다른데, 가벼운지 무거운지는 모르는 상황에서 무게가 다른 구슬을 찾아내는 문제를 풀어보자.

미국의 주유소 개수

미국에 전체에 있는 주유소 개수는 몇 개일까?

확실한 추정 문제다. 인터넷에서 주유소 개수를 찾아보는 쪽이 훨씬 더 정확하고 빠르겠지만 그렇게 해서는 점수를 얻기 힘들 것 같다.

다른 추정 문제와 마찬가지로 이 문제의 핵심은 구할 값을 이미 알고 있는 숫자나 합리적으로 도출할 수 있는 값과 연결시키는 일이다. 그리고 이런 연결은 서로 연결하고자 하는 수치 사이의 상호작용으로부터 끌어낼 수 있다. 이 문제에서는 주유소는 차에 기름을 넣는 곳이므로 주유소 개수는 자동차 개수하고 관련되어 있을 것이라고 생각할 수 있다. 주유소 개수나 자동차 대수나 알기 어려운 건 마찬가지지만, 차는 사람이 몰아야 한다는 점을 감안하면 자동차 대수와 인구를 연결할 수 있음을 알 수 있다.

미국 인구가 대략 3억 명이 좀 넘는다는 건 상식 수준에서 알고 있는 사람이 많다. (혹시 잘 모르고 있었다고 하더라도, 예를 들어 중국 인구가 10억이 넘고 뉴욕시 인구가 천만 명이 넘는데, 미국 인구가 중국 인구보다는 훨씬 적고 뉴욕 인구보다는 훨씬 많을 것임을 감안하면 대략 몇 억 명 수준이라고 추정할 수 있다) 일단 이렇게 알고 있는 인구 수에서 시작해보자.

차가 사람마다 한 대씩 있는 건 아니니까 대략 차가 1500만 대 정도 있다고 가정하자. 개인용 승용차 외에 상업용 자동차도 많다. 상업용 자동차 수가 개인용 승용차 수와 같다고 쳐서 총 자동차 수가 3천만 대 수준이라고 볼 수 있다. 한 주유소에서 처리할 수 있는 자동차 대수를 따져보면 주유소 수를 추정할 수 있을 것이다.

한 주유소에서 기름을 넣는 자동차 대수는 개인의 경험을 바탕으로 추정할 수 있다. 내 경험에 의하면 기름을 채우는 데 약 6분 정도 걸린다. 주유소에는 일주일에 한 번 정도 가고, 주유소에 가면 보통 다른 차를 평균 두 대 정도 보는 편이다. 이게 미국 평균이라고 가정하면 각 주유소에서는 시간당 30대 정도를 처리한다. 주유소가 주 7일, 매일 12시간씩 연다고 하면 영업시간은 일주일에 84시간이다. 84시간으로 잡으면 계산이 까다롭기도 하고, 12시간 넘게 여는 주유소도 많으니 대충 일주일에 100시간 연다고 하자. 그러면 주당 3,000대의 차에 기름을 넣는다고 할 수 있다.

모든 차가 일주일에 한 번씩 주유소에 가고, 모든 주유소에서 일주일에 3,000대에 기름을 넣는다면 미국에는 약 100,000개의 주유소가 있어야 한다. 이렇게 추정한 수치는 정확하진 않지만 대충 자릿수는 맞는다. 즉, 이 경우에는 주유소 수가 10,000개는 넘고 1,000,000개는 넘지 않을 거라고 볼 수 있다. 실제로 2008년 미국 인구 조사국에서 발표한 보도자료에 의하면 2006년 기준 미국의 주유소 개수는 116,855개였다고 한다.

정확한 수치를 맞추는 것보다는 추정에 있어서 적절한 프레임워크를 형성하고 빠르게 추정치를 뽑아낼 수 있는 능력을 보여주는 것이 훨씬 더 중요하다.

이런 것을 더 많이 연습하고 싶다면 내가 살고 있는 지역에 있는 유치원 선생님 수, 지구 둘레의 길이, 카페리호의 무게 같은 것을 유추하는 연습을 해보자.

요약

면접을 하다 보면 프로그래밍 능력과는 직접적으로 연관되지 않은 퍼즐 문제를 한 두 개쯤 풀게 될 수 있다. 많은 면접관이 이런 유형의 문제를 통해 지원자가 일을 할 때 어떤 식으로 생각을 전개하는지, 정형적인 틀에서 벗어나서 생각할 수 있는 사람인지 평가한다.

퍼즐의 유형은 매우 다양하며, 거의 모든 경우에 뻔히 보이는 답은 정답이 아니다. 자신이 택한 가정들을 하나씩 확인해보고 문제를 제대로 풀고 있는지 검증해봐야 한다. 문제가 너무 어렵다고 좌절하면 안 된다. 문제를 쪼개거나 단순화시키거나 특정 케이스를 풀어보는 것부터 시작해서 일반적인 풀이를 찾아내도록 하자. 간단해 보이는 문제도 주의해서 풀어야 한다. 보기보다 까다로운 문제일 가능성이 높기 때문이다. 필요한 정보가 모두 갖춰지지 않은 경우에는 자신이 가지고 있는 기본 지식과 경험을 바탕으로 합리적으로 추정을 할 수도 있어야 한다.

무엇을 하고 있든 자신의 생각을 면접관에게 말로 설명하고 무엇을 하고 있는지, 왜 그런 결정을 내렸는지에 대해 이야기해야 한다. 문제에 집중하고 계속해서 여러 방법을 시도하자. 면접에서는 정답 자체를 맞추는 것보다 지원자의 사고 과정을 보여주는 것이 더 중요하다.

CHAPTER **17**

그림 및 공간 퍼즐

일단 그려보자

그림 및 공간 퍼즐 문제

요약

퍼즐 중에는 그림을 써야 하는 것과 공간 지각 능력을 필요로 하는 것이 많다. 그림과 무관한 퍼즐을 푸는 데 사용했던 기법도 모두 적용할 수 있지만, 이런 유형의 퍼즐에는 또 다른 강력한 기법을 활용할 수 있다. 바로 다이어그램이다.

일단 그려보자

다이어그램을 그리는 것의 중요성은 아무리 강조해도 지나치지 않다. 문자와 수학의 역사는 수천 년에 불과하지만, 인류는 수백만 년에 걸쳐서 시각적인 문제(예를 들면 "내가 저 코뿔소한테 잡히기 전에 저 나무까지 갈 수 있을까"하는 식의 문제)를 분석하면서 진화해왔다. 보통 사람들은 문자 또는 숫자로 제시되는 문제보다는 그림으로 제시되는 문제를 더 잘 푼다.

가능하면 항상 그림을 그려보자.

경우에 따라 퍼즐의 주역이 가만히 있기도 하지만 계속해서 바뀐다거나 움직이는 경우가 더 많다. 그런 경우에는 그림을 하나만 그리지 말고 여러 개 그려야 한다. 자신에게 주어진 정보를 바탕으로 매 순간에 대한 다이어그램을 그려야 한다. 그림들 사이에서 상황이 어떤 식으로 변화하는지를 관찰하면서 영감을 얻게 되는 경우가 많다.

문제에서 뭔가가 움직이거나 변화한다면 각각 다른 시간에 해당하는 그림들을 여럿 그려보자.

대부분의 그림 문제는 2차원적인 문제다. 3차원적인 사물을 대상으로 하더라도 그 사물이 한 평면 위에서만 움직여서 2차원으로 단순화시킬 수 있는 문제가 많다. 3차원보다는 2차원 그림을 그리는 쪽이 훨씬 더 쉽기 때문에 꼭 필요한 경우를 제외하면 3차원에서 문제를 풀지 않는 것이 좋다.

문제가 근본적으로 3차원적이라면 자신이 그림을 그리거나 시각화하는 실력이 어느 정도인지를 한 번 생각해보고 넘어가는 것이 좋다. 그림을 아주 잘 그리는 편이 아니라면 3차원 다이어그램을 그렸을 때 문제가 분명해지기보다는 더 헷갈리게 될 수도 있다. 반대로 그림은 잘 그리는 편인데 시각화하는 능력이 약한 편이라면 그림을 그리는 쪽이 훨씬 낫다. 어떤 식으로 접근하든 공간적인 문제는 계산 또는 기호를 이용한 수학적인 방법보다는 공간적인 방법으로 풀 수 있도록 노력해보자.

> 3차원 문제의 경우에는 다이어그램을 그리는 것보다 머릿속에서 시각화해보는 쪽이 더 나을 수 있다. 하지만 그림을 그리든 머릿속으로 시각화를 하든 공간적인 방법으로 문제를 공략하는 것이 중요하다.

그림 및 공간 퍼즐 문제

아래에 나와 있는 문제를 풀 때는 다이어그램과 시각화가 가장 중요하다.

보트와 선착장

면접 문제

> 로프의 한쪽 끝을 잡고 조그만 보트에 타 있다고 하자. 로프의 반대편은 가까운 선착장 위쪽에 묶여 있는데, 당신이 로프를 잡고 있는 높이보다 더 높은 곳에 매여 있다고 하자. 로프를 잡아당겨서 보트를 선착장의 바로 아래까지 끌어당긴다고 하자. 로프를 당길 때 물 위를 움직이는 보트와 당신의 손을 통해 지나가는 로프 중 어느 쪽의 속도가 더 빠를까?

우선 그림을 그려보자. 그림을 그려보면 주어진 시나리오를 제대로 이해하고 있는지 확인하는 데도 도움이 되고 문제를 어떤 식으로 접근해야 할지 살펴보는 데도 도움이 된다. [그림 17-1]에 나와 있듯이 선착장 끝과 수면, 그리고 로프가 직각삼각형의 세 변을 이룬다. 이 세 변을 각각 A, B, C라고 부르기로 하자.

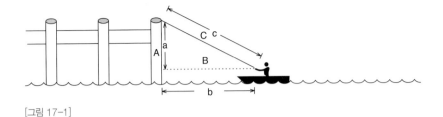

[그림 17-1]

직각삼각형이라는 익숙한 대상이 나오긴 했는데 문제가 만만치는 않아 보인다. 수학 시간에 직각삼각형을 많이 봤겠지만 전부 정지되어 있는 직각삼각형이었다. 하지만 이번에 다룰 직각삼각형은 점점 작아진다. 이 차이점에 주의하도록 하자. 별로 중요한 차이점이 아닌 것 같아 보이긴 하지만 이런 차이때문에 직관적으로 보면 맞긴 하지만 실제로는 틀린 답을 내놓게 될 수도 있다.

직각삼각형에 대한 경험을 바탕으로 이 문제를 수학적으로 접근하면 되겠다는 생각이 들 수도 있다. 이 문제에서는 보트가 움직임에 따라 B와 C 중 어느 변이 더 빠르게 짧아지는지를 알아내면 된다. 즉, B가 얼마만큼 변한다고 할 때 C의 길이는 얼마나 변할까? 이 값을 어떻게 계산할까? 미분을 사용하면 두 변수의 변화량 비를 구할 수 있다. C를 B에 대해 미분해서 그 값이 1보다 크면 로프가 더 빨리 움직인다는 결론을 내릴 수 있고, 반대라면 보트가 더 빨리 움직인다는 결론을 내릴 수 있다.

이제 잠시 멈추고 지금까지 무엇을 했는지, 그리고 앞으로 무엇을 해야 할지 생각해보자. 피타고라스 정리를 이용하여 B와 C 사이의 관계에 대한 방정식을 세울 수도 있다. 그렇게 하면 정답을 얻을 수 있을 것 같아 보인다. 수학을 잘 하고 미적분에 부담을 가지지 않는 편이라면 그렇게 하는 편이 좋다. 하지만 미적분을 써야 한다는 것 자체가 어떻게 보면 이 문제를 풀 수 있는 쉬운 방법을 못 찾아내고 있다는 것을 의미하진 않는지 다시 한 번 생각해볼 필요가 있다.

원래 그림으로 돌아가서 그림을 활용하는 방법을 찾아보자. 또 어떤 그림을 그려볼 수 있을까? 보트가 처음에 선착장으로부터 얼마나 떨어져 있는지, 선착장의 높이는 얼마인지 등을 모르기 때문에 보트가 어떤 식으로 움직이는 그림을 그리든 마찬가지다. 그렇다면 [그림 17-2]에 나온 것처럼 보트가 선착장 밑에 멈춘 상황을 생각해보면 어떨까? 이렇게 되면 사정이 달라진다. 로프가 선착장 가장자리를 따라 수직으로 내려오기 때문에 더 이상 직각삼각형이 만들어지지 않는다.

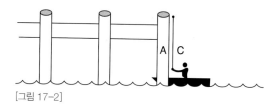

[그림 17-2]

아까 그린 그림과 이 그림을 가지고 보트가 얼마나 움직이는지, 로프의 길이는 얼마나 줄어들었는지 따져보자. 따로 숫자가 주어진 것은 아니므로 A, B, C변의 처음 길이를 각각 a, b, c라고 하자. 보트가 선착장 밑에 있을 때는 B변의 길이가 0이기 때문에 보트가 이동한 거리는 b가 된다. 반면에 로프의 길이는 처음에 c이고, 두 번째 그림을 보면 길이 a만큼의 로프는 여전히 보트 바깥쪽으로 연결되어 있으므로 로프가 줄어든 길이는 c-a임을 알 수 있다.

같은 시간 동안에 각각 b와 c-a만큼을 이동한 것이므로 둘 중에 더 큰 값을 가지는 쪽의 속도가 더 빠르다고 말할 수 있다. c-a와 b 중에 어떤 것이 더 클까? 수학 시간에 배운 내용들을 잘 떠올려 보면 삼각형의 두 변의 길이의 합은 나머지 한 변의 길이보다 반드시 크다는 사실이 기억날 것이다. 따라서 a+b > c라는 부등식이 성립한다. 양변에서 a를 빼면 b > c-a라는 식이 나온다. 따라서 보트가 이동한 거리가 더 길기 때문에 보트가 수면에서 움직이는 속도가 로프가 당신의 손을 지나가는 속도보다 빠름을 알 수 있다.

혹시나 궁금해 할 독자들을 위해 아까 생각하다 말았던 풀이법으로도 이 문제를 풀어보자. 피타고라스 정리에 의해 $c^2=a^2+b^2$이다. 이 공식을 이용하면 c를 b에 대해 미분할 수 있다.

$$c = \sqrt{a^\square + b^\square}$$

$$\frac{dc}{db} = \frac{\square}{\square}(a^\square + b^\square)^{\frac{\square}{\square}}(\square b) = \frac{b}{\sqrt{a^\square + b^\square}}$$

b는 양수이므로 a가 0이면 위 식의 마지막 줄에 있는 식의 값은 1이 된다. 이 문제의 경우와 마찬가지로 a가 0보다 크면 위의 식에서 분모가 분자보다 크기 때문에 1보다 작은 값이 나온다. 즉, b가 아주 조금 바뀐다고 할 때 c의 변화량은 b의 변화량보다 작다는 것을 의미하며, 결과적으로 보트가 더 빠르게 움직인다는 것을 알 수 있다.

이 문제는 수학을 더 많이 알수록 어려워 보이는 특이한 퍼즐 유형에 속한다. 인터뷰에서 이런 문제를 맞닥뜨리면 참 난감하다. 어려운 문제가 나올 것으로 예상하고 있고, 게다가 면접 때문에 긴장한 상태에서 문제 풀이를 잠시 멈추고 혹시 더 쉬운 방법이 없을지 궁리해보는 것은 쉽지 않은 일이다.

이런 유형의 문제 중 매우 심한 예로 각각 시속 10마일로 서로를 향해 달려가는 기차에 관한 문제가 있다. 그 두 기차가 정확하게 30마일만큼 떨어져 있을 때 한 기차의 맨 앞에 앉아 있던 새가 반대편 기차를 향해 시속 60마일로 날기 시작한다. 그 새는 반대편 기차에 다다르면 즉시 방향을 틀어서 첫 번째 기차로 날아간다. 이 과정을 두 기차가 정면충돌할 때까지 계속 반복한다.

이 새가 날아간 총 거리를 묻는 질문이 나오면 수학을 좀 한다는 학생들은 정말 복잡한 무한급수의 합을 계산하느라고 한참을 허비한다. 하지만 무한급수가 뭔지 모르는 어린 학생들은 기차가 30마일만큼 떨어져 있는 시점에서부터 충돌할 때까지 한 시간 반이 걸린다는 것을 알아내고는 그 동안 새가 계속해서 시속 60마일로 날아가기 때문에 총 90마일을 비행한다는 답을 금방 알아내곤 한다.

정육면체의 개수

작은 정육면체를 3×3×3 형태로 배열해서 만든 커다란 정육면체를 상상해보자. 즉 폭, 높이, 깊이가 모두 작은 정육면체 세 개 크기인 큰 정육면체를 생각하면 된다. 큰 정육면체 표면에 배치된 작은 정육면체의 개수는 몇 개인가?

[그림 17-3]에 나와 있는 것과 같은 루빅큐브를 생각하면 된다.

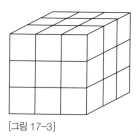

[그림 17-3]

이 문제는 공간 지각력을 테스트하기 위한 문제다. 공간 지각 문제는 사람마다 풀이 방법이 다르기 때문에 여기에서도 다양한 접근법을 소개해보도록 하겠다. 적어도 이 중 한 가지 정도는 각자에게 도움이 될 수 있으리라 생각한다. 그림을 그려서 이 문제를 풀 수도 있지만 3차원 문제기 때문에 그림을 그리면 오히려 헷갈리기만 할 수도 있다.

이 문제를 푸는 한 가지 방법으로 큰 정육면체의 각 면에 있는 작은 정육면체의 개수를 세는 방법을 생각할 수 있다. 정육면체에는 총 여섯 개의 면이 있다. 큰 정육면체의 각 면에는 작은 정육면체가 9개(3×3개) 있기 때문에 표면에 있는 작은 정육면체는 총 6×9=54개라는 답을 내놓을 수도 있다. 그런데 작은 정육면체는 총 3×3×3=27개밖에 안 되기 때문에 그 두 배인 54개가 표면에 배치된다는 것은 말도 안 되는 소리다. 이런 오답이 나온 것은 작은 정육면체 중에는 두 면 이상에 걸쳐있는 것도 있기 때문이다. 예를 들어 모서리에 있는 정육면체는 세 면에 걸쳐서 분포한다. 두 개 이상의 면에 걸쳐있는 작은 정육면체 때문에 복잡한 계산을 하는 것보다는 조금 더 쉬운 풀이법을 찾아보는 것이 나을 듯하다.

이 문제를 공략하는 더 나은 방법으로 층별로 정육면체의 개수를 세는 방법을 들 수 있다. 큰 정육면체는 작은 정육면체를 세 층 쌓아서 만든 것이므로 총 세 층을 생각할 수 있다. 맨 위층에 있는 작은 정육면체는 전부(아홉 개) 표면에 배치되어 있다. 가운데층에 있는 작은 정육면체는 가운데 있는 정육면체를 제외하면 모두(여덟 개) 표면에 배치되어 있다. 마지막으로 맨 아래층에 있는 정육면체도 모두(아홉 개) 표면에 배치되어 있다. 따라서 총 9+8+9=26 개의 정육면체가 표면에 배치되어 있다는 결론이 나온다.

이런 방법으로도 정답을 구할 수는 있지만 어쩌면 표면에 있지 않은 정육면체의 개수를 구한 다음 전체 정육면체 개수에서 그 값을 빼는 쪽이 더 나을지도 모르겠다. 불분명한 개념보다는 분명한 특정 사물을 머릿속에 그리는 것이 더 쉽다. 이제 표면에 있는 정육면체는 투명한 빨간색이라고 상상해보고 속에 숨어 있는 정육면체는 밝은 파란색이라고 상상해보자. 그러면 빨간색 작은 정육면체로 둘러싸인 단 하나의 밝은 파란색 정육면체가 머릿속에 그려질 것이다. 그 파란 정육면체는 표면에 배치되지 않은 유일한 정육면체이므로 표면에 배치된 정육면체는 27−1개 즉, 26개임을 알 수 있다.

면접 문제

이제 작은 정육면체를 4×4×4 형태로 배치하여 만든 커다란 정육면체를 생각해보자. 이 큰 정육면체에서 표면에 배치된 작은 정육면체는 몇 개인가?

작은 정육면체의 개수가 늘어나면 층별로 개수를 세기가 더 복잡해지기 때문에 이번에는 표면에 배치되지 않은 작은 정육면체의 개수를 세는 방법만 써 보도록 하자. 표면에 배치되지 않은 정육면체들은 커다란 정육면체 안에 다시 조금 덜 큰 정육면체를 이루고 숨어 있다. 그 조금 덜 큰 정육면체에는 작은 정육면체가 총 몇 개 들어 있을까? 네 개라고 생각하는 사람들도 있는데, 작은 정육면체 네 개를 가지고 정육면체를 만들 수 있는지 생각해보면 불가능하다는 것을 알 수 있다. 다시 생각하면 작은 정육면체를 2×2×2 즉, 8개 모아야 정육면체가 만들어짐을 알 수 있고, 따라서 8개가 표면에 드러나지 않는다는 결론을 내릴 수 있다. 정육면체의 총 개수는 4×4×4=64개이므로, 64-8=56개의 정육면체가 표면에 배치되어 있음을 알 수 있다.

위 풀이를 일반화시켜서 작은 정육면체를 n×n×n개 모아서 만든 정육면체가 있다고 하자. 표면에 배치된 작은 정육면체의 수를 n의 식으로 나타내면 어떻게 될까?

이 문제를 풀 때는 정육면체의 개수를 직접 셀 수 없기 때문에 아까와는 얘기가 달라진다. 정육면체가 총 n^3개라는 것은 알고 있다. 표면에 배치되지 않은 정육면체의 수를 계산할 수 있다면 그 값을 가지고 표면에 배치된 정육면체의 수를 알아낼 수 있다. 이 상황을 머릿속에서 그림으로 그려보면서 표면에 있는 정육면체는 빨간 색으로, 속에 숨겨져 있는 정육면체는 파란 색으로 칠해보자. 어떤 모양이 나올까? 파란 정육면체들로 이루어진 큰 정육면체가 작은 정육면체 하나 두께의 빨간 정육면체로 만들어진 껍데기로 둘러싸인 모양을 상상할 수 있을 것이다. 파란 정육면체들로 이루어진 정육면체의 크기를 알 수 있다면 그 안에 들어 있는 작은 정육면체 수를 알 수 있다. 파란 정육면체들로 이루어진 정육면체는 전체 정육면체보다는 작기 때문에 파란 정육면체의 수는 n의 3승보다는 작아야 할 텐데, 얼마나 작을까?

큰 정육면체를 가로지르는 작은 정육면체로 이어지는 선을 하나 상상해보자. 그 선의 길이는 n일 것이다. 정육면체 하나 두께의 빨간 정육면체가 전체를 감싸고 있기 때문에 첫 번째와 마지막 정육면체는 둘 다 빨간색이고, 나머지는 모두 파란 색일 것이다. 즉, 한 줄에 n-2개의 파란 정육면체가 들어 있다. 파란 정육면체들이 큰 정육면체를 이루므로, 높이, 너비, 깊이가 모두 n-2가 될 것이다. 따라서 표면에 배치되지 않은 정육면체는 총 $(n-2)^3$임을 알 수 있다. 이 값을 모든 정육면체의 수에서 빼면 $n^3-(n-2)^3$개의 정육면체가 표면에 배치되어 있음을 알 수 있다. 앞에서 이미 풀어본 경우에 대해 이 식을 적용해보자. $3^3-(3-2)^3=26$이고, $4^3-(4-2)^3=56$이므로 아까 풀어본 3×3×3, 4×4×4 케이스에도 잘 맞는 답이라는 것을 알 수 있다.

3차원 공간에서 3개의 서로 수직인 방향으로 같은 치수를 가지는 것을 입방체(정육면체, 큐브(cube))라고 부른다. 4차원 하이퍼큐브(hypercube)는 4차원 공간에서 서로 수직인 4개의 방향으로 같은 치수를 가지는 것을 뜻한다. n×n×n×n개의 작은 4차원 하이퍼큐브로 이루어지는 커다란 하이퍼큐브의 표면에 배치된 하이퍼큐브의 개수를 구하라.

이제부터 정말 흥미진진한 문제가 나오기 시작한다. 처음에는 머릿속으로라도 모양을 상상해볼 수 있는 공간 지각력과 관련된 문제로 시작했지만, 4차원으로 넘어가면 대부분의 사람들이 더 이상 머릿속으로도 상상하는 것조차 힘들어한다. 하지만 그렇다고 하더라도 여전히 공간 지각력은 유용하다. 다음과 같은 식으로 생각해보자.

시간을 4번째 차원으로 표현하는 경우가 종종 있다. 시간을 구체적으로 시각화하는 가장 쉬운 방법은 아날로그 영화 필름을 상상해보는 것이다. 필름에서 각 장면은 서로 다른 시간 즉, 4번째 차원에서의 서로 다른 위치를 나타낸다. 4번째 차원을 완벽하게 표현하기 위해서는 각 프레임이 실제 필름에서의 2차원적인 그림이 아닌 완전히 3차원적인 공간이라고 상상해야 한다. 머릿속에 이런 그림이 어느 정도 그려진다면 4차원을 시각화하는 것도 가능하다.

하이퍼큐브는 서로 수직인 4개의 방향으로 치수가 모두 같기 때문에 이 문제에서 커다란 하이퍼큐브를 나타내는 필름은 n개의 프레임으로 구성된다. 각 프레임마다 바로 앞 문제에서 생각했던 것과 같은 n×n×n개의 정육면체들을 볼 수 있다. (각 프레임에 있는 큐브도 하이퍼큐브다. 프레임 안에 존재한다는 것은 그 큐브가 한 프레임 동안 존재한다는 것이다. 즉 시간, 4번째 차원에서 한 단위의 크기를 갖는 것을 뜻한다. 하지만 한 프레임을 머릿속에서 그려볼 때는 그냥 일반적인 3차원 큐브로 생각하는 게 편하다.) 즉, 총 $n \times n^3 = n^4$개의 하이퍼큐브가 있다. 색깔을 가지고 생각해보면 필름의 첫 번째 프레임과 마지막 프레임을 제외한 가운데 있는 프레임에 있는 큰 하이퍼큐브는 앞에서 생각했던 것처럼 빨간 껍데기가 가운데 있는 파란색 부분을 감싸고 있는 형태가 될 것이다.

첫 번째와 마지막 프레임에 있는 정육면체는 4번째 차원에서 표면을 차지하게 된다. 따라서 그 두 프레임에 있는 정육면체는 모두 빨간색일 것이다. 결국 파란색 큐브가 있는 프레임은 n-2개이고, 각 프레임은 앞 문제에서 생각했던 것과 같은 모양으로 생겼다.

프레임 수와 각 프레임에 들어 있는 파란색 정육면체의 수를 곱하면 총 $(n-2)$ $(n-2)^3=(n-2)^4$개의 파란색 하이퍼큐브가 있다는 결론을 내릴 수 있다. 따라서 앞에서 구한 총 하이퍼큐브의 개수에서 이 값을 빼면 표면에 배치된 하이퍼큐브의 수는 $n^4-(n-2)^4$개가 된다.

면접 문제

위의 풀이를 i차원으로 확장시켜보라. i차원 하이퍼큐브를 n×n×n×...×n으로 배열한 커다란 하이퍼큐브가 있을 때 표면에 드러난 하이퍼큐브의 개수는 몇 개인가?

이제 거의 다 끝나간다. 이 문제를 풀 때는 지금까지 활용했던 시각화 방법을 더 높은 차원으로 확장해볼 수도 있을 것이고, 시각화하는 방법은 포기하고 패턴과 수학을 이용하여 문제를 풀어볼 수도 있을 것이다. 여기에서는 두 가지 방법을 다 소개해보도록 하겠다.

바로 앞의 문제에서 연속된 필름 형태로 시각화하는 방법으로 4차원에 대해서 문제를 해결했는데, 이번에는 필름이 여러 줄 있다고 생각해보자. 필름 n줄을 나란히 놓으면 5차원을 구성할 수 있다. 각 프레임으로 3차원을 표현하고 프레임 번호로 4번째 차원을, 필름줄 번호로 5번째 차원을 표현한다고 볼 수 있다. 각 줄의 필름은 맨 오른쪽에 있는 것과 맨 왼쪽에 있는 것을 제외하면 모두 4차원 경우의 필름과 같을 것이다. 맨 오른쪽과 맨 왼쪽에 있는 두 줄은 5차원에서 표면에 해당하기 때문에 각 프레임에 들어 있는 모든 정육면체들이 빨간색이 될 것이다. 필름들을 층층이 쌓아 올리면 6차원까지도 이런 방법을 확장할 수 있다.

6차원이 넘어가면 머릿속으로 그림을 그려보기가 다시 어려워지지만(층층이 쌓아올린 여러 줄의 필름들을 여러 테이블에 올려놓는 식으로 한 차원을 더 올려볼 수도 있긴 할 것이다) 적어도 이쯤 되면 차원이라는 것이 그리 대단한 것은 아니라는 것(3차원보다 높은 차원의 사물이라고 해서 딱히 특별한 것은 아니라는 점)은 느낄 수 있을 것이다.

차원이 올라갈 때마다 바로 전 단계에서 시각화했던 것을 n개 겹쳐놓으면 된다. 그중에서 둘은 완전히 표면에 배치되기 때문에 파란색 정육면체가 안쪽에 n−2개 들어가게 된다. 따라서 차원이 올라갈 때마다 하이퍼큐브의 개수는 n배씩 증가하고 표면이 아닌 곳에 배치되는 하이퍼큐브의 개수는 n−2배씩 증가한다. 결과적으로 i차원의 하이퍼큐브의 경우에 표면에 배치되는 하이퍼큐브의 수는 총 $n^i-(n-2)^i$개라는 결론을 내릴 수 있다.

시각화를 하지 않고 패턴을 기반으로 하는 접근법을 택할 수도 있다. 3차원의 경우에는 각 성분을 3승을 했고, 4차원의 경우에는 각 성분을 4승을 했다. 이로부터 승수가 문제에서 주어진 차원의 수와 같다는 것을 유추할 수 있다. 1차원과 2차원(각각 선분과 정사각형을 생각해보면 된다)의 경우에 대해 시도하면 그런 방법이 잘 들어맞는다는 것을 확인할 수 있다. 수학적으로 생각해보면 i개의 방향으로 n개씩의 하이퍼큐브가 있으면 하이퍼큐브의 총 개수는 n^i개일 것이고, 마찬가지 이유로 표면에 배치되지 않은 하이퍼큐브는 총 $(n-2)^i$개임을 알 수 있다. 제대로 증명을 한 것은 아니지만 $n^i-(n-2)^i$가 정답이라는 것을 어느 정도 뒷받침할 수는 있다.

지금까지 이 문제를 풀어온 과정을 한 번 돌이켜보자. 이 문제의 첫 번째 부분은 꽤 쉽다. 하지만 마지막 부분만 덜렁 내놓았다면 풀기가 거의 불가능했을 것이다. 문제의 각 부분은 바로 앞부분에 비해 조금씩 어려운 정도였고, 각 부분을 풀 때마다 새로운 영감을 얻을 수 있었기 때문에 마지막 부분을 접했을 때도 불가능하다는 느낌이 들 정도는 아니었다. 더 단순하고 쉽고 구체적인 케이스를 풀고 나면 더 어렵고 일반적인 문제를 푸는 데 필요한 영감을 얻을 수 있다. 여기에 나와 있는 것처럼 문제가 단계별로 주어지지 않는다고 하더라도 자기 힘으로 이런 과정을 만들어나갈 수 있어야 할 것이다.

여우와 오리

여우에게 쫓기고 있는 오리 한마리가 완벽한 원형 연못의 중심으로 도망쳤다. 여우는 수영을 할 수 없고, 오리는 땅 위에서는 날아오를 수 있지만 물 위에서는 날아오르지 못한다. 여우는 오리보다 4배 빠르다. 여우와 오리가 모두 최적의 전략을 따른다고 할 때 이 오리가 여우한테 잡히지 않고 연못 가장자리에 도착하여 날아가 버리는 것이 가능할까? 가능하다면 어떤 방법으로 가능할지 설명하라.

가장 단순해 보이는 방법은 여우가 서 있는 방향하고 반대 방향으로 헤엄쳐서 달아나는 방법이다. 이렇게 하면 오리는 연못의 반지름 r만큼 헤엄쳐야 가장자리에 다다를 수 있다. 여우는 오리를 잡으려면 연못 둘레의 절반(즉, πr)을 달려야 한다. 여우가 오리보다 4배 빠른데, $\pi r < 4r$이므로 이런 전략을 따른다면 오리는 금방 여우의 밥이 되고 말 것이다.

이 결과로부터 무엇을 배울 수 있을까? 오리는 여우한테서 영영 도망칠 수 없는 걸까? 그렇진 않다. 이 전략을 써서는 여우한테서 도망칠 수 없다는 것을 보여줄 뿐이다. 그냥 이것으로 끝이라면 문제가 너무 간단하기 때문에 면접 문제로 이런 문제는 나오지 않으리라는 것을 알 수 있다. 즉, 아직 방법은 모르지만 오리가 도망칠 수 있을 것으로 추측해볼 수 있다.

오리한테 초점을 맞추는 대신 이번에는 여우의 전략에 대해 생각해보자. 여우는 최대한 오리로부터 가까운 거리를 유지하기 위해 연못 주변을 뛰어다닐 것이다. 원 안의 임의의 점에서 원 가장자리에 가장 가까운 점은 원의 중심에서 그 점으로 연결되는 반지름선상에 있기 때문에 여우는 오리와 같은 반지름선상에 있을 수 있도록 최선을 다 해야 할 것이다.

그러면 오리 입장에서 어떻게 하면 여우가 힘들어질까? 오리가 어떤 반지름선상에서 앞뒤로 움직이기만 하면 여우는 한 점에서 가만히 앉아 기다리기만 하면 된다. 연못의 중심점 앞뒤로 움직인다면 여우는 원의 반대편으로 계속해서 뛰어다녀야 할 것이다. 하지만 매번 오리가 중심점을 통과할 때마다 결국은 이 문제에서 처음 주어진 상황 즉, 오리는 연못 중심에 있고 여우는 연못 가장자리의 한 점에 있는 상황으로 돌아가고 만다. 오리 입장에서는 이런 식으로 해서 별 소득을 얻을 수 있다.

오리가 연못과 동심원을 그리면서 헤엄치는 경우를 생각해볼 수도 있다. 그러면 여우는 오리와 같은 반지름선상에 있기 위해 계속해서 뛰어야 할 것이다. 오리가 연못 가장자리에 있다면 한 바퀴 도는 거리는 별로 차이가 안 나고 여우가 네 배 더 빠르게 움직일 수 있기 때문에 여우가 뛰어다니는 데 별 문제가 없다. 하지만 여우가 연못 중심에 가까운 곳에서 원을 그리며 움직이면 오리가 도는 원 둘레는 점점 작아진다. 반지름 ¼r인 원을 돌면 오리가 도는 원 둘레가 여우가 도는 원 둘레의 정확하게 ¼ 배가 되어 여우는 가까스로 같은 반지름선상에 있을 수 있다. 반지름이 ¼r 보다 작은 원을 그리며 돌면 여우가 달려야 할 거리가 오리가 헤엄쳐야 할 거리의 4배가 넘어간다. 즉, 오리가 작은 원을 그리며 헤엄치면 여우가 뒤처지게 된다.

이렇게 하면 여우와의 거리를 어느 정도 벌리는 것이 가능하다. 계속 돌다 보면 언젠가는 오리가 여우와 180도 각도를 이루게 될 수 있다. 즉, 오리한테서 가장 가까운 연못 가장자리가 여우한테서는 가장 먼 점이 되는 순간이 오게 될 것이다. 그 순간에 연못 가장자리를 향해 헤엄치면 여우가 도착하기 전에 가장자리에 도착해서 날아갈 수 있다.

어떻게 하면 그 차이를 극대화시킬 수 있을까? 오리가 그리는 원의 반지름이 ¼r 이면 여우는 오리와 같은 반지름선상에서 움직이므로, ¼r에서 정말 작은 거리 ε만큼을 뺀 반지름을 가지는 원을 그리면서 돌면 오리가 아주 조금 앞서나갈 수 있다. 이렇게 계속 돌다보면 언젠가는 여우와 180도 각도를 이루게 되며, 그때 오리에게서 가장 가까운 연못가까지의 거리는 ¾r+ε이다. 하지만 여우는 그 지점과 정반대편에 있기 때문에 원 둘레의 절반인 πr만큼을 뛰어가야 한다. 이 경우에는 여우가 달려가야 하는 거리가 오리가 헤엄쳐가야 하는 거리의 4배(¾r×4⟨πr⟩)가 넘기 때문에 오리는 [그림 17-4]에 나와 있는 것처럼 안전하게 연못가에 도착하여 날아갈 수 있다.

이와 비슷한 문제로 토끼를 좇는 여우 문제도 한 번 직접 풀어보자. 토끼와 여우가 원형 축사 안에 있는데, 둘 다 그 밖으로 나갈 수는 없다. 토끼와 여우가 뛰는 속도가 같다면 여우가 토끼를 잡을 수 있을까?

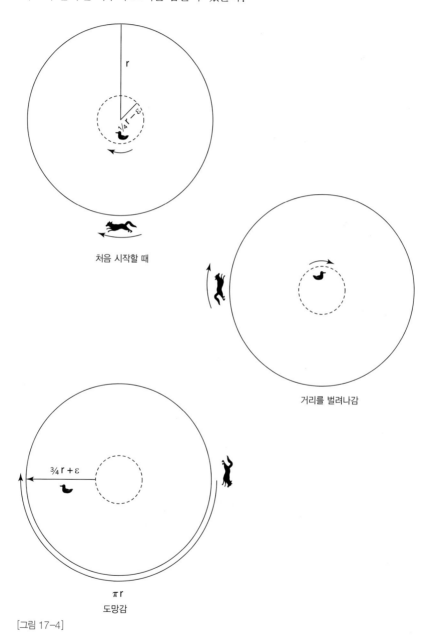

처음 시작할 때

거리를 벌려나감

도망감

[그림 17-4]

심지

심지 두 개와 라이터가 주어졌다. 각 심지의 한쪽 끝에 불을 붙이면 끝까지 타는 데 정확하게 한 시간이 걸린다. 하지만 심지가 일정한 비율로 타들어가는 것은 아니며, 그 두 심지가 똑같지도 않다. 즉, 심지가 탄 길이와 그만큼 타는 데 걸리는 시간 사이의 관계에 대해 어떤 가정도 할 수 없다. 길이가 똑같은 심지라고 해서 타는 데 걸리는 시간이 같진 않다. 이 두 심지와 라이터를 써서 정확하게 45분을 측정하는 방법을 고안하라.

이 문제에서 어려운 부분 가운데 하나는 심지 길이가 그 만큼의 심지가 타는 데 걸리는 시간과 무관하다는 것을 확실히 새겨두는 것이다. 문제에 분명히 나와 있긴 하지만 심지가 일정한 속도로 탄다는 것과 시간과 심지가 탄 길이 사이에 어떤 관계가 있다는 것이 워낙 머릿속에 굳게 박혀있기 때문에 어떤 식으로든 심지의 물리적인 길이를 측정하고 싶은 마음을 떨쳐버리기가 쉽지 않다. 사실 심지가 타는 속도는 알려지지도 않았고 가변적이기 때문에 우리가 써먹을 수 있는 것은 시간뿐이다. 이 점에 주의하여 문제를 풀어보기로 하자.

무엇을 가지고 어떤 일을 할 수 있는지는 문제에 잘 나와 있다. 그런 경우에는 모든 가능성을 생각해보고 그중 어떤 것이 유용할지를 찾아내는 방법을 써 보는 것이 좋다.

심지에 불을 붙일 때는 한쪽 끝에 붙일 수도 있고, 중간 어딘가에서 불을 붙일 수도 있다. 두 심지 중 하나의 끝에 불을 붙이면 60분 동안 탄다. 이 시간은 우리가 측정해야 하는 시간보다 길기 때문에 직접적으로 도움이 될 것 같진 않다. 심지 중간에 불을 붙이면 불꽃이 양쪽으로 갈라지면서 서로 반대쪽 끝을 향해 타들어 갈 것이다. 정말 운이 좋아서 정확하게 가운데(물론 길이로 따져서 가운데가 아니라 타는 시간으로 따져서 가운데를 뜻한다) 불을 붙일 수 있다면 30분 후에 두 불꽃이 동시에 꺼질 것이다. 하지만 심지 가운데 불을 붙일 가능성이 거의 없기 때문에 한쪽은 30분보다 빨리, 다른 한쪽은 30분보다 늦게 꺼질 것이다. 이런 방법으로 시간을 측정하는 방법은 별로 신통해 보이지 않는다.

심지 중간에 불을 붙이면 끝에 불을 붙였을 때와는 심지가 타는 시간이 달라진다. 왜 그럴까? 심지 중간에 불을 붙이면 불꽃이 두 개 만들어지기 때문에 두 군데를 동시에 태우는 셈이 된다. 이 두 불꽃을 다른 식으로 사용할 수는 없을까? 심지 중간에 불을 붙였을 때는 시간적으로 볼 때 어느 위치에 불을 붙이는지 확실하게 알 수 없다는 문제가 있었다. 따라서 심지의 끝에 불을 붙여야만 한다. 심지 양쪽에 동시에 불을 붙이면 불꽃이 가운데를 향해 타들어가고 정확히 30분 후에 중간에서 만나면서 불이 꺼질 것이다. 이 방법은 쓸모가 있어 보인다.

지금까지 심지 하나로 정확하게 30분을 측정하는 방법을 살펴보았다. 나머지 심지를 가지고 15분을 측정하는 방법만 알아내면 그 두 시간을 합쳐서 문제를 풀 수 있다. 15분을 측정하려면 무엇이 필요할까? 15분 길이의 심지 한쪽 끝에 불을 붙이거나, 30분 길이의 심지 양쪽에 불을 붙이면 될 것 같다. 60분 길이의 심지를 가지고 시작하기 때문에 심지를 45분 또는 30분 길이만큼 줄여야 한다. 이때도 심지를 물리적으로 절반으로 자른다고 해서 시간이 절반이 되는 것은 아니기 때문에 심지를 자른다거나 하지 않고 불을 붙이는 것만 가지고 문제를 해결해야 한다. 양쪽으로부터 22.5분 또는 한쪽으로부터 45분 동안 불을 붙이면 45분 분량을 제거하고 15분 분량만 남길 수 있다. 그런데 22.5분을 측정하는 것은 원래 문제를 푸는 것보다도 더 어려워 보인다. 그리고 45분을 측정하는 방법을 구하는 것은 그 자체로 문제를 푸는 것이기 때문에 이 방법은 별 도움이 되지 않는다. 또 다른 방법으로 심지의 30분 분량을 제거하는 방법을 생각해보자. 양쪽에 불을 붙여서 15분 동안 기다리거나 한쪽에 불을 붙인 후 30분 동안 기다리면 된다. 지금 목표가 15분을 측정하는 방법을 알아내는 것인데, 그렇게 하기 위해 15분을 측정하는 방법을 찾아내는 것은 무의미하다. 하지만 30분을 측정하는 방법은 이미 알아냈다. 심지의 양쪽 끝에 동시에 불을 붙인 후 가운데에서 불꽃이 만나서 불이 꺼지는 데 정확하게 30분이 걸리기 때문이다. 첫 번째 심지의 양쪽에 불을 붙이는 동시에 두 번째 심지의 한쪽에 불을 붙이면 첫 번째 심지가 다 탔을 때 두 번째 심지에는 30분 분량의 심지만 남게 된다. 첫 번째 심지의 불이 꺼지는 순간에 두 번째 심지의 반대편 끝에 불을 붙이면 30분 분량의 심지 양쪽에서 불이 타들어가므로 정확하게 15분 후에 불이 꺼질 것이다. 따라서 총 30+15=45분을 측정할 수 있다.

열차를 피하는 방법

두 소년이 산을 넘어가다가 기차가 지나가는 터널로 질러가기로 했다. 터널을 ⅔만큼 걸어갔는데, 두려워했던 일이 현실로 일어나고 말았다. 터널 반대편에서 기차가 터널로 들어오려고 하고 있는 것이었다. 소년들은 놀라서 서로 반대 방향으로 뛰어가기 시작했다. 둘다 시속 10마일로 달렸다. 두 소년은 모두 기차에 치이기 직전에 터널을 벗어날 수 있었다. 기차의 속력이 일정하고 소년들이 기차가 온다는 것을 알아낸 순간 바로 일정한 속도로 달리기 시작했다고 가정할 때 열차의 속도를 구하라.

얼핏 보면 고등학교(공부를 잘 하는 학생이었다면 중학교) 숙제로 나올 법한 전형적인 수학 문제처럼 보인다. 하지만 x, y를 가지고 문제를 풀려고 하면 보통 수학 문제에 비해 주어지지 않은 정보가 꽤 많다는 것을 발견할 수 있다. 특히 소년들의 속도는 나와 있지만, 거리나 시간 같은 정보는 나와 있지 않다. 처음 봤을 때에 비해 문제가 더 어려울 것 같은 느낌이 든다.

이럴 때는 주어진 정보를 가지고 그림을 그려보는 것부터 시작하는 것이 좋다. 두 소년을 각각 A, B라고 부르자. 두 소년이 기차가 오고 있다는 것을 깨달은 순간 기차는 (우리가 모르는) 어떤 거리로부터 그들을 향해 달려오고 있다. A, B는 모두 기차가 오고 있는 방향을 기준으로 터널의 ⅓ 지점에 위치해 있다. A는 기차를 향해 달려가고 B는 그 반대로 달려가고 있는데, 그림으로 그려보면 [그림 17-5] 와 같다.

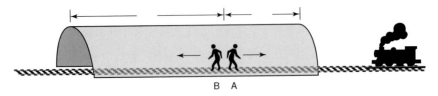

B A

[그림 17-5]

이 외에 우리가 알 수 있는 것은 두 소년 모두 기차에 부딪히기 직전에 가까스로 터널을 빠져나올 수 있다는 것뿐이다. A와 B가 각각 터널을 빠져나오는 순간을 그림으로 그려보자. A는 기차를 향해서 달려가기 때문에 터널 길이의 ⅓ 거리만 달려가면 되므로 B보다 먼저 터널을 벗어난다. 그때 B는 어디에 있을까? A와 B는 같은 속력으로 달리는데, A가 터널 길이의 ⅓만큼을 달려가야 터널에서 빠져나갈 수 있으므로, B도 똑같이 터널 길이의 ⅓만큼을 달려갔음을 알 수 있다. 따라서 [그림 17-6]에 나와 있는 것처럼 터널 길이의 ⅓만큼만 더 달리면 터널을 빠져나갈 수 있는 위치에 있다.

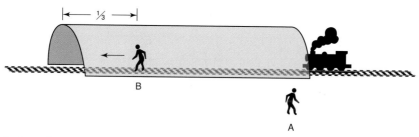

[그림 17-6]

이제 B가 터널을 빠져나가는 순간을 그려보자. 기차가 터널 끝에 다다르면서 기차와 소년 B가 동시에 터널을 빠져나온다(A는 터널 밖 어딘가에서 숨을 고르고 있을 것이다). 이 상황은 [그림 17-7]에 나와 있다.

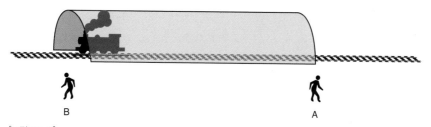

[그림 17-7]

사실 이렇게 그림을 그려놓는다고 해서 바로 답이 나오진 않는다. 지금 구해야 하는 것은 기차의 속력이기 때문에 기차가 어떤 식으로 움직이는지 살펴봐야 한다.

세 개의 그림에서 기차의 위치가 어떻게 달라지는지 생각해보자. 첫 번째와 두 번째 그림을 보면 A와 B는 각각 터널 길이의 ⅓씩을 달렸고, 그 동안 기차가 달려온 거리는 알 수 없다. 별로 도움이 될 만한 내용이 없어 보인다. 두 번째와 세 번째 그림을 비교하면 B는 다시 터널의 ⅓을 달렸고, 그 동안 기차는 터널 전체를 달렸다. 따라서 같은 시간 동안 기차가 달린 거리가 B가 달린 거리의 세 배임을 알 수 있다. B의 속력이 시속 10마일이었으므로 기차는 시속 30마일로 달린다는 결론을 내릴 수 있다.

요약

퍼즐 중에는 그림의 요소가 많이 포함되어 있는 것이 있으며, 그런 문제는 공간 지각 능력을 테스트하기 위한 용도로 종종 나온다. 이런 유형에 해당하는 문제를 풀 때도 앞 장에 나와 있는 가이드라인들을 적용해볼 수 있지만, 문제를 그림으로 그렸을 때 정답을 쉽게 구할 수 있는 경우가 많다.

그림의 위력을 과소평가하지 않도록 하자.

지식 기반 문제

지식 기반 문제가 나오는 빈도는 면접마다 크게 다를 수 있다. 면접관에 따라 지식 기반 문제를 전혀 물어보지 않는 사람이 있는 반면, 지식 기반 문제만 물어보는 사람도 있다. 점심 식사때와 같이 칠판이나 종이가 없을 때 이런 문제를 묻기도 하고, 코딩 능력에 대해 만족한 상태에서 일반적인 컴퓨터에 대한 지식을 테스트하기 위해 이런 질문을 하기도 한다.

준비

지식 기반 문제는 일반적으로 지원자가 자기소개서에 쓴 내용과 그 전에 물어봤던 질문들, 이렇게 두 가지를 바탕으로 낸다.

면접 전에 자신이 제출한 이력서나 자기소개서를 다시 한 번 확인해보고 거기에 적어놓은 어떤 내용에 대해서든 대답할 수 있도록 준비해야 한다. 간략하게 적어 놓았더라도 꼭 준비는 해야 한다. 이력서를 조목조목 따지면서 "X가 뭔가요?", "X를 가지고 뭘 해 봤습니까?" 같은 질문을 일일이 던지는 면접관도 있다. 예를 들어, 이력서에 jQuery에 대한 내용을 적어놓았다면 "jQuery가 뭔가요?"라든가 "jQuery로 뭘 해봤나요?" 같은 질문에 답할 준비를 미리 해둬야 한다. 그런 질문에 제대로 답하지 못할 것 같다면 jQuery에 대한 내용을 이력서에서 빼 버리는 것이 좋다.

> 이력서에 있는 내용이라면 어떤 내용에 대한 질문이라도 대답할 수 있도록 준비해야 한다.

비슷한 맥락에서 면접 도중에 이야기를 할 때도 주의할 점이 있다. 지원자가 언급했던 기술이나 기법에 대해 얼마나 잘 알고 있는지 확인하기 위해 더 자세한 설명을 요구할 수 있기 때문이다. 매우 단순한 질문이 나올 수도 있다. "자바 프로그래밍을 시작한 지 몇 년 됐습니다"라고 말한다면 면접관이 "처음 써본 자바 버전이 뭐였나요?"라고 물어볼 수도 있다. 자바 7을 기반으로 한 책을 처음 읽긴 했지만, 실제 프로그래밍은 자바 8이 나온 후에야 시작했다면 자바 7부터 시작했다고 대답하진 말아야 한다. 그런 식으로 대답하면 "자바 8에서 새로 도입된 기능 중에 어떤 게 제일 마음에 들었나요?" 같은 질문이 나왔을 때 제대로 대답하지 못할 수 있기 때문이다. 사실 자바 8이 나오면서 워낙 바뀐 게 많기 때문에(람다 표현식, 기본 메서드 등) 이런 질문이 나올 가능성이 매우 높다. 앞에서 대답한 내용 때문에 나중에 곤경에 처하고 싶은 게 아니라면 자신의 배경에 대해 최대한 정직하고 정확하게 답해야 한다.

일반적으로 지원자가 프로그래밍 문제를 풀면서 얘기하는 모든 개념에 대해서 추가 질문이 나올 수 있다고 봐야 한다. 가능하면 내가 잘 알고 있는 개념은 끌어들이고 잘 모르는 건 피하는 식으로 상황을 유리하게 끌고 가는 게 좋다. 예를 들어, 어떤 알고리즘은 레퍼런스의 국소성이 좋지 않기 때문에 효율이 떨어질 수 있다고 답했다면 조만간 "레퍼런스의 국소성이 무엇이며 성능에 어떤 영향을 미치는가?" 하는 질문이 나올 가능성이 매우 높다. 이런 추가 질문에 잘 답할 수 있다면 알고리즘과 프로그래밍을 속속들이 잘 이해하고 있는 대단한 인재로 인정받을 수 있을 것이다. 하지만 알고리즘에 대해 올바르게 얘기했다고 하더라도 자신이 사용한 용어의 정의를 똑바로 설명할 수 없다면 그 개념을 단순히 외우고만 있을 뿐 제대로 이해는 하지 못한다는 인상을 줄 수밖에 없다.

문제

이력서에 들어갈 수 있거나 면접에서 나올 수 있는 컴퓨터 지식의 전 분야를 여기에서 다루는 것은 불가능하다. 대신 이 장에서는 지식 기반 문제의 대표적인 예라고 할 수 있는 것을 몇 가지 소개하고자 한다. 여기에서는 시스템 수준의 이슈, 다양한 프로그래밍 방법 사이의 장단점, 언어의 고급 기능 등에 초점을 맞춰보도록 하겠다. 여기에 있는 문제들은 면접관 입장에서 볼 때 충분히 낼만한 문제라고 할 수 있다. 컴퓨터에 대해 꽤나 잘 안다고 자부하는 지원자가 가상 메모리나 디스크 캐시 같은 기본적인 시스템 수준의 이슈를 모른다면 면접관은 그 사람이 실은 컴퓨터에 대해 잘 모른다는 결론을 내릴 수밖에 없다. 게다가 실무에서는 "어떤 알고리즘을 어떤 언어로 구현하여 이 문제를 해결하라." 같은 식이 아니라 그냥 "이런 문제가 있는데 빨리 해결해야 한다" 같은 식으로 문제가 주어진다. 회사 입장에서 다양한 해결책 사이의 장단점을 잘 이해하고 어떤 상황에서 어떤 해결책을 적용해야 할지 잘 알고 있는 지원자를 그렇지 못한 지원자보다 선호할 것임은 분명하다.

면접관은 일반적인 답보다는 구체적이고 자세한 답을 선호한다. 예를 들어, "AJAX란 무엇인가?"라는 질문이 나오면 대부분이 "Asynchronous JavaScript and XML의 약자입니다"라고 대답한다. 맞는 대답이긴 하지만 그런 대답만 가지고는 그 지원자가 AJAX 프로그래밍에 대해, 그리고 AJAX가 급속도로 확산된 이유에 대해 제대로 알고 있는지 평가할 수 없다. 그런 대답 말고 "Asynchronous JavaScript and XML의 약자인 AJAX는 인터랙티브한 웹 애플리케이션을 만들기 위한 아키텍처 스타일입니다. 인터페이스를 갱신하거나 입력을 확인하는 등의 간단한 작업은 자바스크립트를 통해서 클라이언트 쪽에서 처리하고, 서버와의 데이터 송수신은 HTTP를 통해서 백그라운드에서 처리합니다. 클라이언트에서 처리할 데이터를 반환하는 용도로는 XML 형식을 많이 썼지만 요즘은 많은 애플리케이션에서 JSON 같은 다른 형식으로 옮겨갔습니다. AJAX를 써서 만든 애플리케이션은 일반적인 웹 애플리케이션에서처럼 사용자 인터페이스가 지연되는 문제가 발생하지 않기 때문에 반응성이 좋습니다"라고 대답한다면 분명히 더 나은 결과를 얻을 수 있을 것이다.

구체적이고 자세하게 대답하자.

마지막 한 마디: 이 책에 수록한 답은 여러 사람들이 오랫동안 생각하여 답한 내용을 모아서 가장 좋은 답이 될 수 있도록 작성했다. 문제를 면접 시에 처음 듣는 지원자라면 이 정도로 자세하고 유려하게 답하긴 힘들 것이다. 정답으로 나와있는 내용 중에서 핵심을 대부분 짚어줄 수만 있다면 훌륭한 답이 될 것이다.

C++와 자바

C++와 자바의 차이점에 대해 설명하라.

C++와 자바는 문법적으로 볼 때 상당히 유사하다. 자바를 설계할 때 C++ 개발자들이 쉽게 배울 수 있도록 만들었기 때문이다. 이렇게 유사성도 있지만 사실 여러 면에서 차이점을 찾을 수 있는데, 이는 설계 목표의 차이점에 기인한다. 자바를 설계할 때는 보안, 이식성과 빠르게 개발할 수 있어야 한다는 점에 매우 큰 비중을 뒀지만, C++는 개발 과정에서 속도 및 C와의 하위 호환성에 중점을 뒀다. 자바는 가상 머신 바이트 코드로 컴파일하며, 실행시키려면 가상 머신이 필요하지만, C++는 그냥 각 머신에 맞는 기계어로 컴파일한다. 그래서 일반적으로 C++가 빠르긴 하지만 자바는 이식성과 보안면에서 더 나은 편이다. 이런 이유로 인해 자바는 보통 C++보다 느렸지만, 요즘 나오는 가상 머신에서는 JIT 컴파일러 기법을 사용하기 때문에 성능도 크게 차이가 나지는 않는다.

C++는 C를 그대로 포함하며 하위 호환성을 유지하기 위해 프로그래머에 의한 메모리 관리 제어, 포인터, 전처리기^{preprocessor} 같은 기능을 전부 유지하고 있다. 하지만 자바에서는 그런 기능 외에도 여러 가지 버그를 일으키기 쉬운 기능들을 없애버렸다. 자바에서는 프로그래머가 손수 메모리를 비우는 방법 대신 가비지 컬렉션을 사용한다. 그리고 C++의 연산자 오버로드나 다중 상속 같은 기능을 자바에서는 못 쓴다. (자바에서는 다중 상속을 지원하지 않는 대신 인터페이스로 다중 상속과 유사한 기능을 제공한다.) 이런 이유 때문에 빠르게 개발해야 하는 경우, 그리고 성능보다는 이식성이나 보안이 더 우선시되는 프로젝트 같은 경우에 자바를 더 선호하곤 한다.

자바에서는 모든 객체가 레퍼런스로 전달된다. C++에서는 객체를 레퍼런스로 전달하거나 포인터로 전달할 수 있지만, 기본적으로는 객체를 값으로 전달하며 이때 복사 생성자가 호출된다. 자바에서는 C++에서처럼 자동 형 캐스팅을 하지 않지만, 최근 버전에서는 제네릭이나 오토박싱 같은 기능이 추가돼서 빈번하게 발생하는 여러 가지 상황에서 자동 캐스팅이 가능하다. 자바에서는 기본적으로 모든 메서드가 가상 메서드이다. 즉, 레퍼런스 유형이 아니라 객체 유형에 따라 메서드 구현이 결정된다. 단, final로 선언한 메서드는 가상 메서드가 아니다. C++에서는 따로 선언하지 않으면 가상 메서드가 아니다. 어떤 언어에서든 필요하지 않으면 가상 함수 호출에 따르는 오버헤드를 피할 수 있다. 자바에서는 원시 데이터형의 크기가 정의되어 있지만, C++에서는 구현에 따라 데이터형의 크기가 달라진다.

기존에 만든 C 코드가 있고 성능이 매우 중요할 때는 C++를 쓰는 쪽이 유리하다. 특히 저수준 시스템 액세스가 필요할 때는 더욱 그렇다. 하지만 이식성, 보안, 개발 속도 등이 중요한 상황에서는 자바(또는 C# 같이 자바와 비슷한 언어)를 택하는 것이 나을 수 있다.

프렌드 클래스

C++의 프렌드 클래스에 대해 논해보고 프렌드 클래스를 사용하는 상황의 예를 들어보라.

friend 키워드는 함수나 클래스에 적용할 수 있다. 이 키워드를 사용하면 그 선언이 이루어진 클래스에 있는 비공개 멤버에 대한 프렌드 함수 또는 프렌드 클래스 액세스를 허용할 수 있다. 이렇게 하면 어떤 클래스에서 다른 클래스의 비공개 멤버를 건드릴 수 있기 때문에 객체지향 프로그래밍의 원칙이 위배된다고 생각하는 프로그래머들도 많이 있다. 사실 어떤 클래스의 내부 구현을 바꿨을 때 그 클래스의 비공개 멤버를 액세스하는 프렌드 클래스에서 문제가 생기면 예상치 못한 버그가 만들어질 수도 있다.

하지만 경우에 따라 프렌드 클래스를 사용함으로써 얻을 수 있는 이득이 그런 단점에 비해 훨씬 크기 때문에 프렌드 클래스를 써야 하는 경우가 있다. 예를 들어,

복잡한 동적 배열 클래스를 구현했다고 가정해보자. 배열에 대한 반복자^{iterator}를 별도의 클래스로 만들고 싶은 경우도 있을 것이다. 이 반복자 클래스에서 동적 배열 클래스의 비공개 멤버를 액세스할 수 있어야 제대로 작동할 수도 있다. 이런 경우에는 반복자를 배열 클래스의 프렌드 클래스로 선언하면 된다. 그 두 클래스는 서로 뗄래야 뗄 수 없는 관계이므로 굳이 그 둘을 깔끔하게 분리시켜야 하는 것도 아니다.

자바와 C#에서는 프렌드 클래스 개념을 지원하지 않는다. 프렌드 클래스와 그나마 제일 가까운 것은 멤버 데이터에 대해 접근 제한자를 지정하지 않아서 기본 접근 권한으로 지정(자바)하거나 internal 접근 제한자를 쓰는(C#) 방식이다. 하지만 이렇게 하면 패키지(자바)나 어셈블리(C#)에 속하는 모든 클래스를 프렌드로 지정하는 것과 마찬가지가 된다. 때로는 중첩 클래스를 써서 C++에서 friend를 쓰는 것과 비슷한 디자인을 만들 수도 있다.

인자 전달

면접 문제

Fruit 클래스의 객체를 인자로 받아들이는 foo라는 C++ 함수 원형이 다음과 같이 선언된다.

```cpp
void foo(Fruit bar);          // 원형 1
void foo(Fruit* bar);         // 원형 2
void foo(Fruit& bar);         // 원형 3
void foo(const Fruit* bar);   // 원형 4
void foo(Fruit*& bar);        // 원형 5
void foo(Fruit&& bar);        // 원형 6
```

각 원형에 대해 인자가 어떻게 전달되는지 설명하고, 각 인자 전달 형식에 따른 함수 구현상의 차이에 대해 논하라.

첫 번째 원형에서는 객체 인자가 값으로 전달된다. 즉 Fruit의 복사 생성자가 호출되면서 스택에 그 객체의 복사본이 만들어진다. 컴파일러에서는 Fruit에 별도의 복사 생성자가 정의되어 있지 않으면 기본인 멤버별 복사 생성자로 기본 멤버를 생성한다. 따라서 Fruit에 동적으로 할당된 메모리나 파일 핸들과 같은 별도의 자원에 대한 포인터가 포함되어 있다면 버그가 생길 수 있다. 그 함수 내에서 bar는 Fruit 클래스의 객체로 취급된다. bar는 함수에 전달된 객체의 복사본이므로 bar를 어떻게 바꾸든 그 내용은 원래 객체에는 반영되지 않는다. 객체에 있는 모든 데이터 멤버를 객체의 새 복사본에 일일이 복사해 넣어야 하므로 객체를 전달하는 가장 비효율적인 방법이라고 할 수 있다.

두 번째 원형에서는 bar가 Fruit 객체에 대한 포인터이고, 포인터 값이 foo에 전달된다. 객체 자체가 아닌 객체의 주소가 스택(상황에 따라 레지스터일 수도 있음)에 복사되기 때문에 값으로 전달하는 경우에 비해 더 효율적이다. bar는 foo에 전달된 객체를 가리키기 때문에 bar 변수를 통해 객체를 건드린 부분은 원래 객체에도 그대로 반영된다.

세 번째 원형에서는 bar를 레퍼런스로 전달한다. 이 경우는 두 번째 원형과 비슷하다. 객체가 복사되지 않으며, foo에서 호출하는 함수에 있는 객체를 직접 건드릴 수 있다. 레퍼런스를 사용하는 함수와 포인터를 사용하는 함수 사이의 가장 큰 차이는 문법적인 부분에 있다. 포인터를 쓸 때는 멤버 변수와 함수를 쓰려면 명시적으로 디레퍼런스를 해야 하지만 레퍼런스를 쓸 때는 멤버를 직접 액세스할 수 있다. 따라서 포인터를 쓸 때는 화살표 연산자(->)를 가지고 멤버를 액세스하고, 레퍼런스를 쓸 때는 점(.) 연산자를 사용한다. 조금 미묘하긴 하지만 더 중요한 차이점이 있는데, 바로 포인터는 Fuit을 가리키지 않을 수도 있다는 점이다. 포인터를 사용하는 버전의 foo에는 널 포인터를 넘겨줄 수도 있다. 그러나 레퍼런스를 사용하는 구현에서는 bar가 반드시 Fruit에 대한 레퍼런스여야만 한다. (물론 레퍼런스가 유효하지 않을 수도 있다.)

네 번째 원형에서는 bar가 객체에 대한 상수 포인터로 넘어간다. 포인터를 인자로 전달할 때와 마찬가지로 성능 면에서 유리하면서도 bar가 가리키는 객체를 변경하는 일은 방지할 수 있다. foo 안에서는 const로 선언된 메서드만 호출할 수 있기 때문에 foo에서 bar를 간접적으로 변경할 수가 없기 때문이다.

다섯 번째 원형에서는 bar가 Fruit 객체에 대한 포인터에 대한 레퍼런스로 전달된다. 두 번째 경우와 마찬가지로 객체를 바꿨을 때 호출하는 함수 쪽에서도 그 변경 내역을 그대로 볼 수 있다. 추가로, bar가 그냥 포인터가 아니라 포인터에 대한 레퍼런스이므로 bar를 다른 Fruit 객체를 기리키도록 수정하면 호출하는 함수 쪽의 포인터도 변경된다.

마지막 원형은 C++ 11에서 새로 도입된 Rvalue 레퍼런스를 사용하는 예다. 여기에서 bar는 세 번째 원형에서와 마찬가지로 레퍼런스로 전달되지만 Rvalue다. Rvalue의 제대로 된 정의는 좀 복잡하지만 정해진 메모리 위치가 없는 표현식으로 생각하면 된다(& 연산자로 주소를 구할 수가 없다). Rvalue는 보통 함수나 연산자에서 리턴하는 값으로 나온다. Rvalue 객체는 다른 데서는 참조할 수 없고 선언문이 끝나면 파괴되기 때문에 이 원형을 사용하는 함수에서는 캡슐화된 데이터의 소유권을 가져오는 것을 포함하여 bar의 내용을 가지고 할 일을 모두 처리해두는 것이 안전하다. 이 방법은 제한적이긴 하지만 나름 중요한 용도로 쓸 수 있다. 전달된 객체의 멤버 데이터를 복사하는 대신 소유권을 가져오는 방식으로 생성자와 대입 연산자를 구현할 수 있기 때문이다. Rvalue 레퍼런스 인자를 이용하여 구현한 이동 생성자는 복사 생성자와 똑같은 기능을 하면서도 데이터를 복사하진 않기 때문에 일반적으로 효율이 더 좋다.

매크로와 인라인 함수

C++와 C99에서 매크로와 인라인 함수를 비교하고 그 차이에 대해 논하라.

매크로는 전처리기에서 단순한 텍스트 치환 방식으로 구현된다. 예를 들어 다음과 같은 식으로 매크로를 정의하면

```
#define TRIPLE(x) 3 * x
```

코드에 TRIPLE(foo) 같은 코드가 있으면 그 코드를 전처리기에서 3 * foo로 바꿔준다. 복잡하면서도 자주 쓰여서 적당한 이름을 붙여서 싸 주면 좋은데, 굳이 함수 호출에 필요한 오버헤드를 부담하기에는 너무 단순한 코드가 있을 때 매크로를 많이 쓴다.

인라인 함수는 일반 함수와 거의 비슷하게 선언하고 정의한다. 하지만 매크로와는 달리 컴파일러가 직접 처리한다. 위의 AVERAGE 매크로를 인라인 함수로는 다음과 같이 구현할 수 있다.

```
inline int Triple(int x)
{
    return 3 * x;
}
```

프로그래머 관점에서는 인라인 함수나 일반 함수나 똑같이 호출하면 된다. 인라인 함수는 일반 함수와 마찬가지로 인자와 리턴 유형을 지정해야 하지만 매크로에서는 그럴 필요도, 그렇게 할 수도 없다. 여기에는 장단점이 있는데, 유형 안전성 면에서는 인라인 함수가 나은 반면 매크로는 덧셈과 나눗셈 연산자가 정의되어 있는 아무 유형에 대해서나 쓸 수 있다는 장점이 있다. 조금 복잡하긴 하지만 템플릿 인라인 함수를 만들면 인자 유형마다 따로 인라인 함수를 정의하지 않아도 된다. 컴파일러에서는 인라인 함수 호출이 나타나면 함수 호출을 만들어내는 대신 컴파일된 함수의 복사본을 집어넣는다. (엄밀하게 말하자면 프로그래머가 어떤 함수를 인라인으로 지정했을 때 컴파일러에서 꼭 시키는 대로 해야 하는 건 아니다. 컴파일러에서 성능상의 이점을 따져보고 함수를 인라인 처리할 수도 있고 그렇지 않을 수도 있다.)

인라인 함수와 매크로는 둘 다 함수 호출에 필요한 오버헤드를 줄이는 대신 프로그램이 커지는 것을 감수해야 한다는 공통점을 가지고 있다. 의미론적으로 보자면 인라인 함수는 함수 호출이고 매크로는 텍스트 치환이다. 매크로는 텍스트 치환 과정에서 버그를 만들어낼 가능성도 있다.

예를 들어, 다음과 같은 매크로와 코드가 있다고 해보자.

```
#define CUBE(x) x * x * x
int foo, bar = 2;

foo = CUBE(++bar);
```

이렇게 하면 bar가 3이 되고 foo는 27이 될 것 같지만, 실제 코드가 어떤 식으로 확장되는지 보면 다음과 같다.

```
Foo = ++bar * ++bar * ++bar;
```

따라서 bar는 5가 되고 foo는 27보다 큰 값이 되는데, 실제 값은 컴파일러에 따라 다를 수 있다. (예를 들어 어떤 버전의 GNU C++ 컴파일러에서는 80이 된다.) CUBE를 인라인 함수로 정의했다면 이런 문제는 일어나지 않았을 것이다. 인라인 함수에서는 (일반 함수에서와 마찬가지로) 인자를 한 번만 평가하기 때문에 평가 과정에서 생기는 부수적인 효과가 한 번만 적용된다.

매크로가 이상하게 작동하는 예를 하나 더 들어보자. 다음과 같이 두 개의 선언문으로 구성되는 매크로가 있다고 하자.

```
#define INCREMENT_BOTH(x, y) x++; y++
```

if 선언문 본체에 선언문이 하나뿐일 때 중괄호를 생략하는 습관을 가지고 있다면 아마 다음과 같은 코드를 자주 만들 것이다.

```
if (flag)
    INCREMENT_BOTH(foo, bar);
```

아마 다음과 똑같은 효과를 나타내는 코드를 원했을 텐데,

```
if (flag) {
    foo++;
    bar++;
}
```

실제로는 이렇게 되지 않고, 매크로에서 정의하는 첫 번째 선언문만 if 안으로 들어가서 아래 코드와 같은 식으로 되고 만다.

```
if (flag) {
    foo++;
}
bar++;
```

인라인 함수 호출은 함수 본체 안에 있는 선언문의 수와는 무관하게 하나의 선언문으로 처리되기 때문에 이런 문제는 생기지 않는다.

매크로가 그리 바람직하지 않은 마지막 이유로 매크로를 쓸 때는 컴파일되는 코드를 소스에서 바로 볼 수가 없다는 점을 들 수 있다. 이런 이유로 매크로와 관련된 문제는 디버깅하기가 매우 어렵다. C++와 C99에 매크로가 들어 있는 이유 가운데 가장 큰 비중을 차지하는 것은 예전 버전의 C와의 호환성 문제다. 일반적으로 매크로보다는 인라인 함수를 쓰는 쪽이 더 낫다.

상속

[그림 18-1]과 같은 클래스 계층이 있다고 가정하자.

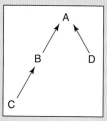

[그림 18-1]

클래스 B에 대한 레퍼런스를 인자로 받아들이는 메서드가 있다고 할 때, 어떤 클래스의 객체를 그 메서드에 인자로 전달할 수 있을까?

B를 인자로 받아들이는 메서드이므로 당연히 B는 전달할 수 있다. D는 B와 전혀 다른 특성을 가질 것이므로 전달할 수 없을 것이다. 자식 클래스에서는 부모 클래스의 모든 메서드를 구현해야 하지만 자식 클래스에 있는 메서드가 부모 클래스에 모두 들어 있어야 하는 것은 아니라는 점을 떠올려보자. 따라서 부모 클래스인 A를 그 메서드에 전달할 수는 없다. C는 B의 자식 클래스이므로 B에 있는 메서드를 모두 가지고 있기 때문에 메서드에 전달할 수 있다.

가비지 컬렉션

가비지 컬렉션이란 무엇인가? 가비지 컬렉션을 구현하는 여러 방법에 대해 설명하고 각각의 장단점에 대해 논하라.

가비지 컬렉션이란 프로그램에서 더 이상 쓰지 않는 메모리를 자동으로 찾아서 가져가는 것을 뜻한다. 가비지 컬렉션 작업은 프로그래머와는 무관하게 진행된다. 가비지 컬렉션 기능을 갖춘 대표적인 언어로 C#, 자바, Lisp, 파이썬 등을 들 수 있다.

가비지 컬렉션을 쓰면 프로그래머가 직접 메모리를 비워야 하는 경우에 비해 몇 가지 장점이 있다. 허상 포인터^{dangling pointer}나 다중 할당해제^{deallocation}, 메모리 누수에 의한 버그를 없앨 수 있다. 메모리가 확실히 제대로 비워지도록 하기 위해 전통적으로 쓰였던 복잡한 메커니즘이 더 이상 없어도 되기 때문에 프로그램과 인터페이스 디자인도 훨씬 간단해진다. 그리고 프로그래머 입장에서는 메모리 할당해제 같은 데 신경을 덜 써도 되기 때문에 프로그램 개발 속도도 빨라진다.

하지만 가비지 컬렉션에도 단점은 있다. 가비지 컬렉션을 사용하는 프로그램에서는 시스템에서 더 이상 필요하지 않은 메모리를 언제 되찾아올지 결정하기 위한 오버헤드 때문에 대체로 더 느리다. 그리고 시스템에서 메모리를 너무 많이 할당하고 최선의 시점에서 메모리를 비우지 못하는 일도 발생할 수 있다.

가비지 컬렉션 방법 중 하나로 레퍼런스 카운팅이 있다. 한 객체를 참조하는 변수의 수를 추적하는 방법이다. 처음에는 특정 메모리에 대해 레퍼런스가 하나만 있을 것이다. 변수 레퍼런싱이 복사될 때마다 레퍼런스 카운트가 늘어난다. 객체를 참조하고 있던 변수의 값이 바뀌거나 그 변수 영역을 벗어나면 그 객체의 레퍼런스 카운트는 줄어든다. 레퍼런스 카운트가 0이 되면 그 객체와 연관된 메모리가 비워진다. 아무도 그 객체에 대한 레퍼런스를 가지고 있지 않다면 그 객체(및 메모리)는 더 이상 필요 없기 때문이다.

레퍼런스 카운팅은 간단하고 비교적 빠르다. 아무 곳에서도 참조하지 않게 되는 순간 바로 메모리가 비워지고 재사용할 수 있는 상태로 넘어가며, 이는 보통 장점으로 작용한다. 하지만 단순하게 구현한 경우에는 원형 레퍼런스를 제대로 처리하지 못하는 문제가 생길 수 있다. 원형 연결 리스트가 있는데, 외부에서는 아무것도 그 리스트를 참조하지 않는다고 해보자. 리스트에 있는 모든 원소의 레퍼런스 카운트는 0이 아니지만 리스트 자체를 제외하면 외부에서 그 리스트가 차지하고 있는 메모리를 참조하는 레퍼런스는 하나도 없다. 따라서 메모리를 비워도 괜찮지만 단순한 레퍼런스 기반 가비지 컬렉터에서는 그런 메모리를 비우지 못한다.

약한 레퍼런스weak reference — 객체의 레퍼런스 카운트에 포함되지 않는 레퍼런스를 이용하면 이런 문제를 처리할 수 있다. 어떤 자료구조에 들어 있는 모든 레퍼런스의 사이클에 약한 레퍼런스가 들어 있다면, 마지막 외부 레퍼런스가 없어진 뒤에 그 구조를 없애버리면 된다. 이중 연결 리스트의 예를 생각해보자. 단순한 레퍼런스 카운팅 체계에서는 모든 이웃 원소의 쌍이 서로 사이클을 이루기 때문에 더 이상 외부에서 참조하지 않는 상황이 되더라도 그 메모리는 비워지지 않는다. 모든 '이전' 레퍼런스를 약한 레퍼런스로 정의하면 그 리스트에 대한 외부 레퍼런스가 전부 없어지면 head 원소의 레퍼런스 카운트가 0이 되어 할당이 해제된다. 그리고 나면 각 원소가 할당해제되고 나면 다음 원소의 레퍼런스 카운트가 0이 되므로 리스트를 따라서 줄줄이 모든 원소가 할당해제된다. C++에서는 std::shared_ptr와 std::weak_ptr로 이런 스타일의 가비지 컬렉션을 쓸 수 있다.

두 번째 가비지 컬렉션 방법은 추적형 가비지 컬렉터tracing garbage collector다. 이 방식에서는 가비지 컬렉션 사이클 도중에 더 이상 참조되지 않는 메모리를 찾아내서 할당해제하기 전까지는 그대로 둔다. 이 방식에서는 원형 참조된 자료구조도 잘 처리할 수 있고, 레퍼런스 카운트를 증가시키기거나 감소시키기 위한 오버헤드도 필요 없다. 추적형 가비지 컬렉터를 구현하는 가장 단순한 방법으로 표시 후 삭제mark and sweep 방식이 있다. 한 가비지 컬렉션 사이클은 두 단계로 구성된다. 첫 단계에서는 메모리 관리자가 프로그램의 각 스레드에서 액세스할 수 있는 모든 객체들을 표시한다. 그리고 두 번째 단계에서는 다시 한 번 돌면서 표시되지 않은 객체를 전부 비운다. 표시 후 삭제 방식에서는 가비지 컬렉션을 하는 중에는 모든 실행 스레드가 잠시 중단되어야 한다. 따라서 프로그램 실행 도중에 예측할 수 없는 타이밍에 실행이 잠시 멈추곤 한다. 자바 가상 머신이나 C#에서 쓰는 .NET 공통 언어 런타임 같은 데서 사용하는 최신형 추적형 가비지 컬렉터에서는 삼색 표시tri-color marking라는 더 복잡한 방식을 사용하는데, 이 방법을 쓰면 실행을 중간에 멈추지 않아도 된다. (그렇다고 해서 가비지 컬렉션 사이클에 필요한 오버헤드가 아예 없어지는 건 아니다.)

32비트 vs 64비트 애플리케이션

32비트 애플리케이션과 64비트 애플리케이션의 차이점은? 어느 쪽이 더 빠를까?

여기서 32비트와 64비트는 애플리케이션에서 쓸 수 있는 메모리 주소와 일반 레지스터의 크기를 나타낸다. 64비트 애플리케이션을 돌리려면 64비트 프로세서와 64비트 운영체계가 필요하다. 대부분의 64비트 시스템에서는 호환 모드로 32비트 애플리케이션을 실행시킬 수 있다.

32비트 애플리케이션과 64비트 애플리케이션 사이의 가장 중요한 차이점은 메모리 주소 크기다. 64비트 메모리 주소를 이용하면 프로세스에서 이론적으로 최대 2^{64} = 16 엑사바이트의 메모리 주소를 처리할 수 있다. 32비트 프로세스의 2^{32} = 4 기가바이트의 메모리 제한에 비하면 극적으로 커진 용량이다. 요즘 컴퓨터 중에는 물리적 메모리가 4기가바이트가 넘는 게 많기 때문에 더 많은 데이터를 메모리에 올려놓고 느린 디스크 접근을 줄일 수 있는 64비트 애플리케이션이 더 빠를 수 있다. 확장된 64비트 주소 크기 덕분에 메모리 맵 파일의 실용성도 좋아지고, 전통적인 API에 비해 파일 액세스 효율도 좋아진다. 그리고 레지스터 크기가 더 커지기 때문에 64비트 연산 자체도 빠를 수 있다. (물론 '32비트' 프로세서 중에 64비트 연산을 위한 확장 기능을 제공하는 것도 있다.)

반면에 64비트 메모리 주소를 쓰면 모든 포인터를 저장할 때 메모리가 두 배 필요하다. 포인터(또는 배후에서 포인터를 사용하는 레퍼런스)를 사용하는 자료구조의 경우 똑같은 자료구조를 써도 64비트 애플리케이션에서는 32비트 애플리케이션에 비해 메모리가 두 배 필요하다. 더 중요한 건, 32비트 애플리케이션이든 64비트 애플리케이션이든 프로세서 캐시 크기는 똑같다는 점이다. 64비트 자료구조는 더 용량을 많이 차지하기 때문에 캐시에 조금밖에 못 넣는다. 따라서 액세스할 값을 메인 메모리에서 가져올 때까지 기다려야 하는 캐시 미스가 발생할 확률이 높아진다.

64비트 애플리케이션이 어떤 면에서는 더 빠를 수 있고 어떤 면에서는 더 느릴 수 있기 때문에, 32비트로 돌렸을 때 더 빠른 코드도 있고 64비트로 돌렸을 때 더 빠른 코드도 있다.

네트워크 성능

면접 문제

네트워크 성능을 따질 때 가장 중요한 두 가지 이슈는 무엇인가?

어떤 네트워크든 지연 시간latency과 대역폭bandwidth이라는 두 가지 주요 특성을 가지고 평가할 수 있다. 지연 시간은 특정 정보가 네트워크를 통해 전달되는 데 걸리는 시간을 뜻하고, 대역폭은 일단 통신이 연결된 상태에서 네트워크를 통해 데이터가 움직이는 속도를 뜻한다. 완벽한 네트워크라면 대역폭은 무한하고 지연 시간은 없어야 할 것이다.

네트워크는 파이프에 비유할 수 있다. 물 분자 한 개가 어떤 파이프를 통과하는 데 걸리는 시간은 파이프 길이에 의해 결정되고, 그 시간은 지연 시간이라고 생각할 수 있다. 일정한 시간 동안 파이프를 통과할 수 있는 물의 양은 파이프의 너비(단면적)에 의해 결정되고, 그 양은 대역폭에 해당한다고 볼 수 있다.

보통 사람들이 네트워크 '속도'를 얘기할 때 그게 마치 한 가지 수치인 것처럼 얘기하지만, 네트워크에 따라 한 가지 성능은 좋지만 다른 한 가지 성능은 나쁠 수도 있다. 예를 들어 위성 기반 데이터 서비스는 대역폭은 크지만 지연 시간이 크다.

네트워크를 사용하는 애플리케이션에 따라 대역폭이 중요할 수도 있고 지연 시간이 중요할 수도 있다. 예를 들어 (VoIP 처럼) 네트워크를 통해 전화 통화를 한다면 대역폭은 작아도 되지만 소리가 늦게 들리면 매우 불편하기 때문에 지연 시간에 민감할 수밖에 없다. 반면에 HD 동영상을 스트리밍으로 받아서 볼 때는 대역폭은 꽤 커야 하지만 재생을 요청한 다음에 영상이 나올 때까지 조금 시간이 걸려도 큰 문제는 없기 때문에 지연 시간은 별로 중요하지 않다.

웹 애플리케이션 보안

웹 기반 애플리케이션의 로그인 루틴에서 따온 다음 코드를 살펴보자.

```
Result = sql.executeQuery("SELECT uid FROM Users WHERE user = '" +
                          username + "' AND pass = '" + pword + "';");
```

username과 pword는 애플리케이션의 로그인 페이지에 있는 폼에서 리턴된 문자열이다. 이 코드에서 볼 때 이 애플리케이션에 어떤 보안 문제가 있을 것이라고 예측할 수 있을까? 어떤 기술을 사용하면 이 문제를 해결할 수 있을까?

이 코드에서는 사용자가 제공한 문자열을 이어붙여서 SQL 질의를 구성한다. 사용자명과 비밀번호가 데이터베이스에 저장된 행과 일치하면 그 계정을 액세스할 수 있는 uid가 리턴된다. 사용자가 제공한 문자열은 신뢰할 수 없는 출처로부터 오는 것이기 때문에 이 애플리케이션은 SQL 주입^{injection} 공격을 받을 수 있다. 악의적 사용자가 사용자명을 admin' OR 'A; = 'A 라고 입력하고 xyz 같은 식으로 아무 비밀번호나 집어넣는다고 해보자. 그 사용자명과 비밀번호를 저 코드에 그대로 집어넣으면 질의 문자열은 다음과 같이 된다.

```
SELECT uid FROM Users WHERE user = 'admin' OR 'A' = 'A' AND pass = 'xyz';
```

이러면 비밀번호가 맞든 안 맞든 상관없이 관리자 계정에 대한 uid가 리턴되기 때문에 그 악의적인 사용자가 관리자 계정으로 로그인할 수 있다. 공격 목표와 공격할 질의 형식에 따라 다양한 방식으로 공격할 수 있지만, 모두 그 근본적인 원인은 같다. 신뢰할 수 없는 출처로부터 온 데이터를 그대로 컴파일하거나 인터프리트하여 실행한다는 점을 악용한 것이기 때문이다. SQL도 (제한이 있고 특정 영역에서만 작동하긴 하지만) 엄연한 프로그래밍 언어라는 점을 잊기 쉽다. 사용자가 제공한 데이터를 질의에 직접 이어붙인다는 것은 사용자에게 애플리케이션 소스 코드를 일부 수정할 수 있는 능력을 부여한다는 뜻이며, 이는 보안 면에서 절대 바람직한 일이 아니다.

이런 문제는 한두 가지 방법으로 고칠 수 있다. 데이터를 필터링하여 신뢰할 수 있게 만들거나 데이터를 실행할 수 있는 쪽에 집어넣지 않으면 된다.

데이터를 필터링하려면 사용자에게서 받은 문자열에서 문제를 일으킬 만한 패턴을 검색해서 이스케이프 처리하거나 지워야 한다. 예를 들어, 위에 제시한 예에서는 질의를 돌리기 전에 애플리케이션에서 '를 전부 지우거나 ''로 바꿔서 이스케이프 처리하면 문제의 소지를 없앨 수 있다.

이런 보안 방식을 블랙리스팅^{blacklisting}이라고 부른다. 블랙리스팅에는 미리 알고 있는 공격 형식만 막을 수 있다는 단점이 있다. 다양한 방식으로 SQL 주입이 가능하고 새로운 형식이 계속 만들어지고 있다. 필터링하고 나면 괜찮은 것 같아 보이지만, 실제로는 애플리케이션 스택의 다른 계층에서 악성 코드로 바뀔 수 있도록 특이한 인코딩을 써서 설계한 복잡한 방식도 개발되고 있다. 필터링 접근법을 쓰면서 보안을 유지하기 위해서는 필터에서 지금까지 알려진, 그리고 앞으로 만들어질 공격 방식까지 잡아내야 하며, 이 필터를 애플리케이션에서 받아오는 모든 신뢰할 수 없는 데이터에 적용해야만 한다. 쉽지 않은 일이다.

블랙리스팅보다는 아예 데이터를 실행할 수 있는 쪽에 집어넣지 않는 쪽이 더 낫다. 준비된 선언문^{prepared statement}이란 질의가 실행될 때 데이터가 특정 자리에 채워지도록 만들어진 SQL 질의이다. 준비된 선언문은 데이터가 그 자리에 들어가기 전에 미리 컴파일된다. 준비된 선언문이 실행될 때 컴파일 작업은 이미 완료된 이후이므로 사용자 데이터에 실행 가능한 SQL 문자열이 들어 있다고 하더라도 질의의 구조나 목적 자체가 달라질 수는 없다. 준비된 선언문을 쓸 때는, 같은 준비된 선언문을 여러 번 실행시킬 경우 질의의 파싱, 컴파일, 최적화를 매번 질의할 때마다 하지 않고 한 번만 하면 되기 때문에 속도도 올릴 수 있다. 아까 예로 들었던 질의 코드를 준비된 선언문으로 고치면 다음과 같다.

```
sql = db.prepareStatement("SELECT uid FROM Users WHERE user = ? AND " +
                          "pass = ? ;");
sql.setString(1, username);
sql.setString(2, pword);
result = sql.executeQuery();
```

이 애플리케이션에는 아직 한 가지 문제가 더 남아 있다. 여기서는 사용자가 입력한 비밀번호를 pass 열하고 바로 비교한다. 이는 비밀번호가 평문^{cleartext}으로, 즉 사용자가 입력한 문자열 그대로 저장되어 있음을 뜻한다. 비밀번호를 이렇게 평문으로 저장하는 일은 대표적인 보안 문제 가운데 하나다. 공격자가 Users 테이블의 내용을 손에 넣기만 한다면 어떤 사용자로든 접속할 수 있다. 게다가 많은 사람들이 여러 사이트에서 같은 비밀번호를 사용한다는 점을 감안하면 다른 사이트에서도 문제를 일으킬 소지가 생기게 된다.

이 문제는 암호 해시^{cryptographic hash}로 해결할 수 있다. 암호 해시는 임의의 입력 문자열을 받아서 길이가 정해진 지문^{fingerprint} 문자열 또는 다이제스트^{digest} 문자열을 만들어주는 함수다. 이 함수는 이 함수에서 만든 다이제스트 문자열로부터 원래 입력된 문자열, 또는 같은 다이제스트 문자열이 생성되는 다른 문자열을 계산하는 것이 사실상 불가능하게 만들어져 있다. 사실상 계산이 불가능하다는 기준은 컴퓨터가 빨라지고 새로운 공격법이 개발됨에 따라 달라질 수 있기 때문에, 예전에는 안전하다고 생각했던 것이 시간이 지나면서 더 이상 쓸모 없게 될 수도 있다. 암호 해시 함수로는 MD5(요즘은 문제가 있어서 안 쓰임), SHA-1(보안상 완벽하진 않음), SHA-256(전에는 안전하다고 여겨졌지만 금방 계산할 수 있기 때문에 암호 해싱용으로는 더 이상 추천하지 않음), PBKDF2, bcrypt 등을 사용한다. 비밀번호를 평문으로 저장하는 대신 암호 해시 함수를 적용한 결과로 얻은 다이제스트 값을 저장한다. 사용자가 나중에 로그인할 때는 사용자가 입력한 비밀번호에 해시 함수를 적용해서 만들어진 다이제스트 값을 데이터베이스에 저장된 다이제스트 값과 비교하여 그 둘이 같으면 비밀번호가 맞는 것으로 판단하면 된다.

해시 비밀번호를 쓰면 공격자가 Users 테이블의 내용을 알더라도 비밀번호 자체가 저장된 건 아니기 때문에 그 데이터를 가지고 바로 로그인을 할 수 없다. 그 데이터를 가지고 모든 가능한 비밀번호를 시도하는 부르트 포스^{brute-force} 공격으로 비밀번호를 찾을 수는 있다. 애플리케이션을 잘 만들면 이마저도 더 어렵게 할 수 있다. 해시 함수를 비밀번호에 바로 적용하는 경우, 똑같은 비밀번호에서는 똑같은 다이제스트가 만들어진다. 공격자는 매번 새 비밀번호를 시도할 때 만들어진 다이제스트를 모든 계정의 다이제스트와 비교하여 시간을 크게 단축시킬 수 있다. 널리 쓰이는 비밀번호를 가지고 다이제스트를 미리 잔뜩 계산해서 저장해 둔 다음 – 이렇게 만든 것을 무지개 표rainbow table라고 부른다 – 입수한 데이터베이스의 비밀번호 다이제스트와 비교하는 식으로 빠르게 비밀번호를 찾아낼 수도 있다. 요즘 쓰이는 GPU 기반 암호 해독기의 경우에는 디스크에 저장된 대형 테이블에서 미리 계산한 다이제스트 값을 읽어오는 것보다는 그냥 해시를 계산하는 게 더 빠르기 때문에 무지개 표를 잘 쓰지 않는다.

이런 문제를 방지하고 싶다면 소금 암호 해시salt cryptographic hash를 써야 한다. 해시를 하기 전에 비밀번호에 덧붙이는 임의의 문자열을 소금salt이라고 부른다. 소금은 평문으로 저장되기 때문에 공격자가 바로 알아낼 수 있지만, 사용자마다 소금이 다르기 때문에 공격자 입장에서는 모든 비밀번호를 한꺼번에 깰 수 없고 개별 사용자의 비밀번호를 따로따로 깨야 한다. 목록에 들어 있는 비밀번호의 수가 n개라고 할 때, 소금을 친 비밀번호를 전부 깨려면 시간이 n배로 걸린다.

여기에 해시 반복까지 더해주면 비밀번호를 깨기가 더 어려워진다. 한 해시 함수를 적용해서 얻을 결과를 다음 해시 함수에 집어넣어서 얻은 결과를 이용하는 방식이다. 이렇게 하면 해시를 계산하는 비용(시간)이 늘어난다. 비밀번호 해시 용도로 만들어진 PBKDF2나 bcrypt 같은 알고리즘에는 보통 반복 과정이 알고리즘에 내장되어 있으며, 이때 반복 회수는 사용자가 매개변수로 지정할 수 있다. 해시를 적당한 회수만큼 반복하면 웹 애플리케이션이 돌아가는 속도에는 거의 영향이 없지만 비밀번호를 깨는 공격자가 수백만 번, 수천만 번 반복해서 해시를 돌리는 데 걸리는 시간은 훨씬 오래 걸리도록 만들 수 있다.

암호

대칭키 암호와 공개키 암호 사이의 차이점에 대해 논하라. 각 방법을 사용할 수 있는 상황의 예를 들어보라.

대칭키 암호^{symmetric key cryptography}는 공유키 암호^{shared key cryptography}라고도 부르는데, 두 사람이 암호화와 복호화에 같은 키를 사용하는 방법이다. 공개키 암호^{public key cryptography}에서는 암호화할 때는 보통 공개키^{public key}를, 복호화할 때는 비밀키^{private key}를 사용한다. 대칭키 암호는 공개키 암호에 비해 훨씬 더 빠르다는 장점을 가진다. 그리고 일반적으로 구현하기도 쉽고, 특허가 걸린 알고리즘을 쓰지 않아도 될 가능성이 높고, 프로세싱 파워가 약해도 처리하기가 쉽다. 하지만 메시지를 주고받는 당사자가 같은 키를 가지고 있어야 하는데, 이 방법은 불편하기도 하고 상황에 따라 불가능할 수도 있다. 양쪽 당사자가 지리적으로 멀리 떨어져 있을 때 한쪽이 다른 쪽에 키를 알려주려면 보안이 유지되는 통신 방법이 필요하다. 하지만 순수한 대칭키 암호 시나리오에서는 보안이 갖춰진 통신을 일반적으로 사용할 수가 없다. 만약 그런 게 있었다면 암호화를 통해 별도의 보안 채널을 만들 필요도 없었을 것이기 때문이다.

공개키 암호 방식에서는 암호화하는 데 사용한 공개키가 공개된다고 하더라도 암호화된 메시지는 안전하게 유지된다. 즉, 공개키를 보안이 갖춰지지 않은 채널을 통해 전송해도 안전하다. 공개키 암호를 써서 공유 세션 키를 구축하고, 공유 세션 키를 써서 대칭키 암호를 통해 통신하는 경우를 종종 볼 수 있다. 이 방법을 쓰면 공개키 암호의 편리함과 공유키 암호의 성능을 동시에 누릴 수 있다.

공개키 암호와 대칭키 암호 모두 웹에서 정보를 보호하기 위한 용도로 쓰인다. 우선 공개키 암호를 써서 웹 브라우저와 웹 사이트간에 공유 세션 키를 구축한다. 그리고 나서 개인 정보를 실제로 획득할 때는 대칭키 암호를 써서 웹 사이트와 데이터를 주고받게 된다.

해시 테이블과 이진 검색 트리

해시 테이블과 이진 검색 트리를 비교하고 각각의 장단점을 논해보라. 메모리가 제한된 모바일 기기용 주소록에 사용할 자료구조를 설계한다면 어느 쪽을 쓰는 것이 좋을까?

해시 테이블은 데이터를 저장하거나 가져오는 면에서는 매우 빠르다. (평균적으로 $O(1)$, 즉 상수 시간 알고리즘이다) 하지만 그 외의 용도로는 제약이 많다.

이진 검색 트리를 쓰면 $O(\log(n))$으로 자료를 집어넣거나 찾아낼 수 있다. 해시 테이블의 $O(1)$에 비하면 느리지만 그래도 빠른 것이다. 게다가 이진 검색 트리에서는 자료가 정렬된 순서 그대로 유지된다. 모바일 기기에서는 자료 저장에 쓰이는 메모리를 최대한 아껴야 한다. 해시 테이블처럼 정렬되지 않은 자료구조를 사용하면 값들을 알파벳 순서대로 화면에 표시한다거나 하는 경우에 값들을 정렬하기 위해 메모리를 추가로 사용해야만 한다. 따라서 해시 테이블을 사용하면 자료를 저장할 용도로 써야 할 소중한 메모리를 정렬용으로 남겨둬야 하는 문제가 생긴다.

이진 검색 트리를 사용하면 레코드를 화면에 표시할 때 정렬을 하기 위해 따로 연산을 처리하지 않아도 되고, 그런 작업을 위해 메모리를 낭비할 필요도 없다. 이진 트리 연산이 해시 테이블 연산에 비해 느리긴 하지만 이런 기기에서는 주소가 웬만큼 많아도 수천 개를 넘어가지 않기 때문에 이진 검색 트리의 $O(\log(n))$ 룩업 속도 정도면 충분히 빠르다. 따라서 이런 용도로는 해시 테이블보다는 이진 검색 트리를 쓰는 쪽이 더 낫다.

맵리듀스

맵리듀스가 어떻게 작동하는지, 어디에 쓰이는지 설명하라.

맵리듀스MapReduce는 분산 인프라를 이용하여 대규모 데이터 집합을 병렬로 처리하기 위한 일반화된 기술이다. 업무를 여러 머신으로 분배하는 것과 관련된 자잘한 부분은 맵리듀스 프레임워크에서 챙겨주기 때문에 프로그래머 입장에서는 데이터를 처리하고 분석하기 위한 논리에만 초점을 맞출 수 있다.

맵리듀스 시스템에는 세 가지 단계가 있다. 맵map 단계에서는 시스템에서 데이터를 보통 필터링과 정렬을 통해 변환하고, 변환된 각 데이터 조각을 특정 키와 연관시킨다. 변환은 서로 다른 머신에서 병렬로 진행된다. 변환된 데이터는 임시 저장소인 디스크에 저장되는 게 보통이다.

셔플shuffle 단계에서는 키가 같은 모든 데이터 조각을 같은 머신에서 사용할 수 있도록 변환된 데이터를 여러 머신으로 이동시킨다.

마지막으로 리듀스reduce 단계에서는 키가 같은 조각을 전부 읽어서 (각 키는 여러 머신에서 병렬적으로 처리된다) 어떤 분석 작업을 수행하거나 데이터를 추가로 변환한다. 리듀스 단계에서 나온 결과를 전부 합치면 맵리듀스의 최종 결과물이 완성된다.

데이터가 너무 커서 메모리에 다 넣을 수는 없지만 처리할 수 있는 수준으로 쪼개서 작업할 수 있는 경우에 맵리듀스를 쓸 수 있다. 임시 데이터를 저장하기 위한 저장 공간이 상당히 많이 필요하고 서로 다른 머신 사이에서 작업을 조율하고 데이터를 옮기기 위해 적지 않은 시간이 걸리지만 아주 큰 데이터 집합을 빠르게 처리할 수 있다.

요약

지식 기반 문제는 지원자에게 요구되는 역량과 지원자가 이력서에 적어놓은 내용에 비추어볼 때 해당 지원자가 프로그래밍 언어 및 기법에 대한 지식과 경험을 충분히 갖추고 있는지 판단하는 용도로 매우 유용하다. 자신이 지원하는 자리에서 필요한 기본적인 지식을 제대로 습득해 두는 것이 중요하다.

CHAPTER 19

기술과 무관한 질문

왜 기술과 무관한 질문이 필요할까?

질문

요약

기술 면접 과정에서 기술과 무관한 질문도 중요한 부분을 차지한다. 해당 직위에 적합한 경험, 학업 수준, 개인적인 목표 등을 갖추고 있는지 판단하기 위해 면접 초반에 이런 질문들을 하는 경우도 있다. 회사에서 보기에 적합하지 않다는 판단이 서면 기술 면접을 아예 하지 않는 수도 있다.

기술 면접이 끝난 뒤에 회사 쪽에서 채용을 고려하는 단계에서 또 다른 질문을 할 수도 있다. 기술과 무관한 질문을 잘 대답한 것만 가지고 취업을 할 수는 없겠지만, 그런 질문에 대해 제대로 답변하지 못해서 다 잡은 고기를 놓칠 수도 있기 때문에 기술과 무관한 질문을 대수롭게 여기지 않는 실수를 범하진 말아야 할 것이다.

> 기술과 무관한 질문도 중요하다. 신중하게 답변하자.

기술과 무관한 질문 중에는 정답이 딱히 없기 때문에 어려운 것도 있다. 사람마다 대답이 달라질 수 있다.

이런 기술과 무관한 질문에 효과적으로 답하는 방법에 대해서는 대다수의 면접 준비 서적에서 잘 다루고 있다. 여기에서는 그런 책에 나와있는 내용을 짜깁기하기보다는, 기술과 무관한 질문 중에 프로그래밍 면접에서 나올 가능성이 높을 만한 질문에 초점을 맞춰보겠다.

왜 기술과 무관한 질문이 필요할까?

기술과 무관한 질문을 하는 이유는 일반적으로 회사에서 다른 직원들과 잘 어울릴 수 있는 경험과 능력을 갖추고 있는지 알아보기 위함이다.

여기에서 경험이라 함은 업무 경력이나 지식 등을 포괄적으로 뜻한다. 업무를 제대로 수행할 수 있는 능력에 대해 불필요한 의문을 남기지 않으려면 자신의 경험에 관해 조심스러우면서도 완벽하게 답할 수 있어야 한다.

예를 들어, 리눅스 개발 경험이 없는데 "리눅스를 써본 적 있나요?" 같은 질문을 받았다고 해보자. 면접관이 이력서를 보고는 아마 안 써봤을 것으로 생각해서 이런 질문을 했을 수 있다. 이 질문은 사실 "우리는 리눅스를 쓰는데 리눅스 경험 없이 일을 할 수 있겠습니까?"라는 뜻으로 받아들여야 한다. 이럴 때는 거짓말을 해서도 안 되겠지만, "아니요. 써 본 적 없는데요" 같은 식으로 대답하는 것도 곤란하다. 혹시 비슷하게라도 경험이 있다면 그런 경험을 강조해야 한다. 예를 들어, "딱 리눅스를 쓴 건 아니지만 유닉스 개발은 해봤습니다"라고 대답할 수 있으면 좋다. 비슷하거나 관련된 경험이 전혀 없더라도 자신의 강점에 대해 호소하자. "리눅스는 잘 모르지만 배워보고 싶습니다. 새로운 것을 배우는 데는 익숙하고, 꽤 빨리 배우는 편입니다. API를 처음 배우기 시작해서 딱 4주 만에 안드로이드 앱을 퍼블리시한 경험도 있습니다" 같은 식으로 말이다. 자기가 지원하는 자리에서 어떤 일을 하게 되는지 설명할 때 집중해서 잘 들어야 한다. 내가 그 자리에 잘 맞는 사람이라는 생각이 드는 데 도움이 될 만한 경험을 강조할 수 있어야 하기 때문이다.

적응력도 기술과 무관한 질문에 있어서 매우 중요한 주제 가운데 하나라고 할 수 있다. 적응력이란 조직에 잘 적응하고, 그 조직에 기여할 수 있는 구성원이 될 수 있는 능력을 말한다. 그냥 성격이 괜찮은지 알아보는 질문이라고 생각할 수 있지만, 그게 다는 아니다. 다른 사람들과 함께 일을 잘 할 수 있어야 된다.

예를 들어, "지난 번 직장에서는 인사정보 수집 기능을 웹으로 전환하는 시스템을 전부 혼자 설계하고 구현했습니다"라고 말했다고 하자. 이런 내용은 도움이 될 수도 있지만 다른 사람들과 함께 조화롭게 협력해서 작업을 할 수 있는가 하는 문제에 관해서는 좋지 않은 인상을 심어줄 수 있다. 따라서 자신의 팀워크를 강조할 수 있는 내용도 얘기하는 것이 중요하다. 혼자서만 프로젝트를 진행한 경우라도 프로젝트의 다른 이해관계자들과의 상호작용을 통한 성공 사례를 강조할 수 있도록 하자. 자신이 어떻게 훌륭한 팀의 일부가 되어 다른 사람들과 어울려 팀플레이를 잘 할 수 있을지에 대해 얘기해보자. 팀이라는 말을 싫어하는 사람은 없다. 절대 없다.

> 기술과 무관한 질문은 대부분 관련 경험이 충분한지, 기존 팀에 조화롭게 융화될 수 있는 지를 평가하기 위한 질문이다.

기술과 무관한 질문으로 경험과 적응력을 파악하기 위한 질문만 하는 것은 아니다. 매우 실용적인 질문도 나올 수 있다. 회사가 샌 프란시스코 지역에 있고 지원자는 다른 데 살고 있다면 회사가 있는 쪽으로 이사할 수 있는지, 아니면 다른 곳에서 일하면서 출퇴근을 할지 등에 대한 질문을 할 수도 있다.

질문

여기에 나와 있는 질문들에 대해서는 각자 한 번씩 대답을 생각해보자. 그런 질문에 어떤 식으로 반응해야 할지, 상황에 따라 어떤 점들을 강조해야 할지 고민해보자. (면접관 앞에 있을 때보다는 지금 어떻게 대답할지 생각하는 쪽이 훨씬 더 편할 것이다.) 답이 별로 좋아 보이지 않는다면 얼마든지 고쳐도 좋다. 마지막으로, 어떤 식으로 대답하든 자신이 훌륭한 직원이 될 수 있음을 강조하는 방향으로 가야 한다는 것을 잊지 말자.

"무엇을 하고 싶습니까?"

질문자가 누구인지도 꼼꼼히 챙기자. 면접 일정을 잡기 위해 연락한 인사과 직원이라면 솔직하게 자신이 하고 싶은 일을 설명해야 한다. 인사 담당자는 일반적으로 그 정보를 바탕으로 적당한 그룹과의 면접을 주선한다.

기술 면접관이 이런 질문을 했다면 정말 조심해야 한다. 이 질문에 제대로 답하지 못해서 취직이 불가능해질 수도 있기 때문이다. 아마 지원자가 어떤 목표와 꿈을 가지고 있는지 알아보려고 이런 질문을 할 것이다. 지원자가 지금 회사에서 필요로 하는 일과 다른 일을 원한다고 대답하면 면접관은 그냥 다른 자리를 알아보는 편이 나을 것이라고 생각할 수 있다.

정말 그 자리에서 일하고 싶다면 그 일에 관심이 있다는 것을 합당한 이유와 함께 진지하게 설명해야 할 것이다. 예를 들어, "예전부터 시스템 수준 프로그래밍에 관심이 있었고 그런 일을 좋아합니다. 큰 회사에서 시스템 수준의 일을 하고 싶습니다" 정도, 아니면 "주변 사람들한테 내가 하고 있는 일을 보여줄 수 있는 웹 프로그래밍을 하고 싶습니다. 제가 웹 서버를 다뤄본 경험을 활용할 수 있고 회사와 함께 성장해갈 수 있는 스타트업에서 이런 일을 해보고 싶습니다" 같은 식으로 대답하면 좋을 것이다. 자신이 어떤 업무와 관련된 면접을 하는지 구체적으로 모르는 상태에서 면접에 임하는 경우도 있다. 일단 소프트웨어 엔지니어를 뽑은 다음 그 사람한테 맞는 자리를 찾아서 넣어주는 회사도 있다. 이런 경우에도 자신이 지원한 회사가 자신에게 이상적인 회사라는 식으로 설명하는 방법을 쓰면 괜찮다. 면접 전에 그 회사에 대해 어느 정도 조사를 해 두면 더 쉽고 효율적으로 답할 수 있다. 인터넷을 잘 활용하자. 흥미진진하면서도 자신이 많이 기여할 수 있고 많이 배울 수 있는 개발 업무를 맡고 싶다고 얘기하자. 일 외에 팀과 회사 자체도 중요하게 생각한다는 얘기도 해보자. 그러면 당신이 팀 내에서 잘 어울려 일할 수 있다는 것도 강조할 수 있고, 취업할 가능성을 높이는 데도 도움이 될 것이다.

당신의 모습이 열정적으로 보일지 아니면 취직이 하고 싶어서 필사적으로 매달리고 있는 사람으로 보일지는 판단하기가 힘들다. 다른 모든 회사에서 탈락한 사람을 뽑고 싶은 회사는 하나도 없다. 회사에서 시키는 일이면 뭐든 할 수 있다는 식으로 대답하는 것은 피해야 한다.

자신이 어떤 일을 하고 싶은지 분명하게 알고 있고 다른 종류의 일은 절대 하지 않겠다고 생각하는 경우도 있다. 그런 경우에는 어차피 들어가지 않을 회사에 합격하려고 기를 쓸 필요는 없다. 어차피 들어가지 않을 회사에서 입사 제의가 들어온다고 해도 별로 도움이 될 것이 없기 때문이다. 자신이 하고 싶은 일을 분명하게 밝혀 두면 처음에 면접을 시작할 때는 자신이 관심 없는 그룹에서 하더라도 마지막에는 자신이 하고 싶은 일을 하고 있는 그룹에서 면접할 기회를 얻을 수도 있다는 장점이 있다.

이런 질문에 답할 때 염두에 둘 것 한 가지만 더 언급하고 마치겠다. 이런 질문은 훌륭한 팀에서 함께 일하고 싶다는 얘기를 할 절호의 기회다. 절대로 이 기회를 놓치지 말자. 훌륭한 팀의 멤버가 되는 것을 중요하게 여긴다는 것을 충분히 보여주도록 하자.

"어떤 프로그래밍 언어를 가장 좋아하나요?"

기술 관련 질문 같은 느낌이 들고 어느 정도 기술적인 면이 있기도 한 질문이다. 이런 질문을 받았을 때 자신이 어떤 언어를 좋아하는지 답하고 그 언어를 좋아하는 이유를 구체적이고 정확하게 설명하는 것도 중요하지만, 이 질문에는 사실 기술과 무관한 의도가 숨어 있다. 개발자 중에는 자신이 주로 개발하는 언어, 컴퓨터, 운영체제 등에 대해 종교적인 집착을 가지고 있는 사람들이 많다. 그런 사람들은 주어진 문제를 해결하는 데에는 부적합함에도 불구하고 끝까지 자기가 좋아하는 것을 고집하는 경향이 있어서 같이 일하기 힘든 편이다. 따라서 그런 사람으로 비춰지지 않도록 주의해야 한다. 자기가 가장 좋아하는 언어가 적합하지 않은 업무도 있다는 것을 받아들이자. 다양한 언어에 익숙하고 한 언어로 세상 모든 일을 할 수 있는 것은 아니라고 생각한다는 점을 이야기하자. 일에 따라 가장 적합한 연장을 골라 쓰는 것이 중요하다.

"어떤 종류의 컴퓨터를 가장 좋아하나요?"라든가 "어떤 운영체제를 가장 좋아하나요?" 같이 무엇을 가장 좋아하는지 묻는 질문에 대해 같은 마음가짐으로 임하도록 하자.

"업무 스타일이 어떻습니까?"

보통 업무 스타일이 딱 부러지게 정해져 있지 않은 회사에서 면접을 할 때 이런 질문이 나올 가능성이 높다. 예를 들어, 막 시작된 신생기업이라 야근과 휴일근무를 밥 먹듯이 해야 한다든가, 대기업이라고 해도 이제 막 시작된 새로운 프로젝트에 투입되는 경우를 생각하면 된다. 또는 두 명씩 팀을 짜서 프로그래밍하는 방법을 사용하는 회사에서도 그런 질문을 종종 한다. 어느 경우든 자신의 업무 스타일을 잘 파악하고 그 회사의 업무 스타일하고 잘 어울리는지 확인해보는 것이 좋다.

"자신의 경력에 대해 얘기해보세요."

누구든 이 질문에 대한 대답은 반드시 준비해야 한다. 정말 아무리 강조해도 지나치지 않은 질문이다. 자신이 이룬 주요 업적을 분명하게 대답하고 자신이 맡았던 프로젝트에 대해 설명할 때 열의를 보일 수 있어야 한다. 열의와 열정의 중요성은 더 말할 필요도 없다.

자신이 전에 했던 일에 대해 사실적인 내용만 열거하는 것보다는 그 일을 하면서 어떤 것을 배웠는지도 설명하는 것이 좋다. 제대로 됐던 일, 잘못된 일 등도 얘기하도록 하자. 각각을 처리하면서 경험한 긍정적인 면과 부정적인 면을 모두 얘기해보자.

경력에 따라 다르긴 하겠지만 대답 시간은 30~60초 정도가 적당하다. 다시 한번 강조하지만, 이 질문에 대한 대답은 꼭 미리 연습해 가야 된다.

"인생의 목표가 무엇입니까?"

(돈을 버는 것 말고) 자신이 왜 그 자리에 지원했는지, 그 자리가 자신의 인생 목표에 어떤 식으로 부합하는지 설명할 기회가 될 만한 문제다. 무엇을 하고 싶은지에 대한 질문과 유사한 면도 있다. 회사 입장에서는 내가 그 일을 하고 싶지 않을 가능성에 대해 생각해봐야 한다. 그런 경우에는 그 자리가 지원자의 인생의 목표와 잘 안 맞을 수 있다. 지원자와 회사 양쪽에 모두 도움이 안 되는 상황이다.

사실 자신이 무엇을 하고 싶어 하는지가 헷갈리는 것도 문제가 되진 않는다. 실제로 그런 사람들이 많다. 하지만 자신의 앞날이 어떻게 진행될지 어느 정도는 생각을 해 봐야 한다. "개발 업무를 어느 정도 하다가 더 큰 프로젝트에서 일을 해보고 싶습니다. 그리고 프로젝트 관리 업무를 배우고 싶습니다. 그 후에 어떻게 될지는 잘 모르겠어요" 정도로 간단하게 대답해도 괜찮다. 이 정도만 대답해도 자신이 충분한 동기를 가지고 있고 그 업무를 성공적으로 처리할 수 있으리라는 확신만 심어줄 수 있으면 된다.

"왜 이직을 하려고 하나요?"

면접관들은 일반적으로 지원자가 어떤 것을 싫어하는지도 알고 싶어한다. 이전 직장이 정말 좋았다면 새로운 직장을 구하기 위해 면접을 하지 않을 것이다. 그리고 그 지원자가 전 직장을 떠나게 된 동기가 된 약점을 숨기고 있는 건 아닐까 하는 의심도 할 수 있다. 따라서 이런 질문에 대답할 때는 환경의 변화라든가 자신으로서는 어쩔 수 없었던 요인, 또는 면접관이 이미 알고 있는 약점 때문에 직장을 옮기려고 한다고 대답하는 것이 좋다. 아래 예를 살펴보자.

- 환경 변화 "대기업에서 5년 정도 일하면서 이미 어느 정도 완성된 제품에 대한 소프트웨어 개발 절차는 충분히 경험했다고 생각합니다. 그런데 더 이상은 대기업에서 그냥 그런 직원으로 살아가고 싶지 않았습니다. 스타트업에 참여해서 밑바닥부터 시작해서 핵심 인물이 되고 뭔가가 성장하는 모습을 보고 싶습니다" 같은 식으로 대답하면 될 것이다. "손발이 잘 맞지 않는 신생 기업에서 일해 왔는데, 이제는 팀워크가 좋은 회사에서 일해보고 싶습니다" 같은 식으로 대답하는 것도 괜찮다.

- 어쩔 수 없는 요인 때문에 이직하는 경우 "원래 있던 회사에서 제가 하고 있던 프로젝트를 포기하면서 별로 구미가 당기지 않는 부서로 보내려고 하더라고요"라든가 "회사가 인수합병되면서 분위기가 완전히 달라져서 나왔습니다" 같은 식으로 대답하면 된다.

- 면접관이 이미 알고 있는 약점 "전에 있던 회사에서는 시스템 수준 프로그래밍을 매우 잘 해야 했습니다. 그 분야에 있어서는 다른 사람들보다 부족한 것이 사실이었고 저도 별 흥미를 느끼지 못했습니다. 제가 잘 할 수 있는 웹 프로그래밍 쪽에 훨씬 더 관심이 많습니다" 같은 식으로 말이다.

마지막 한 마디: 이직을 하는 데 있어서 월급도 매우 중요하지만 그것을 가장 중요한 요인으로 얘기하는 것은 별로 좋지 않다. 면접관 입장에서는 이전 직장에서 별로 일을 잘 못했기 때문에 급여가 좋지 않았던 건 아닐까 하고 생각하게 될 수도 있기 때문이다.

"연봉은 얼마 정도 생각하십니까?"

이런 질문은 다양한 맥락에서 나올 수 있다. 하지만 처음에 1차 심사 과정에서, 또는 마지막에 입사 제의를 하려는 시점에서 나오는 경우가 많다. 이 질문이 처음에 나온다면 지원자가 기대하고 있는 급여 수준에 비추어 그 사람하고 실제 면접을 하는 게 좋을지 알아보기 위해서 나온 것일 수도 있고, 그 직위에 적당한 급여를 정말 몰라서 묻는 것일 수도 있다. 일반적으로 이런 질문은 최대한 뒤로 미루는 것이 좋다. 상대방에게 자신의 가치를 확실히 보여주기 전에 원하는 급여를 말하는 것이 지원자 입장에서는 별로 이득 볼 것이 없는 일이기 때문이다. 회사 쪽에서 지원자가 정말 마음에 든다면 보통 합리적인 선에서 조정의 여지가 있다. 면접 초기에 꼭 이 질문에 답해야 하는 상황이라면 어느 수준 이상을 원한다고만 대답하도록 하자. 그래야 나중에 연봉 협상을 할 때 어느 정도 운신의 폭을 남겨둘 수 있다. 면접 후반에 이런 질문이 나온다면 좋은 징조로 받아들여도 된다. 별로 뽑고 싶은 생각이 들지 않는다면 굳이 그런 질문을 할 필요도 없기 때문이다. 일반적으로 큰 회사가 작은 회사에 비해 연봉 조정 범위가 제한적인 경향이 있다. 면접 후반에 이런 질문이 나오면 회사에서 어느 정도 협상할 생각이 있다는 것으로 볼 수 있다. 회사에서 지원자가 만족할 만한 연봉 수준을 전혀 가늠하지 못하는 경우도 있다. 그런 경우에는 어느 정도 알려주는 것도 나쁘지 않다.

- **미리 준비하자.** 주변에서 비슷한 일을 하는 사람들의 연봉이 6만에서 7만불 정도 되는데 12만불을 부르면 협상이 될 턱이 없다. 현실적인 수준을 미리 알아두자.

- **자신을 헐값에 넘기진 말자.** 원하는 연봉이 8만불 수준인데 어떤 이유로든 회사 쪽에서 알아서 올려주겠지 하는 생각으로 7만불 정도를 부르는 일은 없어야 한다. 내가 먼저 싼 값을 부르면 회사에서는 기쁜 마음으로 싼 값에 고용할 것이다. 회사 쪽에서 생각하는 연봉보다 높게 부르더라도 "그렇게는 못 드려요. 좀 더 논의해보시죠" 같은 반응을 넘어서지는 않을 것이다. 연봉 문제로 지원자를 철저하게 거부하는 일은 잘 없다.

- **실제 받을 수 있는 총액이 어느 정도 될지 꼼꼼하게 따져보자.** 대학을 졸업하고 회사에 취직하는 상황이라면 집을 알아보는 데 드는 비용이나 보증금, 이사 비용 등을 감안한 사이닝 보너스가 필요할 수도 있다. 또는 신생기업에 취직하면서 월급은 조금 적게 받고 대신 스톡옵션을 받는 것을 노려볼 수도 있다. 어떤 경우든 보너스, 복지 혜택, 스톡옵션, 월급 등을 잘 생각해보고 어떤 요구를 할지 확실하게 결론을 내려놓는 것이 좋다.

일반적으로 이런 질문에 답할 때 너무 성급하게 나서지 않는 게 좋다. 더 많은 정보를 가진 쪽이 협상에서 더 유리한 고지를 점령할 수 있다. 월급에 대한 질문에 바로 답하는 대신 그 쪽에서 얼마 정도를 제시할 수 있는지 물어보자. 이런 질문을 하면 네 가지 정도의 답이 나올 수 있다.

- **내가 예상한 수준하고 딱 맞는 경우.** 이런 경우에는 다음과 같은 원칙을 지키면 월급을 조금 더 올릴 수 있다. 우선 너무 좋아하지 말고 침착하자. 그리고 조금 더 높은 월급을 염두에 두고 있었다고 말해보자. 그 쪽에서 제시한 상한치를 하한치로 맞춰서 얘기하는 정도면 좋다. 예를 들어, 회사 측에서 "7만에서 7만 5천불 선의 연봉을 생각하고 있다"고 말한다면 "그 정도면 괜찮은 것 같네요. 저는 7만 5천불에서 8만불 정도 생각하고 있는데 8만불에 가까우면 더 좋을 것 같습니다"라고 얘기해보자. 마지막으로 연봉에 대해 합의가 도출될 때까지 프로페셔널한 자세로 협상에 임하자. 이런 원칙을 지키면 7만 3천에서 7만 8천불 수준의 연봉 제의를 얻어낼 수 있을 것이다.

- **내가 예상한 수준보다 높은 연봉을 제시하는 경우.** 그냥 좋아하면 된다.

- **내 질문에 답하지 않는 경우.** "지원자에 따라 연봉 범위가 천차만별로 다릅니다. 어느 정도 예상하고 있나요?" 같은 식으로 되물을 수 있다. 이런 반응도 사실 괜찮다. 그 사람이 괜찮은 연봉을 제시할 수 있는 권한을 가지고 있다는 것을 뜻할 수도 있기 때문이다. 상대방이 협상할 의지가 있다는 것을 뜻하기도 하지만, 이런 경우에는 협상력이 좋아야만 한다는 문제가 있다.

  앞으로 계속해서 협상을 해야 한다는 것을 염두에 두고 자신이 생각하는 가장 높은 연봉을 불러보자. 그렇게 해야 계속해서 협상을 하면서 괜찮은 연봉을 받을 확률이 높아진다. 예를 들어, 7만 5천에서 8만불 선을 생각하고 있다면 "1년에 8만불 정도 생각하고 있습니다"라고 대답하면 된다. 이런 식으로 대답하면 어떤 범위로 대답하는 경우에 비해 상대방이 낮은 연봉을 제시하기가 힘들어진다. "~하면 좋겠습니다"라든지 "~했으면 합니다" 같은 약한 표현은 피하는 것이 좋다. 그러면 상대방은 그 연봉을 받아들이든지 아니면 조금 더 낮은 연봉을 제시할 것이다. 계속해서 프로페셔널한 자세를 잃지 말고 침착하게 협상에 임하면 자신이 원하는 범위의 연봉을 얻어낼 수 있을 것이다. 상대방이 아예 더 낮은 범위를 생각하고 있었다고 나올 수도 있다. 그런 경우에는 다음에 나오는 네 번째 경우에 맞춰서 협상하자.

- **내가 생각한 것보다 낮은 연봉을 제시하는 경우.** 가장 협상하기 어려운 상황이지만 여전히 개선의 여지는 남아 있다. 우선 자신의 능력을 다시 한 번 강조하고 자신이 생각했던 급여 수준을 얘기하자. 예를 들어, 7만불 정도를 생각하고 있었는데 저쪽에서

5만 5천불을 제시한다면 "생각했던 것보다 낮아서 조금 실망스럽긴 하군요. 제가 지금 까지 해 왔던 웹 개발 경험과 이 회사에서 기여할 수 있는 수준을 감안하여 7만불 정 도를 생각하고 있습니다" 같은 식의 반응을 보여 보자. 상대방이 어느 정도 생각해보고 연락한다고 할 수도 있는데, 별로 걱정할 필요는 없다. 내가 제시한 범위를 듣고도 연봉 을 높여줄 수 없다고 한다면, 아마 다음 중 한 가지 이유를 댈 텐데, 전부 그냥 받아들 일 만한 이유는 못 된다.

1. **그 정도로 예산이 책정되지 않았다.** 회사 입장에서는 예산이 제한되어 있을 수도 있지만 내가 거기에 꼭 따라야 하는 건 아니다. 회사에서 정말 나를 원한다면 어떻게 든 돈을 마련해서 이 문제를 해결하려 들 것이다. 회사에 진짜 돈이 없어서 그런 거 라면 현금이 부족해서 말라 죽기 직전의 회사라는 얘긴데, 그런 회사에 굳이 들어갈 필요가 있을까? 나 정도의 역량과 경험을 가진 직원이라면 충분히 받을 만한 수준의 연봉이라고 생각하며, 그 수준에 맞춰 예산을 조절했으면 한다는 점을 정중하고 예 의 바르게 설명하자.

2. **우리 회사에 있는 비슷한 수준의 직원이 그 정도로 많이 받지 않는다.** 대략적인 연 봉을 미리 파악하고 직종과 지역에 맞는 수준으로 연봉 요구를 한 경우라면 다른 직 원의 연봉은 별로 중요하지 않다. 그건 회사와 그 직원 사이의 일이다. 다른 직원이 내 연봉을 결정할 필요는 없다. 그러나 대략적인 연봉을 미리 파악하기 어려울 수도 있고 다른 직원의 연봉이 내게 실질적인 문제가 될 수도 있다. 회사 정책상 연봉 밴 드나 동일 임금 원칙 같은 게 있을 수 있고, 사내 규정 때문에 더 나은 연봉을 제시 하지 못할 수도 있다. 그렇더라도 회사의 연봉 구조를 미리 알아보고 이해할 필요는 있다. 연봉 협상 과정에서만 필요한 게 아니라 실제 일하게 될 때를 대비해서도 알아 두면 좋다. 연봉 밴드가 있다면 어떤 밴드가 있는지, 다음 단계로 넘어가려면 어떻게 해야 하는지 등을 파악하자.

그리고 연봉 정책을 나에게 이익이 되는 방향으로 활용해보고, 비교 대상 그룹을 바 꾸는 것도 시도해보자. 내가 특정 역량 있는 첫 번째 직원이라는 점을 강조한다든가 새 사업장 혹은 새 그룹의 첫 번째 기술 인력이라는 점을 강조하는 등 여러 방법을 쓸 수 있다.

상대방이 처음 제안한 금액보다 좀 더 운신의 폭을 넓히는 것도 생각해볼 수 있 다. 사이닝 보너스signing bonus나 성과급 같이 밴드 제한에서 벗어난 보상도 받아낼 수 있다.

마지막으로 상대방에게 적당한 정보를 알려주는 것이 좋다. 예를 들어 "다른 회사에 서 더 나은 제안을 받았습니다. 그쪽에서도 밴드를 조정할 수 있지 않을까요?" 같은 식으로 말이다. 그러면 상대방이 회사로 하여금 내부적으로 나와 동료들의 연봉을 조정하도록 유도할 수도 있다.

3. **그 정도 경력으로 그 정도 월급을 받을 수 없다.** 제대로 조사를 해 봤다면 내 경력과 역량으로 어느 정도 연봉을 받을 수 있는지 알 수 있을 것이고, 회사에서 무리한 주장을 한다는 것을 바로 알 수 있다. 자신의 역량을 다시 한 번 강조하고, 내가 조사한 바로는 내가 희망하는 연봉이 적절한 수준이라는 점을 설명하자. 회사에서도 현재 적정 연봉 수준을 다시 확인하고 더 높은 연봉을 제시할 수 있다.

그래도 더 높은 연봉을 제시하지 않지만 여전히 그 회사에 들어가고 싶다면 마지막으로 두 가지 전략을 시도해보자.

- **그 일을 하고는 싶은데 6개월 후에 성과를 바탕으로 연봉을 재협상하자고 제안한다.** 사실 회사에 입사하기 전의 상황이 더 강한 패를 쥐고 있는 상황이기 때문에 기적적인 일이 일어나길 기대하는 것은 금물이다. 하지만 대다수의 경우에 그런 요청을 받아들이긴 할 것이다. 이런 식으로 할 때는 꼭 문서로 약속을 받아놔야 한다. 그러나 내가 아무리 좋은 성과를 내도 재검토 후에 연봉을 올려주지 않을 가능성이 매우 높다는 점은 염두에 두자. 6개월 만에 회사를 그만 두거나 낮은 연봉에 만족하면서 살아가야 할 가능성이 정말 불만족스럽게 여겨진다면 애초에 입사하지 않는 게 나을 수 있다.

- **다른 혜택에 대해 협상한다.** 예를 들어, 휴가를 더 받아낸다거나 탄력 시간제를 요구한다거나 사이닝 보너스를 요구해볼 수도 있다.

월급 문제와 관련해서 몇 가지 더 덧붙여 보자면 다음과 같다.

- **월급에 대해 얘기하는 것을 불편하거나 부끄럽게 느끼는 사람들이 적지 않다.** 하지만 취업을 한다는 것은 누군가와 업무상의 관계를 맺는 것이고, 전체적인 그림에서 연봉은 한 부분에 불과하다. 어떤 회사에서도 직원이 무료봉사할 것으로 기대하진 않는다. 따라서 입사 지원자 입장에서도 급여가 중요하지 않다는 식으로 행동할 이유는 전혀 없다. 그럼에도 불구하고 많은 사람들이 입사 전에 연봉을 협상하는 것을 불편하고 불쾌하게 여기곤 한다. 본인이 그렇다면 실제 협상에 드는 시간은 기껏해야 몇 시간도 안된다는 점을 생각해보자. 매년 수천 달러 이상을 추가로 더 받을 수 있다면 몇 시간 불편한 것 정도는 참을 만한 가치가 있지 않을까?

- **많은 경우에 직원 혜택이나 업무 스타일 같은 요인을 들면서 자기 회사에 들어오라고 유혹하게 마련이다.** 사실 그런 요인도 회사를 결정하는 데 중요한 역할을 하기 때문에 각종 혜택을 확실히 알아보고 결정해야 한다. 하지만 각종 혜택에 대해서는 일반적

으로 협상이 불가능하다. 굳이 협상할 수 없는 요인들을 협상 테이블로 끌고 들어가려고 하지도 말고, 상대방이 혜택 등을 내세우면서 삼천포로 빠지려고 하는 경우에도 말려들진 말도록 하자.

"지금까지 월급을 어느 정도 받았습니까?"

지원자들이 하고 싶은 질문과 정반대 질문이다. 이 경우에는 상대방이 월급을 어느 정도로 제시할지 결정하기 위해 기존 월급여 수준을 물어보는 것이다. 지역에 따라 이런 질문을 법으로 금지할 수도 있다. 그 회사가 그런 지역에 있다면 그냥 불법적인 질문이기 때문에 답변하기가 곤란하다고 말하면 그만이다. 그렇지 않은 지역에서 이런 질문을 받았다면 (전 직장에서의 월급에 매우 만족했다면 모르지만, 그렇지 않다면) 정중하게 새로운 업무와 책임에 적합한 급여를 원하는 것이지 기존에 다른 업무로 받았던 월급은 지금 여기에서 받을 월급과는 무관하다고 생각한다고 얘기하자. 그리고 혹시나 급여명세서 같은 증빙자료를 요구할지도 모르기 때문에 월급을 부풀려서 얘기하는 것은 금물이다.

"왜 이 회사에서 당신을 고용해야 할까요?"

이 질문에는 당신을 그 자리에 합격시킬 만한 이유가 분명치 않다는 뜻이 담겨있다. 하지만 그 자리에서 일할 만한 능력과 경력을 가지고 있는 것은 분명하다. 자격이 되지 않았다면 아예 면접 기회도 주어지지 않았을 것이기 때문이다. 이런 질문이 나왔을 때 자신의 이력서를 다시 읊으면서 방어적으로 나가는 것은 좋지 않다. 왜 그 회사에서 일하고 싶은지, 그리고 왜 그 자리가 자기가 가지고 있는 능력에 잘 맞는 자리인지를 설명하면서 분위기를 긍정적으로 끌고 나가자. 이런 반응을 보이면 자신이 남들의 비판에도 유연하게 대처할 수 있다는 것을 보여줄 수 있으면서 동시에 면접관의 생각을 바꿔놓을 수도 있을 것이다.

"이 회사에서 일하고 싶은 이유를 말씀해 주세요."

이 질문은 사실 "이 회사에 대해 어떤 걸 알고 있습니까?"와 같은 질문이다. 어떤 회사에서든 아무 회사나 들어가면 된다고 생각하는 사람보다는 바로 그 회사에서 일하고 싶어하는 사람을 뽑고 싶을 것이다. 이 질문에 제대로 답할 수 없을 만큼 그 회사에 대해 잘 모른다면 내가 '아무 회사나 들어가면 된다고 생각하는 사람'에 속한다는 것과 다름 없다.

무관심한 사람, 별 흥미가 없는 사람으로 보이고 싶지 않다면 지원할 회사에 대해 충분히 조사하고 이 질문에 대답할 준비를 하자. 그 회사에 대해 어느 정도 알고 있는지 보여줄 수 있으면서도, 내 운신의 폭을 좁히진 않을 만한 선에서 적당하게 구체적으로 대답할 수 있도록 준비하자. 예를 들어, "프로그래밍을 좋아해서요" 같은 대답은 소프트웨어 회사라면 어디서든 할 만한 대답이기 때문에 좋지 않다. 그러나 "X 제품에는 세상에서 가장 흥미진진한 기술이 들어가 있기 때문에 그것 말고 다른 제품 일은 상상도 할 수 없습니다" 같은 식으로 대답했는데, 정작 회사에서는 지원자를 Y 제품에 투입할 계획을 가지고 있었다면 취업에 별 도움이 안 될 가능성이 높다.

"혹시 질문 있습니까?"

일반적으로 이런 질문이 나오면 꼭 어떤 질문을 해서 자신이 열의를 가지고 있음을 보이는 것이 좋다. 하지만 마지막에 멍청한 질문을 해서 면접을 망치는 일은 없어야 한다. 질문을 해야 할 것 같은 기분에 하는 억지스러운 질문은 자신에게 전혀 도움이 되지 않는다.

사려 깊고 조리 있는 질문을 하면 회사에 대한 좋은 정보도 많이 얻을 수 있고 면접관에게 좋은 인상도 남길 수 있다. 때때로 면접관이 지원자에게 자신이 무슨 일을 하는지 알려주지 않았을 수도 있다. 그랬다면 지금 물어보는 것도 좋다. 그러면 자신이 나중에 무슨 일을 하게 될지 어느 정도 더 잘 알 수 있고, 그 사람에 대한 개인적인 관심도 표현할 수 있다. 그리고 면접관이 면접 도중에 뭔가 흥미로운 얘기를 했다면 조금 더 자세히 얘기해 달라고 하는 것도 좋다. 회사에 대해 더 많은 것을 알아낼 기회가 될 수도 있다.

마지막으로 질문이 없다면 질문이 없다는 것을 살짝 유머를 곁들여서 적당히 부드럽게 이야기하는 것이 좋다. "뭔가 질문을 해야 될 것 같긴 한데요, 아침에 면접했던 분들이 제 질문에 전부 답해주셨어요. 더 이상 질문할 게 없네요" 같은 식으로 말이다.

요약

기술과 무관한 질문도 기술 관련 질문만큼이나 중요하다. 기술 면접을 이미 망쳤다면 기술과 무관한 질문에 잘 대답해도 취업이 될 가능성이 낮겠지만, 기술 면접을 잘 하고도 기술과 무관한 질문에 엉뚱하게 대답해서 입사를 못할 수도 있기 때문이다. 이런 질문에도 신중하고 성실하게 답하자.

이력서

기술 이력서

이력서 예

역자 주 여기에서 소개하고 있는 이력서는 우리나라에서 일반적으로 많이 사용하는 이력서와는 어느 정도 거리가 있다. 간혹 영문 이력서를 요구하는 회사들도 있고, 한국어 이력서는 일반적으로 학력 및 약력에 대해 간단하게 기재하는 정도로 끝나는 경우가 대부분이기 때문에 여기에서는 그냥 영문 이력서 스타일을 소개하는 원문을 그대로 옮기도록 하겠다. 예로 나온 이력서도 한국어로 옮기지 않고 그냥 영문 이력서 그대로 소개하도록 하겠다.

아는 사람을 통하거나 공채 과정을 통해, 또는 헤드헌터를 통하는 등 다양한 경로를 거쳐서 회사와 접촉하게 되는데, 어느 경우든 이력서는 제출해야 한다. 지원자 입장에서는 이력서를 통해 자신이 해당 업무와 관련된 능력 및 재능을 가지고 있고, 채용 대상자 자격을 갖추고 있다는 것을 보여줘야 한다. 직장을 잡는 데 있어서 좋은 이력서가 반드시 필요하다는 것은 분명하다(물론 좋은 이력서가 있다고 해서 반드시 취업이 되는 것은 아니다). 이력서를 읽는 사람이 중요한 정보가 빠져있다고 생각하면 그 이력서는 그냥 치워 버리고 다른 이력서로 넘어가게 마련이다. 따라서 좋은 이력서를 만드는 것은 자신을 좋은 값에 파는 데 있어서 매우 중요한 요소가 된다.

기술 이력서

기술 이력서는 대부분의 이력서 작성법 책에 나와 있는 비기술직 이력서와는 작성법이 다르다. 비기술직 이력서의 경우에는 요구되는 능력 및 기술이 꽤 광범위하지만, 기술 이력서에서는 매우 구체적인 능력들이 요구된다. 해당 업무에 꼭 필요한 기술을 갖추고 있지 않은 후보자들에게는 회사에서 거의 관심을 기울이지 않는다. 즉, 기술 이력서에는 비기술직 이력서에 비해 훨씬 더 구체적인 정보를 수록해야 한다.

안 좋은 이력서의 예

이 절에서는 우선 초급 개발자가 작성할 법한 매우 안 좋은 이력서의 예를 살펴보는 것부터 시작하겠다. 실제로 이렇게 안 좋은 이력서를 만드는 일은 없어야 하겠지만, 이런 이력서를 고치기 위해 거쳐야 할 단계들을 일반적인 이력서에도 적용할 수 있을 것이다. [그림 A-1]에 고치기 전의 안 좋은 이력서의 예가 나와 있다.

George David Lee

Current Address:	Permanent Address:
18 CandleStick Drive #234	19 Juniata Dr.
San Mateo, CA 94403	Gladwyne, PA 19035
650-867-5309	610-221-9999
george@windblown.com	george@my_isp.com

Objective: I am looking to join a growing and dynamic company. I am specifically interested in working for a company which provides interesting work and career opportunity. I am also interested in an organization which provides the opportunity for me to grow as an employee and learn new skills. Finally, I am interested in companies in the high-tech space that are looking to hire people.

Information:

- Citizenship: United States of America
- Birthdate: April 18, 1991
- Place of Birth: Denver, Colorado, USA
- Hometown: Philadelphia, Pennsylvania, USA
- Social Security Number: 445-626-5599
- Marital Status: Divorced

Work History:

June 2015-Present, Programmer

Windblown Technologies, Inc., San Francisco, California

I was part of a large group that moved old legacy applications from old computers like DEC Alpha to newer computers made by Intel and mobile phones and used lots of new technologies and languages to do this. The advantages to our clients was that new computers are cheaper than old computers and they don't break as much and everyone likes to use mobile apps. This way, it makes sense for them to have us do this. I did a portion of the programming on the new machines, but also had to work with the old machines. Our clients were able to see substantial cost savings as a result of our project. The group got quite good at moving these things and I was part of six projects in my time here. Another big project involved a lot of web stuff where I had to use a database and some other neat technologies. I am leaving because our current projects have not been very intresting and I feel like I am no longer learning anything here.

Reference: Henry Rogers

Windblown Technologies, Inc.

1818 Smith St. Suite #299

San Francisco, CA 94115

415-999-8845

henry@windblown.com

May 2015-June 2015

Banana Soft Inc. Developer of apps., San Francisco, California

This job didn't really work out and I left really soon. All I did was work on some HTML front-end programming which was never used.

No Reference

January 2014-May 2015

F=MA computing corp. Engineer, Palo Alto, California

My role here was to work with a group of people on our main project. This project centered around developing a piece of software that allowed you to figure out dependencies between clients and servers. The advantages of this device are that you can more quickly debug and maintain legacy client/server devices. This was an exciting and interesting position. The reason that I left was because my boss left and the company brought in a different boss who didn't know what she was doing.

Reference: Angelina Diaz

1919 44th St.

Palo Alto, CA 94405

650-668-9955

Angelina.diaz@fma.com

June 2014 - December 2014

I did not have a job during this time because I spent it traveling around Europe after college. I traveled through:

- England
- France
- Germany
- Czech Republic
- Ireland
- Italy
- Spain

September 2010 - June 2014

UCLA Housing and Dining Student Food Server, Los Angeles, California

My responsibilities included preparing dinner for over 500 students in the Walker Dining Commons. I started out as a card swiper for the first year. Later, I started to cook food and spend one year as a pasta chef. After working as a Pasta chef, I spend the last two years overseeing the salad production. I left this job because I graduated from college.

Reference: Harry Wong

UCLA Housing and Dining

1818 Bruin Dr.

Los Angeles, CA 91611

310-557-9988 extension 7788

hwong@dining.ucla.edu

June 2009-September 2009 and June 2008 - September 2008

AGI Communications, Intern, Santa Ana, California

Learned how to work in a large company and be part of a dynamic organization. Worked on a project for the human resources department which they eventually scrapped even after I had worked on it for two summers.

Reference: Rajiv Kumar

AGI Communications

1313 Mayflower St. Suite #202
Santa Ana, CA 92610
rajiv@agi.com

June 2002 - September 2002

Elm St. Ice cream shop, Senior Scooper, Bryn Mawr, Pennsylvania

      My responsibilities included serving ice cream to customers, dealing with suppliers and locking up. After one month, I was promoted to senior scooper meaning that I got to assign people tasks.

Education:

University of California Los Angeles, Los Angeles, CA 2010-2014.
Bachelors of Science in Computer Systems Engineering, GPA 3.1 / 4.0
Member of Kappa Delta Phi Fraternity

Abraham Lincoln High School, Rosemont, PA 2006-2010, GPA 3.4/4.0

- Chess club president
- 11th grade essay contest award winner
- 3 Varsity letters in Soccer
- 2 Varsity letters in Wrestling

Hobbies:

- Partying
- Hiking
- Surfing
- Chess

Additional References are available upon request.

[그림 A-1]

자신을 팔아라

이 이력서의 문제점들은 대부분 단 하나의 오류로부터 기인한다. 이 이력서를 작성한 사람은 직장을 구하기 위해서라기보다는 자기 자신을 소개하기 위해서 이력서를 썼다는 점이 바로 그것이다. 자신과 자신의 능력을 팔기 위한 내용보다는 자서전을 요약한 것 같은 내용을 위주로 작성했는데, 이런 문제는 적잖게 발견할 수 있다. 많은 사람들이 이력서를 단순히 자신이 해 온 것들을 열거해놓는 것으로 생각한다. 그런 식으로 하면 이력서를 읽어보는 사람이 모든 정보를 꼼꼼하게 읽어보고 면접을 볼지 말지 결정할 것이라고 생각할지도 모르겠다. 하지만 현실은 그렇지 않다. 대부분의 회사에서 이력서를 하나 읽는 데 걸리는 시간은 정말 얼마 되지 않는다. 이력서는 짧은 시간 안에 자신이 충분히 선발할 가치를 지닌 지원자라는 확신을 심어줄 수 있는, 자신을 회사에 팔 수 있는 마케팅 도구로 활용해야 한다. 이 점을 신중히 고려하면 대부분의 다른 문제점도 같이 해결된다.

자신을 팔 수 있는 이력서를 작성하라.

짧게 써라

이 이력서에서는 그 외에도 다른 문제점을 여럿 발견할 수 있다. 가장 큰 문제 중 하나는 너무 길다는 것이다. 한 명을 뽑으려고 할 때 보통 50통 정도의 이력서를 받아보게 된다. 이력서를 검토하는 사람은 과거 경험에 비추어 그중 상당수는 부적격자라는 것을 알고 있다. 그중 보통 네다섯 명 정도의 지원자만 골라서 면접을 하기 때문에 이력서만 가지고 거의 90% 정도의 지원자를 탈락시키게 된다. 모든 이력서를 꼼꼼히 읽어보는 것도 아니다. 빠르게 훑어보면서 꼭 살펴봐야 할 것만 골라낸다. 면접관이 가장 중요하게 생각하는 것은 "지금 이 사람이 나한테 해줄 수 있는 것이 무엇인가" 하는 것이다. 면접관이 보기에 정말 좋아 보여서 그냥 넘어갈 수 없을 만한 이력서를 만들어야 한다. 면접관이 이력서를 보는 시간은 정말 짧다. 이력시 칫 페이지를 15에서 20초 정도 쳐다보고는 별로 마음에 들지 않으면 더 보지 않고 바로 치워버린다.

좋은 인상을 줘야 하긴 하지만 거짓말을 한다거나 자기가 잘 모르는 항목을 집어넣는 일은 절대 없어야 한다. 이력서를 뻥튀기하면 적지 않은 문제가 생길 수 있다. 우선 많은 면접관이 이력서에 있는 모든 항목에 대해 질문을 하기 때문에 잘 모르는 내용을 집어넣었다가는 이력서 전체를 못 믿게 될 것이다. 그리고 자신이 경력에 비해 너무 많이 안다고 주장한다면, 얘기도 꺼내기 전에 이미 거짓말이라는 것을 알아챌 수 있다. 마지막으로 너무 다양한 주제와 관련된 매력적인 단어들을 잔뜩 집어넣기만 하면 잡다하게 많이 알기만 할 뿐 정작 제대로 할 줄 아는 것은 없다는 인상을 줄 수도 있다. 이렇게 되면 이력서가 도움이 되기는커녕 방해만 되고 말 것이다.

이력서는 최대한 짧게 만들어야 한다. 경력이 5년 미만이라면 한 페이지면 충분할 것이다. 경력이 더 많다면 두 페이지 정도 분량이 나올 수 있다. 어떤 상황에서도 세 페이지를 넘어갈 이유가 없다. 세 페이지 분량을 넘어간다면 이력서가 아닌 CV$^{curriculum\ vitae}$라고 볼 수 있는데, CV는 미국에서는 학술 관련 직종을 제외하면 거의 쓸 필요가 없다(해외 취업의 경우에는 거의 CV에 가까운 더 상세한 이력서를 작성해야 할 수도 있다. 올바른 유형의 문서를 만들 수 있도록 미리 확인해보도록 하자).

이력서는 최대한 짧게 작성하자. 그리고 꼭 넣어야 할 사실만을 집어넣어야 한다.

필요한 정보를 수록하라

내용 면에서 볼 때 앞에 나온 이력서에는 화려한 용어들이 별로 많이 들어 있지 않다는 문제점을 갖고 있다. 자신이 사용할 수 있는 기술의 이름을 제대로 열거하고 있지 않다는 것이다. 많은 회사에서 괜찮은 이력서를 골라내기 위한 소프트웨어를 사용하기 때문에 이런 이력서는 좋지 않다. 예를 들어, "XML 경험이 있는 자바 개발자"를 요구하는 자리에 지원한다면, 그 시스템에서는 '자바'와 'XML'이라는 단어가 들어 있는 이력서만 골라낼 것이다. 지원자가 갖고 있는 능력을 바탕으로 이력서를 분류하는 회사도 있는데, 그런 회사의 경우에도 아까 봤던 이력서가 별 도움이 되지 않는 것은 마찬가지다. 그 이력서에는 전문 용어가 부족하기 때문에 면접 대상 이력서 파일에 끼는 것 자체가 불가능할 수도 있다. 자신이 써 본 모든 소프트웨어 제품, 운영체제, 언어, 기술, 방법론 등을 모두 적어놓아야 한다. 또한 보안 알고리즘이라든가 네트워크 프로토콜같이 자기가 경험했던 주제도 모두 수록해야 한다. 그리고 자신의 능력을 주제별로 분류해 놓아야 한다. [그림 A-2]에 나온 것처럼 정리하면 된다.

TECHNICAL SKILLS:

- Languages: C, C++, C#, Java, JavaScript, Ruby, Python
- Internet Technology Experience: Extensive experience with AngularJS, Ruby on Rails, XML, HTML and CSS, ASP.NET
- Operating Systems: Unix (Linux, OpenBSD), Mac OS X (10.11, 10.12, 10.13), Windows (8, 8.1, 10), iOS (10, 11)
- Databases: SQL, Oracle Products (Oracle RDMBS 12c, MS SQL Server, MySQL, Cassandra (2.2, 3.0)
- Security: AES, RSA, El-Gamal, MAC, Hashing(SHA-256, etc.), GPG, SSL, Digital Cash/Crypto-currency, Authentication
- Graphics: OpenGL, extensive knowledge of scan-conversion routines
- Artificial Intelligence: TensorFlow (1.4)

[그림 A-2]

이력서에 특정 제품명을 수록할 때는 최신 기술을 제대로 파악하고 있는지 알아 볼 수 있도록 버전도 포함시키는 것이 좋다. 혹시 예전 버전만 다뤄 봤다면 버전 번호는 적당히 생략하는 게 나을 수도 있다. 여기에서는 이 책을 쓴 시점과 독자가 이 책을 읽을 시점 차이를 감안하여 버전 번호를 많이 생략했는데, 이력서는 원래 수시로 수정해 둬야 하는 것이므로, 될 수 있으면 자기가 써 본 최신 버전을 꾸준히 업데이트해 두도록 하자.

자신의 역량을 이력서에 분명하게 적어야 한다.

간단 명료하게 작성하라

아까 본 이력서는 조금 지저분하다. 폰트도 너무 다양하고, 문단 형식도 너무 다양하고, 줄 간격도 제각각이다. 이런 문서는 읽는 사람 입장에서 조금 피곤하다. 무슨 협박장 같아 보인다는 얘기까지 나올 수도 있다. 그리고 자동 스캐닝 시스템에서 문제를 일으킬 수도 있다. Times New Roman 같이 널리 쓰이는 폰트를 사용하고, 폰트도 한 두 가지만 쓰는 게 좋다.

그리고 내용을 다시 보면 읽기도 힘들고 두서가 없고 어디에 초점을 맞추고 있는지 파악도 잘 안 된다. 자신이 어느 정도 기여를 했는지도 나와 있지 않고, 훌륭한 직원이 될 것이라는 인상을 주지도 못한다. 직장 경험 쪽을 보면 이런 문제가 극명하게 드러난다. 우선 지금처럼 긴 문장 형태로 쓰지 말고 굵은 점이 찍힌 목록 형태로 만들어야 한다. 그래야 면접관 입장에서 짧은 시간 안에 더 많은 것을 파악할 수 있고, 면접 기회를 얻을 가능성이 높아지게 될 것이다.

그리고 그 이력서는 조금 더 초점을 강조하여 작성해야 한다. 정확하게 무엇을 했는지가 분명하지 않다. 그냥 자기 팀에서 어떤 일을 했는지, 어떤 회사에서 일했는지만 써 놓았을 뿐, 훌륭한 지원자가 되는 데 가장 중요한 자신의 역할에 대한 내용은 적지 않았다. 그리고 implemented, designed, programmed, monitored, administered, architected 같은 단어를 써서 자신이 기여한 바를 분명히 드러내야 한다. "designed database schema for Oracle 11g database and programmed database connectivity using Java threads and JDBC(오라클 11g 데이터베이스용 데이터베이스 스키마를 설계하고, 자바 스레드와 JDBC를 써서 데이터베이스 연결 프로그램을 만들었음)" 같은 식으로 말이다. 가능하면 자신이 한 일을 정량적으로 기술하고 결과에 대한 설명도 덧붙이는 것이 좋다. 예를 들어, "administered network of 20 Linux machines for Fortune 100 client, resulting in $1 million in revenues annually" 같은 식으로 쓰면 훌륭하다. 이렇게 써 놓으면 "지금 당장 이 회사에서 어떤 일을 할 수 있습니까?" 같은 질문에 미리 답을 하는 셈이 되기 때문에 회사 측에서도 구미가 당길 것이다. 물론 인상적인 수치를 제시할 수 없을 때는 숫자를 생략하는 편이 나을 수 있다.

이력서 작성 시에 내용 면에서 신경 써야 하는 부분 가운데 하나로 특정 업무와 관련된 자신의 책임을 열거하는 순서가 있다. 일반적으로 가장 화려한 것부터 그렇지 않은 것 순서대로 수록하고 싶은 마음이 들 것이다. 하지만 주된 내용을 먼저 적어야 한다는 점에 주의하자. 예를 들어, 어떤 회사에서 세일즈와 개발을 모두 해 봤는데 세일즈 면에서 매우 인상적인 업적을 이루기도 했고, 개발 업무에서 그럭저럭 괜찮은 성과를 내기도 했고, 세일즈 면에서 별로 대단하지 않은 성과를 낸 적도 있다고 해보자. 세일즈에서 성공적이었던 부분을 강조하고 싶다면 세일즈 이야기를 먼저 적고 나머지 개발 업무에 대한 내용을 나중에 적는 것이 좋을 것이다. 그리고 일관된 순서를 따라야 한다. 중요도 순에서 조금 어긋나더라도 각 항목들을 주제별로 묶어야 할 수도 있다.

적지 않은 사람들이 이력서에서 자신을 효과적으로 홍보하는 데 어려움을 겪곤 한다. 겸손해야 하고 너무 뽐내면 안 된다는 생각이 들어서 자신을 효과적으로 팔 수 없는, 설득력이 조금 부족한 이력서를 만들곤 한다. 거짓말은 절대로 하면 안 되겠지만 자신이 한 일을 최대한 인상적으로 보일 수 있도록 잘 포장하는 것은 꼭 필요하다. 자화자찬을 늘어놓는 게 정말 껄끄럽다면 주변에 있는 친구에게 부탁해보는 것도 괜찮다.

> 자신의 경력을 목록 형태로 작성하고, 목록은 최대한 눈길을 끌 수 있도록 만들자.

필요한 정보만 수록하라

아까 본 이력서를 보면 불필요한 항목이 괜히 자리만 차지하고 있는 것을 볼 수 있다. 면접관이 그 이력서를 볼 때 가장 먼저 알 수 있는 것은 그가 미국 시민권을 가지고 있으며, 덴버에서 태어났다는 것이다. 국적이나 출생지가 나중에 입사 제의를 하는 과정에서는 어느 정도 영향을 끼칠 수도 있겠지만, 면접관 입장에서 그 지원자가 회사에 적합한 사람인지를 판단하는 데 있어서는 전혀 도움이 되지 않기 때문에 결국 지면만 낭비하는 꼴이 된다(물론 해외에서 지원하는 경우에는 상황이 조금 달라서 국적 등에 관한 정보를 꼭 적어야 할 수도 있다). 그 외에 생일이나 고향, 주민등록번호, 혼인 여부, 취미, 여행 경험 같은 것도 불필요한 정보라고 할 수 있다. 즉, 이런 정보는 면접 보는 데 전혀 도움이 되지 않는다.

그리고 이력서는 당연히 자신에 대한 정보를 수록해놓는 문서이므로 'I'라는 단어는 쓰지 않아도 된다. 그리고 참고인^{reference} 정보도 굳이 적어놓을 필요가 없다. 실제 입사 제의를 할 시기가 오기 전에는 참고인에게 확인해보거나 하지 않기 때문에 굳이 이력서에 적지 않아도 무방하다. "References are available upon request(필요 시 참고인 정보도 알려드리겠습니다)" 같은 부분도 어차피 당연한 말이기 때문에 빼도 된다. 그리고 이력서에 이전 직장에서 퇴사한 이유를 적을 필요도 없다. 그런 질문은 나중에 면접 때 받을 가능성이 높기 때문에 긍정적이고 도움이 될 만한 답변을 미리 준비할 필요는 있지만, 이력서에 굳이 적을 필요는 없다. 그리고 평소에 남들이 이름으로 부를 때 George David라는 이름으로 부르지 않고 George라고만 부르는 경우라면 미들 네임은 그냥 생략하는 편이 낫다.

마지막으로 지원자 자격에 적합한지를 판단하는 데 방해가 될 만한 정보는 생략하자. 예를 들어, "6월에 졸업할 때까지는 반일제로 근무하고 졸업 후에 전일제로 전환하고 싶다" 같은 내용은 이력서에 적을 필요가 없다. 대부분의 면접관은 처음부터 전일제로 근무할 수 있는 사람을 원하기 때문에 이런 사람은 그냥 면접도 하기 전에 떨궈 버릴 수 있기 때문이다. 하지만 일단 면접에서 충분히 좋은 인상을 줄 수 있다면 얘기가 또 달라진다. 이력서를 만들고 나면 반드시 다시 한 번 살펴보고 꼭 필요한 정보에만 초점을 맞춰서 최대한 간결하고 유용하게 고쳐야 한다. 불필요한 단어는 전부 빼버리자. 예를 들어, 일단 주소만 봐도 왼쪽에 있는 현 주소와 오른쪽에 있는 영구 주소 가운데 어느 쪽으로 연락을 해야 할지 알기 힘들다. 주소, 전화번호, 이메일 주소는 하나만 적는 것이 좋다. 고등학교 재학시절의 기록도 너무 많이 집어넣었다. 지금 직업을 구하는 데 별로 도움이 안 되는 오래

된 수상기록이나 경력, 업적 등은 빼는 것이 좋다. 지금 하고 있는 일과 전혀 다른 10년 전의 직무 경력 같은 건 간단하게만 적어놓아도 된다. 예를 들어, 아이스크림 가게나 식당에서 일한 경력을 저렇게 자세히 적어놓을 필요는 없다. 간단하게 적어놓는 건 무방하지만, 아이스크림을 펐던 경력이 지금 직장을 구하는 데 큰 도움은 안 될 것이다. 현재 직장을 구하는 것과 관련된 직무 경험만 적어놓자. 그리고 오히려 역효과만 불러올 수 있는 두 달 동안 일했던 경력은 빼야 한다. 마지막으로, 저 이력서에 적어둔 목표에 대한 글에는 아무 내용도 담겨있지 않다. 구직자라면 누구든 '역동적인' 회사에서 '흥미로운' 일을 하고 싶어 한다. '소프트웨어 엔지니어'라든가 '데이터베이스 프로그래머' 같은 식으로 자신이 하고 싶은 일을 간단하게 적어놓도록 하자.

> 필요한 정보만 수록하자.

시간의 역순으로 작성하자

이력서의 내용을 손보고 나면 자신에 대한 정보를 어떻게 효과적으로 열거할지 생각해봐야 한다. 가장 먼저 떠오르는 방법은 시간 순을 따르는 방법이다. 그러면 고등학교 경력에서 시작해서 아이스크림 가게에서 일한 경력, 대학 경력순으로 늘어놓아야 할 것이다. 이렇게 하면 이력서를 볼 때 그가 어떻게 살아왔는지 순서대로 쭉 볼 수 있다. 하지만 그리 좋은 방법이라고 할 수는 없다. 자신이 그 자리에 맞는 인물이라는 것을 뒷받침할 만한 내용을 이력서의 맨 위에 적어야 한다. 면접관들은 이력서를 맨 위에서부터 읽기 때문에 제일 좋은 것을 맨 위에 올려서 계속 읽고 싶은 마음이 들게 만들어야 한다. 그 뒤로도 계속해서 간단명료한 구조로 자신이 적격자라는 인상을 심어줘야 한다. 이력서 맨 뒤 쪽에는 가장 덜 인상적인 내용이 들어가도 무방하다. 가장 최근의 경력이 현 직장을 구하는 데 제일 큰 영향을 끼칠 수 있으므로 시간순으로 열거하고 싶다면 시간 역순으로 적도록 하자.

위의 이력서를 작성한 사람 입장에서는 그가 가진 역량이 가장 중요한 자산이다. 꽤 다양한 역량을 가지고 있기 때문이다. 따라서 역량(Skill) 부분을 이력서의 맨 위로 올려야 한다. 그 뒤에는 업무 경력이나 학력을 적어놓으면 될 것이다. 커리어 초기에는 일반적으로 학력이 더 위로 가게 마련이다. 특히 좋은 학교를 나왔다면 더욱 그렇다. 어느 정도 직장 경험을 쌓고 나면 업무 경력을 먼저 기재하도록 하자. 리의 경우에는 어느 쪽을 더 위에 올릴지 결정하기가 애매한데, 좋은 학교를 졸업한지 얼마 되지 않았고, 그 후로 회사를 몇 군데 거치긴 했지만 별로 오래 다니진 않았다. 따라서 학력을 업무 경력보다 더 위에 적어놓는 것이 좋다. 리의 경우에는 학력 부분에 기재할 것이 하나뿐인데, 학위가 여러 개 있으면 가장 중요한(보통 대학 또는 대학원) 학력을 맨 위에 올려야 한다.

교정은 필수

리의 이력서는 교정도 제대로 돼 있지 않다. 예를 들어, 'interesting'을 'intresting'이라고 잘못 적어놓은 것도 있고, 'spent'라고 해야 할 곳에 'spend'라고 적어놓은 것도 있다. 이런 실수를 하면 부주의하고 프로페셔널하지 못한 인상을 준다. 실수가 하나만 있어도 바로 이력서를 내던져버리는 사람들도 많다. 버려지진 않더라도 약점이 잡히는 것은 불가피하다. 이런 실수를 피하는 유일한 방법은 교정하는 것뿐이다. 여러 번 반복해서 교정을 봐야 한다. 그리고 잠시 쉬었다가 다시 몇 번 더 교정을 보자. 믿을 수 있는 친구한테 교정을 부탁하는 것도 좋은 생각이다. 친구한테 부탁을 하면 교정을 보는 것 뿐 아니라 불분명한 부분을 바로잡아줄 수도 있고, 더 인상적인 이력서를 만드는 데 도움이 되는 조언을 해줄 수도 있을 것이다. 그리고 친구의 반응을 살펴보면서 면접관의 반응을 어느 정도 가늠할 수도 있다.

마지막으로 이력서를 출력하는 방법도 생각해봐야 한다. 이력서를 온라인으로 접수하는 경우에는 전혀 문제가 될 것이 없다. 이력서를 출력해서 제출해야 하는 경우에도 특수용지를 사용한다거나 전문 인쇄소 같은 데 가서 인쇄할 필요까지는 없다. 회사에서 이력서를 복사기로 복사해서 보거나 스캔해서 보거나 팩스로 주고받거나 그 위에 이것저것 적어놓기까지 하기 때문에, 예쁜 종이를 쓰거나 특별한 방법으로 인쇄해봤자 돈만 낭비하게 될 가능성이 높다. 그냥 흰 종이에 레이저 프린터로 인쇄하는 정도면 충분하다.

수정된 이력서

지금까지 설명한 내용을 반영해서 수정한 이력서가 [그림 A-3]에 나와 있다.

얼핏만 봐도 앞에 있는 이력서에 비하면 훨씬 낫다. 이 정도 이력서라면 면접 기회를 얻을 가능성이 훨씬 높아질 것이다. 같은 사람의 이력을 바탕으로 만들었는데도 전혀 다른 느낌이다.

George Lee
650-867-5309
george@my_isp.com
San Mateo, CA
github.com/georgelee7732

OBJECTIVE: Developer
TECHNICAL SKILLS:
- Languages: C, C++, C#, Java, JavaScript, Ruby, Python
- Internet Technology Experience: Extensive experience with AngularJS, Ruby on Rails, XML, HTML and CSS, ASP.NET
- Operating Systems: Unix (Linux, OpenBSD), Mac OS X (10.11, 10.12, 10.13), Windows (8, 8.1, 10), iOS (10, 11)
- Databases: SQL, Oracle Products (Oracle RDMBS 12c, MS SQL Server, MySQL, Cassandra (2.2, 3.0)
- Security: AES, RSA, El-Gamal, MAC, Hashing(SHA-256, etc.), GPG, SSL
- Digital Cash/Crypto-currency, Authentication
- Graphics: OpenGL, extensive knowledge of scan-conversion routines
- Artificial Intelligence: TensorFlow (1.4)

EDUCATION:

University of California Los Angeles, 2010-2014.

BS, Computer Systems Engineering, GPA 3.1 / 4.0

EXPERIENCE:

6/15–
Present
**Developer and Consultant, Windblown Technologies, Inc.,
San Francisco, California**
- Lead developer on four projects generating $1 million in revenues.
- Ported 100,000-line enterprise payroll application from DEC Alpha to commodity Intel servers.
- Designed database schema for Oracle 12c database; programmed database connectivity using Java threads and JDBC.
- Architected Web tracking application to monitor packages for shipping firm using AngularJS, and a Cassandra 3.0 database.
- Wrote front-end Javascript code to allow an airline to securely communicate with its suppliers via the Internet.

1/14–5/15 **Server-side Engineer, F=MA Computing Corp, Palo Alto California**
- Improved on Internet order procurement performance by 25 percent using Ruby on Rails, Tuxedo, and Oracle 12c.
- Developed TCP/IP stack tracer to find client/server dependencies.
- Created Web-based reporting system using Ruby on Rails and MySQL.
- Wrote C# application to monitor mission-critical systems and notify administrators in case of failure.
- Ported Windows NT-based automobile production monitoring agent to Linux.

6/09–9/09 **Developer, AGI Communications, Santa Ana, CA**
- Developed HR time tracking system

9/10–6/14 **Student Food Server, UCLA Housing and Dining**

[그림 A-3]

관리자 및 중급 이상 개발자

경력이 어느 정도 있는 경우에도 앞에서 리의 이력서를 고치는 데 적용했던 점들을 그대로 적용할 수 있지만, 조금 다른 점도 있다. 어느 정도 경력이 쌓이면 관리 책임도 뒤따르게 마련이기 때문에 관리 업무 능력도 보여줄 수 있어야 한다. 예를 들어, [그림 A-4]에 있는 샘 화이트라는 중견 관리자의 이력서를 생각해보자. 이 이력서를 읽어보면서 리의 이력서를 고치는 데 적용한 방법을 이 이력서에는 어떤 식으로 적용할 수 있을지 생각해보자.

화이트의 이력서에도 리의 첫 번째 이력서와 같은 문제가 있다. 마케팅 도구라기보다는 자서전적인 내용을 담고 있기 때문이다. 처음부터 이런 문제가 바로 보이는데, 30년이 넘는 기간 동안의 이력을 쭉 나열해놓고 있다. 화이트처럼 훌륭한 경력을 가지고 있는 경우에 이런 이력서를 만드는 사람들을 적지 않게 볼 수 있다. 경력이 많은 사람들 중에 이렇게 훌륭한 경력을 장황하게 설명하면 면접관이 좋게 볼 것이라고 오해하는 일이 적지 않은데, 면접관 입장에서는 경력이나 연륜과 무관하게 "이 사람이 지금 당장 우리에게 무엇을 해줄 수 있을까?" 하는 것이 훨씬 더 중요하다. 경력이 많더라도 짧은 시간 안에 훨씬 더 좋은 인상을 줘야 한다는 것은 마찬가지이기 때문에 초점을 명확하게 잡는 것이 더욱 더 중요하다.

이 이력서에도 리의 첫 번째 이력서에서 볼 수 있는 문제점들을 여럿 발견할 수 있다. 일단 너무 길다. 두 페이지를 넘기지 않는 것이 좋고, 가능하면 한 페이지 반 정도까지 줄여야 한다. 그리고 읽기 쉽도록 목록 형태로 바꿔야 하는 것도 마찬가지다.

하지만 내용 면에서 볼 때 가장 큰 문제는 이 이력서가 그가 원하는 직업을 구하는 데 있어서 별로 도움이 되지 않는다는 점이다. 우선 경력이 짧은 사람들이 하는 일과 관련된 내용을 너무 많이 기재했다. 경력직에서는 일반적으로 기술적인 능력보다는 관리 능력이 더 중요시된다. 경력이 짧은 사람들이 할 일을 하는 능력을 강조해서는 경력이 많은 사람들을 뽑기 위한 면접 기회를 얻기 힘들다. 경력

사원 자리에 지원을 할 때는 기술 관련 능력이나 신입 시절에 했던 일보다는 관리 능력이나 경험이 초점을 맞춰야 한다.

그리고 자신의 리더십을 통해 얻은 긍정적인 결과를 더 보여줘야 한다. 이때도 경험을 기술하고 결과를 수치화시키는 것이 중요하다. 예를 들어, 화이트의 이력서를 보면 "management and maintenance of Web development effort for both U.S. and Canadian sites(미국 및 캐나다를 대상으로 하는 웹 개발 관리 및 유지보수)"라는 내용이 있다. 훌륭한 업적이긴 한데, 그 규모가 어느 정도인지 파악하기 힘들고 프로젝트가 성공적이었는지도 분명하게 나와 있지 않다. 그 내용만 봐서는 프로젝트가 완전히 망해서 명예롭지 못하게 사임할 수밖에 없었을 가능성이나 웹 서버에 몇 가지 문서를 올려놓는 간단한 업무에 불과했을 가능성도 배제할 수 없다. 따라서 가능하면 언제나 자신이 한 일의 결과를 수치화시켜야 한다. 예를 들어, "Managed team of 7 in developing and maintaining U.S. and Canadian Web sites. Sites generate 33 million hits and $15 million annually(미국과 캐나다 웹 사이트를 개발하고 유지보수하는 일곱 명으로 구성된 팀을 관리했음. 이 사이트에서는 매년 3300만 히트를 처리하며, 연간 매출액은 15만불)" 같은 식으로 써야 할 것이다.

화이트가 구하고 있는 직종에서는 기술 쪽 역량보다는 프로젝트 관리 역량이 훨씬 더 중요시된다. 따라서 뻔한 기술 용어보다는 직장 경험을 더 강조해야 한다. 혹시 이력서를 보고 그 사람이 조금 더 하위직을 구한다는 인상을 받는 일이 없도록 기술 관련 직능에 대한 내용을 완전히 빼는 것도 생각해봐야 한다.

수정된 이력서는 [그림 A-5]에 나와 있다. 이 이력서를 보면 그가 이룬 업적이 훨씬 더 간단명료하게 나와 있기 때문에 자신을 면접 기회를 얻을 가능성이 훨씬 높을 것임을 알 수 있다.

Samuel Thomas White
3437 Pine St.
Skokie, IL 60077
813-665-9987
sam_white@mindcurrent.com

Statement:

Over the past 3 decades my career has evolved from a lab technician to Web project manager. During that time, I spent some time away and earned my Ph.D. in physics. I have taught college computer science off and on for over 18 years and published numerous journal publications. I have spent the past four years as a project manager overseeing a large web application development.

At the present, I am actively pursuing MSCE certification to better architect the necessary solutions. I have completed introductory hands-on courses in Networking Fundamentals, Windows 10, and SQL Server. I am taking continuing education courses in management and in other advanced technology topics. Last March, I attended my company's manager seminar conference.

Brief Computer History:

1991: Completed dissertation, moved to Chicago

1991: I received my first personal computer. I wrote a program that implemented a rudimentary tax calculator.

1992: I started to consult for a living. I was independent and worked primarily on assembly programming.

1993: Formed my company, Big Dipper Consulting. Worked on a variety of projects ranging from network debugging tools to graphics chip optimizations.

1994: My first trip on the Web with NCSA Mosaic. I knew that this would be big. I started out running simple static pages, then moved onto CGI scripting. I have been on the forefront of Web technologies and have fulfilled numerous consulting contracts and led many development efforts.

Work History:

CorePlus Corporation
11/2013 -- Present   Senior Web Manager

Responsibilities include: management and maintenance of Web
development effort for both U.S. and Canadian sites, management for
network redesign, establishing and implementing protocols, migrating from
Windows XP to Windows 10, leading security audit using cutting-edge
tools and managing 12 employees, providing 24/7 access for both internal
deployment and overseas operations, establishing procedures to ensure
constant monitoring during non-working hours in case of failures, upgrading
all software as new software is released and determined to be stable, ordering
computers for both everyday (e-mail, Web), development and travel,
establishing proper backup procedures, evaluating different vendors' software
packages for current needs and anticipating future needs in both infrastructure
and licenses.

Pile-ON Technologies
11/2009 -- 8/2013   Senior Web Developer

Responsibilities included: designing a UNIX-based Web development
environment, installing necessary software including web server,
development tools and source control, integrating legacy z/OS applications
using IMS hierarchical databases to work with Web services that get and set
the necessary information, selecting third-party screen scraping products
to receive necessary information from legacy system, implementing
security procedures to prevent denial of service, spoofing and other attacks,
managing three junior developers and ensuring coordination and timeliness
of efforts, verifying cross Web-browser compatibility for all Web design
efforts, purchasing necessary infrastructure to ensure robustness against all
possible problems, built in redundancy, hiring and building development
team, reporting directly to the Senior VP of engineering, coordinating with
customer support, upgrading network to include newest and fastest solutions,
working with consultants to integrate new products.

Athnom Inc.

6/2004 -- 11/2009   Senior Engineer, MIS

Responsibilities began by working as a C++ developer working
on client/server application and doing some system administration tasks
such as ensuring network reliability and integration between onsite and
offshore developers. Promoted to senior engineer after two years. Additional
responsibilities included designing enterprise-wide source control system and
development environment spanning multiple sites, enabling connections via
a VPN, managing a team of 5 developers and coordinating with marketing
to ensure timeliness and quality of product, worked with contractors to
implement third-party development products, evaluated and selected various
vendors solutions, traveled to Europe, Japan, and the Middle East to meet
with clients and assess future needs and problems, worked on moving several
products to Linux based environment, designed system to allow synchronous
development across multiple time zones, attended company management
philosophy seminar, attained certification in advanced use of all products,
ensured compliance with corporate standards, worked with customer support
to respond to common problems.

Detroit Motor Company
Corp. of Engineers
1/2004 -- 5/2004   Contract Programmer Analyst

Four-month contract position which involved substantial modifications
and enhancements to existing database program. This included custom
generation of reports, additional ways to add information to database, and
integration with existing products to achieve common functionality and data
change. Also created files which allowed for much faster uploading and
downloading of information. Also provided help with the LAN and WAN,
technical support and full documentation of existing system. Worked on
integration with legacy applications as well.

Tornado Development Corp.
6/2002 -- 10/2003   Contract Programmer

Responsible for planning, development and the administration of NetBSD file servers. Used Oracle and SQL to do a variety of tasks mostly having to do with order tracking and HR tasks such as payroll and employee benefits. Worked to provide technical support for all users on various types of platforms. Additionally installed and maintained a variety of common applications and was responsible for troubleshooting when problems occurred.

Garson and Brown, Attorneys at Law
6/1999-5/2002   Computer Engineer

Responsibilities include troubleshooting, maintenance, repair, and support of LAN/WAN networks, often had to use telephone and troubleshoot problems with novice user, updated all company software including Novell, Windows and other third-party proprietary products, designed and installed LAN in office place, maintained LAN and was responsible for new users, provided all support and coordinated with vendors

Hummingbird Chip Designs
5/1994-6/1999   Chip Tester

Responsibilities included testing all chip designs thoroughly using a variety of third-party products that ensured reliability and yield, worked with consultants to attain knowledge using third-party testing products, wrote scripts that automated repetitive tasks, reported potential problems to developers, coordinated all yield test efforts, worked with customer service to verify customer problems, was a liaison between customer support and development.

EDUCATION

Indiana University, Bloomington, IL, 1980-1984 BA in Physics

Junior Year Electronics Award Winner

Member of Lambda, Alpha, Nu Fraternity

Member of junior varsity fencing team

University of Wisconsin, Madison, Wisconsin, 1984-1991 PhD in Physics

Doctoral Thesis Work on Molecular Structure of Molybdenum compounds when exposed to intense laser bursts of varying frequencies.

Skills: Attended technical courses for Microsoft Windows XP, 7, and 10, Extensive experience with TCP/IP protocols, security protocols including SSL and PGP, HP Openview, Java, Javascript, ASP.net, Apache, Cassandra, AngularJS, SQL Relational databases including Oracle, MySQL and SQL server, UNIX system administration (Irix and Linux), z/OS, C, C++, Network Architect, Shell Scripting, CGI scripting, HTML, XML, TensorFlow and repairing printers

Hobbies:

Barbershop Quartet, Golf, Tennis, Frisbee

Horseback Riding, Walking, Swimming

Reading, Traveling, Cake Decorating

Other:

Conversant in Spanish

Citizen of the United States of America

References available upon request.

[그림 A-4]

Sam White

813-665-9987

sam_white@mindcurrent.com

Skokie, IL

Github: github.com/samwhite778833

Objective: Senior Manager in Web and Mobile Development

Experience:

11/13–present **CorePlus Corporation, Director of Web Development, Santa Rosa, CA**

- Managed team of seven in developing and maintaining U.S. and Canadian Web sites. Sites generate 33 million hits and $15 million annually.
- Led team of three system administrators to implement full network redundancy, perform a security audit, develop backup procedures, and upgrade hardware and software for an 800-computer Linux and Windows network.
- Evaluated all major systems purchases.
- Purchased $400,000 of software and professional services after evaluation of seven packages and three firms, leading to 20 percent faster customer service response times.
- Hired four developers and managed staff of seven with 100 percent retention.
- Selected contractors to migrate Web servers from Windows to Linux. Migration occurred one month ahead of schedule and 20 percent under budget.

11/09–8/13 **Pile-ON technologies, Senior Web Developer, San Jose, CA**

- Designed UNIX Web development environment and supervised team of five in implementation of Web log visualization tools. Tools have generated $5 million.
- Evaluated and selected over $200,000 of software and services to supplement blog development efforts.
- Developed feature set for $7 million product based on interviews with 20 clients.
- Wrote 100,000-line CH libraries used by three products with similar database access patterns.
- Recruited and trained two junior developers.

6/04–11/09 **Athorn Inc., Lead Engineer, Fremont, CA**

- Coordinated five developers in on-time six-month project to develop client portion of client/server application to enable department store cash registers to update central databases

in real time. Product has 50,000 users.
- Met with clients to determine future feature sets for cash register client.
- Implemented VPN between San Francisco Bay Area office and New York City office.
- Selected, installed, and supported internal enterprise-wide source control used by 30 developers on 10 projects.

6/02–5/04 **Contract Programmer**
- Upgraded network systems at Detroit Motors, Inc.
- Installed and designed database applications for Tornado Development Corp.

6/99–5/02 **Garson and Brown, Attorneys at Law, Computer Engineer, Palo Alto, CA**

5/94–6/99 **Hummingbird Chip Designs, QA Tester, San Jose, CA**

Education:

University of Wisconsin, Madison, Wisconsin, Ph.D. in Physics, 1984–91
- Doctoral thesis work on molecular structure of molybdenum under multifrequency laser excitation.

Indiana University, Bloomington, Indiana, B. A. in Physics, 1984

Other:
- Fluent in Spanish

[그림 A–5]

화이트에게는 이 이력서가 훨씬 더 훌륭한 마케팅 도구가 될 것이다.

자리에 맞는 이력서

보통 어떤 자리인지 어느 정도 아는 상태에서 이력서를 제출하게 마련이다. 지원하는 자리에 대해 어느 정도 알고 있다면 그 자리에 맞춘 새 버전을 만드는 게 좋다. 이력서는 나를 팔기 위한 광고전단 같은 것임을 잊지 말자. TV 광고를 할 때도 청중에 따라 광고를 바꾸는데, 나 자신을 팔기 위한 이력서라며 당연히 그 자리에 맞춰서 고쳐쓸 수 있어야 한다.

일단 지금까지 설명한 일반적인 이력서 작성 방법을 기준으로 일반 버전을 만드는 것부터 시작하자. 그리고 나서 내가 쓴 이력서를 채용 담당자의 눈으로 다시 읽어보자. 당연히 지금 보기에도 충분히 괜찮아야 한다. 거기에 덧붙여, 지금 사람을 뽑으려고 하는 자리에 딱 맞는 프로그래머인 것 같은지 따져보자. 몇 가지 주안점을 살펴보면 다음과 같다.

- **가장 중요한 역량과 경력을 강조한다.** 어떤 자리에서는 전혀 중요하지 않은 항목이 다른 자리에서는 결정적인 요인이 될 수 있다. 그 자리에 딱 맞는 지원자라는 생각이 들도록 필요한 항목을 강조하자.
- **이력서의 목적(objective statement) 부분이 지원하는 자리와 일치하도록 맞춘다.** 내가 구하려고 하는 자리하고 회사에서 뽑으려고 하는 자리가 맞지 않으면 면접을 못 볼 가능성이 높다.
- **직무 기술서에 나온 용어를 사용하라.** 내가 가진 역량과 경력을 여러 유의어로 표현할 수 있다면, 채용하는 쪽에서 직무 기술서에 쓴 단어가 들어갈 수 있도록 고쳐보자. 이렇게 하면 기술용어에 대해 잘 모르는 인사 담당자도 자리에 잘 맞는 사람이라고 생각할 것이고, 서류심사에서 바로 탈락할 가능성은 크게 낮출 수 있다.

여러 버전의 이력서를 계속해서 최신본으로 유지하는 게 쉬운 일은 아니기 때문에 평소에는 항상 가장 일반적인 버전 하나만 꾸준히 갱신하고, 그걸 바탕으로 지원할 때마다 자리에 맞춘 수정본을 만드는 게 좋다. 매번 수정본을 만들 때마다 꼼꼼하게 교정하는 걸 잊지 말자. 이렇게 일반 버전을 만들어 두면 이력서를 내야 하는데 어떤 자리인지 잘 모르거나 (헤드헌터와 연락할 때처럼) 여러 자리에 돌려가면서 쓰는 경우에도 유용하다.

이력서 예

지금까지 살펴본 두 이력서만 해도 자신이 이력서를 작성할 때 접할 케이스를 상당 부분 커버하고 있다. 하지만 잘 만들어진 이력서의 예를 몇 개 더 보면 효과적인 이력서를 만드는 방법에 대해 어느 정도 감을 잡는 데 도움이 될 것이다. 이 부록의 나머지 부분에서는 [그림 A-6], [그림 A-7], [그림 A-8]에 걸쳐서 몇 가지 다른 직종에 지원하는 지원자들의 이력서를 소개해보겠다. 이 이력서들을 보면서 어떤 내용들이 눈에 잘 띄는지 살펴보고, 이런 이력서들이 취업하는 데 어떤 도움이 될 수 있을지 생각해보자.

Jenny Ramirez

jramirez7@mit.edu

227-886-4937

Boston, MA

github.com/jgramirez772

EDUCATION:

9/12–6/16   **Massachusetts Institute of Technology, Cambridge, MA**

BS, Electrical Engineering, (GPA 3.7/4.0)

• Focus in databases and security

• National Merit Scholar, Phi Beta Kappa

EXPERIENCE:

6/15–8/15   **E-Commerce Developer, WebWorks Corporation, Huntington Beach, CA.**

Implemented search feature for Fortune 500 company's Internet storefront using ASP.NET and MS SQL Server.

Designed sample projects, using Oracle, MySQL and MS SQL Server to demonstrate performance trade-offs to clients.

Made initial contact with two companies that became clients and resulted in $80,000 in revenues.

Wrote three proposals that were accepted, leading to $200,000 in revenues.

6/14–9/14   **Web Software Developer, The Aircraft Tech., Renton, WA**

Designed, researched and implemented a database solution to improve tracking and reporting of employee accomplishments.

Designed and implemented Web services to dynamically report Web server statistics.

1/14–6/14   **Computer Instructor, MIT Computer Science Department**

9/13–6/14   **Deans Tutor, MIT School of Engineering**

TECHNICAL SKILLS:

- Languages: C, C++, Java, Ruby
- Internet Technologies: AngularJS, ASP.NET, Ruby on Rails, HTML and CSS
- Systems: Linux, Windows 7 and 10
- Databases: SQL, MS SQL Server, Oracle, MySQL, Cassandra, MongoDB
- Mobile: UIKIt, iOS 10, 11
- Artificial Intelligence: TensorFlow (1.2, 1.3, 1.4)

LANGUAGES:

Fluent in French, proficient in German

[그림 A–6]

Mike Shronsky

352-664-8811

mike_s227@warmmail.com

gitbhub.com/mike_s227

Objective: Software Engineer in Web Development

Work Experience:

5/14–present   **Warner Tractors Manufacturers, Albuquerque, NM, Software Engineer**

- Created AJAX interface to allow customers to compare tractor models.
- Wrote AngularJS interacting with Oracle system.
- Implemented mobile app using UIKit for iOS 11 for monitoring ticketing system.
- Wrote SQL queries and designed database schema for Cassandra database.

- Researched and selected development environment of Linux, Eclipse, Apache, and Tomcat.

7/12–4/14   **Problems Solved, Inc., Albuquerque, NM, Programmer**
- Incorporated focus group input into redesign of order tracking UI to improve workflow efficiency by 20 percent.
- Wrote 160 pages of product documentation for order tracking application.
- Analyzed product performance by writing PowerShell scripts.
- Wrote C# application to test Web server responses for clients.

5/10–7/12   **Hernson and Walker Insurance Agents, Austin, TX, Network Engineer**
- Maintained network, ordered systems, and implemented data tracking system.

Technical Skills:

- Languages: Java, JavaScript, C#
- Databases: Oracle, MS SQL Server, MySQL, Cassandra
- Systems: Windows (7, 10), Linux
- Web Skills: ASP.NET, Apache, Tomcat, AngularJS
- Mobile: UIKit for iOS (10, 11)

Education: Harcum College, Ardmore, PA, 2012, BA in management

Other: Fluent in Russian

[그림 A–7]

Elaine Mackenzie

615-667-4491

macky@yeehah.com

github.com/macky2235

Objective: Technology Consulting

Computer Skills:
- Languages: C#, C++, Ruby, JavaScript
- Operating Systems: Windows 10
- Web: ASP.NET, HTML, CSS, XML, AngularJS

Experience:

9/13–present **Web Integrations Specialist, National Web Consulting, Inc., Nashville, TN**
- Lead consultant on four projects generating $1.7 million.
- Built Web front end in ASP.NET to interact with legacy databases and perform all Human Resources-related functions for a Fortune 100 client.
- Wrote ASP.NET code to interface with legacy hierarchical IBM database.
- Constructed Web user interface component on six different projects.
- Managed $600,000 project resulting in on-time and on-budget delivery.
- Landed three new accounts, generating $920,000 in revenues.
- Formed partnerships with three third-party software vendors. Partnerships generated $1.5 million through joint contracts.

8/09–9/13 **Information Systems Technology Specialist, Johnson & Warner, Systems Integration Division, Nashville, TN**
- Wrote 40,000 lines of C++ code and 150 pages of documentation and billed $1.2 million.
- Built order tracking system for Fortune 500 client, using ASP.NET and SQL Server.
- Led design team that architected system layout for 25 Windows 7 Web Servers using Resonate load balancing software.
- Landed two accounts generating $650,000 total.
- Sold $200,000 in follow-on services.
- Hired and trained two associate consultants.

Additional Information:

Fluent in Spanish and Czech

Education:

Foothill College, Los Altos Hills, CA, BA in Accounting, 2008

[그림 A–8]

INDEX